Information und Recht

Band 87

Schriftenreihe
Information und Recht

Herausgegeben von

Prof. Dr. Thomas Hoeren
Prof. Dr. Gerald Spindler
Prof. Dr. Bernd Holznagel, LL.M.
Prof. Dr. Georgios Gounalakis
PD Dr. Herbert Burkert
Prof. Dr. Thomas Dreier

Band 87

C.H.BECK

Künstliche Intelligenz – Ethik und Recht

herausgegeben von

Thomas Hoeren
Stefan Pinelli

C.H.BECK

www.beck.de

ISBN 978 3 406 77388 4

Druck: Druckerei C.H.Beck
Wilhelmstraße 9, 80801 München

Satz: Typo&Grafik, Berlin
Umschlagsatz: Druckerei C.H. Beck Nördlingen

CO_2 neutral

chbeck.de/nachhaltig

Gedruckt auf säurefreiem, alterungsbeständigen Papier
(hergestellt aus chlorfrei gebleichtem Zellstoff)

Vorwort

Losgelöst von den großen Herausforderungen rechtlicher und ethischer Art will das Buch einige Fragen aus der Schnittstelle von KI, Ethik und Recht beleuchten und erhebt keinen Anspruch auf Vollständigkeit; so bedarf es künftig in diesem Zusammenhang zwingend auch noch einer Befassung unter anderem mit dem Thema „Quantencomputing". Die einzelnen Beiträge geben ausschließlich die persönliche Auffassung der Autorinnen und Autoren wieder.

Ein so vielseitiges Thema macht ein internationales und gerade auch interdisziplinäres Arbeiten unerlässlich. Eine solch gewinnbringende Herangehensweise bringt es dann jedoch mit sich, dass die unterschiedlichen Disziplinen ihre eigenen Usancen einbringen. Deshalb sei darauf hingewiesen, dass sich unterschiedliche Zitierweisen nicht vermeiden ließen.

An diesem Buch haben zahlreiche renommierte Wissenschaftler aus dem deutschsprachigen und internationalen Raum mitgewirkt. Die enge Kooperation ist auch dem BMBF-Forschungsprojekt GOAL (Governance von und durch Algorithmen, Förderkennzeichen 01IS19020B) zu verdanken, innerhalb dessen Wissenschaftler und Wissenschaftlerinnen der Universität Karlsruhe, der Universität Kaiserslautern, der Universität Hamburg, der Universität Bochum und der Universität Münster über Governance-Fragen mit Bezug zu Algorithmen forschten. Dafür sei dem BMBF, voran Herrn Prof. Dr. Wolf-Dieter Lukas, ganz besonders gedankt. Gedankt sei auch dem DLR, zuvörderst Herrn Mader, für die organisatorische Betreuung des Projektes. Mitgewirkt hat ferner der gute Freund des ITM aus Beijing, Professor Dr. Zhou Lin, der uns auch bei einem Forschungsaufenthalt in Münster zentral über das chinesische Social Scoring System informiert hat. Mit dem ITM befreundet und kollegial verbunden ist auch Manfred Dorn, ehemaliger Interieur- und User Interface Designer bei Mercedes-Benz, der KI-Anwendungen gestaltet hat und in die Besonderheiten der Entwicklung von KI-Systemen einführt. Auch den zahlreichen Forscherinnen und Forschern der beteiligten Universitäten sei für die stets gewinnbringende, intensive Kooperation in den letzten Jahren gedankt; die sich dabei abzeichnende neue Gedankenwelt an der Schnittstelle von Informatik, Soziologie, Philosophie und Jurisprudenz ist auch das Markenzeichen des vorliegenden Buchs. Ein besonderer Dank gilt Verena Vogt für die redaktionelle Betreuung der Monographie.

Professor Dr. Thomas Hoeren, Münster
Rechtsanwalt Stefan Pinelli, Wolfsburg

Inhaltsverzeichnis

Bearbeiterverzeichnis

Dr. Maryam Amir Haeri studierte an der Sharif University of Technology, Teheran, Iran und promovierte an der Amirkabir University of Technology, Teheran, Iran. Zunächst Assistenzprofessorin der Amirkabir University of Technology. Anschließend wiss. Mitarbeiterin am Algorithm Accountability Lab der Technischen Universität Kaiserslautern. Seit November 2020 Assistenzprofessorin am Learning, Data-Analytics and Technology Department, University of Twente, Niederlande.

Jascha Bareis ist wissenschaftlicher Mitarbeiter am Institut für Technikfolgenabschätzung und System Analyse (ITAS) in Karlsruhe und assoziierter Forscher am Alexander von Humboldt Institut für Internet und Gesellschaft (HIIG), Berlin. Er widmet sich dem Thema der algorithmischen Governance durch eine Verquickung von politischer Theorie, Medienwissenschaft und STS. Er schloss den Kooperationstudiengang M.A. Politische Theorie an der Goethe Universität Frankfurt und der TU Darmstadt ab. Zuvor absolvierte er den Bachelor Liberal Arts an dem University College Maastricht.

Yannik Borutta hat Rechtswissenschaft an der Westfälischen Wilhelms-Universität Münster studiert und im Mai 2019 vor dem JPA Hamm sein erstes Staatsexamen abgelegt. Er ist nun als wissenschaftlicher Mitarbeiter am Institut für Informations-, Telekommunikations- und Medienrecht der WWU unter der Leitung von Prof. Dr. Thomas Hoeren tätig.

Prof. Dr. Christian Djeffal ist Tenure-Track Assistenzprofessor für Recht, Wissenschaft und Technik an der Technischen Universität München und im Vorstandsmitglied des Nationalen E-Government Kompetenzzentrums (NEGZ). Er wurde an der Humboldt Universität zu Berlin im Völkerrecht promoviert und koordinierte anschließend die Forschergruppe „Globaler Konstitutionalismus und das Internet“ am Alexander-von-Humboldt-Institut für Internet und Gesellschaft.

Manfred Dorn, Jahrgang 1962, arbeitet und lebt in Stuttgart. Er studierte bis 1990 Produktdesign an der staatlichen Akademie der bildenden Künste Stuttgart und in Paris. Nach seiner Zeit in Mailand arbeitete er 15 Jahre als Interieur- und User Interface Designer bei Mercedes-Benz in Führungspositionen. Er war Geschäftsführer und Gesellschafter bei Phoenix Design Stuttgart, einer führenden Design Agentur in Deutschland. Seit 2015 ist er Head of Design bei der Agentur User Interface Design, Ludwigsburg und war Dozent an der Hochschule Reutlingen für Interieur Transportation Design.

Anja Folberth ist Politikwissenschaftlerin, Schwerpunkt Politische Theorie. Sie ist wissenschaftliche Mitarbeiterin im Projekt Governance von und durch Algorithmen (GOAL) am Institut für Technikfolgenabschätzung und Systemanalyse (ITAS) des KIT. Ihr Arbeitsfokus liegt auf normativen Dimensionen der KI-Regulierung, Gerechtigkeitstheorien und der Analyse von Regulierungsinstrumenten. Sie promoviert an der Universität Heidelberg zu Responsibilisierung im Kontext prädiktiver genetischer Diagnostik.

Prof. Dr. Armin Grunwald, Leiter des Instituts für Technikfolgenabschätzung und Systemanalyse (ITAS) am Karlsruher Institut für Technologie (KIT). Leiter des Büros für Technikfolgen-Abschätzung beim Deutschen Bundestag (TAB). Seit 2007 auch Professor für Technikethik und Technikphilosophie am KIT. Mitglied der Deutschen Akademie der Technikwissenschaften (acatech), Mitglied der Endlagerkommission des Deutschen Bundestages 2014-2016. Mitglied in der Ethik-Kommission für autonomes und vernetztes Fahren 2016/2017, Mitglied des Deutschen Ethikrats seit 2021.

Dr. Nikolas Guggenberger ist Executive Director des Yale Information Society Project und Lecturer in Law an der Yale Law School. Von 2016 bis 2019 war Guggenberger RWTÜV Stiftungsjuniorprofessor am Informations-, Telekommunikations- und Medienrecht der Westfälischen Wilhelms-Universität Münster. Zuvor arbeitete Guggenberger als Referent für Wirtschafts- und Währungsfragen im Europäischen Parlament im Büro von Jacob von Weizsäcker.

Ass. jur. Matthias Haag war bis zum April 2021 der Geschäftsführer des GOAL-Projektes am Institut für Informations-, Telekommunikations- und Medienrecht der Westfälischen Wilhelms-Universität Münster. Seit April 2021 ist er im höheren Justizdienst des Landes Sachsen-Anhalt tätig.

Marc Hauer ist angewandter Informatiker (M.Sc.) mit Berufserfahrung in agiler Softwareentwicklung. Er promoviert am Algorithm Accountability Lab der TU Kaiserslautern zu der Frage wie man Ethik in Softwareentwicklungsprozesse und KI Produkte implementieren kann. Darüber hinaus ist er tätig als Medienpädagogischer Referent für das Landesmedienzentrum Baden-Württemberg in der Lehrerfortbildung und als Dozent und Berater für die Trusted AI GmbH.

Prof. Dr. Thomas Hoeren, Professor für Informationsrecht und Rechtsinformatik sowie geschäftsführender Direktor des Instituts für Informations-, Telekommunikations- und Medienrecht (ITM) der Westfälischen Wilhelms-Universität Münster. Seine Forschungsschwerpunkte umfassen unter anderem das Datenschutz- und Urheberrecht. Zudem leitet er die Forschungsstelle Gewerblicher Rechtsschutz. Er ist Sprecher des vom BMBF geförderten, interdisziplinären Forschungsprojekts „GOAL – Governance von und durch Algorithmen".

Ass. jur. Hanna Hoffmann, Studium der Rechtswissenschaften in Konstanz, Münster und Istanbul; 2017-2019 Rechtsreferendarin am OLG Hamm mit Stationen in Berlin, Düsseldorf und New York; seit 2020 wissenschaftliche Mitarbeiterin am Institut für Informations-, Telekommunikations- und Medienrecht (Prof. Dr. Thomas Hoeren) an der Westfälischen Wilhelms-Universität Münster und arbeitet im vom BMBF geförderten Drittmittelprojekt GOAL.

Dr.-Ing. Jutta Jahnel, seit 2010 wissenschaftliche Mitarbeiterin am Institut für Technikfolgenabschätzung und Systemanalyse (ITAS) am Karlsruher Institut für Technologie (KIT). Nach dem Studium der Lebensmittelchemie hat sie ihre Doktorarbeit im Bereich Wasserchemie am KIT 1994 abgeschlossen. Bis 2007 arbeitete sie als Post-doc und im Beratergremium für Umweltrelevante Stoffe der GDCh. Danach leitete sie ein Lebensmittellabor im Chemischen Veterinär- und

Untersuchungsamt. Im ITAS beschäftigt sie sich mit dem Thema der Risiko-Governance und Risikoabschätzung.

Johannes Kevekordes ist juristischer Referendar am Kammergericht Berlin. Zuvor arbeitete er als wissenschaftlicher Mitarbeiter am Institut für Informations-, Technologie- und Medienrecht im Drittmittelprojekt GOAL, sowie vorher bei Bird & Bird LLP in Düsseldorf im Bereich IT & Datenschutz. Nach seinem Studium der Rechtswissenschaften an der WWU Münster von 2012 – 2018 promoviert er seit August 2018 bei Prof. Dr. Thomas Hoeren zum Thema „Daten als Gegenstand absoluter Zuordnung – ein besitzrechtlicher Ansatz".

Prof. Zhou Lin, Doctor of Law, Editor-in-Chief of the Series Book - Studies on Intellectual Property Rights, Researcher of the Intellectual Property Rights Center of the Chinese Academy of Social Sciences (IPR Center of CASS), Distinguished Professor of the Central Academy of Fine Arts, Director of the Art Law Center of the School of Art Management and Education of Central Academy of Fine Arts (Art Law Center of CAFA).

Malte Niederstadt, B.Sc. ist Masterstudent und wissenschaftliche Hilfskraft am Lehrstuhl für Makroökonomik an der Ruhr-Universität Bochum. Seine Forschungsschwerpunkte sind Verhaltensökonomie, agentenbasierte Simulationen und Klimawandel. Innerhalb des GOAL-Projekts umfasst seine Mitarbeit die programmiertechnische Umsetzung von Umfragen und das eigenständige Mitwirken in der quantitativen und qualitativen Analyse der erfassten experimentellen Daten.

Dr. Carsten Orwat, Wissenschaftlicher Mitarbeiter (Senior Researcher) am Institut für Technikfolgenabschätzung und Systemanalyse (ITAS) des Karlsruher Instituts für Technologie (KIT). Studium und Promotion in Wirtschaftswissenschaft in Bochum, Bonn und Jena. Seine Forschungsschwerpunkte sind Technikfolgenabschätzung und Technologiepolitik. Innerhalb des GOAL-Projekts ist er Leiter des Projektteils des ITAS und zuständig für Forschungen zur Risikoregulierung und Governance durch Algorithmen.

Stefan Pinelli ist Rechtsanwalt und Leiter des Bereiches Recht DIGITAL im Konzernrechtswesen der Volkswagen AG in Wolfsburg. Er hat eine Erfahrung von über 20 Jahren in der digitalrechtlichen Beratung in nationalen und internationalen Projekten eines Weltkonzerns und ist im Schwerpunkt mit Themen der Digitalisierung bzw. Digitalen Transformation entlang der automobilrelevanten Wertschöpfungsketten befasst. Eine vielfältige Vortrags- und Publikationstätigkeit ergänzt seine rechtswissenschaftliche Tätigkeit.

Hendrik Risthaus, Studentische Hilfskraft am Institut für Informations-, Telekommunikations- und Medienrecht der Westfälischen Wilhelms-Universität Münster. Studium der Rechtswissenschaften in Münster.

Prof. Dr. Michael Roos ist Professor und Inhaber des Lehrstuhls für Makroökonomik sowie seit 2018 Dekan der Fakultät für Wirtschaftswissenschaft an der Ruhr-Universität Bochum. Seine Forschungsschwerpunkte sind Verhaltens- und experimentelle Ökonomie, Komplexitätsökonomik, Innovation, Umgang mit Unsicherheit, Regionalökonomie, Klimawandel, Mobilität und ökonomische Methodik. Als Forschungsleiter und Verbundpartner ist er verantwortlich für die verhaltensökonomische Forschung innerhalb des GOAL-Projekts.

Catharina Rudschies, M.Sc., Wissenschaftliche Mitarbeiterin im Arbeitsbereich „Ethik in der Informationstechnologie" (EIT) am Fachbereich Informatik der Universität Hamburg (UHH). Studium in „Politics, Economics and Philosophy" in Hamburg und „European Studies" in Maastricht und Bologna.

Nicholas Schmidt, M.Sc. ist Doktorand und wissenschaftlicher Mitarbeiter am Lehrstuhl für Makroökonomik an der Ruhr-Universität Bochum. Seine Forschungsschwerpunkte sind Verhaltensökonomie, Entrepreneurship und nachhaltiger Konsum. Innerhalb des GOAL-Projekts ist er ebenfalls zuständig für experimentelle und qualitative Studien. Seine Aufgaben umfassen hier insbesondere Recherche, Datenanalyse und die Mitwirkung an der Studiendurchführung.

Prof. Dr. Ingrid Schneider, Professorin für Politikwissenschaft und Wissenschaftlerin im Arbeitsbereich "Ethik in der Informationstechnologie" (EIT) des Fachbereichs Informatik der Universität Hamburg (UHH). Lehre auch im Fachbereich Politikwissenschaften und Medizin der Universität Hamburg (UHH). Mitglied verschiedener Gremien, zum Beispiel der Zentralen Ethikkommission der Bundesärztekammer (ZEKO) und des Vorstands der Fachvereinigung European Policy for Intellectual Property (EPIP).

Prof. Dr. Judith Simon, Professorin für Ethik in der Informationstechnologie (EIT) am Fachbereich Informatik der Universität Hamburg (UHH). Forschung zuvor in Berlin, Wien, Ljubljana, Stanford, Paris, Trento, Barcelona, Karlsruhe und Kopenhagen. Mitglied verschiedener Gremien, zum Beispiel des Deutschen Ethikrats und der Wissenschaftlichen Kommission „Digitalisierte Gesellschaft" der Leopoldina.

Dr. Christina Timko ist promovierte Verhaltensökonomin, Postdoktorandin und wissenschaftliche Mitarbeiterin am Lehrstuhl für Makroökonomik an der Ruhr-Universität Bochum. Ihre Forschungsschwerpunkte sind Verhaltensökonomie, Marktdesign und Mechanismen der Informationsaggregation. Innerhalb des GOAL-Projekts ist sie zuständig für das Design, die Durchführung und die Analyse von experimentellen und qualitativen Studien.

Verena Vogt, Wissenschaftliche Mitarbeiterin am Institut für Informations- Telekommunikations- und Medienrecht (ITM) der Westfälischen Wilhelms-Universität Münster. Studium der Rechtswissenschaften in Münster und Poitiers.

Christian Wadephul ist Technikphilosoph und arbeitet seit 2015 als Wissenschaftlicher Mitarbeiter am Institut für Technikfolgenabschätzung und Systemanalyse (ITAS) des Karlsruher Instituts für Technologie (KIT) u. a. in folgenden Projekten: „ABIDA – Assessing Big Data", „Abklärung des Verdachts aufsteigenden Bewusstseins in der Künstlichen Intelligenz (KI-Bewusstsein)", „GOAL – Governance von und durch Algorithmen" und „Gesellschaftliches Vertrauen in lernende Systeme".

Prof. Dr. Katharina Zweig, Informatikprofessorin an der TU Kaiserslautern, Leiterin des Algorithm Accountability Labs, Koordinatorin des Studiengangs Sozioinformatik. Mitglied der Enquetekommission „Künstliche Intelligenz" zur Beratung des Bundestages (2018-2020), Mitglied des Insight-Beraterkreises und der Plattform „Lernende Systeme" des BMBFs. Ars legendi- Fakultätenpreis für exzellente Lehre in den Ingenieurwissenschaften und der Informatik 2017; DFG Communicator-Preis 2019.

Abkürzungsverzeichnis

AAAI	Association for the Advancement of Artificial Intelligence
aA	andere Ansicht
Abs.	Absatz
ACM	Association for Computing Machinery
ACM	Adaptive Case Management
AcP	Archiv für die civilistische Praxis
ADM	Automated Decision Making
AEUV	Vertrag über die Arbeitsweise der Europäischen Union
aF/a. F.	alte Fassung
AG	Amtsgericht
AGG	Allgemeines Gleichbehandlungsgesetz
AI	Artificial Intelligence (engl.)
AI-HLEG	High-level expert group on artificial intelligence
AI & Soc	AI & Society
Anh.	Anhang
Anm.	Anmerkung
AöR	Archiv des öffentlichen Rechts
API	Application Programming Interface (engl.)
App	Application
Art.	Artikel
Aufl.	Auflage
ausf.	ausführlich
BAG	Bundesarbeitsgericht
BB	Betriebs Berater
BBG	Bundesbeamtengesetz
BeckOGK	beck-online.Großkommentar
BeckOK ArbR	Beck'scher Online-Kommentar
BeckRS	Beck-Rechtsprechung
BfDI	Bundesbeauftragter für den Datenschutz und die Informationsfreiheit
Beschl.	Beschluss
BGB	Bürgerliches Gesetzbuch
BGH	Bundesgerichtshof
BGHZ	Entscheidungen des Bundesgerichtshofes in Zivilsachen
BMBF	Bundesministerium für Bildung und Forschung
bspw.	beispielsweise
BT-Drs.	Bundestagsdrucksache
BVerfG	Bundesverfassungsgericht
BVerfGE	Entscheidungen des Bundesverfassungsgerichts
BVerwG	Bundesverwaltungsgericht
BW	Baden-Württemberg
Cal. L. Rev.	California Law Review
Cardozo L. Rev	Cardozo Law Review
CASE	computer-aided software-engineering
CEPEJ	European Commission for the Efficiency of Justice
C.I.	Corporate Identity
CNIL	Commission Nationale de l'Informatique et des Libertés (frz.)
Commun. ACM	Communications of the ACM

COMPAS . . . . . Correctional Offender Management Profiling for Alternative Sanctions (engl.)
CR . . . . Computer und Recht
DGA . . . . Daten-Governance-Gesetz
dh . . . . das heißt
DIN . . . . Deutsches Institut für Normung
DLR . . . . Deutsches Zentrum für Luft- und Raumfahrt
DPMA . . . . Deutsches Patent- und Markenamt
Dr. . . . . Doktor
DÖV . . . . Die Öffentliche Verwaltung
DS-GVO/DSGVO Datenschutz-Grundverordnung
DuD . . . . Datenschutz und Datensicherheit
EDPL . . . . European Data Protection Law Review
EDV . . . . Elektronische Datenverarbeitung
e.g. . . . . exempli gratia (lat.)
Einl. . . . . Einleitung
EMRK . . . . Europäische Menschenrechtskonvention
EPA . . . . Europäische Patentorganisation
EPÜ . . . . Europäisches Patentübereinkommen
Erwgr. . . . . Erwägungsgrund
ErfK . . . . Erfurter Kommentar
et. al. . . . . et alii/et aliae/et alia (lat.) [= „und andere"]
EU . . . . Europäische Union
EuArbRK . . . . . Kommentar zum europäischen Arbeitsrecht
EuGH . . . . Europäischer Gerichtshof
EU-Kommission Europäische Kommission
EUR. . . . . Euro
EuR . . . . Die Zeitschrift Europarecht
EUV . . . . Vertrag über die Europäische Union
EuZW . . . . Europäische Zeitschrift für Wirtschaftsrecht
f. . . . . folgende (Sg.)
F1/2/3... . . . . . . Frage 1/2/3...
FAT . . . . Conference on Fairness, Accountability, and Transparency
FAZ . . . . Frankfurter Allgemeine Zeitung
ff. . . . . folgende (Pl.)
Fordham Urb. L.J. Fordham Urban Law Journal
GDP . . . . Gross domestic product
gem. . . . . gemäß
Geo. L.J. . . . . . The Georgetown Law Journal
GeschGehG . . . Gesetz zum Schutz von Geschäftsgeheimnissen
GG . . . . Grundgesetz
gg. . . . . gegen
ggf. . . . . gegebenenfalls
GI Ethical Guidelines . . . . . Ethical Guidelines of the German Informatics Society
GmbH . . . . Gesellschaft mit beschränkter Haftung
GOAL . . . . Governance von und durch Algortihmen
GPS . . . . Global Positioning System (engl.)
grdl. . . . . grundlegend
GRCh . . . . Charta der Grundrechte der Europäischen Union
grdl. . . . . grundlegend
GRUR . . . . Gewerblicher Rechtsschutz und Urheberrecht
GRUR Int. . . . . Gewerblicher Rechtsschutz und Urheberrecht, Internationaler Teil
GSM Association Global Scheduling Multiple Access

GWB	Gesetz gegen Wettbewerbsbeschränkungen
HARV. J. L. &. TECH	The Harvard Journal of Law & Technology
HEG-KI	Hochrangige Expertengruppe für Künstliche Intelligenz
Hrsg.	Herausgeber
IAB	Institut für Arbeitsmarkt- und Berufsforschung
i. E.	im Ergebnis
i. e.	id est (lat.)
IEEE	Institute of Electrical and Electronics Engineers
insb.	insbesondere
IoT	Internet of Things (engl.)
IOWA L. REV.	Iowa Law Review
IP	Internet Protocol (engl)
IT	Information Technology
ITM	Institut für Informations-, Telekommunikations- und Medienrecht
iSd	im Sinne der/des
iSv	im Sinne von
iVm	in Verbindung mit
IWRZ	Zeitschrift für Internationales Wirtschaftsrecht
jurisPK-BGB	juris PraxisKommentar BGB
JuS	Juristische Schulung
JZ	Juristenzeitung
KAIEA	Korea Artificial Intelligence Ethics Association
Kap.	Kapitel
KDD	International Conference on Knowledge Discovery and Data Mining
KG	Kammergericht
KI	Künstliche Intelligenz
KNN	Künstliche neuronale Netze
K&R	Kommunikation und Recht
lat.	lateinisch
LG	Landgericht
lit.	littera (lat.)
LKV	Landes- und Kommunalverwaltung
maW	mit anderen Worten
MdEP	Mitglied des Europäischen Parlament
Med Care Res Rev	Medical Care Research and Review
Mich. Ct. App.	Michigan Court of Appeals
Mich. L. Rev.	Michigan Law Review
Mitt.	Mitteilungen der deutschen Patentanwälte
ML	Machine Learning
MMR	Multimedia und Recht
MMR-Beil.	Multimedia und Recht-Beilage
MMR-HdB	Handbuch Multimedia und Recht
Mrd.	Milliarde
MüKo	Münchener Kommentar
mwN	mit weiteren Nachweisen
Nat Mach Intell	Nature Machine Intelligence
NIPS	Conference and Workshop on Neural Information Processing Systems
NJOZ	Neue Juristische Online-Zeitschrift
NJW	Neue Juristische Wochenschrift
NJW-RR	Neue Juristische Wochenschrift - Rechtsprechungs-Report

No.	number (engl.)
Nr.	Nummer
NStZ	Neue Zeitschrift für Strafrecht
NVwZ	Neue Zeitschrift für Verwaltungsrecht
NZA	Neue Zeitschrift für Arbeitsrecht
NZKart	Neue Zeitschrift für Kartellrecht
OECD	Organisation for Economic Co-operation and Development
o. g.	oben genannt
OLG	Oberlandesgericht
p.	page
PatG	Patentgesetz
Philos. Technol.	Philosophy & Technology
pp.	pages
ProdSG	Produktsicherheitsgesetz
QDA-Software	Qualitative Daten- und Textanalyse-Software
RDi	Recht Digital
RDV	Recht der Datenverarbeitung
RL	Richtlinie
Rn.	Randnummer
RRI	Responsible Research and Innovation
RW	Rechtswissenschaft
S.	Seite/Satz
s.	siehe
SE	Softwareentwickler
SoftwareR-HdB	Softwarerecht-Handbuch
sog.	sogenannt
StGH BW	Staatsgerichtshof
St. Rspr.	ständige Rechtsprechung
SVM	Support Vector Machine
TA	Technikfolgenabschätzung
THCI	Transactions on Human-Computer Interaction
TV	Television
ua	unter anderem
UAE	United Arab Emirates
U. Ill. L. Rev.	The University of Illinois Law Review
UNESCO	United Nations Educational, Scientific and Cultural Organization
urspr.	ursprünglich
Urt.	Urteil
UrhG	Urheberrechtsgesetz
U.S.	United States
USA	United States of America (engl.)
U.S.C.	Code of Laws of the United States of America
usw	und so weiter
u. U.	unter Umständen
v.	vom
v.	von
VDI	Verein Deutscher Ingenieure
VersR	Versicherungsrecht
vgl.	vergleiche
VO	Verordnung
VO-E	Verordnungsentwurf
Vol.	volume (engl.)
VSD	Value Sensitive Design
WIPO	World Intellectual Property Organization

WissR . . . . Wissenschaftsrecht
Wm. & Mary L. Rev. William & Mary Law Review
Yale L. J . . . . . . Yale Law Journal
zB . . . . zum Beispiel
ZD . . . . Zeitschrift für Datenschutz
ZEuP . . . . Zeitschrift für Europäisches Privatrecht
ZfA . . . . Zeitschrift für Arbeitsrecht
ZfPW . . . . Zeitschrift für die gesamte Privatrechtswissenschaft
ZIP . . . . Zeitschrift für Wirschaftsrecht
zit. . . . . Zitiert
ZPO . . . . Zivilprozessordnung
ZRP . . . . Zeitschrift für Rechtspolitik

Kapitel 1. KI, Ethik und Recht: Herausforderung und Perspektive

Hoeren/Pinelli

Die Auseinandersetzung mit dem thematischen Spannungsfeld der wissenschaftlichen Disziplinen von „KI“, „Ethik“ und „Recht“ stellt eine große Herausforderung dar. Denn den verheißungsvollen unbegrenzten Möglichkeiten einer Technologie, die die reine Automatisierung von Prozessen überwindet, einerseits, steht andererseits die vieldiskutierte Notwendigkeit eines Werte- und Normengerüstes gegenüber, das den Entwicklern und Nutzern von KI grundsätzlich verlässliche Orientierung bieten muss. Dass KI im Zeitalter einer an Geschwindigkeit enorm zunehmenden digitalen Transformation einen immer breiteren und von erheblichem Nutzen geprägten Anwendungsbereich haben wird, dürfte unstreitig sein. Allerdings wird die Diskussion um legale und legitime Verwendungszwecke dieser Technologie mit der ihr immanenten „dual use“-Eigenschaft intensiver werden: denn man kann die Technologie mit nachhaltiger Wirkung „freundlich oder feindlich“ einsetzen. Hier kommen dann schnell die Disziplinen Ethik und Recht ins Spiel mit der Forderung, angemessene Rahmenbedingungen für einen kulturell akzeptierten technologischen Fortschritt zu schaffen; dies hat unter anderem auch das Europäische Parlament erkannt und dementsprechend im Oktober 2020 ein Papier über ethische Konzepte der künstlichen Intelligenz[1] vorgelegt. Es folgte im April 2021 ein Verordnungsentwurf zur Regelung von KI-Anwendungen der Europäischen Kommission.[2]

Vor diesem geschilderten Hintergrund fängt dieses Buch über KI, Ethik und Recht notwendigerweise mit einer Entmythologisierung an. Denn Mythen ranken sich um den Begriff „Künstliche Intelligenz“ ebenso wie um die Termini „Ethik künstlicher Intelligenz“ und „Recht der künstlichen Intelligenz“.

---

[1] Legislative Entschließung des Europäischen Parlaments v. 20.10.2020 mit Empfehlungen an die Kommission zu dem Rahmen für die ethischen Aspekte von künstlicher Intelligenz, Robotik und damit zusammenhängenden Technologien, 2020/2012(INL).

[2] EU-Kommission, Vorschlag für eine Verordnung des Europäischen Parlaments und des Rates zur Festlegung harmonisierter Vorschriften für künstliche Intelligenz (Gesetz über künstliche Intelligenz) und zur Änderung bestimmter Rechtsakte der Union, COM(2021) 206 final.

A. Erster Mythos: Eine eindeutige Definition von KI

KI ist in aller Munde, ob im Zusammenhang mit dem sog. Autonomen Fahren oder mit Industrie 4.0. Weltweit schätzt man für das Jahr 2025 den Umsatz mit KI-Anwendungen auf rund 31,2 Mrd. US-Dollar.[3] Nach einer Studie des Bundeswirtschaftsministeriums haben allein in Deutschland im Jahre 2019 rund 17.500 Unternehmen KI-Anwendungen in Produkten, Dienstleistungen oder internen Prozessen genutzt. Dementsprechend beliefen sich die Ausgaben für die Einführung von KI-Systemen auf rund 4,8 Mrd. EUR. Umsatzmäßig entsprach der Einsatz von KI im Jahre 2019 knapp 60 Mrd. EUR.[4]

Sagen wir es aber gleich vorweg: Es gibt keine wirklich abschließende Definition dessen, was KI ist. Der Ausdruck selbst kann von den jeweiligen technischen Experten verwendet werden, welche eher Techniken anvisieren, die im Nachhinein in diese Kategorie fallen können (zB neuronales Netz, genetischer Algorithmus, Support-Vektor-Maschine usw). Wenn wir uns außerdem auf die Begriffe konzentrieren, die den Ausdruck KI selbst bilden, befinden wir uns in einer Sackgasse: Wird Intelligenz durch eine Kraft des Denkens oder durch Bewusstsein definiert? Was ist die Grenze zwischen künstlich und natürlich? Arbeitet ein in ein Gehirn eingebetteter Chip „künstlich“ oder „natürlich“? Ist natürliche Intelligenz die Voraussetzung für künstliche Intelligenz? Um die Debatte zu vereinfachen, wird KI oft auf maschinelles Lernen reduziert und kann dann umschrieben werden als „eine Reihe von Techniken, die es Maschinen ermöglichen, Aufgaben zu erledigen und Probleme zu lösen, die normalerweise Menschen und bestimmten Tieren vorbehalten sind“[5]. Dies ist die Definition, die wir im Folgenden beibehalten werden. KI als wissenschaftliche Disziplin verfolgt also das Ziel, menschliche Verstandesleistungen durch Algorithmen nachzubilden.[6] Unter solche menschliche Verstandesleistungen fallen Fähigkeiten wie logisches Denken, das Erkennen von Zusammenhängen oder die Fähigkeit, einmal erlerntes Wis-

[3] Siehe die Prognose zum Umsatz mit Unternehmensanwendungen im Bereich künstliche Intelligenz weltweit von 2016 bis 2025 von Tractica, Artificial Intelligence for Enterprise Applications, ID 620443, abrufbar unter: https://de.statista.com/statistik/daten/studie/620443/umfrage/umsatz-mit-unternehmensanwendungen-im-bereich-kuenstliche-intelligenz-weltweit/.

[4] Studie des Bundeswirtschaftsministeriums: Einsatz von Künstlicher Intelligenz in der Deutschen Wirtschaft – Stand der KI-Nutzung im Jahr 2019, Berlin 2020, S. 1 ff.

[5] *LeCun* Qu'est-ce que l'intelligence artificielle? S. 1.

[6] *Görz/Schmid/Braun* Handbuch der Künstlichen Intelligenz S. 1.

sen auf neue Sachverhalte anwenden zu können.[7] Seit Begründung des Forschungsgebietes der Künstlichen Intelligenz 1956 auf einer Konferenz in Dartmouth ist deren wesentlicher Bestandteil auch die Entwicklung eines Systems, das sich selbst verbessert.[8] Die Herausforderung des Forschungsgebietes besteht dabei nicht darin, Computer (präzise Softwareprogramme) abstrakte formelle Aufgaben lösen zu lassen, die für Menschen nur schwer zu bewältigen sind.[9] Dies können Computer besser als Menschen.[10] Die Herausforderung besteht vielmehr darin, Computer dazu zu nutzen, auch informelles Wissen aufnehmen und zur Lösung von Aufgaben anwenden zu können.[11] Viele Probleme lösen Menschen nicht nur durch Logik, sondern auch unter Rückgriff auf ihre Intuition.[12] Dies gilt nicht nur für Alltagssituationen, sondern auch bei einzelnen Arbeitsschritten in der Forschung und Entwicklung.[13] Bei Expertensystemen wird das für eine Lösung erforderliche Wissen explizit vorgegeben und das so programmierte System soll mithilfe dieses vorgegebenen Wissens und durch Befolgung festgelegter Regeln zu richtigen Ergebnissen kommen.[14] Ein Großteil des zur Lösung vieler Probleme erforderlichen Wissens ist allerdings implizit und damit nur schwer in formellen Regeln zu artikulieren.[15] Das Machine Learning umgeht dieses Problem und extrahiert Wissen selbst aus Rohdaten[16] und strukturiert dieses Wissen. Durch Generalisierung kann das System das so gewonnene Wissen auch auf neue unbekannte Probleme anwenden.[17]

Schon in den 1960er-Jahren schrieb der amerikanische Philosoph Hubert Dreyfus unter Einbeziehung phänomenologischer Konzepte eine Fundamentalkritik der theoretischen Annahmen über Künstliche Intelligenz.[18] Diese auch heute noch wichtige Fundamentalkritik setzt selbst bei dem Begriff der Intelligenz an. Der Verstand kann nach der impliziten Annahme mancher Informatiker als ein Medium betrachtet werden, das mit Informationsbits nach formalen Regeln arbeitet. Doch vieles von dem, was wir über die Welt „wissen“, besteht aus komplexen Einstellungen oder Tendenzen, die uns zu einer bestimmten Interpretation neigen

---

[7] Vgl. dazu ausf. *Russell/Norvig* Artificial Intelligence: A Modern Approach S. 1 f.
[8] *McCarthy et al.* AI Magazine Vol. 27 No. 4, 12 (14).
[9] *Goodfellow/Bengio/Courville* Deep Learning S. 2.
[10] *Abbott* Mitt. 2020, 54 (55).
[11] *Goodfellow/Bengio/Courville* Deep Learning S. 2.
[12] *Goodfellow/Bengio/Courville* Deep Learning S. 2.
[13] *Segler/Preuss/Waller* Nature Vol. 555 No. 7698, 604.
[14] *Goodfellow/Bengio/Courville* Deep Learning S. 2.
[15] *Goodfellow/Bengio/Courville* Deep Learning S. 2.
[16] *Goodfellow/Bengio/Courville* Deep Learning S. 2.
[17] *LeCun/Bengio/Hinton* Nature Vol. 521 No. 7553, 436 (437).
[18] *Dreyfus* Alchemy and Artificial Intelligence; *Dreyfus/Dreyfus* Künstliche Intelligenz; *Dreyfus* Was Computer nicht können.

lassen. Die erkenntnistheoretische Annahme, alles Wissen könne formalisiert werden, ist im Lichte dieses Verstandesbegriffs obsolet. Tatsächlich ist die heutige KI-Forschung, die über die Thesen von Dreyfus weit hinausgeht, geprägt von der alles überragenden Bedeutung von Big Data. Man nimmt einen Satz von Regeln (manchmal diffus Algorithmus genannt) und kombiniert diesen mit einer unvorstellbaren Menge von Daten: Man gelangt sehr schnell an eine Schwelle, an der die Verarbeitung solcher Datenmengen zu neuen Erkenntnissen kommt und sogar die vorgegebenen Regeln infrage stellen und verändern kann.

Trotzdem agieren einige Akteure in der rechtspolitischen KI-Diskussion so, als gebe es noch Dreyfus und die strikte Bindung an einen vorgegebenen „Algorithmus". Auch wenn der Begriff Algorithmus im rechtswissenschaftlichen Kontext nirgendwo erklärt wird,[19] scheint oft die Furcht vor einer geheimnisvollen Zentralbotschaft im Computersystem zu existieren.[20] Den Bezug auf das andere wichtige Thema, nämlich Daten in Gestalt von Big Data, hat man entweder vielfach einfach übersehen oder zumindest nicht hinreichend beleuchtet. Erstaunlicherweise spielten die Daten bis vor kurzem kaum noch eine Rolle in der reinen KI-Diskussion.

B. Zweiter Mythos: KI-Ethik gibt es

Um es nochmals ganz deutlich zu sagen: Eine ethische Diskussion rund um Digitalisierung und deren gesellschaftliche Folgen ist notwendiger denn je. In einer zunehmend digitalen Gesellschaft bestehen bei vielen Menschen Ängste vor dem Kontrollverlust an die Maschinen, vor allem in den USA.[21] Umgekehrt hatten sich Informatiker in den letzten Jahrzehnten sehr stark auf die rein technisch definierte Funktionalität ihrer Programme fixiert, ohne deren Wirkung angemessen in einen sozialen Kontext zu stellen. Dies hat sich nicht zuletzt dank des zunehmenden Einsatzes von KI-Systemen grundlegend geändert. Immer mehr Menschen wird deutlich, dass Computer nicht nur technisch mehr oder weniger funktionierende Maschinen sind. Die Denkgesetze, die solchen Maschinen und ihrem Tun inhärent sind, werden hinterfragt und auf den Prüfstand gebracht. In der Jurisprudenz ist der normative Einstieg für eine Kontrolle solcher maschinellen Denkgesetze das AGG verbunden

[19] *Schuhmacher* Schutz von Algorithmen für Computerprogramme S. 21 ff.

[20] So etwa *Hoffmann-Riem* AöR 142 (2017), 1 (10 ff.); *Golla* DÖV 2019, 673 ff.; *Böhme-Neßler* NJW 2017, 3031 ff; *Kafsack* Die Angst vor den Intelligenzbestien, FAZ v. 21.4.2021, S. 17.

[21] *Susser/Roessler/Nissenbaum* Georgetown Law Technology Review 4.1 (2019), 1.

mit dem allgemeinen Diskriminierungsverbot aus Art. 3 Abs. 1 GG. Darüber hinaus ist eine erste einfachgesetzliche Vorschrift durch Art. 22 DS-GVO geschaffen worden, der im Grundsatz die Möglichkeiten rein automatisierter Datenverarbeitungsentscheidungen infrage stellt. In dem vorliegenden Band finden sich viele sehr gute Beiträge, die diesen Faden weiterspinnen und über ethische Verantwortlichkeiten in der KI-Forschung nachdenken (siehe dazu in diesem Buch *Guggenberger* Algorithmic Decisions Between Process and Fairness → Kap. 5 und *Haag* Algorithmendiskriminierung unter dem AGG und den Gleichbehandlungsrichtlinien → Kap. 6).

Die KI-Diskussion unterliegt manchmal dem Irrtum, zu glauben, es gebe eine klare ethische Zielperspektive für die weitere Entwicklung.[22] Deutlich wird das zum Beispiel bei der Empfehlung des Europäischen Parlaments zu ethischen Konzepten der künstlichen Intelligenz vom 20. Oktober 2020.[23] Sucht man dort klarere Aussagen über unverbindliche Zielangaben hinaus, findet man in Nummer 2 die Verpflichtung des Rechts darauf,

> to "respect human dignity, autonomy and self-determination of the individual, prevent harm, promote fairness, inclusion and transparency, eliminate biases and discrimination, including as regards minority groups, and respect and comply with the principles of limiting the negative externalities of technology used, of ensuring explainability of technologies, and of guaranteeing that the technologies are there to serve people and not replace or decide for them, with the ultimate aim of increasing every human being's well-being."

Insoweit hat der Text einfach die Grundrechtecharta abgeschrieben, ohne allerdings zu begründen, wieso die KI-Industrie an Grundrechte aus der Charta gebunden sein soll. Die Bindung an die Menschenwürde ist so nichtssagend, dass sie diesbezüglich wenig hilfreich ist. Gleiches gilt für die Verpflichtung zur Achtung von Autonomie und Selbstbestimmung. Pauschal und ohne Differenzierung auf Transparenz abzustellen, ist wenig zielführend. Dies gilt auch für das Verbot der Diskriminierung und das Gebot der Inklusion. Es bleibt nur der allgemeine Fairnesshinweis "promote fairness".

---

[22] Dagegen schon grds. *Schliesky* NJW 2019, 3692 (3693).

[23] Legislative Entschließung des Europäischen Parlaments v. 20.10.2020 mit Empfehlungen an die Kommission zu dem Rahmen für die ethischen Aspekte von künstlicher Intelligenz, Robotik und damit zusammenhängenden Technologien, 2020/2012(INL).

Juristische Personen des Privatrechts sind – abseits von wenigen Ausnahmen – nicht unmittelbar an die Grundrechte gebunden. Die oft statuierte mittelbare Bindung resultiert daher, dass die Grundrechte Schutzpflichten des Staates begründen können, die dieser unter Beachtung der praktischen Konkordanz divergierender Grundrechte dann in Form von wirtschaftsrechtlichen Vorschriften konkretisieren kann. Dieses komplexe System der abgestuften Grundrechtsbindung scheint aber denjenigen nicht mehr zu gefallen, die für große Plattformbetreiber wie Facebook und Google eine der traditionell staatlichen Pflichten- oder Garantenstellung vergleichbare Stellung annehmen.[24] Jene stellen einfach auf einen direkten und unmittelbaren Einfluss der Grundrechte auch auf die Privatwirtschaft ab. Damit löst man scheinbar auch das Problem der oft geforderten Social Responsibility, deren Konturen abseits der Grundrechte denkbar schimärenhaft unklar bleiben. Meist verbleibt nur ein allgemeiner Hinweis auf das Prinzip der Fairness, ohne dass die Konturen dieses Prinzips genauer konkretisiert werden können oder gar konsensfähig wären. Dies gilt auch für das Papier der Kommission von April 2021 für einen Verordnungsentwurf zur künstlichen Intelligenz,[25] der weniger auf pauschale ethische Prinzipien abstellt als auf einen risikobasierten Zugang. Der Verordnungsentwurf sieht vor, dass KI-Systeme mit einem inakzeptablen Risiko verboten werden. An sog. Hoch-Risiko-KI-Systeme werden umfassende Anforderungen gestellt und es ist eine ex-ante Konformitätsprüfung vorzunehmen. Zudem wird eine dritte Kategorie von KI-Systemen definiert, für die abgeschwächte Transparenz- und Informationspflichten gelten. KI-Systeme mit keinem oder nur einem geringen Risiko werden von dem Entwurf nicht berührt. Aber auch bei diesem Verordnungsentwurf gilt, dass das Prinzip der Risikovermeidung nicht hinreichend konkretisiert wird. Wer entscheidet darüber, wie viel Risiko eine Gesellschaft bzw. Betroffene hinnehmen muss bzw. müssen?

Es ist daher ein besonderer Verdienst ua von *Ingrid Schneider* und *Judith Simon*, sich in diesem Buch mit den verschiedenen divergierenden Ethikmodellen und deren Akteuren kritisch auseinandergesetzt zu haben.[26]

[24] Die Tendenz wird sehr schön beschrieben bei *Barczak* DÖV 2020, 997 (1002 ff.); *Michl* JZ 2018, 910 ff.; aA *Lüdemann* MMR 2019, 279 (283 f.).

[25] EU-Kommission, Vorschlag für eine Verordnung des Europäischen Parlaments und des Rates zur Festlegung harmonisierter Vorschriften für künstliche Intelligenz (Gesetz über künstliche Intelligenz) und zur Änderung bestimmter Rechtsakte der Union, COM(2021) 206 final.

[26] *Rudschies/Schneider/Simon* The Heterogeneity of AI Ethics Guidelines Examined → Kap. 4.

C. Dritter Mythos: Eindeutige rechtliche Vorgaben bei KI

Die derzeitige KI-Diskussion ist unserer Wahrnehmung nach von der Überzeugung geprägt, man könnte alles, was man unter KI subsumiert, effizient und richtig regulieren. Diese Vorstellung hängt sich erstaunlicherweise an dem alten europäischen Traum von den unbegrenzten Möglichkeiten der Gesetzgebung auf. Schon der preußische Gesetzgeber[27] hatte im preußischen allgemeinen Landrecht die Governance-Vision einer gesetzlichen Regelung von Sachverhalten bis in das kleinste Detail vertreten.[28] Diese idealtypische Vorstellung wurde schon seinerzeit schnell als irreal und illusorisch überführt. Erstaunlicherweise findet sich der alte preußische Traum jetzt im Zeitalter von KI wieder. Die Kommission beginnt gerade damit, durch umfassende Regelwerke die europäische Datenwirtschaft dediziert regulieren zu wollen. Mit dem Digital Markets Act,[29] dem Digital Services Act[30] und dem DGA[31] sowie mit dem Vorschlag für eine Verordnung zur künstlichen Intelligenz werden umfassende Strukturen und Leitplanken geschaffen, die die gerade erst im Aufbau befindliche KI-Industrie über Jahre hinweg beschäftigen wird. Statt eines digitalen öffentlichen Wirtschaftsrechts mit komplexen Aufsichtsstrukturen[32] hätte man alternativ in Erwägung ziehen können, allgemeine Generalklauseln zu schaffen, die die Gerichte dann konkretisieren[33] oder sich auf die Stärken des allgemeinen Zivilrechts zurückzubesinnen und durch eine allmähliche wissenschaftliche Verständigung weitere Grundgedanken für die Gerichte aus diesen allgemeinen zivil-

[27] Eingehend *Schwennicke* Die Entstehung der Einleitung des Preußischen Allgemeinen Landrechts von 1794 S. 6; s. dazu *Dernbur* Lehrbuch des Preussischen Privatrechts; *Förster* Theorie und Praxis des heutigen gemeinen preussischen Privatrechts; *Heydemann* System des Preussischen Civilrechts im Grundrisse; *Koch* Allgemeines Landrecht für die preussischen Staaten; *Rehbein/Reincke* Allgemeines Landrecht.

[28] *Dilcher* ZEuP 1994, 446.

[29] EU-Kommission, Vorschlag für eine Verordnung des Europäischen Parlaments und des Rates über bestreitbare und faire Märkte im digitalen Sektor (Gesetz über digitale Märkte), COM(2020) 842 final.

[30] EU-Kommission, Vorschlag für eine Verordnung des Europäischen Parlaments und des Rates über einen Binnenmarkt für digitale Dienste (Gesetz über digitale Dienste) und zur Änderung der Richtlinie 2000/31/EG, COM(2020) 825 final.

[31] EU-Kommission, Vorschlag für eine Verordnung des Europäischen Parlaments und des Rates über europäische Daten-Governance (Daten-Governance-Gesetz), COM(2020) 767 final.

[32] *Fikentscher* Methoden des Rechts in vergleichender Darstellung. Bd. 2.

[33] *Lessig* The Yale Law Journal Vol. 104 (1995), 1743.

rechtlichen Prinzipien ableiten zu können. Doch man kann den Eindruck gewinnen, dass hier zügig rechtliche Regelungen geschaffen werden sollten, um so auch die zunehmende Moralisierung der KI-Diskussion in geregelte Bahnen zu lenken. Durch diese bedingt, werden die juristisch eigentlich spannenden und absolut klärungsbedürftigen Fragen der Digitalwirtschaft verdrängt. Da wäre zum Beispiel die Frage nach einem Zuordnungsrecht an Daten versus den korrespondierenden Datenzugangsrechten. Ferner besteht die Frage nach der Datenqualität und nach deren zivilrechtlicher Absicherung.

Im Bereich der Ausschließlichkeitsrechte stellt sich zum Beispiel die Frage, ob KI-Entwicklungen schutzfähige Erfindungen im Patentrecht darstellen.[34] Dies hängt insbesondere davon ab, ob die KI als Erfinder konstruiert werden kann.[35] Für das Urheberrecht stellt sich die parallele Frage, wem Verwertungs- und Urheberpersönlichkeitsrechte bei kreativen KI-Schöpfungen zugeordnet werden können.[36] Schließlich könnten die vorstehend genannten Datenzuordnungsfragen vorrangig sein, vorausgesetzt es besteht die Möglichkeit der Zuordnung von Ausschließlichkeitsrechten an Daten. Hier wurde in der Rechtswissenschaft anfänglich der Versuch unternommen, an ein allgemeines Eigentumsrecht an Daten zu denken, was sich aber im Hinblick auf die Bindung des deutschen Eigentumsrechts an körperliche Gegenstände als schwierig erwies. Alternativ zog man in Betracht, Besitzrechte an Daten oder – im Sinne des allgemeinen Geheimnisschutzes nach dem Geheimnisschutzgesetz – beschränkte Ausschließlichkeitsrechte an Daten anzunehmen. Bei den Datenzugangsrechten denkt man in Deutschland noch zu stark in kartellrechtlichen Kategorien.[37] Aktuell wurden durch das zehnte GWB Digitalisierungsgesetz[38] die Kategorien für eine Datenmacht neugeordnet, aber stets nur in den allgemeinen Grenzen des Kartellrechts; ohnehin steckt hinter vielen Ängsten vor künstlicher Intelligenz ein Ohnmachtsgefühl gegenüber der Marktmacht großer US-amerikanischer Akteure wie Facebook, Google, Apple oder Amazon.

Noch gar nicht untersucht ist die Problematik des fehlenden Datenvertragsrechts im BGB, die die Verfasser schon zu einer eigenen ausführlichen Stellungnahme veranlasst hat.[39] Wer KI betreibt, hat als Input oder Output mit Daten zu tun. Insofern setzt eine vertiefte Kenntnis von KI-

---

34 *Wiebe* in Leupold/Wiebe/Glossner Teil 9.6.1 Rn. 9–15.

35 Dazu ua *Stierle* GRUR Int. 2021, 115; *Engel* GRUR Int. 2020, 1123.

36 *Scheufen* in Leupold/Wiebe/Glossner Teil 9.6.2 Rn. 1 ff.

37 *Busch* GRUR 2019, 788 ff.

38 Gesetz zur Änderung des Gesetzes gegen Wettbewerbsbeschränkungen für ein fokussiertes, proaktives und digitales Wettbewerbsrecht 4.0 und anderer Bestimmungen (GWB-Digitalisierungsgesetz) v. 18.1.2021, BGBl. I 2–32.

39 Dazu *Hoeren/Pinelli* JZ 2020, 879.

relevantem Recht profunde Erfahrungen im Umgang mit dem Datenrecht und den Transaktionsbedingungen für ein Datenvertragsrecht voraus. Die Fragestellungen gehen von der für die Gewährleistung notwendigen Sollbeschaffenheit der Daten über die Frage der Rückgewähr von Daten bis hin zum Haftungssystem des BGB.[40] Der Gegenstand ist in diesem Bereich bestimmt durch Rohdaten. Daten sind durch eine Reihe von Eigenschaften vom klassischen Eigentum zu unterscheiden. Von ihrem Wesen her handelt es sich um nicht-rivale, nicht exklusive und nicht abnutzbare Gegenstände. [41] Daten als Informationsgut sind nach dieser Unterscheidung nicht-rival im Konsum, weil eine Nutzung des Gutes durch mehrere Personen gleichzeitig möglich ist. Daten sind auch nicht exklusiv, da man mit ihnen von ihrer Natur her unbegrenzt und nicht auf eine Person bezogen handeln kann. Zwei erhebliche juristische Probleme rund um das sog. Datenrecht[42] werden im Folgenden exemplarisch vorgestellt, um die Komplexität zivilrechtlicher Fragen rund um KI und Daten deutlich zu machen: Die Frage nach dem Vertragsgegenstand und das Problem der Rückgewähr.

D. Daten und KI als Vertragsgegenstand

Rohdaten sind mögliche Gegenstände eines Kaufvertrages nach Maßgabe von § 453 BGB.[43] Denn Daten gelten nach der Gesetzesbegründung als sonstiger Gegenstand iSd § 453 BGB, auf den die Vorschriften über den Kauf von Sachen entsprechende Anwendung finden sollen. Die Datenübertragung ist insofern unter die Übertragung „von Elektrizität und Fernwärme, von (nicht geschützten) Erfindungen, technischem Know-how, Software, Werbeideen“ zu subsumieren,[44] die im Zuge der Modernisierung des Schuldrechts im Jahre 2001 als Regelbeispiele in der Gesetzesbegründung zu § 453 BGB genannt werden. Wenn solche Daten auf Dauer gegen Bereitstellung anderer Daten und Dienste überlassen werden, handelt es sich um einen Tauschvertrag iSv § 480 BGB, auf den die

[40] *Hoeren/Pinelli* JZ 2020, 879 (880).

[41] Sie sind daher nicht das Öl der Informationsgesellschaft. *Scheufen* Angewandte Mikroökonomie und Wirtschaftspolitik S. 108 ff.; *Zech* AcP 219 (2019), 488 (561 ff.).

[42] Eingehend *Specht-Riemenschneider/Werry/Werry* Datenrecht in der Digitalisierung.

[43] Staudinger/*Stieper* BGB § 90 Rn. 17; Staudinger/*Beckmann* BGB § 453 Rn. 37; so auch OLG Düsseldorf Beschl. v. 17.2.2010 – I-17 U 167/09, BeckRS 2010, 9514; LG München I Urt. v. 10.12.2008 – 16 HK O 10382/08, BeckRS 2009, 88429.

[44] S. Entwurf eines Gesetzes zur Modernisierung des Schuldrechts v. 14.5.2001, BT-Drs. 14/6040, 242.

Vorschriften über den Kauf entsprechende Anwendung finden. Als bloßes funktionales Äquivalent ist die Bereitstellung von Daten zum Zugriff über Schnittstellen (API) anzusehen. Auch wenn diese Daten aktiv an Dritte weitergegeben oder ihnen zum Zugriff bereitgestellt werden, macht dies keinen juristischen Unterschied; es bleibt letztendlich beim Datenkauf.

Ungeeignet ist die teilweise in der Literatur[45] vorgeschlagene Einordnung als Lizenzvertrag über die Nutzung einer Datenbank im urheberrechtlichen Sinne, da es bei solchen Verträgen über Rohdaten regelmäßig nicht um die Einräumung von Rechten an Datenbanken geht. Das Urheberrecht kommt erst zur Anwendung, wenn zu dem Bestand an Rohdaten ein sog. Value Added Design hinzukommt, etwa durch eine aufwändige Strukturierung der Daten. Nur in einem solchen Fall ist der Added Value geschützt nach dem Datenbankherstellerrecht (§ 87a UrhG). Der Aufwand für die Beschaffung oder Erzeugung der Daten ist hingegen nicht Gegenstand eines solchen Sonderrechts.[46] Das verkennen weite Teile der Forschung, die immer wieder nach dem Urheberrecht als Anknüpfungspunkt des Datenbankvertrages fragen.[47]

In bestimmten Konstellationen, etwa bei einer Vertragskündigung oder bei einer Rückabwicklung aufgrund von Mängeln, müssen Daten zurückgegeben oder gelöscht werden. Aus dem Softwarebereich heraus kann man ein erstes Problem schon lokalisieren. Hier stellt sich die Frage, wie man bei einer Zug-um-Zug-Verurteilung Software zurückgeben kann. Hierzu bedarf es für die Zwecke der zwangsvollstreckungsrechtlichen Durchsetzung einer Spezifizierung der Software. Diese ist und war schon immer schwierig, etwa wenn es sich um Individualsoftware handelt(e). Wie kann man solche Software so konkretisieren, dass der Gerichtsvollzieher mit hinreichender Bestimmtheit weiß, was er zurückzugeben oder abzuholen hat? Das Landgericht Düsseldorf hatte schon 1994 diese Probleme erkannt und auf die Diskettenbeschriftung abgestellt; ein Anspruch auf Herausgabe von Individualsoftware müsse so formuliert werden, dass diese anhand der äußeren Merkmale von Disketten eindeutig identifiziert werden kann.[48] Mit Disketten haben wir es heutzutage selbstverständlich schon lange nicht mehr zu tun. In Bezug auf die Software unserer Tage bietet sich ein kryptografisches Prüfsummenverfahren

---

[45] *Graf von Westphalen* IWRZ 2018, 9 (15).

[46] EuGH Urt. v. 9.11.2004 – C-203/02, ECLI:EU:C:2004:695 = MMR 2005, 29 – The British Horseracing Board; aA *Wiebe* GRUR 2017, 338 (341).

[47] So zB Loewenheim/*Koch/Rauer/Bousonville* § 83 Datenbankverträge Rn. 12 ff.

[48] LG Düsseldorf Urt. v. 16.3.1994 – 5 O 4/94, BB 23/1994, 2; das AG Offenbach Beschl. v. 27.1.1989 – 62 M 841/89, NJW-RR 1989, 445 hat die Vollstreckbarkeit gänzlich verneint. Vgl. auch KG Berlin Beschl. v. 8.3.1994 – 1 W 7446/93, NJW-RR 1994, 959.

(Check sum) an.[49] Hierbei wird aus den Ausgangsdaten eine Prüfsumme berechnet, mit deren Hilfe man in der Lage ist, einen Bitfehler zu erkennen. Die Prüfsumme wird vom Sender errechnet und mit den Daten übermittelt. Der Empfänger kann seinerseits eine Prüfsumme feststellen; ist diese nicht mit der Prüfsumme des Senders identisch, spricht dies sehr stark für eine Veränderung des Datenpakets.[50] In diesem Fall besteht eine hohe Wahrscheinlichkeit, dass die zurückgegebenen Daten nicht identisch sind mit den ursprünglich herausgegebenen. Insofern wäre die Rückgabeverpflichtung im Zuge einer Rückabwicklung wegen Kündigung oder in einem Gewährleistungsverfahren nicht erfüllt.

E. Rückgewähr und Löschung von Daten

Als weiteres Problem stellt sich die Frage, wie man bei einer Rückabwicklung des Vertrages die bereits erhaltenen Daten zurückgeben kann.[51] Wählt der Käufer den Rücktritt, müssen die Parteien einander gem. § 346 Abs. 1 BGB die empfangenen Leistungen zurückgewähren.[52] Hier bereitet vor allem die Rückgewähr von Daten faktische Schwierigkeiten, da Daten unbeschränkt kopierbar sind. Letztendlich erfolgt statt der Rückgabe der Daten die Löschung der beim Anwender verbliebenen Kopien.[53] Aber auch mit der Löschung ist es faktisch schwierig. Der Käufer (Nutzer) kann regelmäßig nicht sicherstellen, dass die Daten gelöscht sind. In der Praxis behilft man sich hier mit notarieller Beurkundung.[54] Die Rechtsprechung bezweifelt aber zunehmend, ob notarielle Erklärungen die Löschung effektiv absichern können. So hat der BGH[55] im Rah-

---

[49] Sehr schön technisch beschrieben wird das Verfahren bei *Jockisch* Praktische Anwendung kryptografischer Prüfsummen, http://peterjockisch.de/texte/computerartikel/Kryptographische-Pruefsummen/Kryptographische-Pruefsummen.html.

[50] S. *Basar/Hiéramente* NStZ 2018, 681 (685).

[51] Dieses Problem nimmt noch bei der Verwendung von Cloud-Diensten zu. Im Zeitalter der überwiegenden Nutzung von Cloud-Funktionalitäten im Sinne von Software-as-a-Service und damit überwiegend Mietvertragskonstellationen wird der Großteil der Software und Daten den Unternehmen nicht physisch überlassen, sondern als Cloudservice zur Verfügung gestellt. Dann stellt sich aber erst recht die Frage, wie man im Rahmen eines solchen Mietvertrages die Rückgabe von gemieteten Daten überhaupt bewerkstelligt.

[52] Bedauerlicherweise hat Marly neuerdings die Ansicht vertreten, dass bei Software der Rücktritt automatisch einen Wegfall der bestehenden Nutzungsrechte auslöst, vgl. Marly SoftwareR-HdB, 7. Aufl. 2018, Rn. 1311 gegen seine *eigene* Ansicht bis zur 5. Aufl.

[53] *Redeker* IT-R Rn. 392; *v. Gravenreuth* BB 1989, 1925 (1926).

[54] S. dazu ausf. *Seitz* „Gebrauchte" Softwarelizenzen S. 227 ff.

[55] BGH Urt. v. 11.12.2014 – I ZR 8/13, MMR 2015, 530 – *UsedSoft III*.

men der für Software geltenden Erschöpfung erklärt, dass der spätere Erwerber sich nur dann auf die Erschöpfung berufen könne, wenn der Ersterwerber die entsprechend veräußerten Kopien des Computerprogramms für sich selbst unbrauchbar gemacht habe. Es müsse im konkreten Fall vom Zweiterwerber hinreichend sichergestellt werden, dass die Software beim Ersterwerber auch tatsächlich gelöscht wurde. Die Vorstellung, man könne Software oder Daten löschen, geht aber an der technischen Realität vorbei. Nach dem derzeitigen Stand der Technik würde das nur über eine physische Vernichtung des Datenträgers in Form einer Zerkleinerung oder Entmagnetisierung möglich sein. Wie *Sven Hunzinger* in seiner Doktorarbeit über das Löschen im Datenschutzrecht deutlich macht,[56] ist die Löschung eine Utopie, die durch das Unbrauchbarmachen ersetzt werden sollte. Dies würde es ermöglichen, auch Verfahren wie eine Verschlüsselung zu berücksichtigen, die keinem Löschen im engeren Sinne entsprechen.

Im Übrigen ändert die Löschung nichts daran, dass der Anwender aufgrund der ursprünglich überlassenen Daten Kenntnisse und Produkte entwickeln kann, deren Rückgabe im Rahmen der Rücktrittsabwicklung nicht geschuldet ist. Wissen im „Hirn“, das zeigt schon die Diskussion um den Geheimnisschutz nach dem Geheimnisschutzgesetz, gehört niemandem außerhalb des „Hirns“.[57] Von daher bringt die Rückgabe von Daten im Rahmen von § 346 Abs. 1 BGB wenig. Würde man hier aus dieser Vorschrift eine Pflicht zur Herausgabe der gezogenen Nutzungen anwenden, müsste der Rücktrittsschuldner alle mit dem Wissen entwickelten Produkte und Dienstleistungen herausgeben. Dies kann nicht Sinn und Zweck der Vorschrift sein und zeigt, dass diese aus dem Zeitalter des Property Right, nicht hingegen des Access Right kommt.[58] Hier passen die Wertersatzregeln des § 346 Abs. 2 BGB nicht richtig. Man könnte an eine Anwendung des § 346 Abs. 2 S. 1 BGB denken und den Schuldner zum Wertersatz verpflichtet sehen, soweit die Rückgewähr nach der Natur des Erlangten ausgeschlossen ist. Allerdings scheint dem § 346 Abs. 2 S. 1 Nr. 3 BGB entgegen zu stehen, der eine Wertersatzpflicht für die durch die bestimmungsgemäße Ingebrauchnahme entstandene Verschlechterung ausdrücklich ausschließt. Man könnte also argumentieren, dass die Nutzung der Daten ihrer Bestimmung entspricht und deren Ingebrauchnahme insofern nicht zu Kompensationsansprüchen führt. Allerdings ist diese Ausnahme nur auf den Fall der Verschlechterung nach Nr. 3 bezogen, nicht aber auf den in Nr. 1 erwähnten Fall des

[56] *Hunzinger* Das Löschen im Datenschutzrecht.
[57] S. *Gaugenrieder* BB 2014, 1987 (1992); *Schregle* GRUR 2019, 912 (915).
[58] S. dazu grdl. *Rifkin* The Age of Access.

Ausschlusses der Rückgewähr nach der Natur des Erlangten.[59] Insofern ist der Wortlaut eindeutig und eröffnet daher die Möglichkeit, sogar neben der Rückgewähr eine Wertersatzpflicht zu statuieren.[60] Diese wäre nach der vertraglich bestimmten Gegenleistung zu berechnen, in Ermangelung einer solchen Bestimmung nach dem objektiven Wert der Leistung. Allerdings soll § 346 Abs. 2 BGB der faktischen Vertragserfüllung dienen. Das Gesetz geht davon aus, dass eben die Sache schon so wie gedacht genutzt wurde und die Einpreisung der Sache durch den Verkäufer auf der einen Seite dem Nutzungsgewinn des Käufers auf der anderen Seite entspricht. Das legt den Schluss nahe, dass das Gesetz auch bei Daten davon ausgeht, dass sämtliche Nutzungen von Daten durch die Rücktrittspartei schon im ursprünglichen Kaufpreis eingepreist sind. Indem dieser als Wertersatz dem Verkäufer erstattet wird, wird der Vertrag also faktisch erfüllt. Mit der Begrenzung auf den Kaufpreis handelte es sich um eine ökonomisch äußerst sinnvolle Regelung, gerade bei Daten, da die Berechnung des Wertersatzes für jegliche Weiterverwendung der Daten enorme Schwierigkeiten aufwerfen würde, die wiederum in einem (zu) hohen Preis der Daten münden würde. Die entscheidende Frage wäre also, ob auch im Datenkontext die Nutzungsgewinne Äquivalent zum ursprünglichen Erwerbspreis der Kauf- bzw. Nutzungsberechtigung sind. Davon ist in einer Marktwirtschaft auszugehen. Im Ergebnis entsprechen die Wertersatzregeln des § 346 BGB gerade der Besonderheit des Datenmarktes nicht.

F. Weitere notwendige Auseinandersetzung mit dem Thema

Abschließend sei darauf hingewiesen, dass es wesentliche Aufgabe der weiteren interdisziplinären wissenschaftlichen Diskussion sein wird, diskutable und hilfreiche Ansätze für den funktional angemessenen, legalen und legitimen Einsatz von KI und damit einhergehend auch für einen kulturell akzeptierten und digital erforderlichen Technologiefortschritt zu entwickeln. In diesem Buch konnten naturgemäß nicht alle Themen mit Bezug zur KI fokussiert werden. Hochkomplexe Fragestellungen rund um diese Technologie – wie beispielsweise die Messbarkeit und Auditierbarkeit von KI zwecks Einhaltung von rechtlichen Regelungen während des Ablaufes von KI-Rechenprozessen oder die zwingende Demo-

[59] S. *Kaiser* JZ 2001, 1057 (1061).

[60] Allerdings ist der Wortlaut von § 346 Abs. 2 misslungen, als dort ausdrücklich auf den Fall *statt* der Rückgewehr oder Herausgabe abgestellt wird. Dem steht aber entgegen, dass eine Wertersatzpflicht besteht, *soweit* die Rückgewehr nach der Natur landen ausgeschlossen ist.

kratisierung von Daten in Gestalt einer den Technologie-Einsatz erst ermöglichenden Datenklassifikation – müssen Gegenstand weiterer Veröffentlichungen und einer engagierten Diskussion sein. Denn nur so schaffen wir auf diesem Technologiegebiet den unbedingt erforderlichen technischen, zugleich aber verantwortlichen und sozial akzeptierten Fortschritt nach dem Motto: „Natürliche Intelligenz als unbedingte Voraussetzung für erfolgreiche künstliche Intelligenz".

Literatur

Abbott, How Inventive Machines Will Change the Ultimate Test of Patentability. Part III – A Post-Skilled World, Mitteilungen der deutschen Patentanwälte 2020, 54

Arnold, Wien kann helfen, Lettre international 132 (2021), 126

Barczak, Algorithmus als Arkanum, DÖV 2020, 997

Basar/Hiéramente, Datenbeschlagnahme in Wirtschaftsstrafverfahren und die Frage der Datenlöschung, NStZ 2018, 681

Böhme-Neßler, Die Macht der Algorithmen und die Ohnmacht des Rechts, NJW 2017, 3031

Bundeswirtschaftsministerium, Einsatz von Künstlicher Intelligenz in der Deutschen Wirtschaft – Stand der KI-Nutzung im Jahr 2019, Berlin 2020

Busch, Mehr Fairness und Transparenz in der Plattformökonomie?, GRUR 2019, 788

Dernburg, Lehrbuch des Preussischen Privatrechts (und der Privatrechtsnormen des Reichs), 5. Aufl., Halle a. S. 1894

Dilcher, Die janusköpfige Kodifikation – Das preußische Allgemeine Landrecht (1794) und die europäische Rechtsgeschichte, ZEuP 1994, 446

Dreyfus, Alchemy and Artificial Intelligence, Santa Monica 1965

Dreyfus, Was Computer nicht können. Die Grenzen künstlicher Intelligenz, Königstein am Taunus 1989

Dreyfus/Dreyfus, Künstliche Intelligenz: Von den Grenzen der Denkmaschine und dem Wert der Intuition, Reinbek bei Hamburg 1988

Engel, Can a Patent Be Granted for an AI-Generated Invention?, GRUR Int. 2020, 1123

Fikentscher, Methoden des Rechts in vergleichender Darstellung. Bd. 2, Tübingen 1975

Förster, Theorie und Praxis des heutigen gemeinen preussischen Privatrechts auf der Grundlage des generellen deutschen Rechts, (Preussisches Privatrecht), 7 Aufl., Berlin 1865–1896

Gaugenrieder, Einheitliche Grundlage für den Schutz von Geschäftsgeheimnissen in Europa - Zukunftstraum oder Alptraum, BB 2014, 1987

Golla, In Würde vor Ampel und Algorithmus – Verfassungsrecht im technologischen Wandel, DÖV 2019, 673

Goodfellow/Bengio/Courville, Deep Learning, Cambridge (US-MA) 2016

Görz/Schmid/Braun, Handbuch der Künstlichen Intelligenz, 6. Aufl., Berlin 2021

v. Gravenreuth, Probleme im Zusammenhang mit der Minderung oder Wandlung mangelhafter Software, BB 1989, 1925

Heydemann, System des Preussischen Civilrechts im Grundrisse, 2 Aufl., Berlin 1851 und 1861
Hoeren/Pinelli, Daten im Rechtsverkehr – Überlegungen für ein allgemeines Datenvertragsrecht, JZ 2020, 879
Hoffmann Riem, Verhaltenssteuerung durch Algorithmen – eine Herausforderung für das Recht, AöR 142 (2017), 1
Hunzinger, Das Löschen im Datenschutzrecht, Baden-Baden 2018 (zugleich Diss. Münster 2018)
Kafsack, Die Angst vor den Intelligenzbestien, FAZ v. 21.4.2021
Kaiser, Die Rechtsfolgen des Rücktritts in der Schuldrechtsreform, JZ 2001, 1057
Koch, Allgemeines Landrecht für die preussischen Staaten, herausgegeben mit Kommentar und Anmerkungen, 8 Aufl., Berlin 1882–1883
LeCun, Qu'est-ce que l'intelligence artificielle?, https://www.college-de-france.fr/media/yann-lecun/UPL4485925235409209505_Intelligence_Artificielle______Y._LeCun.pdf (zuletzt abgerufen am 26.04.2021)
LeCun/Bengio/Hinton, Deep Learning, Nature Vol. 521 No. 7553, 436
Lessig, The Path of Cyberlaw, The Yale Law Journal Vol. 104 (1995), 1743
Leupold/Wiebe/Gossner (Hrsg.), Münchener Anwaltshandbuch IT-Recht, 4. Aufl., München 2021
Loewenheim (Hrsg.), Handbuch des Urheberrechts, 3. Aufl., Frankfurt a. M. 2021
Lüdemann, Grundrechtliche Vorgaben für die Löschung von Beiträgen in sozialen Netzwerken, MMR 2019, 279
Marly, Praxishandbuch Softwarerecht, 7. Aufl., München 2018
McCarthy et al., A Proposal for the Dartmouth Summer Research Project on Artificial Intelligence, AI Magazine Vol. 27 No. 4, 12
Michl, Situativ staatsgleiche Grundrechtsbindung privater Akteure, JZ 2018, 910
Redeker, IT-Recht, Handbuch, 7. Aufl., München 2020
Rehbein/Reincke, Allgemeines Landrecht für die Preußischen Staaten nebst den ergänzenden und abändernden Bestimmungen der Reichs- und Landesgesetzgebung. Mit Erläuterungen, 5 Aufl., Berlin 1880–1894
Rifkin, The Age of Access, New York 2000
Russell/Norvig, Artificial Intelligence: A Modern Approach, 4. Aufl., Haboken 2021
Scheufen, Angewandte Mikroökonomie und Wirtschaftspolitik, 1. Aufl., Wiesbaden 2018
Schliesky, Digitale Ethik und Recht, NJW 2019, 3693
Schregle, Neue Maßnahmen zum Geheimnisschutz in Geschäftsgeheimnisstreitsachen, GRUR 2019, 912
Schuhmacher, Schutz von Algorithmen für Computerprogramme, Münster 2004
Schwennicke, Die Entstehung der Einleitung des Preußischen Allgemeinen Landrechts von 1794, Frankfurt am Main 1993
Segler/Preuss/Waller, Planning chemical syntheses with deep neural networks and symbolic AI, Nature Vol. 555 No. 7698, 604
Seitz, „Gebrauchte" Softwarelizenzen, Münster 2010
Specht-Riemenschneider/Werry/Werry, Datenrecht in der Digitalisierung, 1. Aufl., Berlin 2020

Staudinger, Kommentar zum Bürgerlichen Gesetzbuch mit Einführungsgesetz und Nebengesetzen, BGB, Buch 1, §§ 90–124; §§ 130–133, Berlin (Neubearbeitung) 2017

Staudinger, Kommentar zum Bürgerlichen Gesetzbuch mit Einführungsgesetz und Nebengesetzen, BGB, Buch 2, §§ 433–480, Berlin (Neubearbeitung) 2013

Stierle, A De Lege Ferenda Perspective on Artificial Intelligence Systems Designated as Inventors in the European Patent System, GRUR Int. 2021, 115

Susser/Roessler/Nissenbaum, Online Manipulation: Hidden Influences in a Digital World, Georgetown Law Technology Review 4.1 (2019), 1

Tractica, Artificial Intelligence for Enterprise Applications, ID 620443, abrufbar unter: https://de.statista.com/statistik/daten/studie/620443/umfrage/umsatz-mit-unternehmensanwendungen-im-bereich-kuenstliche-intelligenz-weltweit/

Graf von Westphalen, Datenvertragsrecht – disruptive Technik – disruptives Recht, IWRZ 2018, 9

Wiebe, Schutz von Maschinendaten durch das sui-generis-Schutzrecht für Datenbanken, GRUR 2017, 338

Zech, Die »Befugnisse des Eigentümers« nach § 903 Satz 1 BGB – Rivalität als Kriterium für eine Begrenzung der Eigentumswirkungen, AcP 219 (2019), 488

Kapitel 2. Leichter Leben, Künstliche Intelligenz aus Sicht des Nutzers

Dorn

> „Künstliche Intelligenz liegt dann vor, wenn Maschinen Dinge tun, für deren Ausführung man beim Menschen Intelligenz unterstellt.“[1]

Diese Definition stammt von Marvin Minsky. Er war ein früher amerikanischer KI-Forscher und begründete mit John McCarthy, Nathaniel Rochester und Claude Shannon schon 1956 auf der Dartmouth Conference den Begriff der künstlichen Intelligenz. An den Zielen der KI-Forschung hat sich seit damals wenig verändert.

> „Wir schlagen vor, im Laufe des Sommers 1956 über zwei Monate ein Seminar zur künstlichen Intelligenz mit zehn Teilnehmern am Dartmouth College durchzuführen. Die Studie soll von der Annahme ausgehen, dass grundsätzlich alle Aspekte des Lernens und anderer Merkmale der Intelligenz so genau beschrieben werden können, dass eine Maschine zur Simulation dieser Vorgänge gebaut werden kann. Es soll versucht werden, herauszufinden, wie Maschinen dazu gebracht werden können, Sprache zu benutzen, Abstraktionen vorzunehmen und Konzepte zu entwickeln, Probleme von der Art, die zurzeit dem Menschen vorbehalten sind, zu lösen, und sich selbst weiter zu verbessern.“[2]

Es kann zwischen mindestens drei Arten der künstlichen Intelligenz unterschieden werden:[3]

- Schwache künstliche Intelligenz: lernfähig, vorausschauend, aufgabenorientiert (Heute)
- Allgemeine künstliche Intelligenz: wie das menschliche Gehirn (Zukunft)

---

[1] *Minsky* Semantic Information Processing, preface (V).

[2] *McCarthy et. al.* A Proposal for the Dartmouth Summer Research Project on Artificial Intelligence, 1955, S. 1.

[3] Vgl. Ebers/Heinze/Krügel/Steinrötter/*Niedersee/Neidl* Künstliche Intelligenz und Robotik, § 2 Rn. 1–3.

– Starke künstliche Intelligenz: übermenschliche Fähigkeiten (Zukunft)

In dem folgenden Text ist mit „KI“ immer schwache künstliche Intelligenz gemeint. Mit „Roboter“ sind Maschinen mit unterschiedlich ausgeprägter künstlicher Intelligenz bezeichnet.[4] Der Begriff „intelligent“ wird im allgemeinen Sprachgebrauch aber überwiegend für Systeme mit einer starren, nicht lernfähigen Programmierung verwendet. Kognitionsforscher sind sich auch nicht einig, wie genau Intelligenz überhaupt definiert ist.[5]

A. Daten

I. Gegenwärtige Situation

Künstliche Intelligenz (KI) hält schleichend in immer mehr Bereichen unseres Lebens Einzug. Schwache künstliche Intelligenz ist schon sehr präsent, aber viele Menschen erkennen sie nicht als solche. Ein Navigationsgerät in einem Auto ist ein Beispiel für schwache KI. Sie entscheidet auf Basis von Wahrscheinlichkeiten, welches die beste Route zu einem Ziel ist. Ein Schachcomputer, ein Rasenmäher-Roboter, eine Bilderkennung für Straßenschilder und eine Spracherkennungssoftware sind per Definition schwache KI-Systeme. Humanoide Roboter mit starker KI machen in Zukunftsfilmen künstliche Intelligenz bildlich sichtbar, wenngleich die meiste KI in digitalen Systemen unsichtbar verborgen ist.

II. Günstige Voraussetzungen für KI

KI-Systeme haben das Potenzial, den Menschen das Leben leichter zu machen und Probleme zu bewältigen, für deren Lösung der Mensch viel Zeit benötigen würde. Durch das Vorliegen von massenhaft auswertbaren digitalen Daten, gigantisch großen digitalen Speichern, der Miniaturisierung der Prozessoren und der extremen Beschleunigung der Rechenprozesse, ist es möglich, eine schwache KI zu erzeugen.[6] Ein Ende dieses Prozesses ist nicht in Sicht. Er wird sich eher noch beschleunigen.

[4] Ebers/Heinze/Krügel/Steinrötter/*Ebers* Künstliche Intelligenz und Robotik, § 3 Rn. 5.

[5] Ebers/Heinze/Krügel/Steinrötter/*Ebers* Künstliche Intelligenz und Robotik, § 3 Rn. 4.

[6] Ebers/Heinze/Krügel/Steinrötter/*Niedersee/Neidl* Künstliche Intelligenz und Robotik, § 2 Rn. 18.

Jeder Nutzer erzeugt durch sein Handeln, mit oder ohne digitale Geräte, aktiv oder auch ohne sein explizites Wissen, digital verwertbare Daten. In diesen Daten kann man mit Hilfe intelligenter Algorithmen Muster erkennen, die sich auswerten lassen. Unsere technisierte, künstliche Umwelt und auch die vorhandene Natur, liefern massenhaft auswertbare Daten.

Immer mehr vernetzte Sensoren arbeiten im stetig schneller werdenden Takt der Zeit und produzieren immer mehr verwertbare digitale Daten. Daten sind der Rohstoff der digitalen Gesellschaft im postindustriellen Zeitalter.

Alle diese Daten werden durchgehend schneller analysiert und generieren Antworten, die unser Handeln immer stärker beeinflussen. Vor diesem Hintergrund stellt sich auch zunehmend die Frage: „Was sind die Daten wert, die ein Nutzer kostenlos mit der Verwendung digitaler Geräte zur Verfügung stellt?"[7]

III. Internet der Dinge (IoT)

Das Internet der Dinge ermöglicht eine Vernetzung physischer und virtueller Gegenstände miteinander dergestalt, dass Objekte durch Programmierbarkeit, Speichervermögen, Sensoren und Kommunikationsfähigkeiten „intelligent" werden.[8] Mit den Strukturen des Internets werden nicht nur Menschen und Computer, sondern auch Dinge miteinander verbunden. Es entsteht eine riesige vernetzte Maschine aus zig Milliarden einzelnen, mehr oder weniger intelligenten Systemen. Der Zweck des Internets der Dinge ist es, „automatisch Informationen aus der realen Welt zu erfassen, miteinander zu verknüpfen und im Netzwerk verfügbar zu machen".[9] Dieser Bedarf besteht, weil es ein Informationsdefizit gibt: Das System weiß nicht, welcher Zustand gerade bei der Hardware vorliegt (zB ein Papierstau im Drucker o. Ä.). Jedoch ist dieser Zustand im Netzwerk nicht immer erfasst. Reale Dinge stellen ihre eigenen Zustandsinformationen für die Weiterverarbeitung im Netzwerk zur Verfügung. Der Zustand der Dinge wird mit Sensoren automatisch erkannt und erfasst (zB RFID, QR-Codes und Barcodes). Durch Aktoren (zB kleine Elektromotoren) kann der erkannte Zustand angepasst werden.

Viele Dinge mit eigener KI können auch den Menschen bei seinen Tätigkeiten ergänzen und unterstützen. Die immer kleineren eingebetteten Computer sollen den Menschen helfen, ohne hierbei abzulenken oder

[7] Siehe zB: EOS Studie 2020 „Was sind Daten wert?", https://de.eos-solutions.com/data-survey-2020.html.

[8] https://www.bmwi.de/Redaktion/DE/Artikel/Digitale-Welt/internet-der-dinge.html.

[9] Aus Sicht der Entwickler zB: https://www.csa.ch/de/blog/daten-sammeln-und-sinnvoll-nutzen.

überhaupt aufzufallen. So werden beispielsweise miniaturisierte Computer, sogenannte „Wearables", mit unterschiedlichen Sensoren direkt auf dem Körper getragen (Smart Watches) oder in Kleidungsstücke eingearbeitet. Jedes dieser Wearables hat mittelbar und unmittelbar eine eigene Internetadresse (IP).

Beispiele:

Smarte Heizungssteuerung
Ziel ist eine Reduktion des Energieaufwandes zur Heizung oder Kühlung. Eine Vielzahl von Informationen, die im Raum existieren, können ausgewertet werden: die Menge der Personen, die Zeiten der Anwesenheit, die Art der Bewegungen und die Raumtemperatur. Bewegungs- und Temperatursensoren, mit smarten Aktoren in den Verbindungen zu den Rohren der Heizungsanlage, regeln die Wärmemenge bedarfsgerecht.

Smarte Paketverfolgung
Über die Internetseite des Paketdienstes kann der Nutzer jederzeit den momentanen Status der Sendung erfahren. Ermöglicht wird das durch das Scannen des Barcodes auf dem Adressaufkleber an jedem Erfassungspunkt.

Smart Watches
Fitnessuhren erfassen mit ihren Sensoren den Körper sowie die sportliche Tätigkeit des Trägers. Krankenkassen bieten Rabatte für Mitglieder, die ihre Lebensweise denen von der Uhr empfohlenen Aktivitäten anpassen.

Smart Cars
Viele Elektroautos und Transportmittel sind ein Teil des Internets der Dinge. Das Auto hat einen eigenen Internetzugang. Der Hersteller ist immer vernetzt mit dem Fahrzeug und kennt daher das vom Fahrer eingegebene Ziel. Durch die GPS-Position des Autos, den Ladezustand der Batterie und der möglichen Reichweite berechnet das Fahrzeug die optimale Route mit möglichst wenig Ladestopps auf dem Weg zum Ziel.

Zukunft der Dinge
In seinem Aufsatz von 1991 *The Computer for the 21st Century* sprach Mark Weiser unter dem Begriff „Ubiquitous Computing" zum ersten Mal von einer Vision, in der Objekte vorkommen, die mit Sensoren ausgestattet sind und nahtlos in die Umgebung integriert sind.

> „Der Mensch würde diese Objekte nicht mehr direkt wahrnehmen, sondern sie wären allgegenwärtig. Der Nutzer sieht gar nicht mehr, was sich in oder hinter einem fassbaren Ding

(zB ein Tisch oder eine Wand) verbirgt und handelt intuitiv je nach Situation und Erscheinen der virtuellen Bedienoberflächen."[10]

B. Anpassung und Design

I. Entwicklung

Der Mensch lebt, handelt und verhält sich in seiner Umwelt. Diese kann künstlich oder natürlich geschaffen sein. Als denkendes Wesen hatte der Mensch schon immer den Drang, sich die Umwelt mehr oder weniger angenehm und körpergerecht zu gestalten. Kraft seiner menschlichen Intelligenz konnte er das selbst übernehmen.

Durch Arbeitsteilung spezialisierten sich die Menschen nach ihren jeweiligen Neigungen. Menschen in der Gruppe der Urzeitmenschen, die bestimmte Tätigkeiten besonders gut konnten, übernahmen immer mehr von diesen spezifischen Aufgaben. Dazu zählten zum Beispiel das angenehme und zweckmäßige Einrichten der Höhle, das Herstellen von einfachen Behältnissen zum Sammeln von Dingen oder das Fertigen und das Verzieren von Speeren für die Jagd. Das Verschönern von Waffen diente zur Individualisierung, ohne dass dies einen Einfluss auf die Funktion hatte.

Aus der Kennzeichnung dieser Dinge wurde ein Ornament und dann Schmuck. Das ästhetische, zweckmäßige und körpergerechte Gestalten, ohne jegliche Bewertung desselben, ist ein Kulturbedürfnis der in sozialen Gruppen lebenden Menschen.

Einflussreiche und wohlhabende Menschen mit entsprechenden sozialen Fähigkeiten, konnten ihre Macht nutzen, um andere Menschen für sich arbeiten zu lassen. Vor allem in den Industrieländern wurde seit Mitte des 19. Jahrhunderts die Arbeit immer feiner aufgeteilt. Spezielle Arbeiten wurden zunehmend von in der Lehre ausgebildeten und studierten Menschen übernommen.

II. Schnittstellengestaltung (User Interface Design)

Aus Bauern wurden Handwerker, dann Baumeister, dann Architekten, Innenarchitekten, Grafikdesigner, Produktdesigner und schließlich User Interface Designer. Eine dieser neuzeitlichen, hochspezialisierten Tätigkeiten ist die Schnittstellengestaltung (User Interface Design). Die Gren-

[10] *Weiser* Scientific American 1991, 94 (94).

zen zwischen physisch hergestellten Produkten (ein Stuhl), einer Zeichnung auf Papier und digitalen immateriellen Produkten (ein App-Design) verwischen zusehends.

Die Verwendung dieses Begriffes beschränkt sich nicht nur auf das grafische Design von Nutzeroberflächen, sondern verwendet den Begriff „Interface" stellvertretend für die Schnittstelle zwischen Mensch und Maschine. Eine Spracherkennung und eine Sprachausgabe oder eine Gestensteuerung sind demnach ebenfalls ein Interface. Ein Interface bezeichnet die Art und Weise, wie ein Produkt eine bestimmte Aufgabe ausführt. Es definiert, was der Benutzer tun kann und wie das System darauf reagiert. Diese Bedeutung wird dem Begriff Schnittstellengestaltung besser gerecht. Damit liegt der Schwerpunkt nicht ausschließlich auf dem Design der Lösung, sondern auf einer ganzheitlichen Sichtweise.

Interface Design ist eine sehr junge Disziplin, deren Ursprung mit dem Ende der textgesteuerten Computereingabe und dem Anfang von visuellen Anwenderschnittstellen begann. Das Arbeiten mit der Maus und die grafische Darstellung von Inhalten in visuellen, grafischen Fenstern war bahnbrechend neu. Der Apple Lisa und der Apple Macintosh brachten 1981 und 1984 den Durchbruch für neuartige Benutzeroberflächen. Mit der Verbreitung von Computern und Bildschirmarbeitsplätzen entstand der Begriff der Software-Ergonomie.

Das Internet, mit seiner weltweiten Verbreitung Ende der 90er Jahre, brachte den Begriff der Benutzerfreundlichkeit (Usability)[11] auf. Der Computer wurde zu einem Alltagsgerät. Während die Bedienung eines Computers zuvor ausschließlich Sache von ausgebildeten Spezialisten war, wurde das neue Medium durch Jakob Nielsen zum ersten Mal auf Gebrauchstauglichkeit für alle Menschen durch heterogene und unbedarfte Benutzergruppen untersucht.[12]

III. Interaktionsgestaltung

Bei der Interaktionsgestaltung geht es um die Wechselwirkung mit der Umwelt sowie das Gestalten von ganzen Dienstleistungen und Abläufen. Außerdem sind logische, sinnlich angenehme und fassbare Kontaktflächen zwischen dem Körper des Menschen und seiner Umwelt Teil dessen. Gestaltete digitale Kontaktflächen (User Interfaces) sind nur andere Ausprägungen davon. Eine mensch-gerechte, ideale Nutzeroberfläche ist immer praktisch, selbsterklärend und ästhetisch. Sie befriedigt wohltuend unterschiedliche sinnliche und menschliche Bedürfnisse.

---

[11] *Nielsen* Designing Web Usability, S. 5.
[12] *Nielsen* Designing Web Usability, S. 14.

IV. Mensch-zentrierte Gestaltung mit künstlicher Intelligenz (KI)

Eine mensch-zentrierte Gestaltung setzt immer den Menschen und seine Bedürfnisse in den Mittelpunkt. Dieser Prozess kann am ehesten mit einem iterativen Kreislaufmodell mit verschiedenen Phasen beschrieben werden, welche im Folgenden näher erläutert werden.

1. Analysieren

Der Gestaltungsprozess beginnt mit einer genauen Analyse des zu lösenden Problems. Dafür gibt es eine Fülle erprobter Techniken, mit denen der UUX Experte (Usability & User Experience) sich in das zu lösende Problem hineinbegibt. UUX Experten können zB ausgebildete Designer, Psychologen, Mathematiker, Programmierer oder Soziologen sein. Es sind Menschen, die die Gabe besitzen, sich in Situationen anderer Nutzer hineinzuversetzen. Die Beschreibung der Benutzeranforderungen entsteht beispielsweise durch ein detailliertes Briefing, Interviews mit Experten und Anwendern, Situationsanalysen oder dem Nachstellen der Gegebenheiten durch Rollenspiele.

2. Gestalten

In Einzelarbeit oder in Gruppensitzungen mit moderierten Kreativtechniken (zB Brainstorming) entstehen Ideen, wie eine KI den Nutzer in genau dieser analysierten Situation entlasten könnte. Diese Erkenntnisse münden in ein grafisches Design, welches die Ästhetik des Endproduktes, wie beispielsweise ein Screen-Design, beschreibt. Eine Informationsarchitektur, in Form von Flussdiagrammen, erleichtert das Strukturieren und Organisieren von Informationen. Das Informationsdesign fokussiert die Interaktionen zwischen dem Nutzer und dem Produkt. Die Usability (Gebrauchstauglichkeit) beschreibt, inwieweit ein Produkt den Nutzer in einer einfachen Bedienung unterstützt.

3. Erfahrbar Machen

Die Gestaltung kann mit einfachen Ablaufdiagrammen (Wireframes), gezeichneten Papierprototypen oder einem programmierten Software-Prototyp visualisiert werden.

4. Testen

Aufschlüsse über den Stand der Gebrauchstauglichkeit erhält man durch unterschiedlich aufwändig angelegte Tests mit Probanden. Der nutzerzentrierte (User Centered) Designprozess soll so ausgelegt sein, dass nach ISO 9241–210 ein möglichst gutes Nutzererlebnis (User Experience) erzielt werden kann. Dafür eignet sich wiederum ein iterativer Ansatz, der die gewonnenen Erkenntnisse festhält und als Änderungsliste wieder in den Gestaltungskreislauf einspeist.

5. Veränderung im Denken

An der grundsätzlichen Vorgehensweise des mensch-zentrierten Gestaltungsprozesses ändert sich wenig, aber mit den Möglichkeiten von KI ist eine ethische Komponente ins Spiel gekommen. Der Unterschied im Gestalten mit KI besteht im veränderten Blickwinkel des Denkens während der Analysephase. Der Gestalter muss sich noch mehr in die Situation des Nutzers hineinversetzen und die Folgen der Unterstützung durch KI auf den Menschen abschätzen.

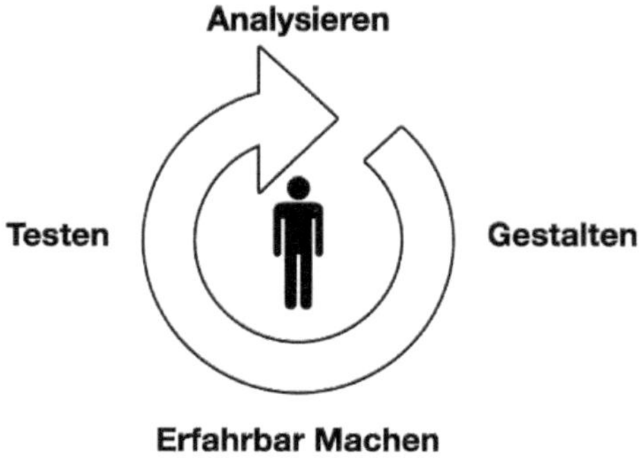

Abb. 1: Nutzerzentrierter Gestaltungsprozess (Grafik: M. Dorn und User Interface Design GmbH, Ludwigsburg)

C. Bereiche, in denen KI eine Rolle spielt

Die Fortschritte in den KI-Bereichen sind sehr unterschiedlich. In manchen Bereichen sind Veränderungen durch KI – auch für Laien – deutlich wahrnehmbar, in manchen KI-Bereichen dauert der Fortschritt der Veränderungen wesentlich länger. Die tiefgreifenden Veränderungen, die sich aber langfristig in der Gesellschaft ergeben, werden in der Regel unterschätzt, denn Beispiele für Bereiche, in denen KI eine Rolle spielt, gibt es zahlreiche:

- Chatbots, Social Bots, Texterkennung, Textgenerierung, Spracherkennung, Sprachübersetzung, Sprachsteuerung
- Medizinische Diagnose
- Suchmaschinen, Wissensbasierte Systeme
- Banken, Versicherungen, Rechtsanwälte, Steuerberater, Verwaltungsprozesse, online Kundenbetreuung, Vertriebssteuerung, Bewerberauswahl, Empfehlungsorganisation im Kaufprozess, dynamische Preisfindung
- künstlich generierte Musik, Kunst und Design
- Emotionsanalyse, Betrugsanalyse, Psychologische Affekts- und Persönlichkeitsanalyse in der Therapie
- Kognitive (hirnähnlich arbeitende) KI-Systeme
- Produktionsprozesse, Analyse und Prognose, vorausschauende Wartung, Warenlogistik und Daten- und Text-Analyse
- Bilderkennung, Gesichtserkennung, Mustererkennung, Klassifikation der erkannten Teile
- Sensorik, Automatisierung, digitale Assistent-Systeme, selbstfahrende Kraftfahrzeuge, autonome Waffen
- Computeralgebra-Systeme
- Computerspiele, Gruppensimulation
- Humanoide Roboter

I. Beispiel: KI in Telemedizin

Ein sehr anschauliches Beispiel, wie eine KI arbeitet, kommt aus dem Bereich der Telemedizin. In naher Zukunft kann ein Patient mit der Kamera seines Smartphones und einer passenden App ein Bild eines auf Hautkrebs verdächtigen Muttermals aufnehmen. Die App analysiert das Bild und wertet es aus. Lichtpunkt für Lichtpunkt. Pixel für Pixel. Anschließend kommt es zur Analyse der Intensität der Pixel und deren Farbmischung. Dies geschieht zuerst fragmentarisch mit Gruppen von Pixeln, dann auf Basis von Mustern und Rastern, Form, Farbe, Rand und Kontrast und daraufhin immer ganzheitlicher. Es sind die typischen Pixelabfolgen, die einen gutartigen Tumor im Vergleich zu einem bösartigen Tumor unterscheiden.

Eine KI achtet auf Faktoren, auf die Menschen nicht achten (weil vielleicht Farbverläufe auf der Haut interessanter sind als die scharfen Ränder). Somit ist es nicht immer nachvollziehbar, wie eine KI genau entscheidet.

Dank maschinellen Lernens mit flexibel programmierten Codes und einem wochenlangen Anlernprozess, wird das Ergebnis immer weiter verbessert. Mittels medizinischer Rückmeldungen durch Ärzte auf bereits entfernte Hauttumore mit positivem Befund wird die Genauigkeit der Vorhersage kontinuierlich aktualisiert.

Eine KI entscheidet auf Basis von mathematischen Wahrscheinlichkeiten. Zu wie viel Prozent könnte dieser Hautfleck ein bösartiger Tumor sein? Ab einer schon im Vorhinein von Ärzten festgelegten Schwelle der Wahrscheinlichkeit eines bösartigen Tumors, schlägt die KI vor, das verdächtige Mal von einem Hautarzt nochmal untersuchen zu lassen. Viele unnötige Operationen könnten damit vermieden werden.[13]

II. Beispiel: Vorausschauende Wartung von Maschinen

Moderne Maschinen mit integrierter KI-Technik sind in der Lage, die Daten der integrierten Maschinensensoren (Prozessgeschwindigkeit, Stückzahl, Vibrationen, elektrische Spannung, Temperatur, Druck, Position und viele mehr) auszuwerten. Diese Muster konnten bisher nur Maschinenführer mit sehr viel Erfahrung erkennen. Eine KI kann Muster erkennen, die eindeutig auf bestimmte Unstimmigkeiten hinweisen, welche den reibungslosen Produktionsprozess stören könnten. Sie prognostiziert, wo genau ein Fehler oder ein Ausfall auftreten könnte. Die KI schlägt zudem vor, wann der ideale Zeitpunkt für eine Wartung mit minimalen Standzeiten wäre.

Die KI erarbeitet dann ein stufenweises Vorgehen aufgrund der Wahrscheinlichkeit eines Eintretens bestimmter Störungen. Vorgeschlagene Maßnahmen kommen zur richtigen Zeit, in der richtigen Reihenfolge und sortiert nach der Relevanz. Die vorliegenden Informationen durch die Maschinensensoren werden automatisch von der KI gewichtet. Auf dem Maschinendisplay erscheinen Hinweise über mögliche Folgen und Entscheidungsempfehlungen. Die Hinweise haben unterschiedlichen Aufforderungscharakter in Wortlaut, Größe, Form und Anordnung, um die Bedienung zu erleichtern.

III. Beispiel: Sprachassistenten

Schwache KI-Systeme machen in der Erkennung spontaner und natürlich gesprochener Sprache riesige Fortschritte. Eine gut funktionierende Sprachsteuerung ist sehr wichtig für viele Assistenzsysteme, die auf KI basieren. Die Nutzer bieten dabei mit ihren Smartphones selbst ein ideales Lernfeld für Spracherkennung. Eine Sprachsteuerung ist noch nicht in der Lage in allen Umgebungsbedingungen (zB laute Produktionshallen, Stimmengewirr) gute Erkennungsergebnisse zu realisieren, aber unter optimalen Bedingungen ist die Spracherkennung besser als der Mensch.

---

[13] *Brinker et al.* European Journal of Cancer 2019, 47 (50).

Die Spracherkennungs-Software des Karlsruher Instituts für Technologie beruht beispielsweise auf neuronalen Netzwerken. Die akustischen Sprachlaute werden verarbeitet und in einer Bibliothek von Silben und Wörtern zugeordnet. Dieses Programm haben die Forscher weiterentwickelt und dabei auch die Latenzzeit des Systems noch mehr verringert. Die Forscher kombinierten einen auf Wahrscheinlichkeit bestimmter Wortkombinationen basierten Ansatz mit zwei weiteren Erkennungsmodulen. Diese Technologie stellt einen Fortschritt hinsichtlich der Geschwindigkeit und Akkuratesse von Dialog- und Übersetzungsmodulen im Bereich der sprachlichen Interaktion dar. Bei einem aus tausend Telefongesprächen mitgeschnittenen Test erreicht die künstliche Intelligenz eine Fehlerrate von 5 Prozent, bei menschlichen Probanden sind es 5,5 Prozent. Die Latenzzeit der KI lag nur bei gut einer Sekunde – sie reagierte also nahezu in Echtzeit.[14]

IV. Beispiel: Chatbots

Mit Chatbots lässt sich die Beantwortung von einfachen und häufig gestellten Fragen automatisieren. Viele Chatbots basieren auf Text. Die Frage wird per Text gestellt und der Chatbot antwortet per Text. Sie kommen auf Internetseiten oder auf den Social Media Plattformen zum Einsatz.[15]

Die Text-To-Speech- und Speech-To-Text-Lösungen wandeln Sprache in Text um. Daraufhin wird der Text des Chatbots in Sprache übertragen, so dass der Chatbot dann eine Stimme bekommt. Um die Chatbots zu personifizieren, dh ihnen menschliche Eigenschaften zu verleihen, geben einige Unternehmen den Chatbots für den Kundenservice Avatare und Namen. Studien, die die Kundenzufriedenheit bei solchen anthropomorphen Chatbots analysierten, ergaben, dass Verbraucher diesen eine gewisse Handlungsfähigkeit zuschrieben und ihnen gegenüber eine höhere Erwartungshaltung hatten. Dies hat jedoch den gegenteiligen Effekt, wenn die Erwartungen enttäuscht werden, da die Chatbots hinter den menschlichen Fähigkeiten zurückfallen, insbesondere im Rahmen der Emotionserkennung.[16]

Die Sprachbedienung, wird neben Touch Bildschirmen, zukünftig eine der wichtigsten Schnittstellen zwischen Mensch und Maschine werden.

---

[14] *Nguyen/Stueker/Waibel* Super-Human Performance in Online Low-latency Recognition of Conversational Speech.

[15] *Hadi/Thomaz/Crolic/Stephen* NA – Advances in Consumer Research Vol. 47 (2019), 259 (259).

[16] *Shneiderman* AIS THCI Vol. 12(3) 2020, 109 (114).

D. Wirkung von KI

In den nachfolgenden Ausführungen werden verschiedene Wirkungsweisen auf Menschen und deren Akzeptanz von KI beschrieben.

I. Aversion in Folge von Menschenähnlichkeit

Anscheinend ist der Nutzer eher bereit, Ungenauigkeiten in der Stimme eines Sprachroboters (Lautentstellungen) zu akzeptieren als Ungenauigkeiten auf der visuellen Ebene. Das liegt an dem Phänomen des Uncanny Valley („unheimliches Tal“) oder der Akzeptanzlücke. Masahiro Mori beschrieb mit dem Begriff des Uncanny Valley 1970 erstmals einen paradox erscheinenden Effekt in der Akzeptanz von künstlichen Figuren.[17] Im Rahmen einer Studie wurden Nutzern verschiedene Avatare gezeigt. Während man zunächst annehmen würde, dass diese umso mehr akzeptiert würden, je fotorealistischer die Figur gestaltet ist, zeigt sich in der Beobachtung, dass dies nicht stimmt. Viele Menschen finden hochabstrakte, völlig künstliche Figuren mitunter sympathischer als Figuren, die besonders menschenähnlich gestaltet sind. Gleicht ein Chatbot jedoch zu sehr einem Menschen, fällt das Vertrauen in einen solchen abrupt ab und nimmt erst wieder bei einem sehr hohen Grad der Menschenähnlichkeit zu. Erst wenn sich die Imitationen fast überhaupt nicht mehr von echten Menschen unterscheiden, ist die Akzeptanz am höchsten.

[17] *Mori* The Uncanny Valley, Energy Vol. 7 (4) 1970, 33 (33), (auf japanisch); Autorisierte englische Übersetzung: *Mori (MacDorman/Kageki)*, The Uncanny Valley, IEEE Robotics & Automation Magazine Vol.19(2) 2012, 98 (98).

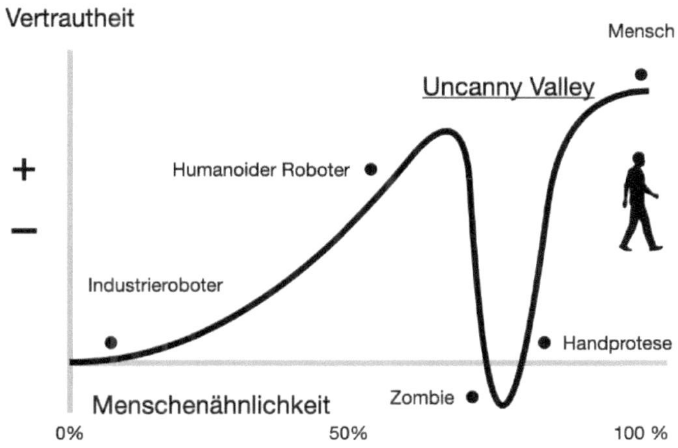

Abb. 2: Uncanny Valley (Grafik: M. Dorn)[18]

1. Hintergrund des Uncanny Valley

Ansatzpunkte, das Uncanny Valley zu erklären, finden sich in vielen unterschiedlichen Forschungsfeldern der Psychologie.

Als Misoneismus wird die Angst vor dem Neuen bezeichnet.[19] Diese resultiere vor allem aus der Schwierigkeit, neue Erfahrungen und Eindrücke mit alten Strukturen in Einklang zu bringen.[20] In Verbindung mit KI ergeben sich aus dieser grundlegenden Erkenntnis weitergehende Erklärungsansätze, die grob in drei Gruppen unterteilt werden können:[21]

a) Neuropsychologische Erklärung

Eine mögliche Erklärung für das Uncanny Valley könnte der durch die verletzten neuronalen Erwartungen beim Beobachter hervorgerufene interne Vorhersagefehler sein.[22] Bei menschenähnlichen Robotern könne der Nutzer nicht eindeutig kategorisieren, ob es sich um einen Menschen oder eine Maschine handelt. Unabhängig davon, was er erwartet, wird er doch Merkmale der gegenteiligen Kategorie erkennen. Experimentelle

---

[18] Angelehnt an Abbildung in *Mori*, The Uncanny Valley, Energy Vol. 7(4) 1970, 33 (34), (auf Japanisch); Autorisierte englische Übersetzung: *Mori (MacDorman/Kageki)*, The Uncanny Valley, IEEE Robotics & Automation Magazine Vol. 19(2) 2012, 98 (99).

[19] *Jentsch* Psychiatrisch-neurologische Wochenschrift Vol. 8 (1906), 195 (196).

[20] *Burleigh/Schoenherr/Lacroix* Computers in Human Behaviour Vol. 29 (2013), 759 (770); *Jentsch* Psychiatrisch-neurologische Wochenschrift Vol. 8 (1906), 195 (196).

[21] Krämer/Schwan/Unz/Suckfüll/*Rosenthal-von der Pütten* Medienpsychologie: Schlüsselbegriffe und Konzepte, 411 (412 ff.).

[22] Haensch/Nelke/Planitzer/*MacDorman* Uncanny Interfaces, 220 (230).

Untersuchungen mit Hilfe von Magnetresonanztomographen deuten darauf hin, dass eine zusätzliche Informationsverarbeitung nötig wird, wenn Erwartungen nicht eintreten.[23] Dieser Mehraufwand bei der Kategorisierung der Eindrücke könne Auslöser für das Gefühl der Aversion sein.[24]

b) Ausdruckspsychologische und evolutionsbiologische Erklärung

Ein anderer Erklärungsansatz baut auf der Evolutionsbiologie auf. Es liege in der Natur des Menschen, Abneigungen für Menschen mit abweichendem oder unerwartetem Verhalten zu hegen. Dies lasse sich evolutionär damit erklären, dass Defekte auf Krankheiten hindeuten und die Ansteckungsgefahr mit der genetischen Ähnlichkeit (auf die die Menschenähnlichkeit hindeutet) steige.[25] Dieselben Maßstäbe wie für einen Menschen wende ein Nutzer auch instinktiv auf einen Roboter an, der menschenähnlich auftritt. Erhebt ein Roboter hingegen gar nicht erst den Anspruch menschlich zu sein, greifen auch nicht die Maßstäbe, mit denen menschliches Verhalten bewertet wird. Das Uncanny Valley wäre demnach also auf einen Überlebensmechanismus zurückzuführen.[26]

c) Medienpsychologische Erklärung

Als konkretes Beispiel für diesen dritten medienpsychologischen Erklärungsansatz kann ein Ereignis auf der Computermesse CeBIT angeführt werden.[27] Hier wurden beispielsweise autonome Staubsauger-Roboter vorgeführt, die sich selbst aufladen sollten. Je geringer die Stromreserven waren, desto hektischer wurden sie dabei, insbesondere, wenn sie auf dem Weg zur Steckdose blockiert wurden. Diese Ähnlichkeit zu dem menschlichen Verhalten der Aufgeregtheit sorgte auf der Computermesse für einige Lacher und wurde als sympathisch wahrgenommen. Dies lag vermutlich daran, dass die Beobachter sich in einem Roboter wiedererkennen konnten, der überhaupt nicht menschlich wirkte und eben keine Menschenähnlichkeit aufwies.[28]

---

[23] *Saygin et al.* Social Cognitive and Affective Neuroscience Vol. 7(4) 2012, 413 (420).

[24] *Burleigh/Schoenherr/Lacroix* Computers in Human Behaviour Vol. 29 (2013), 759 (770).

[25] *Chapman/Anderson* Annals of the New York Academy of Sciences Vol. 1251 (2012), 62 (64).

[26] Vgl. *Mori (MacDorman/Kageki)* The Uncanny Valley, IEEE Robotics & Automation Magazine Vol. 19(2), 98 (100); *MacDorman et al.* Too Real for Comfort? Uncanny Responses to Computer Generated Faces, Computers in Human Behaviour Vol. 25(3) 2009, 695 (696).

[27] Ereignis beschrieben auf: https://www.biologie-seite.de/Biologie/Uncanny_Valley.

[28] https://www.biologie-seite.de/Biologie/Uncanny_Valley.

Maschinen ohne konkrete Ähnlichkeit zu Menschen werden von einem Nutzer auch als Maschinen eingestuft. Vorhandene menschliche Eigenschaften werden als positiv wahrgenommen. Dieser Effekt ist gegenteilig bei menschenähnlichen Robotern, die als Menschen angehsehen werden und bei denen abweichendes Verhalten für Irritationen sorgt. Diese Irritation führt auch dazu, dass der Nutzer sich die mit Fortschreiten der Menschenähnlichkeit zunehmend schwierigere Frage stellen muss, welche Eigenschaften ihn zu einem Menschen machen und von einer Maschine unterscheiden.[29]

2. Überwindung des Uncanny Valley

In der Zukunft wird es wichtig sein, dass Avatare und Roboter vom Benutzer akzeptiert werden. Es stellt sich daher die Frage wie das Phänomen des Uncanny Valley zu überwinden ist. Die vorherrschende Meinung geht derzeit davon aus, dass dieses Tal der Abneigung nur bei noch stärkerer Anpassung der Ähnlichkeit zum Menschen überwunden werden kann.[30] Künstliche Wesen bedürfen also eines mustertreuen Ausdruckverhaltens, welches im Alltag nicht außergewöhnlich und befremdlich erscheint. Eine Technik, die das Uncanny Valley erfolgreich überwunden hat, sind deshalb beispielsweise Deepfakes, die teilweise derart authentische Ergebnisse erzielen, dass das menschliche Auge nicht mehr in der Lage ist gefälschte von realen Aufnahmen zu unterscheiden.[31]

II. Soziale Roboter als eigene Spezies

Sie sind kein Ersatz für Menschen, jedoch viel geduldiger als diese.

In meiner Zeit als Inhaber und Design Director in der Agentur Phoenix Design Stuttgart, wurde in einer Partnerschaft mit dem Fraunhofer Institut Stuttgart im Jahr 2015, der Service-Roboter „Care-o-bot 4“, entwickelt.[32] Er ist gedacht als ein mobiler Dienstleister in Museen, Baumärkten oder Flughäfen und auch geeignet für Hol- und Bringdienste in Heimen und Krankenhäusern. In seiner äußeren Form hat der Care-o-bot zwei Arme und zwei Hände die vielseitig eingesetzt werden können. Das Design wirkt sympathisch, in der Erscheinung ist er nicht groß und die Bewegungen sind geschmeidig. Jedoch ist dieser Roboter nicht menschenähnlich.

[29] Krämer/Schwan/Unz/Suckfüll/*Rosenthal von der Pütten* Medienpsychologie: Schlüsselbegriffe und Konzepte, 411 (414).

[30] *Ammon/Meister* Roboter, humanoide, S. 298.

[31] *Ladwig/Pech/Pech* Auf dem Weg zu Face-to-Face-Telepräsenzanwendungen in Virtual Reality mit generativen neuronalen Netzen, S. 3.

[32] https://www.care-o-bot.de/de/care-o-bot-4.html.

Hierbei handelt es sich um eine spezielle Art von Robotern, bei denen eine positive Wirkung auf den Menschen und dessen Akzeptanz von grundlegender Bedeutung sind. Sie werden „Soziale Roboter" genannt. Diese sind auf den ersten Blick klar als Maschine erkennbar. Dennoch werden sie zunehmend mit Anwendungen zur sozialen Interaktion mit Menschen ausgestattet. Sie sollen den Nutzern im Alltag behilflich sein. Dabei wird es aber folgerichtig nicht gewünscht, dass Mensch und Maschine vergleichbar werden.[33]

Eigentliches Ziel des Einsatzes dieser Roboter ist eine Symbiose zwischen Mensch und Maschine. Dabei werden Roboter nicht zum Ersatz für Menschen. Es gibt vielversprechende Untersuchungen in Pflegeheimen über den Einsatz von Robotern für unterstützende Tätigkeiten.[34]

E. Leitplanken für die Gestaltung mit KI-Systemen

I. Robotergesetze

Der russisch-amerikanische Biochemiker und Science-Fiction Buchautor Isaac Asimov beschreibt schon 1942 in seinen Romanen von Robotergesetzen die Voraussetzungen für ein friedliches und unterstützendes Zusammenleben zwischen KI und Mensch.

> „0. Ein Roboter darf der Menschheit keinen Schaden zufügen oder durch Untätigkeit zulassen, dass der Menschheit Schaden zugefügt wird.
>
> 1. Ein Roboter darf einem menschlichen Wesen keinen Schaden zufügen oder durch Untätigkeit zulassen, dass einem menschlichen Wesen Schaden zugefügt wird, es sei denn, dies würde das nullte Gesetz der Robotik verletzen.
>
> 2. Ein Roboter muss dem ihm von einem menschlichen Wesen gegebenen Befehl gehorchen, es sei denn, dies würde das nullte oder das erste Gesetz der Robotik verletzen.
>
> 3. Ein Roboter muss seine Existenz beschützen, es sei denn, dies würde das nullte, das erste oder zweite Gesetz der Robotik verletzen."[35]

[33] *Korn* Wirtschaftsinformatik und Management Vol. 11 (2019), 126 (127).
[34] Bendel/*Früh/Gasser* Pflegeroboter, S. 37 ff.
[35] *Asimov* Ich, der Roboter, S. 7

Bis etwa zum Jahre 2010 war KI nur ein Thema von Romanen und Filmen. Jetzt wird KI in vielen Bereichen Realität. Das führt zu einer Neuinterpretation dieser schon alten Gesetze. Microsoft hat für den Einsatz künstlicher Intelligenz beispielsweise sechs Prinzipien aufgestellt: „Fairness, Zuverlässigkeit und Sicherheit, Sicherheit und Datenschutz, Inklusion, Transparenz und Rechenschaftspflicht."[36]

II. ETHIKA-Prinzipien

Im Rahmen eines Seminars mit Teilnehmern aus verschiedenen Branchen deutscher Unternehmen wurden zudem Prinzipien für ein ethisches und gutes Nutzererlebnis mit KI zusammengetragen. Diese „ETHIKA-Prinzipien sind namentlich: Emotionen, Transparenz, Humanität, Intelligenzsparsamkeit, Kontrolle, Steuerung und Einbindung des Nutzers.[37]

F. KI für den Menschen

I. Gemeinsames Lernen

Wie kann sich eine Maschine mit KI an den Bediener anpassen und mit ihm gemeinsam lernen? Ein in die Benutzeroberfläche der Maschine integrierter Chatbot ist eine Möglichkeit. Dieser sollte sich anfühlen wie der Ratschlag eines vertrauten und geschätzten Menschen. Es dürfen aber keine Gefühle der Bevormundung erzeugt werden. Das Gefühl der Kontrolle über das System muss immer beim Bediener bleiben. Andererseits sollte sich ein Gefühl der Vertrautheit bilden. Vertrauen stellt sich aber nur ein, wenn der Bediener nachvollziehen kann, warum die Maschine so handelt. Sie muss den Bediener stetig informieren, wie der Status des Vorgangs ist.

Wie viel Prozent Wahrscheinlichkeit ist nötig, dass der Bediener sich sicher fühlt? Würden 99,9999 Prozent ein ausreichendes Gefühl der Sicherheit auslösen?

II. Persönlichkeit eines KI-Assistenten

Je nach Nutzungskontext wird die „Persönlichkeit" eines KI-Assistenten eine andere sein. An einen digitalen Sprachassistenten, der E-Mails bear-

[36] https://www.microsoft.com/de-de/ai/responsible-ai?activetab=pivot1:primaryr6.

[37] Zusammengetragen und erläutert werden diese Kriterien auch im Abschlussbericht über das Seminar. Abrufbar unter: https://rhaug.gmbh/fileadmin/bilder_news/20181216_FUX18/Ethika-Prinzipien.subm.pdf.

beitet, werden andere Erwartungen gestellt als an einen Spurhalte-Assistenten eines fahrenden Autos. Ein Techniker in der Wartungszentrale einer Offshore Windkraftanlage erwartet einen Chatbot, der sachliche und genaue Antworten im Wortlaut liefert. Ein Chatbot, welcher Luxusprodukte anpreist, wird hingegen im Aussehen, in der Ausdrucksform und auch in der Sprache viel emotionaler gestaltet sein müssen.

KI-Systeme haben kein echtes Bewusstsein oder Gefühle. Eine hochentwickelte schwache KI ist aber dennoch in der Lage, Verständnis oder Gefühle zu simulieren oder auch Veränderungen im Verhalten des Nutzers zu bemerken.

Fast allen Menschen hilft das Gefühl einer persönlichen Betreuung, auch wenn der Nutzer weiß, dass es sich um eine KI handelt, mit der er kommuniziert. Die existierenden schwachen KI-Systeme mit Sprachbedienung sind schon jetzt in Lage, bei entsprechenden Fragen beim Nutzer die Anwesenheit einer menschlichen Person vorzutäuschen. Die Stimmung, die beispielsweise eine warme, sympathische Stimme beim Menschen auslöst, ist so stark, dass der Nutzer sich vorstellt, persönlich betreut zu werden.

III. Entscheidungen

Die Technologie und ihre Codes sind nicht mehr starr sondern durch maschinelles Lernen flexibel gestaltbar. Eine KI trifft eigene Entscheidungen. Dies führt zu einer ethischen Komponente, wie eine KI zu entscheiden hat. Den Entscheidungsrahmen muss der Mensch vorgeben. Dazu haben in jüngster Vergangenheit einige Organisationen Papiere veröffentlicht, in denen sie sich den entsprechenden ethischen Fragen stellen und Anforderungen an eine vertrauenswürdige KI zusammenfassen.[38] Ihnen gemeinsam ist, dass KI das Wohl und die Würde der Menschen achten soll, während sie gesellschaftlichen Nutzen bringt. Besonders hervorzuheben seien hier aber ebenfalls solche Kriterien, die eine gerichtli-

[38] Entsprechend der Aufzählung in Bundestag Drucksache 19/23700 seien vor allem folgende Papiere nennenswert: Ethik-Leitlinie für eine vertrauenswürdige KI 08.04.2019, abrufbar unter: https://www.demographie-netzwerk.de/site/assets/files/5064/ethicsguidelinesfortrustworthyai-depdf.pdf; Gutachten der Datenethikkommission der Bundesregierung, 23.10.2019, abrufbar unter: https://www.bmi.bund.de/SharedDocs/downloads/DE/publikationen/themen/it-digitalpolitik/gutachten-datenethikkommission.pdf?__blob=publicationFile&v=6; Montrealer Erklärung für eine verantwortungsvolle Entwicklung von KI 04.12.2018, abrufbar unter: https://monoskop.org/images/d/d2/Montreal_Declaration_for_a_Responsible_Development_of_Artificial_Intelligence_2018.pdf; KI-Prinzipien der Akademie für KI von Bejing 25.05.2019, abrufbar unter: https://link.springer.com/content/pdf/10.1007/s11623–019–1183–6.pdf; Leitfaden für ein ethik- und wertorientiertes Design 25.03.2019, abrufbar unter: https://algorithmwatch.org/de/wp-content/uploads/2019/03/IEEE-EAD1e.pdf.

che Nachprüfung der maschinellen Entscheidungen erst möglich machen. In erster Linie seien hierbei Transparenz, Nachvollziehbarkeit und Erklärbarkeit zu nennen. Erst durch sie können die Rechte des Nutzers geschützt werden, wodurch das Wohl des Menschen gestärkt wird.

Eine KI ist keine hochentwickelte Automatik für geregelte Prozesse. Sie entscheidet selbst situationsbedingt. Sie ist lernfähig und kommt nicht in der exakt selben Situation zum exakt selben Ergebnis. Dies ist der entscheidende Unterschied. Ein starr programmierter Algorithmus ist nicht in der Lage, sich in millionenfach unterschiedlichen Gegebenheiten der Umwelt flexibel anzupassen. Eine ausgefeilte Automatik könnte den Nutzer nicht ebenso effektiv entlasten wie eine eigenständige KI. Leichter leben bedeutet, unangenehme Entscheidungen vermeiden zu können und trotzdem die Kontrolle zu behalten.

Eine mensch-gerechte KI-Bedienoberfläche hat eher den Charakter eines Handlungsrahmens, den die KI mit ihren, auf Wahrscheinlichkeiten basierten, Lösungen ausfüllt. Eine nutzerzentriert gestaltete grafische Oberfläche eines Rasenmäher-Roboters sollte zum Beispiel auf den ersten Menü-Ebenen übersichtlich, ästhetisch, praktisch und selbsterklärend sein. Durch einfache Fragen sollte der Nutzer vorentscheiden, wie er das Gerät nutzen will und gibt damit einen Entscheidungsrahmen für den Rasenmäher-Roboter vor.

Auch Musikportale beinhalten eine schwache KI. Mit ihrem Frageraster gehen sie ebenso vor. Sie wollen die Vorlieben im Musikgeschmack ihrer Nutzer herausfinden, um die passenden Lieder für die Kunden vorschlagen zu können. Der Nutzer muss aber zuerst vorentscheiden, welchen Musikstil er mag. Im Laufe der Nutzung und aufgrund seines Feedbacks zu den gewählten Titeln, schlägt die KI immer mehr Titel, passend zu seinem Musikgeschmack, vor. Musikportale, Suchmaschinen und andere Mediensysteme mit KI tendieren aber dazu, den Nutzer in seiner Geschmacks-, Meinungs- und Gewohnheitszone zu halten.

IV. Übersicht behalten

In gut strukturierten Ebenen der Bedienungsoberfläche von Maschinen, das können grafische Menüs oder auch frei gesprochene Kommandos sein, kann der Nutzer seine Präferenzen für das Verhalten des KI-Systems immer anpassen. Diese Ebenen können aber zahlreich und schwer zu finden sein. Die Lösung wäre wiederum ein KI-Assistent. Er agiert wie eine Suchmaschine. Über Schlagworte findet er kontextorientiert den passenden Menüpunkt und führt den Nutzer direkt auf diese Seite oder den Sprachdialog des Menüs.

Durch das Internet der Dinge (IoT) ist theoretisch jedes Ding oder jede Dienstleistung, die eine Internetadresse hat, mit jedem anderen Ding im

Internet verbunden. Jedes Ding kann einem anderen Ding Vorschläge zur Lösung eines Problems beisteuern. Durch Assistenzsysteme mit schwacher KI muss der Nutzer immer weniger selbst erledigen. Sowohl körperlich als auch geistig. Den Rasen mäht ein Roboter, das Auto wechselt die Spur selbstständig und ein Programm wertet Bewerberdaten aus und schlägt vor, welcher Bewerber sich am besten für die freie Stelle eignet. Die passende Musik für ein entspanntes Abendessen ist in der Playlist des Musikportals im passenden Stimmungsgenre, welches Zugriff auf fast alle Musiktitel der Welt hat. Eine KI entlastet das Hirn immer mehr von als mühevoll empfundenen geistigen Entscheidungen und lästiger körperlicher Arbeit.

In einer von Effizienz getriebenen Wirtschaftswelt haben viele Organisationen künftig das Ziel, mit Hilfe von KI unterstützten Systemen und Programmen immer bessere Ergebnisse mit möglichst viel Gewinn zu erzeugen. Aber es geht auch um menschengerechtes Bedienen. Eine Gestaltung der Bedienoberfläche unterstützt den Nutzer bei der Problemlösung und nimmt auf sein Selbstwertgefühl und seine Ängste Rücksicht. Die Bedienoberfläche soll den Nutzer motivieren, mit der Maschine zu interagieren und nicht gegen sie.

V. Motivation

Wie kann man den Nutzer motivieren, dem KI-System seine Rückmeldung zu geben?

Die Maschine ist, je nach Verwendungszweck, zB ein Autonavigationssystem oder ein Bestellsystem für Waren, sein eigenes „persönliches“ Assistenzsystem. Die Möglichkeiten für ein Feedback müssen klar verständlich und einfach zu verstehen sein. Auch die Spanne der Aufmerksamkeit, die der Bediener in der Lage ist dem System zu schenken, muss mitberücksichtigt werden. Durch emotionale Anreize, die dem menschlichen Belohnungssystem Motivation geben, kann man die Aufmerksamkeitsspanne verlängern. Eine Bedienoberfläche muss fehlertolerant gestaltet sein. Eine Aktion muss zu jeder Zeit, ohne Stress zu verursachen, unterbrochen werden können. Durch Zwischenspeicherungen muss der Nutzer in der Lage sein, am Punkt der Unterbrechung nahtlos seine Aktion wieder fortsetzen zu können.

VI. Ein Gefühl von Sicherheit

In vielen Fällen ist der Nutzer nicht mehr in der Lage, alles zu überwachen, was relevant ist. Die Fülle der Daten ist enorm. Zu viel Vertrauen in die Maschine kann auch trügerisch sein, wenn der Mensch sich nur noch auf das Wissen und Können der Maschine verlässt. Das Erfahrungswissen des Bedieners ist immer besonders dann in Situationen gefragt, wenn die Verantwortung wieder auf den Menschen übergehen soll und muss. Aber was passiert, wenn der Mensch gar nicht in der Lage ist, schnell genug zu entscheiden oder es nicht will? Wann darf eine Maschine für den Menschen entscheiden?

G. Grenzen und Folgen von KI

I. Ethik

Ein gerne aufgeführtes Beispiel ist der Autopilot eines Autos im Straßenverkehr. Wer hat die Verantwortung für die Folgen einer Entscheidung der KI, wenn es um Menschenleben geht? Das KI-System, der Hersteller des Systems oder der Fahrer?

Problematisch ist, wenn Maschinen ethische Entscheidungen treffen sollen. Ethik ist nicht normierbar. Sie beruht nicht auf objektiven Kriterien, sondern ist vielmehr hochgradig intuitiv und situationsabhängig. Ein autonom fahrendes Auto in Deutschland so zu programmieren, dass es entscheiden kann, wen es im Entscheidungsfall lieber überfahren soll – einen Rentner oder einen Schüler, der noch weit mehr Jahre zu leben hat – ist unethisch. Dabei wird der Wert eines menschlichen Lebens gegen den eines anderen aufgerechnet. Ethik und Moral sind nicht zeitlos und zusammenhangslos. Die Faktoren und Werte, nach denen eine KI entscheidet, werden durch die programmierten Algorithmen bestimmt. Programmierer und Hersteller von KI-Systemen gestalten diese in der Gegenwart, passend zu dem derzeitigen kulturellen Umfeld und den geltenden Regeln. Menschen und Wertmaßstäbe entwickeln sich aber permanent weiter. In unterschiedlichen Kulturen fallen solche Entscheidungen unterschiedlich aus. Ein in anderen Ländern autonom fahrendes Auto hätte ganz andere moralische Entscheidungsprämissen als in Deutschland.

Ethik, Intuition, Flexibilität und Kreativität sind nicht die Stärken einer KI. Das Niveau einer allgemeinen künstlichen Intelligenz oder gar einer starken künstlichen Intelligenz ist noch nicht gegeben. Auf dem Feld des maschinellen Lernens, das für Assistenz-Systeme wichtig ist, hat sie jedoch bereits ein hohes Niveau erreicht.

II. Gesellschaftliche Folgen von KI

KI wird unaufhaltsam kommen, mehr oder weniger unsichtbar. Arbeiten in allen Bereichen, bei denen es sich um leichte, wiederholbare Tätigkeiten handelt und die in weniger als einer Sekunde von einem Menschen erledigt werden könnten, könnten auch von einer KI übernommen werden.

In Deutschland kann man davon ausgehen, dass in naher Zukunft in manchen Berufen schon 70 Prozent der Aufgaben von Computern erledigt werden könnten.[39] Auch wenn es nicht zu Entlassungen kommen würde, so müssen Mitarbeiter zumindest mit starken Veränderungen in ihrem Berufsbild und einem daraus folgenden großen Umlernen rechnen.[40] Zudem werden neue Berufsfelder entstehen, wenngleich nicht zu erwarten ist, dass dieselbe Quantität von Arbeitsplätzen wieder entsteht. KI bietet die Chance, mehr Arbeitsplätze zu schaffen, die ein positives Nutzererlebnis ermöglichen.[41]

In welcher Form, Anzahl und Geschwindigkeit KI in Zukunft tatsächlich Aufgaben und ganze Berufsfelder übernehmen wird, ist allerdings schwer vorauszusehen. Zunächst müssen ethische und rechtliche Aspekte verpflichtend geregelt werden. Darüber hinaus stellen einige Bereiche, allen voran der Gesundheitsbereich, besonders hohe Anforderungen an den Einsatz neuer Technik.[42] Zuletzt sind auch die Kosten der Entwicklung künstlicher Intelligenz nicht zu unterschätzen.[43]

III. Bequemlichkeit oder Sicherheit

Eine bundesweite Umfrage mit 20.004 Menschen hat Folgendes ergeben: 55 Prozent der Befragten halten KI für nützlich, jedoch teilen auch 54 Prozent Sicherheitsbedenken und 29 Prozent der Teilnehmenden haben sogar Angst vor dem Einsatz von Künstlicher Intelligenz. 52 Prozent glauben, Systeme mit KI ermöglichen ein leichteres Leben.[44]

---

[39] *Dengler/Matthes* Wenige Berufsbilder halten mit der Digitalisierung Schritt, IAB-Kurzbericht 4/2018, S. 10.

[40] *Dengler/Matthes* Wenige Berufsbilder halten mit der Digitalisierung Schritt, IAB-Kurzbericht 4/2018, S. 4.

[41] Wittpahl/*Wischmann/Rohde* Künstliche Intelligenz: Technologie, Anwendung, Gesellschaft, 99 (116).

[42] Wittpahl/*Wenke/Priesack* Künstliche Intelligenz: Technologie, Anwendung, Gesellschaft, 221 (222).

[43] *Eckert* Diese Jobs sind besonders von Robotern bedroht, Welt 16.02.2018, abrufbar unter: https://www.welt.de/wirtschaft/article173642209/Jobverlust-Diese-Jobs-werden-als-erstes-durch-Roboter-ersetzt.html.

[44] *FOM* Künstliche Intelligenz im Alltag: Wie groß ist die Akzeptanz im Alltag?, https://www.fom.de/2019/september/kuenstliche-intelligenz-ein-volk-zwischen-hoffnung-angst-und-zuversicht.html.

IV. Ängste vor Fremdsteuerung

KI löst diffuse Ängste aus. Ein Leben in der Zukunft mit künstlicher Intelligenz erzeugt gemischte Gefühle. Zum einen sagen 62 Prozent der Befragten in Deutschland, dass sie KI befürworten unter der Bedingung, dass hierdurch Ressourcen eingespart werden. Zum anderen gaben aber auch 59 Prozent an, dass sie sich bei zu großem Einsatz von KI fremdgesteuert fühlen und sich lieber auf Menschen als auf Roboter verlassen würden. Selbst bei jüngeren Menschen, hier 17- bis 23-Jährigen, hat die Hälfte der Teilnehmenden Sorge vor einer Fremdsteuerung durch KI und verlässt sich lieber auf Menschen.[45] Diese Ängste sind berechtigt, wenn durch KI-Systeme einseitig wirtschaftliche Interessen verbunden sind und der Nutzer keine Kontrolle über seine Daten hat.

H. Fazit

I. Das KI-Nutzererlebnis

Vielen Menschen fällt es schwer, sich vorzustellen, wie genau KI Menschen das Leben leichter machen könnte. Mit neuen Produkt- und Designideen, die überwiegend positive Nutzererlebnisse erzeugen, könnte es gelingen, die in Deutschland vorherrschenden Vorbehalte gegenüber KI zu überwinden.

Das Nutzererlebnis mit KI-Assistenzsystemen ist entscheidend für die Akzeptanz. Nutzungserlebnisse entstehen durch Emotionen. Diese lassen sich als wertendes Gefühl während der Nutzung des Produktes beschreiben, das sowohl positiv als auch negativ sein kann. Ein gutes Nutzungserlebnis zeichnet sich dadurch aus, dass die Nutzung des Produktes oder Dienstes die menschlichen Bedürfnisse nach Autonomie, Kompetenz, Stimulation, Verbundenheit und Popularität erfüllt.[46]

Assistenzsysteme erleichtern das Tun. Sie erweitern die menschlichen Möglichkeiten und kaschieren menschliche Schwächen. Eine gute Nutzbarkeit (Usability) sorgt dafür, dass diese menschlichen Emotionen überwiegend positiv sind.

Jedoch ist eine gute Nutzbarkeit kein Garant für positive Nutzererlebnisse. Eine gute Nutzbarkeit in sich allein hat keinen Wert, stattdessen

---

[45] *FOM* Künstliche Intelligenz im Alltag: Wie groß ist die Akzeptanz im Alltag?, https://www.fom.de/2019/september/kuenstliche-intelligenz-ein-volk-zwischen-hoffnung-angst-und-zuversicht.html.

[46] *Hassenzahl* IHM'08, 11 (12).

hat sie ihren Wert darin, dem Nutzer die Erfüllung seiner Bedürfnisse zu erleichtern.[47]

Dass ein positives Erleben nicht gleich Motivation ist, muss beachtet werden, wenn versucht wird durch „Gamification" (zB: Fortschrittsanzeige, Rangliste, Wettbewerb auf Zeit) den Nutzer zu motivieren, immer weiter zu machen.

Beispiel: Thermomix Vorwerk (intelligent, aber noch keine KI)
Die Küchenmaschine von Vorwerk ist ein Alleskönner mit einem interaktiven Display.
Der Nutzer schätzt den Vorteil, mit Hilfe der Maschine schnell eine Mahlzeit selbst zuzubereiten. Die Technik hilft dem Nutzer bei der Zubereitung. Das Nutzererlebnis findet der Koch in der Zubereitung an sich und in einer Erweiterung seines Könnens durch die Hilfe dieses intelligenten Gerätes. Er hat den Vorgang immer unter Kontrolle. Ihm ist es möglich, jederzeit von der Zubereitung nach Rezept abzuweichen und je nach Geschmack und Vorliebe etwas zu ergänzen oder wegzulassen. Die Initiative kommt immer vom Nutzer selbst. Er ist der Koch und die Maschine unterstützt ihn nur.

Beispiel: Parkassistent Tesla
Innovative Elektroautos können selbstständig ein- und ausparken. Man kann das geparkte Auto auch herbeirufen. Das befriedigende Nutzererlebnis besteht im Besitzerstolz und der Erweiterung des eigenen Könnens. Kleine und enge Parklücken verlieren ihren Schrecken. Der Nutzer greift gezielt und punktuell auf die Hilfe des Systems zurück. Er startet das Ein- oder Ausparken im Auto über das Fahrzeugdisplay oder außerhalb des Autos mit Hilfe einer App auf seinem Smartphone. Durch das Lenkrad und die Bremse oder das Smartphone hat er jederzeit die Kontrolle über das System.

Beispiel: Vorausschauende Wartung für Offshore Windkraft
Durch eine KI-Software mit integrierter vorausschauender Wartung für Windräder, könnten viele Reisen zu Offshore Standorten besser geplant oder vermieden werden. Das Nutzererlebnis besteht in der kognitiven Entlastung des Menschen und dem Gefühl der Sicherheit durch ein fehlerloses Handeln. Durch wirtschaftliche Interessen und Sicherheitsvorgaben hat der Nutzer aber nur eine eingeschränkte Kontrolle über das System.

Beispiel: Rasenmäher-Roboter
Bei einem Rasenmäher-Roboter besteht das Nutzererlebnis durch die Lust an der Technik und einem Gefühl der Dankbarkeit, eine lästige Tätigkeit nicht selbst

[47] *Hassenzahl* IHM'08, 11 (12).

machen zu müssen. Ist das System eingelernt, mäht der Rasenmäher völlig autonom. Der Besitzer kann sich auf die Kontrolle des Ergebnisses beschränken.

II. Rolle des Nutzers

Geht es darum, satt zu werden oder um die Freude beim Kochen? Geht es um den reinen Transport von A nach B oder um die Freude am Fahren? Geht es um effizientes Funktionieren oder um motiviertes Arbeiten?

Die Rolle des Nutzers im KI-System beeinflusst den angestrebten Automatisierungsgrad des Assistenzsystems und die Gestaltung des User Interfaces.

Hat der Mensch eher eine effizienzorientierte Rolle, beispielsweise für die Übernahme von unattraktiven Aufgaben oder für die Kompensation von menschlichen Schwächen, muss das User Interface einfacher und übersichtlicher gestaltet werden. Der Nutzer muss sofort erkennen, wie er das System beeinflussen kann (zB Start, Stopp, mehr und weniger, leiser und lauter). Durch die KI ist schon ein hoher Grad an Automatisierung vorgegeben.

Hat der Nutzer eher eine genussorientierte Rolle, muss das User Interface detaillierter gestaltet sein und mehr Bedien- und Kontrollmöglichkeiten bieten. Das positive Nutzererlebnis besteht neben den Tätigkeiten an sich in der Bedienfreude. Es muss Spaß machen. Eine Arbeitserleichterung ist teilweise gewünscht, aber nur in einem selbstbestimmten, kontrollierten Ausmaß.

Der Grad an bewusster Kontrolle über die KI beeinflusst im hohen Maß das Nutzererlebnis mit künstlicher Intelligenz und muss bei künftigen KI-Entwicklungen stärker berücksichtigt werden.

Literatur

Asimov, Ich, der Roboter, München 2016, 4. Auflage

Bendel (Hrsg.), Pflegeroboter, Wiesbaden 2018

Brinker/Hekler/Enk/Klode/Hauschild/Berking/Schilling/Haferkamp/Schadendorf/Holland-Letz/Utikal/von Kalle, Deep learning outperformed 136 of 157 dermatologists in a head-to-head dermoscopic melanoma image classification task, European Journal of Cancer Vol. 113 (2019), 47

Burleigh/Schoenherr/Lacroix, Does the uncanny valley exist? An empirical test of the relationship between eeriness and the human likeness of digitally created faces, Computers in Human Behaviour Vol. 29 (2013), 759

Chapman/Anderson, Understanding disgust, Annals of the New York Academy of Sciences, Vol. 1251 (2012), 62

Dengler/Matthes, Wenige Berufsbilder halten mit der Digitalisierung Schritt, IAB-Kurzbericht 4/2018

Ebers/Heinze/Krügel/Steinrötter (Hrsg.), Künstliche Intelligenz und Robotik, München 2020

Hadi/Thomaz/Crolic/Stephen, Blame the Bot: Anthropomorphism Exacerbates Negative Responses From Angry Customers, NA – Advances in Consumer Research Volume 47 (2019), 259
Haensch/Nelke/Planitzer (Hrsg.), Uncanny Interfaces, Hamburg 2019
Hassenzahl, User Experience (UX): Towards an experiential perspective on product quality, IHM'08, 11
Jentsch, Zur Psychologie des Unheimlichen, Psychiatrisch-neurologische Wochenschrift Vol. 8 (1906), 195
Korn, Soziale Roboter – Einführung und Potenziale für Pflege und Gesundheit, Wirtschaftsinformatik und Management Vol. 11 (2019), 126
Krämer/Schwan/Unz/Suckfüll (Hrsg.), Medienpsychologie: Schlüsselbegriffe und Konzepte, 2. Aufl., Stuttgart 2016
Liggieri/Müller (Hrsg), Mensch-Maschine-Interaktion, Stuttgart 2019
MacDorman/Grenn/Ho/Koch, Too real for comfort? Uncanny responses to computer generated faces, Computers in Human Behaviour Vol. 25(3) 2009, 695
McCarthy/Minsky/Rochester/Shannon, A Proposal for the Dartmouth Summer Research Project on Artificial Intelligence, 1955
Minsky, Semantic information processing, MIT Press 1968, Cambridge
Mori, The Uncanny Valley, Energy Vol. 77 (1970), 33
Mori (MacDorman/Kageki), The Uncanny Valley, IEEE Robotics & Automation Magazine Vol. 19(2) 2012, 98
Nielsen, Designing Web Usability: The Practice of Simplicity, 2. Aufl., München 2004
Shneiderman, Human-Centered Artifical Intelligence: Three Fresh Ideas, AIS Transactions on Human-Computer Interaction Vol. 12(3) 2020, 109
Saygin/Chaminade/Ishiguro/Driver/Frith, The thing that should not be: predictive coding and the uncanny valley in perceiving human and humanoid robot actions, Social Cognitive and Affective Neuroscience Vol. 7(4) 2012, 413
Nguyen/Stueker/Waibel, Super-Human Performance in Online Low-latency Recognition of Conversational Speech, arXiv.org 2021, arXiv:2010.03449v3
Weiser, The Computer for the 21st Century, Scientific American 1991, 94
Weyers/Lürig/Zielasko (Hrsg.), GIVR /AR Workshop, Gesellschaft für Informatik e.V., 2020
Wittpahl (Hrsg.), Künstliche Intelligenz: Technologie, Anwendung, Gesellschaft, Wiesbaden 2019

Weitere Literaturempfehlungen

Dengler/Matthes, Folgen der Digitalisierung für die Arbeitswelt, IAB-Kurzbericht, 24/2015
eco – Verband der Internetwirtschaft e. V.(Hrsg.), Der deutsche Smart-Home-Markt 2017–2022
Flörkemeier, Vom Internet der Computer zum Internet der Dinge, Informatik-Spektrum Vol. 33(2) 2010, 107
Johnson, Interface Culture: How New Technology Transforms the Way We Create and Communicate, Reprint 1999
Kim, Artificial intelligence in fracture detection: transfer learning from deep convolutional neural networks, Royal College of Radiologists, 2017

Krug, Don't Make Me Think!: A Common Sense Approach to Web Usability, New Riders, 2. Aufl., 2005

Moggridge, Designing Interactions, The MIT Press, 2006

Moser, User Experience Design: Mit erlebniszentrierter Softwareentwicklung zu Produkten, die begeistern, 2012

Norman, Things That Make Us Smart: Defending Human Attributes in the Age of the Machine, Perseus Books, Reprint 1994

Norman, The Invisible Computer: Why Good Products Can Fail, the Personal Computer Is So Complex and Information Appliances Are the Solution, Mit Press, Reprint 1999

Norman, Emotional Design: Why We Love (or Hate) Everyday Things, Basic Books, 2005

Siau/Wang, Building Trust in Artificial Intelligence, Machine Learning, and Robotics, Missouri University of Sience and Technology, 2018

Stapelkamp, Interaction- und Interfacedesign-, Web-, Game-, Produkt- und Servicedesign-Usability und Interface als Corporate Identity, Heidelberg (ua) 2010

Thielsch, Ästhetik von Websites: Wahrnehmung von Ästhetik und deren Beziehung zu Inhalt, Usability und Persönlichkeitsmerkmalen, MV Wissenschaft, 2008

Uckelmann/Harrison, Michahelles (Hrsg.), Architecting the Internet of Things, Springer, Berlin 2011

Kapitel 3. Verantwortliche Gestaltung von KI-Systemen. Ethik, Recht und Technikfolgenabschätzung

Grunwald

A. Einführung und Überblick

In der Digitalisierung hat sich in den letzten Jahrzenten die Gesellschaft auf Basis der technischen Möglichkeiten bereits stark verändert und ist weiter in rascher Entwicklung. Mit zunehmend autonom agierenden technischen Systemen, Mustererkennung durch *Big Data*-Technologien, Effizienzsteigerung und Beschleunigung der industriellen Produktion, *Blockchain*-Technologie, Robotern als künstlichen Gefährten, selbst fahrenden Autos und vielem mehr werden weitere große Veränderungen in Gesellschaft und Wirtschaft erwartet.[1] Die künstliche Intelligenz (KI) stellt einen Schlüssel für viele dieser Erwartungen dar, führt allerdings auch zu vielfältigen Befürchtungen von Kontrollverlust, Abhängigkeit und Diskriminierung.[2] Obwohl ihre Wurzeln bis in die 1950er Jahre zurückreichen und es in den 1970ern bereits eine Phase hoher Erwartungen und ähnlicher Befürchtungen wie heute gab, gilt sie als zentrales Element zukünftiger Digitalisierungsschübe und als entscheidend für die zukünftige ökonomische Wettbewerbsfähigkeit von Unternehmen und Volkswirtschaften. Entsprechend erfährt sie hohe Aufmerksamkeit und Unterstützung durch politische Förderprogramme in den Industrieländern.

Wie der technische Fortschritt generell ist die digitaltechnische Entwicklung in sich *ambivalent*:[3] vielfach gibt es nicht nur Gewinner, sondern auch Verlierer, es kommt zu nicht intendierten Folgen, die *dual use*-Problematik ist zu beachten, Fragen nach Macht und Verantwortung, nach Ethik und Demokratie bis hin zur Zukunft des Menschen stellen sich.[4] Soziale, ökonomische, rechtliche und ethische Herausforderungen der Digitalisierung finden sich in vielen Feldern autonomer technischer Systeme und der KI, so etwa im Umgang mit Daten,[5] beim Einsatz von

---

[1] *Neugebauer.*
[2] *Grunwald 2019a.*
[3] *Grunwald 2010; Grunwald 2019b.*
[4] *Mainzer.*
[5] *Kolany-Raiser et al.*

Robotern in der Pflege[6] und bei autonomen Autos (→ D.). Recht, Ethik und Technikfolgenabschätzung sind gefordert, an einer verantwortlichen Ausgestaltung der weiteren Digitalisierung mitzuwirken.

In diesem Kapitel wird Digitalisierung *als gesellschaftlicher Prozess* betrachtet, der durch die sich rasch entwickelnde digitaltechnische Basis ermöglicht aber nicht determiniert wird. Die zunehmende Ausstattung aller gesellschaftlichen Bereiche und der gebauten Umwelt in Gebäuden, Ortschaften und Infrastrukturen mit Sensoren und digitalen Infrastrukturen, ihre Vernetzung über das Internet und die Möglichkeit, große Datenbestände (*Big Data*) zu speichern und rasch auszuwerten, dabei mit Hilfe von KI zu lernen und zu optimieren, sind das technische Rückgrat dieses Prozesses. Digitale Technik stellt sozusagen die *Grammatik*[7] für die Digitalisierung als Prozess bereit, sagt jedoch noch nichts über die semantischen und pragmatischen Dimensionen von Transformationen gesellschaftlicher Zusammenhänge, etwa in Bildung und Wirtschaft, in neuen Kooperationsformen zwischen Mensch und Technik, in Veränderungen der Arbeitswelt, in Automatisierung und Autonomisierung vieler Prozesse, im öffentlichen wie privaten Kommunikationsverhalten und im Regierungshandeln. Beispielsweise sagt die Ermöglichung autonomen Fahrens (→ D.) noch nichts darüber aus, wie sie sich auf neue Mobilitätskonzepte in Zukunft und das Mobilitätsverhalten auswirken werden.

Diese Transformationen lassen sich konzeptionell unterschiedlich analysieren und deuten. In der *Beobachterperspektive* erscheinen sie als evolutionäre Prozesse, unterbrochen möglicherweise von disruptiven Ereignissen, hinter denen nach grundlegenden Mechanismen und Kausalverhältnissen gesucht werden kann, um sie wissenschaftlich zu erklären. In der *Teilnehmerperspektive* sind zwei Positionierungen denkbar. Zum einen kann die digitale Transformation als ein eigendynamisches und nicht beeinflussbares Geschehen angesehen werden, das zur *Anpassung* nötigt, so wie Naturereignisse Anpassung erfordern. Zum anderen kann in der Diagnose, dass die Digitalisierung kein Naturereignis ist, sondern von Menschen gemacht wird, nach *Gestaltungsmöglichkeiten* der digitalen Transformation in vielen Anwendungsfeldern gefragt werden. In diesem Kapitel wird explizit die Gestaltungsperspektive eingenommen (→ C.).

Technikgestaltung[8] muss bis in die konkreten Prozesse von Gestaltung hinein operationalisiert werden. Antworten auf Fragen, welche Akteure in welchen Prozessschritten auf welche Weise gestaltend intervenieren, müssen genauso beantwortet werden wie Fragen nach der Legitimation

[6] *Kehl.*
[7] *Grunwald 2019a, S. 122.*
[8] *Vgl. zB VDI; Bijker/Law; Grunwald 2003.*

von Inklusion und Exklusion und nach der Verteilung von Zuständigkeiten und Verantwortung (→ F.). Gestaltung steht unter Bedingungen und Begrenzungen des Gelingens und unter dem Risiko enttäuschter Erwartungen und möglicher Überraschungen. Sie bewahrt nicht vor dem Eintreten nicht intendierter Folgen,[9] wie dies in planungsoptimistischen Zeiten erwartet wurde. Verantwortliche Technikgestaltung darf daher nicht nur auf die gewünschten Zwecke der Entwicklung setzen und ihre Umsetzung vorantreiben, sondern muss auch mögliche nicht intendierte Folgen in den Blick nehmen. Dieser Imperativ ist Bestandteil von Gestaltungsansätzen wie der Technikfolgenabschätzung (TA)[10] und des Leitbildes der *Responsible Research and Innovation* (RRI)[11] (→ E.). In der KI stellen sich diese bekannten Herausforderungen in einer besonderen Akzentuierung, da Komplexität, Selbstorganisationsfähigkeit und Lernfähigkeit von KI-Systemen die Prognostizierbarkeit des Erreichens gesetzter Zwecke und der Früherkennung nicht intendierter Folgen reduzieren (→ B.).

Die Darstellung der Herausforderungen und Möglichkeiten von Ethik, Recht und TA, zur Gestaltung von KI-Systemen beizutragen, beginnt mit einer kurzen technikphilosophischen Ausführung zu Spezifika der KI (→ B.), gefolgt von einer ebenso kurzen kritischen Betrachtung des digitalen Technikdeterminismus (→ C.). Sodann wird das KI-Anwendungsfeld des autonomen Fahrens in Bezug auf Querschnittsfragen der Gestaltung untersucht (→ D.), bevor konkrete Ansätze der Kooperation aus Ethik, Recht und Technikfolgenabschätzung (→ E.) und das Querschnittsthema der verteilten Verantwortung (→ F.) vorgestellt werden.

B. Der doppelte Zukunftsbezug der KI

Üblicherweise wird Technik als Mittel für menschliche Zwecke angesehen, etwa in der Programmierung von Apps für bestimmte Aufgaben. Diese Sicht auf Technik ist grundsätzlich wie auch speziell für KI nicht falsch, aber unvollständig. Denn die real auftretenden Folgen von Technik, hier KI-basierten Systemen, sind häufig nicht identisch zu den vorab intendierten Folgen. Technik ist immer wieder *mehr* oder auch *weniger* als nur zielführendes Mittel. Es kommt zu einem „Überschießen der Mittel",[12] indem Folgen auch jenseits der erwarteten Zweckrealisierung ein-

[9] *Grunwald 2003.*
[10] *Grunwald 2010.*
[11] *Owen et al.*
[12] *Rohbeck, S.143.*

treten. Aber auch ein „Unterschießen“ ist zu nennen, wenn nämlich die mit einer Entwicklung verfolgten Zwecke nicht vollständig oder gar nicht erreicht werden. Der Zukunftsbezug von Technik allgemein und KI im Besonderen ist daher als ein doppelter charakterisiert durch temporale Asymmetrie: (1) *ex ante* und (2) *ex post.*[13]

(1) KI wird in der Perspektive *ex ante* relativ zu Zielen und Zwecken entwickelt. Sie soll bestimmte Funktionen und Leistungsmerkmale realisieren, häufig vor dem Hintergrund von Geschäftsmodellen, etwa in der Datenauswertung zu individualisierten Marktstrategien, oder von behördlichen Anforderungen, beispielsweise in Bezug auf Überwachung und Sicherheit. Das Anforderungsprofil bezieht sich dabei nicht auf die *Gegenwart*, sondern auf *zukünftige* KI-Nutzer und Märkte. Deren Intentionen und Bedarfe werden antizipiert oder im Rahmen von Marktforschung oder Nutzerbefragungen erhoben, um KI-Systeme so zu entwickeln, dass sie zukünftig diese Intentionen treffen und zB auf zukünftigen Märkten Erfolg haben. KI wird also wie Technik üblicherweise, jedenfalls in Forschung und Entwicklung, *auf Zukunft hin* projektiert, um Leistungen in einer ebenfalls projektierten *Zukunftswelt*, zB auf zukünftigen Modellmärkten,[14] zu erbringen. Dass die Systeme und darauf aufbauende Produkte und Dienstleistungen in der angezielten ‚zukünftigen Gegenwart'[15] den Bedarfen der Nutzer und Märkte entsprechen, ist freilich nicht garantiert, sondern birgt das unternehmerische Risiko von Fehleinschätzung und Fehlinvestition.

(2) Wenn Technik entwickelt ist und Anwendungen im Einsatz sind, treten reale Folgen ein, häufig nicht in Übereinstimmung mit den oder in Begrenzung auf die projektierten Zwecke. Gewohnheiten, Lebensstile, ökonomische Verhältnisse, soziale Zusammenhänge bis hin zu konstitutiven kulturellen Elementen können beeinflusst werden, je nach Tragweite und Verbreitung der betreffenden Produkte. Auch ermöglicht das Vorhandensein der Technik das Erfinden neuer Zwecke, ihre kreative Umwidmung einschließlich möglichen Missbrauchs, aber auch das Setzen neuer Ziele und das Entstehen neuer Bedürfnisse. Einmal vorhandene technische Mittel sind Bestandteil der nachfolgenden Welt und werden auf unvorhergesehene Weise für deren Gestaltung eingesetzt. Sie können aber auch nicht intendierte Folgen haben, so etwa für Ökosysteme, den Arbeitsmarkt, als Diskriminierungsrisiken[16] oder für den Wertewandel. Einmal etablierte KI-Systeme gehören zum ‚Inventar' in der weiteren Entwicklung der Gesellschaft. Damit können sie neue Formen des Handelns

[13] *Grunwald 2021.*
[14] *Kowol/Krohn.*
[15] *Luhmann.*
[16] *Orwat.*

ermöglichen, aber auch dem Handeln Randbedingungen und Grenzen setzen und durch Pfadabhängigkeiten Alternativen erschweren.

Zwischen den Zukunftsbezügen *ex ante* und *ex post* besteht eine tiefgreifende temporale Asymmetrie. *Ex ante* werden Zukunftsaussagen, etwa zu zukünftigen Märkten, als Orientierung für gegenwärtige Technik- und Produktentwicklung mit KI genutzt. *Ex post* beeinflussen die in diesem Modus erzeugten Objekte den zukünftigen Verlauf der Dinge auf eine oft überschießende Weise. Im projektiven Vorgriff *ex ante* werden faktische Entwicklungen in der Gegenwart beeinflusst, die *ex post* Folgen für die Zukunft haben. Während *ex ante* im gesamten Entwicklungsverlauf Planänderungen bis hin zum Abbruch möglich sind, treten durch die realen Folgen Pfadabhängigkeiten ein: was einmal in der Welt ist, setzt für alles Weitere Rahmenbedingungen und lässt sich nicht oder nur mit extremem Aufwand zurückholen. Die Erfindung und Verbreitung der Atombombe ist dafür ein zwar extremes aber strukturell treffendes Beispiel.

Die Asymmetrie zwischen den Zukunftsbezügen *ex ante* und *ex post* – letztlich ist sie die Ursache für das Scheitern des Planungsoptimismus – stellt Technikgestaltung vor konzeptionelle Herausforderungen. Denn Erwartungen an gelingende Technikgestaltung setzen auf die jedenfalls weitgehende Erreichung der vorab gesetzten Zwecke und das ebenfalls mindestens weitgehende Ausbleiben unerwünschter Nebenfolgen. Bedeutet hier: dass die beiden Zukunftsbezüge möglichst zusammen-, zumindest aber nicht komplett auseinanderfallen.

Für die Gestaltung von KI-Systemen verschärft sich das Risiko dieses Auseinanderfallens durch deren Lernfähigkeit. Aufgrund der Lernfähigkeit und der dadurch ermöglichten Selbstorganisation können sich Eigenschaften der KI auf eine nicht determinierte Weise ändern, da die Anlässe, aus denen gelernt werden kann, genauso wenig vorhersehbar sind wie die Ergebnisse der lernenden Selbstorganisation. Damit sind der Antizipation des Erreichens der intendierten Zwecke, aber auch der Vorhersage möglicher nicht intendierter Folgen tendenziell engere Grenzen gesetzt als bei traditioneller Technik. Lernfähigkeit und Selbstorganisation könnten im Extremfall zu einem völligen Auseinanderklaffen zwischen Zukunftsbezug *ex post* und *ex ante* führen und damit letztlich Technikgestaltung obsolet machen.

Auch durch die Verschiebung von Subjekt/Objekt-Relationen zwischen Mensch und Technik in KI-Systemen entstehen neue Herausforderungen an Technikgestaltung.[17] Mit der durch KI ermöglichten Autonomie technischer Systeme sind KI-Systeme nicht mehr nur wie traditionelle Technik eine Menge von einzelnen Instrumenten, Apparaten, Maschinen

[17] *Grunwald* 2021.

und Anlagen, die zum Subjekt Mensch in einem klaren Objektverhältnis stehen wie ein Werkzeug. Stattdessen sind sie selbst vernetzt, bilden komplexe Strukturen und Systeme aus, teils digitaler Technik untereinander und teils als sozio-technische Konstellationen. Beispielsweise werden KI-Systeme in projektierten Systemen der Industrie 4.0 zu Kooperationspartnern des Menschen ‚auf Augenhöhe', wie dies immer wieder heißt.[18] Der Werkzeugcharakter der Technik verschwindet gegenüber ihrem Systemcharakter.[19] Menschen werden zu Bestandteilen sozio-technischer Konstellationen, in der sie zwar gelegentlich die Subjekt-, oft aber auch eine Objektrolle innehaben. Diese neuen Konstellationen führen zu erheblichen Herausforderungen an ihre Gestaltung aufgrund der komplexen Zuschreibungsprobleme von Verantwortung (→ F.).

C. Digitaler Technikdeterminismus

Der Technikdeterminismus geht davon aus, dass der technische Fortschritt einer eigenen und kaum bis gar nicht steuerbaren Eigendynamik folgt, der sich Mensch und Gesellschaft anpassen müssen.[20] Im digitalen Determinismus[21] gilt die Digitalisierung als eigendynamisch getrieben, also nicht nach gesellschaftlichen Vorstellungen und ethischen Standards gestaltbar. Der in Wirtschaft und Politik verbreitete Slogan, dass die Gesellschaft sich ‚fit machen müsse' für die Digitalisierung, ist unwillkürlich Ausdruck derartiger Vorstellungen.[22] Damit ginge der Ansatz, Ethik, Technikfolgenabschätzung oder Recht zur *Gestaltung* der Digitalisierung, zu nutzen, ins Leere. Bestenfalls könnten Härten für einzelne Bevölkerungsgruppen wie Automatisierungsverlierer kompensatorisch abgefedert oder Anpassungsmaßnahmen optimiert bzw. deren Akzeptanz befördert werden.

Sozialwissenschaftliche Forschung zur Entstehung von Technik[23] hat demgegenüber gezeigt, dass Technik in Ketten von Entscheidungen entsteht, also von Akteuren ‚gemacht' wird. Danach ist sie nicht durch Eigendynamiken vollständig determiniert, sondern entsteht in (zumindest

[18] *Wendland.*

[19] Bereits *Hubig.*

[20] *Ropohl.*

[21] *Mainzer.*

[22] *Bialeck1, S. 1* als aktuelle Stimme dazu: „Tempo und Tiefe der digitalen Revolution bringen es ... mit sich, dass Viele das Arbeiten an der Zukunft und das Gestalten dieser Epoche nicht mehr in ihrer Hand sehen, weil ‚es' in ‚der Digitalisierung' sowieso von selbst geschehe. Als seien technologischer Wandel und digitale Entwicklungen eine Art Gottheiten, deren Willkür oder Gnade man ausgeliefert ist".

[23] *Bijker et al.*

teil-) *offenen* Prozessen mit durchaus alternativen Ausgängen. KI-Systeme und darauf aufbauende Dienstleistungen könnten, wenn *andere* Kriterien zugrunde gelegt, die Entscheidungsprozesse *anders* organisiert und *andere* Akteure mit *anderen* Werten und Perspektiven eingebunden würden, im Ergebnis auch *anders* ausfallen.

Denn auch digitale Technik und KI entstehen in Kaskaden von Entscheidungsprozessen, in denen bestimmte Akteure mit bestimmten Werten und Interessen Entscheidungen treffen. Programme, Algorithmen, Roboter, digitale Dienstleistungen, Geschäftsmodelle etc. werden von Menschen erfunden, entworfen, hergestellt und eingesetzt. Auch Regulierungen wie die DSGVO, steuerliche Bestimmungen und Verordnungen oder Fördermaßnahmen zur digitalen Bildung sind ‚gemacht'. Die Digitalisierung entsteht nicht von selbst, sondern wird in all ihren Aspekten ‚gemacht',[24] hauptsächlich in Unternehmen, Forschungseinrichtungen, Behörden oder Geheimdiensten. Darin kommen spezifische Werte, Einschätzungen und Interessen, Unternehmensstrategien, Geschäftsmodelle, militärische Erwägungen zum Einsatz, die die Ziele und Anforderungsprofile der digitalen Entwicklungen prägen. Aber auch politische Regularien, Urteile von Kartellbehörden über monopolistisches Gebaren von Datenkonzernen und das Nutzerverhalten beeinflussen den Gang der KI-Entwicklung und ihres Einsatzes. Die oben erwähnte Einsicht der sozialkonstruktivistischen Technikforschung ernst zu nehmen bedeutet, diese Prozesse, insbesondere die Rollen und Interessen der ‚Macher' aufzuklären, ihre Legitimation in Bezug auf das ‚Machen' zu hinterfragen und über die bislang in die KI-Gestaltung involvierten auch andere Perspektiven zu inkludieren, zB von Bürgern und Stakeholdern, von Ethik und Recht, wie es ein grundsätzliches Anliegen der Technikfolgenabschätzung ist.[25] Es kommen dann Fragen in den Blick wie zB *welche Akteure* welchen Einfluss auf die Entwicklung der KI nehmen, nach *welchen Interessen und Werten* dies erfolgt, welche *Macht* damit verbunden ist, wie es um deren Legitimation und Verantwortung steht, sowie wo das Primat der *Demokratie* bleibt, wenn durch Software und Monopole gesellschaftsweite Anpassungen erzwungen werden.

Die Destruktion der Vorstellung, dass KI-Entwicklung und Digitalisierung determinierte Abläufe seien, führt zu einem offenen Blick auf die Zukunft der digitalen Transformation, die sich danach als *Möglichkeitsraum voller Alternativen* zeigt. Welche einmal umgesetzt werden, hängt von vielen Entscheidungen im *gestaltenden* Blick auf die weitere Entwicklung von KI-Technologien ab. Darin haben Technikfolgenabschätzung, Recht und Ethik ihren Platz, um im Vergleich und in der Abwä-

[24] *Grunwald 2019a.*
[25] *Grunwald 2010; Grunwald 2019b.*

gung unterschiedlicher *Alternativen* Prinzipien wie Menschen- und Bürgerrechten, Gerechtigkeit und Fairness, Privatheit und Inklusion Gehör zu verschaffen. In den letzten Jahrzehnten wurde eine Fülle von Ansätzen zur Gestaltung von Technik entwickelt (→ E.), die freilich noch nicht in großem Umfang umgesetzt werden.

Im Feld der KI sind besondere Herausforderungen an die praktische Umsetzung einer derart inklusiv und demokratisch verstandenen Technikgestaltung zu bedenken, um nicht realitätsfernen Wunschvorstellungen anzuhängen. Hierzu gehört vor allem die in den letzten ca. zwei Jahrzehnten erfolgte immense Monopolbildung. Wenige extrem große und meist im *Silicon Valley* beheimatete Unternehmen prägen die Digitalisierung, zB über *Social Media.* Ihre Macht und die dortige Konzentration von Datenbeständen und Auswertekapazitäten haben extreme Pfadabhängigkeiten erzeugt. Alternativen gegen diese Macht aufzubauen mag fast aussichtslos erscheinen. Des Weiteren ist an den Einzug von ADM-Systemen (*automated decision-making*) in vielen gesellschaftlichen Bereichen zu denken, etwa im Sicherheitsbereich, im Bewerbungsgeschehen und in der Kreditvergabe. Auch hierdurch sind Abhängigkeiten faktisch entstanden, die den Umstieg auf andere Pfade schwermachen. Die bisherige Geschichte der Digitalisierung setzt auf diese Weise markante Randbedingungen für die Zukunft (→ B.), nicht im Sinne ihrer Determinierung, aber dahingehend, dass Entwicklung und Implementation echter Alternativen nur mit immensen Kraftakten vorstellbar sind.

Diese grundsätzlich problematische Machtkonstellation zeigt sich im Zusammenhang mit KI in einer speziellen Herausforderung. Sie hängt mit dem oft handlungsregulierenden und institutionenähnlichen Charakter von Software und Algorithmen zusammen, verschärft durch KI.[26] Software und KI-gestützte Netze und Dienstleistungen nehmen häufig die Rolle von institutionenähnlichen Regelungselementen ein. Mit fortschreitender Verlagerung von menschlicher Interaktion, etwa in Behörden oder Unternehmen, aber auch in politischer Kommunikation, in digitale Systeme werden soziale Regeln und zugrundeliegende Werte ‚in die Systeme programmiert'. Erst auf diese Weise werden die Automatisierung des Regelvollzugs, die technische Vermeidung der Regelabweichung sowie die Etablierung von Regeln in feiner Granularität möglich. Beispiele lassen sich in informationstechnisch umgesetzten sozialen Regeln von Internetfiltern, Systemen des digitalen Rechtemanagements, Internetarchitekturen und Protokollen, Suchmaschinen, E-Commerce-Systemen, sozialen Netzwerken und KI-Systemen oder Entscheidungsregeln in Big Data Analytics finden bis hin zu den Scoring-Systemen der direkten Handlungsregulierung wie im chinesischen System der *social credits.*

[26] *Orwat et al.*

Mittels KI erzwungene Regelungen können auch konventionelle Regeln, Wertvorstellungen und Erwartungen ‚überschreiben' und damit aufgrund ihrer Macht ersetzen. Öffentliche Regelsysteme können somit umgangen oder unterwandert werden, obwohl ihnen, insofern sie von global operierenden Konzernen erzeugt werden, keine demokratische Legitimation zukommt. Hier wird mittels KI-Systemen zunächst nahegelegte, dann erzwungene Anpassung zur Ausübung von Macht ermöglicht.

D. Autonomes Fahren als exemplarisches Gestaltungsfeld[27]

Die Gestaltung zukünftiger Mobilität einschließlich autonomen Fahrens ist eine Gestaltungsaufgabe, in der sich sowohl die Ambivalenz der KI zwischen Chancen und Risiken als auch eine Fülle charakteristischer Anfragen an Ethik und Recht zeigen. Gewünschte Effekte sollen realisiert werden, vor allem mehr Sicherheit, während unerwünschten Folgen möglichst vorgebeugt werden soll. Diese abstrakte Erwartung an gute Gestaltung muss bis hinein in viele Details konkret umgesetzt werden.

Das Automobil ist zum Symbol für individuelle Mobilität und Freizügigkeit schlechthin und zu einem zentralen volkswirtschaftlichen Faktor geworden. Die individuelle Mobilität führt jedoch zu erheblichen nicht intendierten Folgen, vor allem zu Unfällen, Todesopfern und Sicherheitsproblemen sowie zu Umwelt- und Klimafolgen und ist mit Verteilungs- und Zugangsungerechtigkeiten behaftet. Autonomes Fahren verspricht mehr Sicherheit durch die Herausnahme des Hauptunfallverursachers Mensch aus der Rolle des Fahrers, mehr Zugangsgerechtigkeit zur individuellen Mobilität im Hinblick auf kranke, behinderte oder ältere Menschen, vor allem in ländlichen Gebieten, bessere Effizienz der Verkehrsführung und eine Erhöhung der Lebensqualität durch die Möglichkeiten, Lebenszeit für andere Zwecke zu nutzen, etwa für Berufspendler, die tägliche längere Zeiten im Auto verbringen.

Die KI spielt in diesen Erwartungen eine zentrale Rolle, insbesondere durch die hohen Anforderungen an schnelle Auswertung komplexer Datenbestände angesichts der Notwendigkeit von quasi Echtzeitreaktionen und dem Wunsch nach möglichst effektiv lernenden Systemen. Dabei ist neben den immensen technischen Herausforderungen eine Fülle ethischer und rechtlicher Aspekte zu beachten. Technische Standards und Normen müssen entwickelt werden, damit Kommunikation zwischen Mensch und Maschine bzw. Maschine und Maschine ohne das Risiko folgen-

[27] Dieser Abschnitt stützt sich auf *Grunwald 2019a*; *Grunwald 2019c*; *Grunwald 2019d*; *Grunwald 2015*.

schwerer Missverständnisse ermöglicht wird. Koordination und Kooperation zwischen Mensch und Maschine bedürfen klar geregelter Schnittstellen, zB zur Übergaben der Kontrolle zwischen Mensch und Bordcomputer. Für Ethik-Dilemmata muss der Bordcomputer rechtssicher und ethisch vertretbar programmiert werden. Datensicherheit und Privatheit müssen gesichert werden und Haftungsfragen für komplexe Verantwortungs- und Zuständigkeitsverteilungen müssen rechtssicher geklärt werden. Unter den vielen Herausforderungen seien im Folgenden einige Querschnittsfragen kurz herausgegriffen.[28]

I. Notfallsituationen

Aufgrund von technologischen Mängeln, unvorhersehbaren Situationen oder auch systemischen Rückkopplungseffekten werden autonome Fahrzeuge Unfälle nicht komplett verhindern können, auch nicht bei vollständiger Herausnahme des Menschen mit seiner Unberechenbarkeit, Fehleranfälligkeit und Bereitschaft zu Regelverletzungen aus dem System. Es ist damit zu rechnen, dass autonome Fahrzeuge spezifische Unfälle verursachen werden, die einem menschlichen Fahrer möglicherweise nicht unterlaufen würden. Notsituationen, also Fälle eines drohenden Unfalles bzw. eines Verlustes der Kontrolle über die Situation, können sowohl einem menschlichen Fahrer als auch dem Bordcomputer unterlaufen. Der Mensch könnte fahruntüchtig sein, trotzdem aber unbedingt fahren wollen. Hier stellt sich die Frage, ob das technische System technisch in die Lage versetzt und rechtlich berechtigt werden soll, ihn daran zu hindern, um Notfallsituationen vorzubeugen (vgl. die Frage der Letztkontrolle → D. V.). Spezifische Schwierigkeiten stellen sich umgekehrt, wenn der Bordcomputer die Kontrolle hat, jedoch während der Fahrt diagnostiziert, dass er die Kontrolle verliert oder verloren hat, etwa durch einen Ausfall von Systemkomponenten oder extreme Wetter- oder Straßenverhältnisse. Die auf den ersten Blick naheliegende Lösung, dem menschlichen Passagier die Kontrolle für ein schnelles Eingreifen zu übertragen, funktioniert jedoch aus zwei Gründen nicht. Erstens benötigt ein Mensch, der gerade auf etwas anderes konzentriert war, mehrere Sekunden zur hinreichenden Erfassung der Verkehrssituation und zur Intervention. Dann kann es bereits zu spät sein. Zweitens besagt das Automatisierungs-Paradox[29], dass Menschen in einem hochautomatisierten Umfeld Überwachungsaufgaben und die Entschärfung von Notsituationen kaum angemessen durchführen können, da ihnen gerade der dafür notwendige Routinebetrieb fehle, wenn dieser durch autonome Technik be-

[28] *Brändle/Grunwald.*
[29] *Bainbridge.*

wältigt wird. Die Ethik-Kommission für automatisiertes und vernetztes Fahren hat daher gefordert: „Software und Technik hochautomatisierter Fahrzeuge müssen so ausgelegt werden, dass die Notwendigkeit einer abrupten Übergabe der Kontrolle an den Fahrer (‚Notstand') praktisch ausgeschlossen ist."[30] Dies impliziert erhebliche Redundanz- und Früherkennungsanforderungen an die technischen Systeme.

II. Anpassungsnotwendigkeiten

Für eine reibungslose und möglichst unmissverständliche Kommunikation zwischen autonom betriebenen Fahrzeugen und menschlichen Verkehrsteilnehmern im Mischbetrieb entstehen Notwendigkeiten gegenseitigen ‚Verstehens' von Menschen und technischen, von Sensoren mit Daten gefütterten, Systemen. Das, was die eine Seite äußert, verbal oder nonverbal, bei Menschen etwa durch Winken, muss von der anderen Seite, also vom Computer, verstanden und gemäß der Intention des Senders interpretiert werden, sollen Missverständnisse vermieden werden. Anderenfalls könnte es in sicherheitsrelevanten Bereichen zu Unfällen kommen. Daher stellt sich die Frage, wer sich hier wem, insbesondere ob und wie sich die menschliche Seite dem Code der technischen Seite anpassen muss. Die Ethik-Kommission zum autonomen und vernetzten Fahren hat dazu empfohlen:

> „Um eine effiziente, zuverlässige und sichere Kommunikation zwischen Mensch und Maschine zu ermöglichen und Überforderung zu vermeiden, müssen sich die Systeme stärker dem Kommunikationsverhalten des Menschen anpassen und nicht umgekehrt erhöhte Anpassungsleistungen dem Menschen abverlangt werden."[31]

Damit soll vermieden werden, dass menschliches Handeln, vermittelt über fortschreitende Digitalisierung nach den Anforderungen von KI-Systemen, reguliert und immer stärker normiert werden könnte. Ähnliche Fragen stellen sich in anderen Anwendungsfeldern der KI, so etwa bei sozialen Robotern oder in der Arbeitswelt der Industrie 4.0, in der Menschen und Roboter kommunizieren und kooperieren sollen. Die Diskussion um eine vernünftige Balance zwischen sozial akzeptabler, technisch notwendiger Anpassung von Menschen und dem legitimen Beharren auf einer menschlichen, nicht technisch durchnormierten Lebenswelt

[30] *Ethik-Kommission, Regeln 17 und 19.*
[31] *Ethik-Kommission, S. 13.*

dürfte eine der großen Fragen in der weiteren Ausgestaltung von Anwendungsfeldern der KI sein.

III. Ethik-Dilemmata

Häufig werden Extremsituationen diskutiert, in denen es für KI-Systeme keine gute Lösung gibt, sondern nur nach dem kleinsten Übel gesucht werden kann. Der Klassiker sind Dilemma-Situationen, in denen ein selbst fahrendes Auto nur die Wahl hätte, zwei Kinder oder drei ältere Leute umzufahren, oder sich entscheiden müsste, entweder die Insassen oder unbeteiligte Fußgänger zu gefährden. Wie sollen die Algorithmen mit diesen Fällen umgehen? Wird in der Abwägung der Wert von Menschenleben gegeneinander aufgerechnet? Angesichts solcher Fragen kommt es häufig zu Empörung bis zur Zurückweisung der gesamten KI-Technologie. Freilich ist die Technik in keiner Weise in der Lage, das Alter oder gar den sozialen Status von Passanten zu erkennen. Auf Basis der Moralphilosophie von Immanuel Kant und nach dem deutschen Grundgesetz ist die Lage eindeutig: „Bei unausweichlichen Unfallsituationen ist jede Qualifizierung nach persönlichen Merkmalen (Alter, Geschlecht, körperliche oder geistige Konstitution) strikt untersagt. Eine Aufrechnung von Opfern ist untersagt".[32] Dennoch muss entschieden werden, was in einer Dilemma-Situation geschehen soll. Und dies muss zweifelsfrei und rechtsicher aufgeklärt werden. Von ethischen Regeln, die in Form von Algorithmen in die Software eingebaut werden, hängt ab, wie ein autonomes Auto in Problemsituationen reagiert und wer dann zu Schaden kommt. Die Prinzipien, nach denen dies geschieht, müssen transparent, ethisch reflektiert, öffentlich diskutiert und rechtlich abgesichert sein, wenn Vertrauen entstehen soll, dass bei Entscheidungen über Leben und Tod nicht blind „etwas passiert", sondern dass sorgfältige Überlegungen den Ausschlag für die Ausgestaltung der technischen Systeme gegeben haben. Hauptaufgabe der technischen Auslegung der KI-Steuerung muss sein, das Entstehen von Dilemma-Situationen, die im Normalbetrieb des Straßenverkehrs sowieso eine statisch nicht erfassbare Kleinstgröße sind, möglichst zu verhindern: „Die Technik muss nach ihrem jeweiligen Stand so ausgelegt sein, dass kritische Situationen gar nicht erst entstehen, dazu gehören auch Dilemma-Situationen, also eine Lage, in der ein automatisiertes Fahrzeug vor der ‚Entscheidung' steht, eines von zwei nicht abwägungsfähigen Übeln notwendig verwirklichen zu müssen".[33]

---

[32] *Ethik-Kommission, Regel 9.*
[33] *Ethik-Kommission, Regel 5.*

IV. Privatheit und Überwachung

Aus vernetzt fahrenden, dh mit einer Leitzentrale über das Internet verbundenen autonomen Fahrzeugen können durch die elektronischen Spuren vollständige Bewegungsprofile abgelesen werden. Diese sind eine wertvolle Information für Polizei und Geheimdienste, die etwa die räumliche Bewegung von Terroristen, Verdächtigen oder auch Regimegegnern verfolgen könnten, aber auch für Unternehmen, um Profile für zielgenaue Werbung zu optimieren. Hier bestehen weitreichende, allerdings nicht für das autonome Fahren *spezifische* Möglichkeiten der Überwachung durch Datenauswertung und Nachverfolgung bis hin zu Missbrauchsmöglichkeiten, aber auch von kommerziellen Nutzungen. Berechtigte Überwachung und der Schutz der Privatheit müssen abgewogen werden: „Eine vollständige Vernetzung und zentrale Steuerung sämtlicher Fahrzeuge im Kontext einer digitalen Verkehrsinfrastruktur ist ethisch bedenklich, wenn und soweit sie Risiken einer totalen Überwachung der Verkehrsteilnehmer und der Manipulation der Fahrzeugsteuerung nicht sicher auszuschließen vermag".[34] Mit der rasch fortschreitenden Datafizierung immer weiterer Gesellschaftsbereiche verschärfen sich die Anforderungen an die technische Gestaltung der Systeme, um ethische Forderungen und grundrechtliche Vorgaben zu sichern und um Menschen- und Bürgerrechte wirkungsvoll zu schützen.[35] Fraglich ist allerdings, ob überhaupt durch autonome Autos grundsätzlich oder auch nur akzentuell neue Herausforderungen entstehen, sind doch bereits durch gegenwärtige Technologien, etwa die Nutzung von Smartphones, weitgehend vollständige Bewegungsprofile digital verfüg- und auswertbar.

V. Letztkontrolle

An vielen entstehenden Schnittstellen zwischen Mensch und autonom gewordener, dh mit KI ausgerüsteter und damit sowohl an den Menschen adaptiver als auch ihn potentiell überwachender Technik stellen sich Fragen, welche Seite die Kommunikation und Kooperation kontrolliert und im Zweifel das letzte Wort hat.[36] Die spontane Forderung, dass die Letztkontrolle grundsätzlich beim Menschen liegen müsse, klingt plausibel, führt aber rasch zu Zweifeln, vor allem zu Fragen, wer denn dieser Mensch sei. Denn nicht immer handelt ‚der Mensch' verantwortlich.[37] Wenn beispielsweise der Bordcomputer in einem autonomen Fahrzeug bemerkt, dass der menschliche Fahrer nicht fahrtüchtig, also zB übermü-

---

[34] *Ethik-Kommission.*
[35] *Kolany-Raiser et al.*
[36] *Kehl/Coenen.*
[37] *Grunwald 2019a.*

det, aggressiv oder alkoholisiert ist, könnte es ethisch sogar geboten sein, ihm die Kontrolle zu entziehen. Analoge Fragen stellen sich zB in der industriellen Produktion der Industrie 4.0, wo Roboter und Menschen ‚auf Augenhöhe' kooperieren sollen, oder wenn Roboter als künstliche Gefährten im Haushalt einer älteren Person unterstützend oder unterhaltend eingesetzt werden. Es sind leicht Situationen vorstellbar, wo Menschen durch KI vor sich selbst oder vor anderen geschützt werden müssen. Im Falle des nicht fahrtüchtigen Autofahrers besteht die Notwendigkeit, diesen selbst, aber auch andere Verkehrsteilnehmer vor möglichen Unfällen zu schützen. Wie entsprechende Systeme gestaltet werden, ob und wann der Mensch das letzte Wort haben darf, dürfte ein großes Thema für die Gestaltung zukünftiger Mensch/Maschine-Verhältnisse sein.[38] Interessant ist besonders, dass im Falle des genannten Autofahrers die Entscheidung, ob ein Mensch als fahrtüchtig anerkannt wird oder nicht, dem technischen System übertragen würde. Menschliche Autonomie wäre dann gebunden an eine ‚Genehmigung' durch Technik. Freilich ist zu beachten, dass hierbei nicht die Technik nach eigenem Gutdünken verfahren würde, sondern von Menschen – Programmierern, Psychologen, Ethikern, Juristen etc. so eingestellt werden müsste, dass von der KI nur menschlich gesetzte Kriterien für Fahrtüchtigkeit umgesetzt würden, die Technik nicht mehr als ein ausführendes Organ wäre. Insofern Algorithmen als Aufseher über Menschen eingesetzt werden, könnte allerdings die technische Bevormundung von Menschen unter dem Stichwort der Sicherheit drohen, wodurch menschliche Freiheit immer weiter eingeschränkt werden könnte (→ D. VI.).

VI. Zwischen Freiheit und Sicherheit

Jenseits der unmittelbaren Anpassungsnotwendigkeiten im Alltagsbetrieb autonomen Fahrens (→ D. II.) bewegt viele Menschen das Verhältnis von Freiheit und Sicherheit im Mobilitätsbereich wie auch in anderen gesellschaftlichen Feldern. Die Argumente für das autonome Fahren beziehen sich stark auf Sicherheitsprobleme und Unfallfolgen durch nicht regelgerecht fahrende, also zB unter Alkoholeinfluss stehende oder Geschwindigkeitsbegrenzungen übertretende menschliche Autofahrer. Wenn technisch garantierte und auch technisch durchgesetzte Sicherheit zu einem absolut gesetzten Ziel würde, könnte hier, so befürchten viele, der Weg in eine technisch geprägte Welt auf Kosten menschlicher Freiheit beschritten werden. Alles würde dem Sicherheitsargument untergeordnet, so dass letztlich eine zwar hoffentlich sichere, aber technisch völlig durchregulierte Mobilität, weiterhin auch eine entsprechend technisch

[38] *Kehl/Coenen.*

organisierte Gesellschaft die Folge wäre. Demgegenüber hält die Ethik-Kommission fest: „Ausdruck der Autonomie des Menschen ist es, auch objektiv unvernünftige Entscheidungen wie eine aggressivere Fahrhaltung oder ein Überschreiten der Richtgeschwindigkeit zu treffen. Dabei würde es dem Leitbild des mündigen Bürgers widersprechen, würde der Staat weite Teile des Lebens zum vermeintlichen Wohle des Bürgers unentrinnbar durchnormieren und abweichendes Verhalten sozialtechnisch bereits im Ansatz unterbinden wollen. ... Es besteht keine ethische Regel, die Sicherheit immer vor Freiheit setzt".[39] Die Grundsatzfrage der Abwägung zwischen legitimen Sicherheitsargumenten und ebenso legitimen Freiheitsrechten wird im Zuge der fortschreitenden Digitalisierung mittels KI sicher eines der großen Themen der nächsten Jahre bleiben. Seine Sensibilität zeigt sich zurzeit anhand der Corona-Pandemie, wo die sicherheitsbegründeten Maßnahmen auf Basis des Seuchengesetzes zu Freiheitseingrenzungen führen, die zunehmend nicht mehr hingenommen werden. Um die Balance zwischen freiheitseingrenzender Sicherheit und sicherheitsbegrenzender Freiheit in der weiteren Adaptation von KI-Systemen immer wieder neu wissenschaftlich fundiert und ethisch reflektiert in gesellschaftlicher Aushandlung zu bestimmen und darauf aufbauend die digitale Transformation entsprechend zu gestalten, sind Ethik und Recht, aber auch die Technikfolgenabschätzung in der Untersuchung alternativer Optionen und ihrer Folgen gefragt.

VII. Ergebnis

Die Gestaltung der Transformation in der zunehmend automatisierten und autonomen Welt der Mobilität ist somit nicht nur mit den komplexen technischen Details von Sensoren, KI und Algorithmen konfrontiert, sondern muss auch Querschnittsfragen bearbeiten und letztlich beantworten, die weit in die gesellschaftliche Verständigung über ethische und rechtliche Regeln hineinreichen. Von daher muss diese Gestaltung in übergreifend interdisziplinären Konstellationen erfolgen, etwa zwischen Informatik, Ethik, Rechtswissenschaft, Verkehrsplanung, Maschinenbau, Technikfolgenabschätzung und Wirtschaftswissenschaft, ggf. aber auch unter Heranziehung der Psychologie und der Organisationssoziologie. Eingebettet werden muss diese interdisziplinäre Kommunikation in eine transdisziplinäre Verständigung auf der gesellschaftlichen Ebene über den Fortgang der Integration von KI-basierten autonomen Technologien in das Mobilitätssystem als Basis für politische Entscheidungen.

[39] *Ethik-Kommission, Regel 4* und die Erläuterungen dazu S. 21f.

E. Gestaltungsansätze: Technikfolgenabschätzung, Recht und Ethik

Anwendungsfelder der KI[40] wie die erwähnte autonome Mobilität, aber auch die Arbeitswelt der Industrie 4.0, der Einsatz sozialer Roboter im Unterhaltungsbereich, zur Unterstützung oder in der Kundenberatung enthalten jeweils individuelle, kontextspezifische Gestaltungsnotwendigkeiten, -möglichkeiten und -aufgaben, werfen aber auch für die KI generell typische Fragen auf, wie sie im vorigen Abschnitt am Beispiel selbstfahrender Autos beschrieben wurden. Gerade in den Querschnittsthemen zeigt sich, dass die Gestaltung der digitalen Transformation *als Prozess* (→ A.) mit zunehmendem Einsatz von KI zwar der Gestaltung technischer KI-Systeme bedarf, aber weit darüber hinausgeht. Denn es kommt letztlich auf die verantwortliche Gestaltung der mit der KI verbundenen *Transformationen* in den jeweiligen Feldern an. Sie enthalten üblicherweise eine Fülle von außertechnischen, zB ethischen, rechtlichen und politischen Aspekten. Daher muss Gestaltung über die reine Technik hinaus grundsätzlich auf Nutzungs- und Anwendungskontexte zielen, in die die KI-Systeme eingebettet werden (*embedded technology*). Die Gestaltung der digitalen Transformation muss daher Technik antizipativ in ihrem erwarteten oder möglichen zukünftigen sozialen, wirtschaftlichen und politischen *Kontext* sehen und die *Ko-Evolution* von Technik und Gesellschaft in den Blick nehmen.[41] Die KI als Technik spielt dabei grundsätzlich die ermöglichende Rolle einer ‚Grammatik' der digitalen Transformation (→ A.), ohne jedoch technikdeterministisch (→ C.) ihre Einbettung in die menschliche Gesellschaft vorzugeben.

Ein wichtiges Beispielfeld sind Pflege und Gesundheit, die als wichtige Anwendungsfelder für KI-gestützte Technologien gelten. Zur Unterstützung der Pflege wird autonom agierenden Service- bzw. Pflegerobotern und Assistenztechnologien in Kombination mit Neurotechnologien (zB Exoskeletten) großes Potenzial zugeschrieben.[42] KI spielt hier eine zentrale Rolle in der Ermöglichung technisch autonomer Systeme in komplexen Umgebungen, so etwa in der Echtzeiterkennung relevanter und sich teils rasch ändernder Umweltfaktoren im aktiven Einsatz, zB von autonomen Servierwagen. Weil in diesen Einsatzfeldern Technik und Mensch in sehr engen Kontakt kommen, und die betroffenen Menschen häufig

[40] *Vgl. Mainzer,* insbesondere im Hinblick auf den Einsatz Künstlicher Intelligenz.
[41] *Dolata/Werle.*
[42] *Kehl.*

pflegebedürftig sind und daher etwaigen Fehlfunktionen der Technik womöglich hilflos ausgeliefert wären, kommt einer KI-gestützten Erkennung des Zustandes der Menschen extrem hohe Bedeutung zu. Im Sinne der bedarfsorientierten *embedded technology* wurde beispielsweise das Anforderungsprofil an intelligente Technologien erhoben, um den Zustand von Menschen mit zeitlich variabler Demenz erkennen zu können, um jeweils adäquat agieren, sprich ihnen eine kontextbezogen möglichst große Autonomie ermöglichen zu können.[43] Da in allen Feldern von Pflege und Gesundheit individuelle Menschen und ihre Angehörigen unmittelbar betroffen sind und sich Fragen nach Würde, Autonomie und Menschlichkeit stellen, sind in der Entwicklung derartiger Technologien offenkundig ethische und rechtliche Fragen im Sinne einer ‚guten Pflege' zu beachten. Es müssen dazu die konkreten Bedürfnisse der Betroffenen, ihrer Angehörigen und des Pflegepersonals bereits in der Entwicklung berücksichtigt werden, um technokratische oder *technology push* Lösungen zu vermeiden. Wie entsprechende KI-gestützte Assistenzsysteme und vor allem auch eine den pflegerischen Herausforderungen angemessene Governance der Technikentwicklung und des Einsatzes der Technik in der Praxis aussehen könnten, sind daher Fragen, die sowohl interdisziplinärer Kooperation von Entwicklern, Ethikern und Juristen als auch einer transdisziplinären Verständigung von Stakeholdern und Betroffenen bedürfen.[44]

In den letzten Jahrzehnten wurde eine Fülle von Ansätzen zur Gestaltung von Technik als kontextuell *embedded technology* (→ E.) entwickelt. Dabei wird die fundamentale Ambivalenz von Technik durch das mögliche Auftreten nicht intendierter Nebenfolgen in Betracht gezogen. Hierzu gehören die Technikfolgenabschätzung,[45] das *Value Sensitive Design*,[46] vor allem im Bereich der Informations- und Kommunikationstechnologien, und der Ansatz des *Responsible Research and Innovation.*[47] Diese Ansätze sehen gemeinsam Technik als von Menschen gemacht an (→ C.) und gehen davon aus, dass es grundsätzlich Alternativen in der Technikgestaltung und in der Einbettung von Technik in gesellschaftliche Bereiche gibt. Je nach Alternative stehen andere Werte und Interessen im Vordergrund.[48] In der digitalen Technik äußern sie sich vor allem darin, wie mit Daten und Privatheit umgegangen wird,[49] welche Wahlmöglichkeiten für die Nutzer vorgesehen werden, wie niedrig-

[43] *Decker et al.*
[44] *Kehl.*
[45] *Rip et al.; Grunwald 2010; Grunwald 2019b.*
[46] *Friedman et al.*
[47] *Owen et al.*
[48] *van de Poel.*
[49] *Kolany-Raiser et al.*

schwellig der Zugang zu neuen digitalen Dienstleistungen gestaltet wird und ob beziehungsweise wie diskriminierungsfrei die Algorithmen arbeiten.[50] Technikgestaltung bedeutet dann, die Werte und Interessen hinter den möglichen Alternativen transparent zu machen, Nutzer und zivilgesellschaftliche Organisationen einzubeziehen und Ergebnisse dann auch technisch umzusetzen.

Die Technikfolgenabschätzung (TA) wurde vor etwa fünfzig Jahren im US-amerikanischen Kongress etabliert[51] und hat sich von dort aus zu einer internationalen Forschungs- und Beratungsdisziplin entwickelt.[52] Sie befasst sich prospektiv mit Folgen und Nebenfolgen der Technik, um das verfügbare Wissen um Nebenfolgen frühzeitig in Entscheidungsprozesse integrieren und Strategien zum verantwortlichen Umgang mit den dabei unweigerlich auftretenden Unsicherheiten des Wissens zu erarbeiten. Auf diese Weise soll sie zu besser reflektierter Gestaltung von Technik im Einzelnen, aber auch des technischen Fortschritts insgesamt beitragen und die Reflexivität von Beratungen und Entscheidungsprozessen erhöhen. Die TA arbeitet in hohem Maße interdisziplinär und kooperiert beispielsweise mit Ethik und Rechtswissenschaften, aber auch mit Wirtschafts-, Sozial- und Technikwissenschaften sowie der Informatik. Vielfach setzt sie unmittelbar *in der Technikentwicklung* an technischen Hochschulen oder der Industrie an, um gezielt die Entwicklung von Produkten, Systemen und Dienstleistungen zu begleiten.[53]

Das *Value Sensitive Design*[54] (VSD) geht auf die Aufdeckung von in Technik implementierten Wertstrukturen zurück, die die Frage nahelegte, ob und wie dies explizite Technikgestaltung nach Maßgabe von Werten ermöglichen würde. Im VSD sollen relevante Werte in Designanforderungen und konkrete Technik umgesetzt werden.[55] Es umfasst dazu die iterativen und zusammenhängenden Schritte der Identifizierung relevanter Gruppen von Nutzern und Betroffenen und ihrer Wertvorstellungen, die Auslegung von Werten sowie philosophisch-ethische Reflexionen im jeweiligen technischen Kontext, den Transfer bzw. die Operationalisierung in Gestaltungsanforderungen, die Lösung von potentiellen Inkompatibilitäten bzw. Konflikten zwischen Werterfüllungen und letztendlich die Überprüfung der Umsetzung.

---

[50] *Orwat.*
[51] *Bimber.*
[52] *Grunwald 2010; Grunwald 2019b.*
[53] *Rip et al.*
[54] *Friedman et al.; van den Hoven et al.*
[55] *van de Poel.*

F. Verteilung von ethischer und rechtlicher Verantwortung

In Kooperationsformen von Mensch und KI-gesteuerten Systemen werden Zuständigkeiten und damit auch Verantwortlichkeiten verteilt. Die Rede von der ‚autonomen' Technik macht dies besonders deutlich, war doch das Prädikat der Autonomie im Sinne der Anthropologie Immanuel Kants bis dato Menschen vorbehalten. Die öffentliche Debatte thematisiert immer wieder, welche Zuständigkeit der Technik übertragen werden darf. Industrielle Produktion in der Industrie 4.0,[56] autonomes Fahren (→ D.) und computer- oder robotergestütztes ärztliches Handeln sind Beispiele. In solchen neuen Konstellationen müssen Zuständigkeiten und Verantwortlichkeiten bis hin zu Haftungsfragen ethisch reflektiert und rechtssicher geregelt werden, kulminierend oft in der Frage, ob Bordcomputer im autonomen Fahrzeug oder militärische Drohnen über Leben und Tod entscheiden dürfen.

In den Medien wird an diesem Dilemma auch skandalisiert, dass dann technische Systeme auf möglicherweise undurchschaubare Weise über Tod und Leben entscheiden. Das jedoch stimmt nicht. Denn Computer entscheiden nicht von sich aus.[57] Sie sind von Menschen gemacht und funktioniert nach vorgegebenen Kriterien. Die Entscheidung über Leben und Tod bleibt indirekt beim Menschen, wandert allerdings von den einzelnen Autofahrern zu Personen und Institutionen im Hintergrund, zu Firmen, Programmierern, Managern oder einer Regulierungsbehörde. Der Computer entscheidet nicht aus eigener Kraft über Leben und Tod, sondern spult ein Programm ab, das von Menschen erzeugt und zugelassen wurde. Ansonsten wäre er eine Rechtsperson und müsste im Fall des Falles vor Gericht angeklagt und vielleicht sogar ins Gefängnis gebracht werden. Stattdessen tragen diejenigen Menschen Verantwortung, die für seine Funktionsweise und den Betrieb des Fahrzeugs zuständig sind. Allerdings muss erheblich mehr Mühe aufgewendet werden, die Verantwortlichkeiten genau zu regeln, damit keine undurchschaubaren Situationen entstehen.

Verantwortung wandert damit von den individuellen Autofahrern (im Falle autonomer Fahrzeuge) oder Soldaten (im Fall von militärischen Drohnen) zu Personen und Institutionen im Hintergrund, zu Firmen, Programmierern, Managern, Geheimdiensten, Generälen, Regulierungsbehörden oder Ethikräten. Die Regelung dieser komplexen Verantwor-

[56] *Manzlei et al.*
[57] *Brändle/Grunwald.*

tungslage erscheint im Prinzip machbar, vor allem angesichts der vorliegenden Erfahrungen mit Verantwortungszuschreibung in komplexen und arbeitsteiligen Zusammenhängen, etwa in großen Unternehmen. Freilich wächst mit der Komplexität der zwischen Mensch und KI-gestützter Technik verteilten Zuständigkeiten die Sorgfaltspflicht, diese komplexen Zuschreibungen explizit zu machen, um eine ‚Verantwortungsdiffusion' ins Nichts zu vermeiden oder gar intentionaler Verantwortungsverschleierung Vorschub zu leisten.[58] In algorithmisch basierten Beratungsangeboten, so etwa bei Gesundheits-Apps, *Legal Tech* Rechtsberatung oder in Finanzgeschäften muss transparent sein, wem Vertrauen entgegengebracht wird, worauf sich dieses gründet und wer welche Verantwortung trägt: „Die dem Menschen vorbehaltene Verantwortung verschiebt sich bei automatisierten und vernetzten Fahrsystemen vom Autofahrer auf die Hersteller und Betreiber der technischen Systeme und die infrastrukturellen, politischen und rechtlichen Entscheidungsinstanzen".[59] Die TA hat in Kooperation mit anderen Disziplinen, hier insbesondere dem Recht, in der Gestaltung der Digitalisierung generell und bei KI-Systemen im Besonderen die Aufgabe, mit an der Transparenz der Verantwortungsverteilung zu arbeiten.

Literatur

Bainbridge, Ironies of Automatization. Automatica 19 (1983), 775–779

Beck, Die organisierte Unverantwortlichkeit. Frankfurt 1988

Bialecki, Europas Moment. Editorial. Internationale Politik. IP Special 3/2020, 1

Bijker/Law (Hrsg.), Shaping Technology Building Society. Boston 1994

Bijker/Hughes/Pinch (Hrsg.), The Social Construction of Technological Systems. New Directions in the Sociology and History of Technological Systems. London 1987

Bimber, The politics of expertise in Congress: the rise and fall of the Office of Technology Assessment. New York 1996

Brändle/Grunwald, Autonomes Fahren aus Sicht der Maschinenethik, in: *Bendel* (Hrsg.), Handbuch Maschinenethik. Wiesbaden 2019, 281–300

Decker/Weinberger/Krings/Hirsch, Imagined technology futures in demand-oriented technology assessment. Journal of Responsible Innovation 4(2017)2, 177–196

Dolata/Werle (Hrsg.), Gesellschaft und die Macht der Technik. Sozioökonomischer und institutioneller Wandel durch Technisierung. Frankfurt, New York 2007

Ethik-Kommission autonomes und vernetztes Fahren, Endbericht. Berlin 2017 (https://www.bmvi.de/SharedDocs/DE/Publikationen/DG/bericht-der-ethik-kommission.pdf?__blob=publicationFile).

---

[58] *Beck*.

[59] *Ethik-Kommission*, S. 11.

Friedman/Kahn/Borning, Value Sensitive Design and Information Systems, in: *Zhang/Galletta* (Hrsg.), Human-Computer Interaction in Management Information Systems: Foundations. New York 2006
Grunwald (Hrsg.), Technikgestaltung zwischen Wunsch und Wirklichkeit. Berlin et al. 2003
Grunwald, Technikfolgenabschätzung – eine Einführung, 2. Aufl. Berlin 2010
Grunwald, Gesellschaftliche Risikokonstellation für Autonomes Fahren. Analyse, Einordnung und Bewertung, in: *Maurer/Gerdes/Lenz/Winner* (Hrsg.), Technische, rechtliche und gesellschaftliche Aspekte. Wiesbaden 2015, 661–685
Grunwald, Digitalisierung als Prozess. Ethische Herausforderungen inmitten allmählicher Verschiebungen zwischen Mensch, Technik und Gesellschaft. Zeitschrift für Wirtschafts- und Unternehmensethik 20(2019a)2, 121–145
Grunwald, Technology Assessment. Practice and Theory. Abingdon-on-Thames 2019b
Grunwald, Autonomes Fahren: Technikfolgen, Ethik und Risiken. Straßenverkehrsrecht 3(2019c), 81–86
Grunwald, Der unterlegene Mensch. Die Zukunft der Menschheit im Angesicht von Algorithmen, Robotern und Künstlicher Intelligenz. München 2019d
Grunwald, (Hrsg.), Wer bist du, Mensch? Transformationen menschlicher Selbstverständnisse im wissenschaftlich-technischen Wandel. Freiburg 2021
Grunwald/Hubig, Technikhermeneutik: ein kritischer Austausch zwischen Armin Grunwald und Christoph Hubig. Jahrbuch Technikphilosophie 2018. Baden-Baden, 321–352
Hubig, Wissenschafts- und Technikethik. Ein Leitfaden. Berlin 1993
Kehl, Robotik und assistive Neurotechnologien in der Pflege – gesellschaftliche Herausforderungen. Büro für Technikfolgen-Abschätzung beim Deutschen Bundestag. Berlin 2018
Kehl/Coenen, Technologien und Visionen der Mensch-Maschine-Entgrenzung. Büro für Technikfolgen-Abschätzung beim Deutschen Bundestag. Berlin 2016
Kolany-Raiser/Heil/Orwat/Hoeren (Hrsg.), Big Data und Gesellschaft. Eine interdisziplinäre Annäherung. Wiesbaden 2018
Kowol/Krohn, Innovationsnetzwerke. Ein Modell der Technikgenese. Jahrbuch Technik und Gesellschaft 8, 77–106
Luhmann, Die Zukunft kann nicht beginnen: Temporalstrukturen der modernen Gesellschaft, in: *Sloterdijk* (Hrsg.), Vor der Jahrtausendwende: Berichte zur Lage der Zukunft, Band I. Frankfurt 1990, 119–150
Mainzer, Künstliche Intelligenz – wann übernehmen die Maschinen?. Berlin et al. 2019
Manzlei/Schleupner/Heinz (Hrsg.), Industrie 4.0 im internationalen Kontext. Berlin 2016
Neugebauer (Hrsg.), Digitalisierung. Schlüsseltechnologien für Wirtschaft und Gesellschaft. Heidelberg 2018
Orwat, Diskriminierungsrisiken durch Verwendung von Algorithmen. Studie herausgegeben von der Antidiskriminierungsstelle des Bundes. Berlin 2019
Orwat/Raabe/Buchmann/Anandasivam et al., Software als Institution und ihre Gestaltbarkeit. Informatik-Spektrum 33 (2010), 626–633
*Owen/Bessant/Heintz*_(Hrsg.), Responsible Innovation: Managing the Responsible Emergence of Science and Innovation in Society. London 2013
Rip/Misa/Schot (Hrsg.), Managing Technology in Society. London 1995
Rohbeck, Technologische Urteilskraft. Zu einer Ethik technischen Handelns. Frankfurt 1993.

Ropohl, Kritik des technologischen Determinismus, in: *Rapp/Durbin* (Hrsg), Technikphilosophie in der Diskussion. Braunschweig 1987, 3–18

van de Poel, Translating values into design requirements, in: *Mitchfelder/McCarty/Goldberg* (Hrsg.), Philosophy and Engineering: Reflections on Practice, Principles and Process. Dordrecht 2013, 253–266

van den Hoven/Vermaas/van de Poel (Hrsg.), Handbook of Ethics, Values, and Technological Design. Sources, Theory, Values and Application Domains. Dordrecht 2015

VDI – Verein Deutscher Ingenieure, Richtlinie 3780 Technikbewertung, Begriffe und Grundlagen. Düsseldorf 1991

Wendland, Menschenbild ohne Menschen. Subjektkonstitution im Spiegel synthetischer Konkurrenz, in: *Grunwald* (Hrsg.), Wer bist du, Mensch? Transformationen menschlicher Selbstverständnisse im wissenschaftlich-technischen Wandel. Freiburg 2021

Kapitel 4. The Heterogeneity of AI Ethics Guidelines Examined: Varying Natures, Actors, and Perceptions

Rudschies/Schneider/Simon

A. Introduction

> "Create all the happiness you are able to create; remove all the misery you are able to remove. Every day will allow you, – will invite you to add something to the pleasure of others, – or to diminish something of their pains."
> — Jeremy Bentham

What utilitarian philosopher Jeremy Bentham supposedly said in an advice to a young girl in 1830 resembles the narrative often employed to advocate for the development and usage of Artificial Intelligence (AI). Accordingly, Artificial Intelligence ought to be the means to increase the quality of life of all human beings, to solve problems unsolvable in the past, and thus to help society "remove some of the misery" and "add something to the pleasure". However, as utopian as sometimes portrayed, the reality is somewhat less simple. While the various technologies that belong to the broad concept of Artificial Intelligence can in many instances assist us in important but difficult (or tedious) tasks, the deployment of AI also has the potential to create negative effects.

In fact, algorithmic systems based on AI increasingly govern our everyday life. They "decide" what media articles are shown to us, how high our insurance rates are or whether we receive a job or a loan. With the entrance into these crucial spheres of our private and public lives, the question has arisen what criteria AI technologies should meet in order to ensure their ethical implementation. Journalists, whistle blowers, scientists, and civil society actors have shown over the past few years that such an ethical conduct is by far not always given. AI systems have been found to *inter alia* infringe the right to privacy, raise questions of accountability or exacerbate historic biases and discrimination.[1]

[1] *O'Neil*, 2016; *Crawford et al.*, 2019; *Krafft/Zweig*, 2019; *Breland*, 2019; *Livni*, 2020.

In the hitherto absence of specific AI regulation, a plethora of AI ethics guidelines has been published, each of which is to provide guidance on how Artificial Intelligence systems ought to be developed and used. And while there seems to be a widespread demand for an ethics of AI, there is considerable disagreement which ethical principles such guidelines should actually comprise, whether and if so, how such principles can be ranked and which actors are responsible for such ethical conduct. By reviewing and analysing the multiple AI ethics guidelines, some scholars have recently tried to find a common ground in the form of core principles within the numerous documents.[2]

According to these reviews, there is some form of convergence on ethical principles proposed in the various guidelines. Subsequently, the authors try to synthesise these principles in order to formulate minimum requirements or "overall themes". While the reviews also find divergences – not only on the proposed principles, but also on their interpretation and their means of implementation, their focus often remains on finding some "common ground". What is so far missing from the debate, however, is a more nuanced analysis exploring and understanding the heterogeneity of AI ethics guidelines per se, which could explain the different approaches towards ethical AI. Such analysis must take into account the varying characteristics of the documents at hand, including the following aspects: Who wrote the guideline? How do the documents differ in length, depth, and document type? What method or process was used for developing the ethics guideline? And how is "ethics" portrayed in the context of AI? What role and purpose does it have, and does it lead to mere awareness-raising and self-regulation or can it encompass also other governance options?

This chapter will have a closer look at AI ethics guidelines by analysing them with a focus on, first, the differences in characteristics, and second, the diverging understandings of ethics the sources disclose. Since the dataset comprises documents from a range of actor types (broadly grouped as public, expert, and private actors), the analysis will pay special attention to the differences across these actor groups. Such a nuanced analysis is of utmost importance, for it provides crucial insights into the diverse landscape of AI ethics and the different approaches of actor types. Furthermore, a more detailed differentiation is crucial from a methodological point of view since it increases the reliability of a comparative analysis.

This chapter is structured as followed: First, we will give an overview of the existing reviews of AI ethics guidelines and assess their specificities,

[2] *Floridi et al.*, 2018; *Jobin/Ienca/Vayena*, 2019; *Hagendorff*, 2020; *Fjeld/Achten/Hilligoss/Nagy/Srikumar*, 2020.

value, and shortcomings. Second, we will present our own analysis of the ethics guidelines' diverse nature, examining their characteristics according to the following criteria: (1) authorship of the guideline, (2) document type, (3) length and depth of the guideline, (4) method used for drafting the guideline, and (5) the guideline's portrayal of "ethics" and its role for AI governance. Our results show that existing AI ethics guidelines are indeed highly heterogenous. Moreover, the specificities of the different documents often correspond with actor type (public, expert, and private actor) and with varying understandings of ethics, indicating that the different interests, perspectives, and functions of the various stakeholders influence the nature and ascribed purpose of the AI ethics guideline at hand.

B. Current Status of the AI Ethics Landscape

Several scholars have recently tried to make sense of the plethora of AI ethics guidelines by analysing where ethical principles converge.[3] Luciano Floridi and his colleagues were the first to aim at synthesising existing sets of principles in 2018 and analysed six major ethics guidelines published by reputable multi-stakeholder organisations and initiatives. They compared the guidelines with the principles of beneficence, non-maleficence, autonomy, and justice, which are also commonly used in the field of medical ethics. According to the authors, the bioethical principles "...adapt surprisingly well to the fresh ethical challenges posed by artificial intelligence".[4] Nonetheless, they contend that in the context of AI these four principles need to be supplemented by the principle of explicability, which comprises both intelligibility and accountability.

The analogy drawn by Floridi et al. is a good starting point for the ethical consideration in the field of AI, also because most of the principles already find practical application elsewhere. However, the small sample size used for analysis clearly limits the validity of the results. Focusing merely on multi-stakeholder organisations and initiatives does not mirror the whole debate, as they constitute only a small fraction of all ethics guidelines. Furthermore, it is questionable whether the field of biotechnology and medicine, on the one side, and the information technology sector on the other side, share the same or very similar characteristics. Brent Mittelstadt holds: "Compared to medicine, AI development lacks

[3] *Floridi et al.*, 2018; *Jobin/Ienca/Vayena*, 2019; *Hagendorff*, 2020; *Fjeld/Achten/Hilligoss/Nagy/Srikumar*, 2020.

[4] *Floridi et al.*, 2018, p. 696.

(1) common aims and fiduciary duties, (2) professional history and norms, (3) proven methods to translate principles into practice, and (4) robust legal and professional accountability mechanisms."[5] Accordingly, AI development is not a formal profession, raising questions of comparability with the medical profession, for instance.[6]

The most comprehensive review of AI ethics guidelines was published by Jobin et al., who analysed a total of 84 sources.[7] The authors examined where the guidelines converged and found eleven overarching principles, namely transparency, justice and fairness, non-maleficence, responsibility, privacy, beneficence, freedom and autonomy, trust, dignity, sustainability, and solidarity. Of these eleven principles the first five appeared in more than half of all the sources and were, hence, considered to be the five core ethical principles in AI.

Jobin et al. focused not only on the appearance of principles but also analysed "how these principles are interpreted, why they are deemed important, what issue, domain or actors they pertain to, and how they should be implemented".[8] The scholars conclude that there is substantive divergence in the interpretation, the proposed means for implementation, and prioritisation of ethical principles, which poses problems for a global agenda for ethical AI. Although aim of the study, the interpretation according to actor type remained rather limited.

Another review of AI ethics guidelines was conducted by Thilo Hagendorff.[9] His data sample is considerably smaller than that of Jobin et al., comprising 22 of the major guidelines. According to Hagendorff's analysis, the principles of accountability, privacy or fairness are mentioned altogether in about 80 percent of the 22 documents "and seem to provide the minimal requirements for building and using an 'ethically sound' AI system".[10] Hagendorff underlines that the most frequently mentioned principles are those for which technical solutions already exist or can be developed. Consequently, he criticises that the current approach to AI ethics focusses mainly on optimising technologies and ignores the fact that IT artefacts are embedded in a wider social context. It, hence, fails to deal with the political, societal, and ecological implications that cannot be fixed by technical solutions alone.

---

[5] *Mittelstadt*, 2019, p. 2.

[6] Nevertheless, professional associations in the fields of computing machinery, electrical and electronic engineering, for instance, have been formed and have issued AI ethics guidelines as guidelines for members of the profession (e.g., Institute of Electrical and Electronics Engineers (IEEE), Association for Computing Machinery (ACM), FAT ML).

[7] *Jobin/Ienca/Vayena*, 2019.

[8] *Jobin/Ienca/Vayena*, 2019, p. 389.

[9] *Hagendorff*, 2020.

[10] *Hagendorff*, 2020, p. 103.

In the following, Hagendorff thus lays out what aspects are largely missing from the analysed ethics guidelines that need to be further addressed. Among them are *inter alia* the aspects of democratic control and governance of AI, possibilities for political abuse, "hidden" social and ecological costs that contradict sustainability goals, lack of diversity in the field of AI and the risk of reducing social cohesion. Hagendorff argues that ethical guidelines currently suggest broad ethical principles that operate at large distance from the actual practice. Consequently, he argues that the deontological approach with a focus on the compliance with a set of universal principles needs to be complemented with a virtue ethics approach, which promotes virtuous "personality traits and behavioral dispositions on the part of technology developers".[11]

Lastly, Harvard scholars Fjeld et al. published a White Paper that presents the results of an analysis of 36 sources.[12] They found a total of 47 principles in the documents at hand and grouped them into eight overarching principles: privacy, accountability, safety and security, transparency and explainability, fairness and non-discrimination, human control of technology, professional responsibility, and promotion of human values. Under each of the overarching principles Fjeld et al. subsumed three to eight secondary principles. For instance, under the principle of fairness and non-discrimination, one can find among others the secondary principles of "equality", "inclusiveness in design" or "non-discrimination and the prevention of bias". Apart from grouping the ethical principles, the researchers focused on the different interpretations as well as measures for putting the principles into practice. In line with Jobin et al., the scholars found some points of convergences, but "by no means is there unanimity".[13]

This short synopsis of existing reviews shows that the landscape of AI ethics is marked by high heterogeneity. Divergences appear not only among the ethical guidelines themselves but even when trying to synthesise sets of ethical principles. In fact, it is only one ethical principle which all reviews declare to be a "core principle" of ethical AI: justice and fairness. Accountability and privacy each build another primary principle in three of the reviews. However, apart from justice/fairness, accountability and privacy, the reviews present different results on where principles converge (*for an overview see table 1*).

[11] *Hagendorff*, 2020, p. 112.
[12] *Fjeld/Achten/Hilligoss/Nagy/Srikumar*, 2020.
[13] *Fjeld/Achten/Hilligoss/Nagy/Srikumar*, 2020, p. 66.

Fjeld et al. (2020)	Jobin et al. (2019)	Hagendorff (2019)	Floridi et al. (2018)
transparency and explainability	transparency	---	---
privacy	privacy	privacy	---
non-discrimination/fairness	(justice and) fairness	fairness	(justice)
professional responsibility	responsibility	---	---
transparency and explainability	---	---	explicability (including intelligibility and accountability)
safety and security	---	---	---
accountability	---	accountability	(accountability included in explicability)
human control of technology	---	---	---
promotion of human values	---	---	---
---	non-maleficence	---	non-maleficence
---	---	---	beneficence
---	---	---	autonomy

Table 1: Sets of ethical principles synthesised from AI ethics guidelines ("core ethical principles" or "minimum requirements") according to existing reviews.

One of the reasons for the diverging results is that the reviews used different methods and datasets of varying size. Nevertheless, analysing ethics guidelines is also methodologically challenging. As Fjeld et al. state in their White Paper: "Both the selection of principles that would be included in the dataset and the collation of those principles into themes were subjective, though strongly informed by content of the early documents in our dataset and the researchers' immersion in them".[14] Due to this problem of subjectivity it is difficult to agree on a set of core ethical principles, let alone their interpretation.[15]

Apart from this subjectivity, there is another methodological challenge that has so far not been addressed. For what is missing from the existing reviews is a more nuanced differentiation of AI ethics guidelines per se. The many documents published to steer the development and utilisation

[14] *Fjeld/Achten/Hilligoss/Nagy/Srikumar*, 2020, p. 16.

[15] Moreover, *Orwat/Bareis/Folberth/Jahnel/Wadepuhl* argue that the concretisation and, subsequently, the operationalisation of rights and values such as human dignity, privacy and data protection, or justice and fairness are hampered by normative ambiguities (→ Kap. 10).

of AI differ considerably in nature. Although some reviews have at least pointed to some of the diverging characteristics, none of the reviews have actually examined these differences more thoroughly. As Kate Crawford and her colleagues rightly point out:

> "These surveys tend to aggregate AI ethics content from a very wide variety of contexts, blending corporate statements released on corporate blogs, publicly informed governing declarations, government policy guidelines from national and coalition strategies, and nonprofit mission statements and charters."[16]

In order to receive a clearer picture on how the ethical guidelines differ and why, we need to examine the characteristics of the many guidelines that exist. This entails general information on who drafted the document, how they differ in length, depth, and type of document (e.g. report, policy paper, corporate statement, etc.) and what method was used in drafting the document (e.g. participatory multi-stakeholder approach, expert committee, etc.). Although a rather simple task at hand, none of the reviews has conducted such a detailed assessment, hence, they fail to acknowledge the differences in document types.

Furthermore, an important question concerning ethical AI has so far been overlooked: How do the guidelines portray "ethics"? What interests us, specifically, is on the one hand the relationship between ethics and law and on the other hand the relationship between ethics and politics. For instance, companies use ethics nowadays to define certain standards they themselves want to pertain to.[17] Such standards often also include technical standards that developers and technologies need to adhere to.[18] According to the CNIL, the self-imposed standards can potentially go beyond what is legal, however, companies sometimes only restate what is currently legally prescribed. Comparably, in the political or public realm, ethics is more and more used as a guiding process for further regulation.[19] Consequently, the question arises in how far one can detect different portrayals of ethics in the AI ethics guidelines by examining if ethics is perceived merely as self-regulation or whether the guidelines suggest other forms of governance measures. This chapter of the book will examine ethics guidelines dealing with Artificial Intelli-

---

[16] *Crawford et al.*, 2019, p. 20.

[17] The French Data Protection Authority (CNIL), 2017.

[18] *Jobin/Ienca/Vayena*, 2019.

[19] The French Data Protection Authority (CNIL), 2017, p. 24; see also, e.g., COM(2020) 65 final.

gence based on the above-mentioned issues in order to provide a more nuanced view on the AI ethics landscape.

C. Methodology

In order to examine the diversity of AI ethics guidelines, this chapter analyses a selection of sources from a wide range of document types drafted and published by different actors. For this study's data collection, three major databases or sources were used: first, *The AI Policy Sourcebook 2019* edited by Marc Rotenberg[20]; second, a data collection on AI policy initiatives by the *European Union Agency for Fundamental Rights*[21]; third, the *AI Governance Database* provided by *Nesta*[22]*;* and the AI Principles Map by the *AI Ethics Lab.*[23] Additionally, sources were collected conducting a web-based search via a range of search engines using the privacy mode.

Of all sources reviewed we selected 40 sources published between 2016 and 2019. On basis of the purposive sampling method we considered only those sources that were dealing with Artificial Intelligence or those technologies that fall under the umbrella of AI, such as machine learning, automated decision-making or algorithmic systems with features of AI. However, documents dealing with specific AI technologies (e.g. robots, autonomous cars) or documents dealing with AI only in a subcategory were not included. Further, it was taken care that the dataset comprises a variety of documents and actor types. Nonetheless, the selection of sources is subject to limitations, as only English language documents were included. Although most sources on AI ethics originate from Western Countries and respective cultural background, a few documents could be found that were drafted in other parts of the world. However, the Global South is currently highly underrepresented in the discussion on ethical AI, which is also reflected in the dataset of this chapter. Although the dataset comprises a wide variety of document

[20] *Rotenberg*, 2019.

[21] Policy Initiatives collected as part of the background research for the Agency's project on 'Artificial intelligence (AI), Big Data and Fundamental Rights', available at: https://fra.europa.eu/en/project/2018/artificial-intelligence-big-data-and-fundamental-rights/ai-policy-initiatives.

[22] National Endowment for Science, Technology and the Arts (Nesta). Database available at: https://www.nesta.org.uk/data-visualisation-and-interactive/ai-governance-database/.

[23] AI Ethics Lab located at Cambridge, Massachusetts, USA, and founded by philosopher and researcher Cansu Canca. Available at: http://aiethicslab.com/big-picture/.

types and, hence, also includes sources that by definition are no "ethics guidelines" per se (e.g., national strategy papers), this chapter uses the term ethics guideline – for purposes of simplicity – across all kinds of document types which claim to provide suggestions on how to develop ethical AI.

D. Analysis: The Varying Nature of AI Ethics Guidelines

I. Actor

The increasing use of algorithmic systems being based on Artificial Intelligence has sparked the interest of many different stakeholders to shape the debate around its deployment. Tech companies, developers and professional associations; public institutions, governments, international and intergovernmental organisations; civil society groups; think tanks and scientific institutions as well as multi-stakeholder organisations and initiatives have issued their own ethics guidelines. Each actor group brings its own perspective, interest, and motivation to the debate.

Our data set contains documents from each of the above-mentioned actor types. The easiest to determine were those issued by companies. For others, the task was not always that simple, as we had to look not only at who issued the document, but also at the authors and contributors involved in drafting the document at hand. In the public sector, for instance, there are several documents which have been written by multi-stakeholder expert bodies commissioned by national governments (i.e. the German Data Ethics Commission) or intergovernmental bodies (i.e. the High-Level Expert Group on AI of the European Commission). Due to their composition, including *inter alia* members of academia, industry, and public institutions, one can ascribe them to multi-stakeholder entities. However, since the purpose of the document is to provide recommendations for a particular public institution, we have assigned them to the respective institution. Furthermore, since our analysis also looks at the method for drafting the document, multi-stakeholder involvement will be covered by that section.

Along this line, our dataset comprises four sources from supranational or intergovernmental organisations,[24] nine sources from national public institutions and governments,[25] and one source from the public institu-

[24] OECD, European Commission AI-HLEG, Council of Europe, UNESCO.

[25] Government of Japan, Australian Department of Industry, German Data Ethics Commission, Office of the Prime Minister of Malta, Danish Government, Agency for

tion of the city of Dubai.[26] For purposes of simplicity, all of these fourteen actors are grouped as "public actors". Twelve sources have been published by private companies[27] and can be grouped as "private actors". Under the remaining fourteen documents are three sources from civil society organisations and initiatives,[28] three sources from professional organisations and associations,[29] four from working groups of professionals,[30] and four documents from multi-stakeholder entities.[31] These actors are grouped under the overall term "expert actors". *(See an overview of all actors in table 2.)*[32]

In the following, our analysis will take the actor type into account when looking for differences in AI ethics guidelines. However, this will only be done where considerable differences among actors can be detected and, hence, be marked as relevant. By grouping the diverse actors under three major actor types, it is easier to discern differences between the documents. Each actor type corresponds to roughly one third of the data set (14 public actors, 14 expert actors, 12 private actors), making the groups comparable.

II. Document Type

As Crawford et al. point out, the sheer variety of document types is crucial to be considered when comparing AI ethics guidelines. Otherwise, one would "equate internal and often secret corporate decision-making processes with grassroots-driven statements and governmental policy recommendations".[33]

The dataset analysed here comprises five major types of documents: corporate statements in the form of self-imposed codes of conduct; guidelines and recommendations in the form of White Papers; expert or committee reports; public strategy papers; and discussion papers or consul-

---

Digital Italy, Austrian Council on Robotics and AI, French Data Protection Authority (CNIL), House of Lords of the United Kingdom.

[26] Smart Dubai.

[27] Google, Telia, Telefónica, IBM, Microsoft, Sony, Deutsche Telekom, SAP, Unity, Sage, Intel, OP Financial Group.

[28] Access Now, Public Voice, and Amnesty International together with Access Now.

[29] UNI Global Union, Association for Computing Machinery (ACM), Institute of Electrical and Electronics Engineers (IEEE).

[30] International Working Group on Data Protection in Telecommunications, International Conference of Data Protection and Privacy Commissioners, European Group on Ethics in Science and New Technologies, Korea Artificial Intelligence Ethics Association (KAIEA).

[31] Future of Life Institute, Partnership on AI, FAT ML, University of Montréal et al.

[32] Full references to the guidelines can be found in the bibliography.

[33] *Crawford et al.*, 2019, p. 20.

Public actors	Expert actors	Private actors
Agency for Digital Italy ai.italia.it	Access Now	Deutsche Telekom
Australian Government, Department of Industry, Innovation and Science	Amnesty International and Access Now	Google
Austrian Council for Robotic and AI	Association for Computing Machinery (ACM)	IBM
Council of Europe	European Group on Ethics in Science and New Technologies	Intel
Data Ethics Commission of the Federal Government of Germany	FAT ML	Microsoft
European Commission, High Level Expert Group on AI	Future of Life Institute	OP Financial Group
French Data Protection Authority (CNIL)	Institute of Electrical and Electronics Engineers	Sage
Government of Japan	International Conference of Data Protection and Privacy Commissioners	SAP
House of Lords, Select Committee on Artificial Intelligence	International Working Group on Data Protection in Telecommunications	Sony
Office of the Prime Minister of Malta	Korea Artificial Intelligence Ethics Association (KAIEA)	Telefónica
Organisation for Economic Co-operation and Development (OECD)	Partnership on AI	Telia
Smart Dubai	Public Voice	Unity
The Danish Government	UNI Global Union	
UNESCO World Commission on Ethics of Scientific Knowledge and Technology	University of Montréal et al.	

Table 2: Actors sorted by actor group.

tation documents. Each of these document types has a specific purpose and is directed at a different audience. Consequently, the content of each document type varies according to these factors.

Furthermore, the document types partly correspond with actor types such as public, private, and expert actors. For instance, national strategy papers are usually issued by a public institution and aim to provide guidance on future policy. A code of conduct, on the other hand, is often written by companies to self-impose certain standards when developing and marketing their products. However, also professional associations (belonging to the group of expert actors) might write a code of conduct in order to implement certain standards among professionals irrespective of their employers. Hence despite such correlations between document and actor types, they are not absolute.

In the dataset analysed here, the most uniform appearance of document types can be found among private actors. Eleven of the twelve documents constitute corporate statements in the form of codes of conduct. Only the company Intel published some public policy recommendations which are aimed at contributing to the ethical design of AI in general. Lists of principles similar to those of private companies were also issued by various expert actors. Most of them stem from professional associations such as UNI Global Union and the Association for Computing Machinery (ACM) or initiatives with high involvement of industry leaders such as the Partnership on AI, the Future of Life Institute and the organisation FAT ML. They all constitute soft law documents, meaning they are meant to guide self-regulation. Expert actors with strong engagement of researchers have often issued declarations, White Papers and policy recommendations. Sources from expert actors are, therefore, overall quite heterogenous in type and form.

Among all sources from the public sec tor, most documents (64.3 percent) are commission/committee reports with polic y recommendations. Further, they comprise national strategy papers. Some of the documents within the group of public actors are consultation and discussion papers or are based on such a consultation document (earlier drafts), meaning that the general public had the opportunity to provide feedback on the document. AI ethics guidelines from public actors thus constitute document types that provide guidance on future steps in the policy process.

III. Length and Depth

Another indication of the varying nature of AI ethics guidelines appears when looking at the differences in length and depth of the documents. The sources in our dataset range from a minimum of one page to a maximum of 294 pages and include short lists of principles as well as in-depth analyses and detailed recommendations. In order to simplify the comparison between documents, we categorised the document according to four levels of depth:

- *very low*: list of principles without a proper explanation/interpretation
- *low*: list of principles with rather vague explanations/interpretation, no requirements or governance options described
- *medium*: principles with explanations/interpretations given, some requirements described
- *high*: principles with explanations/interpretations given, requirements and governance options described

Requirements in this context are conditions that need to be met in order to fulfil the primary ethical principles and values. For instance, accuracy (of data) is a requirement for meeting the principle of equality[34] and non-discrimination. Governance measures should be understood as instruments that can be used to regulate the design and utilisation of AI. Such instruments can be *inter alia* Risk Impact Assessments, Privacy in Design or legislation prescribing external oversight agencies. Obviously, length and depth are often correlated. Short lists of principles cannot encompass detailed explanations as well as information on requirements and governance options. Therefore, it can be assumed that the shorter a document is, the less details it will include.

Overall, the ethical guidelines analysed in this chapter are of varying length and depth. The average length of all documents combined is 37.5 pages. However, looking at the different actor groups, the numbers look quite different. Sources from the public sector tend to be the longest, comprising an average of 69.5 pages. Among them are only two documents with a length of under 20 pages (OECD, Council of Europe). The majority of sources (64 percent) range between 30 and 80 pages. By far the longest of all sources from the public sector are the recommendations of the German Data Ethics Commission (233 pages) and the British House of Lords (183 pages).

Corresponding with length, it is not surprising that the ethics guidelines published by public actors are also those which entail on average the highest level of depth. Half of the documents have been categorised with the level "high", meaning that they include not only a list of principles and the corresponding explanations what these principles are to

[34] Most AI ethics guidelines combine the principles of equality and equity or do not make a distinction. Some, however, do. It should be noted that these principles differ significantly in their nature and the measures that lead to them (see e.g., Marriam-Webster, *'Equity' and 'Equality'*, https://www.merriam-webster.com/words-at-play/equality-vs-equity-difference).

mean and entail, but also propose particular requirements and governance measures. The other half of the documents is of medium depth; hence, they mention at least some requirements. None of the documents could be classified with the level of depth of "low" or "very low".

Generally, the length and level of depth is considerably lower among sources from expert actors. The only exception constitutes the ethics guideline by the Institute of Electrical and Electronics Engineers (IEEE), which has published a document of 294 pages. All others do not exceed 40 pages. The average of all sources from expert actors is 32.3 pages. Excluding the guideline by IEEE, the average lies at only 12.2 pages.

The level of depth among documents published by expert actors is relatively varied. Eight of 14 guidelines can be categorised as medium. They usually propose certain ethical principles and corresponding explanations and make some suggestions for requirements AI technologies and the people involved in their design and employment need to fulfil. Access Now, IEEE and the International Working Group on Data Protection in Telecommunications (IWGDPT) additionally propose certain governance measures and can, therefore, be classified into the highest level of depth. To the contrary, the ethics guidelines by the Korean Artificial Intelligence Ethics Association and the Future of Life Institute provide only lists of principles with rather short and vague explanations (low level of depth). The Partnership on AI falls as the only guideline among expert sources into the category "very low".

Ethics guidelines from private actors are by far the shortest and least detailed documents among all. Their average page number amounts to only 6.2 pages. A third of the guidelines do not even exceed a single page. Only three sources are longer than ten pages. Generally, private companies issued guidelines that merely constitute short lists of principles with some rather vague explanations. Hence, two thirds have been classified with a low level of depth. The AI principles by Telia and Microsoft do not even offer proper explanations. Consequently, they fall into the category of "very low". Only the companies IBM and Intel published documents that provide more details on how to implement the ethics of AI by suggesting certain requirements (medium level of depth). In fact, the document issued by Intel includes public policy recommendations. However, since they fail to clearly outline the ethical principles guiding the policy proposals, the guideline could not be classified as "high", but only "medium".

IV. Method Used for Drafting the Guideline

According to Greene et al. one of the core themes building the moral background of ethical design is stakeholder-driven legitimacy.[35] Engaging as many stakeholders as possible in the discussion and process of ethical design will raise the legitimacy of the decisions made. Accordingly, the method used for drafting the AI ethics guidelines and frameworks can give an indication on the documents' level of legitimacy. Important factors constitute: 1) which process was used in order to draw up the guideline, 2) how many people were involved, 3) what sectors they belong to, and 4) whether the process is made transparent.

In 17 of all 40 cases there is no information given on the method or number and identity of participants involved in the process developing the guideline. Most of those 17 sources are from the private sector, some from professional groups belonging to the expert actors. Public actors are generally most transparent in this regard, informing about the number and often also the identity of the people involved in the process. In many cases public actors report on the specific process on how the guideline came into being.

For instance, 10 of the 14 public actor documents were drafted using a multi-stakeholder approach engaging people from the diverse fields of academia, industry, civil society, public institutions and others. Six of those additionally conducted a consultation process with the general public. The numbers range from a minimum of 13 to more than 60 participants without public consultation. Where the public was involved, the process engaged up to roughly 550 contributors.

A multi-stakeholder process was further used by five expert actors. Drafting the Asilomar AI Principles, for instance, the Future of Life Institute included only those principles that were accepted by at least 90 percent of all people surveyed. However, no information is given on the number of surveys conducted. The IEEE used a process in which several hundreds of experts were involved in the first draft of the guideline and engaged professionals, scientists and the public at large in a second step, resulting in a total number of more than thousand participants. It is, hence, the document with the highest level of multi-stakeholder engagement.

The private actors, on the other hand, shine with a lack of transparency. For 8 of the 12 guidelines no information can be found on what method the company used as well as which and how many stakeholders were involved. Only the remaining four companies issued information on the process leading to the ethics guideline. In the case of SAP and

[35] *Greene/Hoffmann/Stark*, 2019, p. 2128.

Microsoft, the companies used a specific ethics committee; SAP declares that its ethics committee consists of nine senior leaders across the organisation. Furthermore, IBM states that their guideline was drafted by seven staff members. All of these three companies thus used internal processes with relatively few people involved. Among all private actors, it is only Sony whose process was made more transparent. The company communicates that their ethics guideline is partly based on information exchanged with Sony's various stakeholders. However, it does not clarify who these stakeholders are.

One can assume that those companies that have not made their process transparent are very likely to have used internal processes as well. With very little stakeholder involvement, it remains open if private actors have considered a variety of perspectives and interests – especially those that are potentially in tension with their business objectives. Overall, the ethics guidelines from private actors thus lack a certain degree of public legitimacy. Nonetheless, that also holds true for several expert actors. 57 percent of all expert actors have not disclosed any information on the process that has led to their guideline, thus challenging its transparency and legitimacy.

V. Portrayal of "Ethics" and its Role in Governance

In how far ethics can actually contribute to governing AI is highly disputed. Some scholars argue that companies drawing up ethical values and principles constitutes a form of "ethics washing", by which private companies try to avoid proper regulation of algorithmic systems.[36] In order to understand what ethics can contribute to the governance of AI, it is crucial to examine how "ethics" is portrayed in the various guidelines.

According to the French Data Protection Authority (CNIL), the notion of ethics can in fact be interpreted in various ways. Accordingly, companies are using it to prescribe themselves standards that have the potential to go beyond what is legally required. Alternatively, "... their only purpose can be to restate – consciously or otherwise – legal standards."[37] Similarly, Jobin et al. state that the private sector has been found to "render a social problem technical", proposing technical standards or solutions in their ethics guidelines.[38] Public institutions, on the other hand, perceive ethics "as a guiding process in legal matters, and the ethical standard as a prefiguration of the legal standard".[39] The question arises

[36] *Hagendorff*, 2020, pp. 100, 113–114; *Wagner*, 2018, p. 87; *Yeung/Howes/Pogrebna*, 2019, pp. 7–8.

[37] The French Data Protection Authority (CNIL), 2017, p. 24.

[38] *Jobin/Ienca/Vayena*, 2019, p. 389.

[39] The French Data Protection Authority (CNIL), 2017, p. 24.

in how far different understandings of ethics can be detected in the multitude of AI ethics guidelines and if so, whether they pertain to particular document types or actors, as the CNIL suggests.

In order to grasp what perceptions of ethics the varying guidelines use, we formulated some guiding questions: Is ethics portrayed as mere self-regulation or are other forms of governance proposed? To what extent do ethics guidelines include measures for implementation of the ethical principles and how far do these measures go? Answers to these questions can indicate which meaning and purpose is ascribed to "ethics" and in how far these perceptions influence the content and purpose of ethics guidelines.

The analysis of AI ethics guidelines shows that the diverse documents do entail varying perceptions of "ethics" and its implementation in practice. The differences correspond to the actor type. Public actors, for instance, mostly conceive ethics as the fundament for further action. Ethics does not only entail discussion and deliberation but is often also connected to the compliance with fundamental human and democratic rights. In this context, ethics provides the basis for further governance measures. In fact, 86 percent of public actors' documents suggest at least non-binding measures to implement the ethical values and principles in practice. 57 percent of all public actors' documents consider further legislation possible or even necessary.

The documents by expert actors, on the other hand, are more divided on this issue. Professional organisations mostly propagate non-binding governance via codes of conduct and instruments that focus primarily on technical solutions. Actors from the field of research and civil society, however, often claim that drawing up ethical values and principles is not a sufficient form of governance, but require the translation into technical and professional standards as well as into legislation. Whereas civil society organisations are more or less formulating public and political demands, actors with high involvement from research formulate their guidelines – in accordance with their mandate and professional status – as recommendations and contributions for further discussion and potentially policy-making.

Ethics guidelines from private actors almost exclusively lack further details on how to implement and enforce the ethical principles drawn up. From all guidelines examined, it is only one (Intel) from the group of private actors that comprises recommendations for public policies. All other private actors formulate ethical principles in the form of non-binding soft law, keeping the enforcement first and foremost to the company itself. However, as the ethics guidelines or codes of conduct are published, they also constitute a form of public declaration of commitment, by the fulfilment of which they can also be assessed and which can possibly provide a form of accountability.

E. Discussion of Results

The results of our analysis suggest that there are considerable differences among AI ethics guidelines. They differ in authorship, length, depth, and document type. Further, they part on the perceptions of ethics and governance measures proposed. Much of the heterogeneity in guidelines actually corresponds with three actor types: public, expert, and private actors. Given that each actor has different functions and aims within the field of AI technologies as well as in society in general, these differences according to the actor types are not surprising. Actors create ethics guidelines accommodating their societal function, interests and addressees as well as their perspective, mandate, and range of options. Corresponding with these different functions, the three actor types also tend to have diverging understandings of "ethics" and how to use it in relation to the governance of AI, the analysis suggests.

In summary, AI ethics guidelines from public actors are often very long and entail background information as well as details on the debate. Further, more than the documents from any other actor type, they have been drafted using multi-stakeholder approaches and consultation processes. Mostly, this can be explained with the public actors' general function to shape and design policy.[40] Since public actors' mandate is (at least in democratic systems) to represent the will of the people, they tend to use approaches for their ethics guidelines that are more open, transparent, and inclusive. They often rely heavily on expert knowledge and communicate rather openly with their citizens (adding length and detail to the guidelines). Moreover, they aim to provide a more fair and inclusive decision-making process in order to increase their decisions' legitimacy. Further, the recommendations or strategies proposed in the guidelines are mainly directed at the policy-maker, suggesting (more or less) concrete measures on how to regulate the development and utilisation of AI or proposing a roadmap on the next steps in the policy process. These findings indicate that public actors perceive ethics as a guiding process for further governance measures. As the report by the French Data Pro-

[40] Within the group of public actors there are those entities that are directly designing policy, such as governments, ministries, and supranational institutions such as the European Union, and there are advisory bodies commissioned by public institutions to help shape the policy process with their expertise and recommendations.

tection Authority states in regard to public actors commissioning ethics bodies: "Making an ethical thought process part of the law is therefore a way of laying the necessary groundwork for holding collective discussions on a social pact."[41]

AI ethics guidelines from expert actors are more diverse, encompassing documents of varying length, depth, type, method, and governance measures proposed. Overall, they are, nonetheless, considerably shorter than those by public actors and longer than those by private actors. They are most often of medium depth. Whereas several documents were drafted using a multi-stakeholder approach or an expert group approach, more than half of the documents are not transparent about the method for drafting the guideline and, hence, lack some form of transparency and legitimacy.

One of the reasons for the higher degree of diversity among AI ethics guidelines by expert actors is that we grouped documents from a variety of actors under the overall header of the expert group (civil society actors, think tanks, professional expert groups, etc.), each having their own approach, perspective, and aims. Nonetheless, the expert actors' function is generally the same: Their role is to advise and shape the policy process and the practices of companies as well as professionals working for them. Expert actors' addressees are, hence, not only political actors but are also certain groups or entities within society. They, thereby, provide information, expertise and alternative perspectives via their ethics guidelines. However, it depends on the specific expert actor, how the expertise is actually used. For instance, some expert actors speak for a particular interest group (such as civil rights organisations) and try to push political and private actors to safeguard those interests. Others like professional associations often aim at standardising practices and try to steer members of the profession to adhere to their self-commitment. Multi-stakeholder entities, on the other hand, attempt to build consensus among a variety of stakeholders before the issue enters the actual parliamentary and executive process.

How ethics is perceived in the case of ethics guidelines from expert actors is, consequently, not clear-cut. Some use it to spur further deliberation and discussion offering possible options for future courses of action in regulation, others regard it as a means to implement technical, social and professional standards that are based on voluntary action. Ethics guidelines from expert actors provide a variety of options on how to govern the development and usage of algorithmic systems; legislation is only one of them. In regards to expert actors, the notion of ethics might, therefore, best be understood as assisting the process of collective

[41] The French Data Protection Authority (CNIL), 2017, pp. 24–25.

discussion and decision-making on what ethical AI is and how to implement it without the requirement (but with the option) to translate the ethical into legal standards. A more nuanced differentiation of expert actors could, however, be useful and provide insights into the specific perceptions of ethics among the expert group.

The AI ethics guidelines by private actors are by far the shortest, least specified and detailed sources from all the documents analysed. They are almost exclusively short corporate statements, often drafted without external stakeholder involvement. Most sources, however, lack transparency on the method and process leading to the document. Private actors' guidelines are in almost all cases meant as self-regulation and do not propose any further external oversight. Moreover, they provide relatively short and vague explanations of the ethical principles proposed and often do not suggest concrete measures on how to put them into practice. Private actors present ethics primarily as a form of self-commitment and voluntary action.

Notably, the function of private actors within the field of AI technologies and society in general is – compared to that of public and expert actors – quite a different one. First and foremost, their purpose is to create value by developing products and services consumers need. In order for companies to be able to survive, they need to conduct a successful business, which generates enough income to sustain themselves and invest in further research and innovation. Within the field of AI, private actors have the task to develop and provide the technology. Therefore, they are the ones who are most concerned with implementing measures in order to reach the ethical goals proposed. This may bring about a dilemma: On the one hand, they constitute the actor group who is closest to the technologies discussed and might be able to provide important insights into what ethical principles are likely to be infringed and how to solve this problem. On the other hand, it is also the actor type most likely to avoid any (further) restraints on their work and business. To the contrary, other actors might be quicker in suggesting stricter guidelines because they mostly do not face the effort and difficulties of implementing them.

In conclusion, the current AI ethics debate has not sufficiently acknowledged the heterogeneity of AI ethics guidelines. To account for the divergences in form and approach is, however, crucial for several reasons: First, the divergences limit the overall comparability of ethics guidelines. An analysis must incorporate the differentiation between the diversity of document types in order for the results to be reliable. Ignoring the variety of characteristics as well as the authors and their respective function, perspectives and aims is methodologically problematic, since it presents a picture of the AI ethics landscape that seems more homogeneous than it actually is. Second, a more nuanced look at the divergences of AI ethics guidelines provides crucial insights into the varying approaches of different stakeholders in the field. This is especially important, for the diverse actors are likely to attempt to shape the debate according to their societal functions and particular aims. Third, examining the heterogeneity of ethics guidelines also gives an indication on how "ethics" is actually perceived and used by the various actors and thus influences the suggestions how to put the ethical principles into practice. Since diverging usages of the notion of ethics might potentially hinder the standardisation and harmonisation in the ethical design and employment of AI, such insights are of utmost importance.

F. Conclusion

This chapter has mapped the current debate on the ethical use and deployment of technologies based on Artificial Intelligence. It has, first, given an overview of existing reviews of AI ethics guidelines and has found that no review has so far examined the heterogeneity found in the characteristics of AI ethics guidelines in detail. This chapter has attempted to fill this gap and has analysed in how far the multitude of AI ethics guidelines differ in 1) authorship, 2) length, 3) depth, 4) method used for drafting the guide, and 5) proposed governance measures and the ensuing perception of "ethics".

The analysis has shown that there are considerable differences between the multitude of AI ethics guidelines. Many of those differences correspond with three actor types: public, expert, and private actor. The heterogeneity of guidelines can be explained by the following reasons: First, ethics guidelines are drafted by different actors, who each have their own function, perspectives, interests, and aims, resulting in different approaches and forms. Second, the perspective of "ethics" that the actors use varies according to these functions, interests, and aims. This leads to diverging perceptions of what role or purpose ethics guidelines should have and, consequently, on how to ensure the ethical design and usage of AI.

Existing reviews have not sufficiently considered the heterogeneous nature of AI ethics guidelines in their analysis. Yet, taking a more differentiated view on the issue is methodologically crucial, for the heterogeneity of documents makes a comparison among them more difficult. Further research should acknowledge these differences and account for them in the analysis. As this chapter has shown, differences can at least partly be explained by actor type and their varying functions in society. The results are in line with another analysis by Rudschies et al. showing that the actor type is not only a crucial factor influencing the form and approach, but also the content of ethics guidelines.[42] Accordingly, public, expert and private actors have diverging priorities regarding the ethical principles they propose to guide the development and deployment of AI and that it is especially private actors' preferences that deviate from those of the other two actor types. Given the results of both of these analyses, one can conclude that the AI ethics debate is still highly heterogeneous and further discussion among all stakeholders is imperative in order to set a common path towards an ethical AI.

Bibliography

Access Now (2018). *Human rights in the age of artificial intelligence.* Available at: https://www.accessnow.org/cms/assets/uploads/2018/11/AI-and-Human-Rights.pdf

Amnesty International & Access Now (2018). *The Toronto Declaration: Protecting the right to equality and non-discrimination in machine learning systems.* Available at: https://www.accessnow.org/cms/assets/uploads/2018/08/The-Toronto-Declaration_ENG_08–2018.pdf

Association for Computing Machinery (ACM) (2017). *Statement on Algorithmic Transparency and Accountability.* Washington: Association for Computing Machinery US Public Policy Council. Available at: https://www.acm.org/binaries/content/assets/public-policy/2017_usacm_statement_algorithms.pdf

Austrian Council on Robotics and Artificial Intelligence (2018). *Shaping the Future of Austria with Robotics and Artificial Intelligence.* Available at: https://www.acrai.at/wp-content/uploads/2020/03/ACRAI_White_Paper_EN.pdf

Breland, A. (2019). Woke AI Won't Save Us. *Logic, issue 8: "Bodies". Retrieved online on March 20, 2020 at https://logicmag.io/bodies/woke-ai-wont-save-us/*

Council of Europe, Committee of experts on human rights dimensions of automated data processing and different forms of artificial intelligence, 12 November 2018, *Draft Recommendation of the Committee of Ministers to member States on human rights impacts of algorithmic systems.* Strasbourg: Council of Europe, 2018. MSI-AUT(2018)06.

Crawford, K. *et al.* (2019). *AI Now 2019 Report.* New York: AI Now Institute, https://ainowinstitute.org/AI_Now_2019_Report.html.

Data Ethics Commission of the Federal Government of Germany (DEK), Federal Ministry of the Interior, Building and Community, Federal Ministry of Justice and Consumer Protection (2019). *Opinion of the Data Ethics Commission.* Berlin: DEK. Available at: https://datenethikkommission.de/wp-content/uploads/DEK_Gutachten_engl_bf_200121.pdf

Dawson, D. & Schleiger, E., Horton, J., McLaughlin, J., Robinson, C., Quezada, G., Scowcroft, J., and Hajkowicz, S. (2019) *Artificial Intelligence: Australia's Ethics Framework.* Data61 CSIRO, Australia. Available at: https:/

[42] see *Rudschies/Schneider/Simon,* 2021.

/consult.industry.gov.au/strategic-policy/artificial-intelligence-ethics-framework/supporting_documents/ArtificialIntelligenceethicsframework discussionpaper.pdf

Deutsche Telekom (2018). *AI Guidelines.* Available at: https://www.telekom.com/en/company/digital-responsibility/details/artificial-intelligence-ai-guide line-524366

European Commission, High-Level Expert Group on AI (2018). *A Definition of AI: Main Capabilities and Scientific Disciplines - Definition developed for the purpose of the deliverables of the High-Level Expert Group on AI.* Brussels: European Commission.

European Commission, High-Level Expert Group on AI (2019). *Ethics Guidelines for Trustworthy AI.* Brussels: European Commission.

European Commission, Directorate-General for Research and Innovation, European Group on Ethics in Science and New Technologies (2018). *Statement on Artificial Intelligence, Robotics and 'Autonomous' Systems.* Brussel: European Commission. Available at: https://ec.europa.eu/research/ege/pdf/ege_ai_statement_2018.pdf

European Union Agency for Fundamental Rights (FRA) (2020). *AI policy initiatives (2016–2020).* Retrieved April 15, 2020 from https://fra.europa.eu/en/project/2018/artificial-intelligence-big-data-and-fundamental-rights/ai-policy-initiatives

Fairness, Accountability, and Transparency in Machine Learning (FAT ML) (2018). *Principles for Accountable Algorithms and a Social Impact Statement for Algorithms.* Retrieved April 08, 2020 from https://www.fatml.org/resources/principles-for-accountable-algorithms.

Fjeld, J., Achten, N., Hilligoss, H., Nagy, A., & Srikumar, M. (2020). Principled artificial intelligence: Mapping consensus in ethical and rights-based approaches to principles for AI. *Berkman Klein Center Research Publication,* (2020–1).

Floridi, L. *et al.* (2018). AI4People—An ethical framework for a good AI society: Opportunities, risks, principles, and recommendations. *Minds and Machines, 28*(4), 689–707.

Future of Life Institute (2017). *Asilomar AI Principles.* Available at: https://futureoflife.org/ai-principles/

Government of Japan, The Conference toward AI Network Society (2017). *Draft AI R&D GUIDELINES for International Discussions.* Available at: https://www.soumu.go.jp/main_content/000507517.pdf

Greene, D., Hoffmann, A. L., & Stark, L. (2019). Better, nicer, clearer, fairer: A critical assessment of the movement for ethical artificial intelligence and machine learning. *Proceedings of the 52nd Hawaii International Conference on System Sciences.*

Hagendorff, T. (2020). The ethics of AI ethics: An evaluation of guidelines. *Minds and Machines, 30*(1), 99–120.

House of Lords, Select Committee on Artificial Intelligence (2018). *AI in the UK: ready, willing and able?* Report of Session 2017–19. London: House of Lords. Available at: https://publications.parliament.uk/pa/ld201719/ldselect/ldai/100/100.pdf

IBM (2019). *Everyday Ethics for Artificial Intelligence.* Available at: https://www.ibm.com/watson/assets/duo/pdf/everydayethics.pdf

Intel (2017). *Artificial Intelligence - The Public Policy Opportunity.* Available at: https://blogs.intel.com/policy/files/2017/10/Intel-Artificial-Intelligence-Public-Policy-White-Paper-2017.pdf

International Conference of Data Protection and Privacy Commissioners (ICDPPC) (2018). *Declaration on Ethics and Data Protection in Artificial Intelligence.* 40th International Conference, Brussels. Available at: https://www.privacyconference2018.org/system/files/2018–10/20180922_ICDPPC-40th_AI-Declaration_ADOPTED.pdf

International Working Group on Data Protection in Telecommunications (IWGDPT), 64th Meeting, 29–30 November 2018, Queenstown (New Zealand) (2018). *Working Paper on Privacy and Artificial Intelligence.* Available at: https://www.datenschutz-berlin.de/fileadmin/user_upload/pdf/publikationen/working-paper/2018/2018-IWGDPT-Working_Paper_Artificial_Intelligence.pdf

Jobin, A., Ienca, M., & Vayena, E. (2019). The global landscape of AI ethics guidelines. *Nature Machine Intelligence, 1*(9), 389–399.

Keller, J. R. *et al.* (2018). *The role of data in AI business models.* Open Data Institute. Available at: https://theodi.org/article/the-role-of-data-in-ai-business-models/

Korea Artificial Intelligence Ethics Association (kaiea) (2019). *The AI Ethics Charter.* Seoul: keiea. Available at: https://drive.google.com/file/d/18fCgEhXKxTjB9uovFX9oVwqyz5XCEptb/view

Krafft, T. D., & Zweig, K. A. (2018). Wie Gesellschaft algorithmischen Entscheidungen auf den Zahn fühlen kann. In Mohabbat Kar, R., Thapa, B. E. P. & Parycek, P. (ed.): *(Un)berechenbar? Algorithmen und Automatisierung in Staat und Gesellschaft* (p. 471–492). Berlin: Fraunhofer-Institut für Offene Kommunikationssysteme FOKUS, Kompetenzzentrum Öffentliche IT (ÖFIT). https://nbn-resolving.org/urn:nbn:de:0168-ssoar-57621–7

Livni, E. (2020). ICE changed an algorithm to prevent the release of detained immigrants. *Quartz.* Retrieved online March 31, 2020 from https://qz.com/1815063/ice-changed-an-algorithm-to-prevent-the-release-of-detainees/?etcc_med=newsletter&etcc_cmp=nl_algoethik_17860&etcc_plc=aufmacher&etcc_grp=

Malta.AI, Financial Services, Digital Economy and Innovation, Office of the Prime Minister (2019). *Malta. Towards Trustworthy AI – Malta Ethical AI Framework for Public Consultation.* Valletta: Malta.AI. Available at: https://malta.ai/wp-content/uploads/2019/08/Malta_Towards_Ethical_and_Trustworthy_AI.pdf

Microsoft (2018). *Microsoft AI principles.* Available at: https://www.microsoft.com/en-us/ai/responsible-ai

Mittelstadt, B. (2019). Principles alone cannot guarantee ethical AI. *Nature Machine Intelligence*, 1–7.

National Endowment for Science, Technology and the Arts (Nesta). *AI Governance Database.* Available at: https://www.nesta.org.uk/data-visualisation-and-interactive/ai-governance-database/

OECD, *Recommendation of the Council on Artificial Intelligence*, OECD/LEGAL/0449.

O'Neil, C. (2016). *Weapons of math destruction: How big data increases inequality and threatens democracy.* Broadway Books.

OP Financial Group (2018). *OP Financial Group's ethical guidelines for artificial intelligence.* Available at: https://www.op.fi/op-financial-group/corporate-social-responsibility/commitments-and-principles

Partnership on AI (2016). *Tenets.* Available at: https://www.partnershiponai.org/tenets/

Pichai, S. (2018). *AI at Google: Our Principles.* Available at: https://www.blog.google/technology/ai/ai-principles/

Rotenberg, M. (ed. 2019). The AI Policy Sourcebook 2019. *Electronic Privacy Information Center*, Washington DC.

Rudschies, C., Schneider, I., & Simon, J. (2021). Value Pluralism in the AI Ethics Debate – Different Actors, Different Priorities. *The International Review of Information Ethics*, 29.

Sage (2017). *The Ethics of Code: Developing AI for Business with Five Core Principles.* Available at: https://www.sage.com/~/media/group/files/business-builders/business-builders-ethics-of-code.pdf?la=en

SAP (2018). *SAP's Guiding Principles for Artificial Intelligence.* Available at: https://news.sap.com/2018/09/sap-guiding-principles-for-artificial-intelligence/

Smart Dubai (2018). *AI Ethics Principles & Guidelines.* Available at: https://www.smartdubai.ae/docs/default-source/ai-principles-resources/ai-ethics.pdf?sfvrsn=d4184f8d_6

Sony (2018). *AI Engagement within Sony Group.* Available at: https://www.sony.net/SonyInfo/csr_report/humanrights/hkrfmg0000007rtj-att/AI_Engagement_within_Sony_Group.pdf

Task Force on Artificial Intelligence of the Agency for Digital Italy ai.italia.it (2018). *Artificial Intelligence at the service of citizens.* The Agency for Digital Italy (AGID). Available at: https://ia.italia.it/assets/whitepaper.pdf

Telefónica (2018). *AI Principles of Telefónica.* Available at: https://www.telefonica.com/en/web/responsible-business/our-commitments/ai-principles

Telia (2019). *Guiding Principles on Trusted AI Ethics.* Available at: https://www.teliacompany.com/globalassets/telia-company/documents/about-telia-company/public-policy/2018/guiding-principles-on-trusted-ai-ethics.pdf

The Danish Government, Ministry of Finance and Ministry of Industry, Business and Financial Affairs (2019). National Strategy for Artificial Intelligence. Copenhagen: The Danish Government. Available at: https://eng.em.dk/media/13081/305755-gb-version_4k.pdf

The French Data Protection Authority (CNIL) (2017). *How can humans keep the upper hand? The ethical matters raised by algorithms and artificial intelligence.* Paris: Commission Nationale de l'Informatique et des Libertés. Available at: https://www.cnil.fr/sites/default/files/atoms/files/cnil_rapport_ai_gb_web.pdf

The Institute of Electrical and Electronics Engineers (IEEE) (2019). *Ethically Aligned Design - A Vision for Prioritizing Human Well-being with Autonomous and Intelligent Systems*, First Edition. Available at: https://standards.ieee.org/content/dam/ieee-standards/standards/web/documents/other/ead1e.pdf

The Public Voice (2018). Universal Guidelines for Artificial Intelligence, Explanatory Memorandum and References. Available at: https://thepublicvoice.org/ai-universal-guidelines/memo/

UNI Global Union (2016). *Top 10 principles for ethical artificial intelligence.* Switzerland, UNI Global Union. Available at: http://www.thefutureworldofwork.org/media/35420/uni_ethical_ai.pdf

United Nations Educational, Scientific and Cultural Organization (UNESCO) (2019). *Preliminary study on the technical and legal aspects relating to the desirability of a standard-setting instrument on the ethics of artificial intelligence.* Paris: UNESCO. Available at: https://unesdoc.unesco.org/ark:/48223/pf0000367422

Unity Technologies (2018). *Introducing Unity's Guiding Principles for Ethical AI*. Available at: https://blogs.unity3d.com/2018/11/28/introducing-unitys-guiding-principles-for-ethical-ai/

University of Montréal (2018). *Montréal Declaration for a responsible development of artificial intelligence*. Available at: https://5dcfa4bd-f73a-4de5–94d8-c010ee777609.filesusr.com/ugd/ebc3a3_506ea08298cd4f8196635545a16b071d.pdf

Wagner, B. (2018). Ethics as an escape from regulation. From "ethics-washing" to ethics-shopping?. In *Being Profiled. Cogitas ergo sum* (pp. 84–89). Amsterdam University Press.

Yeung, K., Howes, A., & Pogrebna, G. (2019). AI Governance by Human Rights-Centred Design, Deliberation and Oversight: An End to Ethics Washing. In Dubber, M. and Pasquale, F. (Eds.), *The Oxford Handbook of AI Ethics*. Oxford University Press.

Kapitel 5. Algorithmic Decisions Between Process and Fairness: A Transatlantic Perspective

Guggenberger

A. Introduction

More and more decision-making processes rely on machine learning algorithms, often labeled artificial intelligence.[1] This shift has triggered an array of concerns on both sides of the Atlantic.[2] YouTube's engagement-driven recommendation algorithm suggests ever more extreme content to viewers that entices them to stay online and, thus, might contribute to the radicalization of receptive users;[3] likewise, the same algorithm also "referred [pedophile] users to the videos [of families playing with their children] after they watched sexually themed content" because the algo-

---

[1] While that development is obvious and continues, some claims of relying on algorithmic decision-making and AI have proven exaggerated or outright false. Especially for startups the favorable funding environment for AI-based endeavors has created incentives to label their applications AI-based. According to a 2019 report by MCC Ventures only about 60% of surveyed startups that claim to use AI, actually do so, David Kelnar, *The State of AI 2019: Divergence* 99 (MMC Ventures Mai 2019) („We individually reviewed the activities, focus and funding of 2,830 purported AI startups in the 13 EU countries most active in AI – Austria, Denmark, Finland, France, Germany, Ireland, Italy, the Netherlands, Norway, Portugal, Spain, Sweden and the United Kingdom. Together, these countries also comprise nearly 90% of EU GDP. In approximately 60% of the cases – 1,580 companies – there was evidence of AI material to a company's value proposition.").

[2] *See* Cathy O'Neil, Weapons of Math Destruction: How Big Data Increases Inequality and Threatens Democracy (2016); Ifeoma Ajunwa, *The Paradox of Automation as Anti-Bias Intervention*, 41 Cardozo L. Rev. 1671 (2020); Solon Barocas & Andrew D. Selbst, *Big Data's Disparate Impact*, 104 Cal. L. Rev. 671 (2016); Anupam Chander, *The Racist Algorithm?*, 115 Mich. L. Rev. (2017); Sandra G. Mayson, *Bias in, Bias Out*, 128 Yale L. J. 2218 (2018–2019); Ngozi Okidegbe, *When They Hear Us: Race, Algorithms and The Practice of Criminal Law*, 29 Kansas J. L. & Pub. Pol. 329 (2020); Andrew D. Selbst, *Disparate Impact In Big Data Policing*, 52 Georgia Law Review 109 (2017); Inga Ulnicane et al., *Good governance as a response to discontents? Déjà vu, or lessons for AI from other emerging technologies*, 46 Interdisciplinary Science Reviews 71 (Apr. 2021) (focusing on the potential of governance structures).

[3] Kevin Roose, *The Making of a YouTube Radical*, The New York Times (June 8, 2019), https://www.nytimes.com/interactive/2019/06/08/technology/youtube-radical.html.

rithm identified matching patterns in the viewer base.[4] Trading algorithms have caused chain reactions endangering the systemic stability of the financial system. Pricing algorithms on e-commerce platforms can undermine competition, as they 'collude' to set profit maximizing prices;[5] and algorithms can enable efficient cartel or cartel-like structures.[6]

Search engines picked up on sexist or racist classifications that users had associated with certain search terms and the algorithm then reproduced these same classifications in its results or autocomplete suggestions.[7] A (prospective) hiring algorithm developed by Amazon proved biased against female applicants[8] and another prototype made even more specific and problematic suggestions: to hire Jareds who play Lacrosse.[9] In short, concerns range from intrusions of privacy and exploitation, to opaque power structures, undermining of due process guarantees, mass surveillance, systemic risks, discrimination, and self-perpetuating structures of inequality.[10] According to a 2019 survey, close to nine in ten organizations have, in fact, encountered ethical questions in practice across an array of countries with advanced algorithmic capacities.[11]

The areas of concern in public and academic discourse certainly overlap across the Atlantic. Much of that reflects the shared technological

---

[4] Max Fisher & Amanda Taub, *On YouTube's Digital Playground, an Open Gate for Pedophiles*, The New York Times (June 3, 2019), https://www.nytimes.com/2019/06/03/world/americas/youtube-pedophiles.html.

[5] *See* Ariel Ezrachi & Maurice E Stucke, *Artificial Intelligence & Collusion: When Computers Inhibit Competition*, 2017 U. Ill. L. Rev. 1775 (2017).

[6] *See* Hubert Bekisz, *When Does Algorithmic Pricing Result in an Intra-Platform Anticompetitive Agreement or Concerted Practice? The Case of Uber In the Framework of EU Competition Law*, 12 Journal of European Competition Law & Practice 217 (Juli 2021).

[7] Anupam Chander, *The Racist Algorithm?*, 115 Michigan Law Review 1023, 1034–36 (Frank Pasquale ed., 2017).

[8] Jeffrey Dastin, *Amazon scraps secret AI recruiting tool that showed bias against women*, Reuters (Okt. 11, 2018), https://www.reuters.com/article/us-amazon-com-jobs-automation-insight/amazon-scraps-secret-ai-recruiting-tool-that-showed-bias-against-women-idUSKCN1MK08G.

[9] Dave Gershgorn, *Companies are on the hook if their hiring algorithms are biased*, Quartz (Okt. 22, 2018), https://qz.com/1427621/companies-are-on-the-hook-if-their-hiring-algorithms-are-biased/.

[10] *See* Ifeoma Ajunwa, *The Paradox of Automation as Anti-Bias Intervention*, 41 Cardozo L. Rev. 1671 (2020); Solon Barocas & Andrew D. Selbst, *Big Data's Disparate Impact*, 104 Cal. L. Rev. 671 (2016); Andrew D. Selbst, *Disparate Impact In Big Data Policing*, 52 Georgia Law Review 109 (2017); Frank Pasquale, The black box society: the secret algorithms that control money and information (Harvard University Press 2015); Inga Ulnicane et al., *Good governance as a response to discontents? Déjà vu, or lessons for AI from other emerging technologies*, 46 Interdisciplinary Science Reviews 71 (Apr. 2021) (focusing on the potential of governance structures).

[11] Anne-Laure Thieullent et al., *Why addressing ethical questions in AI will benefit organizations* 9 (Capgemini Research Institute Juli 2019).

characters of the algorithms employed in decision-making processes. Training data sets might also be shared on a global scale and shape characteristics of the algorithms across jurisdictions.[12] And finally, power structures and structural inequities in Western democracies showcase parallels, which drive some of the suspicion against the large-scale deployment of algorithms for decision-making purposes. Despite all that, the focus and emphasis in the discussions varies significantly, especially when the factual phenomena are translated into legal categories and policy recommendations. Different stories and anecdotes dominate the collective narrative, and distinct social structures shape the priorities.[13] The transatlantic schism in regulation of the digital economy and, specifically, entirely incongruent privacy and data protection regimes have created separate path dependencies for public discourse and doctrinal advancement.[14] The same holds true for the legal and social emphasis on antidiscrimination policies in the U.S., in lieu of more comprehensive legal and institutional protections for employees and consumers.

A recent paper published by a group of researchers at Berkman Klein Center for Internet & Society at Harvard University, Jessica Fjeld, Nele Achten, Hannah Hilligoss, Adam Christopher Nagy, and Madhulika Srikumar, analyzed "thirty-six prominent AI principles documents" from various stakeholders.[15] The researchers identified eight key themes and the only theme addressed in all reports related to fairness and non-discrimination.[16] The issue has taken center stage, and rightly so. Obviously, not all claims of algorithmic discrimination have merit. In fact, the increased attention to algorithmic decision-making, the opacity and secrecy of the technology's deployment, and expected political gains provide a perfect basis to advance bad-faith arguments where they fit a po-

---

[12] *See* Joaquin Vanschoren et al., OpenML: Networked Science in Machine Learning, 15 ACM SIGKDD Explorations Newsletter 49 (2014).

[13] *See* Jeffrey Dastin, *Amazon scraps secret AI recruiting tool that showed bias against women*, Reuters (Okt. 11, 2018), https://www.reuters.com/article/us-amazon-com-jobs-automation-insight/amazon-scraps-secret-ai-recruiting-tool-that-showed-bias-against-women-idUSKCN1MK08G; Dave Gershgorn, *Companies are on the hook if their hiring algorithms are biased*, Quartz (Okt. 22, 2018), https://qz.com/1427621/companies-are-on-the-hook-if-their-hiring-algorithms-are-biased/.

[14] *See* James Q. Whitman, The Two Western Cultures of Privacy: Dignity versus Liberty, 113 Yale L.J. 1151 (2004).

[15] Jessica Fjeld et al., Principled Artificial Intelligence: Mapping Consensus in Ethical and Rights-based Approaches to Principles for AI, Nos. 2020–1, 4 (Jan. 2020).

[16] Jessica Fjeld et al., *Principled Artificial Intelligence: Mapping Consensus in Ethical and Rights-based Approaches to Principles for AI*, Nos. 2020–1, 4–5 („With concerns about AI bias already impacting individuals globally, Fairness and Non-discrimination principles call for AI systems to be designed and used to maximize fairness and promote inclusivity. Fairness and Non-discrimination principles are present in 100% of documents in the dataset.").

litical narrative.[17] Yet, these distractions should not blur our perception of actual discrimination and structural concerns about algorithmic decision-making.

Despite the increased level of public and scholarly attention and evident structural questions of equity, the discourse around algorithmic discrimination, by and large, has remained siloed within jurisdictional boundaries.[18] To some extent, these silos reflect inevitable path dependencies of the jurisdictions on both sides of the Atlantic. That said, because of the factual parallels and overlapping concerns, the regulatory discourse in the EU and the U.S. would benefit from comparative perspectives. On substance, the regulatory responses and policy recommendations have focused mainly on leveraging existing legal tools within their jurisdictions or focused on incremental changes to transparency requirements, consent frameworks, data protection and privacy regulations, and antidiscrimination provisions.[19] On both sides of the Atlantic, incrementalism limits the regulatory imagination.

As I focus on algorithmic discrimination and self-perpetuating structures of inequality in this chapter, I will explore some of the similarities and differences in policy responses between the U.S. and Europe. In the first part, I will lay out the state of the debate the U.S. and Europe. Within Europe, I will focus on Germany, Europe's biggest national market and one of the main drivers of the European regulatory agenda.[20] Substantively, I will examine reasons for biased decision-making, and I will entertain comparisons between human and algorithmic decision-making mechanisms and their perception. Finally, I will raise the question whether, on both sides of the Atlantic, we need to fundamentally change our approach to algorithmic bias: First, we may want to question

---

[17] For example, several conservative politicians and commentators have advanced a notion of anti-conservative bias of social media's ranking algorithms and automated content moderation, but the claims lack any cognizable evidence for such discrimination.

[18] *See* Ifeoma Ajunwa, *The Paradox of Automation as Anti-Bias Intervention*, 41 Cardozo L. Rev. 1671 (2020); Solon Barocas & Andrew D. Selbst, *Big Data's Disparate Impact*, 104 Cal. L. Rev. 671 (2016); Yavar Bathaee, *The Artificial Intelligence Black Box and the Failure of Intent and Causation*, 31 Harv. J. L. & Tech. 889 (2018); Jason R. Bent, *Is Algorithmic Affirmative Action Legal*, 108 Geo. L.J. 803 (2020); Datenethikkommission der Bundesregierung, *Empfehlungen der Datenethikkommission für die Strategie Künstliche Intelligenz der Bundesregierung* (9. Oktober 2018); European Commission, *White Paper On Artificial Intelligence – A European approach to excellence and trust, COM(2020) 65 final* (19.2.2020).

[19] *See* Claude Castelluccia & Daniel Le Métayer, Understanding algorithmic decision-making: Opportunities and challenges, European Parliamentary Research Service, 2019.

[20] Which Member States have the largest share of EU's GDP?, Eurostat, Nov. 5, 2018, https://ec.europa.eu/eurostat/web/products-eurostat-news/-/DDN-20180511-1.

the exclusive emphasis on static accuracy, that is accuracy under the assumption that circumstances and structures, in which decisions are made, remain constant. Second, we could refocus our attention from process to fairness, that is from discrimination as a behavior to disparate impact as a result. Put differently, I ask whether there is a specific algorithmic case to question the fairness of results instead of the integrity of decision-making processes.[21] Minimum or maximum quotas are examples of those result-oriented notions of justice.

B. The State of the Debate

As a starting point, consider some of the recent regulatory discourse in the U.S., the EU, and Germany. In light of the volume of scholarly, governmental, and popular publications, any assessment of the state of the debate around algorithmic discrimination will necessarily remain incomplete. Even a small selection of some of the influential official reports will suffice, however, to showcase recurring themes on both sides of the Atlantic and help to identify the general direction of the regulatory development. Overall, political actors are well aware of the need to examine the discriminatory potential of algorithmic decision-making and related ethical implications. At an abstract level, they recognize the challenges to the existing regulatory framework and anticipate possible needs for regulatory adjustments.

I. United States

In the U.S., the National Science and Technology Council commissioned a comprehensive report on "Preparing for the Future of AI" under the Obama Administration in 2016.[22] The report acknowledges the increasing role of algorithmic decision-making and cites various concerns brought forth by experts. Among them are concerns of fairness and accountability.[23] Potential "bias" in algorithmic decision-making is mentioned 19 times in the report and features prominently. The report ex-

---

[21] Nikolas Guggenberger, *KI und Recht: Neue Methodik, billige Entscheidungen und Ergebnisvorgaben*, 22 MMR 777, 778 (2019).

[22] National Science and Technology Council, Committee on Technology, *Preparing for the Future of Artificial Intelligence* (Executive Office of the President of the United States 2016).

[23] National Science and Technology Council, Committee on Technology, *Preparing for the Future of Artificial Intelligence* (Executive Office of the President of the United States 2016) 30–31.

plains that "[i]f the data is incomplete or biased, AI can exacerbate problems of bias. It is important that anyone using AI in the criminal justice context is aware of the limitations of current data. A commonly cited example [...] is the use of apparently biased "risk prediction" tools by some judges in criminal sentencing and bail hearings as well as by some prison officials in assignment and parole decisions, as detailed in an extensively researched ProPublica article."[24]

The report captures the essence of algorithms' capacity to perpetuate structural inequalities and inequities: "If a machine learning model is used to screen job applicants, and if the data used to train the model reflects past decisions that are biased, the result could be to perpetuate past bias. For example, looking for candidates who resemble past hires may bias a system toward hiring more people like those already on a team, rather than considering the best candidates across the full diversity of potential applicants."[25] The report cites several experts that have "argued for greater transparency when AI tools are used for public purposes."[26] The calls for transparency relate to data, algorithms, and "the potential to have some form of explanation for any AI-based determination."[27] Citing Moritz Hardt, the report illustrates "how bias might emerge unintentionally from the machine learning process."[28] Assume an algorithm is used to identify real and false names from a given data set, for example.[29] The frequency of a name can be one parameter to differentiate made up names from real ones, and the algorithm might pick up

[24] National Science and Technology Council, Committee on Technology, *Preparing for the Future of Artificial Intelligence* (Executive Office of the President of the United States 2016) 30 (with reference to "Julia Angwin, Jeff Larson, Surya Mattu, and Lauren Kirchner, "Machine Bias," ProPublica, May 23, 2016, https://www.propublica.org/article/machine-bias-risk-assessments-in-criminal-sentencing," formatting omitted).

[25] National Science and Technology Council, Committee on Technology, *Preparing for the Future of Artificial Intelligence* (Executive Office of the President of the United States 2016) 31.

[26] National Science and Technology Council, Committee on Technology, *Preparing for the Future of Artificial Intelligence* (Executive Office of the President of the United States 2016) 31.

[27] National Science and Technology Council, Committee on Technology, *Preparing for the Future of Artificial Intelligence* (Executive Office of the President of the United States 2016) 31.

[28] National Science and Technology Council, Committee on Technology, *Preparing for the Future of Artificial Intelligence* (Executive Office of the President of the United States 2016) 31.

[29] National Science and Technology Council, Committee on Technology, *Preparing for the Future of Artificial Intelligence* (Executive Office of the President of the United States 2016) 31.

on that pattern.[30] Yet, this same mechanism will also be much more likely to flag the names of members of marginalized minorities.[31]

With this emphasis, the National Science and Technology Council's Committee on Technology implicitly contends that algorithmic bias and discrimination is by no means limited to bad intentions or direct and deliberate choices of problematic parameters in decision-making processes. Rather the very mechanisms on which algorithmic decision-making builds is prone to certain types of biases and exacerbating structural inequities, as it picks up patterns and applies these patterns to new decisions.

In its 2016 National Artificial Intelligence Research and Development Strategic Plan, the National Science and Technology Council's Networking and Information Technology Research and Development Subcommittee links concerns about privacy and bias and lays out that "[t]he proper collection and use of data for AI systems, in this regard, represent an important challenge. Beyond purely data-related issues, however, larger questions arise about the design of AI to be inherently just, fair, transparent, and accountable. Researchers must learn how to design these systems so that their actions and decision-making are transparent and easily interpretable by humans, and thus can be examined for any bias they may contain, rather than just learning and repeating these biases. There are serious intellectual issues about how to represent and 'encode' value and belief systems. Scientists must also study to what extent justice and fairness considerations can be designed into the system, and how to accomplish this within the bounds of current engineering techniques."[32]

The explicit focus on biases and discrimination of these early reports stands in contrast to articulations by the Trump Administration. Less than a month before leaving office, President Donald Trump issued an executive order on Trustworthy Artificial Intelligence in the Federal Government.[33] Neither the word "bias" nor "discrimination" expressly appears in the document. The Executive Order "establishes [eight] additional principles [...] for the use of AI in the Federal Government for

[30] National Science and Technology Council, Committee on Technology, *Preparing for the Future of Artificial Intelligence* (Executive Office of the President of the United States 2016) 31.

[31] National Science and Technology Council, Committee on Technology, *Preparing for the Future of Artificial Intelligence* (Executive Office of the President of the United States 2016) 31.

[32] National Science and Technology Council, Networking and Information Technology Research and Development Subcommittee, *The National Artificial Intelligence Research and Development Strategic Plan* 26 (2016).

[33] Exec. Order 13960, Promoting the Use of Trustworthy Artificial Intelligence in the Federal Government 85 FR 78939 (Dez. 3, 2020).

purposes other than national security and defense".[34] These principles are: Lawful and respectful of our Nation's values; purposeful and performance-driven; accurate, reliable, and effective; safe, secure, and resilient; understandable; responsible and traceable; regularly monitored; transparent; accountable.[35]

A significant part of the ongoing debate in the U.S. focuses on the reliance on algorithmic decision-making processes in the criminal justice system.[36] For years now, courts in the U.S. have been relying on Correctional Offender Management Profiling for Alternative Sanctions (COMPAS), which contains an algorithmic tool to assess the risk of defendants' recidivism. In 2016, a ProPublica investigation conducted by Julia Angwin, Jeff Larson, Surya Mattu, and Lauren Kirchner unveiled the extent to which COMPAS is biased against Black defendants.[37] Some independent studies have come to similar results,[38] while others have cast doubts on ProPublica's conclusions.[39] The Wisconsin Supreme Court set up some guardrails for courts relying on COMPAS, including a warning for judges about risk factors associated with the application.[40] One rea-

[34] Exec. Order 13960, Promoting the Use of Trustworthy Artificial Intelligence in the Federal Government 85 FR 78939 (Dez. 3, 2020).

[35] Exec. Order 13960, Promoting the Use of Trustworthy Artificial Intelligence in the Federal Government 85 FR 78940 (Dez. 3, 2020).

[36] *See* Ngozi Okidegbe, *When They Hear Us: Race, Algorithms and The Practice of Criminal Law*, 29 Kansas Journal of Law & Public Policy 329 (2020).

[37] Julia Angwin et al., *Machine Bias*, ProPublica (Mai 23, 2016), https://www.propublica.org/article/machine-bias-risk-assessments-in-criminal-sentencing.

[38] *See* Julia Dressel & Hany Farid, *The Accuracy, Fairness, and Limits of Predicting Recidivism*, 4 Science Advances (Jan. 2018); see Alexandra Chouldechova, *Fair Prediction with Disparate Impact: A Study of Bias in Recidivism Prediction Instruments*, 5 Big Data 153 (Juni 2017); Concerning accuracy, false positive and false negative rates see Matias Barenstein, *ProPublica's COMPAS Data Revisited* (Aug. 2019).

[39] *See* William Dieterich et al., *COMPAS Risk Scales: Demonstrating Accuracy Equity and Predictive Parity* (Juli 2016); Anthony W. Flores et al., *False Positives, False Negatives, and False Analyses: A Rejoinder to "Machine Bias: There's Software Used Across the Country to Predict Future Criminals. And It's Biased Against Blacks."*, 80 Federal Probation 38 (2016); see also Sandra G. Mayson, *Bias in, Bias Out*, 128 Yale L. J. 2218, 2233 (2018–2019); Melissa Hamilton, *Debating Algorithmic Fairness*, UC Davis L. Rev. Online 261, 269–70 (2019); Sam Corbett-Davies et al., *Algorithmic Decision Making and the Cost of Fairness*, Proceedings of the 23rd ACM SIGKDD International Conference on Knowledge Discovery and Data Mining 797 (ACM Apr. 2017).

[40] *State v. Loomis*, 881 N.W.2d 749, 769–70 (Wis. 2016). ("Any Presentence Investigation Report ('PSI') containing a COMPAS risk assessment filed with the court must contain a written advisement listing the limitations. Additionally, this written advisement should inform sentencing courts of the following cautions as discussed throughout this opinion: The proprietary nature of COMPAS has been invoked to prevent disclosure of information relating to how factors are weighed or how risk scores are determined. Because COMPAS risk assessment scores are based on group data, they are able to identify groups of high-risk offenders—not a particular high-risk

son for the increased focus of the debate of algorithmic bias on the criminal justice system in the U.S. and the relatively limited interest in this dimension in most of Europe simply reflects the prevalence of the technology in the U.S. and Europe. While biased algorithms in the criminal justice system provide some of the most tangible examples, other applications have attracted heightened scrutiny as well. And especially public assistance programs have proven prone to errors and biases.[41]

II. European Union

In 2019, the European Commission published a Communication titled "Building Trust in Human-Centric Artificial Intelligence" with the goal "to launch a comprehensive piloting phase involving stakeholders on the widest scale in order to test the practical implementation of ethical guidance for AI development and use."[42] The Commission's articulated ambitions went clearly beyond ensuring compliance with the letter of the law, specifically as it relates to equity and inclusion: "AI technology should be developed in a way that puts people at its center and is thus worthy of the public's trust. This implies that AI applications should not only be consistent with the law, but also adhere to ethical principles and ensure that their implementations avoid unintended harm. Diversity in terms of gender, racial or ethnic origin, religion or belief, disability and age should be ensured at every stage of AI development."[43]

In a 2020 "White Paper on Artificial Intelligence," the Commission expressly acknowledges that "some specific features of AI (e.g. opacity) can make the application and enforcement of this legislation more difficult. For this reason, there is a need to examine whether current legislation is able to address the risks of AI and can be effectively enforced, whether adaptations of the legislation are needed, or whether new legis-

individual. Some studies of COMPAS risk assessment scores have raised questions about whether they disproportionately classify minority offenders as having a higher risk of recidivism. A COMPAS risk assessment compares defendants to a national sample, but no cross-validation study for a Wisconsin population has yet been completed. Risk assessment tools must be constantly monitored and re-normed for accuracy due to changing populations and subpopulations. COMPAS was not developed for use at sentencing, but was intended for use by the Department of Corrections in making determinations regarding treatment, supervision, and parole." (Citations and formatting omitted.)).

[41] *See e.g. Bauserman v. Unemployment Ins. Agency*, No. 333181 (Mich. Ct. App. Dec. 5, 2019); for an overview see case studies by Kate Crawford & Jason Schultz, *AI Systems As State Actors*, 119 Columbia Law Review 1941, 1948–52, 1954–57 (2019).

[42] European Commission, *Building Trust in Human-Centric Artificial Intelligence, COM(2019) 168 final* 1 (8.4.2019).

[43] European Commission, *Building Trust in Human-Centric Artificial Intelligence, COM(2019) 168 final* 2 (8.4.2019).

lation is needed."[44] In this context, the Commission considers mandatory legal requirements for "high-risk" AI applications (e.g. in the area of employment equality) concerning (among other things) quality of training data, information provision, and human oversight.[45]

The High-Level Expert Group on Artificial Intelligence, set up by the European Commission, published Ethics Guidelines for Trustworthy AI in which it stresses that "[e]qual respect for the moral worth and dignity of all human beings must be ensured."[46] According to the High-Level Expert Group "[t]his goes beyond non-discrimination, which tolerates the drawing of distinctions between dissimilar situations based on objective justifications. In an AI context, equality entails that the system's operations cannot generate unfairly biased outputs (e.g. the data used to train AI systems should be as inclusive as possible, representing different population groups). This also requires adequate respect for potentially vulnerable persons and groups,[...] such as workers, women, persons with disabilities, ethnic minorities, children, consumers or others at risk of exclusion."[47] The same document puts forth a non-exhaustive list of seven key requirements of trustworthy AI: human agency and oversight; technical robustness and safety; privacy and data governance; transparency; diversity, non-discrimination and fairness; societal and environmental wellbeing; accountability.[48] In a similar vein, the Council of Europe's European Commission for the Efficiency of Justice previously identified five guiding principles in its "European Ethical Charter on the use of Artificial Intelligence in judicial systems and their environment": principle of respect for fundamental rights; principle of non-discrimination; principle of quality and security; principle of transparency, impartiality and fairness; principle of user control.[49]

In 2020, the High-Level Expert Group on Artificial Intelligence followed up with a detailed "Assessment List for Trustworthy Artificial Intelligence (ALTAI) for self assessment."[50] The list is intended as a self

[44] European Commission, *White Paper On Artificial Intelligence – A European approach to excellence and trust, COM(2020) 65 final* 10 (19.2.2020).

[45] European Commission, *White Paper On Artificial Intelligence – A European approach to excellence and trust, COM(2020) 65 final* 18–19 (19.2.2020).

[46] High-Level Expert Group on Artificial Intelligence, *Ethics Guidelines for Trustworthy AI* 11 (Apr. 2019).

[47] High-Level Expert Group on Artificial Intelligence, *Ethics Guidelines for Trustworthy AI* 11 (Apr. 2019).

[48] High-Level Expert Group on Artificial Intelligence, *Ethics Guidelines for Trustworthy AI* 14 (Apr. 2019).

[49] European Commission for the Efficiency of Justice (CEPEJ), *European Ethical Charter on the Use of Artificial Intelligence in Judicial Systems and their environment* 7 (Council of Europe ed., 2018).

[50] High-Level Expert Group on Artificial Intelligence, *The Assessment List for Trustworthy AI (ALTAI) for self assessment* (2020).

assessment tool, which informs best-practices to comply with the seven key requirements of Trustworthy Artificial Intelligence, articulated in the Ethics Guidelines.[51] Requirement #5 addresses "Diversity, Non-discrimination and Fairness" and, more specifically, "Avoidance of Unfair Bias," "Accessibility and Universal Design," and "Stakeholder Participation."[52] The self assessment includes questions such as: "Did you establish a strategy or a set of procedures to avoid creating or reinforcing unfair bias in the AI system, both regarding the use of input data as well as for the algorithm design? Did you consider diversity and representativeness of end-users and/or subjects in the data? [...] Did you put in place educational and awareness initiatives to help AI designers and AI developers be more aware of the possible bias they can inject in designing and developing the AI system? Did you ensure a mechanism that allows for the flagging of issues related to bias, discrimination or poor performance of the AI system? [...] Is your definition of fairness commonly used and implemented in any phase of the process of setting up the AI system?"[53]

Building on the 2020 White Paper, the Commission published a proposal for an Artificial Intelligence Act in April 2021.[54] The Proposal takes a broad approach to technologically specific regulation. It addresses "artificial intelligence systems" mostly[55] irrespective of the context in which they might be employed. The Proposal includes protections against behavioral manipulation and biometric identification. Art. 10 specifically aims at preventing biases that originate from misrepresentation in training data sets.

Meanwhile in Germany, the Commission on Data Ethics (Datenethikkommission) instituted by the Federal Ministry of the Interior published a detailed report[56] and strategic recommendations for the German government on handling algorithmic decision-making.[57] Polls suggest that

---

[51] For the seven principles see High-Level Expert Group on Artificial Intelligence, *Ethics Guidelines for Trustworthy AI* 14 (Apr. 2019).

[52] High-Level Expert Group on Artificial Intelligence, *The Assessment List for Trustworthy AI (ALTAI) for self assessment* 16–18 (2020).

[53] High-Level Expert Group on Artificial Intelligence, *Ethics Guidelines for Trustworthy AI* 16–17 (Apr. 2019).

[54] European Commission, Proposal for a Regulation laying down harmonized Rules on Artificial Intelligence (Artificial Intelligence Act), 2021/0106(COD), April 21, 2021.

[55] The scope of Proposal excludes, among others, "AI systems developed or used exclusively for military purposes" and international cooperation of law enforcement, Art. 2(3), (4).

[56] Datenethikkommission der Bundesregierung, *Gutachten der Datenethikkommission der Bundesregierung* (2019).

[57] Datenethikkommission der Bundesregierung, *Empfehlungen der Datenethikkommission für die Strategie Künstliche Intelligenz der Bundesregierung* (9. Oktober 2018).

Germans remain skeptical about algorithms' potential to substitute social skills of humans.[58] The reservations especially concern the areas of hiring and recidivism assessment.[59] The skepticism translates into broad public support for regulation and oversight, including bans on autonomous computer based decision-making; support for general outright bans of using algorithms is (expectedly) minimal.[60] Interestingly, one poll suggests that the levels of popular support for strict regulation for AI in the U.S. and Germany are similar, but lower than in China.[61]

C. Human Limitations, Algorithmic Aspirations and Algorithmic Bias

The primary reason for the increased reliance on algorithmic decision-making is simple: scale and costs. Algorithms can handle higher volumes of decisions at lower costs and based on larger databases than humans ever could – by orders of magnitudes.[62] Search engines and other recommendation systems could never operate at their current scale if they were based on human decision-making. That said, the aspirations of algorithmic decision-making reach beyond the scale and costs. Whether as a sales pitch or in earnest, algorithms have been associated with more fairness, objectivity, consistency, and accuracy in decision-making processes.[63]

---

[58] Messe München (automatica), *Stimmen Sie der Aussage zu, dass Künstliche Intelligenz die sozialen Fähigkeiten von Menschen nicht ersetzen wird?*, Statista, https://de.statista.com/statistik/daten/studie/870463/umfrage/umfrage-zur-ersetzbarkeit-sozialer-faehigkeiten-durch-ki/.

[59] Sarah Fischer & Thomas Petersen, *Was Deutschland über Algorithmen weiß und denkt: Ergebnisse einer repräsentativen Bevölkerungsumfrage* 25 (Bertelsmann Stiftung 2018).

[60] Sarah Fischer & Thomas Petersen, *Was Deutschland über Algorithmen weiß und denkt: Ergebnisse einer repräsentativen Bevölkerungsumfrage* 28 (Bertelsmann Stiftung 2018).

[61] Messe München (automatica), *Stimmen Sie der Aussage zu, dass Künstliche Intelligenz von Gesetzen streng kontrolliert werden sollte?*, Statista, https://de.statista.com/statistik/daten/studie/870494/umfrage/umfrage-zur-regulierung-von-ki-durch-gesetze/.

[62] Miriam Kullmann, *Diskriminierung durch algorithmische Entscheidungen: „Equality Through Algorithmic Design"*, *in* Privatrecht 2050 – Blick in die (digitale) Zukunft 227, 235, 236.

[63] Alex P. Miller, *Want Less-Biased Decisions? Use Algorithms.*, Harvard Business Review (Juli 26, 2018), https://hbr.org/2018/07/want-less-biased-decisions-use-algorithms.

Prejudice, fallacies, and moodiness are (exclusively) human conditions.[64] Algorithms, on the other hand, are machines, and machines neither adhere to certain believes, values, or agendas, nor do they suffer from human prejudices, or so the story goes.[65]

In practice, as Nizan Packin and Yafit Lev-Aretz explain, "there are three leading sources of bias that could result in biased or discriminatory outcomes: input, training and programming. Input bias occurs when the source data itself is biased as it lacks certain types of information, is not representative or mirrors historical biases. Training bias appears in either the categorization of the baseline data or the assessment of whether the output matches the desired result. Programming bias takes place in the original design or when a smart algorithm is allowed to learn and modify itself through successive contacts with human users, the incorporation of obtainable data, or the insertion of new data."[66] Solon Barocas and Andrew Selbst detail the ways in which bias enters the decision-making process at its various stages. First, data miners must define qualitative and complex target variables ("outcomes of interest") and class labels (i.e., "divide all possible values of the target variable into mutually exclusive categories") in a formalized manner for them to become computer-readable (this includes concepts like "good employees").[67] The authors point out that "the definition of the target variable and its associated class labels will determine what data mining happens to find."[68] Second, the subjectiveness of labelling examples from which the algorithm will learn is reproduced in future decisions.[69] Using successful applicants from the past to train the algorithm formalizes prejudice and bias of those who made the decisions and creates a corresponding rule, for example.[70] Omissions in data sets based on historic underrepresentation of groups

[64] Alex P. Miller, *Want Less-Biased Decisions? Use Algorithms.*, Harvard Business Review (Juli 26, 2018), https://hbr.org/2018/07/want-less-biased-decisions-use-algorithms.

[65] See Miriam Kullmann, *Diskriminierung durch algorithmische Entscheidungen: „Equality Through Algorithmic Design"*, *in* Privatrecht 2050 – Blick in die (digitale) Zukunft 227, 235.

[66] Nizan Packin & Yafit Lev-Aretz, *Learning algorithms and discrimination*, *in* Research Handbook on the Law of Artificial Intelligence 88, 96; see also Selena Silva & Martin Kenney, *Algorithms, Platforms, and Ethnic Bias: An Integrative Essay*, 55 Phylon 9, 14–25 (2018).

[67] Solon Barocas & Andrew D. Selbst, *Big Data's Disparate Impact*, 104 Cal. L. Rev. 671, 678–79 (2016).

[68] Solon Barocas & Andrew D. Selbst, *Big Data's Disparate Impact*, 104 Cal. L. Rev. 671, 680 (2016).

[69] Solon Barocas & Andrew D. Selbst, *Big Data's Disparate Impact*, 104 Cal. L. Rev. 671, 681 (2016).

[70] Solon Barocas & Andrew D. Selbst, *Big Data's Disparate Impact*, 104 Cal. L. Rev. 671, 682 (2016).

may become a parameter for denial of access to the resource, the distribution of which is at stake.[71] Likewise, incomplete training data sets can create uncertainties for predictions concerning underrepresented groups, and algorithms optimized for risk aversion may interpret the uncertainties as negative criteria, relative to better represented groups.[72] Frank Pasquale points out that "[t]he reasons for data like arrest numbers matter."[73] For example, increased police presence in a neighborhood likely uncovers more crime leading to arrests, even as actual crime rates do not change.[74]

Ifeoma Ajunwa calls the mismatch of the expectations automated decision-making has created and the reality of systemic bias "The Paradox of Automation as Anti-Discrimination Intervention."[75] While algorithmic decision-making might be intended and perceived as a measure to counter discrimination, it can perpetuate exactly the type of bias that it set out to eliminate. This is especially true where algorithmic systems operate within hiring frameworks that allow for wide-ranging employer discretion and categories that perpetuate existing structures, like "cultural fit."[76] Context and law shape the impact of algorithmic decision-making.[77] Also, data sets used in machine learning and the algorithms themselves result from human decisions and can easily reflect the very biases that humans would incorporate in the decision-making processes.[78]

Critiquing algorithmic decision-making, at least in its current contextual occurrence, provokes the question of the right benchmark. And

---

[71] Solon Barocas & Andrew D. Selbst, *Big Data's Disparate Impact*, 104 Cal. L. Rev. 671, 684–87 (2016); Shlomit Yanisky-Ravid & Sean K. Hallisey, *Equality and Privacy by Design: A New Model of Artificial Intelligence Data Transparency via Auditing, Certification, and Safe Harbor Regimes*, 46 Fordham Urb. L.J. 428, 450 (2019).

[72] Bryce Goodman & Seth Flaxman, *European Union Regulations on Algorithmic Decision Making and a "Right to Explanation"* 54–55.

[73] Frank Pasquale, The black box society: the secret algorithms that control money and information 42 (Harvard University Press 2015).

[74] Frank Pasquale, The black box society: the secret algorithms that control money and information 42 (Harvard University Press 2015).

[75] Ifeoma Ajunwa, *The Paradox of Automation as Anti-Bias Intervention*, 41 Cardozo L. Rev. 1671 (2020).

[76] Ifeoma Ajunwa, *The Paradox of Automation as Anti-Bias Intervention*, 41 Cardozo L. Rev. 1671, 1707–18 (2020).

[77] Ifeoma Ajunwa, *The Paradox of Automation as Anti-Bias Intervention*, 41 Cardozo L. Rev. 1671, 1707–18 (2020).

[78] *See* Filippo A. Raso et al., *Artificial Intelligence & Human Rights: Opportunities & Risks*, Nos. 2018–6, 7 (Sep. 2018); Kate Crawford, *Artificial Intelligence's White Guy Problem*, New York Times (June 25, 2016), https://www.nytimes.com/2016/06/26/opinion/sunday/artificial-intelligences-white-guy-problem.html; Cathy O'Neil, *How Algorithms Rule Our Working Lives*, The Guardian (Sep. 1, 2016), https://www.theguardian.com/science/2016/sep/01/how-algorithms-rule-our-working-lives.

some commentators have identified the direct comparison between human and algorithmic decision-making to assess the algorithms' net impacts.[79] Alex Miller, for example, cites several studies in areas such as mortgage lending, resumé screening, and choice of board members to suggest "a remarkably similar conclusion: Algorithms are less biased and more accurate than the humans they are replacing."[80] The reason why humans are outperformed, Miller explains, is that "human beings [...] we know are inconsistent, biased, and phenomenally bad decision makers."[81] And even where "technology can't fully solve the social ills of institutional bias and prejudicial discrimination, the evidence reviewed here suggests that, in practice, it can play a small but measurable part in improving the status quo."[82]

Whether algorithms improve the status quo as it relates to the quality of individual decisions can be a difficult, if not impossible assessment. Even researchers who have found certain improvements, in one example, a reduction in crime rates along with a reduction of racial bias, acknowledge the limitations of their models and findings.[83] These limitations can stem from incomplete data sets, the focus on one main parameter (reduction in crime), or the weighting of various parameters.[84] As a result, much of the assessment of the net effects of algorithmic decision-making compared to human decision-making will depend on the parameters by which we measure good or bad impacts and how we

---

[79] Jon Kleinberg et al., *Human Decisions and Machine Predictions*, 133 The Quarterly Journal of Economics 237 (2018); Alex P. Miller, *Want Less-Biased Decisions? Use Algorithms.*, Harvard Business Review (Juli 26, 2018), https://hbr.org/2018/07/want-less-biased-decisions-use-algorithms.

[80] Alex P. Miller, *Want Less-Biased Decisions? Use Algorithms.*, Harvard Business Review (Juli 26, 2018), https://hbr.org/2018/07/want-less-biased-decisions-use-algorithms.

[81] Alex P. Miller, *Want Less-Biased Decisions? Use Algorithms.*, Harvard Business Review (Juli 26, 2018), https://hbr.org/2018/07/want-less-biased-decisions-use-algorithms.

[82] Alex P. Miller, *Want Less-Biased Decisions? Use Algorithms.*, Harvard Business Review (Juli 26, 2018), https://hbr.org/2018/07/want-less-biased-decisions-use-algorithms ("If we find in some instances that algorithms have an unacceptably high degree of bias in comparison with current decision-making processes, then there is no harm done by following the evidence and maintaining the existing paradigm. But a commitment to following the evidence cuts both ways, and we should to be willing to accept that — in some instances — algorithms will be part of the solution for reducing institutional biases. So the next time you read a headline about the perils of algorithmic bias, remember to look in the mirror and recall that the perils of human bias are likely even worse.").

[83] Jon Kleinberg et al., *Human Decisions and Machine Predictions*, 133 The Quarterly Journal of Economics 237, 238 (2018).

[84] Jon Kleinberg et al., *Human Decisions and Machine Predictions*, 133 The Quarterly Journal of Economics 237, 238, 239–40, 273 (2018).

weigh the parameters. The field of discrimination-aware data mining is still relatively new and has to deal with complex issues.[85]

When we move from assessing individual decisions to systemic implications, the perspectives might change. What does the accuracy of decision-making processes mean, when we base our decision-making criteria and assumptions on current social structures? How could or should an algorithm account for the potential to change the structures in which the decision is made? And what if decision-making as a form of allocation increases beyond its current levels? The point is that comparisons of human and algorithmic decision-making assume otherwise constant equilibria and, thus, remain of limited value.

Let me unpack this point on dynamic equilibria. First, consider that an individually accurate assessment might be accurate only because of structures that prevent other (better) outcomes. The algorithm thus glosses over the fact that we can (and should) change social structures that lead to undesirable outcomes. This is because the algorithm bases its predictions on the patterns in the training data and the training data reflects the existing structures. To be more concrete, if we assume that drug addiction increases recidivism, the algorithm might, based on historic data, suggest denying drug users an early release. Yet, if we assume that drug addiction increases recidivism, we could also offer rehab or other forms of treatment that reduce the risk stemming from drug addiction or allow the person to manage their addiction entirely. The algorithm will not suggest policy changes; it necessarily operates within the boundaries of existing and path defining policy choices of the past.

Second and as mentioned above, algorithms allow for scale and lower costs of decisions and decision-making processes. Reductions in the costs of decisions will increase our reliance on deliberate decision-making.[86] An increasing number of such decisions will replace more organic, arbitrary, or, at least unplanned, developments.[87] Decreasing costs can enable granular, orchestrated, and deliberate micro-decisions at every level of life. This replacement process can have profound impacts on social

[85] Indrė Žliobaitė, *Measuring Discrimination in Algorithmic Decision Making*, 31 Data Min Knowl Disc 1060 (2017).

[86] Nikolas Guggenberger, *KI und Recht: Neue Methodik, billige Entscheidungen und Ergebnisvorgaben*, 22 MMR 777, 778 (2019).

[87] For the consequences and trade-offs associated with increased algorithmic planning as a means to organize the economy, see Przemyslaw Palka, *Algorithmic Central Planning: Between Efficiency and Freedom The Market as a Legal Construct*, 83 Law & Contemp. Probs. 125 (2020); Edward A. Parson, *Max – A Thought Experiment: Could AI Run the Economy Better Than Markets?* (Okt. 2020); Katharina Pistor, *Rule by Data: The End of Markets?*, 83 Law and Contemporary Problems 101 (2020).

and economic structures as it allows for different forms of organization.[88] In the same vein, the frequency of granular, orchestrated, and deliberate micro-decisions defines the impact of (systemic) flaws in decision-making processes. And scale matters as it defines the potential damage.[89] If there are more decisions and these decisions replace (previously more) random occurrences, then biases can become more pronounced overall. As a result, path dependencies increase. So, even if bias were to decrease in a static model that compares human with algorithmic decision-making processes,[90] the prevalence of decision-making defines the aggregated impact of biases on individuals' lives.[91]

Third, scale can result in higher levels of political and economic concentration and centralization. Higher levels of concentration and centralization can aggregate and institutionalize biases. As a consequence, biases can more easily migrate from an individual to a deeper and infrastructural level. At the same time, it is crucial not to forget that culture and society similarly possess the power to elevate biases in individual human decision-making processes to a systemic level. It remains to be seen which type of coordination proves more powerful in practice.

Fourth, a comparison of human and algorithmic decision-making processes – even where it is possible and where we have been able to define the parameters by which we measure success politically – can only inform the question of whether we want to rely on algorithms in certain situations. It does not predefine the right policies to regulate the uses of algorithms, where we decide to rely on them.

[88] *See* Przemyslaw Palka, *Algorithmic Central Planning: Between Efficiency and Freedom The Market as a Legal Construct*, 83 Law & Contemp. Probs. 125 (2020); Edward A. Parson, *Max – A Thought Experiment: Could AI Run the Economy Better Than Markets?* (Okt. 2020); Katharina Pistor, *Rule by Data: The End of Markets?*, 83 Law and Contemporary Problems 101 (2020).

[89] Cathy O'Neil, Weapons of Math Destruction: How Big Data Increases Inequality and Threatens Democracy 31 (2016) ("And finally, you might note that not all of these WMDs [weapons of math destruction] are universally damaging. After all, they send some people to Harvard, line others up for cheap loans or good jobs, and reduce jail sentences for certain lucky felons. But the point is not that some people benefit. It's that so many suffer. These models, powered by algorithms, slam doors in the face of millions of people, often for the flimsiest reasons, and offer no appeal.").

[90] *See* Jon Kleinberg et al., *Human Decisions and Machine Predictions*, 133 The Quarterly Journal of Economics 237, 238 (2018).

[91] Ifeoma Ajunwa, *The Paradox of Automation as Anti-Bias Intervention*, 41 Cardozo L. Rev. 1671, 1679 (2020) („To be sure, human managers hold biases that are reflected in unfavorable employment decisions for protected classes, but the impact of one biased human manager is constrained in comparison to the potential adverse reach of algorithms that could be used to exclude millions of job applicants from viewing a job advertisement or to sort thousands of resumes.").

D. From Antidiscrimination to Fairness and the Problems of Transparency and Predictability

Antidiscrimination laws target the process of decision-making. As the term suggests, the legal frameworks are geared against discrimination. The law requires the absence of discrimination from the decision-making process in question. Notably, antidiscrimination laws neither positively define the precise parameters that should govern the decision-making processes, nor do they prescribe a certain result of the process. American and European antidiscrimination laws protect very similar categories and behaviors. In both frameworks, the protected categories reflect past and present fault lines for discrimination. And some criteria that are directly connected to a protected category trigger the same or similar legal scrutiny. Specifically for algorithmic decisions, the problem lies in the fact that nothing can be (fully) isolated from protected categories. While that may be similar for human decisions, the problematic correlations have remained invisible. We still lack the understanding of the human brain that would be necessary to make the biases transparent. And this lack of transparency combined with an inherent inability to predict outcomes has likely protected the myth of fair decision-making, absent specific indicators for discrimination.

First, consider the core mechanism behind algorithmic decision-making: combing through vast data sets to identify patterns which inform predictions about future events. The search for patterns can result in unexpected correlations and reach high levels of granularity. Playing team sports may correlate with other, more or less desirable, character traits of applicants compared to building model trains. The example of the algorithm that suggested Lacrosse playing Jareds can be instructive insofar.[92] The algorithm simply identified correlations between that name and that sport and the metrics for success in the data set. As it relates to Jared and Lacrosse the proximity to protected criteria remains rather obvious, and antidiscrimination law can rather easily pick up on the bias in the decision-making process.

The potential of purely process-oriented antidiscrimination law becomes much less clear as we move further away from the protected criteria but still produce results that correlate with them. This is where the

[92] *See* Dave Gershgorn, *Companies are on the hook if their hiring algorithms are biased*, Quartz (Okt. 22, 2018), https://qz.com/1427621/companies-are-on-the-hook-if-their-hiring-algorithms-are-biased/.

concept of disparate impact can help. The concept originates in the American case Griggs v. Duke Power Co[93] and is now codified in 42 U.S.C. § 2000e-2(k)(l)(A).[94] As applied in the U.S., the concept reverses the burden of proof in discrimination cases where the plaintiff can establish "that a respondent uses a particular employment practice that causes a disparate impact on the basis of race, color, religion, sex, or national origin."[95] The equivalent concept in the EU goes by the name of "indirect discrimination," and is enshrined in the Union's antidiscrimination framework. [96] The concept of indirect discrimination, just like its U.S. counterpart, triggers a reversal in the burden of proof.[97] Insofar, Ioanna Tourkochoriti emphasizes the direct parallels of the doctrinal approaches in the U.S. and the EU.[98] Tourkochoriti stresses the importance

[93] Griggs v. Duke Power Co., 401 U.S. 424, 91 S.Ct. 849, 28 L.Ed. 2d 158, at 431 (1971).

[94] "Burden of proof in disparate impact cases (1) (A) An unlawful employment practice based on disparate impact is established under this subchapter only if— (i) a complaining party demonstrates that a respondent uses a particular employment practice that causes a disparate impact on the basis of race, color, religion, sex, or national origin and the respondent fails to demonstrate that the challenged practice is job related for the position in question and consistent with business necessity; or (ii) the complaining party makes the demonstration described in subparagraph (C) with respect to an alternative employment practice and the respondent refuses to adopt such alternative employment practice."

[95] 42 U.S.C. § 2000e-2(k)(l)(A).

[96] Art. 2(2)(b), Council Directive 2000/78/EC of 27 November 2000 establishing a general framework for equal treatment in employment and occupation: "indirect discrimination shall be taken to occur where an apparently neutral provision, criterion or practice would put persons having a particular religion or belief, a particular disability, a particular age, or a particular sexual orientation at a particular disadvantage compared with other persons unless: (i) that provision, criterion or practice is objectively justified by a legitimate aim and the means of achieving that aim are appropriate and necessary, or (ii) as regards persons with a particular disability, the employer or any person or organisation to whom this Directive applies, is obliged, under national legislation, to take appropriate measures in line with the principles contained in Article 5 in order to eliminate disadvantages entailed by such provision, criterion or practice." Corresponding provisions pertaining to sex and racial or ethnic origin in Art. 2(1)(b) Directive 2006/54/EC of the European Parliament and of the Council of 5 July 2006 on the implementation of the principle of equal opportunities and equal treatment of men and women in matters of employment and occupation (recast) and Council Directive 2000/43/EC of 29 June 2000 implementing the principle of equal treatment between persons irrespective of racial or ethnic origin, respectively. *See* Ioanna Tourkochoriti, *'Disparate Impact' and 'Indirect Discrimination': Assessing Responses to Systemic Discrimination in the U.S. and the E.U.*, European Journal of Human Rights 297, 314 (2015).

[97] Art. 8 Directive 2000/43/EC; Art. 19 Directive 2006/54/EC; Art. 10 Directive 2000/78/EC.

[98] Ioanna Tourkochoriti, *'Disparate Impact' and 'Indirect Discrimination': Assessing Responses to Systemic Discrimination in the U.S. and the E.U.*, European Journal of Human Rights 297, 314 (2015).

of the concept of indirect discrimination "because it is not the treatment that differs but its effects, which will be felt differently by people with different characteristics."[99]

Yet, both the concepts of disparate impact and indirect discrimination remain insufficient to capture the entire breadth of algorithmic bias for at least two reasons. First, proxy discrimination is ubiquitous in algorithmic decision-making.[100] Even where protected criteria have been removed from the data set and the data set is intended to be non-discriminatory, strong correlations between class membership and decisional outcomes remain.[101] Anya Prince and Daniel Schwarcz make an important point when they write that "[t]he central problem is that firms using AIs that proxy discriminate will typically have little problem showing that this practice is consistent with business necessity and in rebuffing any attempt to show the availability of a less discriminatory alternative. This is because, by definition, proxy discrimination helps the AI predict a legitimate objective: the target variable it is programmed to optimize, like anticipated insurance claims."[102]

Second, the doctrine remains process-oriented while the process of decision-making might have lost its meaning, its mystic and open-ended nature.[103] This point seems counterintuitive – many have rightly emphasized the lack of algorithmic transparency and resulting opacity[104] – so let me elaborate. As Indrė Žliobaitė points out "the current legislation

[99] Ioanna Tourkochoriti, *'Disparate Impact' and 'Indirect Discrimination': Assessing Responses to Systemic Discrimination in the U.S. and the E.U.*, European Journal of Human Rights 297, 314 (2015).

[100] Anya E. R. Prince & Daniel Schwarcz, *Proxy Discrimination in the Age of Artificial Intelligence and Big Data*, 105 IOWA L. REV. 1257, 1267 (2020) ("Proxy discrimination occurs when a facially-neutral trait is utilized as a stand-in—or proxy—for a prohibited trait.").

[101] Solon Barocas & Andrew D. Selbst, *Big Data's Disparate Impact*, 104 Cal. L. Rev. 671, 691–92 (2016).

[102] Anya E. R. Prince & Daniel Schwarcz, *Proxy Discrimination in the Age of Artificial Intelligence and Big Data*, 105 IOWA L. REV. 1257, 1305 (2020) (citations omitted).

[103] Nikolas Guggenberger, *KI und Recht: Neue Methodik, billige Entscheidungen und Ergebnisvorgaben*, 22 MMR 777, 778 (2019).

[104] *See* Frank Pasquale, *The black box society: the secret algorithms that control money and information* 42 (Harvard University Press 2015); Yavar Bathaee, *The Artificial Intelligence Black Box and the Failure of Intent and Causation*, 31 HARV. J. L. & TECH. 889, 905 (2018); Nizan Packin & Yafit Lev-Aretz, *Learning algorithms and discrimination*, *in* Research Handbook on the Law of Artificial Intelligence 88, 92–95; Anya E. R. Prince & Daniel Schwarcz, *Proxy Discrimination in the Age of Artificial Intelligence and Big Data*, 105 IOWA L. REV. 1257,, 1294 (2020); Shlomit Yanisky-Ravid & Sean K. Hallisey, *Equality and Privacy by Design: A New Model of Artificial Intelligence Data Transparency via Auditing, Certification, and Safe Harbor Regimes*, 46 Fordham Urb. L.J. 428, 437 (2019).

on non-discrimination has been designed to account for decision making by humans."[105] Even when enriched by the disparate impact or indirect discrimination doctrines, antidiscrimination law remains based on the notion of bad intentions and individual prejudice. The framework aims to eliminate the definitional power of certain considerations, the protected categories. It does not positively define anything.[106] Thought processes within the human brain remain completely invisible. The brain is much less transparent than any algorithm could ever be. Also, there is no way to simulate or test human decision-making comparable to our ability to test algorithmic decision-making. Focusing on the absence of discrimination, (potentially naively, but inherently) reflects the assumption that humans can overcome their biases over time and that they see potential, even where past data might not suggest that.[107]

With the advent of algorithmic decision-making the room for imagination and progress through enlightenment shrinks,[108] or, at least, the room for justifiable fiction thereof. Algorithms are more transparent and consistent than humans. We can test and simulate algorithmic decision-making processes. And exactly these characteristics may undermine processes as a source of trust and legitimacy. Insofar as we can predict the result of a process with a reasonably high accuracy, the process loses its independent purpose. And at least within the medium term, algorithms will remain stuck within the boundaries of the data set on which they are trained. Mike Zajko pointedly describes the impact of algorithmic decision-making as structurally conservative in nature: "AI systems are conservative by default in their political effects, although in data science this is widely understood as an issue of 'reproducing bias'."[109] Put differently, as algorithms apply patterns learned from data sets of past behavior or conditions, they preserve existing structures. And Zajko adds that "[b]ecause it acts as an obstacle to deeper, more structural analyses, using the term 'bias' actually reinforces this conservative tendency – by which I mean the conservation and maintenance of the social (political

[105] Indrė Žliobaitė, *Measuring Discrimination in Algorithmic Decision Making*, 31 Data Min Knowl Disc 1060, 1087 (2017).

[106] This may differ for the selection of civil servants, where the law defines some positive, albeit vague, criteria. In Germany, for example, Art. 33 sec. 2 Basic Law lays out that civil servants are to be selected based on "aptitude, qualifications and professional achievements" (unofficial translation from: https://www.gesetze-im-internet.de/englisch_gg/englisch_gg.html#p0169).

[107] Nikolas Guggenberger, *KI und Recht: Neue Methodik, billige Entscheidungen und Ergebnisvorgaben*, 22 MMR 777, 778 (2019).

[108] Nikolas Guggenberger, *KI und Recht: Neue Methodik, billige Entscheidungen und Ergebnisvorgaben*, 22 MMR 777, 778 (2019).

[109] Mike Zajko, *Conservative AI and Social Inequality: Conceptualizing Alternatives to Bias through Social Theory*, AI & Soc 3 (Juli 2021).

and economic) order."[110] An obviously purely hypothetical question is whether the type of antidiscrimination regime that is in place now, would have developed if we understood the human brain as thoroughly as we do understand algorithms. I do not think so.

Three reactions to the shortcomings of antidiscrimination regimes come to mind: First, we could understand algorithms as messengers, instead of decision-makers. We could see them as indicators for structural inequities. We could then refocus our attention to these structures and address them directly. To give an example, instead of assessing whether cultural fit is an appropriate parameter to make hiring decisions, we could ask whether the employer's culture is sufficiently inclusive.[111] Or, where an algorithm suggests hiring lacrosse-playing Jareds, we could take that as a sign that the company employs or promotes too many lacrosse-playing Jareds.

Second, we could challenge the static accuracy (predictions that assume a constant environment and social structure) of algorithms and thus reduce the algorithms' potential to replicate unjust structures. One way of doing that would be to reduce the emphasis on static accuracy in favor of more equity. Randomization already plays a role in training algorithms and some have suggested to increase that role so as to reduce bias – certainly a suggestion worth considering.[112] The resulting trade-off may be worth it, especially when taking into consideration that we only give up static accuracy.[113] Another approach could lie in a more comprehensive simulation of a dynamic environment that addresses structural inequities and, thus, places the onus on the decision-maker to incorporate the necessary changes.

Third, we can refocus our attention from freeing processes of discrimination to actively defining results. That is to say that there may be a specific algorithmic case to support quotas for protected categories, at least as long as the social structures and training data sets reflect and,

[110] Mike Zajko, *Conservative AI and Social Inequality: Conceptualizing Alternatives to Bias through Social Theory*, AI & Soc 3 (Juli 2021).

[111] On cultural fit see Ifeoma Ajunwa, *The Paradox of Automation as Anti-Bias Intervention*, 41 Cardozo L. Rev. 1671 (2020).

[112] Joshua A. Kroll et al., *Accountable Algorithms*, 165 University of Pennsylvania Law Review 633, 684 (2017).

[113] For the interplay of accuracy and equity see Sandra G. Mayson, *Bias in, Bias Out*, 128 Yale L. J. 2218, 2249–50, 2267–71 (2018–2019); Sam Corbett-Davies et al., *Algorithmic Decision Making and the Cost of Fairness*, Proceedings of the 23rd ACM SIGKDD International Conference on Knowledge Discovery and Data Mining 797 (ACM Apr. 2017); Richard Berk, *Accuracy and Fairness for Juvenile Justice Risk Assessments*, 16 Journal of Empirical Legal Studies 175, 187 (2019); Mike Zajko, *Conservative AI and Social Inequality: Conceptualizing Alternatives to Bias through Social Theory*, AI & Soc 3, 4 (Juli 2021).

thus, inevitably reinforce inequities relating to these categories. That is to say that as the process of decision-making becomes less meaningful as a source of legitimacy, the law should follow that shift and directly legitimize results.

E. Conclusion

Algorithmic bias has taken center stage as an ethical concern related to automated decision-making. Several official reports on both sides of the Atlantic bear witness of the regulatory attention that the issue has received. Yet, the understanding of the potential and limitations of antidiscrimination regulation remains limited. Algorithmic decision-making in its current form tends to function as a structurally conservative force.[114] It replicates existing power dynamics, with their merits and inequities. The current antidiscrimination regimes in the U.S. and Europe remain insufficient to address concerns about self-perpetuating inequities. Reducing the emphasis on static accuracy and refocusing our attention from fair processes to fair results may provide a viable path forward.

Bibliography

Ifeoma Ajunwa, *The Paradox of Automation as Anti-Bias Intervention*, 41 Cardozo L. Rev. 1671 (2020)

Julia Angwin et al., *Machine Bias*, ProPublica (Mai 23, 2016), https://www.propublica.org/article/machine-bias-risk-assessments-in-criminal-sentencing

Sam Corbett-Davies et al., *Algorithmic Decision Making and the Cost of Fairness*, Proceedings of the 23rd ACM SIGKDD International Conference on Knowledge Discovery and Data Mining 797 (ACM Apr. 2017)

Matias Barenstein, *ProPublica's COMPAS Data Revisited* (Aug. 2019)

Solon Barocas & Andrew D. Selbst, *Big Data's Disparate Impact*, 104 Cal. L. Rev. 671 (2016)

Yavar Bathaee, *The Artificial Intelligence Black Box and the Failure of Intent and Causation*, 31 HARV. J. L. & TECH. 889 (2018)

Hubert Bekisz, *When Does Algorithmic Pricing Result In an Intra-Platform Anticompetitive Agreement or Concerted Practice? The Case of Uber In the Framework of EU Competition Law*, 12 Journal of European Competition Law & Practice 217 (Juli 2021)

Jason R. Bent, *Is Algorithmic Affirmative Action Legal*, 108 Geo. L.J. 803 (2020)

Richard Berk, *Accuracy and Fairness for Juvenile Justice Risk Assessments*, 16 Journal of Empirical Legal Studies 175 (2019)

[114] Mike Zajko, *Conservative AI and Social Inequality: Conceptualizing Alternatives to Bias through Social Theory*, AI & Soc 3 (Juli 2021).

Anupam Chander, *The Racist Algorithm?*, 115 Mich. L. Rev. (2017)
Alexandra Chouldechova, *Fair Prediction with Disparate Impact: A Study of Bias in Recidivism Prediction Instruments*, 5 Big Data 153 (Juni 2017)
Kate Crawford, *Artificial Intelligence's White Guy Problem*, New York Times (Juni 25, 2016), https://www.nytimes.com/2016/06/26/opinion/sunday/artificial-intelligences-white-guy-problem.html
Kate Crawford & Jason Schultz, *AI Systems As State Actors*, 119 Columbia Law Review 1941 (2019)
Jeffrey Dastin, *Amazon scraps secret AI recruiting tool that showed bias against women*, Reuters (Okt. 11, 2018), https://www.reuters.com/article/us-amazon-com-jobs-automation-insight/amazon-scraps-secret-ai-recruiting-tool-that-showed-bias-against-women-idUSKCN1MK08G
Datenethikkommission der Bundesregierung, *Gutachten der Datenethikkommission der Bundesregierung* (2019)
Datenethikkommission der Bundesregierung, *Empfehlungen der Datenethikkommission für die Strategie Künstliche Intelligenz der Bundesregierung* (9. Oktober 2018)
William Dieterich et al., *COMPAS Risk Scales: Demonstrating Accuracy Equity and Predictive Parity* (Juli 2016)
Julia Dressel & Hany Farid, *The Accuracy, Fairness, and Limits of Predicting Recidivism*, 4 Science Advances (Jan. 2018)
European Commission, *White Paper On Artificial Intelligence – A European approach to excellence and trust, COM(2020) 65 final* (19.2.2020)
European Commission, *Building Trust in Human-Centric Artificial Intelligence, COM(2019) 168 final* (8.4.2019)
European Commission for the Efficiency of Justice (CEPEJ), *European Ethical Charter on the Use of Artificial Intelligence in Judicial Systems and their environment* (Council of Europe Hrsg., 2018)
Ariel Ezrachi & Maurice E Stucke, *Artificial Intelligence & Collusion: When Computers Inhibit Competition*, 2017 U. Ill. L. Rev. 1775 (2017)
Sarah Fischer & Thomas Petersen, *Was Deutschland über Algorithmen weiß und denkt: Ergebnisse einer repräsentativen Bevölkerungsumfrage* (Bertelsmann Stiftung 2018)
Max Fisher & Amanda Taub, *On YouTube's Digital Playground, an Open Gate for Pedophiles*, The New York Times (Juni 3, 2019), https://www.nytimes.com/2019/06/03/world/americas/youtube-pedophiles.html
Jessica Fjeld et al., *Principled Artificial Intelligence: Mapping Consensus in Ethical and Rights-based Approaches to Principles for AI*, Nos. 2020–1 (Jan. 2020)
Anthony W. Flores et al., *False Positives, False Negatives, and False Analyses: A Rejoinder to "Machine Bias: There's Software Used Across the Country to Predict Future Criminals. And It's Biased Against Blacks."*, 80 Federal Probation 38 (2016)
Dave Gershgorn, *Companies are on the hook if their hiring algorithms are biased*, Quartz (Okt. 22, 2018), https://qz.com/1427621/companies-are-on-the-hook-if-their-hiring-algorithms-are-biased/
Bryce Goodman & Seth Flaxman, *European Union Regulations on Algorithmic Decision Making and a "Right to Explanation"*
Nikolas Guggenberger, *KI und Recht: Neue Methodik, billige Entscheidungen und Ergebnisvorgaben*, 22 MMR 777 (2019)
Melissa Hamilton, *Debating Algorithmic Fairness*, UC Davis Law Review Online 261 (2019)

High-Level Expert Group on Artificial Intelligence, *Ethics Guidelines for Trustworthy AI* (Apr. 2019)
High-Level Expert Group on Artificial Intelligence, *The Assessment List for Trustworthy AI (ALTAI) for self assessment* (2020)
David Kelnar, *The State of AI 2019: Divergence* (MMC Ventures Mai 2019)
Jon Kleinberg et al., *Human Decisions and Machine Predictions*, 133 The Quarterly Journal of Economics 237 (2018)
Joshua A. Kroll et al., *Accountable Algorithms*, 165 University of Pennsylvania Law Review 633 (2017)
Miriam Kullmann, *Diskriminierung durch algorithmische Entscheidungen: „Equality Through Algorithmic Design"*, *in* Privatrecht 2050 – Blick in die (digitale) Zukunft 227
Sandra G. Mayson, *Bias in, Bias Out*, 128 Yale L. J. 2218 (2018–2019)
Messe München (automatica), *Stimmen Sie der Aussage zu, dass Künstliche Intelligenz die sozialen Fähigkeiten von Menschen nicht ersetzen wird?*, Statista, https://de.statista.com/statistik/daten/studie/870463/umfrage/umfrage-zur-ersetzbarkeit-sozialer-faehigkeiten-durch-ki/
Messe München (automatica), *Stimmen Sie der Aussage zu, dass Künstliche Intelligenz von Gesetzen streng kontrolliert werden sollte?*, Statista, https://de.statista.com/statistik/daten/studie/870494/umfrage/umfrage-zur-regulierung-von-ki-durch-gesetze/
Alex P. Miller, *Want Less-Biased Decisions? Use Algorithms.*, Harvard Business Review (Juli 26, 2018), https://hbr.org/2018/07/want-less-biased-decisions-use-algorithms
National Science and Technology Council, Committee on Technology, *Preparing for the Future of Artificial Intelligence* (Executive Office of the President of the United States 2016)
National Science and Technology Council, Networking and Information Technology Research and Development Subcommittee, *The National Artificial Intelligence Research and Development Strategic Plan* (2016)
Ngozi Okidegbe, *When They Hear Us: Race, Algorithms and The Practice of Criminal Law*, 29 Kansas Journal of Law & Public Policy 329 (2020)
Cathy O'Neil, *How Algorithms Rule Our Working Lives*, The Guardian (Sep. 1, 2016), https://www.theguardian.com/science/2016/sep/01/how-algorithms-rule-our-working-lives
Cathy O'Neil, Weapons of Math Destruction: How Big Data Increases Inequality and Threatens Democracy (2016)
Przemyslaw Palka, *Algorithmic Central Planning: Between Efficiency and Freedom The Market as a Legal Construct*, 83 Law & Contemp. Probs. 125 (2020)
Nizan Packin & Yafit Lev-Aretz, *Learning algorithms and discrimination*, *in* Research Handbook on the Law of Artificial Intelligence 88
Edward A. Parson, *Max – A Thought Experiment: Could AI Run the Economy Better Than Markets?* (Okt. 2020)
Frank Pasquale, The black box society: the secret algorithms that control money and information (Harvard University Press 2015)
Katharina Pistor, *Rule by Data: The End of Markets?*, 83 Law and Contemporary Problems 101 (2020)
Anya E. R. Prince & Daniel Schwarcz, *Proxy Discrimination in the Age of Artificial Intelligence and Big Data*, 105 IOWA L. REV. 1257 (2020)
Filippo A. Raso et al., *Artificial Intelligence & Human Rights: Opportunities & Risks*, Nos. 2018–6 (Sep. 2018)

Kevin Roose, *The Making of a YouTube Radical*, The New York Times (Juni 8, 2019), https://www.nytimes.com/interactive/2019/06/08/technology/youtube-radical.html

Andrew D. Selbst, *Disparate Impact In Big Data Policing*, 52 Georgia Law Review 109 (2017)

Selena Silva & Martin Kenney, *Algorithms, Platforms, and Ethnic Bias: An Integrative Essay*, 55 Phylon 9 (2018)

Anne-Laure Thieullent et al., *Why addressing ethical questions in AI will benefit organizations* (Capgemini Research Institute Juli 2019)

Ioanna Tourkochoriti, *'Disparate Impact' and 'Indirect Discrimination': Assessing Responses to Systemic Discrimination in the U.S. and the E.U.*, European Journal of Human Rights 297 (2015)

Inga Ulnicane et al., *Good governance as a response to discontents? Déjà vu, or lessons for AI from other emerging technologies*, 46 Interdisciplinary Science Reviews 71 (Apr. 2021)

Shlomit Yanisky-Ravid & Sean K. Hallisey, *Equality and Privacy by Design: A New Model of Artificial Intelligence Data Transparency via Auditing, Certification, and Safe Harbor Regimes*, 46 Fordham Urb. L.J. 428 (2019)

Mike Zajko, *Conservative AI and Social Inequality: Conceptualizing Alternatives to Bias through Social Theory*, AI & Soc (Juli 2021)

Indrė Žliobaitė, *Measuring Discrimination in Algorithmic Decision Making*, 31 Data Min Knowl Disc 1060 (2017)

Kapitel 6. Algorithmendiskriminierung unter dem AGG und den Gleichbehandlungsrichtlinien – ausgewählte Problemfelder und Reformvorschläge

Haag

A. Einführung

Dieser Beitrag[1] untersucht die derzeitige Rechtslage von Diskriminierungen durch algorithmische Systeme nach dem Allgemeinen Gleichbehandlungsgesetz (AGG) und den Gleichbehandlungsrichtlinien. Nach der Analyse der derzeitigen Rechtslage wird der Reformbedarf im AGG dargestellt und dem Gesetzgeber ein konkreter Reformvorschlag aufgezeigt.

Diskriminierungen finden nicht erst durch algorithmische Systeme statt. Jedoch war bisher der Adressat von Gleichbehandlungsgeboten und Diskriminierungsverboten der Mensch. Entscheidungen, die bisher von menschlichen Entscheidern getroffen worden sind, werden immer häufiger durch Systeme der Künstlichen Intelligenz (KI) ersetzt. Algorithmen und speziell KI werden häufig mit dem Begriff der Blackbox[2] assoziiert und stehen deswegen besonders in der Kritik. Aufgrund des technologischen Fortschritts und des immer breiteren Einsatzes von algorithmischen Systemen ist zu untersuchen, inwieweit nach der bisherigen Rechtslage Diskriminierungen durch Algorithmen vom AGG und den zugrundeliegenden Gleichbehandlungsrichtlinien mitumfasst sind. Durch den stärkeren Einsatz von KI-Systemen in Unternehmen (speziell im Rahmen von Bewerbungen) werden in diesem Beitrag insbesondere auch die Voraussetzungen aus dem AGG an das Bewerbungsverfahren für Arbeitgeber berücksichtigt. Ausgangspunkt ist dabei die Frage, ob dem AGG oder den Gleichbehandlungsrichtlinien die Notwendigkeit einer menschlichen Behandlung zu entnehmen ist. Ein weiterer Schwerpunkt der Darstellung liegt in der Zurechnung von Entscheidungen von KI-Systemen. Hierbei wird die Rechtsprechung des BAG zu Sorgfalts- und Überwachungspflichten von Arbeitgebern für Dritte auch auf KI-Systeme übertragen. Es wird weiterhin klargestellt, dass Algorithmen im

---

[1] Vielen Dank speziell an Verena Vogt sowie an Johannes Kevekordes, Hendrik Risthaus, Jared Caron, Sarah-Li Hanneforth, und Pauline Sierla für die Hinweise und Anmerkungen zu diesem Beitrag.

[2] Siehe nur den Titel des Grundsatzwerkes von *Martini*, Blackbox Algorithmus.

rechtlichen Sinn kausal für Diskriminierungen sein können. Abschließend werden konkrete Reformvorschläge insbesondere im Hinblick auf eine konkrete Begründungspflicht für die Ablehnung von Bewerbern durch Arbeitgeber aufgezeigt, um erste Gesetzesanpassungen vornehmen zu können.

B. Begriffsbestimmungen

Diskriminierungen können durch unterschiedliche Personen erfolgen, die jeweils in Kontakt mit den algorithmischen Systemen kommen. Es ist zwischen den Personen zu differenzieren, die algorithmische Systeme einsetzen und denjenigen, welche die Systeme aufgesetzt haben. Hier kann man differenzieren zwischen Programmierer, Hersteller und Verwender.[3] Der Programmierer ist derjenige, der die Software entwickelt und das System aufsetzt.[4] Der Hersteller ist „jede natürliche oder juristische Person, die ein Produkt herstellt oder entwickeln oder herstellen lässt und dieses Produkt unter ihrem eigenen Namen oder ihrer eigenen Marke vermarktet“ (§ 2 ProdSG). Verwender ist diejenige Person, welche das algorithmische System einsetzt. Alle diese Personengruppen können Adressaten von Diskriminierungsverboten und Gleichbehandlungsgeboten sein.

In diesem Beitrag werden allgemein algorithmische[5] Systeme geprüft. Eine eng konturierte Definition von KI hat sich in der juristischen Literatur bisher noch nicht herausgebildet.[6] Im Fokus der „Blackbox“-Kritik[7] bei KI-Systemen stehen häufig sog. Deep Learning-Systeme. Deep

[3] Hier kann man noch weiter differenzieren zB zum Händler (vgl. § 2 Nr. 12 ProdSG).

[4] *Hoeren/Wehkamp* CR 2018, 1.

[5] *v. Lewinski/de Barros Fritz* NZA 2018, 620 mwN.

[6] Zum Begriff der Künstlichen Intelligenz ausführlich: *Zech* ZfPW 2019, 198 (199) und vgl. auch: *Herberger* NJW 2018 (2825) mwN; *Kaulartz/Braegelmann*, Rechtshandbuch Artificial Intelligence und Machine Learning, Kapitel 1 Rn. 2 ff.; vgl. auch den Vorschlag der EU-Kommission für eine Verordnung des Europäischen Parlaments und des Rates zur Festlegung harmonisierter Vorschriften für Künstliche Intelligenz (Gesetz über Künstliche Intelligenz) und zur Änderung bestimmter Rechtsakte der Union, COM/2021/206 final, in dem in Art. 3 Nr. 1 KI-VO-E ein „System der künstlichen Intelligenz“ (KI-System) als „Software, die mit einer oder mehreren der in Anhang I aufgeführten Techniken und Konzepte entwickelt worden ist und im Hinblick auf eine Reihe von Zielen, die vom Menschen festgelegt werden, Ergebnisse wie Inhalte, Vorhersagen, Empfehlungen oder Entscheidungen hervorbringen kann, die das Umfeld beeinflussen, mit dem sie interagieren“ definiert wird.

[7] Zur Kritik siehe insb. *Vegh* in Molin-Kränzlin/Schneuwly/Stojanovic, Digitalisierung – Gesellschaft – Recht, S. 370.

Learning-Systeme sind KI-Systeme mit verschiedenen Layers, welche mit Hilfe von Input-Werten und Output-Werten trainiert werden können.[8] Soweit diese Systeme als Automated Decision Making-Systeme (ADM-Systeme) eingesetzt werden, stellen sich umfassende Fragestellungen, ob diese diskriminierend sein können. Mit ADM-Systemen sind solche Systeme gemeint, welche zu einem eigenständigen Ergebnis ohne menschliches Zutun im Entscheidungsvorgang gelangen können.[9] Der Beitrag legt dabei insbesondere auf ADM-Systeme einen Schwerpunkt.

C. Anwendbarkeit des AGG

Ein zentrales Rechtsinstrument gegen den Einsatz von Diskriminierungen ist das AGG. Dabei ist es teilweise umstritten inwieweit algorithmische Systeme von den Vorschriften des AGG umfasst sind. Insbesondere besteht ein Streit darüber, ob eine menschliche Behandlung vorliegen muss.

I. Behandlung iSd § 3 Abs. 1 AGG

Im Rahmen des Anwendungsbereiches von § 3 Abs. 1 AGG wird eine „Behandlung" vorausgesetzt. Ob eine solche Behandlung durch eine Entscheidung eines ADM-Systems vorliegt wird teilweise[10] bestritten. Gemeinhin wird unter einer Behandlung iSd § 3 Abs. 1 AGG ein Tun oder Unterlassen verstanden, wobei der Ausgangspunkt ein menschliches Verhalten sein soll.[11]

Es gibt diesbezüglich Stimmen in der Literatur, welche vertreten, dass diese Definition durch die Legislative an die heutigen Erfordernisse angepasst werden müsse und ein menschliches Handeln nicht mehr gefordert werden sollte.[12] Eine andere Auffassung hält einen Streit diesbezüglich für unerheblich, weil sich schon aus Art. 22 DS-GVO ergebe, dass eine menschliche Mitentscheidung notwendig sei und deswegen idR auf-

---

[8] Umfassend zu Deep Learing Systemen: *Schmidhuber* Neural Networks 61 (2015), 85 (86 ff.).

[9] Ausführlicher zum Begriff siehe: *Artikel-29-Datenschutzgruppe*, Leitlinien zu automatisierten Entscheidungen im Einzelfall einschließlich Profiling für die Zwecke der Verordnung 2016/679, WP251rev.01, I. B., abgedruckt in: Spiecker gen. Döhmann/Bretthauer, Dokumentation zum Datenschutz, G 2.1.25 in I. B.

[10] *v. Lewinski/de Barros Fritz* NZA 2018, 620 (621).

[11] Zu dieser Auffassung siehe: BeckOK ArbR/*Roloff*, 58. Ed. 1.12.2020, AGG § 3 Rn. 2; mit Verweis auf Roloff auch: Staudinger/*Serr* (2018) AGG § 3, Rn. 5 und *Broy* in Herberger/Martinek/Rüßmann/Weth/Würdinger, jurisPK-BGB, 8. Aufl. 2016, AGG § 3, Rn. 15; Erman/*Armbrüster* AGG § 3 Rn. 4.

[12] So zB *Steege* MMR 2019, 715 (718).

grund des menschlichen Dazwischentretens eine Behandlung iSd § 3 Abs. 1 AGG vorläge.[13]

Aus einer datenschutzrechtlichen Notwendigkeit[14] folgt jedoch – dogmatisch – noch keine Erweiterung der Definitionen des AGG. Insofern ist zu untersuchen, ob eine menschliche Handlung eine Voraussetzung unter der derzeitigen Rechtslage ist.

II. Formale Begrifflichkeiten im Bewerbungsverfahren

Weiterhin ist speziell im Bewerbungsverfahren um einen Arbeitsplatz fraglich, inwieweit auf die formalen Voraussetzungen des AGG abgestellt werden kann. Dies ist relevant, weil für Bewerbungsverfahren[15] bereits algorithmische Systeme zur Auswahl der Bewerber eingesetzt werden und deren Einsatz in Zukunft voraussichtlich noch stärker zunehmen wird.[16]

Teilweise wird hierbei darauf hingewiesen, dass der Anwendungsbereich des AGG bei einer traditionellen Bewerbung eröffnet ist, aber eine sog. Arbeitsplatz-Matching-App nicht zwingend den Bewerber- und Arbeitgeberbegriff des § 6 AGG umfasst, weil noch keine formale Bewerbung vorliegt.[17] Jedoch wird im AGG nach § 2 Abs. 1 Nr. 1 AGG bereits die algorithmische Kriterienbildung im Vorfeld geschützt.[18] Insoweit ist auch bei KI-Systemen der vorvertragliche Kontakt und die Vertragsanbahnungsphase umfasst.[19]

III. Behandlung als menschliches Tun aus dem Unionsrecht

Das AGG beruht auf den Vorgaben des Unionsrechts. Deswegen ist zu untersuchen, ob das AGG unionsrechtskonform ausgelegt werden muss, wonach bereits aus dem Unionsrecht eine „Behandlung“ kein menschliches Verhalten voraussetzt. Sofern eine Rechtsnorm der EU für ein Tat-

---

[13] v. *Lewinski/de Barros Fritz* NZA 2018, 620 (621) mwN; zu den datenschutzrechtlichen Anforderungen bei KI-Systemen siehe auch *Klar* BB 2019, 2243.

[14] Vgl. zum Argument, dass auch datenschutzrechtliche Vorgaben nicht immer eingehalten werden: *Freyler* NZA 2020, 284 (287).

[15] Zu aktuellen Anwendungen von KI-Systemen in Bewerbungsverfahren siehe die Beispiele bei *Dzida/Groh* NJW 2018, 1917 (1918 f.).

[16] Siehe ausführlich zu Matching-Tools: *Diercks* in Verhoeven, Digitalisierung im Recruiting, S. 79, S. 84 ff.; siehe zu Job-Scoring: *Laue* in Henschel/Hornung/Jandt, Mensch – Technik – Umwelt, S. 323, S. 324; vgl. *Ballestrem/Bär/Gausling/Hack/v. Oelffen*, Künstliche Intelligenz, S. 5.

[17] Vgl. *Straker* in Hoeren/Sieber/Holznagel MMR-HdB, Teil 15.6 Rn. 14, welcher auch zu dem Ergebnis der Anwendung des AGG bei ADM-Systemen gelangt.

[18] *v. Lewinski/de Barros Fritz* NZA 2018, 620 (621).

[19] *Dzida/Groh* NJW 2018, 1917 (1918); vgl. ErfK/*Schlachter* 21. Aufl. 2021, AGG § 2 Rn. 4a und *Straker* in Hoeren/Sieber/Holznagel MMR-HdB, Teil 15.6 Rn. 14 ff.

bestandsmerkmal nicht auf das Recht der Mitgliedsstaaten verweist, hat die Auslegung autonom und einheitlich in der gesamten Union unter Berücksichtigung des Kontexts und des Ziels der Rechtsnorm zu erfolgen.[20] Deswegen ist zu prüfen, in welchem Maß der Vorfeldschutz bereits im Unionsrecht geschützt ist und ob hieraus weitere Anforderungen für das AGG greifen.

D. Die Gleichbehandlungsrichtlinien

Im Hinblick auf das Sekundärrecht wurden im AGG die Richtlinien RL 2006/54/EG, RL 2004/113/EG, RL 2000/78/EG und RL 2000/43/EG umgesetzt. Jede Richtlinie aus diesem Quartett hat einen spezifischen Anwendungsbereich, weswegen das AGG im Hinblick auf den jeweiligen Anwendungsbereich ausgelegt werden muss. Dabei ist der Grundsatz der begrenzten Einzelermächtigung zu beachten, weswegen nur die in Art. 19 Abs. 1 AEUV genannten Merkmale umfasst sind und weitere mögliche Ungleichbehandlungen nicht als Diskriminierung nach dem Unionsrecht eingeordnet werden können.[21] Demnach sind sog. Proxy-Diskriminierungen – welche selbst nicht auf einem geschützten Merkmal beruhen – nur dann mitumfasst, wenn die jeweilige Proxy-Diskriminierung eine mittelbare Diskriminierung aufgrund eines geschützten Merkmals darstellt. Die Begrifflichkeiten des Unionsrechts sind dabei autonom vom nationalen Recht zu definieren.[22]

I. Menschliche Behandlung und formale Betrachtung des Bewerbungsverfahrens

Es ist zu untersuchen, inwiefern von den Gleichbehandlungsrichtlinien eine menschliche Behandlung gefordert ist und inwieweit diese eine formale Betrachtung voraussetzen.

[20] EuGH Urt. v. 7.8.2018 – C-485/17, EuZW 2018, 742 Rn. 27 mwN.

[21] EuGH Urt. v. 18.12.2014 – C-354/13, NZA 2015, 33 Rn. 32; EuGH Urt. v. 11.7.2006 – C-13/05, NZA 2006, 839 Rn. 56; vgl. EuArbRK/*Mohr*, RL 2000/78/EG Art. 1 Rn. 2.

[22] EuGH Urt. v. 11.7.2006 – C-13/05, NZA 2006, 839 Rn. 40; vgl. EuArbRK/*Mohr* RL 2000/78/EG Art. 1 Rn. 14.

1. RL 2006/54/EG – Gleichbehandlung von Männern und Frauen in Beschäftigungs- und Arbeitsfragen

Die jüngste dieser Richtlinien, die RL 2006/54/EG, regelt die Verwirklichung des Grundsatzes der Chancengleichheit und Gleichbehandlung von Männern und Frauen in Beschäftigungsfragen.

a) Behandlung im Unionsrecht

Art. 2 Abs. 1 lit. a RL 2006/54/EG geht dabei in der deutschen Sprachfassung von einer „Behandlung" aus. Hier könnte insofern – entsprechend – mit den deutschen Literaturstimmen zum AGG eine Anknüpfung an eine menschliche Handlung gefordert werden. Die englische Sprachfassung verwendet zudem das Wort „treated" auch dieses ist dem Wortlaut nach auslegungsbedürftig.

aa) Vorschriften, Kriterien oder Verfahren durch Algorithmen?

Durch Art. 2 Abs. 1 lit. b RL 2006/54/EG wird allerdings deutlich, dass eine Behandlung auch dann vorliegt, wenn die Diskriminierung durch *Vorschriften, Kriterien oder Verfahren* erfolgt. In Art. 2 Abs. 1 lit. b RL 2006/54/EG ist die mittelbare Diskriminierung geregelt, welche letztlich jedoch keine eigenständige Anspruchsgrundlage sein soll, sondern eine lex specialis zur Beweislastregel des Art. 19 Abs. 1 RL 2006/54/EG ist.[23]

Deswegen stellt sich die Frage, ob ein Algorithmus eine neutrale Vorschrift, ein Kriterium oder ein Verfahren sein kann.

Algorithmen beschreiben einen bestimmten Ablauf und stellen damit zumindest Kriterien auf und auch dar. Demnach werden diese von Art. 2 lit. b RL 2006/54/EG umfasst. Problematisch ist, ob eine „Autorenschaft"[24] eines Menschen des diskriminierenden Kriteriums vorliegen muss oder ob es ausreichend ist, wenn eine Vorschrift, ein Kriterium oder ein Verfahren vorliegt, welches durch ein KI-System von einer natürlichen oder juristischen Person eingesetzt wird. Der Ausgangspunkt dieser Frage ist der Telos der Richtlinie: Schützt diese Zustände oder sollen menschliche Handlungen verhindert werden? Anders ausgedrückt: Wurde die Richtlinie für die Adressaten von Diskriminierung geschaffen oder für (juristische oder natürliche) Personen, die diskriminieren?

Die RL 2006/54/EG hat das Ziel einer umfassenden Gleichbehandlung. Dies zeigt sich insbesondere in Art. 1 RL 2006/54/EG. Dieser Artikel stellt nicht allein auf die Gleichbehandlung ab, sondern auf die Chancengleichheit. Auch Erwägungsgrund Nr. 2 der RL 2006/54/EG stellt auf die Gleichstellung ab. Die Richtlinie lässt sich dabei nicht auf den Begriff

[23] EuArbRK/*Mohr* RL 2006/54/EG Art. 2 Rn. 7a.

[24] *v. Lewinski/de Barros Fritz* NZA 2018, 620 (624) sprechen im Hinblick auf § 15 AGG von einem Urheber.

der „menschlichen Behandlung“ beschränken. Dies wird darin deutlich, dass auch juristische Personen vom Anwendungsbereich der RL 2006/54/EG umfasst sind. Erwägungsgrund Nr. 7 RL 2006/54/EG und Art. 26 RL 2006/54/EG sehen zudem eine Verpflichtung für Arbeitgeber zum Treffen von präventiven Maßnahmen vor, um gegen eine Diskriminierung vorzugehen. Insoweit liegt eine (zivilrechtliche) Schutzpflichtendimension des Richtlinienverpflichtenden zugrunde. Das Telos der RL 2006/54/EG umfasst somit nicht lediglich eine Anknüpfung an eine unmittelbare menschliche Handlung, sondern die Intention der RL 2006/54/EG (vgl. Erwägungsgrund Nr. 19 und Nr. 22 RL 2006/54/EG) ist die effektive Gewährleistung der vollen Gleichstellung und die Herstellung von Chancengleichheit in Beschäftigungsfragen. Demnach sollen vor allem auch Zustände geschützt werden. Dieses Ergebnis bestätigt sich auch darin, dass ein „Verschulden“ (bzw. ein Vertretenmüssen) in Form von „Vorsatz-“ oder „Fahrlässigkeitserfordernissen“, welche eng mit einer menschlichen Handlung verknüpft sind, gerade nicht verlangt wird.[25]

Die Tatbestandsmerkmale der Richtlinie müssen daher im Lichte der Erwägungsgründe extensiv ausgelegt werden. Aus dem Grundsatz des effet utile (Art. 4 Abs. 3 EUV) muss dies auch bei der Auslegung des nationalen Rechts berücksichtigt werden.

Gleichzeitig muss berücksichtigt werden, dass die Entscheidung, ob ein algorithmisches System eingesetzt wird, die Entscheidung einer dahinterstehenden natürlichen oder juristischen Person ist. Die „Behandlung“ erfolgt durch diejenige Person, die ein solches System einsetzt (bzw. einsetzen lässt).

Eine Behandlung die unmittelbar durch einen Menschen „ausgeführt“ wird – wie diese teilweise in der Literatur zum AGG gefordert wird – folgt somit nicht aus der RL 2006/54/EG, sondern die RL schützt im Gegenteil auch vor einer Ungleichbehandlung durch ADM-Systeme.

Somit ist auch die Einordnung durch ein ADM-System als „Behandlung“ i.S.d. AGG im Anwendungsbereich der RL 2006/54/EG.

bb) Ergebnis zum Merkmal „Behandlung“

Demnach liegt bei einer Diskriminierung, unerheblich ob diese eine unmittelbare oder mittelbare Diskriminierung ist, aufgrund des Unionsrechts eine Behandlung auch dann vor, wenn ein ADM-System eingesetzt wird.

[25] Siehe EuGH Urt. v. 8.11.1990 – C-177/88, NZA 1991, 171 Rn. 22; EuGH Urt. v. 22.4.1997 – C-180/95, NJW 1997, 1839 Rn. 17 u. Rn. 21 f.; vgl. zum Vertretenmüssen BeckOGK/*Mörsdorf*, AGG § 21 Rn. 11.

b) Anwendungsbereich im Hinblick auf Bewerbungsverfahren

Weiterhin ist zu untersuchen, ob die RL 2006/54/EG eine formale Betrachtung nach dem Bewerber- und Arbeitgeberbegriff vornimmt. Eine solche formale Betrachtung findet sich in der Richtlinie jedoch nicht (vgl. Art. 14 RL 2006/54/EG), sondern deren Anwendungsbereich umfasst generell den Zugang zu Beschäftigung. Ein solcher Zugang liegt auch bereits bei Arbeitsplatz-Matching-Algorithmen vor, zumal diese auch als Dienstleistung von Arbeitgebern in Anspruch genommen werden. Problematisch ist dabei möglicherweise die Einschaltung eines Dritten, der das jeweilige Arbeitsplatz-Matching-System anbietet, wenn der Arbeitgeber die Software oder Dienstleistung zugekauft hat. Hierbei setzt der Arbeitgeber das System jedoch für seine Dienste ein, weswegen auch ein solcher Einsatz von der Richtlinie umfasst ist.

Die jüngere Rechtsprechung des EuGH[26] zur RL 2000/78/EG unterstreicht diese Auslegung. Wenn selbst öffentliche Äußerungen, welche überhaupt nicht im Zusammenhang mit einem Einstellungsverfahren vom Schutzbereich der RL 2000/78/EG umfasst sind, dann greift dies auch bei dem Einsatz von algorithmischen Systemen. Nach dem Unionsrecht besteht insoweit ein weiter Vorfeldschutz.

Im Rahmen der Auslegung des nationalen Recht sind die Anforderungen des Unionsrechts zu beachten, weswegen keine formale Abstellung auf den deutschen Bewerber- und Arbeitgeberbegriff möglich ist.[27]

2. RL 2004/113/EG Gleichbehandlung von Männern und Frauen bei der Versorgung mit Gütern oder Dienstleistungen

Die RL 2004/113/EG regelt nach ihrer amtlichen Überschrift die Gleichbehandlung von Männern und Frauen bei der Versorgung mit Gütern und Dienstleistungen. Auch bei dieser Richtlinie ist zu untersuchen, ob eine menschliche Behandlung vorausgesetzt wird.

In dem Erwägungsgrund Nr. 18 RL 2004/113/EG werden auch versicherungsmathematische Faktoren angeführt, welche geschlechtsspezifisch im Hinblick auf den Prämien- und Leistungsumfang von Versicherungen nicht divergieren sollen. Dieser Erwägungsgrund wird in Art. 5 RL 2004/113/EG kodifiziert. Dadurch wird deutlich, dass im Hinblick auf das Versicherungswesen und verwandte Finanzdienstleistungen zumindest von Art. 5 RL 2004/113/EG eine „algorithmische" Bewertung umfasst ist. Insofern ist Art. 5 RL 2004/113/EG bereits eindeutig, indem

[26] EuGH Urt. v. 23.4.2020 – C-507/18, NZA 2020, 703.

[27] So auch: *Straker* in Hoeren/Sieber/Holznagel MMR-HdB, Teil 15.6 Rn. 18, und Fn. 1 zu Rn. 16.

er lediglich eine „Berechnung“ fordert, welche keine menschliche Anknüpfung hat.[28]

Hieraus können aber keine Ableitungen für eine Diskriminierung außerhalb des Anwendungsbereiches von Art. 5 RL 2004/113/EG gebildet werden, weil es sich bei Art. 5 RL 2004/113/EG um spezifische Regelungen handelt, die normiert wurden, damit es nicht zu einer abrupten Umstellung des Versicherungsmarktes (Erwgr. Nr. 18 RL 2004/113/EG) kommt.

Bereits in der Willenserklärung für den Abschluss eines Vertrages liegt eine Behandlung vor. Soweit aufgrund von vertraglichen Regelungen zwischen Vertragsparteien keine individuellen unmittelbaren menschlichen Willenserklärungen notwendig sind und auch automatisiert Güter und Dienstleistungen verkauft werden, gilt das zu RL 2006/54/EG Erörterte entsprechend (→ D. I. 1. a)). Das Telos der Richtlinien ist die Herstellung eines Zustands von gleicher Behandlung, unerheblich davon, ob eine menschliche Behandlung der Ausgangspunkt ist. Dies zeigt sich insbesondere darin, dass auch in der RL 2004/113/EG Vorschriften, Kriterien oder Verfahren nach Art. 2 lit. b RL 2004/113/EG eine Diskriminierung darstellen können.

Erwägungsrund Nr. 14 RL 2004/113/EG steht dieser Auffassung insoweit nicht entgegen. Auch wenn dieser Erwägungsgrund von „subjektiven Gründen für die Auswahl eines Vertragspartners“ spricht, wird in Erwägungsgrund Nr. 14 durch den zweiten Satz klargestellt, dass, sofern die Auswahl eines Vertragspartners mit einer Abhängigkeit von dem Merkmal Geschlecht erfolgt, die Vertragsfreiheit diesbezüglich eingeschränkt wird. Eine solche Einschränkung der freien Wahl des Vertragspartners ist deshalb bei der Wahl eines KI-Systems anzunehmen, welches Personen aufgrund des Geschlechts anders behandelt.

Es lässt sich festhalten, dass im Rahmen der RL 2004/113/EG auch ADM-Systeme umfasst sind.

3. RL 2000/78/EG – Gleichbehandlung in Beschäftigung und Beruf

Auch die RL 2000/78/EG, welche die Gleichbehandlung in Beschäftigung und Beruf umfasst, weist keine weiteren Anforderungen auf. Es gilt das zur RL 2006/54/EG Ausgeführte im Rahmen des Begriffs der Behandlung entsprechend (→ D. I. 1. a)). Demnach setzt auch die RL 2000/78/EG keine menschliche Behandlung voraus.

Im Hinblick auf den Vorfeldschutz im Rahmen eines Bewerbungsverfahrens zeigt sich insbesondere auch in Art. 3 Abs. 1 lit. a RL 2000/78/EG, dass eine solche Bedingung nicht vom Unionsrecht gefor-

[28] Die englische Sprachfassung spricht sogar lediglich von „calculation“.

dert wird und dass diesbezüglich die Begriffe im AGG weit ausgelegt werden müssen, weil Art. 3 Abs. 1 lit. a RL 2000/78/EG auf den Arbeitsmarktzugang abstellt. In der bereits erwähnten Entscheidung hat der EuGH auch kürzlich im Hinblick auf Art. 3 Abs. 1 lit. a RL 2000/78/EG die Entscheidung getroffen, dass von der Richtlinie auch eine Diskriminierung umfasst ist, welche ohne ein konkretes Bewerbungsverfahren aufgrund einer öffentlichen Äußerung erfolgt ist.[29] Demnach ist der Anwendungsbereich der Richtlinien sehr weitgehend.

4. RL 2000/43/EG – Gleichbehandlung ohne Unterschied wegen rassistischen Gründen oder der ethnischen Herkunft

Die RL 2000/43/EG umfasst die Anwendung des Gleichbehandlungsgrundsatzes ohne Unterscheidung aus rassistischen Gründen oder der ethnischen Herkunft. Diese Richtlinie war die erste umfassende Gleichbehandlungsrichtlinie, welche sich nicht auf eine Geschlechterdiskriminierung in der Arbeitswelt bezogen hat.[30]

Im Hinblick auf Art. 15 RL 2000/43/EG hatte der EuGH bereits entschieden, dass, auch wenn es kein identifizierbares Opfer dieser Diskriminierung gibt, Sanktionen für denjenigen folgen müssen, der öffentlich äußert, dass er nur Personen einer bestimmten ethnischen Herkunft einstellt.[31]

Auch in der RL 2000/43/EG wird demnach bereits der Vorfeldschutz eines Bewerbungsverfahrens umfasst (vgl. Art. 3 RL 2000/43/EG).

5. Ergebnis zur Behandlung und formalen Betrachtung

Es zeigt sich, dass die Gleichbehandlungsrichtlinien keine formale Betrachtung zugrunde legen und auch keine „menschliche" Behandlung voraussetzen.[32] Insofern kann man insbesondere nach § 3 Abs. 1 AGG keine menschliche Behandlung fordern. Sowohl das Unionsrecht als auch das nationale Recht verwenden keinen formalen Bewerberbegriff.

II. Rechtfertigung des Einsatzes von KI-Systemen aus den Richtlinien?

Eine mittelbare Diskriminierung kann gem. Art. 2 Abs. 1 lit. b RL 2006/54/EG gerechtfertigt sein, wenn die betreffenden Vorschriften, Kri-

[29] EuGH Urt. v. 23.4.2020 – C-507/18, NZA 2020, 703.
[30] Vgl. RL 75/117/EWG und RL 76/207/EWG.
[31] EuGH Urt. v. 10.7.2008 – C-54/07, NJW 2008, 2767 Rn 40.
[32] Für selbständige Tätigkeit ergibt sich dies entsprechend aus RL 2010/41/EU-.

terien oder Verfahren ein rechtmäßiges Ziel darstellen und auch im Übrigen verhältnismäßig sind.

Insoweit ist zu prüfen, in welchem Maß ein algorithmisches System, welches statistisch betrachtet weniger diskriminiert als ein „durchschnittlicher" Mensch, trotzdem Personen ungleichbehandelt. Ein solches System könnte nämlich im Hinblick auf den „Rechtfertigungstatbestand" des Art. 2 Abs. 1 lit. b RL 2006/54/EG ein rechtmäßiges Ziel im Sinne einer besseren Gleichbehandlung darstellen.

Diesbezüglich ist klarzustellen, dass ein System, bei welchem bekannt ist, dass es ohne sachlichen Grund ungleichbehandelt und damit diskriminiert, bereits den Tatbestand einer unmittelbaren Diskriminierung nach Art. 2 Abs. 1 lit. a RL 2006/54/EG erfüllt und nicht unter Art. 2 Abs. 1 lit. b. RL 2006/54/EG fällt. Ein solches System darf insofern nicht eingesetzt werden. Ist ein KI-System nach dem „State-of-the-Art" diskriminierungsfrei und stellt sich erst nachträglich heraus, dass es diskriminiert, darf es ab diesem Zeitpunkt nicht mehr eingesetzt werden. Eine Rechtfertigung ist dann gerade nicht möglich.

Die Überlegung, ob de lege ferenda algorithmische Systeme, welche (statistisch betrachtet) weniger diskriminieren als ein Mensch, durch die Normierung von weiteren Rechtfertigungstatbeständen begünstigt werden sollen, ist – abgesehen von Ausnahmefällen – abzulehnen, weil dadurch Anreize geschaffen werden Systeme zu entwickeln, welche lediglich weniger diskriminieren als ein „durchschnittlicher" Mensch und die Norm (und das Ziel) nicht mehr ein diskriminierungsfreies System ist.

Weitere Rechtfertigungsgründe finden sich in der Richtlinie nicht, weil nur solche Gründe angeführt werden dürfen, welche bereits in der Richtlinie vorgesehen sind.[33] Entsprechende Erwägungen gelten für die RL 2004/113/EG, RL 2000/78/EG und RL 2000/43/EG.

E. Zurechnung

Bei der Zurechnung eines Vorgangs eines ADM-Systems wird in dogmatischer Hinsicht auf das nationale Recht abgestellt.[34]

Neben der Wissenszurechnung nach welcher gemeinhin im deutschen Recht § 166 BGB entsprechend angewandt wird,[35] werden verschiedene Ansätze vertreten, inwieweit eine Verhaltenszurechnung von KI-Sys-

[33] Siehe dazu: EuGH Urt. v. 22.4.1997 – C-180/95, NJW 1997, 1839 Rn. 19.

[34] Vgl. EuArbRK/*Mohr* RL 2006/54/EG Art. 2 Rn. 35.

[35] Vgl. OLG Hamm Urt. v. 8.9.2011 – I-27 U 36/11, ZIP 2011, 1926 (1928); *Becker/Pordzik* ZfPW 2020, 334 (340); siehe ausführlich: *Hacker* RW 2018, 243 (271 ff.).

temen nach analoger Anwendung von § 278 oder § 831 BGB möglich ist.

Die Anwendung von § 31 BGB analog wird hingegen weitestgehend abgelehnt.[36] Nach einer Auffassung soll § 278 BGB analog angewandt werden.[37] Dies wird ua mit der Einwirkungs- und Herrschaftsmöglichkeit des Geschäftsherren begründet.[38] Eine Zurechnung nach § 831 BGB sei nach dieser Auffassung abzulehnen, weil es insbesondere am Kriterium der Weisungsgebundenheit fehle.[39] Bei der Anwendung von § 278 BGB analog wird ua nach Fallgruppen differenziert, inwiefern ein programmtechnisches Versagen oder ein menschlich bedingter Fehler vorliege.[40] Bei letzterem soll die Anwendung des § 278 BGB anzuerkennen sein. Bei programmtechnischem Versagen ist es hingegen umstritten, ob § 278 BGB entsprechend angewandt werden kann.[41]

Andere Stimmen in der Literatur stellen auf eine analoge Anwendung von § 831 BGB ab,[42] weil technische Systeme nicht verschuldensfähig sind und dadurch eine entsprechende Anwendung von § 278 BGB nicht in Betracht komme.[43] Bei § 831 BGB gehe es nicht um genuin menschliche Eigenschaften, weswegen diese Norm auch analog auf KI-Systeme angewandt werden könne.[44]

I. Notwendigkeit der Schaffung einer Zurechnungsnorm

Bereits die faktische Beeinflussung durch Äußerungen ist nach Ansicht des EuGH für eine „Zurechnung" ausreichend.[45] Innerstaatlich kann diese Rechtsprechung daher nur schwer unter die Normen des BGB subsumiert werden und sollte daher direkt auf die Normen des AGG oder die Richtlinien gestützt werden. Die herkömmlichen Normen des BGB eignen sich hierfür im Bereich des Diskriminierungsrechts nicht sonder-

[36] *Wagner* VersR 2020, 717 (736); *Teubner* AcP 218 (2018), 155 (190); *Kluge/Müller* InTeR 2017, 24 (27 f.).

[37] *Keßler* MMR 2017, 589 (592); *Wolf* JuS 1989, 899 (901); Soergel/*Wolf* BGB § 278 Rn. 25.

[38] *Wolf* JuS 1989, 899 (901); Soergel/*Wolf* BGB § 278 Rn. 25.

[39] *Teubner* AcP 218 (2018), 155 (190).

[40] *v. Lewinski/de Barros Fritz* NZA 2018, 620 (623); grundlegend bereits: Soergel/*Pfeiffer* BGB § 278 Rn. 25; siehe auch zu weiteren Differenzierungen: *Hacker* RW 2018, 243 (252 ff.).

[41] MüKoBGB/*Grundmann*, 7. Aufl. 2015, § 278 Rn. 46; vgl. zum Streit *v. Lewinski/de Barros Fritz* NZA 2018, 620 (623).

[42] *Zech* ZfPW 2019, 198 (211); MüKoBGB/*Wagner* BGB § 831 Rn. 24 ff.; vgl. *Wagner* VersR 2020, 717 (736).

[43] *Zech* ZfPW 2019, 198 (211).

[44] *Denga* CR 2018, 69 (75).

[45] EuGH Urt. v. 25.4.2013 – C-81/12, NZA 2013, 891 Rn 47; vgl. EuArbRK/*Mohr* RL 2006/54/EG Art. 2 Rn. 35.

lich, weswegen der Gesetzgeber eine umfassende eigenständige KI-Zurechnungsnorm (auch) im Bereich des Diskriminierungsrechts schaffen sollte. Die Schaffung einer solchen Norm ist auch deshalb notwendig, weil die in der Literatur vertretenen Ansätze, welche die analoge Anwendung von bereits bestehenden Regelungen beinhalten, lediglich dazu führen, dass auch auf KI-Systeme dogmatische Problemfelder von nicht KI-Systemen übertragen werden und es an einer klar konturierten Norm des demokratisch gewählten Gesetzgebers fehlt. Deswegen sollte diese Rechtsunsicherheit nicht nur im Hinblick auf das Gleichbehandlungsrecht zeitnah beseitigt werden.

II. Übertragung der Rechtsprechung des BAG zur Verantwortlichkeit für Dritte auf KI-Systeme

Betrachtet man weiterhin die Rechtsprechung des BAG, so findet sich sogar noch ein weiterer Ansatz unter der derzeitigen Rechtslage: Das BAG hat bereits klargestellt, dass ein Arbeitgeber, der sich Dritter bedient, um ein Arbeitsverhältnis anzubahnen, eine Verantwortlichkeit für deren Verhalten trifft.[46] Im Rahmen dieser Verantwortlichkeit besteht – im Falle einer Fremdausschreibung – eine Sorgfaltspflicht des Arbeitgebers, die Ordnungsmäßigkeit der Ausschreibung zu überwachen.[47] Diese Verpflichtung hat das BAG zuerst aus § 611a BGB aF („Geschlechtsbezogene Benachteiligung") abgeleitet. Aufgrund des AGG ergibt sich diese Verpflichtung dogmatisch bereits aus § 7 Abs. 1 AGG iVm § 6 Abs. 1 und Abs. 2 AGG (vgl. § 12 Abs. 4 AGG). Wie dargelegt müssen diese Normen im Lichte des Unionsrechts ausgelegt werden, weswegen auch ein Vorfeldschutz, bevor ein formales Bewerbungsverfahren eingeleitet ist, greift.

Teilweise wird darauf abgestellt, dass ein Arbeitgeber Kenntnis von einem geschützten Merkmal haben muss, weil sonst keine Kausalität iSd deutschen Rechts vorliegen kann.[48] Diese Auffassung wird auf die Rechtsprechung des BAG[49] zur Unkenntnis von geschützten Merkmalen wie einer Schwerbehinderung gestützt. Nach dieser Rechtsprechung des BAG greift die Indizwirkung des § 22 AGG nur, wenn dem Arbeitgeber die Schwerbehinderung einer Person bekannt ist oder bekannt sein müsste.

---

[46] BAG Urt. v. 17.12.2009 – 8 AZR 670/08, NZA 2010, 383 Rn. 23.

[47] BAG Urt. v. 5.2.2004 – 8 AZR 112/03, NZA 2004, 540 (544) zu § 611a BGB a. F.

[48] *v. Lewinski/de Barros Fritz* NZA 2018, 620 (622).

[49] BAG Urt. v. 26.9.2013 – 8 AZR 650/12, NZA 2014, 258 Rn. 29 f.; vgl. zu Schwangerschaften auch BAG, Urt. v. 17.10.2013 – 8 AZR 742/12, NZA 2014, 303 Rn. 43.

Da den Arbeitgeber aber bereits Überwachungs- und Sorgfaltspflichten beim „Einsatz“ von Dritten treffen, treffen ihn diese Verpflichtungen auch beim Einsatz von KI-Systemen. Er kann sich bei deren „Verwendung“ nicht damit „exkulpieren“, dass er keine Kenntnis von dem Merkmal selbst hat. Setzt ein Arbeitgeber ein solches System ein, dann hat er dieses zu überwachen und die notwendigen Vorkehrungen zu treffen, dass eine Diskriminierung bei einem Einsatz eines solchen Systems ausgeschlossen ist. Diese Verpflichtungen ergeben sich in entsprechender Anwendung der Rechtsgrundsätze, welche das BAG[50] bereits zu Überwachungspflichten aufgestellt hat. Dies leitet sich insofern als normative Verpflichtung unter der geltenden Rechtslage aus § 7 Abs. 1 iVm § 6 Abs. 1 und 2 AGG (vgl. § 12 Abs. 4 AGG) ab.

Gleichzeitig leitet sich dies auch aus den Gleichbehandlungsrichtlinien des Unionsrechtes ab, welche kein menschliches Verhalten voraussetzen (→ D. I.). Diese Organisationsverpflichtungen ergeben sich als Folge des Schutzes der EU-Richtlinien vor Diskriminierungen (vgl. insbesondere bei RL 2006/54/EG den Art. 2 Abs. 1 lit. b RL 2006/54/EG sowie zudem auch Art. 26 RL 2006/54/EG).

Letztlich kann hier dogmatisch weiterhin auch überlegt werden, ob eine menschliche Behandlung durch Unterlassen vorliegt.

III. Kausalität – Kenntnis

Beim Einsatz von Deep Learning ADM-Systemen ist – speziell auch im Arbeitsrecht – zu untersuchen, inwieweit dortige Entscheidungen (bzw. Ergebnisse) kausal für eine Diskriminierung sein können.

1. Kausalität und Korrelation

Im Rahmen des Einsatzes von algorithmischen Systemen gibt es teilweise Unsicherheiten, ob eine solche Entscheidung überhaupt kausal sein kann.

Insofern wird betont, dass durch Algorithmen Korrelationen und nicht zwingend Kausalitäten dargestellt werden.[51] Hier muss jedoch der Ausgangspunkt der Differenzierung vor Augen geführt werden: Deep Learning-Systeme können in einem Übungsdatensatz Korrelationen darstellen und anhand dieser Korrelationen eine weitere Einordnung treffen. Werden diese gewonnenen Gewichtungsfaktoren des „trainierten“ Algorithmus aber auf konkrete Personen angewandt, dann liegt eine Kausalität

[50] BAG Urt. v. 5.2.2004 – AZR 112/03, NZA 2004, 540 (544) zu § 611a a.F.

[51] *Kim*, Data-Driven Discrimination at Work, 58 Wm. & Mary L. Rev. 857 (2017), S. 875 mwN, https://scholarship.law.wm.edu/wmlr/vol58/iss3/4; vgl. im Hinblick zu (Schein-)Korrelationen: *Freyler* NZA 2020, 284 (286) mwN; siehe zu Korrelationen auch *Martini* JZ 2017, 1017 (1018).

zwischen den Gewichtungsfaktoren und dem Ergebnis der Einordnung einer Person vor. Ein Deep Learning-System kommt mit Hilfe von Korrelationen in dem Trainingsdatensatz zu einer Veränderung des jeweiligen Algorithmus bzw. der jeweiligen Gewichtungsfaktoren. Bei der Einordnung von Merkmalen einer Person eines „trainierten" Algorithmus sind die jeweiligen Merkmale aber kausal für das Ergebnis der Einordnung.

Bei Diskriminierungen ist es aber unerheblich, wie diese entstehen. Es ist irrelevant, ob ein Algorithmus oder ein Mensch aufgrund von vermeintlichen Korrelationen oder aus willkürlichen Gesichtspunkten ein geschütztes Merkmal allgemein als „negativ" einordnet. Die Anwendung eines algorithmischen Systems, wenn eine konkrete Person negativ eingeordnet wird, kann daher trotzdem kausal sein.

2. Möglichkeit der Kausalität bei algorithmischen Systemen

Da häufig bei Deep Learning Systemen nicht ein Merkmal für das Ergebnis ursächlich ist, nimmt eine Auffassung einen Rückgriff auf den Topos der Motivbündel[52] vor, verweist jedoch auf die Beweisschwierigkeiten, die auf die beträchtliche Anzahl an Merkmalen zurückzuführen sind.[53] Nach dieser Auffassung muss im deutschen Recht im AGG jedoch eine Kenntnis der in § 1 AGG genannten Merkmale vorhanden sein, welche bei selbstlernenden Algorithmen jedoch grundsätzlich nicht vorliege, weil der Arbeitgeber idR die eingesetzten algorithmischen Systeme nicht auf den Datenbestand untersuche (bzw. untersuchen könne).[54]

Ein Kausalitätserfordernis muss hier jedoch unionsrechtskonform ausgelegt werden. Es ist im Rahmen des Unionsrechts nicht die Kausalitätsdogmatik des deutschen Rechts anwendbar.

Die RL 2006/54/EG verwendet in Art. 2 Abs. 1 lit. a das Wort „aufgrund". Auch im Rahmen einer mittelbaren Diskriminierung nach Art. 2 Abs. 1 lit. b RL 2006/54/EG ist eine enge Kausalitätsbeziehung nicht gefordert. Vielmehr werden in Art. 9 RL 2006/54/EG bereits Wirkungen geregelt. Es wird im Rahmen der Richtlinie kein enges dem deutschen Recht entsprechendes Kausalitätsverständnis vorausgesetzt. Dies gilt auch für die weiteren Diskriminierungs-RL und muss bei der Auslegung im nationalen Recht berücksichtigt werden.

---

[52] BAG Urt. v. 26.9.2013 – 8 AZR 650/12, NZA 2014, 258 Rn. 25 f. mwN; LAG Köln Urt. v. 17.1.2020 – 4 Sa 862/17, openJur 2020, 5341 Rn. 79.

[53] *v. Lewinski/de Barros Fritz* NZA 2018, 620 (622).

[54] *v. Lewinski/de Barros Fritz* NZA 2018, 620 (622).

IV. Vertretenmüssen im Unionsrecht

In § 21 Abs. 2 AGG wird ein Vertretenmüssen des jeweiligen Benachteiligenden vorausgesetzt. Ein solches Erfordernis eines „Verschuldens" hat der EuGH bereits in den 90er-Jahren im Hinblick auf die RL 76/207/EWG für die Gleichbehandlung von Frauen und Männern für unvereinbar mit dem Unionsrecht angesehen.[55] Dies ist Folge der praktischen Wirksamkeit der Richtlinie im Hinblick auf den Gleichbehandlungsgrundsatz von Mann und Frau.[56] In der Literatur ist insoweit anerkannt, dass die Norm im Hinblick auf die Merkmale rassistische Gründe, ethnische Herkunft und Geschlecht ein Verstoß gegen die RL 2006/54/EG und RL 2000/43/EG ist.[57]

Im Rahmen der Zurechnung der Entscheidung eines ADM-Systems zu dem jeweiligen Benachteiligenden lassen sich die Wertungen der Rechtsprechung des EuGH im Hinblick auf ein „Verschuldens"-Element im nationalen Recht übertragen.

Der Fokus im Diskriminierungsrecht insbesondere im Rahmen der RL 2006/54/EG liegt nicht darauf, wie eine Ungleichbehandlung erfolgt, sondern dass diese abgestellt wird. Im Hinblick auf die praktische Wirksamkeit der Richtlinie bedarf es daher keiner Differenzierung zwischen einem Menschen, der die Entscheidung trifft und einem ADM-System, welches die Entscheidung trifft. In jedem Fall benötigt man nicht das Erfordernis eines Vertretenmüssen. Gleiches gilt dementsprechend für die RL 2004/113/EG und die RL 2000/78/EG.

Dies entspricht auch der übrigen Systematik im Antidiskriminierungsrecht. Eine juristische Person kann sich nicht darüber „exkulpieren", dass ein menschlicher Mitarbeiter ihre eigenen Grundsätze falsch angewandt hat. Die Tätigkeit eines menschlichen Mitarbeiters, der befugt ist für das Unternehmen tätig zu werden, wird dem Unternehmen zugerechnet.

---

[55] Siehe zu RL 76/207/EWG: EuGH Urt. v. 8.11.1990 – C-177/88, NJW 1991, 628; vgl. Däubler/Bertzbach/*Deinert* AGG § 21 Rn. 44; EuGH Urt. v. 22.4.1997 – C-180/95, NJW 1997, 1839 Rn. 21.

[55] EuGH Urt. v. 8.11.1990 – C-177/88, NJW 1991, 628.

[56] EuGH Urt. v. 8.11.1990 – C-177/88, NJW 1991, 628 Rn. 24.

[57] Siehe zur Literatur: Däubler/Bertzbach/*Deinert* AGG § 21 Rn. 44; MüKoBGB/*Thüsing* AGG § 21 Rn. 39; BeckOGK/*Mörsdorf* AGG § 21 Rn. 48 u. 50 mwN.

F. Ausblick und Reformvorschlag

Im Rahmen der Gleichbehandlungsrichtlinien zeigt sich, dass auch hier bereits KI-Systeme umfasst sind. Eine deklaratorische Regelung durch den deutschen Gesetzgeber und den Unionsrechtsgesetzgeber könnten insoweit allerdings zur Rechtssicherheit und -klarheit beitragen. Im Rahmen des Anwendungsbereiches des AGG bietet es sich deswegen an, folgende Regelung in § 3 Abs. 6 AGG aufzunehmen: *„Eine Behandlung liegt auch dann vor, wenn ein automatisiertes Entscheidungsfindungssystem eingesetzt wird.“*[58]

Im AGG herrscht – wie bereits aufgezeigt – bereits seit Jahren dringender Umsetzungsbedarf der EU-Richtlinien. Durch die Anwendung von KI-Systemen wird es noch deutlicher, dass der deutsche Gesetzgeber seiner Umsetzungsverpflichtung aus dem Unionsrechts nicht nachkommt.

Weiterhin ist die Legislative am Zug – auch jenseits des Gleichbehandlungsrechtes – eine Zurechnungsnorm für KI-Systeme zu schaffen. Diese gesellschaftlich relevante Frage der Zurechnung von KI-Systemen sollte durch den demokratisch legitimierten Gesetzgeber und nicht durch richterliche Rechtsfortbildung erfolgen. Hier sollte der deutsche Gesetzgeber auch nicht auf eine EU-Lösung warten, sondern die bereits bestehenden Regelungslücken (zumindest vorläufig) ausfüllen, um für Rechtsklarheit zu sorgen.

Zudem ist zu berücksichtigen, dass bei dem Einsatz von KI-Anwendungen durch Unternehmen häufig bereits „ready-to-use“-Systeme oder zugrundliegende Software eingekauft wird.[59] Dies führt dazu, dass die „Hersteller“ der Software einen überproportionalen Einfluss auf mannigfaltige Unternehmen haben. Demgegenüber bestand bisher die Gefahr einer „dezentralen“ menschlichen Willkür insbesondere bei verschiedenen Arbeitgebern, welche ihre Kriterien der Bewerbereinstellung nicht offenlegen (insbesondere weil de lege lata grundsätzlich keine Verpflichtung einer Begründung bei der Ablehnung einer Bewerbung besteht). Zukünftig wird diese insofern faktisch beim Einsatz von Black Box Models durch eine zentrale „Willkür“ mittels Einsatzes von wenigen KI-Systemen, welche einen hohen Anwendungseinsatz genießen, er-

[58] Denklogisch ist damit auch der unterstützende Einsatz von solchen Systemen umfasst.

[59] *Gossé/Hoffreumon/van Zeebroeck*, European enterprise survey on the use of technologies based on artificial intelligence – study for the European Commission, S. 51 ff.

setzt.[60] Nicht zu vergessen bleibt jedoch, dass bereits der menschliche Geist eine mustergültige Blackbox ist.[61] Dies zeigt sich insbesondere im Rahmen der Rechtsdurchsetzung bei Gerichtsverfahren. Zwar besteht in einem Zivilprozess die – teilweise auch strafbewährte – Wahrheitspflicht nach § 138 Abs. 1 ZPO; aufgrund der häufigen divergierenden Aussagen von Prozessparteien gestaltet sich eine Rechtsdurchsetzung dieser Wahrheitspflicht jedoch schwierig. Durch KI-Systeme wird es hingegen – in der Zukunft – mehr Möglichkeiten geben, die tatsächliche materielle Wahrheit eines Sachverhaltes zu ermitteln. Im Gerichtsprozess muss dann nicht aufgrund von Beweislastverteilungen lediglich Recht über eine formelle prozessuale Wahrheit gesprochen werden, welche jenseits der materiellen Wahrheit und Wirklichkeit liegt.

Der Gesetzgeber sollte im Rahmen von Bewerbereinstellungen eine konkrete Begründungspflicht[62] bei einer Ablehnung eines Bewerbers schaffen, welche individuell und nicht formelhaft sein darf. Eine fehlende Begründung könnte dann auch ein Indiz für einen AGG-Verstoß sein. Insofern kann verhindert werden, dass Black Box Models eingesetzt werden und es würde ein Anreiz zum Einsatz von sog. White Box Models[63] führen. Gleichzeitig nimmt der Gesetzgeber sich damit auch jenseits von KI des leidigen Problems an, dass bisher (fast) nur gegen Arbeitgeber vorgegangen werden kann, welche ihre Diskriminierungstendenzen auch außerhalb des Unternehmens kundtun.[64] Um dieses (Beweis- und) Informationsdefizit auszugleichen, ist es erforderlich, § 11a AGG einzufügen mit folgendem Wortlaut:

> „(1) Lehnt ein Arbeitgeber einen Bewerber ab, dann muss er diese Ablehnung gegenüber dem Bewerber schriftlich oder in Textform konkret und individuell begründen.[65]
>
> (2) Setzt ein Arbeitgeber ein System zur automatisierten Entscheidungsfindung für ein Einstellungsverfahren oder für eine

[60] Vgl. *Wischmeyer* AöR 143 (2018) 1 (8).

[61] *Chander*, The Racist Algorithm?, 115 Mich. L. Rev. 1023 (2017), 1030.

[62] Siehe zur grundsätzlich fehlenden Begründungspflicht: BAG Urt. v. 25.4.2013 – 8 AZR 287/08, NJOZ 2013, 1699.

[63] Siehe zu White Box Models: *Rudin, C., & Radin, J.* (2019) Why Are We Using Black Box Models in AI When We Don't Need To? A Lesson From An Explainable AI Competition, Harvard Data Science Review, 1(2); *Wischmeyer* AöR 143 (2018) 1 (43).

[64] Siehe zu so einem Fall zB auch EuGH Urt. v. 23.4.2020 – C-507/18, NZA 2020, 703.

[65] Jenseits dessen, ob sich eine solche Regelung bei KI-Systemen auch aus dem Unionsrecht ergibt, wird eine solche Verpflichtung aus dem Unionsrecht bisher nur gefordert, wenn eine Verwirklichung der Ziele einer Gleichbehandlungsrichtlinie vorliegt (EuGH Urt. v. 19.4.2012 – C-415/10, ZIP 2012, 888 Rn. 39).

Auswahlentscheidung für den beruflichen Aufstieg ein oder verwendet ein solches System unterstützend für seinen Entscheidungsvorgang, ist er verpflichtet, die wesentlichen Kriterien des automatisierten Entscheidungssystems zu nennen und darzulegen, inwieweit der Bewerber diese Kriterien nicht erfüllt. Weiterhin besteht die Verpflichtung, alle Kriterien in einer maschinenlesbaren Form zur Verfügung zu stellen, welche in dem jeweiligen Verfahren für die Auswahlentscheidung relevant waren.[66] Diese Verpflichtungen bestehen auch, wenn der Arbeitgeber für sein Unternehmen Anwendungen von Drittanbietern verwendet, welche geeignete Bewerber vorschlagen.[67] Für diese Verpflichtung ist es unerheblich, ob es sich um ein konkretes Bewerbungsverfahren handelt oder Dritte die Dienste vermitteln, sofern jeweils ein grundsätzliches Einstellungsinteresse des Arbeitgebers vorhanden ist."

Nach Rechtswirksamkeit dieser Norm sollte die Praxis untersucht werden und bei Bedarf eine entsprechende Norm auch für andere Anwendungsfelder im AGG übernommen werden. Soweit insofern eine Einschränkung der Privatautonomie des Arbeitgebers vorliegt, ist dieser Eingriff aufgrund des Schutzes vor Diskriminierungen gerechtfertigt. Eine Norm wie § 11a AGG kann neben datenschutzrechtlichen Verpflichtungen aus der DS-GVO (insbesondere nach Art. 22 DS-GVO) sicherstellen, dass die materiellen Rechte des AGG durchgesetzt werden können.

Literatur

Ballestrem/Bär/Gausling/Hack/von Oelffen, Künstliche Intelligenz – Rechtsgrundlagen und Strategien in der Praxis, 1. Aufl., Wiesbaden 2020
Becker/Pordzik, Digitalisierte Unternehmensführung, ZfPW 2020, 334
Chander, The Racist Algorithm?, 115 Mich. L. Rev. 1023 (2017)
Denga, Deliktische Haftung für künstliche Intelligenz, CR 2018, 69
Dzidah/Groh, Diskriminierung nach dem AGG beim Einsatz von Algorithmen im Bewerbungsverfahren, NJW 2018, 1917
Erman, BGB, 16. Aufl., Köln 2020
Franzen/Gallner/Oetker (Hrsg.), Kommentar zum europäischen Arbeitsrecht, 3. Aufl., München 2020.

[66] Mit diesem Satz wird berücksichtigt, dass bei Deep-Learning Systemen diese sich selbst für ein neues Bewerbungsverfahren anpassen können. Gleichzeitig wird so auch der Geheimnisschutz für die Weiterentwicklung des eigenen Modells sichergestellt.

[67] Hier besteht nun noch eine Regelungslücke, wenn lediglich dem Bewerber ein Arbeitgeber vorgeschlagen wird. In der Zukunft ist weiter zu untersuchen, inwieweit diese Lücke geschlossen werden kann.

Freyler, Robot Recruiting, Künstliche Intelligenz und das Antidiskriminierungsrecht, NZA 2020, 284

Gossé/Hoffreumon/van Zeebroeck, European enterprise survey on the use of technologies based on artificial intelligence – study for the European Commission, Brüssel 2020, https://digital-strategy.ec.europa.eu/en/library/european-enterprise-survey-use-technologies-based-artificial-intelligence

Gsell/Krüger/Lorenz/Reymann/Looschelders (Hrsg.), beck-online.Grosskommentar AGG, 1.3.2021, München 2020

Hacker, Verhaltens- und Wissenszurechnung beim Einsatz von Künstlicher Intelligenz, RW 2018, 243

Henschel/Hornung/Jandt (Hrsg.), Mensch – Technik – Umwelt: Verantwortung für eine sozialverträgliche Zukunft – Festschrift für Alexander Roßnagel zum 70. Geburtstag, Baden-Baden 2020

Herberger, „Künstliche Intelligenz" und Recht – Ein Orientierungsversuch, NJW 2018, 2825

Herberger/Martinek/Rüßmann/Weth/Würdinger, jurisPraxisKommentar-BGB (jurisPK-BGB), 8. Aufl., Saarbrücken 2016

Hoeren/Sieber/Holznagel (Hrsg.), Handbuch Multimedia-Recht – Rechtsfragen des elektronischen Geschäftsverkehrs, 56. Aufl., München 2021

Hoeren/Wehkamp, Individualität im Quellcode? Softwareschutz und Urheberrecht, CR 2018, 1

Kaulartz/Braegelmann, Rechtshandbuch Artificial Intelligence und Machine Learning, München 2020

Keßler, Intelligente Roboter – neue Technologien im Einsatz – Voraussetzungen und Rechtsfolgen des Handelns informationstechnischer Systeme, MMR 2017, 589

Kim, Data-Driven Discrimination at Work, 58 Wm. & Mary L. Rev. 857 (2017)

Kluge/Müller, Autonome Systeme, InTeR 2017, 24

Martini, Algorithmen als Herausforderung für die Rechtsordnung, JZ 2017, 1017

Martini, Blackbox Algorithmus – Grundfragen einer Regulierung Künstlicher Intelligenz, Berlin 2019

Molin-Kränzlin/Schneuwly/Stojanovic (Hrsg.), Digitalisierung – Gesellschaft – Recht, Zürich/St. Gallen 2019

Müller-Glöge/Preis/Schmidt (Hrsg.), Erfurter Kommentar zum Arbeitsrecht (ErfK), 20. Aufl., München 2020

Rolfs/Giesen/Kreikebohm/Meßling/Udsching (Hrsg.), BeckOK Arbeitsrecht, 58. Edition, München 2020

Rudin/Radin, Why Are We Using Black Box Models in AI When We Don't Need To? A Lesson From An Explainable AI Competition. Harvard Data Science Review, 1(2), 2019, https://doi.org/10.1162/99608f92.5a8a3a3d

Säcker/Rixecker/Oetker/Limperg (Hrsg.), Münchener Kommentar zum Bürgerlichen Gesetzbuch (MüKoBGB), Band 1, 8. Aufl., München 2018; Band 2, 7. Aufl., München 2015; Band 7, 8. Aufl., München 2020

Schmidhuber, Deep Learning in Neural Networks: An Overview, Neural Networks, Vol 61 2015, 85

Soergel (Hrsg.), Bürgerliches Gesetzbuch mit Einführungsgesetz und Nebengesetzen: BGB, Band 3/2, 13. Aufl., Stuttgart 2014

Spiecker gen. Döhmann/Bretthauer, Dokumentation zum Datenschutz – mit Informationsfreiheitsrecht, 75. Aktualisierung, Baden-Baden 2020

v. Lewinski/de Barros Fritz, Arbeitgeberhaftung nach dem AGG infolge des Einsatzes von Algorithmen bei Personalentscheidungen, NZA 2018, 620
v. Staudinger (Hrsg.), BGB, Band 2, 18. Aufl, Berlin 2018
Steege, Algorithmenbasierte Diskriminierung durch Einsatz von Künstlicher Intelligenz, MMR 2019, 715
Teubner, Digitale Rechtssubjekte? Zum privatrechtlichen Status autonomer Softwareagenten, AcP 218 (2018), 155
Verhoeven (Hrsg.), Digitalisierung im Recruiting – Wie sich Recruiting durch künstliche Intelligenz, Algorithmen und Bots verändert, Wiesbaden 2020
Wagner, Verantwortlichkeit im Zeichen digitaler Techniken, VersR 2020, 717
Wolf, Schuldnerhaftung bei Automatenversagen, JuS 1989, 899
Wischmeyer, Regulierung intelligenter Systeme, AöR 143 (2018), 1
Zech, Künstliche Intelligenz und Haftungsfragen, ZfPW 2019, 198

Kapitel 7. Rechtliche Bewertung möglicher Fairnessmaße

Kevekordes/Hauer/Amir Haeri

A. Einleitung

Die Gesellschaft als Ganzes hat sich dafür entschieden, verschiedene Formen der Diskriminierung aus dem Alltag zu verbannen. Diese Entscheidung spiegelt sich in diversen Gesetzen wider, wie zum Beispiel dem deutschen Grundgesetz oder dem Allgemeinen Gleichbehandlungsgesetz (AGG) auf deutscher Gesetzesebene, sowie der EU-Grundrechtecharta (GRCh) und der Datenschutzgrundverordnung (DS-GVO) auf europäischer Ebene.

Seit einigen Jahren ist der Einsatz von KI-basierten Empfehlungssystemen in vielen kritischen Anwendungsbereichen auf dem Vormarsch (zB gepanzerte Drohnen[1], Predictive Policing[2], uvm.[3]). Solche Systeme haben jedoch das Problem, dass sie mit Hilfe von Daten trainiert werden müssen, die eine historische Verzerrung enthalten können, was zu Diskriminierung führen kann.

Das Ziel für eine Gesellschaft muss es sein, eine faire algorithmische Entscheidungsfindung zu gestalten.[4] Der Begriff der Fairness ist allerdings vielschichtig. Philosophen debattieren seit Jahrtausenden die allgemeine Frage, was Fairness bedeutet (siehe zB das Prinzip der proportionalen Gleichheit von Aristoteles,[5] aber auch die Werke von Rawls[6] und Dworkin[7] in jüngerer Zeit). Maschinelle Lernmodelle bilden die Grundlage der KI-Entscheidungsfindung. Um Fairness bei KI-Entscheidungen

---

[1] *Altmann/Sauer* Survival 59 (2017), 117.

[2] *Shapiro* Nature 541 (2017), 458.

[3] *Faggella,* Everyday examples of artificial Intelligence and Machine Learning, *Emerj Artificial Intelligence Research*, 11.4.2020, https://emerj.com/ai-sector-overviews/everyday-examples-of-ai/ (geprüft am 16.4.2021).

[4] *Muller*, The Impact of Artificial Intelligence on Human Rights, Democracy and the Rule of Law., S. 18.

[5] *Aristoteles,* Nikomachische Ethik, 1131b, zitiert nach *Aristoteles/Gigon/Nickel*, Die Nikomachische Ethik, 2. Aufl. 2014, S. 199 f.

[6] *Rawls. John*, A Theory of Justice, 1971.

[7] *Dworkin* Philosophy & Public Affairs 10 (1981), 185 und *Dworkin* Philosophy & Public Affairs 10 (1981), 283.

zu gewährleisten, muss sie mathematisch definiert werden, da sie nur auf diese Weise in ein Lernmodell implementiert werden kann.[8]

Für viele mögliche Szenarien der KI-Entscheidungsfindung kann eine klare Definition dessen, was Fairness eigentlich bedeutet, nur durch die Betrachtung des Anwendungskontextes[9] ermittelt werden. Die Herausforderung liegt darin, dass es eine große Anzahl von Maßen zur Bestimmung einer Voreingenommenheit bzw. eines Bias (und damit sozusagen einer Unfairness) gibt, von denen sich einige gegenseitig ausschließen.[10] Um zu allgemeine Formulierungen zu vermeiden und mögliche Lösungen an einem konkreten Beispiel zu ermitteln, konzentriert sich dieser Aufsatz auf eine Ausarbeitung relevanter Fairnessmaße für Personalentscheidungen, gruppiert sie, betrachtet ihre technisch-mathematischen Vor- und Nachteile und bewertet – basierend auf deutschem und EU-Recht – die Rechtskonformität und Rechtsfolgen ihrer Anwendung.

B. KI in Personalentscheidungen

Die Idee, algorithmische Entscheidungsfindung als Grundlage für zukünftige Personalentscheidungen zu nutzen, zum Beispiel auf Basis einer Bewertung der Mitarbeiterleistung, verspricht potenziell bessere Ergebnisse und einen faireren und objektiveren Prozess.[11] Versprochen wird, dass maschinelles Lernen helfen kann, zB, indem es bestehende Vorurteile aufdeckt, welche dadurch gezielter angegangen werden können, oder indem es sogar frei von menschlichen Vorurteilen entscheidet.

Wenngleich Vorteile für den Einsatz von KI bei Personalentscheidungen bestehen mögen, birgt der Einsatz von KI gleichzeitig das erhebliche Risiko, bestehende Vorurteile und diskriminierende Effekte in der Gesellschaft zu verfestigen oder sogar zu verstärken.

Die Grundidee der Entscheidungsfindung durch maschinelles Lernen besteht darin, auf Basis vorhandener Datensätze, den sogenannten Trainingsdaten,[12] einen Satz von Entscheidungsregeln zu entwickeln, der als

[8] Das Thema wird in letzter Zeit so intensiv behandelt, dass sich eine gesamte Forschungsdomäne darum gebildet hat, die sich „Fairness, Accountability, and Transparency in Machine Learning" nennt.

[9] *Güroğlu/van den Bos/Rombouts et al.* Soc Cogn Affect Neurosci 5 (2010), 414.

[10] *Zweig/Krafft* in *Kar/Thapa/Parycek* (Hrsg.), (Un)berechenbar? Algorithmen und Automatisierung in Staat und Gesellschaft, 2018, S. 204 (224).

[11] *Dattner/Chamorro-Premuzic/Buchband/Schettler*, The Legal and Ethical Implications of Using AI in Hiring, Harvard Business Review, 25.4.2019, https://hbr.org/2019/04/the-legal-and-ethical-implications-of-using-ai-in-hiring (zuletzt abgerufen am 16.4.2021).

[12] *Molnar*, Interpretable Machine Learning, S. 15.

sogenanntes statistisches Modell gespeichert wird. Daher neigt jedes statistische Modell dazu, strukturell genauso voreingenommen gegenüber bestimmten sozialen Gruppen wie der Trainingsdatensatz selbst zu sein.

Damit verbunden ist das Problem der mangelnden Transparenz im Entscheidungsprozess, das Auswirkung auf das Rechtssystem insgesamt hat. KI-basierte Black-Box-Modelle[13], insbesondere künstliche neuronale Netze, sind kaum erklärbar.[14] Die Ergebnisse, die die Modelle ausgeben, resultieren aus der Gewichtung von Tausenden von Verbindungen zwischen den Merkmalen des ursprünglichen Datensatzes. Die versteckten Schichten zwischen Eingabe- und Ausgabeschicht sind extrem schwer zu untersuchen. Technologien wie zB Shapley Values,[15] LIME[16], Anchors[17] oder Surrogate Models[18] scheinen vielversprechend, um die Black-Box nachvollziehbarer zu machen. Dennoch kann die immense Komplexität der Tausenden von Verbindungen zwischen den verborgenen Schichten, insbesondere künstlicher neuronaler Netze, bis heute nicht ausreichend erklärt werden. Dies stellt die übliche prozessorientierte Art der Feststellung von Diskriminierung in Frage, die sich auf den Entscheidungsprozess selbst statt auf dessen Ergebnis stützt.

Betrachtet man als Beispiel für diese prozessorientierte Bewertung den Begriff „Gleichbehandlung" in der Richtlinie[19] 2006/54/EG[20], die sich mit der Umsetzung des Grundsatzes der Chancengleichheit und Gleichbehandlung von Männern und Frauen bei Personalentscheidungen befasst, so ist die prozessorientierte Bewertung bereits im Wort *Behandlung* versteckt. Das Augenmerk des Antidiskriminierungsrechts liegt nicht auf dem Ergebnis, sondern auf der *Behandlung* eines Individuums in einem bestimmten Fall, dh dem individuellen Prozess. Die Richtlinie definiert „unmittelbare Diskriminierung" als eine weniger günstige Behandlung einer Person im Vergleich zu einer anderen Person aufgrund des Geschlechts in einer vergleichbaren tatsächlichen, früheren oder hypotheti-

[13] Bei Black-Box-Modellen handelt es sich um KI-Modelle, deren innere Mechanik nicht einsehbar bzw. nicht nachvollziehbar ist.

[14] *Sokol/Flach* FAT* 2020 - Proceedings of the 2020 Conference on Fairness, Accountability, and Transparency 2020, 56.

[15] Urspr. *Shapley* in Kuhn/Tucker (Hrsg.), Contributions to the Theory of Games, Volume II, 1953, S. 307; darauf aufbauend *Sundararajan/Najmi* PMLR 2020, 9269.

[16] *Ribeiro/S. Singh/Guestrin* KDD '16 2016, 1135.

[17] *Ribeiro/S. Singh/Guestrin* AAAI 32 (2018).

[18] *Craven/Shavlik* NIPS'95 1995, 24.

[19] Richtlinien bilden zusammen mit Verordnungen den wesentlichen Teil des sekundären EU-Rechts. Im Gegensatz zu Verordnungen sind Richtlinien nicht unmittelbar anwendbar, sondern ihre Bestimmungen müssen zunächst von den Mitgliedstaaten entsprechend ihrer eigenen Rechtssysteme umgesetzt werden.

[20] Richtlinie 2006/54/EG vom 5. Juli 2006 zur Verwirklichung des Grundsatzes der Chancengleichheit und Gleichbehandlung von Männern und Frauen in Arbeits- und Beschäftigungsfragen (Neufassung), ABl. EU 204/23 (zit. Gleichbehandlungsrichtlinie).

schen Situation.[21] Im Gegensatz dazu liegt eine „mittelbare Diskriminierung" vor, wenn dem Anschein nach neutrale Vorschriften, Kriterien oder Verfahren Personen aufgrund ihres Geschlechts in besonderer Weise benachteiligen, es sei denn, die betreffenden Vorschriften, Kriterien oder Verfahren sind durch ein rechtmäßiges Ziel sachlich gerechtfertigt und die Mittel sind zur Erreichung dieses Ziels angemessen und erforderlich.[22] Der Unterschied zwischen unmittelbarer und mittelbarer Diskriminierung liegt also in einer offen diskriminierenden *Behandlung* bzw. einem diskriminierenden Prozess (unmittelbare Diskriminierung) im Gegensatz zu einer scheinbar neutralen Bestimmung, einem Kriterium oder einer Praxis (mittelbare Diskriminierung). Das bedeutet, dass dasselbe Entscheidungsergebnis entweder auf einer unmittelbaren oder einer mittelbaren Diskriminierung beruhen kann; der Unterschied ergibt sich allein durch den Entscheidungsprozess, der dem Ergebnis zugrunde liegt. Die Idee, Diskriminierung aufgrund einer weniger günstigen Behandlung einer Person im Vergleich zu anderen zu definieren, findet sich im gesamten Antidiskriminierungsrecht der EU[23] und ist daher die Grundlage des Antidiskriminierungsrechts jedes Mitgliedstaates.

Die prozessbezogene Bewertung wird noch deutlicher, wenn man sich die Definition der mittelbaren Diskriminierung im Detail ansieht.[24] Betrachtet man zB einen Arbeitsplatz, der ein Mindestmaß an körperlicher Kraft erfordert, ist es nur logisch, dass statistisch gesehen, aufgrund biologischer Gegebenheiten, mehr Männer als Frauen beschäftigt werden. Im Falle eines Rechtsstreits müsste ein Richter beurteilen, ob die formulierten Anforderungen angemessen sind und die daraus resultierende Verzerrung in diesem speziellen Fall akzeptabel ist.

Diese Denkweise eignet sich für Entscheider, die niedergeschriebene Praktiken und Kriterien befolgen, um im Einzelfall eine möglichst unvoreingenommene Entscheidung treffen zu können. Sie entspricht der klassischen Methode, eine abstrakte Regel auf einen Einzelfall anzuwenden.

So gut diese Denkweise für Menschen funktionieren mag, so schlecht oder zumindest nicht geeignet ist sie für Machine Learning-Modelle. Die beschriebene, prozessbasierte Denkweise setzt voraus, dass der tatsächli-

[21] Art. 2 Abs. 1 lit. a Gleichbehandlungsrichtlinie.

[22] Art. 2 Abs. 1 lit. b Gleichbehandlungsrichtlinie.

[23] Art. 2 Gleichbehandlungsrichtlinie; Art. 2 Richtlinie 2000/43/EG vom 29. Juni 2000 zur Anwendung des Gleichbehandlungsgrundsatzes, ohne Unterscheidung der Rasse oder der ethnischen Herkunft, ABl. EU 180/22; Art. 2 Richtlinie 2000/78/EG vom 27. November 2000 zur Festlegung eines allgemeinen Rahmens für die Verwirklichung der Gleichbehandlung in Beschäftigung und Beruf, ABl. EU 303/16; Art. 2 Richtlinie 2004/113/EG vom 13. Dezember 2004 zur Verwirklichung des Grundsatzes der Gleichbehandlung von Männern und Frauen beim Zugang zu und bei der Versorgung mit Gütern und Dienstleistungen; ABl. EU 373/37.

[24] Vgl. Art. 2 Abs. 1 lit. b Gleichbehandlungsrichtlinie.

che Entscheidungsprozess – auch der Maschine – transparent ist oder zumindest nachgebildet werden kann. Um zu verstehen, ob eine neutrale Bestimmung zu einer mittelbaren Diskriminierung geführt hat, muss sie in dieser prozessbasierten Sichtweise transparent gemacht werden.

C. Mögliche Fairnessmaße

Für reine Blackbox-Modelle, insbesondere für künstliche neuronale Netze mit Deep Learning, lässt sich die erforderliche Transparenz nur schwerlich herstellen. Dies ist einer der Gründe, warum es grundsätzlich gemäß Art. 22 Abs. 1 DS-GVO verboten ist, dass KI vollautomatische Einstellungsentscheidungen trifft. Der Einzelne darf nicht einem technischen und intransparenten Verfahren ausgeliefert sein, ohne die zugrundeliegenden Annahmen und Bewertungskriterien nachvollziehen und ggf. seine Rechte und Interessen geltend machen zu können.[25]

Wenn der Entscheidungsprozess nicht transparent und erklärbar gemacht werden kann, fällt entweder die Idee einer prozessorientierten Bewertung in sich zusammen oder die neue Technologie kann nicht in solchen Entscheidungsprozessen eingesetzt werden, bei denen ein Einblick in die Entscheidungslogik maßgeblich ist.

Im Allgemeinen lassen sich viele bekannte Probleme rund um die algorithmische Entscheidung grob in zwei Kategorien einteilen: 1) Probleme im Zusammenhang mit dem Design und dem Einsatz von algorithmischen Entscheidungsmodellen und 2) Probleme im Zusammenhang mit den Trainingsdaten. Beide Arten von Problemen können zur Verstärkung oder Integration von Vorurteilen beim maschinellen Lernen führen. Während sich die erste Art von Problemen jedoch um etablierte Entwicklungsprozesse dreht und durch Experimente und bessere Erfahrungen gelöst werden muss, kann die zweite Art mathematisch adressiert und somit optimiert werden. Was beide Arten von Problemen jedoch auslassen, ist die Frage, wie man Bias bzw. Voreingenommenheit bei Machine Learning-Modellen eigentlich definiert. Wenn die algorithmenbasierte Entscheidungsfindung auf breiter Basis in die Praxis umgesetzt werden soll, ist es notwendig, sein Augenmerk verstärkt auf die Definition und Bewertung von algorithmischem Bias zu legen.[26] Die wesentliche Frage besteht darin, welche Verteilung von Ergebnissen als diskriminierend angesehen werden kann. Bei dem Versuch, genau diese Frage zu beantworten, entsteht die Idee, Fairnessmaße zu definieren und zu verwenden. Da über

[25] Siehe *Scholz* in Simitis-DSGVO, Art. 22 DSGVO, Rn. 3.

[26] *Guggenberger* MMR 2019, 777 (778).

20 Fairnessmaße[27] existieren und die Diskussion darüber, welche Fairnessmaße unter welchen Umständen verwendet werden sollten, noch in den Kinderschuhen steckt[28], muss die logische Folgefrage dann lauten, ob und wie verschiedene Fairnessmaße in die bestehende Rechtsordnung integriert werden können.

Die technische Komponente der meisten algorithmischen Entscheidungssysteme ist ein Klassifikationsmodell: Angenommen, es würden sich 40 Personen auf eine offene Stelle bewerben, 10 Frauen und 30 Männer. Ein Klassifikationsmodell soll entscheiden, welche der 40 Personen zu einem Vorstellungsgespräch eingeladen werden und welche nicht. Die „Eingabe" dieses Modells, also die Grundlage, auf der Entscheidungen getroffen werden sollen, ist die in Zahlen umgewandelte (man spricht hierbei von einer Operationalisierung Sammlung als relevant eingestufter Merkmale jedes Bewerbers). Die „Ausgabe" des Modells ist eine Empfehlung, ob eine der Eingabe entsprechende Person eingeladen werden soll, oder nicht. Die Klassifikation kommt auf Grundlage einer statistischen Auswertung historischer Daten zu Stande, man bezeichnet diese historischen Daten als „Ground Truth". Da es nur die beiden Klassen „wird zum Vorstellungsgespräch eingeladen" und „wird nicht zum Vorstellungsgespräch eingeladen" gibt, liegt hier eine binäre Klassifizierung vor.

Fairnessmaße berücksichtigen nun im Kontext der binären Klassifizierung eine der Klassen als das gewünschte Ergebnis für eine Person (genannt die positive Klasse, im Beispiel also für ein Vorstellungsgespräch berücksichtigt zu werden) und die andere Klasse als das unerwünschte Ergebnis für eine Person (genannt die negative Klasse, im Beispiel also nicht für ein Vorstellungsgespräch berücksichtigt zu werden).

Betrachtet man nun ein Klassifikationsproblem, setzt sich dessen Eingabe zusammen aus den sensitiven Attributen $A_1, \dots, A_m$ (zB Geschlecht oder religiöse Überzeugung), gegen die eine Diskriminierung nach der Antidiskriminierungsgesetzgebung rechtswidrig ist, und aus den übrigen Attributen $X_1, \dots, X_n$. Außerdem sei Y die Zielausgabe (je nach Problemstellung entweder die Ausgabe, die der Ground Truth entspricht oder die ideal gewünschte Ausgabe) und R die Systemausgabe, also die Ausgabe des Klassifikationsmodells. Um das Problem zu vereinfachen, soll sich auf eine binäre Klassifikation $R = \{0,1\}$ und die binären Merkmale $X = \{0,1\}$ konzentriert werden (zB hat Berufserfahrung oder nicht). Ohne, dass die Ergebnisse der Untersuchung ihre Allgemeingültigkeit verlieren, soll angenommen werden, dass es nur ein sensitives Attribut A gibt, wel-

[27] *Verma* FairWare '18 2018, 1 (2).

[28] *Hutchinson/Mitchell* FAT*'19 2019, 49; *Friedler/Scheidegger/Venkatasubramanian et al.* FAT*'19 2019, 329.

ches zwei mögliche Werte, a_1 und a_2, annehmen kann. Eine schematische Skizze eines solchen Klassifikators ist in Abbildung 2.1 dargestellt.

Abbildung 2.1: Schematische Darstellung eines Klassifikators

Eine intuitive Definition von fairer algorithmischer Entscheidungsfindung ist Fairness durch Unwissen über sensitive Merkmale (engl. *Fairness by Unawareness*). In dieser Definition wird ein System als fair angesehen, wenn es keine sensitiven Attribute verwendet (dh sensitive Attribute werden nicht in das Vorhersagesystem eingegeben). Allerdings kann Fairness nicht durch die Nichtverwendung sensitiver Attribute garantiert werden, da in vielen realen Anwendungen andere Eigenschaften der Daten mit den sensitiven Attributen korrelieren.[29] Daher müssen Informationen über sensitive Attribute berücksichtigt werden, um Fairness bewerten zu können, unabhängig davon, ob die Werte für die Entscheidungsfindung durch das Modell (möglicherweise) relevant sind.

Aufgrund der großen Anzahl an Fairnessmaßen beschränkt sich dieser Beitrag auf die Auseinandersetzung mit Kategorien von Fairnessmaßen. Innerhalb dieser Kategorien würde die Diskussion aufgrund stark übereinstimmender Verständnisse von Fairness sehr ähnlich ausfallen. Daher sollen wenige Fairnessmaße als Vertreter ihrer jeweiligen Kategorie miteinander verglichen werden.

I. Gruppenfairness, die nicht auf einer Ground Truth basiert

In dieser Konstellation nehmen wir an, dass wir wissen, welche der Jobkandidaten welche geschützte Eigenschaft hat, aber wir kennen die Ground Truth nicht, dh, wer zu den tatsächlich qualifizierten Kandidaten gehören würde.

Unter diesen Bedingungen bestimmt sich die Gruppenfairness danach, ob Gruppen eines entsprechenden sensitiven Merkmals gleichbehandelt wurden. Dabei wird nicht berücksichtigt, ob die Gruppen von Anfang an im

[29] *Barocas/Hardt/Narayanan*, Fairness and Machine Learning, S. 22; siehe zu diesem Aspekt in diesem Buch ausf. *Hoffmann/Vogt/Hauer/Zweig* Fairness by Awareness? → Kap. 8.

Sinne der Ground Truth gleich waren, sondern ob sie gleichbehandelt, dh gleich verteilt werden. Man könnte diese Maße auf das Geschlecht anwenden und dann bewerten, ob beide Geschlechtergruppen gleichbehandelt wurden. Wäre jedoch eine der Gruppen auf Grundlage der Ground Truth besser qualifiziert als die andere, würde diese Information unberücksichtigt bleiben. Fairnessmaße, die nicht auf einer Ground Truth basieren, beruhen ausschließlich auf einer „fairen" Verteilung der Vorhersagen. Daher müssen sie in gewisser Weise ein (zB politisches) Ziel propagieren, da sie immer Quoten vorgeben, die sich nicht im Datensatz selbst widerspiegeln. Im Rahmen dieser Arbeit konzentrieren wir uns auf **Independence**[30] und **Conditional Independence**[31] für diese Gruppe von Fairnessmaßen.[32] Auch wenn die Begriffe teilweise in ihrer Ausprägung übereinstimmen, können beide Maße zu enorm unterschiedlichen Ergebnisverteilungen führen, die eine separate Diskussion rechtfertigen (→ C. IV. 1. und → C. IV. 2.).

II. Gruppenfairness, die auf einer Ground Truth basiert

Einige Fairnessmaße basieren auf der Ground Truth, die zB durch das Sammeln historischer Daten konstruiert und als Spiegelbild der realen Welt betrachtet wird. Das bedeutet unweigerlich, dass historischer Bias und Stereotypen, die in unserer heutigen Gesellschaft bereits existieren, die Entscheidung beeinflussen, ohne Forderungen nach mehr Gleichberechtigung für geschützte Gruppen zu berücksichtigen. Für diese Kategorie konzentrieren wir uns auf die Fairnessmaße **Separation**[33] und **Sufficiency**[34] aufgrund ihres unterschiedlichen Verständnisses von Fairness.[35] Während **Separation** das Verhältnis von Individuen der Positiv- und Negativklasse in derselben Gruppe eines sensitiven Merkmals betrachtet, berücksichtigt **Sufficiency** nur die Gleichverteilung zwischen Individuen aus der Positivklasse verschiedener geschützter Gruppen (→ C. IV. 3. und → C. IV. 4.). Die unterschiedlichen Perspektiven können zu stark unterschiedlichen Ergebnissen führen.

---

[30] Auch bekannt als *statistical parity* und *demographic parity*.

[31] Auch bekannt als *conditional demographic parity* und *conditional statistical parity*, siehe *Corbett-Davies/Pierson/Feller et al.* KDD '17 2017, 797 (798).

[32] *Barocas/Hardt/Narayanan*, Fairness and Machine Learning, S. 45 ff.; *Hutchinson/Mitchell* FAT*'19 2019, 49 (54 f.).

[33] Als Oberbegriff für *equalized odds*, *equalized opportunity* und *conditional procedure accuracy*.

[34] Auch bekannt als *conditional use accuracy*, *predictive parity* und *calibration*, siehe *Berk/Heidari/Jabbari et al. Sociological Methods & Research 50 (2021), 3* (8) und *Chouldechova* Big data 5 (2017), 153 (156), die darauf hinweist, dass die Begriffe *predictive parity* (also **Separation**) und **Calibration** nur im Falle binärer Entscheidungen gleich sind.

[35] *Barocas/Hardt/Narayanan*, Fairness and Machine Learning, S. 48 ff.; *Hutchinson/Mitchell* FAT*'19 2019, 49 (54 f.).

III. Individuelle Fairness

Individual Fairness bezeichnet die Idee, dass jedes Individuum auf der Grundlage seiner tatsächlichen Verdienste behandelt wird. Die verschiedenen Gruppen von Menschen mit einem bestimmten sensitiven Merkmal können innerhalb eines solchen Fairnessverständnisses sehr unterschiedlich behandelt werden. Die Idee des Fairnessmaßes liegt in der Bildung eines Abstandsmaßes, das die Nähe der Datenpunkte der einzelnen Individuen im Datensatz zueinander operationalisiert (→ C. IV. 5.). **Individual Fairness** und Gruppenfairnessmaße kollidieren miteinander, sie können nicht gleichzeitig vollständig erfüllt werden.

IV. Counterfactual Fairness

Im Gegensatz zu den oben genannten Fairnessmaßen basiert **Counterfactual Fairness** auf gesellschaftspolitischen Annahmen und nicht auf operationalisierbaren mathematischen Funktionen (→ C. IV. 6.). Einige Forscher argumentieren, dass Maße, die rein auf probabilistischer Unabhängigkeit beruhen, soziale Ungleichgewichte und strukturelle Diskriminierung nicht ausreichend berücksichtigen können.[36]

Für die Begriffe **Independence, Separation** und **Sufficiency** können auch andere Begriffe gefunden werden, wir haben uns jedoch dazu entschieden, die von *Barocas et al.*[37] eingeführten Begriffe zu verwenden, da sie explizit das Problem ansprechen, dass für dieselben Konzepte unterschiedliche Bezeichnungen verwendet werden. Die gewählten Bezeichnungen werden auch in anderen aktuellen Publikationen verwendet.[38] Es gibt auch Fairnessmaße, die explizit ein Ranking bewerten[39], welche auch bei Personalentscheidungen verwendet werden könnten. Da jedoch jedes Ranking durch Setzen eines Schwellenwerts auf eine binäre Entscheidung abgebildet werden kann, werden diese Maße im Folgenden nicht zusätzlich diskutiert.

1. Independence

Eine der gängigsten mathematischen Definitionen von Fairness ist **Independence.** Gemäß **Independence** muss die Ergebnisausgabe eines Systems

---

[36] *Kilbertus/Rojas-Carulla/Parascandolo et al.* NIPS'17 30 (2017), 656; *Kusner/Loftus/Russell et al.* arXiv preprint arXiv:1703.06856 (2017).

[37] *Barocas/Hardt/Narayanan,* Fairness and Machine Learning, S. 45.

[38] *Hutchinson/Mitchell* FAT*'19 2019, 49 (54 f.).

[39] Siehe bspw. *A. Singh/Joachims* KDD '18 2018, 2219; *Beutel/Chen/Doshi et al.* KDD '19 2019, 2212.

unabhängig von sensitiven Attributen sein.[40] Die Wahrscheinlichkeit, dass eine Dateninstanz vom System als in der positiven Klasse befindlich vorhergesagt wird, sollte für die verschiedenen Gruppen, die durch die sensitiven Attribute identifiziert werden, gleich sein.[41]

Um diese Definition besser zu verstehen, soll ein weiteres Beispiel für ein System zur Einladung zu Vorstellungsgesprächen betrachtet werden. Man stelle sich vor, dass sich 40 Personen auf eine Stelle beworben haben, darunter 10 Frauen und 30 Männer, wobei aber die Bewerbenden einer der beiden Geschlechter deutlich besser qualifiziert sind.[42]

Beim Fairnessmaß der Independence wird die Auswahl des KI-Systems unter den Bewerbenden nur dann als fair erachtet, wenn das System genauso viele Männer wie Frauen einlädt, unabhängig von anderen Eigenschaften.[43]

Abbildung 2.2 zeigt ein anschauliches Beispiel für ein Empfehlungssystem, bei dem die Bedingung von **Independence** erfüllt ist.

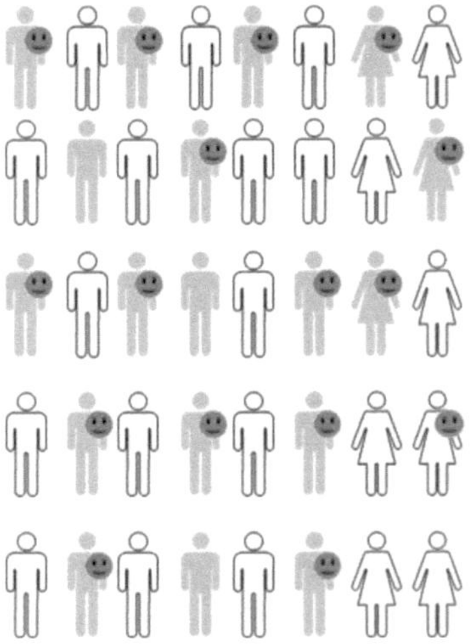

Abbildung 2.2: Beispiel für ein System zur Einladung zu Vorstellungsgesprächen, das gemäß der Definition von **Independence** fair ist. Graue Personen sind tatsächlich für die Stelle qualifiziert und Personen mit Abzeichen (lächelndes Gesicht) werden vom System für die Einladung akzeptiert. Die Wahrscheinlichkeit, dass eine Person akzeptiert wird, ist unabhängig von ihrem Geschlecht und beträgt 40 Prozent.

[40] *Dwork/Hardt/Pitassi et al.* ITCS '12 2012, 214 (216).

[41] Mathematisch ausgedrückt bedeutet das $\Pr\{R = 1|A = a_1\} = \Pr\{R = 1|A = a_2\}$.

[42] Um keine politische Diskussion aufzuwerfen, lassen wir offen, welche das sind.

[43] Mathematisch ausgedrückt bedeutet das $\Pr\{R = Angenommen|A = Frau\} = \Pr\{R = Angenommen|A = Mann\}$.

Es ist zu beachten, dass der Prozentsatz der tatsächlich qualifizierten Personen in der Gruppe der Männer und der Frauen nicht gleich ist, was dazu führen kann, dass nicht geeignete Personen aus der einen Gruppe zum Zuge kommen statt qualifizierter Personen aus der anderen Gruppe. Daher ist dieses Fairnessmaß in bestimmten sozialen Situationen inadäquat. Für die meisten Bewerbungen wird die Qualifikation eines Bewerbenden einer der entscheidenden Faktoren sein, wenn nicht sogar der einzige. In diesen Fällen ist **Independence** keine angemessene Definition von Fairness.

2. Conditional Independence

Bei **Conditional Independence** handelt es sich um eine weitere Art von Gruppenfairness. Sie bezieht sich ebenfalls auf die Idee einer gleichen Wahrscheinlichkeit der Zuordnung von Instanzen zur positiven Klasse – anders als **Independence** aber nur für einen Teil der beiden Gruppen, der sich darüber hinaus in einigen anderen Attributen X ähnlich ist.[44]

Für das System zur Einstellung von Bewerbern können wir beispielsweise einen bestimmten Schwellenwert für die akademische Abschlussnote als bedingtes Attribut betrachten. Dann ist das System fair, wenn das Verhältnis der akzeptierten Personen aus den Bewerbern, die die geforderte Abschlussnote erreichen, für beide Gruppen gleich ist.

Angenommen, 1.000 Personen haben sich auf eine Stelle beworben, 600 Frauen und 400 Männer. Angenommen sei weiter, dass bei einer der beiden Gruppen prozentual mehr Personen die geforderte Abschlussnote von 2.0 erreichen. Wenn nachher unter den Personen, die die geforderte Abschlussnote erreicht haben, prozentual gleich viele Männer und Frauen akzeptiert werden, erfüllt das System die Forderung nach **Conditional Independence** für die Abschlussnote 2.0.[45]

Wenn diese Bedingung auch für alle anderen möglichen Abschlussnoten erfüllt ist, ist das gesamte System nach **Conditional Independence** fair.

Das heißt, wenn die Bewerber aufgrund der unterschiedlichen Abschlussnoten aufgeteilt werden, dann ist ein System fair, wenn der Anteil der akzeptierten Personen für Frauen und Männer mit gleicher Abschlussnote gleich ist. Mit anderen Worten: Ein Mann und eine Frau mit der gleichen Abschlussnote haben die gleiche Chance, für die Stelle angenommen zu werden.

---

[44] Mathematisch ausgedrückt bedeutet das
$\Pr\{R = 1 | A = a_1, X_1 = x_1, \dots, X_j = x_j\} = \Pr\{R = 1 | A = a_2, X_i = x_i, \dots, X_j = x_j\}$.

[45] Mathematisch ausgedrückt bedeutet das
$\Pr\{R = \mathit{Angenommen} | A = \mathit{Mann}, \mathit{Abschlussnote} = 2.0\}$
$= \Pr\{R = \mathit{Angenommen} | A = \mathit{Frau}, \mathit{Abschlussnote} = 2.0\}$.

3. Separation

Ein algorithmisches Entscheidungssystem (ADM-System von engl. Algorithmic Decision Making) gilt nach **Separation** als fair, wenn die folgenden zwei Bedingungen erfüllt sind:

1. Die Wahrscheinlichkeit, dass eine Instanz der positiven Klasse zugeordnet wird, ist unter der Bedingung, dass die Instanz tatsächlich zur positiven Klasse gehört, für beide Gruppen gleich. Dies impliziert gleiche Wahr-Positiv-Raten für die Gruppen.[46]
2. Die Wahrscheinlichkeit, dass eine Instanz der positiven Klasse zugeordnet wird, ist unter der Bedingung, dass die Instanz tatsächlich zur negativen Klasse gehört, für beide Gruppen gleich. Dies impliziert gleiche Falsch-Positiv-Raten für die Gruppen.[47]

Übertragen auf ein KI-basiertes System zur Einladung zu Vorstellungsgesprächen bedeutet dies, dass die erste Gleichung erfüllt ist, wenn die Chance, Personen zu akzeptieren, die tatsächlich für die Stelle qualifiziert sind, für beide Gruppen gleich groß ist.[48] Die zweite Gleichung ist erfüllt, wenn die Chance, auch Personen zu akzeptieren, die eigentlich nicht für die Stelle qualifiziert sind, für beide Gruppen gleich groß ist.[49]

Abbildung 2.3 zeigt ein anschauliches Beispiel für ein System zur Einladung zu Vorstellungsgesprächen, bei dem beide Bedingungen von **Separation** erfüllt sind.

[46] Mathematisch ausgedrückt bedeutet das $\Pr\{R = +|Y = +, A = a_1\} = Pr\{R = +|Y = +, A = a_2\}$

[47] Mathematisch ausgedrückt bedeutet das $\Pr\{R = -|Y = -, A = a_1\} = \Pr\{R = +|Y = -, A = a_2\}$

[48] Mathematisch ausgedrückt bedeutet das $\Pr\{R = Angenommen|Y = Qualifiziert, A = Frau\} = \Pr\{R = Angenommen|Y = Qualifiziert, A = Mann\}$

[49] Mathematisch ausgedrückt bedeutet das $\Pr\{R = Angenommen|Y = Unqualifiziert, A = Frau\} = \Pr\{R = Angenommen|Y = Unqualifiziert, A = Mann\}$

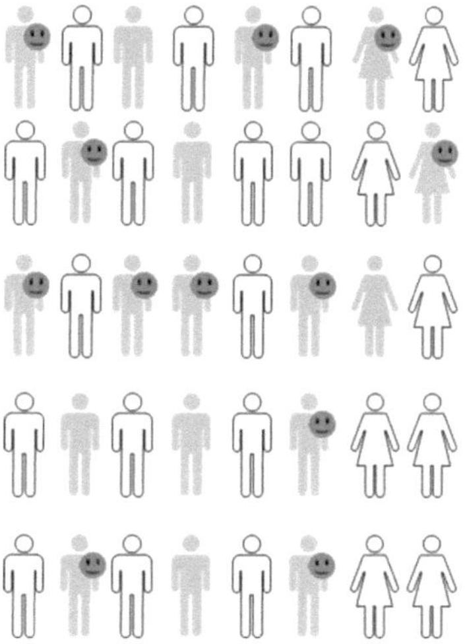

Abbildung 2.3: Beispiel für ein System zur Einladung zu Vorstellungsgesprächen, das auf der Grundlage der Definition von **Separation** fair ist. Graue Personen sind tatsächlich für die Stelle qualifiziert und Personen mit Abzeichen (lächelndes Gesicht) werden vom System für die Stelle akzeptiert. Die Annahmewahrscheinlichkeit für jede Person, die wirklich qualifiziert ist, ist unabhängig von ihrem Geschlecht und beträgt 66 Prozent. Außerdem ist die Annahmewahrscheinlichkeit für jede Person, die nicht qualifiziert ist, unabhängig von ihrem Geschlecht und beträgt 0 Prozent.

Die Formeln der Fairness für **Separation** und **Conditional Independence** ähneln sich in diesem Beispiel auf den ersten Blick, beziehen sich jedoch auf unterschiedliche Konzepte. Die Bedingungen bei **Conditional Independence** beziehen sich auf einige Merkmale oder Eigenschaften der Bewerber (zB Abschlussnote). Bei **Separation** bezieht sich die Bedingung jedoch auf das zu erreichende Ziel (Ground Truth). Um zu überprüfen, ob **Separation** für das Beispiel der Stellenbesetzung erfüllt ist, muss man also die Ground Truth für jede Person (in der Formel als Y bezeichnet) kennen, dh, ob eine Person tatsächlich qualifiziert ist (mit qualifiziert meinen wir hier, dass die korrekte Entscheidung für sie „zum Vorstellungsgespräch eingeladen werden" ist). **Conditional Independence** verwendet dagegen keine Ground Truth und berücksichtigt nur die Eigenschaften der Bewerber.

Indem **Separation** an die Ground Truth anknüpft, fördert es bestehende strukturelle Ungleichheiten in der Gesellschaft. Betrachtet man die Erklärung von *McNarma* macht diese Perspektive Sinn:

> „[…] an algorithm that reflects this difference is not 'unfair' but is rather a reflection of real underlying differences […]. The argument goes: surely we would not want to label 'un-

> fair' a prediction algorithm which is perfectly accurate! The job of the algorithm is to predict the world as it is; changing the world is out of scope."[50]

Würden die Ergebnisse zwischen Gruppen differenziert, bestünde die Gefahr der Diskriminierung in Situationen, in denen der Datenerfassungsprozess eine Gruppe systematisch benachteiligt.[51] Wenn die Messung auf einer Ground Truth basiert, die eventuell stark verzerrt oder unvollständig ist, wird sich der Abstand zwischen zwei Gruppen im Laufe der Zeit tendenziell vergrößern. Die Frage, ob und wann positive Diskriminierung in Form von sogenannter Affirmative Actions[52] eingesetzt werden sollte, um Ungleichheit zu verringern, ist eine der zentralen rechtlichen Fragen, die für den Einsatz algorithmischer Entscheidungssysteme zu klären ist.

4. Sufficiency

Sufficiency ist ein weiteres Fairnessmaß, das eine Ground Truth berücksichtigt. Nach dem Verständnis von **Sufficiency** ist ein algorithmisches Entscheidungssystem fair, wenn die gewünschte Ausgabe unabhängig vom sensitiven Attribut bezüglich der Systemausgabe ist. Für einen binären Klassifikator kann dieses Kriterium formal durch die folgenden zwei Bedingungen ausgedrückt werden:

1. Die Wahrscheinlichkeit, dass eine Instanz unter der Bedingung, dass sie der positiven Klasse zugewiesen wird, zur positiven Klasse gehört, ist für beide Gruppen gleich. Dies impliziert die gleiche Präzision[53] für die Gruppen.[54]
2. Die Wahrscheinlichkeit, dass eine Instanz zur positiven Klasse gehört, ist unter der Bedingung, dass sie der negativen Klasse zugeordnet wird, für beide Gruppen gleich. Dies impliziert eine gleiche

[50] *McNamara* AIES '19 2019, 313 (314).

[51] Barocas, S., & Selbst, A. D. (2016). Big data's disparate impact. *Calif. L. Rev.*, *104*, 671 (S.695ff)

[52] Affirmative Actions bezeichnen Maßnahmen oder Bestimmungen, die Personengruppen unterstützen, die in der Gesellschaft üblicherweise Diskriminierung erfahren. Sie beinhalten oft eine bevorzugte Auswahl von Personen aus geschützten Gruppen, um deren Anteil an der Gesamtmenge von Entscheidungen zu erhöhen. Ein typisches Beispiel sind Quoten für Frauen in Aufsichtsräten.

[53] Die Präzision misst den Anteil der gemessen an der Ground Truth korrekterweise positiven Vorhersagen unter allen positiven Vorhersagen.

[54] Mathematisch ausgedrückt bedeutet das $\Pr\{Y = + | R = +, A = a_1\} = \Pr\{Y = + | R = +, A = a_2\}$

Falschauslassungsrate[55] (Engl. False Omission Rate, FOR) für die unterschiedlichen Gruppen.[56]

Übertragen auf ein KI-basiertes System zur Einladung zu Vorstellungsgesprächen bedeutet dies, dass die erste Gleichung erfüllt ist, wenn der Prozentsatz der tatsächlich qualifizierten Personen für die Stelle unter den vom System akzeptierten Personen für beide Gruppen gleich ist.[57]

Die zweite Gleichung ist erfüllt, wenn der Anteil der tatsächlich für die Stelle qualifizierten Personen unter den vom System nicht akzeptierten Personen für beide Gruppen gleich ist.[58]

Abbildung 2.4 zeigt ein anschauliches Beispiel für ein System zur Einladung zu Vorstellungsgesprächen, bei dem beide Bedingungen von **Sufficiency** erfüllt sind.

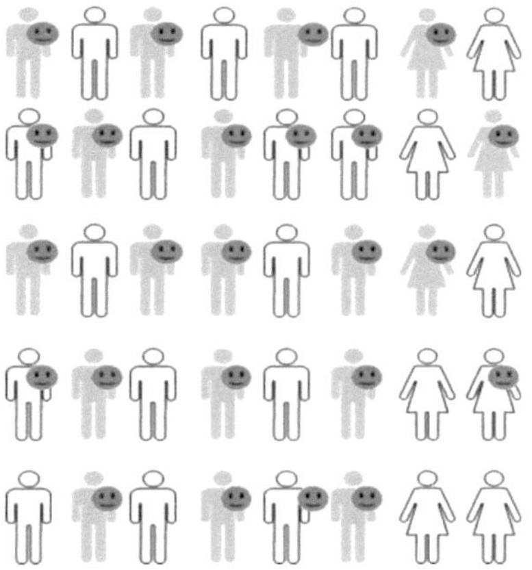

Abbildung 2.4: Beispiel für ein System zur Einladung zu Vorstellungsgesprächen, das auf der Grundlage der Definition von **Sufficiency** fair ist. Graue Personen sind (laut Ground Truth) tatsächlich für die Stelle qualifiziert und Personen mit Abzeichen (lächelndes Gesicht) werden vom System für die Stelle akzeptiert. Die Wahrscheinlichkeit, tatsächlich qualifiziert zu sein, ist für jede Person, die für die Stelle akzeptiert wird, für beide Gruppen gleich und beträgt 75 Prozent. Außerdem ist die Wahrscheinlichkeit, tatsächlich qualifiziert zu sein, für jede Person, die für die Stelle abgelehnt wird, für beide Gruppen gleich und beträgt 0 Prozent.

[55] Die Falschauslassungsrate misst den Anteil der gemessen an der Ground Truth fälschlicherweise negativen Vorhersagen unter allen negativen Vorhersagen.

[56] Mathematisch ausgedrückt bedeutet das
$\Pr\{Y = + | R = -, A = a_1\} = Pr\{Y = + | R = -, A = a_2\}$

[57] Mathematisch ausgedrückt bedeutet das
$\Pr\{Y = Qualifiziert | R = Angenommen, A = Frau\}$
$= \Pr\{Y = Qualifiziert | R = Angenommen, A = Mann\}$

[58] Mathematisch ausgedrückt bedeutet das
$\Pr\{Y = Qualifiziert | R = Abgelehnt, A = Frau\}$
$= \Pr\{Y = Qualifiziert | R = Abgelehnt, A = Mann\}$

Auf den ersten Blick verkörpert die Idee hinter **Sufficiency**, gleiche Fehlerraten anzustreben, das grundlegende Prinzip der Gleichbehandlung. Die mathematische Formel hinter **Sufficiency** lässt jedoch zu, dass die Falsch-Positiv-Raten zwischen den Gruppen divergieren, was schwerwiegende Auswirkungen haben kann.

Außer in unrealistischen Ausnahmefällen schließen sich die Fairnessmaße **Independence, Separation** und **Sufficiency** gegenseitig aus.[59]

5. Individual Fairness

Nach dem Verständnis von **Individual Fairness** wird ein System als fair angesehen, wenn die Ausgaben des Systems für ähnliche Individuen ähnlich sind.[60] Diese Definition erfordert ein gewähltes Abstandsmaß zwischen Individuen und ein gewähltes Abstandsmaß zur Identifizierung der Ähnlichkeit zwischen Systemausgaben. Mit anderen Worten wird ein algorithmisches Entscheidungssystem gemäß **Individual Fairness** als fair angesehen, wenn die folgende Bedingung erfüllt ist:

$$D\left(O(I_i), O(I_j)\right) < d(I_i, I_j)$$

wobei d das Abstandsmaß zwischen zwei Individuen und D das Abstandsmaß zwischen den Ausgaben O des Systems für zwei beliebige Individuen I ist (siehe Abbildung 2.5).

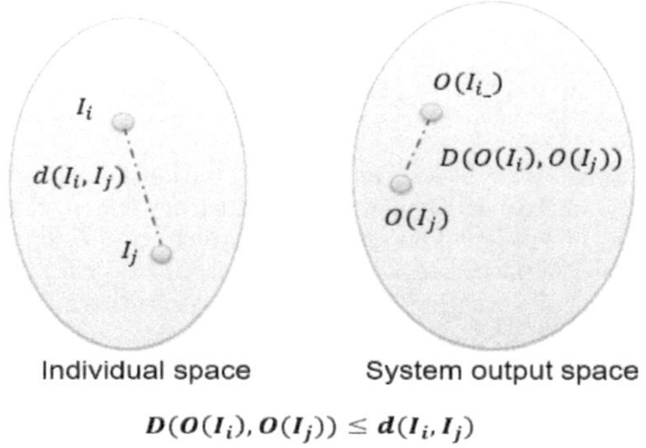

Abbildung 2.5: Mathematische Erklärung von **Individual Fairness**. Links sind die Abstände zwischen Individuen visualisiert (engl. individual space), rechts die Abstände der Systemausgabe (engl. System output space).

[59] *Barocas/Hardt/Narayanan,* Fairness and Machine Learning, S. 54 ff.

[60] *Dwork/Hardt/Pitassi et al.* ITCS '12 2012, 214 (216).

6. Counterfactual Fairness

Ein System erfüllt das Kriterium der **Counterfactual Fairness**, wenn der System-Output R für ein beliebiges Mitglied einer Gruppe mit einem geschützten Merkmal (zB Ethnie, Geschlecht, sexuelle Orientierung) im Schnitt für jedes Mitglied der Gruppe gleich ist, selbst wenn er oder sie einer anderen Gruppe angehören würde. Um dieses Kriterium zu überprüfen, können kausale Beziehungen zwischen einzelnen Attributen mittels sogenannter Kausalgraphen dargestellt werden. Ein System erfüllt den Maßstab der **Counterfactual Fairness** unter der Annahme eines solchen Kausalgraphen zwischen den Attributen von Personen in einem Datensatz, wenn die folgende Bedingung erfüllt ist[61]:

$$\Pr\left(R_{A\to a_1} = r | X = x, A = a_2\right) = \Pr\left(R_{A\to a_2} = r | X = x, A = a_2\right),$$

wobei $R_{A\to a_2}$ die tatsächliche Vorhersage und $R_{A\to a_1}$ die **kontrafaktische** Vorhersage ist, basierend auf der Vorstellung, dass $A = a_1$ (wobei tatsächlich $A = a_2$ wahr ist).

Im Kausalgraphen repräsentieren die Knoten Attribute und die Kanten stellen die kausalen Beziehungen zwischen ihnen dar. Auf ein Einstellungssystem abgebildet, ist die Chance, dass eine Frau mit dem Profil $X_1 = x_1, \dots, X_n = x_n$ für die Stelle angenommen wird

$$\Pr\{R_{A\to Frau} = Angenommen | A = Frau, X_1 = x_1, \dots, X_n = x_n\}$$

Wenn das Attribut A im Kausalgraphen zu *Mann* geändert wird, könnte sich der Wert einiger Attribute entsprechend ihrer kausalen Beziehungen im Graphen ebenfalls ändern, während einige andere unverändert bleiben. Die Chance, dass dieses **kontrafaktische** Paar für den Job akzeptiert wird, ist

$$\Pr\{R_{A\to Mann} = Angenommen | A = Frau, X_1 = x_1, \dots, X_n = x_n\}$$

Wenn beide Wahrscheinlichkeiten gleich sind, wird das System als **kontrafaktisch** fair betrachtet.

Die Beschreibung von **Counterfactual Fairness** kann anhand des folgenden illustrativen Beispiels näher erläutert werden. Abbildung 2.6 zeigt einen vereinfachten Kausalgraphen für ein System zur Einladung zu Vorstellungsgesprächen. Der Graph orientiert sich grundlegend an *Kusner et al.*[62] und ist entsprechend einem Beispiel bei *Makhlouf*[63] angepasst. Die

[61] *Kusner/Loftus/Russell et al.* arXiv preprint arXiv:1703.06856 (2017), S. 3.
[62] *Kusner/Loftus/Russell et al.* arXiv preprint arXiv:1703.06856 (2017), S. 4.
[63] *Makhlouf/Zhioua/Palamidessi* arXiv preprint arXiv:2006.16745 (2020), S. 18.

gerichteten Kanten zeigen die kausalen Beziehungen zwischen den Attributen. Hier werden zwei beobachtbare Variablen betrachtet, das *Geschlecht* (G) und die *Universitäre Abschlussnote* (N). Außerdem werden in diesem Graphen zwei versteckte, beziehungsweise latente Variablen berücksichtigt, das *Wissen* (W) und der *Fleiß* (F). Diese Variablen sind nicht von irgendwelchen beobachtbaren Attributen abhängig.

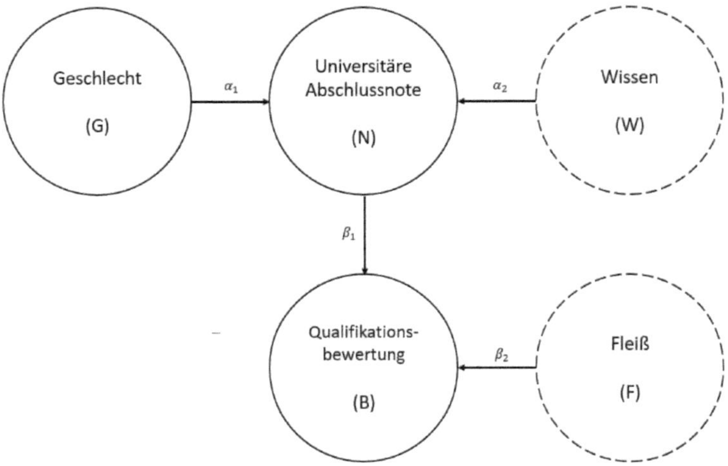

Abbildung 2.6: Beispiel eines einfachen Kausalgraphen für ein System zur Einladung zu Vorstellungsgesprächen.

Basierend auf diesem Kausalgraphen hängt der System-Output *Qualifikationsbewertung* (B) von dem beobachtbaren Attribut *Universitäre Abschlussnote* (N) und dem versteckten Attribut *Fleiß* (F) ab, das angibt, wie fleißig ein Bewerber ist. Außerdem hängt das Attribut N von dem beobachtbaren sensitiven Attribut G, welches das Geschlecht angibt, und einem versteckten Attribut *Wissen* (W) ab, das den Wissensstand der Person abbildet. Dieser Kausalgraph kann durch zwei Strukturgleichungen wie folgt spezifiziert werden:

$$N = \alpha_1 * G + \alpha_2 * W$$
$$B = \beta_1 * N + \beta_2 * F$$

In der Praxis können die Koeffizienten innerhalb der Gleichungen aus den Trainingsdaten gelernt werden, indem eine beliebige gemeinsame Wahrscheinlichkeitsverteilung für alle latenten Variablen definiert wird. Es wird eine bestimmte Verteilung für die verborgenen Variablen angenommen, auf deren Grundlage die Koeffizienten des kausalen Modells auf eine Weise gelernt werden, die zu einer bestmöglichen Anpassung an die Daten führt. Um ein passendes Kausalmodell zu finden, werden genügend Daten von allen sensitiven Gruppen benötigt. Zur weiteren Erläuterung sollen die Koeffizienten in diesem Beispiel auf $\alpha_1 = 0{,}2, \alpha_2 = 0{,}8, \beta_1 = 0{,}4$ und $\beta_2 = 0{,}6$ gesetzt werden.

Unter Berücksichtigung des kausalen Modells hat der männliche Bewerber Bob $G_{Bob} = 1$ eine normalisierte Abschlussnote von 0,75 ($N^{Bob} = 0{,}75$), wobei

$$N = \{x | x \in [0{,}1], x \in \mathbb{Q}\}$$

Die vom System vorhergesagte Qualifikationsbewertung B liegt für Bob bei 0,7 ($B^{Bob} = 0{,}7$).

Um das System auf **Counterfactual Fairness** zu überprüfen, muss nun Bobs Qualifikationsbewertung unter der Annahme berechnet werden, dass sein Geschlecht weiblich ist ($G^{Bob} = 0$), einschließlich aller kausalen Konsequenzen auf die anderen Attribute, wie sie im Kausalgraphen dargestellt sind.

Zunächst soll der entsprechende Wert des latenten Attributs W unter Verwendung der bekannten Informationen berechnet werden ($G^{Bob} = 1, N^{Bob} = 0{,}75, B^{Bob}_{G\to 0} = 0{,}7$). Um W^{Bob} und F^{Bob} zu finden, können die vorstehend aufgestellten Strukturgleichungen wie folgt umgestellt und verwendet werden:

$$W^{Bob} = \frac{N^{Bob} - \alpha_1 * G^{Bob}}{\alpha_2} = \frac{0{,}75 - 0{,}2 * 1}{0{,}8} = 0{,}69$$

$$F^{Bob} = \frac{B^{Bob} - \beta_1 * N^{Bob}}{\beta_2} = \frac{0{,}7 - 0{,}4 * 0{,}75}{0{,}6} = 0{,}67$$

Anschließend wird das sensitive Attribut G bei Bob auf 0 gesetzt, sodass angenommen wird, dass Bob weiblich ist. Es erfolgt ein Vergleich der Bewertung von Bob mit derjenigen, wenn sich nur sein Geschlecht ändern würde. Die anderen Variablen werden gemäß den Strukturgleichungen auf Grundlage des neuen Geschlechtswerts aktualisiert.

$$N^{Bob}_{G\to 0} = \alpha_1 * 0 + \alpha_2 * W^{Bob} = 0{,}2 * 0 + 0{,}8 * 0{,}69 = 0{,}55$$

Nun wird die Ausgabe $B^{Bob}_{G\to 0}$ des aktuellen Modells auch für das kontrafaktische Paar berechnet. Um die **Counterfactual Fairness** eines Modells zu beurteilen, müssen die vorhergesagten Ausgaben in der tatsächlichen und kontrafaktischen Welt für jedes mögliche Individuum gleich sein. Da dieses Kriterium extrem schwer zu erfüllen ist, wird vorgeschlagen, die Verteilung der tatsächlichen und der kontrafaktischen Daten durch Anwendung einer Verlustfunktion zu vergleichen, die einen bestimmten Schwellenwert nicht überschreiten darf (daher *approximate counterfactual fairness*[64] genannt), der zB durch eine regulierende Instanz festgelegt werden könnte. Über **Counterfactual Fairness** hinaus gilt für alle Fairnessmaße, dass exakt gleiche Verteilungen kaum erreicht werden können und daher in der Realität grundsätzlich von einer *approximate fairness* ausgegangen werden muss.

Die größte Herausforderung für **Counterfactual Fairness** besteht in der Konstruktion des Kausalgraphen. Ein übliches Verfahren besteht darin, mehrere Kausalgraphen zu betrachten, sie dann an die Daten anzupassen (die Koeffizienten zu berechnen) und denjenigen auszuwählen, der am besten angepasst zu sein scheint.[65] Bei der Erstellung von kausalen Modellen werden in der Regel starke Annahmen getroffen, insbesondere im Zusammenhang mit kontrafaktischen Aussagen.[66] Außerdem sind kontrafaktische Annahmen wie Strukturgleichungen in der Regel nicht falsifizierbar, selbst wenn es zusätzliche Testdaten zum Vergleich gibt. Das liegt daran, dass es viele Strukturgleichungen gibt, die mit der gleichen beobachtbaren Verteilung kompatibel sind.[67] Daher sollten solche Modelle als zeitlich begrenzt betrachtet und immer wieder aktualisiert werden, wenn neue Daten Informationen enthalten, die dem aktuell zu Grunde gelegten Modell widersprechen.[68]

D. Rechtliche Bewertung des Einsatzes von Fairnessmaßen im Kontext von Personalentscheidungen

Es gibt keine klare Antwort auf die Frage, was Gleichheit bedeutet. Der Begriff „Fairness" scheint mit dem Begriff der Gleichheit verbunden zu sein, indem er fordert, dass Menschen aller Art entweder im Entscheidungsprozess gleichbehandelt werden oder sich eine nach bestimmten Kriterien gleiche Ergebnisverteilung ergibt. Den Begriff Fairness verbindet man sowohl mit Gleichheits- als auch mit Freiheitsrechten, sowohl für Individuen als auch für Gruppen. Er verbindet die verschiedenen gesellschaftlichen Ebenen von Individualität und Persönlichkeit einerseits,

[64] *Russell/Kusner/Loftus et al.* NIPS'17 30 (2017), S. 5.
[65] *Kusner/Loftus/Russell et al.* arXiv preprint arXiv:1703.06856 (2017), S. 7.
[66] *Dawid* Journal of the American Statistical Association 95 (2000), 407 (408).
[67] *Pearl*, Causality, 2. Aufl. 2013, S. 37 f.
[68] *Kusner/Loftus/Russell et al.* arXiv preprint arXiv:1703.06856 (2017), S. 7.

und Gruppenverhalten und -behandlung andererseits. Bislang gibt es keine juristische Definition von Fairness, die über einzelne Entscheidungen der Rechtsprechung hinausgeht.[69] Dies liegt vor allem an der verfahrensbezogenen Beurteilung von Gleichheit. Mit der bevorstehenden algorithmischen Entscheidungsfindung wird es jedoch unumgänglich sein, eine klare Spezifikation von Fairness zu finden, da die Bewertung auf Prozessebene allein nicht mehr gelingen wird. Vielmehr wird sich die Beurteilung entscheidend hin zu einer ergebnisorientierten Bewertung verschieben.[70] Es ist daher von größter Bedeutung zu analysieren, ob und wie die in diesem Beitrag vorgestellten Fairnessmaße mit der EU-Antidiskriminierungsgesetzgebung vereinbar sind.

I. Relevante Gesetzgebung

Bevor die Integration von Fairnessmaßen in bestehende Antidiskriminierungsgesetze geprüft wird, muss bestimmt werden, welche Rechtsvorschriften für Fairnessmaße im Rahmen von algorithmischen Entscheidungen einschlägig sind.

Dies stellt ein Problem dar, da sich im Bereich des Antidiskriminierungsrechts viele verschiedene Rechtsakte gegenseitig beeinflussen. Auf deutscher Verfassungsebene verbietet Art. 3 Abs. 3 GG jede Benachteiligung aus Gründen des Geschlechts, der Abstammung, der Rasse, der Sprache, der Heimat und Herkunft, des Glaubens, der religiösen oder politischen Anschauungen, sowie aufgrund einer Behinderung. Im Prinzip genießt das Grundgesetz Vorrang vor allen anderen deutschen Gesetzen. Allerdings ergibt sich aus Art. 23 GG in Verbindung mit Art. 4 Abs. 3 EUV, gestützt auf ein Urteil des EuGH ein Anwendungsvorrang aller Rechtsvorschriften der Europäischen Union, sowohl des Primär- als auch des Sekundärrechts, auch gegenüber dem Verfassungsrecht.[71] Das Europarecht als solches hat somit Vorrang vor Art. 3 GG.

Entscheidende Bedeutung im Bereich des Antidiskriminierungsrechts kommen Art. 19, 21 GRCh und Art. 157 AEUV, sowie besonders den vier Antidiskriminierungsrichtlinien RL 2000/43/EC, RL 2000/78/EC, RL 2004/113/EC und RL 2006/54/EC zu. Der deutsche Gesetzgeber hat diese Richtlinien durch das Allgemeine Gleichbehandlungsgesetz (AGG) umgesetzt. Dieses verbietet die Diskriminierung durch Private auf Grundlage der geschützten Merkmale Rasse oder ethnische Herkunft,

---

[69] *Wachter/Mittelstadt/Russell*, Why Fairness Cannot Be Automated, S. 5.

[70] *Guggenberger* MMR 2019, 777 (778).

[71] EuGH, Urt. v. 2.2.1964, C-6/64, ECLI: EU:C:1964:66 – Costa gg. E.N.E.L..; vgl. statt vieler *Beljin* EuR 2002, 351 (353); *Streinz*, Europarecht, 11. Aufl. 2019, Anm. 220; *Zuleeg*, Das Recht der Europäischen Gemeinschaften im innerstaatlichen Bereich, 1969, S. 136.

Geschlecht, Religion oder Weltanschauung, Behinderung, Alter oder sexuelle Orientierung.

Das AGG stellt insbesondere aufgrund seiner unmittelbaren Wirkung zwischen Privaten den wichtigsten Rechtsakt im Antidiskriminierungsrecht dar. Anders als die verschiedenen oben genannten Richtlinien begründet das AGG ein umfassendes Anti-Diskriminierungsrecht, das auf ein breites Feld von Szenarien Anwendung findet. Da es sich beim AGG weiterhin um eine direkte Umsetzung von EU-Recht handelt, muss es im Lichte von und in Konformität mit dem europäischen Primär- und Sekundärrecht ausgelegt werden. Dieser Beitrag setzt sich daher auf Basis des AGG mit der Frage auseinander, inwieweit Fairnessmaße in das Antidiskriminierungsrecht integriert werden können. Im Rahmen dessen muss das Gesetz, wie erläutert, zu jeder Zeit im Lichte von EU-Primär- und Sekundärrecht ausgelegt werden. Es steht damit stellvertretend für die Rechtsgehalte der EU-Richtlinien sowie der GRCh und des EUV und AEUV.

II. Anwendbare Fairnessmaße im Rahmen des AGG

Gem. § 2 Abs. 1 Nr. 1, 2 AGG fallen die arbeitsrechtlichen Fälle der Anstellung und Beförderung in den Anwendungsbereich des AGG. Gem. § 7 Abs. 1 AGG dürfen Beschäftigte nicht wegen eines in § 1 AGG genannten Grundes benachteiligt werden. § 6 Abs. 1 S. 2 AGG führt dazu, dass auch Bewerber als Beschäftigte gelten. Die entscheidende Frage liegt darin, was als Diskriminierung iSd AGG verstanden werden kann. § 3 AGG enthält mehrere Definitionen von Diskriminierung. Allerdings beziehen sich die Abs. 3–5 des § 3 AGG auf Belästigungen, die ein menschliches Verhalten voraussetzen.[72] Sie sind daher für die algorithmische Entscheidungsfindung nicht zu berücksichtigen. Vielmehr ist das Augenmerk auf die ersten beiden Absätze zu richten, welche die unmittelbare und mittelbare Diskriminierung definieren.

Unmittelbare Diskriminierung wird angenommen, wenn eine Person wegen eines in § 1 AGG genannten Grundes eine weniger günstige Behandlung erfährt, als eine andere Person in einer vergleichbaren Situation erfährt, erfahren hat oder erfahren würde. Im Gegensatz dazu liegt eine mittelbare Diskriminierung dann vor, wenn dem Anschein nach neutrale Vorschriften, Kriterien oder Verfahren eine Person wegen eines in § 1 AGG genannten Grundes gegenüber anderen Personen in besonderer Weise benachteiligen können, es sei denn, die betreffenden Vorschriften, Kriterien oder Verfahren sind durch ein rechtmäßiges Ziel sachlich ge-

[72] *Baumgärtner* in BeckOGK AGG, § 3 AGG, Rn. 110.

rechtfertigt und die Mittel sind zur Erreichung dieses Ziels angemessen und erforderlich.

Im Unterschied zur unmittelbaren Diskriminierung gem. § 3 Abs. 1 AGG kann die mittelbare Diskriminierung aus sich heraus gerechtfertigt sein, sodass sie keine Diskriminierung iSd AGG mehr darstellt. Wie zuvor dargelegt, beruht der Unterschied zwischen unmittelbarer und mittelbarer Diskriminierung auf einer verfahrensorientierten Bewertung, die den einzelnen Entscheidungsprozess betrachtet und für die algorithmische Entscheidungsfindung nicht länger aufrechterhalten werden kann. Es ist daher erforderlich, eine einheitliche Definition für Diskriminierung zu finden, die nicht zwischen unmittelbarer und mittelbarer Diskriminierung unterscheidet. Die vereinheitlichte Definition muss sich auf die gemeinsamen Eigenschaften beider Diskriminierungsarten stützen. Der gemeinsame Anknüpfungspunkt beider Diskriminierungsformen ist das Erfordernis, dass eine Person eine weniger günstige Behandlung erfährt, als eine andere Person in einer vergleichbaren Situation erfährt, erfahren hat oder erfahren würde.

Wie eine solche einheitliche Definition mit dem AGG und den zugrundeliegenden Richtlinien vereinbart werden kann, ist bis jetzt unklar. Es ist davon auszugehen, dass sie sich nicht allein aus dem Wortlaut des AGG oder der Richtlinien ableiten lässt. Selbst wenn man das Primärrecht der GRCh und des AEUV berücksichtigt, erscheint eine so weite Auslegung zweifelhaft. Daher wird es tatsächlich erforderlich sein, einen neuen Diskriminierungsbegriff in den EU-Antidiskriminierungsrichtlinien zu etablieren, um sich an die neue Situation der algorithmischen Entscheidungsfindung anzupassen.

Es übersteigt den Rahmen dieses Beitrags, einen solchen Begriff vollständig zu entwickeln, da die Entwicklung zumindest teilweise Gegenstand politischer Entscheidung bleibt.[73] Jedoch können die einzelnen Fairnessmaße aus rechtlicher Sicht vor dem Maßstab des Begriffs der weniger günstigen Behandlung beurteilt werden, da dieser das Verbindungsstück zwischen mittelbarer und unmittelbarer Diskriminierung für den neuen Terminus bildet.

Das AGG verfolgt den Ansatz, Diskriminierung anhand des Vergleichs einer potenziell diskriminierten Person und einer legitimen Vergleichsgruppe zu bestimmen. Die Vergleichsgruppe wird für den Fall einer algorithmischen Entscheidungsfindung anhand der Reichweite oder dem Rahmen der entsprechenden algorithmischen Entscheidung festgelegt. Daher ergibt es beispielsweise keinen Sinn, die Behandlung einer Person in Deutschland mit der einer Person in China zu vergleichen, wenn die

[73] *Wong* Philos. Technol. 33 (2020), 225.

algorithmische Entscheidung nur Personen innerhalb Deutschlands, nicht aber weltweit, umfassen soll.[74]

Sobald eine legitime Vergleichsgruppe bestimmt wurde, muss eine derzeitige oder frühere, tatsächlich oder hypothetisch weniger günstige Behandlung der potenziell diskriminierten Person festgestellt werden. Genau an diesem Punkt lassen sich Fairnessmaße in die Beurteilung von Diskriminierung integrieren. Das AGG und die zugrundeliegenden Richtlinien bestimmen den Begriff der weniger günstigen Behandlung nicht. Das überrascht, da eine statistikorientierte Definition der ungleichen Behandlung unvermeidbar ist, um eine mittelbare Diskriminierung begründen zu können. Bei dieser lässt sich eine unmittelbare Kausalität von Verhalten und Diskriminierung nämlich gerade nicht beweisen. Noch deutlicher wird diese Unvermeidbarkeit, wenn man bedenkt, dass das Konzept der mittelbaren Diskriminierung auf der Idee des *Disparate Impact* beruht, der aus dem US-amerikanischen Antidiskriminierungsrecht stammt und unmittelbar die statistische Verteilung von Personen bei bestimmten Regeln oder Entscheidungen berücksichtigt.[75] Dennoch haben es Richter bis jetzt eher vorgezogen, anhand einer Mischung aus gesundem Menschenverstand und direkter Auseinandersetzung mit den Auswirkungen umstrittener Regeln zu urteilen.[76] Darüber hinaus wurden verschiedene Fairnessmaße uneinheitlich in den einzelnen Mitgliedsstaaten angewandt, um das Vorliegen mittelbarer Diskriminierung festzustellen.[77]

Dennoch hat der EuGH die Notwendigkeit gesehen, ein statistisches Maß für mittelbare Diskriminierung zu finden. Er hat infolgedessen festgestellt, dass mittelbare Diskriminierung (zwischen Männern und Frauen) dann gegeben ist, wenn eine scheinbar neutrale Regelung erheblich mehr Arbeitnehmer des einen Geschlechts benachteiligt als die des

[74] Eine umfassende Diskussion über die Probleme, eine legitime Vergleichsgruppe bei einer globalen Reichweite eines Algorithmus zu bestimmen, findet sich bei *Wachter/Mittelstadt/Russell,* Why Fairness Cannot Be Automated, S. 21ff.

[75] US Supreme Court, Griggs v. Duke Power Co., 401 U.S. 424 (1971), 431; *UniformGuidelines,* Uniform guidelines on employee selection procedures, https://www.uniformguidelines.com/uniform-guidelines.html#18 (zuletzt aufgerufen am 19.4.2021); *Fredman,* Discrimination Law, 2. Aufl. 2011, S. 178 ff.; *Zuiderveen Borgesius* European Business Law Review 31 (2019), 401 (405).

[76] *Wachter/Mittelstadt/Russell,* Why Fairness Cannot Be Automated, S. 49.

[77] *Wachter/Mittelstadt/Russell,* Why Fairness Cannot Be Automated, S. 37.

anderen.[78] Dieses statistische Maß wird von *Wachter et al.* „**negative Dominance**" genannt und erfordert eine zweischrittige Prüfung[79]:

1. Die Mehrheit der benachteiligten Gruppe, dh der Personengruppe, für die die jeweilige Norm oder der jeweilige Entscheidungsprozess eine negative Konsequenz hat, gehört einer geschützten Klasse an (iSd Merkmale in § 1 AGG).
2. Gleichzeitig gehört nur eine Minderheit der geschützten Klasse zur begünstigten Gruppe.

Das statistische Maß der **negative Dominance** wird jedoch in keiner Weise durch den EuGH weiter legitimiert. Der EuGH hat sich schlicht einem spezifischen Fairnessmaß angeschlossen, ohne andere Fairnessmaße zu berücksichtigen, besonders solche, die auf einer Ground Truth basieren, wie beispielsweise **Separation**. Dennoch ist nicht klar, ob der vom EuGH gewählte Standard den besten oder einzigen Standard darstellt, der mit dem Antidiskriminierungsrecht vereinbar ist. Wie erläutert, können manche Fairnessmaße nicht gleichzeitig erfüllt werden, weshalb es umso wichtiger erscheint, zu analysieren, wie und ob andere Maße als das vom EuGH gewählte sich in das AGG und Antidiskriminierungsrecht integrieren lassen.

Die Analyse von Fairnessmaßen zeigt, dass Fairness immer mit dem Vergleichen von Merkmalen verbunden ist. Das EU-Antidiskriminierungsrecht erlaubt es der potenziell diskriminierten Person – zusätzlich zur Berufung auf eine derzeitige Ungleichbehandlung im Vergleich zu einer anderen Person – eine Diskriminierung zu beweisen, indem sie eine ungünstigere Behandlung im Vergleich zu einer früheren oder hypotheti-

[78] EuGH, Urt. v. 18.3.2014, C-363/12, ECLI: EU:C:2014:159, Rn. 53 – Z. gg. A Government department and The Board of management of a community school; Urt. v. 2.10.1997, C-1/95, ECLI: EU:C:1997:452, Rn. 30, 35 – Hellen Gerster gg. Freistaat Bayern; Urt. v. 20.10.2011, C-123/10, ECLI: EU:C:2011:675, Rn. 56 – Waltraud Brachner gg. Pensionsversicherungsanstalt; Urt. v. 20.6.2013, C-7/12, ECLI: EU:C:2013:410, Rn. 39 – Nadežda Riežniece gg. Zemkopības ministrija and Lauku atbalsta dienests; Urt. v. 14.4.2015, C-527/13, ECLI: EU:C:2015:215, Rn. 28 – Lourdes Cachaldora Fernández gg. Instituto Nacional de la Seguridad Social (INSS) and Tesorería General de la Seguridad Social (TGSS); Urt. v. 13.1.2004, C-256/01, ECLI: EU:C:2004:18, Rn. 79 – Debra Allonby gg. Accrington & Rossendale College, Education Lecturing Services, trading as Protocol Professional and Secretary of State for Education and Employment; Urt. v. 16.7.2015, C-83/14, ECLI: EU:C:2015:480, Rn. 101 – „CHEZ RazpredelenieBulgaria" AD gg. Komisia za zashtita ot diskriminatsia; Urt. v. 8.5.2019, C-161/18, ECLI: EU:C:2019:382, Rn. 38 f. – Violeta Villar Láiz gg. Instituto Nacional de la Seguridad Social (INSS) and Tesorería General dela Seguridad Social (TGSS); Urt. v. 6.12.2007, C-300/06, ECLI: EU:C:2007:757, Rn. 42 – Ursula Voß gg. Land Berlin.

[79] *Wachter/Mittelstadt/Russell*, Why Fairness Cannot Be Automated, S. 50.

schen Behandlung behauptet. Das bedeutet, dass ein Arbeitgeber, der über die Einstellung von zwei identischen Personen für eine Stelle entscheiden muss und in der Vergangenheit einen der beiden angestellt hat, die andere Person jetzt aber nicht eingestellt hat, diese Entscheidung vor Gericht rechtfertigen muss.

Für die algorithmische Entscheidungsfindung ist dieser Vergleich mit historischen Entscheidungen jedoch nur bedingt möglich. Individuen können nur dadurch miteinander verglichen werden, dass die Unterschiede ihrer Beziehungen zu dem jeweiligen Datensatz, zu dem sie gehören, analysiert werden.[80] Machine Learning-Modelle werden mit Trainingsdatensätzen trainiert, mit denen das Modell seine Vorhersage erlernt. Das trainierte Modell macht dann Vorhersagen für neue Daten, ohne dabei weiter trainiert zu werden. Der Entscheidungsprozess wird also durch die Struktur des Trainingsdatensatzes und die Bedingungen, die beim Training für das Modell festgelegt wurden, definiert. Das bedeutet, dass eine Diskriminierung einer Person nicht auf einer abweichenden individuellen Meinung oder Vorliebe in der Vergangenheit beruhen kann, weil das Machine Learning-Modell immer auf der Grundlage einer bestimmten Regel entscheidet, die aus einem bestimmten Trainingsdatensatz entwickelt wurde.[81] Daher muss das Vorhaben, hypothetische und frühere Behandlungen im Antidiskriminierungsrecht mit tatsächlichen derzeitigen Behandlungen zu vergleichen, für algorithmische Entscheidungen teilweise neu konzipiert werden.

Im Falle der algorithmischen Entscheidungsfindung bedeutet die Untersuchung von Vorwürfen der Ungleichbehandlung die Untersuchung von statistischen Werten, die vom jeweiligen Datensatz abhängen. Auch bei der Betrachtung von **Individual Fairness** hängt die Definition dessen, was im Rahmen des Fairnessmaßes als hohe Ähnlichkeit angesehen werden kann, von der Ähnlichkeit zu anderen Entitäten im Datensatz ab.

Die starke Abhängigkeit von der statistischen Analyse zeigt die Notwendigkeit einer juristischen Diskussion über rechtlich zulässige Fairnessmaße für die algorithmische Entscheidungsfindung. Eine Diskussion, welches Fairnessmaß in welchem Szenario rechtskonform sein kann, ist unumgänglich.

[80] *Guggenberger* MMR 2019, 777 (777 f.).

[81] Die für das Antidiskriminierungsrecht typische Idee, Entscheider dazu zu veranlassen, ihre individuellen Präferenzen zu verändern, kann nur dadurch erreicht werden, dass ein ML-Model mit neuen Daten trainiert wird, wodurch sich dessen Entscheidungsprozesse verändern.

III. Konformität von Fairnessmaßen

Welche Fairnessmaße in Übereinstimmung mit dem AGG in der Lage sind, den Begriff „weniger günstige Behandlung" im Umkehrschluss zu definieren, bleibt unklar. Es gibt jedoch eine entscheidende Einschränkung: Die Fairnessmaße müssen mit dem AGG, den zugrundeliegenden Richtlinien und vor allem mit dem EU-Primärrecht, insbesondere der GRCh, vereinbar sein. Für die folgende Untersuchung der verschiedenen Fairnessmaße wird zur Vereinfachung nur das Szenario einer binären Vorhersage mit einem binären geschützten Merkmal iSd § 1 AGG betrachtet.

1. Independence

Independence ist möglicherweise das einschneidendste aller Fairnessmaße. Es berücksichtigt keine Ground Truth, sondern verlangt allein die gleiche Verteilung der Vorhersage zwischen geschützten Gruppen. Solange diese Quote vom Algorithmus erfüllt wird, gilt die Ergebnisverteilung als fair. Das Fairnessmaß berücksichtigt nicht die aus einer Ground Truth erfasste Qualifikation der einzelnen Individuen im Datensatz. Das bedeutet, dass ein festes Verteilungsziel gegenüber der individuellen Qualifikation von Personen priorisiert wird. Auch wenn die am besten qualifizierten Bewerber aus einer Gruppe und zufällige Personen aus der anderen Gruppe eingestellt werden, kann dennoch das Kriterium für **Independence** erfüllt sein. Die feste Quote dient als Mittel der Affirmative Action, die versucht, strukturellen Ungleichheiten in der Gesellschaft entgegenzuwirken, wie zB den allgemein niedrigeren Bildungsabschlüssen von Menschen aus sozial benachteiligten Schichten oder mit Migrationshintergrund.[82] Die Idee von Affirmative Action ist dem Antidiskriminierungsrecht wohlbekannt. Zuallererst erlaubt Art. 23 GRCh die „Einführung spezifischer Vergünstigungen für das unterrepräsentierte Geschlecht". Auf Grundlage dessen ermöglicht Art. 157 Abs. 4 AEUV spezifische Vergünstigungen „zur Erleichterung der Berufstätigkeit des unterrepräsentierten Geschlechts oder zur Verhinderung bzw. zum Ausgleich von Benachteiligungen in der beruflichen Laufbahn". Allgemeiner gefasst ist nach § 5 AGG positive Diskriminierung gerechtfertigt, um bestehende Nachteile wegen eines geschützten Merkmals für Personen zu bekämpfen. Eine Quote innerhalb der Diskriminierungsdefinition selbst anzuerkennen, würde jedoch deutlich mehr bedeuten als „spezifische Vergünstigungen" iSd EU-Rechts oder eine nachträgliche Rechtfertigung besagter positiver Diskriminierung iSv § 5 AGG. Indem eine Quote zu einem inhärenten Teil der Diskriminierungsdefinition gemacht werden

[82] *Wexler*, The Knowledge Gap, 2019, passim.

würde, würde eine Situation tatsächlicher positiver Diskriminierung nicht mehr als Diskriminierung angesehen werden, da das Fairnessmaß der **Independence** es nicht erlauben würde, eine weniger günstige Behandlung anzunehmen, solange die geforderte Verteilungsquote erfüllt ist. Anstatt als spezifische Vergünstigungen in bestimmten Entscheidungsbereichen aufzutreten, würde Affirmative Action zur Regel werden, statt zur Ausnahme.

Es ist höchst zweifelhaft, ob eine solche Vernachlässigung der individuellen Qualifikation von Personen noch verfassungsgemäß bzw. mit dem EU-Primärrecht vereinbar ist. Art. 157 Abs. 4 AEUV und Art. 23 GRCh machen deutlich, dass Affirmative Action als Ausnahme angesehen wird, die eine besondere Ermächtigung benötigt und nicht großflächig eingesetzt werden soll, wie es bei der Integration in einen generellen Diskriminierungsbegriff der Fall wäre. Positive Diskriminierung darf nur eine punktuelle Maßnahme sein. Durch die Feststellung, dass der Gleichheitsgrundsatz die Durchführung von Affirmative Action nicht verhindern darf, implizieren sowohl Art. 23 GRCh als auch Art. 157 Abs. 4 AEUV, dass solche positiv diskriminierenden Maßnahmen nicht selbst einen Gleichheitsstandard festlegen, sondern eher eine Ausnahme darstellen, die das Gesetz ausdrücklich zulässt.

Der Grund, warum positive Diskriminierung nicht als Gleichheitsstandard angesehen werden kann, liegt in der liberalen Idee der Chancengleichheit. Feste Quoten, die nicht auf einer Ground Truth beruhen, sind nicht dazu geeignet, allen die gleichen Erfolgschancen zu geben, sondern stellen sicher, dass eine Entscheidungsverteilung einem bestimmten Prozentsatz entspricht, der erfüllt werden muss.[83] Das EU-Recht folgt der bereits erwähnten liberalen Idee der Chancengleichheit. Das europäische Primärrecht kann als Vertrag zwischen 28 Mitgliedsstaaten gesehen werden, deren verfassungsrechtliche Vorstellungen und Prinzipien die Grundlage der Europäischen Union bilden. Eine unmittelbare Ausprägung dessen ist Art. 6 Abs. 3 EUV. Danach sind die in den Verfassungen der einzelnen Mitgliedsstaaten gewährten Grundrechte Bestandteil des primären EU-Rechts. Nach Art. 2 Abs. 1 GG hat jeder Mensch das Recht auf freie Entfaltung seiner Persönlichkeit. Ähnlich ist es in der Erklärung der Menschen- und Bürgerrechte von 1793, die einen Teil der heutigen französischen Verfassung bildet und besagt, dass jeder als freier Mensch und mit den gleichen Rechten geboren wird und stirbt. Dies zeigt, dass auch die französische Verfassung auf dem Prinzip der Individualität beruht. Auf der Grundlage des Prinzips der individuellen Freiheit wird ein Freiheitsgrundrecht als Grundlage des EU-Rechts anerkannt, obwohl es

[83] *Dwork/Hardt/Pitassi et al.* ITCS '12 2012, 214 (220); *Hardt/Price/Srebro* arXiv preprint arXiv:1610.02413 (2016), S. 6.

in der GRCh nicht direkt erwähnt wird.[84] Dieses Freiheitsgrundrecht, verbunden mit der Idee der individuellen Freiheit zur Entfaltung der Persönlichkeit, wie sie unmittelbar im Grundgesetz verankert ist, entstammt dem kantischen Freiheitsideal, das die abendländische Kultur und das Rechtsverständnis stark beeinflusst hat.[85] Nach Kant besitzt jeder Mensch das Urrecht der Freiheit, aus dem er seine Persönlichkeit entwickeln kann. Dieses Recht auf freie Entfaltung der eigenen Persönlichkeit ist jedoch nicht mit festen Quoten als Maßstab der Fairness vereinbar. Quoten als Fairness begrenzen private Autonomie, um ein gesellschaftliches Ziel zu erfüllen. Die Diskussion um Fairness beruht immer auf einem Trade-off zwischen Individualität und Gemeinnützigkeit. Eine Definition von Fairness, die sich nur auf ein Verständnis von festen Quoten stützt, die wiederum keinen Bezug zu einer Ground Truth aufweisen, stellt keinen ausreichenden Kompromiss zwischen Individualität und Gemeinsinn dar, sondern eine einseitige Betonung der Gemeinnützigkeit. Sie verletzt das dem EU-Primärrecht innewohnende Recht auf Entfaltung der eigenen Persönlichkeit aus seiner individuellen Freiheit heraus.

Diese Einschätzung trifft auch auf das Fairnessmaß der Negative Dominance des EuGH zu. Es ist richtig, dass dieses Fairnessmaß nur feste Verteilungen betrachtet, ohne individuelle Eigenschaften zu berücksichtigen. Es ist jedoch wichtig, den Kontext dieses Fairnessmaßes zu berücksichtigen. Während Diskriminierung in algorithmischen Entscheidungsprozessen nicht auf eine neutrale Regel, sondern nur auf den Eingabedatensatz zurückgeführt werden kann, hat sich der EuGH immer mit Fällen beschäftigt, in denen er die zugrundeliegende neutrale Regel kannte und daher eine Rechtfertigung für die weniger günstige Behandlung finden konnte, nachdem er das Vorliegen von Negative Dominance festgestellt hatte. In Nicht-KI-Entscheidungsfällen verfügt der EuGH über ein mächtiges Korrekturinstrument durch die Möglichkeit, eine ungünstigere Behandlung mit der dahinterliegenden neutralen Regel zu rechtfertigen. Dieser Prozess ändert sich dramatisch mit der Einführung von algorithmischen Entscheidungssystemen. Ohne die Möglichkeit für den Richter, die zugrundeliegende neutrale Regel und ihre Zwecke zu analysieren, ist eine Rechtfertigung nicht mehr möglich. Eine ungünstigere Behandlung bedeutet eine Diskriminierung. Insofern muss die Situation von der oben beschriebenen unterschieden werden. Das Maß der Negative Dominance kann im Kontext der algorithmischen Entscheidungsfindung nicht mehr aufrechterhalten werden. Ohne die Möglich-

[84] *Herresthal* ZEuP 2014, 238 (244).

[85] *Kant*, Die Methaphysik der Sitten: Metaphyische Anfangsgründe der Rechtslehre, 1797, Einl. XLV; *Busch*, Die Entstehung der kritischen Rechtsphilosophie Kants 1762–1780, 1979, S. 94; *Coing*, Zur Geschichte des Privatrechtssystems, 1962, S. 69 verweist neben Kant auf *Hegel*, Grundlinien der Philsophie des Rechts, 1820, § 40.

keit der Rechtfertigung innerhalb des Diskriminierungsbegriffs wird dem Richter das Werkzeug genommen, um in jedem Einzelfall Gerechtigkeit zu gewährleisten und damit die Entfaltung der individuellen Freiheit des Einzelnen zu garantieren. Der Negative Dominance-Test, der sich auf den Fairnessgedanken von **Independence** stützt, ist daher für ADM-Systeme unzureichend.

2. Conditional Independence

Die fehlende Berücksichtigung von individuellen Freiheitsrechten könnte durch eine weitreichende Modifikation des Fairnessmaßes der **Independence** gelöst werden. Im Gegensatz zu **Independence** werden beim Maß der **Conditional Independence** einige Eigenschaften im Datensatz als Bedingung definiert, aufgrund derer der Datensatz in Individuen, die die Bedingung erfüllen, und Individuen, die sie nicht erfüllen, aufgeteilt wird. Dann muss nur für die Gruppe, die die definierte Bedingung erfüllt, die Ergebnisverteilung gleich sein. **Conditional Independence** versucht also, das Problem der Vernachlässigung individueller Eigenschaften zu lösen, indem sie einige der entscheidendsten Faktoren für die Entscheidung vorbestimmt. Dennoch ist sie nicht weiter an eine Ground Truth gebunden, sondern stützt sich auf eine einfache Gleichverteilung der Vorhersage.

Insofern ist **Conditional Independence** ein attraktives Fairnessmaß. Es entspricht dem Gedanken der Chancengleichheit, dass nur die Eigenschaften einer Person wichtig sind, die diese selbst verändern oder zumindest beeinflussen kann. Bei der Wahl solcher Merkmale als Schlüsselfaktor für Fairness korrespondiert **Conditional Independence** mit dem verfassungsrechtlichen Ziel der individuellen Entfaltung der eigenen Freiheit. Darüber hinaus macht die Tatsache, dass die Ground Truth nicht betrachtet wird, die Integration von strukturellen Diskriminierungen wie Rassismus oder Sexismus zumindest unwahrscheinlicher.

Es bleiben jedoch ernsthafte rechtliche und politische Bedenken. Das Recht, die Bedingungen zu bestimmen, die den Personenkreis definieren, für den eine bestimmte Quote erfüllt werden muss, bedeutet große politische Macht. Für verschiedene Szenarien müssen unterschiedliche Bedingungen gewählt werden, wobei es oft unklar ist, was die „richtigen" Bedingungen sind. Vielmehr ist die Wahl der Bedingungen durch politische Überzeugungen und individuelle Weltanschauungen begründet. Die Frage, ob die richtigen Bedingungen gefunden werden können, ist daher nicht eindeutig zu beantworten. Die große Bedeutung einer solchen Festlegung von Bedingungen würde eigentlich das Parlament zum richtigen Ort der Diskussion machen, jedoch kann kein Parlament so viele Einzelentscheidungen für jedes Szenario treffen. Vielmehr sollte das Parlament allgemeine, weit gefasste Gesetze erlassen, die von der Exekutive ausgearbeitet werden können. Dies führt zu einem hohen Risiko von Lobbyismus durch viele Interessengruppen (zB NGOs oder Unternehmen), die unterschiedliche Bedingungen bevorzugen werden.

Für viele Szenarien werden die entsprechenden Entscheidungsorgane eine gute Bedingung nur mit Hilfe riesiger Mengen an Informationen finden können. Das könnte mit Datenschutzbestimmungen oder allgemeiner mit dem Prinzip der informationellen Selbstbestimmung kollidieren.

Außerdem bedeutet **Conditional Independence**, dass nur die Parität zwischen der Gruppe, welche die Bedingung erfüllt, betrachtet wird. Personen, die die Bedingung nicht erfüllen, werden für die Bestimmung der Fairness nicht berücksichtigt. Es ist wahrscheinlich, dass in Einstellungsszenarien als Bedingungen individuelle Leistungsbewertungen wie Schulnoten oder Arbeitsjahre festgesetzt werden. Wer solche Bedingungen erfüllt, hängt aber auch stark von einem strukturellen Ungleichgewicht in der Gesellschaft ab. So ist beispielsweise das Haushaltseinkommen negativ korreliert mit Schulnoten – wenn nun manche Gruppen häufiger ein niedrigeres Haushaltseinkommen haben,[86] steigt damit auch deren Wahrscheinlichkeit für schlechtere Schulnoten.[87] Das bedeutet, dass für die entscheidende Gruppe von Personen, die die Bedingung mindestens eine bestimmte Abschlussnote zu haben erfüllen, nur ein kleiner Teil der Minderheitengruppe durch das eigentliche Fairnessmaß berücksichtigt werden könnte.

Conditional Independence ist also viel weniger eine Art der Affirmative Action als **Independence** und daher nicht ausreichend, um wirkliche Gleichbehandlung zu erreichen. Allerdings bedeutet genau das auch, dass Affirmative Action kein obligatorischer Teil von **Conditional Independence** ist. Wenn **Conditional Independence** zur Definition der „weniger günstigen Behandlung“ verwendet werden sollte, wären positiv diskriminierende Maßnahmen daher kein obligatorischer Teil einer Diskriminierungsdefinition gemäß § 3 AGG. Als solches bleibt das Konzept positiver Begünstigungen als zusätzliche Maßnahme, wie sie in Art. 23 GRCh verankert ist, intakt. **Conditional Independence** lässt sich daher deutlich leichter mit dem EU-Recht vereinbaren.

---

[86] *Statista*, Monatliches persönliches Nettoeinkommen im Jahr 2006 nach jeweiligem Migrationshintergrund, 30.06.2009, https://de.statista.com/statistik/daten/studie/150623/umfrage/monatliches-persoenliches-einkommen-nach-jeweiligem-migrationshintergrund/ (zuletzt abgerufen am 25.04.2021).

[87] Für People of Color in Kanada siehe *Ferguson/Bovaird/Mueller* Paediatr Child Health 12 (2007), 701.

3. Separation

Anders als die oben genannten Independence-Fairnessmaße basiert **Separation** auf einer Ground Truth, dh der statistisch erfassten *wahren* Klassifikation von Personen im Datensatz. **Separation** fordert eine Übereinstimmung der vorhergesagten Klassifizierungen mit der wahren Klassifizierung innerhalb jeder Gruppe mit einem geschützten Merkmal. Im Idealfall würde dies bedeuten, dass die Realität im Modell exakt repräsentiert wird, während die Repräsentation für jede geschützte Gruppe gleich gut oder schlecht ist. Gerade im Einstellungskontext sollten die False-Negative-Raten, also das Verhältnis der Personen, die trotz Qualifikation (laut Datensatz) für eine Stelle abgelehnt werden zu denjenigen, die tatsächlich laut Datensatz nicht qualifiziert sind, idealerweise für alle Gruppen gleich hoch sein.

Auf den ersten Blick scheint **Separation** sehr gut mit dem Ideal der Entwicklung der eigenen Persönlichkeit übereinzustimmen. Die Personen, die ihre Fähigkeiten passend zu der ausgeschriebenen Stelle entwickelt haben und damit am besten dafür qualifiziert sind, werden vom Algorithmus ausgewählt. Darüber hinaus ist **Separation** in der Lage, die Bevorzugung der Mehrheitsgruppe, dh der Gruppe mit der numerischen Dominanz von Individuen zB einer Ethnie, die den meisten maschinellen Lernalgorithmen innewohnt, abzuschwächen.

Die Abhängigkeit von **Separation** von der Ground Truth birgt jedoch ein schwerwiegendes Problem. Zunächst gibt es berechtigte Zweifel daran, ob die erfassten „wahren" Daten stets wahrhaftig die Realität abbilden. Daten müssen verfügbar sein, um erfasst werden zu können, weshalb Informationen über Minderheiten weniger oft gesammelt werden.[88] Daher ist die Informationsmenge, die ein Machine Learning-Modell für Minderheiten aus einem Datensatz gewinnen kann, oft unzureichend, sodass die Realität nicht präzise durch die Vorhersagen des Machine Learning-Modells abgebildet werden kann.

Separation erfordert deshalb eine starke Regulierung nicht-diskriminierender Datensätze als Ground Truth, um eine fehlerhafte Abbildung der Realität zu verhindern. Im Gegensatz zum eigentlichen Ziel von **Separation** könnte ansonsten eine diskriminierende Abbildung struktureller Ungleichgewichte noch verstärkt anstatt vermindert werden, obwohl das Maß von **Separation** weiterhin erfüllt werden würde.

Zweitens integriert **Separation** anders als **Independence** die bestehenden strukturellen Ungleichgewichte unmittelbar in die Entscheidungen des Models. Da nämlich das Ziel darin besteht, dass die Entscheidungen des Modells die Ground Truth möglichst ideal abbilden, werden auch

[88] *Derose/Contreras/Coleman et al.* Med Care Res Rev 70 (2013), 330.

alle bestehenden strukturellen Ungleichgewichte für Minderheiten auf die Vorhersagen des Models mit übertragen.[89] Betrachtet man dagegen Art. 23 GRCh und Art. 157 Abs. 4 AEUV, wird das Ziel deutlich, solche strukturellen Ungleichgewichte zu bekämpfen. Dies steht zunächst im Widerspruch mit **Separation**. Jedoch erlaubt, wie vorstehend erläutert, das EU-Recht Affirmative Action nur als spezifische Begünstigungen, nicht aber als eine generelle Regelung.[90] Im Gegensatz dazu bestehen erhebliche Bedenken Affirmative Action unmittelbar in die Definition von Diskriminierung zu integrieren. Daher erscheint es vereinbar mit EU-Recht, **Separation** als Fairnessmaß in die Definition von Diskriminierung zu integrieren und gleichzeitig spezifische Begünstigungen vorzunehmen, um strukturellen Ungleichgewichten entgegenzuwirken.

Um das Risiko, strukturelle Benachteiligungen von Minderheiten noch zu verstärken, zu senken, erscheint es vielversprechend, vor dem Training des Modells ein sogenanntes Debiasing der Trainingsdatensätze vorzunehmen.[91] Der Gesetzgeber könnte insofern genaue Debiasing-Forderungen aufstellen, die erfüllt sein müssten, damit Unternehmen ADM-Systeme entwickeln dürfen. Dabei gilt es allerdings zu berücksichtigen, dass ein perfektes Debiasing heute (noch) nicht möglich ist.[92]

4. Sufficiency

Ähnlich wie **Separation** verlangt auch **Sufficiency**, dass das Machine Learning-Modell seine Vorhersagen auf eine Ground Truth basiert. **Sufficiency** definiert im Vergleich zu **Separation** nur ein anderes Verhältnis von Werten, die als fair zu betrachten sind. Daher gelten fast alle für **Separation** genannten Punkte auch für dieses Fairnessmaß. Es gibt jedoch einen wesentlichen Unterschied.

Anders als **Separation** ermöglicht **Sufficiency** unterschiedliche Falsch-Positiv-Raten zwischen geschützten Gruppen. Im Fall von COMPAS, einem Tool, das die Wahrscheinlichkeit einer Person vorhersagt, wieder straffällig zu werden, führten die Vorhersagen zu einer höheren Falsch-Positiv-Rate bei Afroamerikanern; für sie wurde also häufiger eine fälschlich angenommene Rückfälligkeit vorhergesagt.[93] Es ist möglich, dass eine solche Fehleinschätzung des Systems auch richterliche Urteile beeinflussen könnte, und damit systematisch eine Gruppe öfter zu härteren Strafen verurteilt wird, da viele von ihnen fälschlicherweise für rückfallsgefährdet gehalten werden. In einem solchen Fall führt die unter-

[89] *Hardt/Price/Srebro* arXiv preprint arXiv:1610.02413 (2016), S. 18.
[90] Vgl. Art. 23 EU-GR-Charta.
[91] *Calmon/D. Wei/Vinzamuri et al.* NIPS'17 30 (2017), 3995.
[92] *Gerritse/Vries* BIAS 1245 (2020), 35 (39).
[93] *Dieterich/Mendoza/Brennan* Northpoint Inc. 7 (2016), 1–37 (9).

schiedliche Falsch-Positiv-Rate für eine Person, die einer Minderheit angehört, zu einem höheren Risiko in ihren Rechten verletzt zu werden, ohne eine Chance zu haben, dieses Risiko zu mindern. Dies entspricht nicht dem Gedanken der mitgliedstaatlichen Verfassungen und des EU-Primärrechts, dass jeder Mensch seine Persönlichkeit individuell, dh auf der Grundlage seiner eigenen Verdienste und der von ihm beeinflussbaren Eigenschaften entwickeln können soll. Dennoch kann **Sufficiency** in Situationen, in denen falsch-positive Raten nicht zu einer Rechtsverletzung führen, mit dem EU-Recht übereinstimmen (zB die Beförderung einer Person, die nach der Ground Truth eigentlich nicht qualifiziert ist). In solchen Situationen gelten für **Sufficiency** die gleichen Vorbehalte, die für **Separation** beschrieben wurden, insbesondere das Problem der Vorhersagen auf Grundlage einer inhärent rassistischen, sexistischen oder anderweitig strukturell diskriminierenden Verhaltensweise.

5. Individual Fairness

Wie der Name es vermuten lässt, versucht **Individual Fairness**, Fairness herzustellen, indem sie sich auf die individuellen Informationen in einem Datensatz konzentriert, ohne deren Gruppenzugehörigkeit zu berücksichtigen. Das Fairnessmaß arbeitet unter der Prämisse, dass Personen, die für eine bestimmte Arbeit eingestellt werden und diese gut erledigen, bestimmte Ähnlichkeiten in ihren Eigenschaften aufweisen. Für das maschinelle Lernen bedeutet **Individual Fairness** also, dass Individuen, die eine ähnliche Zusammensetzung von Eigenschaften aufweisen, ähnliche Vorhersagen, zB Klassifizierungen, erhalten sollten. Dieser Ausgangspunkt von **Individual Fairness** wirft Probleme auf. Zunächst ist die Definition eines Distanzmaßes, das die Ähnlichkeit zwischen Individuen in einem Datensatz misst, eine anspruchsvolle Aufgabe, die nicht perfekt erfüllt werden kann. Je mehr Eigenschaften es für ein Individuum in einem Datensatz gibt, desto mehr Dimensionen müssen durch eine Metrik verbunden werden. Man stelle sich nur das Beispiel vor, in dem eine Person einer anderen Person in drei Merkmalen sehr ähnlich ist (nah), aber in drei anderen Merkmalen extrem unähnlich (weit entfernt). Durch die Mehrdimensionalität der Merkmale ist es kaum möglich, eine perfekte Metrik zu definieren. Zusätzlich ist es vorstellbar, dass insbesondere Personen, die Minderheitengruppen angehören, von der typischen Zusammensetzung von Eigenschaften bei positiven Klassifizierungen abweichen. Das bedeutet nicht unbedingt, dass sie weniger qualifiziert sind, sondern vielmehr, dass sie über ungewöhnliches Fachwissen verfügen, welches aber vielleicht genauso nützlich ist.

Individual Fairness verlangt somit von Minderheitengruppen, sich an die Eigenschaften der Mehrheitsgruppe anzupassen.[94] Die Bildung eines homogenen Prototyps von Personen entspricht jedoch nicht dem Ideal der **Individual Fairness** und der Individualität, wie es von der GRCh und der deutschen bzw. den europäischen Verfassungen angestrebt wird. Jeder Mensch soll seine eigene Persönlichkeit entwickeln und nicht unter Druck gesetzt werden, seine persönlichen Eigenschaften und Züge aufzugeben. Zudem sind Unternehmen oft nicht daran interessiert, überwiegend Mitarbeiter zu beschäftigen, die sich in ihren Fähigkeiten und Eigenschaften sehr ähnlich sind. Stattdessen werden häufig Mitarbeiter mit sogenannten „t-shaped skills" gesucht.[95] Dabei handelt es sich um Experten, die in ihrer Heimatdisziplin Experten sind, die aber auch in der Lage sind, mit Fachleuten aus den unterschiedlichsten Disziplinen und Funktionsbereichen zu interagieren und diese zu verstehen.[96] Auch wenn **Individual Fairness** vorgibt, nur das Individuum zu betrachten, führt sie faktisch zu einer Zersetzung der Individualität zugunsten einer homogenen Prototyp-Persönlichkeit, die sich an der Mehrheit ausrichtet. Diese Konsequenz ist mit dem in D. III. 1. niedergelegten Ideal der Individualität und der Entfaltung der Freiheit der einzelnen Person nicht vereinbar und kann nicht EU-rechtskonform in ein Machine Learning-Modell implementiert werden.

6. Counterfactual Fairness

Die Idee der **Counterfactual Fairness** besteht darin, festzustellen, ob ein Entscheidungsergebnis signifikant anders ausfallen würde, wenn ein Datenelement, das zu einer geschützten Gruppe gehört, nicht Teil einer geschützten Gruppe wäre, oder umgekehrt. Auf Grundlage bestimmter Annahmen, nämlich den für eine Entscheidung relevanten Merkmalen und deren Beziehung zueinander, werden Koeffizienten berechnet, die versuchen, den Einfluss geschützter Merkmale auf nicht geschützte Merkmale und das Entscheidungsergebnis zu extrahieren.

Diese Idee ähnelt **Conditional Independence** insofern, als dass ein bestimmter Satz von Regeln (im Kontext der **Counterfactual Fairness** der Kausalgraph) bestimmt werden muss. Dies wirft die üblichen Fragen über eine Behörde auf, die ein solches Regelset festlegt. Obwohl es aus der Perspektive problematisch erscheint staatliche Kompetenzen für eine solche höchst folgenreiche Bestimmung zu wahren, kann die Entwick-

[94] *Friedler/Scheidegger/Venkatasubramanian* Commun. ACM 64 (2021), 136 (139 f.).
[95] *Spohrer/Golinelli/Piciocchi et al.* Service Science 2 (2010), 1S. 1 ff.
[96] *Barile/Saviano*, Dynamic Capabilities and T-Shaped Knowledge, 39 (43).

lung solcher Kausalgraphen nur einer Gruppe von Experten in der entsprechenden Domäne überlassen werden. Eine solche Gruppe besteht aus dem Entwickler oder Betreiber eines Modells und Personen, die sich mit den Beziehungen bestimmter Attribute im Kontext der jeweiligen Anwendung auskennen. In Einstellungsszenarien könnte dies bspw. ein Mitarbeiter der Personalabteilung und eine Gleichstellungsbeauftragte sein, zusammen mit dem Entwicklungsteam des jeweiligen Modells, das dessen genaue Lernattribute kennt.

Aufgrund der hohen Korrelation des Kausalgraphen und des spezifischen Entscheidungsmodells könnte ein demokratisch legitimiertes Gremium niemals einen hinreichend genauen Kausalgraphen erstellen, der **Counterfactual Fairness** garantiert. Die Rolle des Staates ist eher die eines Beobachters als eines Entscheiders. Im Vergleich zum Fairnessmaß der **Conditional Independence** ist dies umso problematischer: Während letzteres den eigentlichen Entscheidungsprozess der Maschine überlässt, geht **Counterfactual Fairness** nämlich darüber hinaus: Der gesamte Entscheidungsprozess soll mit all seinen betrachteten Attributen und Abhängigkeiten prinzipiell durchdacht werden, wobei jede Abhängigkeit von einem geschützten Merkmal herausgerechnet wird. Ein perfektes Kausalmodell zu entwickeln, das in seinen Annahmen fair und korrekt bleibt, kein geschütztes oder notwendigerweise von ihm abhängiges Merkmal berücksichtigt und dennoch eine hinreichende Aussagekraft behält, ähnelt der Aufgabe, die Weltformel zu finden. Diese Aufgabe obliegt privaten Gruppen von Experten in den entsprechenden Domänen, die zuallererst an das kontrafaktische Fairnessdogma gebunden wären. Um dennoch die öffentliche Kontrolle aufrechtzuerhalten und die Kompetenz zur Gestaltung der Gesellschaft für den Staat zu wahren, könnten Exekutivorgane das Recht haben, den Kausalverlauf auf eklatant falsche Annahmen hin zu überprüfen und die Ergebnisse der Überprüfung nachträglich gerichtlich kontrolliert werden. Allerdings sollten Richter nicht die Macht haben, jeden einzelnen Aspekt und Koeffizienten des Kausalgraphs zu hinterfragen. Die Idee einer prozessorientierten Beurteilung sollte nicht bedeuten, dass der gesamte Prozess durch den Entscheidungsprozess des Richters ersetzt wird.

Es ist heute allgemein anerkannt, dass ein Richter Entscheidungen von öffentlichen unabhängigen Expertengremien nicht vollständig revidieren kann, da diese einen sogenannten Beurteilungsspielraum haben.[97] Das bedeutet, dass Gerichte nur auf bestimmte Entscheidungsfehler überprüfen können: Fehlerhafte Annahme eines Beurteilungsspielraums, Zugrundelegung falscher Tatsachen, Ignorieren allgemein anerkannter Beurtei-

[97] BVerwG, Urt. v. 16.12.1971 – I C 31/68 = NJW 1972, 596 insbesondere zu Gremienentscheidungen; *Bachhoff* JZ 1955, 97.

lungskriterien, Vornahme sachfremder Erwägungen oder Überschreiten des vorgegebenen Beurteilungsspielraums. Ein solcher Bewertungsspielraum ist für die öffentliche Hand besonders problematisch, da sie gesetzlich verpflichtet ist, die in der Verfassung gewährten Grundrechte zu gewährleisten. Eine Expertengruppe ist dagegen eine private Einrichtung und als solche nicht unmittelbar an die Verfassung gebunden, was ihr einen Beurteilungsspielraum gegenüber der Rechtsprechung ermöglichen könnte. Letztlich bleibt es dem Gesetzgeber überlassen, ob die Entscheidungen von Expertengruppen in vollem Umfang durch einen Richter revidierbar sein sollen. Da ein Richter aber grundsätzlich frei in seinen Entscheidungen ist, könnte dies auch bedeuten, dass die Willkür eines Privatentscheiders bei der Erstellung des Kausalgraphen durch diejenige eines Richters ersetzt werden könnte. Die Existenz von Willkür in Entscheidungsprozessen ist schließlich eine nicht zu leugnende und unvermeidliche Tatsache.

Die Idee, Fairness anhand des Entscheidungsprozesses zu beurteilen, ist offensichtlich mit dem aktuellen EU-Recht vereinbar. Dennoch bleibt ein bedeutendes Problem bestehen: **Counterfactual Fairness** stellt die gesamte rechtliche Konzeption des Gleichheitsbegriffs in Frage; nicht, indem sie das Konzept von Individualität in Frage stellt, sondern indem sie zeigt, dass unsere prozessorientierte Bewertung von Natur aus unvollkommen ist. Wenn die Rechtsordnung einen Arbeitgeber verpflichtet, kein geschütztes Merkmal für seine Entscheidung zu berücksichtigen, ignoriert sie explizit geschützte Merkmale in einer Art von Fairness durch Unwissenheit. **Counterfactual Fairness** zeigt jedoch, dass eine Berücksichtigung solcher Merkmale auch in einer prozessbasierten Bewertung notwendig ist, um eine Entscheidung zu begründen, bei der zB das Geschlecht tatsächlich keinen Einfluss mehr auf die Entscheidung hat. Schulnoten, die eigentlich einen objektiven Wert haben sollen, hängen von geschützten Merkmalen ab, die nicht verändert werden können (zB Geschlecht[98]). Derselbe Notenwert würde im Rahmen von Counterfactual Fairness dadurch unterschiedlich bewertet werden, dass je nach Wert eines geschützten Merkmals (zB weiblich oder männlich) unterschiedliche Koeffizienten angenommen werden. Die Annahme einer solchen Fairnessvorstellung würde zu einem großen Problem führen: Sie würde bedeuten, dass die heutige Rechtsauffassung zwangsläufig dazu führt, dass strukturelle Ungleichgewichte in der Gesellschaft fortbestehen oder zumindest verfestigt werden. Die Berücksichtigung einer Note in Unkenntnis geschützter Merkmale führt in Wirklichkeit zu einer voreingenommenen Entscheidung, da Noten in Wirklichkeit nicht völlig objektiv sind, sondern von unveränderlichen Gruppenmerkmalen beeinflusst

[98] *Fischer/Schult/Hell* European Journal of Psychology of Education 28 (2013), 529.

werden, die nicht mit der individuellen Leistung zusammenhängen.[99] Wenn es keine unvoreingenommenen Entscheidungen gibt, kann der grundlegende Gedanke der Fairness durch Unwissenheit im Entscheidungsprozess nicht mehr aufrechterhalten werden. Dies wirft eine höchst problematische Frage auf: Ist es mit dem Gesetz vereinbar, „objektive" Werte wie Noten zwischen Gruppen unterschiedlich zu behandeln, um zu einer Entscheidung zu gelangen, die tatsächlich in „Unabhängigkeit" eines geschützten Merkmals erfolgt, so wie es **Counterfactual Fairness** beabsichtigt? Eine solche Frage musste noch nie beantwortet werden, da die internen Entscheidungsfindungsprozesse von Menschen noch nie sichtbar gemacht wurden. Die Idee des Antidiskriminierungsrechts besteht darin, alle Menschen unabhängig von ihren geschützten Merkmalen gleich zu behandeln.[100] Das bedeutet, dass eine Entscheidung, die nur aufgrund eines abweichenden geschützten Merkmals (zB männlich vs. weiblich) anders ausfällt, im Prinzip nicht mit dem Antidiskriminierungsrecht vereinbar ist.

Man kann jedoch nicht leugnen, dass die unterschiedliche Behandlung objektiver Werte aufgrund eines geschützten Merkmals je nach Fall auch eine weniger günstige oder günstigere Behandlung darstellt, diesmal nur innerhalb des eigentlichen Entscheidungsprozesses. Diese weniger günstige oder günstigere Behandlung stellt eine unmittelbare Diskriminierung dar, da die Behandlung offen unterschiedlich ist und nicht auf einer scheinbar neutralen Bestimmung beruht. Eine allgemeine Rechtfertigung einer solchen Behandlung sollte daher nicht möglich sein. Dies wirft die Frage auf, ob wir Menschen nicht ebenfalls unbewusst mit objektiven Werten unterschiedlich umgehen. Dies wird noch deutlicher, wenn man bedenkt, dass die **Counterfactual Fairness** eines ML-Models aus Daten der realen Welt resultiert, die auf menschlicher Entscheidungsfindung beruhen. Wenn, mit anderen Worten, unsere Vorstellung von Gleichheit und prozessbasierter Bewertung inhärent fehlerhaft ist und **Counterfactual Fairness** das Ziel erreicht, das das Antidiskriminierungsgesetz eigentlich vorsieht, müssen sich Gesellschaft und Gesetzgeber ernsthaft fragen, ob das aktuelle Antidiskriminierungsgesetz geändert oder zumindest weit ausgelegt werden muss, um entscheidungsinterne abweichende Behandlungen des „objektiv gleichen" Werts zuzulassen, damit das endgültige Ziel einer nicht nur formellen, sondern auch substantiellen Fairness erreicht wird.

---

[99] *Fischer/Schult/Hell* European Journal of Psychology of Education 28 (2013), 529.

[100] Siehe Art. 3 Abs. 3 S. 1 GG: Niemand darf wegen seines Geschlechtes, seiner Abstammung, seiner Rasse, seiner Sprache, seiner Heimat und Herkunft, seines Glaubens, seiner religiösen oder politischen Anschauungen benachteiligt oder bevorzugt werden.

IV. Juristische Praxis

In der Praxis stellen sich mehrere Fragen, wie Fairnessmaße und Bewertungen von Fairness in Antidiskriminierungsklagen eingebunden werden können. Das Gericht soll feststellen, ob eine Diskriminierung in einem bestimmten Zusammenhang gegeben ist. Gemäß § 22 AGG muss der Kläger Indizien beweisen, aus denen sich die Vermutung ergibt, dass eine Benachteiligung wegen eines der durch das AGG geschützten Merkmale vorliegt. Daraufhin obliegt es dem Beklagten zu beweisen, dass kein Verstoß gegen das Benachteiligungsverbot vorliegt. Nach dem Willen des Gesetzgebers bedeutet dies, dass der Kläger eine weniger begünstigte Behandlung vollständig beweisen muss, sich aber auf Indizien stützen kann, um die Kausalität zwischen der Behandlung des Beklagten und dem geschützten Merkmal des Klägers zu beweisen.[101] Das Erfordernis des vollständigen Beweises einer weniger begünstigten Behandlung durch den Kläger wird jedoch im Falle einer algorithmischen Entscheidung erschwert. Der Begriff der weniger begünstigten Behandlung umfasst selbst die Frage der Fairness und als solche eine rechtliche Zielvorstellung. Ohne die Daten, auf denen das jeweilige Entscheidungsmodell trainiert wurde, wird kein Kläger in der Lage sein, eine solche weniger bevorzugte Behandlung zu beweisen. Das Gesetz sollte daher so ausgelegt werden, dass der Kläger nur beweisen muss, dass er zu einer benachteiligten Gruppe gehört, zB nicht eingestellt wurde oder keinen Kredit erhalten hat. In der Folge muss der Kläger dann nur noch durch Indizien einen Zusammenhang zwischen der benachteiligenden Entscheidung und seinem geschützten Merkmal aufzeigen. Der Beklagte muss dann dem Richter beweisen, dass das von ihm verwendete Entscheidungsmodell nicht diskriminierend ist. Der Richter muss in der Lage sein, die vermeintlich diskriminierende Entscheidung mit dem jeweiligen Fairnessmaß zu vergleichen, das für den Kontext gilt, in dem die Entscheidung getroffen wurde. In jedem Fall bedeutet dies, dass dem Gericht Daten zur Verfügung gestellt werden müssen, die die Übereinstimmung des Entscheidungsmodells des Beklagten mit dem jeweiligen Fairnessmaß beweisen. Bei Fairnessmaßen, die nicht von einer Ground Truth abhängen, könnte der Beklagte dem Gericht synthetische, also künstlich erzeugte Daten zur Verfügung stellen, die, sobald sie in das Entscheidungsmodell eingespeist werden, zu der gewünschten Gruppenverteilung führen müssen.

Allerdings könnte es bereits in diesem Fall problematisch sein, eine mögliche Diskriminierung einer einzelnen Person auf Basis synthetischer Daten auszuschließen. Wer weiß schon, ob das Modell auch auf reale Daten so reagiert? Insofern wäre es für den Beklagten vorteilhaft, dem

[101] BT-Drs. 16/1780, 47.

Gericht reale Daten aus seinem Entscheidungsprozess vorzulegen, um die vollständige Übereinstimmung des fraglichen Entscheidungsprozesses mit dem relevanten Fairnessmaß zu beweisen.

Die Überprüfung der Einhaltung von Fairnessmaßen, die von einer Ground Truth abhängen, erscheint dagegen deutlich schwieriger. In diesem Fall stellt sich die Frage, welcher Datensatz als Ground Truth betrachtet werden soll. Eine denkbare Option wäre ein öffentlicher, ausgewogener Datensatz, der alle Personengruppen einer Gesellschaft umfasst und die Gruppenverteilungen in einer Gesellschaft angemessen abbildet. Allerdings müsste auch ein solcher Datensatz mit „wahren" Ergebnissen für jede der Personen im Datensatz verknüpft werden. Alle „wahren" Ergebnisse für Entscheidungen durch staatliche Instrumente zu bestimmen, ist gleichzeitig ein immenser Eingriff in die bürgerlichen Freiheiten, sowie extrem ineffizient und langsam. Indem eine solche öffentliche Ground Truth „wahre" Werte dafür vorgibt, wer zB einen Job bekommen soll und wer nicht, gibt sie vor, vermeintlich „richtigen" Idealen einer Gesellschaft zu folgen. Wird eine solche Ground Truth vom Staat adaptiert und umgesetzt, wird sie zu einem erzwingbaren Imperativ. Abweichende Vorstellungen von der Gesellschaft müssten durch staatliche Repräsentanten diskutiert werden, könnten aber nicht mehr durch eigene Entscheidungen verwirklicht werden. Das entspricht im Grunde dem Ende einer liberalen bürgerlichen und dezentralen Gesellschaft.

Wenn es keine solche öffentliche Ground Truth gibt, kann für das Gericht die Ground Truth, auf die es sein Urteil stützen muss, nur aus dem Datensatz bestehen, der bis zu einem gewissen Grad verwendet wurde, um das jeweilige Modell zu trainieren, dem vorgeworfen wird, diskriminierend zu sein. Dies wirft die Frage auf, welche Datensätze dem Gericht zur Verfügung gestellt werden müssen. Unter der Annahme, dass der Anbieter das Modell nicht selbst trainiert hat, ist der eigentlich entscheidende Datensatz der Trainingsdatensatz, der vom Modell-Entwickler verwendet wurde. Wenn der Anbieter das Modell nicht zusätzlich trainiert hat, wird es mit derselben Ground Truth betrieben, die der Entwickler beim Training verwendet hat.

Ohne Bereitstellung eines Datensatzes, der als Ground Truth dient, kann kein Richter feststellen, ob ein von einer Ground Truth abhängiges Fairnessmaß wie **Separation** und **Sufficiency** erfüllt ist.

Das Fehlen einer zur Verfügung gestellten Ground Truth könnte daher dazu führen, dass der Beklagte den Rechtsstreit verliert. Der Beklagte muss dem Richter die korrekten Ground-Truth-Daten zur Verfügung stellen.

Im Falle eines Antidiskriminierungsverfahrens, das vor einem deutschen Gericht verhandelt wird, kann der Beklagte einen Sachverständigenbeweis gemäß §§ 402 ff. ZPO beantragen, um zu beweisen, dass der vom Beklagten verwendete Algorithmus nicht diskriminierend ist. Befindet sich die für diese Prüfung erforderliche Ground Truth jedoch in den Händen eines Dritten, kann dieser nicht gezwungen werden, seine Daten dem Sachverständigen zur Verfügung zu stellen. Der Beklagte kann versuchen, den Dritten zur Herausgabe der erforderlichen Daten zu bewegen, indem er ihm gem. § 72 ZPO den Streit verkündet. Dies hat zur Folge, dass der Dritte im Falle eines Regresses gegen den Beklagten nach § 68 ZPO nicht mit dem Einwand gehört wird, der vorangegangene Rechtsstreit sei zu Unrecht entschieden worden. Die Streitverkündung ist ein allgemeines Instrument in den Ländern der EU, da sie als prozessuale Möglichkeit in Art. 65 Brüssel I-Verordnung anerkannt wird.[102] Die Streitverkündung könnte daher dazu führen, dass der Dritte die erforderlichen Daten zur Verfügung stellt, um einen negativen Ausgang des Rechtsstreits zu verhindern, der zu einem nachfolgenden Regress des Beklagten gegen ihn führt. Der Dritte ist jedoch in keiner Weise verpflichtet, dem Verfahren beizutreten und die Ground-Truth-Daten zur Verfügung zu stellen. Wenn er seinen Informationsvorsprung für so wertvoll hält, dass er ihn in keiner Weise teilen möchte, erlaubt ihm das Zivilprozessrecht, den anschließenden Regressprozess zu verlieren, ohne dass er verpflichtet ist, seine Ground-Truth-Daten öffentlich zu machen. Auf diese Weise könnte ein Dritter, zB der Entwickler eines vermeintlich diskriminierenden Algorithmus, eine gründliche Analyse seines Algorithmus verhindern. Der dem Zivilprozessrecht unterliegende Beibringungsgrundsatz, nach dem es immer an den Parteien eines Gerichtsverfahrens liegt, Beweise zu erbringen führt dazu, dass ein zivilrechtliches Verfahren nicht ausreicht, um diskriminierungsfreie Algorithmen zu garantieren, die entsprechende Fairnessmaße einhalten. Daher sind starke Prüfungsrechte der Behörden und ein hinreichend starkes Wettbewerbsrecht notwendig, um Fairnessmaße effektiv zu etablieren.

---

[102] Da das Zivilprozessrecht in die nationale Zuständigkeit fällt, regelt Art. 65 Brüssel I-VO nicht selbst ein EU-weites Streitverkündungsinstrument. Vielmehr entscheidet die Vorschrift darüber, welches Zivilprozessrecht bei multinationalen Fällen zur Anwendung kommt. Da die Brüssel-I-Verordnung auf die Möglichkeit der Streitverkündung verweist, kann man davon ausgehen, dass jeder EU-Mitgliedstaat eine solche Möglichkeit in seinem jeweiligen Zivilprozessrecht kennt.

E. Zusammenfassung

Fairness in der algorithmischen Entscheidungsfindung ist ein höchst bedeutsames Thema, das komplexe Fragen für das Recht aufwirft und einige seiner grundlegenden Begriffe in Frage stellt.

Dieser Beitrag streitet dafür, dass **Conditional Independence, Separation, Sufficiency** und **Counterfactual Fairness** alle abhängig von ihrer konkreten Anwendung EU-rechtskonform umgesetzt werden können. Alle vier folgen der Idee, dass Fairness und Gleichheit bzw. das, was eine „weniger günstige Behandlung" definiert, in einer formalen, mathematischen Funktion ausgedrückt werden kann. Dieser mathematische Fokus führt zu einem ergebnisorientierten Verständnis von Gleichheit, das die Verteilung von Ergebnissen priorisiert und dadurch mit dem Begriff der individuellen Freiheit kollidiert. Nur die **Counterfactual Fairness** basiert auf einem prozessorientierten Verständnis von Gleichheit, das in einem zweiten Schritt mit einem Ergebnisabbildungsprozess verbunden ist. Die Idee eines kontrafaktisch fairen Entscheidungsergebnisses ist spannend, da sie gleichzeitig dem Ziel des Antidiskriminierungsrechts entspricht und es innerhalb des Prozesses, ein solches Ergebnis zu erreichen, verletzt. Es bleibt daher abzuwarten, ob und wie genau **Counterfactual Fairness** EU-rechtskonform umgesetzt werden kann. Unserer Meinung nach sollte der Gesetzgeber die Idee der **Counterfactual Fairness** jedoch weiter untersuchen und ausarbeiten, da sie das Ideal der individuellen Freiheit und Persönlichkeit in der algorithmischen Entscheidungsfindung bewahrt und somit eine Gesellschaft verhindert, die durch zu viele Quoten geprägt ist, die zentral von staatlichen Stellen bestimmt werden. Es ist der Kern einer freien Zivilgesellschaft, dass Menschen Entscheidungen auf Basis ihrer eigenen, voneinander abweichenden Präferenzen treffen können.

Das EU-Recht erkennt die Notwendigkeit positiver Maßnahmen und ergebnisorientierter Quoten an und lässt sie ausdrücklich zu. Allerdings geht es gleichzeitig davon aus, dass solche Maßnahmen nicht der Kern des Gleichheitsbegriffs sein sollen, sondern vielmehr eines von mehreren Mitteln zur Herstellung von Gleichheit in der Gesellschaft. Je mehr das Antidiskriminierungsrecht nur auf ein gruppenzentriertes Ergebnis abzielt, desto weniger wird dem Einzelnen in der Gruppe Rechnung getragen. Letztlich bestimmen das EU-Recht und insbesondere die EU-Grundrechtecharta nur die äußeren Grenzen des Kompromisses zwischen Kollektiv- und Individualorientierung, sowie zwischen Ergebnis-

und Prozessorientierung. Es bleibt eine hochpolitische Frage, ob Fairnessmaße auf breiter Front umgesetzt werden sollten und wenn ja, welche Fairness für unsere Gesellschaft wünschenswert ist. Der Gesetzgeber muss gemeinsam mit Politikern und Domänenexperten entscheiden, welche Art von Fairness unter welchen Bedingungen wünschenswert ist.[103] Dazu müssen alle Akteure gründlich darüber informiert werden, welche Art von Fairness welche Konsequenzen auf kurze und lange Sicht hat.

Viele Fairnessmaße können nicht gleichzeitig erfüllt werden.[104] Aufgrund der unterschiedlichen Interessen und Interessengruppen bei verschiedenen Entscheidungen, zB bei Personalentscheidungen im Gegensatz zu Kreditvergabeentscheidungen über die Aufnahme eines Kredits, passen verschiedene Fairnessmaße besser zu der einen als zu einer anderen Entscheidungssituation. Es ist zu beachten, dass die in dieser Arbeit analysierten Fairnessmaße in der Praxis den Entscheidungsträgern den größten Spielraum geben würden, die Entscheidungsbedingungen selbst zu bestimmen, während staatliche Organe wie Gerichte und Aufsichtsbehörden Kontrollinstanzen bleiben würden. Welches Fairnessmaß auf welche Entscheidungssituation angewendet werden soll, sollte von einem demokratisch legitimierten Organ, idealerweise dem Parlament, entschieden werden. Das jeweilige Organ könnte allgemeine Interessen in Situationen herausarbeiten, die auf das eine oder andere Fairnessmaß hindeuten. Allerdings gibt es eine unüberschaubare Menge an Entscheidungen und sogar im selben Bereich können unterschiedlichen Interessen bestehen, zB im Personalwesen, wo die Entscheidung, wer befördert wird, von anderen Interessen geleitet sein kann als die Entscheidung, wer eingestellt wird. Für jede dieser Entscheidungen das am besten passende Maß zu finden, ohne dabei zu sehr zu verallgemeinern, ist eine enorme Aufgabe. Der Begriff „weniger günstige Behandlung" ist aus gutem Grund nicht definiert: Seine Bedeutung ist stark kontextabhängig, dh eine ungünstigere Behandlung in einem Fall muss nicht unbedingt eine solche in einem anderen Fall bedeuten. Das macht es unmöglich, eine allgemeine Definition für eine weniger günstige Behandlung durch eines der Fairnessmaße zu finden. Auch hier könnte **Counterfactual Fairness**, die es den Entscheidungsträgern erlaubt, einem eigenen Kausalgraphen zu folgen, eine Lösung sein, die es nicht erfordert, dass ein Staatsorgan perfekte, abstrakte Regeln aufstellt.

Wenn Fairnessmaße zur Beurteilung der Angemessenheit von KI-basierten algorithmischen Entscheidungssystemen herangezogen werden sollen, muss auch berücksichtigt werden, dass viele Softwareprodukte re-

[103] *World Economic Forum*, How to Prevent Discriminatory Outcomes in Machine Learning, S. 5.

[104] *Barocas/Hardt/Narayanan*, Fairness and Machine Learning, S. 54ff.

gelmäßig aktualisiert werden. Viele KI-Systeme können sogar im Einsatz weiter lernen und damit, zumindest theoretisch, ihr Verhalten jederzeit ändern. Es ist daher notwendig, ein kontinuierliches Bewertungssystem für den Einsatz von Fairnessmaßen in Betracht zu ziehen. Schließlich sollen die formulierten Fairnessanforderungen über den gesamten Lebenszyklus eines KI-Produkts erfüllt werden. Es muss ein Eskalations-/Notfallverfahren geben, um unvorhergesehene Fälle von Unfairness zu korrigieren, wenn sie entdeckt werden. Die potenziell enorm großen Auswirkungen von KI-Systemen auf die Gesellschaft machen einen Mechanismus zur kontinuierlichen Überprüfung der Fairness wünschenswert. Anstatt gesetzlich festzulegen, dass Fairnessmaße direkt in KI-Modelle implementiert werden, sollten Fairnessmaße als Indikator verwendet werden, die eine ergebnisorientierte Überprüfung der Ausgaben eines bestimmten KI-Modells ermöglichen.

Algorithmen und Fairnessmaße können erheblich dazu beitragen, Diskriminierung von bestimmten Bevölkerungsgruppen aufzudecken. Wenn in einem konkreten Fall eine Diskriminierung vermutet wird, sollte jedoch zusätzlich zum Abgleich des KI-Systems darauf, ob es ein bestimmtes Fairnessmaß erfüllt, eine Prüfung von Hand erfolgen. Dies könnte entweder durch eine Aufsichtsbehörde in Form sogenannter Audits oder im Falle von Diskriminierungsklagen durch Richter erfolgen. Darüber hinaus sollte die Frage, ob Vorschläge aus einem KI-Modell, solange es ungelöste Probleme mit strukturellem Rassismus und Sexismus in einer Gesellschaft gibt, überhaupt in die Praxis umgesetzt werden dürfen und sollten, wesentlichen Einfluss auf die weitere Diskussion haben. Ohne gezielte Maßnahmen neigt KI nämlich dazu, diskriminierende Tendenzen aus Datensätzen zu lernen und damit strukturelle Ungleichheiten in der Gesellschaft durch ihre Lernheuristiken aufrecht zu erhalten oder sogar zu verstärken. Damit die vielen rechtlichen Fragen und Problemstellungen zufriedenstellend gelöst werden können, erscheint es essentiell, zu beantworten, ob es tatsächlich die Aufgabe eines KI-Systems sein sollte, bestehenden Ungleichheiten entgegenzuwirken, oder ob es nicht vielmehr die Aufgabe der Gesellschaft ist, die notwendige Grundlage für den Einsatz solcher Systeme zu schaffen.

Der prozessorientierte Ansatz im aktuellen Antidiskriminierungsrecht wirft die Frage auf, ob Fairness überhaupt mathematisch operationalisiert werden kann und sollte. Die mathematische Operationalisierung von Fairness führt zu einem ergebnisorientierten Antidiskriminierungsrecht, in dem scheinbar individuelle Gerechtigkeit vorprogrammiert und vorbestimmt ist, ohne echte Möglichkeit für das Individuum, diese Vorbestimmung anzufechten.[105] Die Tatsache, dass das Gesetz den Begriff

[105] *Binns/van Kleek/Veale et al.* CHI '18 2018, 1 (9).

der mittelbaren Diskriminierung verwendet, zeigt, dass es sich des Phänomens der statistischen Diskriminierung bewusst ist. Die Berücksichtigung der mittelbaren Diskriminierung ist jedoch nach wie vor nur ein Teil des Antidiskriminierungsrechts und hat noch nicht zu einer grundlegenden Änderung der Gesetzgebung in Richtung einer ergebnisorientierten Bewertung von Diskriminierung geführt. Möglicherweise werden algorithmische Entscheidungsfindungssysteme zu einer Veränderung führen, da sie oft nicht die nötige Transparenz in ihren Entscheidungsfindungsprozessen bieten und somit eine Kontrolle der Entscheidungsergebnisse unumgänglich machen. Dies wirft die Frage auf, ob eine breite Ergebniskontrolle mit dem EU-Recht überhaupt vereinbar ist.

Aufgrund der Tatsache, dass ergebnisgesteuerte Fairnessmaße ein Problem darstellen, sollten Entwickler von algorithmischen Entscheidungssystemen insbesondere im Sinne von Art. 22 DS-GVO stets versuchen, Modelle zu erstellen, deren Entscheidungsprozess transparent gemacht werden kann. Wenn möglich, sollte immer ein White-Box-Modell verwendet werden, um die Transparenz und Erklärbarkeit eines KI-basierten algorithmischen Entscheidungssystems zu erhöhen. Es wird oft argumentiert, dass Black-Box-Systeme, wie zB künstliche neuronale Netze, den White-Box-Systemen in Bezug auf Präzision, Aussagekraft und Effizienz deutlich überlegen sind.[106] Gleichzeitig zeigt die Fachliteratur aber auch an einigen Beispielen, dass dies nicht zwingend der Fall ist.[107] Ein möglicher Ansatz könnte sein, den Verantwortlichen für den Betrieb des Systems zu verpflichten (wobei zunächst die Frage der Verantwortung geklärt werden muss), objektive und im besten Fall überprüfbare Gründe zu liefern, warum kein White-Box-Modell verwendet werden kann. Ein White-Box-Modell ermöglicht es, nicht nur Ergebnisse, die das Modell ausgibt, zu analysieren, sondern auch den zugrundeliegenden Entscheidungsprozess. Dadurch kann eine prozessorientierte Bewertung aufrechterhalten werden und die Kompetenz der Richter, individuelle Gerechtigkeit gegenüber Menschen herzustellen, die gegen ihre Diskriminierung klagen, bleibt gewahrt. Darüber hinaus gewährleistet die Erklärbarkeit von KI ein menschenzentriertes Gesellschaftsverständnis, in dem die Kontrolle von Prozessen und Ergebnissen weiterhin in menschlicher Hand liegt.

KI stellt eine Herausforderung für den gesamten Geltungsbereich des Antidiskriminierungsrechts dar. Fairnessmaße können sich auf eine bestimmte Gruppe beziehen, die in dem Kontext, in dem das System einge-

---

[106] *Dunis/Williams* Derivatives use, trading and regulation 8 (2002), 211 (230 f.); *Wang/Li/Hu et al.* 9 (2009), Nr. 161 (S. 5); *Zekić-Sušac/Šarlija/Benšić* ITI '04 2004, 265 (270).

[107] *Rudin* Nat Mach Intell 1 (2019), 206 (225).

setzt wird, im Vor- oder im Nachteil sein kann. Es kann allerdings nicht davon ausgegangen werden, dass Ungleichheiten nur zwischen gesetzlich geschützten Gruppen auftreten. Gruppen, die sich nicht gesetzlich geschützten Merkmalen zuordnen lassen, können genauso unter Ungleichheiten leiden, die als diskriminierend angesehen würden, wenn sie auf eine geschützte Gruppe angewandt würden.[108] Grob gesagt könnten zum Beispiel alle Menschen diskriminiert werden, die ein Muttermal unter dem rechten Auge haben und noch nie länger als drei Jahre in einem Sportverein waren.

Das wirft die Frage auf, ob eine solche Diskriminierung auch verhindert werden muss. Spezifische Gleichheitsrechte, die vor Diskriminierung aufgrund bestimmter Merkmale schützen, ähneln Freiheitsrechten insofern, als sie einen spezifischen Schutz bieten, der mit dem der Freiheitsrechte vergleichbar ist. Im Gegensatz dazu enthält das allgemeine Gleichheitsrecht keine qualitativen Bedingungen, sondern besteht allein aus einem Vergleich zwischen zwei oder mehreren beliebigen Gruppen. Wenn nun jede einzelne Gruppe, die durch eine algorithmische Entscheidung diskriminiert wird, mit einem spezifischen Gleichheitsrecht geschützt werden sollte, wird die Grenze zwischen allgemeinen und spezifischen Gleichheitsrechten unscharf. Daher ist eine solche Erweiterung kritisch zu sehen.

Insgesamt ist der Einsatz von Algorithmen und Fairnessmaßen für die Entscheidungsfindung ein neuartiges Phänomen, das sowohl Chancen wie Risiken mit sich bringt. Es ist die Aufgabe von Politik, Recht und Gesellschaft insgesamt, eine Lösung für Diskriminierungsrisiken zu finden, die insgesamt zu mehr „substantive equality"[109] führt.

Danksagung

Diese Arbeit wurde vom Bundesministerium für Bildung und Forschung (BMBF) im Projekt GOAL – Governance von und durch Algorithmen unterstützt (Förderkennzeichen: 01IS19020). Darüber hinaus wurde die Forschung auch im Rahmen des vom BMBF geförderten Projekts „Fair and Good ADM" (16ITA203) durchgeführt. Wir danken Prof. Dr. Zweig und den Kolleginnen des ITM für ihre hilfreichen Kommentare und Diskussionen.

[108] *Wachter/Mittelstadt/Russell*, Why Fairness Cannot Be Automated, S. 11.

[109] Siehe zu diesem Begriff *Wachter/Mittelstadt/Russell*, Bias Preservation in Machine Learning, S. 12 ff.

Literatur

A. Singh/Joachims, Fairness of Exposure in Rankings, in Proceedings of the 24th ACM SIGKDD International Conference on Knowledge Discovery & Data Mining 2018, 2219.

Altmann/Sauer, Autonomous Weapon Systems and Strategic Stability, in Survival 59 (2017), 117.

Aristoteles/Gigon, Olof/Nickel, Rainer, Die Nikomachische Ethik, Griechisch - deutsch, 2. Aufl. 2014.

Bachhoff, Beurteilungsspielraum, Ermessen und unbestimmte Rechtsbegriffe im Verwaltungsrecht, in JZ 1955, 97.

Barile/Saviano, Dynamic Capabilities and T-Shaped Knowledge, A viable systems approach (VSA) 2013, verfügbar auf https://papers.ssrn.com/sol3/papers.cfm?abstract_id=2287778 (zuletzt abgerufen am 16.4.2021).

Barocas/Hardt/Narayanan, Fairness and Machine Learning 2019, verfügbar auf http://www.fairmlbook.org (zuletzt abgerufen am 16.4.2021).

Beljin, Die Zusammenhänge zwischen dem Vorrang, den Instituten der innerstaatlichen Beachtlichkeit und der Durchführung des Gemeinschaftsrechts, in EuR 2002, 351.

Berk/Heidari/Jabbari et al., Fairness in Criminal Justice Risk Assessments: The State of the Art, in Sociological Methods & Research 50 (2021), 3.

Beutel/Chen/Doshi et al., Fairness in recommendation ranking through pairwise comparisons, in Proceedings of the 25th ACM SIGKDD International Conference on Knowledge Discovery & Data Mining 2019, 2212.

Binns/van Kleek/Veale et al., 'It's Reducing a Human Being to a Percentage': Perceptions of Justice in Algorithmic Decisions, in Proceedings of the 2018 CHI Conference on Human Factors in Computing Systems 2018, 1.

Busch, W., Die Entstehung der kritischen Rechtsphilosophie Kants 1762–1780, 1979.

Calmon/D. Wei/Vinzamuri et al., Optimized Pre-Processing for Discrimination Prevention, in Advances in Neural Information Processing Systems 30 (2017), 3995.

Chouldechova, Fair Prediction with Disparate Impact, A Study of Bias in Recidivism Prediction Instruments, in Big data 5 (2017), 153.

Coing, H., Zur Geschichte des Privatrechtssystems, 1962.

Corbett-Davies/Pierson/Feller et al., Algorithmic Decision Making and the Cost of Fairness, in Proceedings of the 23rd ACM SIGKDD International Conference on Knowledge Discovery and Data Mining 2017, 797.

Craven/Shavlik, Extracting tree-structured representations of trained networks, in Proceedings of the 8th International Conference on Neural Information Processing Systems 1995, 24.

Datenschutzrecht, DSGVO mit BDSG, bearb. von Simitis, Hornung, Spiecker gen. Döhmann 2019 (zit. als *Bearbeiter* in Simitis-DSGVO).

Dawid, Causal Inference Without Counterfactuals, in Journal of the American Statistical Association 95 (2000), 407.

Derose/Contreras/Coleman et al., Race and ethnicity data quality and imputation using U.S. Census data in an integrated health system: the Kaiser Permanente Southern California experience, in Medical Care Research and Review 70 (2013), 330.

Dieterich/Mendoza/Brennan, COMPAS risk scales: Demonstrating accuracy equity and predictive parity, in Northpoint Inc. 7 (2016), 1–37.

Dunis/Williams, Modelling and trading the EUR/USD exchange rate, Do Neural Network Models Perform Better?, in Derivatives use, trading and regulation 8 (2002), 211.

Dwork/Hardt/Pitassi et al., Fairness through awareness, in Proceedings of the 3rd Innovations in Theoretical Computer Science Conference 2012, 214.

Dworkin, What is Equality? Part 1: Equality of Welfare, in Philosophy & Public Affairs 10 (1981), 185.

Dworkin, What is Equality? Part 2: Equality of Resources, in Philosophy & Public Affairs 10 (1981), 283.

Ferguson/Bovaird/Mueller, The impact of poverty on educational outcomes for children, in Paediatrics & Child Health 12 (2007), 701.

Fischer/Schult/Hell, Sex differences in secondary school success: why female students perform better, in European Journal of Psychology of Education 28 (2013), 529.

Fredman, Sandra, Discrimination Law, 2. Aufl. 2011.

Friedler/Scheidegger/Venkatasubramanian, The (Im)possibility of fairness, Different Value Systems Require Different Mechanisms For Fair Decision Making, in Communications of the ACM 64 (2021), 136.

Friedler/Scheidegger/Venkatasubramanian et al., A comparative study of fairness, Enhancing interventions in machine learning, in Proceedings of the Conference on Fairness, Accountability, and Transparency 2019, 329.

Gerritse/Vries, Effect of Debiasing on Information Retrieval, in Bias and Social Aspects in Search and Recommendation 1245 (2020), 35.

Guggenberger, KI und Recht, Neue Methodik, billige Entscheidungen und Ergebnisvorgaben, in MMR 2019, 777.

Güroğlu/van den Bos/Rombouts et al., Unfair? It depends: neural correlates of fairness in social context, in Social Cognitive and Affective Neuroscience 5 (2010), 414.

Hardt/Price/Srebro, Equality of Opportunity in Supervised Learning, in arXiv preprint arXiv:1610.02413 (2016).

Hegel, G. W., Grundlinien der Philsophie des Rechts, Naturrecht und Staatswissenschaft im Grundrisse, 1820.

Herresthal, Grundrechecharta und Privatrecht, Die Bedeutung der Charta der Grundrechte für das europäische und das nationale Privatrecht, in ZEuP 2014, 238.

Hutchinson/Mitchell, 50 Years of Test (Un)fairness, in Proceedings of the Conference on Fairness, Accountability, and Transparency 2019, 49.

Kant, Immanuel, Die Methaphysik der Sitten: Metaphyische Anfangsgründe der Rechtslehre, 1797.

Kilbertus/Rojas-Carulla/Parascandolo et al., Avoiding Discrimination through Causal Reasoning, in Advances in Neural Information Processing Systems 30 (2017), 656.

Kusner/Loftus/Russell et al., Counterfactual Fairness, in arXiv preprint arXiv:1703.06856 (2017).

Looschelders (Hrsg.), Beck-Online Großkommentar AGG, München 2021.

Makhlouf/Zhioua/Palamidessi, On the Applicability of ML Fairness Notions, in arXiv preprint arXiv:2006.16745 (2020).

McNamara, Equalized Odds Implies Partially Equalized Outcomes Under Realistic Assumptions, in Proceedings of the 2019 AAAI/ACM Conference on AI, Ethics, and Society 2019, 313.

Molnar, Interpretable Machine Learning, A Guide for Making Black Box Models Explainable 12.4.2021, verfügbar auf https://christophm.github.io/interpretable-ml-book/index.html (zuletzt abgerufen am 16.4.2021).
Muller, Catelijne, The Impact of Artificial Intelligence on Human Rights, Democracy and the Rule of Law, Report 24.6.2020, verfügbar auf https://rm.coe.int/cahai-2020–06-fin-c-muller-the-impact-of-ai-on-human-rights-democracy-/16809ed6da (zuletzt abgerufen am 19.4.2021).
Pearl, Judea, Causality, Models, reasoning and inference, 2. Aufl. 2013.
Rawls. John, A Theory of Justice, 1971.
Ribeiro/S. Singh/Guestrin, Anchors: High-Precision Model-Agnostic Explanations, in Proceedings of the AAAI Conference on Artificial Intelligence 32 (2018).
Ribeiro/S. Singh/Guestrin, "Why Should I Trust You?", Explaining the Predictions of Any Classifier, in KDD '16: Proceedings of the 22nd ACM SIGKDD International Conference on Knowledge Discovery and Data Mining 2016, 1135.
Rudin, Stop explaining black box machine learning models for high stakes decisions and use interpretable models instead, in Nature Machine Intelligence 1 (2019), 206.
Russell/Kusner/Loftus et al., When Worlds Collide: Integrating Different Counterfactual Assumptions in Fairness, in Advances in Neural Information Processing Systems 30 (2017).
Shapiro, Reform predictive policing, in Nature 541 (2017), 458.
Shapley, Lloyd Stowell, A Value for n-Person Games, in *Kuhn/Tucker* (Hrsg.), Contributions to the Theory of Games, Volume II, Princeton 1953, S. 307.
Sokol/Flach, Explainability fact sheets, in FAT* 2020 - Proceedings of the 2020 Conference on Fairness, Accountability, and Transparency 2020, 56.
Spohrer/Golinelli/Piciocchi et al., An Integrated SS-VSA Analysis of Changing Job Roles, in Service Science 2 (2010), 1.
Streinz, Rudolf, Europarecht, 11. Aufl. 2019.
Sundararajan/Najmi, The Many Shapley Values for Model Explanation, in Proceedings of the 37th International Conference on Machine Learning 2020, 9269.
Verma, Fairness Definitions Explained, in Proceedings of the International Workshop on Software Fairness 2018, 1.
Wachter/Mittelstadt/Russell, Bias Preservation in Machine Learning, The Legality of Fairness Metrics Under EU Non-Discrimination Law 2021, verfügbar auf https://ora.ox.ac.uk/objects/uuid:0c4cc51d-b2d3–4843–82ad-928e3b33e119 (zuletzt abgerufen am 19.4.2021).
Wachter/Mittelstadt/Russell, Why Fairness Cannot Be Automated, Bridging the Gap Between EU Non-Discrimination Law and AI 2020, verfügbar auf https://papers.ssrn.com/sol3/papers.cfm?abstract_id=3547922 (zuletzt abgerufen am 16.4.2021).
Wang/Li/Hu et al., Comparison of hospital charge prediction models for gastric cancer patients:, Neural network vs. decision tree models 9 (2009), Nr. 161.
Wexler, Natalie, The Knowledge Gap, The hidden cause of America's broken education system and how to fix it, 2019.
Wong, Democratizing Algorithmic Fairness, in Philosophy & Technology 33 (2020), 225.
World Economic Forum, How to Prevent Discriminatory Outcomes in Machine Learning, Global Future Council on Human Rights 2016–2018 März 2018, verfügbar auf http://www3.wefo-

rum.org/docs/WEF_40065_White_Paper_How_to_Prevent_Discriminatory_Outcomes_in_Machine_Learning.pdf (zuletzt abgerufen am 19.4.2021).

Zekić-Sušac/Šarlija/Benšić, Small business credit scoring, A comparison of logistic regression, neural network and decision tree models, in Proceedings of the 26th International Conference on Information Technology Interfaces 2004, 265.

Zuiderveen Borgesius, Price Discrimination, Algorithmic Decision-making, and European Non-discrimination Law, in European Business Law Review 31 (2019), 401.

Zuleeg, Manfred, Das Recht der Europäischen Gemeinschaften im innerstaatlichen Bereich, 1969.

Zweig/Krafft, Fairness und Qualität algorithmischer Entscheidungen, in *Kar/Thapa/Parycek* (Hrsg.), (Un)berechenbar? Algorithmen und Automatisierung in Staat und Gesellschaft, Berlin 2018, S. 204.

Kapitel 8. Fairness by awareness? Zur Einbeziehung geschützter Merkmale in algorithmische Entscheidungen

Hoffmann/Vogt/Hauer/Zweig

A. Einleitung

Im Zeitalter von Big Data-Analysen ist zu beobachten, dass die Auswertung großer Datenmengen zu immer geringeren Kosten möglich wird.[1] Die Erfolge der sogenannten „Künstlichen Intelligenz“ (KI), beispielsweise im Bereich der Bilderkennung oder der Verarbeitung von gesprochener Sprache, führen dabei auch zu Begehrlichkeiten, die scheinbar objektiven Berechnungen auch für heiklere Entscheidungen zu verwenden: So hat Amazon nach einem Bericht von Reuters versucht, eine automatische Bewerberbewertungssoftware mit Hilfe des sogenannten maschinellen Lernens zu entwickeln. Nach wenigen Monaten hat sich jedoch herausgestellt, dass das System männliche Bewerber bevorzugt hat. Das Projekt ist inzwischen wieder eingestellt.[2] Solche Algorithmen bekommen diverse Informationen über eine Person und berechnen nach einer Reihe von Regeln dann einen Wahrscheinlichkeitswert, zB wie groß die Wahrscheinlichkeit ist, dass eine Person innerhalb von zwei Jahren das Unternehmen wieder verlässt. Bei manchen dieser Werkzeuge werden die Entscheidungsregeln manuell festgelegt, andere „lernen“ die Regeln von Daten der Vergangenheit mit einer Methode des „maschinellen Lernens“: Dazu wird eine Menge von Daten nach Eigenschaften derjenigen Arbeitnehmer durchsucht, die häufig mit einer Kündigung einhergehen und von denjenigen, die nicht kündigen bzw. dem Unternehmen möglichst lange erhalten bleiben. So ist beispielsweise bekannt – und dies kann auch von den Methoden des maschinellen Lernens aus den Daten als Korrelation extrahiert werden –, dass junge Frauen ein höheres Risiko

---

[1] *Guggenberger* MMR 2019, 777 (778).

[2] *Dastin*, Amazon scraps secret AI recruiting tool that showed bias against women, Reuters, 11.10.2018, https://www.reuters.com/article/us-amazon-com-jobs-automation-insight-idUSKCN1MK08G.

haben, einen Job zu kündigen als ältere Männer.[3] Die solcherart beobachteten („gelernten") Korrelationen werden dann als Menge von Entscheidungsregeln abgelegt und für die Risikobewertung weiterer Kandidaten verwendet. Dabei ist zu beobachten, dass sensitive Eigenschaften im Rahmen der Entscheidungsfindung Berücksichtigung finden. Man ging bisher davon aus, dass die Nichtverwendung bzw. Unkenntnis einer solchen Information einen Entscheider oder eine Entscheiderin davor bewahrt, diskriminierend zu handeln.[4] Dementsprechend sollen diese Informationen zwar grundsätzlich ausgeblendet werden; die Vorgabe genügt oftmals jedoch nicht, weil es auf anderem Wege zu Diskriminierungen kommen kann. So war es, laut dem schon genannten Reuters-Bericht auch bei Amazon.[5] Obwohl der Software nicht bekannt war, ob der Lebenslauf einer Frau oder eines Mannes zur Beurteilung vorlag, gab es aufgrund bisheriger Einstellungspraktiken Hinweise darauf, dass Frauen weniger oft eingestellt wurden. Diese Tendenz wurde von der Maschine übernommen. So wurden beispielsweise Personen, die ihren Abschluss auf einem Frauencollege gemacht haben oder die angaben, einen Club für Frauen geleitet zu haben, schlechter bewertet. Nachdem Amazon dies bewusst geworden war, sei die Software vollständig eingestellt worden; bis dahin sei sie nicht großflächig zum Einsatz gekommen, so der Bericht.

Bisher war es im Rahmen von Auswahlentscheidungen üblich, geschützte Merkmale – etwa die des Art. 3 Abs. 3 S. 1 GG, Art. 21 Abs. 1 GRCh, sowie auf einfachgesetzlicher Ebene § 1 AGG und Art. 9 Abs. 1 DS-GVO – grundsätzlich nicht zu berücksichtigen, um sicher zu stellen, nicht gegen die betreffenden Vorschriften zu verstoßen. Ein Auswahl- oder Entscheidungsprozess wird dann als fair wahrgenommen, wenn er unabhängig von diesen geschützten Merkmalen abläuft.

Durch den Einsatz von KI stellt sich nun aber die Frage, ob unser bisher fast ausschließlich prozessorientiertes Verständnis von Fairness und Gerechtigkeit sich nach und nach zu einer resultatsorientierten Auffassung entwickeln sollte. Unter dem Begriff „prozessorientiert" verstehen wir solche Aspekte, die sich unmittelbar auf den Entscheidungsprozess beziehen, also das Zustandekommen der Entscheidung. Unter dem Begriff „resultatsorientiert" fassen wir solche Punkte, die am Ergebnis an-

---

[3] Statistisches Bundesamt, Qualität der Arbeit – Personen in Elternzeit, https://www.destatis.de/DE/Themen/Arbeit/Arbeitsmarkt/Qualitaet-Arbeit/Dimension-3/elternzeit.html.

[4] BAG Urt. v. 5.2.2004 – 8 AZR 112/03, NZA 2004, 540 (544).

[5] *Dastin*, Amazon scraps secret AI recruiting tool that showed bias against women, Reuters, 11.10.2018, https://www.reuters.com/article/us-amazon-com-jobs-automation-insight-idUSKCN1MK08G.

knüpfen und dabei dessen Zustandekommen nicht berücksichtigen.[6] Darauf aufbauend soll untersucht werden, ob ein geschütztes Merkmal für einen „guten Zweck" systematisch in einen Entscheidungsprozess einbezogen werden darf bzw. sollte, wenn das so erzielte Ergebnis auf der Resultatsebene Fehler reduzieren würde, die besonders zu Lasten von Personen mit eben diesem geschützten Merkmalen gingen. An dieser Stelle sei darauf hingewiesen, dass neben den rechtlichen Fragestellungen die tatsächlichen Umstände eine Beurteilung dieser Frage in der Realität komplex werden lassen.

Nach einer Erläuterung des technischen Hintergrundes (→ B.) wird ein Szenario vorgestellt, in dem wir zeigen, dass die Hinzunahme eines geschützten Merkmals zu objektiv besseren Resultaten führen kann (→ C.). Anschließend wird das Szenario rechtlich untersucht (→ D.), wobei der Schwerpunkt auf der Auslegung des Begriffs der Benachteiligung und einer möglichen objektiven Rechtfertigung liegt. Die Untersuchung endet mit einer kritischen Auseinandersetzung mit der derzeitigen Gesetzeslage (→ E.) und einem rechtspolitischen Ausblick (→ F.).

B. Technischer Hintergrund zum maschinellen Lernen

Wie in der Einleitung kurz skizziert, können Methoden des maschinellen Lernens aus einem Datensatz Entscheidungsregeln ableiten. Wir demonstrieren den Mechanismus dafür anhand eines fiktiven Beispiels: Zur Auswertung von Bewerbungsunterlagen soll eine KI erstellt werden, die es erlaubt, basierend auf den im Lebenslauf genannten Informationen vorherzusagen, welche Bewerber für den Job geeignet sein könnten. Dafür werden die Bewerbungen der letzten Jahre auf vergleichbare Jobs in demselben Unternehmen und die Information, ob die Bewerber eingestellt wurden, gesammelt. Diese Sammlung von Informationen bezeichnen wir im Folgenden als (Trainings-)Datensatz und die Information, ob eine Person eingestellt wurde oder nicht, als sogenannte Grundwahrheit (ground truth). Im Bewerbungsverfahren soll das KI-System genutzt werden, um die Personalabteilung bei der Entscheidung zu unterstützen, wer von den Bewerbern zu einem persönlichen Vorstellungsgespräch eingeladen werden soll.

Hinter der Entwicklung solcher KI-Systeme steckt immer ein resultatsorientiertes Qualitätsmaß und ein bestimmtes Fairnessmaß, mit dem die Entscheidungen bewertet werden.

[6] *Guggenberger* MMR 2019, 777 (778).

Als **gut** könnte man ein System bezeichnen, das möglichst wenige Fehlentscheidungen produziert – allein für die Messung einer solchen "Güte" gibt es ca. zwei Dutzend verschiedene Formeln.[7] Als **fair** wird ein System bezeichnet, welches die Minderheitengruppe, also einen Teil der Gesamtheit welcher sich in mindestens einer Eigenschaft von der Mehrheit unterscheidet, nicht maßgeblich besser oder schlechter beurteilt als die Gruppe, die die Mehrheit darstellt. Ein mögliches Fairnessmaß, um diesem Anspruch gerecht zu werden, heißt „Conditional Independence“[8] Nach diesem Fairnessmaß wäre das System fair, wenn das Verhältnis der zu einem Vorstellungsgespräch eingeladenen Personen aus den Bewerbern, die als geeignet angesehen werden, für beide Gruppen gleich ist. Dies soll anhand eines kurzen Beispiels demonstriert werden: Es bewerben sich laut einem Datensatz 1.000 Personen, 700 Frauen und 300 Männer, auf eine Stelle. Wir nehmen nun an, dass 40 Prozent der Männer (also 120) und 60 Prozent der Frauen (also 420) den Anforderungen an die Jobeignung genügen. Wenn nun 21 von den geeigneten 420 Frauen (5 Prozent) vom System zur Einladung empfohlen werden, dann müssen auch 6 von den ausreichend qualifizierten 120 Männern (5 Prozent) vom System empfohlen werden, damit es als fair nach der Conditional Independence gilt.

Eine der Methoden, mit denen aus solchen Datensätzen Entscheidungsregeln abgeleitet werden können, ist die sogenannte Support Vector Machine (SVM):

Bei einer SVM handelt es sich um ein mathematisches Lernverfahren, das einen Datensatz bekommt, der (in einfachen Fällen) in zwei Gruppen „zerfällt“, im Strafrechtskontext zB rückfällig gewordene und nicht rückfällig gewordene Täter. Die Software sucht dann nach einer Trennlinie, die die beiden Gruppen möglichst gut voneinander trennt, dh, die Punkte der beiden Gruppen sollten möglichst nur auf jeweils einer der beiden Seiten und möglichst weit weg von der Trennlinie liegen. Technisch gesehen ist die „Trennlinie“ übrigens nur dann eine Linie, wenn es über die Personen neben dem Trenn-Kriterium nur zwei weitere Informationen gibt (zB Alter und Geschlecht). Sind es drei weitere Informationen, wird die Trennlinie zu einer sogenannten Hyperebene, die man sich wie einen Schnitt durch einen Würfel vorstellen kann. Eine Hyperebene bestimmt, wo genau die Grenze zwischen den beiden Gruppen verläuft und zwar für alle möglichen Kombinationen von Informationen.

---

[7] *Barocas/Hardt/Narayanan*, Fairness in machine learning, Nips tutorial 1 (2017): 2.

[8] *Dawid*, Conditional independence in statistical theory, Journal of the Royal Statistical Society: Series B (Methodological) 41.1 (1979): 1–15.

Abbildung 1 zeigt eine Visualisierung eines Datensatzes. Bei den Datenpunkten könnte es sich zum Beispiel um die erfolgreich eingestellten Bewerber (viereckig) und die nicht erfolgreich eingestellten (dreieckig) handeln. Die Eigenschaften, nach denen die Datenpunkte aufgetragen sind, sind „Jahre der Expertise im Job" und „Anzahl Monate ohne Beschäftigung seit Ausbildungsende".

Nun soll eine Trennlinie eingeführt werden, die bei neuen Datenpunkten bei der Entscheidung hilft, ob der neue Bewerber zu der Gruppe der erfolgreichen Einstellungen gehören könnte oder zu der anderen Gruppe.

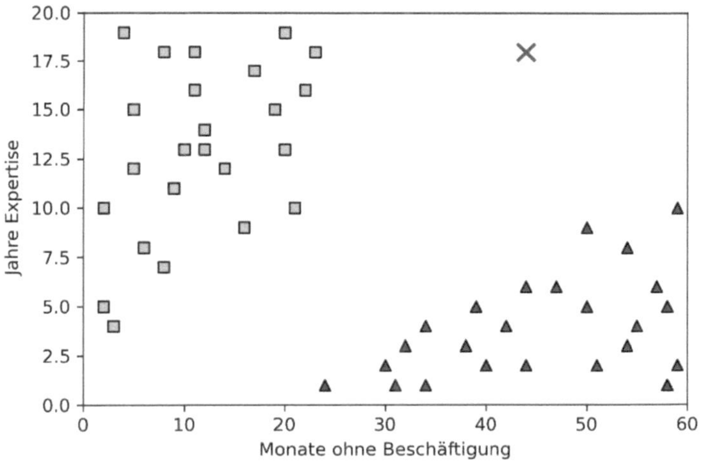

Abbildung 1: Es ist unklar, ob es sich bei dem Datenpunkt, der hier mit einem X markiert ist, um eine Person handelt, die vermutlich erfolgreich eingestellt werden wird, oder nicht. Eine SVM soll eine Einschätzung geben.

In diesem Beispiel lässt sich eine Reihe von Trennlinien ohne Schwierigkeiten von Hand zeichnen, jedoch bedeutet dies auch, dass es eine Vielzahl möglicher Trennlinien gibt, die auf den ersten Blick gleich gut erscheinen (Abbildung 2, oben). Verschiedene Trennlinien können für einen neuen Datenpunkt eine unterschiedliche Gruppierung vornehmen (Abbildung 2, unten).

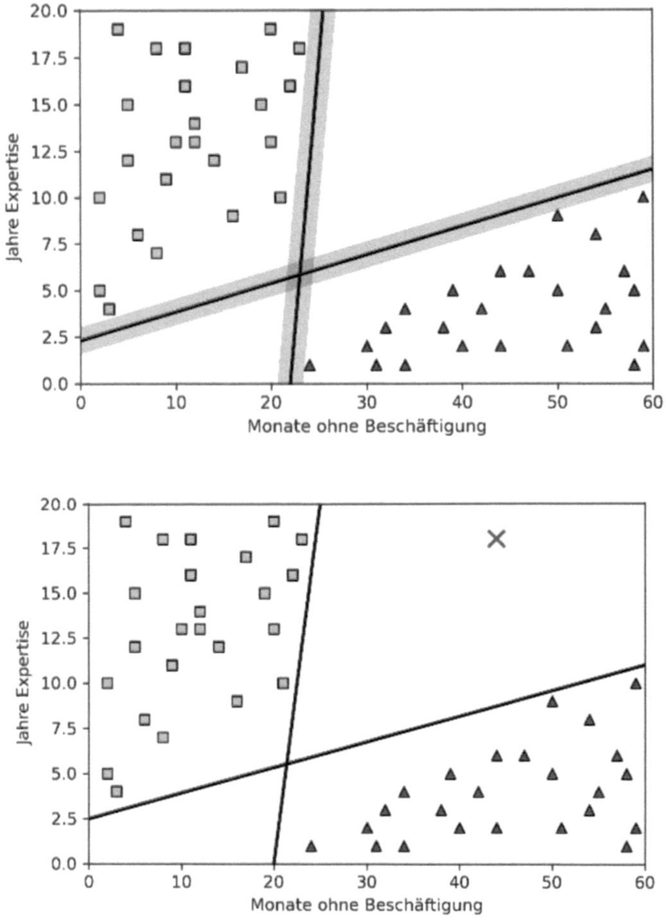

Abbildung 2: Je nach Wahl der Trennlinie würde der mit X markierte Datenpunkt als erfolgreicher oder nicht erfolgreicher Bewerber eingeschätzt werden.

Eine Support Vector Machine löst nun das Problem, indem sie eine möglichst optimale Trennlinie zwischen den Gruppen mathematisch berechnet, die den Abstand zu angrenzenden Punkten maximiert. Bei den Punkten, die für diesen Abstand maßgeblich sind, handelt es sich um die namensgebenden Unterstützungsvektoren (Abbildung 3).

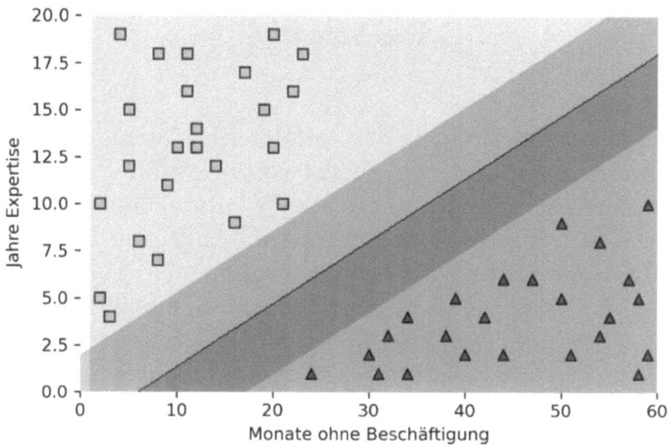

Abbildung 3: Eine optimale Trennlinie maximiert die Distanz zu den nächsten Punkten. Dies wird hier durch den Abstand zur Trennlinie visualisiert.

Sobald eine solche Trennlinie (bzw. Hyperebene im allgemeineren Fall) berechnet wurde, wird sie im Weiteren als Entscheidungsregel verwendet: Neue Punkte werden danach bewertet, ob sie auf die eine oder andere Seite der Grenze fallen und dies bestimmt die Ausgabe der Einschätzung.

Auch wenn wir hier konkret die Methode der SVM betrachten, ist es wichtig zu betonen, dass alle Methoden des maschinellen Lernens prinzipiell nach demselben Verfahren funktionieren: Sie analysieren einen Datensatz und betrachten dabei die Informationen, die für jede einzelne Person vorliegen und wie die Personen in der Vergangenheit eingeschätzt worden sind. Aufbauend auf den Mustern und Korrelationen innerhalb des Datensatzes erstellen sie eine Entscheidungsregel, welche vorgibt, wie in Zukunft Personen auf Grundlage ihrer Daten bewertet werden sollen, zum Beispiel in Form einer Kategorisierung in eine von zwei Klassen wie in dem Beispiel mit den Bewerbenden für einen Job.

Da sich reale Datenpunkte selten mithilfe einer geraden Linie gut voneinander trennen lassen, kann das Verfahren so erweitert werden, dass Fehleinschätzungen zulässig sind, Anzahl und Ausmaß der Fehler jedoch nach Möglichkeit minimal gehalten werden.

C. Das Szenario

In der Realität sind die Gruppen von "erfolgreichen" und "nicht erfolgreichen Bewerbungen" selten so einfach voneinander zu trennen: Oftmals gibt es miteinander im Konflikt stehende Informationen. Abbildung 4 zeigt einen Datensatz, der realistischer ist und in dem die beiden Gruppen sich überlappen. Hier wird nun die Variante der SVM verwendet, die versucht, die Anzahl der Fehlentscheidungen zu minimieren.

Das Trainingsergebnis ist eine Trennlinie, welche bestmöglich zwischen erfolgreichen und nicht erfolgreichen Bewerbungen separiert und aus der sich somit eine mathematisch optimale Entscheidungsregel herleiten lässt.

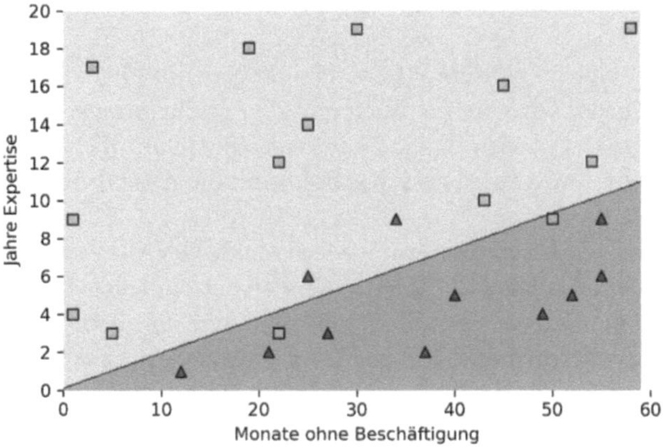

Abbildung 4: Fiktiver Trainingsdatensatz von Personen, die eingestellt (viereckig), bzw. nicht eingestellt (dreieckig) worden sind, zusammen mit der durch eine SVM berechneten Grenze zwischen ihnen, die eine möglichst große Gesamtdistanz zu den umliegenden Punkten hat.

Auf den Trainingsdaten werden dabei vier Fehler gemacht: Zwei gute Bewerber wären mit der SVM fälschlicherweise der Gruppe der schlechten Bewerber zugeteilt worden und zwei schlechte Bewerber wären zu Unrecht eingeladen worden.

Es handelt sich bei Abbildung 4 um die optimale Lösung unter der Bedingung, dass die geschützte Eigenschaft (hier Geschlecht) nicht verwendet werden kann, also die optimale Lösung unter der prozessorientierten Sicht (**Blindes Modell**). Unter der ergebnisorientierten Sicht, die die geschützte Eigenschaft berücksichtigt, sieht die Sachlage anders aus:

Abbildung 5 zeigt denselben Datensatz, markiert aber nun zusätzlich die Bewerberinnen mit einem Kreis. Die Abbildung zeigt, dass – obwohl das Verfahren agnostisch bezüglich des Geschlechtes der Bewerber war – trotzdem ein geschlechtsspezifisches Muster deutlich wird: Die fälschlicherweise als vermutlich nicht erfolgreich klassifizierten Bewerber sind alle Frauen und die fälschlicherweise als vermutlich erfolgreiche Bewerber eingestuften Personen sind alle Männer.

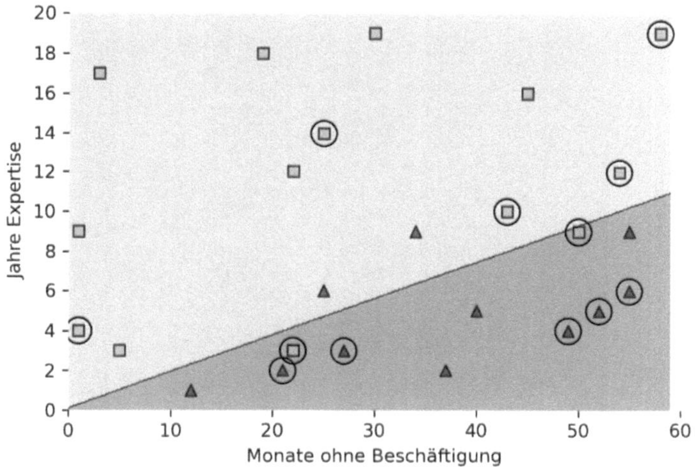

Abbildung 5: Die Datenpunkte, die Frauen repräsentieren, sind eingekreist.

Derartige Muster können immer dann entstehen, wenn geschützte Eigenschaften einem Algorithmus vorenthalten werden, die jedoch Einfluss auf unterschiedliches Verhalten oder unterschiedliche Behandlung haben.[9] Dass dies nicht nur theoretisch der Fall ist, haben wir beim Amazon-Beispiel schon erwähnt. Es wurde aber auch für das COMPAS-System nachgewiesen, das von amerikanischen Gerichten bis heute verwendet wird, um in den verschiedenen Phasen eines Prozesses für Kriminelle zu berechnen, wie wahrscheinlich es ist, dass sie rückfällig werden.[10]

Eine solche Schlechterstellung kann in unserem fiktiven Beispiel dagegen vermieden werden, wenn der Trainingsdatensatz nach Geschlecht aufgeteilt und zwei voneinander unabhängige SVMs erstellt werden (**Differenzierendes Modell**). In diesem Fall wird für jede Teilgruppe eine ei-

[9] *Zweig*, Ein Algorithmus hat kein Taktgefühl, 2019, S. 217.

[10] *Angwin/Larson/Mattu/Kirchner*, Machine Bias: There's Software Used Across the Country to Predict Future Criminals. And It's Biased Against Blacks., ProPublica, 23.03.2016, https://www.propublica.org/article/machine-bias-risk-assessments-in-criminal-sentencing.

gene, mathematisch optimale Entscheidungsregel abgeleitet (Abbildung 6). Dabei werden in diesem Beispiel sogar gar keine Fehler mehr erzeugt. Das fiktive Beispiel zeigt, dass die Berücksichtigung geschützter Merkmale aus der Resultatsperspektive für eindeutig bessere Ergebnisse sorgen kann. Es ist wichtig zu betonen, dass die Methode des maschinellen Lernens, die zur Entscheidungsfindung verwendet wird, für die Demonstration dieses Effekts keine Rolle spielt. Für andere Verfahren ließen sich ähnliche Beispiele konstruieren.

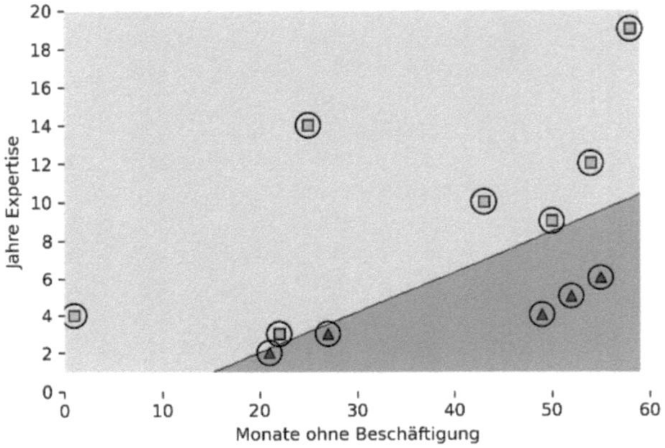

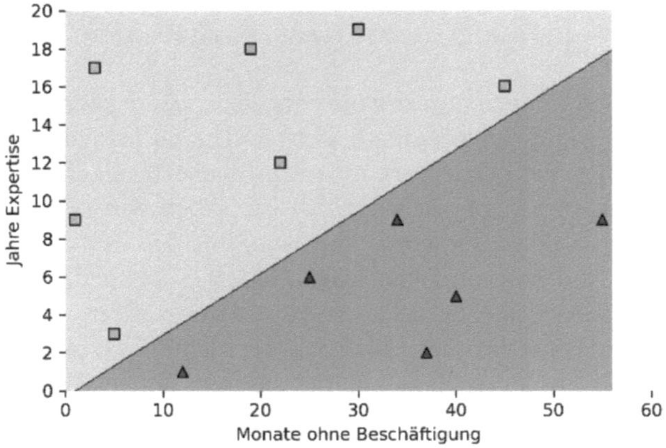

Abbildung 6: Eigene SVMs für Frauen (oben) und Männer (unten).

Die beiden falsch kategorisierten Frauen wären im geschlechtsblinden Modell nur wegen eben jener Blindheit nicht eingeladen worden, während sie laut differenzierender SVM als "geeignete Kandidaten" identifiziert worden wären. Gleichzeitig ist zu beobachten, dass die Trennlinie zwischen der Entscheidung einen Kandidaten einzuladen, bei der getrennten Betrachtung gegenüber der gemeinsamen Betrachtung für Frauen niedriger, für Männer hingegen höher liegt. Durch die differenzierte Analyse erhöht sich der Wert, welchen Männer erfüllen müssen, um als geeignet zu gelten. Es folgt, dass es nun eine Gruppe von männlichen Bewerbern gibt, die nach dem blinden Modell den Anforderungen entsprechen würden, bei dem Einsatz des differenzierenden Modells die Anforderungen hingegen nicht erfüllen.

Im Folgenden legen wir unserer rechtlichen Untersuchung dieses Szenario zugrunde, möchten an dieser Stelle aber noch einmal darauf hinweisen, dass das benachteiligte Geschlecht von der konkreten Situation abhängt und nicht generell davon, ob man die Geschlechter für die Erzeugung einer (oder mehrerer) SVM(s) berücksichtigt, oder nicht.

D. Rechtlicher Hintergrund

Im Folgenden soll das oben vorgestellte fiktive Szenario rechtlich untersucht werden. Die nach dem Geschlecht differenzierte Betrachtung der Bewerber, infolge derer man zwei unterschiedliche Entscheidungsformeln für Männer und Frauen einsetzt, könnte gegen das in § 7 Abs. 1 iVm § 1 AGG geregelte zentrale Verbot der Benachteiligung in Beschäftigung und Beruf[11] verstoßen.

Die Prüfung gliedert sich wie folgt: Nachdem kurz auf den Anwendungsbereich des AGG eingegangen wird (→ I.), wird zunächst geprüft, ob der Maßstab „Fairness by unawareness" gesetzlich verankert ist (→ II.). Anschließend wird sich der Frage gewidmet, ob eine Benachteiligung im Sinne von § 7 Abs. 1 iVm § 3 AGG vorliegt (→ III.). Darauffolgend soll geschaut werden, ob eine mögliche Benachteiligung objektiv gerechtfertigt wäre (→ IV.).

I. Anwendungsbereich des AGG

Sowohl der persönliche als auch der sachliche Anwendungsbereich des AGG sind eröffnet. Für den sachlichen Anwendungsbereich folgt dies aus

[11] BT-Drs. 16-1780, 34; aA BeckOK ArbR/*Roloff* AGG § 2 Vor Rn. 1, der meint, dass bereits § 2 Abs. 1 AGG das allgemeine Benachteiligungsverbot regle und § 7 Abs. 1 deshalb überflüssig sei.

§ 2 Abs. 1 Nr. 1 AGG,[12] da die Offenlegung des geschützten Merkmals die Auswahlkriterien berührt.

Für den persönlichen Anwendungsbereich ergibt sich dies aus § 6 Abs. 1 S. 2 AGG, wonach auch Bewerber als Beschäftigte gelten.

II. Der Maßstab „Fairness by unawareness" in der Gesetzgebung

Ein ausdrückliches Gebot den Maßstab "Fairness by unawareness" konsequent durchzusetzen und gesetzlich geschützte Merkmale bei Entscheidungen grundsätzlich nicht zu beachten, findet sich weder im AGG noch im GG, der EMRK oder der GRCh. Der EuGH geht in seiner ständigen Rechtsprechung davon aus, dass eine Ungleichbehandlung wegen des Geschlechtsmerkmals möglich ist, wenn sie aufgrund objektiver Faktoren notwendig ist.[13] Daraus ist zu schließen, dass eine nach dem Geschlecht differenzierende Ungleichbehandlung nicht grundsätzlich verboten ist, sondern nur dann, wenn sie nicht objektiv zu rechtfertigen ist.[14]

III. Benachteiligung iSd § 7 Abs. 1 Hs. 1 iVm § 3 AGG

Die männlichen Bewerber müssten in dem differenzierenden Modell benachteiligt worden sein, indem sie aufgrund der Anwendung der geschlechtsspezifischen Entscheidungsformel den für sie geltenden höheren Schwellenwert nicht erreicht haben (Abbildung 6). Es stellt sich die Frage, ob hier eine Benachteiligung des Einzelnen im Rahmen des Entscheidungsprozesses vorliegt, wenn im Rahmen einer Gesamtbetrachtung ein „besseres" Ergebnis erreicht wird. Im Kern geht es um die bereits oben aufgeworfene Frage, inwiefern man für einen „guten Zweck" ein geschütztes Merkmal in einen Entscheidungsprozess einbeziehen darf.

Der Begriff der Benachteiligung ist in § 3 AGG geregelt. Ihm liegt ein prozessorientiertes Verständnis zugrunde, das auf das Zustandekommen des Ergebnisses und die Nachvollziehbarkeit der Entscheidungsarchitektur ausgerichtet ist[15] und den Interessen des Einzelnen gerecht werden will (Einzelfallgerechtigkeit)[16]. Dieses Verständnis lässt sich insbesondere

---

[12] Vgl. BT-Drs. 16–1780, 31; BeckOGK/*Baumgärtner* AGG § 2 Rn. 2; *v. Steinau-Steinrück/Schneider* in Boecken/Düwell/Diller/Hanau Gesamtes Arbeitsrecht AGG § 2 Rn. 1.

[13] EuGH Urt. v. 26.6.2001 – C-381/99, Slg. 2001, I-4961 Rn. 65 – Brunnhofer; Urt. v. 23.10.2003 – C- 4/02 und C-5/02, Slg. 2003, I-12575 Rn. 83 ff – Schönheit.

[14] *von der Decken* in Heselhaus/Nowak EU-Grundrechte-HdB § 48 Rn. 52.

[15] *Kevekordes/Hauer/Amir Haeri* Rechtliche Bewertung möglicher Fairnessmaße → Kap. 7.

[16] *Wachter/Mittelstadt/Russell,* Why Fairness Cannot Be Automated: Bridging the Gap Between EU Non-Discrimination Law and AI, 29 f.; EuGH Urt. v. 6.4.2017 –

mit dem Wortlaut der zugrunde liegenden Richtlinie begründen. In der englischen Fassung der RL 2006/54/EC, die sich mit der Verwirklichung des Grundsatzes der Chancengleichheit und Gleichbehandlung von Männern und Frauen in Arbeits- und Beschäftigungsfragen beschäftigt, wird nicht vom Ergebnis gesprochen, sondern vielmehr der Begriff „treatment“ (dt. Behandlung, Verfahren, Bearbeitung) verwendet. Gleichermaßen wird auch in der französischen Fassung der Richtlinie der Begriff “traitement” (dt. Behandlung, Verarbeitung) verwendet.

In § 3 AGG wird zwischen unmittelbarer (Abs. 1) und mittelbarer Benachteiligung (Abs. 2) differenziert.

Eine unmittelbare Benachteiligung gem. § 3 Abs. 1 S. 1 AGG liegt vor, wenn eine Person wegen eines in § 1 AGG genannten Grundes eine weniger günstige Behandlung als eine Person in einer vergleichbaren Situation erfährt, erfahren hat oder erfahren würde. Während das Bundesarbeitsgericht fordert, dass die Benachteiligung an die in § 1 AGG aufgezählten Merkmale anknüpfen respektive durch sie motiviert[17] sein müssen, genügt es dem EuGH, wenn das Merkmal in Bezug auf die weniger günstige Behandlung ausschlaggebend[18] war oder damit zusammenhängt[19]. Eine mittelbare Benachteiligung gem. § 3 Abs. 2 AGG liegt dann vor, wenn dem Anschein nach neutrale Vorschriften, Kriterien oder Verfahren Personen wegen eines in § 1 genannten Grundes gegenüber anderen Personen in besonderer Weise benachteiligen können, es sei denn, diese Maßnahmen sind durch ein rechtmäßiges Ziel sachlich gerechtfertigt, sowie angemessen und erforderlich.

Für eine unmittelbare Benachteiligung in dem differenzierenden Modell spricht, dass allein anhand des Geschlechtsmerkmals bestimmt wird, welche Mindestanforderungen bzw. welcher Schwellwert gilt. Da die Mindestanforderungen allerdings anhand der Informationen des jeweiligen Datensatzes bestimmt werden und andere Informationen dazu führen könnten, dass die Anforderungen an die Bewerberinnen höher sind als die an die männlichen Bewerber, könnte man ebenso gut eine mittelbare Benachteiligung annehmen. Für die einer mittelbaren Benachteiligung spricht auch, dass man hier nicht an Männer höhere Anforderun-

C-668/15, ECLI:EU:C:2017:278 Rn. 32 – Jyske Finans; Urt. v. 15.11.2018 – C-457/17, ECLI:EU:C:2018:912 Rn. 48 – Maniero.

[17] BAG Urt. v. 22.1.2009 – 8 AZR 906/07, NZA 2009, 945 Rn. 36; Urt. v. 13.10.2009 – 9 AZR 722/089, NZA 2010, 327 Rn. 49; Urt. v. 20.3.2012 – 9 AZR 529/10, NZA 2012, 803 Rn. 14; Urt. v. 25.3.2015 – 5 AZR 458/13, NZA 2015, 1059 Rn. 26. Die Auffassung basiert auf BT-Drs. 16/1780, 32.

[18] EuGH Urt. v. 16.7.2015 – C-83/14, ECLI:EU:C:2015:480 Rn. 76 – CEZ Razpredelenie Bulgaria.

[19] EuGH Urt. v. 16.7.2015 – C-83/14, ECLI:EU:C:2015:480 Rn. 91 – CEZ Razpredelenie Bulgaria.

gen stellt, weil sie Männer sind, sondern eben weil ihr Datensatz es so vorgibt.

Nimmt man eine resultatsorientierte Perspektive ein, so zeigt diese, dass die Entscheidungsregeln an sich nicht allein ausschlaggebend sein können, um zwischen unmittelbaren und mittelbaren Benachteiligungen zu unterscheiden. Wenn eine Entscheidungsregel über die Einstellung zB eine Untergrenze für die Körpergröße betrifft, kann eine geschlechterneutrale Grenze dazu führen, dass bei Bewerbungen deutlich mehr Männer als Frauen eingestellt werden. Eine solche Untergrenze kann selbstverständlich auch durch Mindestanforderungen anderer Merkmale bestimmt werden, wobei in anderen Konstellationen auch Männer schlechter gestellt werden können. Dabei können unterschiedliche Schwellenwerte dafür sorgen, dass der Anteil an Bewerberinnen (bei ansonsten gleicher Eignung) auch unter den eingestellten Personen erhalten bleibt. Die Frage nach einer Benachteiligung lässt sich erst entscheiden, wenn die eigentliche Entscheidung getroffen wird. Da diese aber nicht nur von den Regeln abhängig ist, sondern auch von den Anteilen an Personen in der jeweiligen Bewerbungssituation und den (verschiedenen) Verteilungen der entscheidenden Eigenschaft (wie zB Körpergröße), muss das Resultat betrachtet werden: Je höher die Korrelation zwischen Geschlecht (oder anderen, geschützten Eigenschaften) und der Einstellungsentscheidung ist, desto unmittelbarer ist der Effekt des Geschlechts auf die Einstellung. Auch hier könnte man daher argumentieren, dass die Verteilung der Eigenschaften und nicht allein das Geschlechtsmerkmal die Mindestanforderungen vorgeben. Die Frage ob eine mittelbare oder unmittelbare Benachteiligung vorliegt ist oftmals ein Grenzfall, der stark von dem konkreten Einzelfall abhängt. Da die Rechtfertigungsebene die Möglichkeit eröffnet, die jeweiligen Interessen in einen schonenden Ausgleich zu bringen, ziehen wir in unserem Fall eine mittelbare Benachteiligung in Betracht.

Der Tatbestand setzt sich aus Elementen die vorliegen, und solchen, die fehlen müssen, zusammen.[20] Es ist im Rahmen der Prüfung streng danach zu differenzieren, ob schon gar keine Benachteiligung vorliegt oder ob das Vorgehen zwar grundsätzlich die positiven Elemente der Benachteiligung erfüllt, diese aber objektiv gerechtfertigt wäre. Im letzteren Fall verlangt die ständige Rechtsprechung stets eine auf den Einzelfall bezogene Interessenabwägung,[21] sodass sich die Frage stellen würde, ob das Interesse am Einsatz des ADM-Systems, das auf dem differenzierenden Modell aufbaut, überwiegt.

---

[20] ErfK/*Schlachter* AGG § 3 Rn. 13.
[21] Vgl. etwa BAG Urt. v. 28.1.2021 – 2 AZR 764/08, NZA 2010, 625 Rn. 30.

In einem ersten Schritt ist daher zu prüfen, ob ein dem Anschein nach neutrales Verfahren die männlichen Bewerber wegen ihres Geschlechts mittelbar benachteiligt. Wäre dies nicht der Fall, wären schon die positiven Anforderungen des § 3 Abs. 2 AGG nicht erfüllt, sodass es auf eine etwaige objektive Rechtfertigung nicht mehr ankäme.

Da der Gesetzgeber an dieser Stelle eine Zirkeldefinition verwendet, indem er „dasselbe durch dasselbe" definiert und den zu definierenden Begriff der Benachteiligung als bereits bekannt voraussetzt (lat. *idem per idem*)[22], ist sich dem Begriff der (mittelbaren) Benachteiligung durch Gesetzesauslegung zu nähern. Dabei sind neben den vier klassischen Auslegungsmethoden (grammatikalische, systematische, historische und teleologische Auslegung), die auf *Carl v. Savigny* zurückzuführenden sind und die „nicht als vier Arten der Auslegung, unter denen man nach Geschmack und Belieben wählen könnte, [zu verstehen sind,] sondern [als] verschiedene Tätigkeiten, die vereinigt wirken müssen"[23], auch die richtlinienkonforme und die grundrechtskonforme Auslegung heranzuziehen.

1. Grammatikalische Auslegung

Der Wortlaut einer Norm bildet den Ausgangspunkt einer jeden Auslegung.[24] „Benachteiligen" kann „jemanden schlechter behandeln", „jemand hinter andere zurücksetzen" oder „jemandem nicht das Gleiche zugestehen wie anderen" bedeuten.[25] Nun stellt sich die Frage, ob die Betroffenen schlechter behandelt werden, zurückgesetzt werden oder ob ihnen nicht das Gleiche wie anderen zugestanden wird.

Ist der Schwellenwert, der für männliche Bewerber angewendet wird, gegenüber dem der Bewerberinnen rein faktisch betrachtet höher, könnte man annehmen, dass männliche Bewerber gegenüber Bewerberinnen schlechter behandelt werden. Gleichwohl wird in jeder Gruppe unabhängig voneinander eine optimale Trennlinie ermittelt, die nicht durch das Ergebnis der anderen Gruppe beeinflusst wird. Der optimale Schwellenwert im Datensatz des männlichen Bewerberpools errechnet sich allein aus den im Trainingsdatensatz vorhandenen und ausgewerteten Informationen. Zur Beantwortung dieser Frage hilft der Wortlaut der Vorschrift nicht weiter.

---

[22] Zur Zirkeldefinition siehe *Regenbogen/Meyer*, Wörterbuch der philosophischen Begriffe, 1998, S. 749.

[23] *v. Savigny*, System des heutigen Römischen Rechts, 1840, S. 215.

[24] Vgl. etwa BVerfG Urt. v. 21.5.1952 – 2 BvH 2/52, BVerfGE 1, 299 Rn. 56; BGH Urt. v. 25.9.2002 – VIII ZR 253/99, BGHZ 152, 121 Rn. 14; Urt. v. 30.6.1966 – KZR 5/65, BGHZ 46, 74 (76); Urt v. 7.6.1960 – VIII ZR 215/59, BGHZ 33, 321 Rn. 19.

[25] https://www.duden.de/rechtschreibung/benachteiligen.

2. Systematische Auslegung

Im Rahmen der systematischen Auslegung ist der Inhalt aus dem Aufbau des betroffenen Gesetzes, sowie dem Inhalt von anderen Normen zu ermitteln.[26] Aus der Struktur des § 3 Abs. 2 AGG, der eine Möglichkeit zur Rechtfertigung im zweiten Schritt vorsieht, kann man herleiten, dass die positiven Merkmale weit zu verstehen sein sollen. Wenn der Begriff des Benachteiligens schon in seinem Gehalt sehr eng definiert wäre, käme man nur in den seltensten Fällen zu der Frage der objektiven Rechtfertigung.

3. Teleologische Auslegung

Gleichzeitig würde auch der Zweck des Gesetzes weniger stark verfolgt werden. Das Ziel des Gesetzes ist gem. § 1 AGG unter anderem die Benachteiligung wegen des Geschlechts zu verhindern oder zu beseitigen. Sofern man nun aber den Begriff des Benachteiligens in § 3 Abs. 2 AGG sehr eng verstünde, würde man den Zweck des Gesetzes beschränken. Man könnte anführen, dass hierin keine Beschränkung des Gesetzeszwecks zu sehen sei, da die Benachteiligung im Sinne des § 1 AGG identisch wie die des § 3 Abs. 2 AGG zu verstehen sei und daher ebenfalls nicht vorläge. Man könne deshalb auch nichts beschränken, was gar nicht gegeben sei. Eine solche Sichtweise verkennt allerdings, dass die Begriffe der Benachteiligung in § 1 AGG und des Benachteiligens in § 3 Abs. 2 AGG nicht identisch verstanden werden können. Denn Benachteiligungen des § 3 Abs. 2 können gerechtfertigt werden, wohingegen § 1 AGG solche Benachteiligungen meint, die nicht mehr zu rechtfertigen sind. Der Umfang des § 3 Abs. 2 AGG muss daher weitergehen, was dafür spricht in dem zugrunde gelegten Szenario (differenzierendes Modell) eine Benachteiligung zu bejahen.

4. Historische Auslegung

Auch der Wille des Gesetzgebers, der sich aus dem Rückgriff auf die Entstehungsgeschichte der Norm ergibt, spricht für ein weites Verständnis des Benachteiligungsbegriffs in § 3 Abs. 2 AGG.[27] In den Gesetzesmaterialien des AGG heißt es, dass sich der Gesetzgeber bewusst für den Begriff der „Benachteiligung" und nicht den der „Diskriminierung" entschieden hat, um deutlich zu machen, dass nicht jede unterschiedliche Behandlung, die mit der Zufügung eines Nachteils verbunden ist, diskri-

---

[26] *Meier/Jocham* JuS 2015, 490 (491 f.); Staudinger/*Honsell* Einl. zum BGB Rn. 143 ff.

[27] *Looschelders* in Heidel/Hüßtege/Mansel/Noack BGB Anh. zu § 133 Rn. 22.

minierenden Charakter hat.[28] Unter „Diskriminierung“ würde schon im allgemeinen Sprachgebrauch nur die rechtswidrige, sozial verwerfliche Ungleichbehandlung verstanden werden.[29] Der Gesetzgeber hat mit seiner Begriffswahl deutlich gemacht, dass § 3 Abs. 2 AGG weit zu verstehen ist.

5. Richtlinienkonforme Auslegung

Mit der Einführung des AGG ist der deutsche Gesetzgeber seiner Verpflichtung zur Umsetzung der vier EU-Antidiskriminierungsrichtlinien[30] nachgekommen. Sowohl der Europäische Gerichtshof,[31] als auch das Bundesverfassungsgericht[32] verfolgen in ihrer ständigen Rechtsprechung den in Art. 288 Abs. 3 AEUV und Art. 4 Abs. 3 EUV verankerten Grundsatz der richtlinienkonformen Auslegung.[33] Die RL 2000/78/EG zur Festlegung eines allgemeinen Rahmens für die Verwirklichung der Gleichbehandlung in Beschäftigung und Beruf spricht in Art. 2 Abs. 2 lit. b zwar von mittelbarer „Diskriminierung“, da diese aber gerechtfertigt werden kann, darf der Wortlaut schon aus systematischer Sicht nicht zu eng verstanden werden. Die Anwendung einer höheren Trennlinie stellt daher auch im Lichte einer richtlinienkonformen Auslegung eine mittelbare Benachteiligung dar.

6. Auslegung im Lichte der Grundrechtecharta

Bei der Auslegung im Lichte der Grundrechtecharta ist unter den möglichen Auslegungsvarianten der Vorschrift, diejenige zu wählen, die mit den Grundrechten im Einklang steht und diesen am ehesten Ausdruck verleiht.[34] Da der Rechtsbereich des AGG vollharmonisiert ist, ist im Rahmen der verfassungskonformen Auslegung europäisches Recht und damit die Grundrechtecharta heranzuziehen.[35] Diese hat in Art. 21

[28] BT-Drs. 16–1780, 30.

[29] BT-Drs. 16–1780, 30.

[30] Dazu gehören RL 2000/43/EG (AntirassismusRL), RL 2000/78/EG (RahmenRL Beschäftigung), RL 2002/73/EG (GenderRL), die mittlerweile neu gefasst wurde und zwar durch RL 2006/54/EG und die RL 2004/113/EG (RL zur Gleichstellung der Geschlechter auch außerhalb der Arbeitswelt).

[31] St. Rspr. seit EuGH Urt. v. 10.4.1984 – C-14/83, Slg. 1984, 1891 Rn. 26 – von Colson und Kamann/Land NRW.

[32] BVerfG Urt. v. 8.4.1987 – 2 BvR 687/85, BVerfGE 75, 223 (237); ausführlich zur richtlinienkonformen Auslegung des BVerfG und des BGH bei *Brechmann* Die richtlinienkonforme Auslegung S. 77.

[33] *Ruffert* in Calliess/Ruffert EUV/AEUV AEUV Art. 288 Rn. 77.

[34] *Leible/Domröse* in Riesenhuber Europäische Methodenlehre § 8 Rn. 57.

[35] Die gilt spätestens seit BVerfG Urt. v. 6.11.2019 – 1 BvR 276/17, NJW 2020, 314 – Recht auf Vergessen II.

Abs. 1 und Art. 23 GRCh den Antidiskriminierungsschutz verankert. Die Bedeutung dieser Grundrechte und die Gewährleistung eines effektiven Schutzes spricht schließlich ebenfalls für ein weites Verständnis von § 3 Abs. 2 AGG. Das Schutzziel des Art. 21 Abs. 1 GRCh, Diskriminierungen zu verhindern, spricht für ein weites Verständnis des Benachteiligungsbegriffs, da hierdurch zunächst mögliche Diskriminierungen erfasst werden und eine Abwägung nicht schon an dieser Stelle vorgenommen wird. Dies ermöglicht im Rahmen der Rechtfertigung die entgegenstehenden Rechte und Interessen in einen angemessenen Einklang zu bringen.

7. Subsumtion und Zwischenergebnis

Der Begriff der Benachteiligung iSv § 3 Abs. 2 AGG ist weit zu verstehen. Sollte eine getrennte Beurteilung unter Einbeziehung einer geschützten Eigenschaft erfolgen, um für jede Teilgruppe die jeweils bestmöglichen Bewerber zu identifizieren und dabei nicht die Absicht verfolgt werden, eine Gruppe aufgrund ihres Geschlechts schlechter zu stellen, könnte keine Benachteiligung angenommen werden. Eine solche Behandlung könnte dann zulässig sein, wenn es erwartbare kausale Zusammenhänge zwischen den persönlichen Informationen über einen Bewerber oder einer Bewerberin, der Leistung und dem Geschlecht (oder anderen geschützten Eigenschaften) gibt. Daher könnte man anführen, dass die sich daraus unter Umständen unterschiedlich gestaltenden Entscheidungsregeln für sich allein genommen keine Benachteiligung aufgrund der geschützten Eigenschaft darstellen.

Demgegenüber ist festzustellen, dass die männlichen Bewerber rein faktisch betrachtet höhere Anforderungen als die Bewerberinnen erfüllen müssen. Die männlichen Bewerber, für die eine höhere Trennlinie gilt, werden daher gegenüber den Bewerberinnen benachteiligt. Somit käme es darauf an, ob die differenzierte Beurteilung und der Einsatz der unterschiedlichen Entscheidungsformeln objektiv gerechtfertigt sind.

IV. Könnte eine Differenzierung objektiv gerechtfertigt sein?

Im Folgenden soll untersucht werden, ob die Anwendung des differenzierenden Modells gerechtfertigt werden kann und wie sich dies in der Realität gestaltet.

1. Rechtfertigung des Szenarios

Naheliegend ist zunächst ein Vergleich des vorliegenden Szenarios mit der Rechtsprechung zu Versicherungstarifen. Bis zum EuGH-Urteil im

März 2011[36] war es in einigen Bereichen üblich, dass Frauen und Männer für bestimmte Versicherungen unterschiedliche Tarife zahlten. Dies war möglich, da der deutsche Gesetzgeber einen durch die Gender-Richtlinie[37] vorgesehenen Gestaltungsspielraum ausnutzte und mit § 20 Abs. 2 S. 1 AGG die in § 19 Abs. 1 Nr. 2 AGG verankerte Regelung geschlechtsneutraler Tarife relativierte.[38] Begründet wurde dies mit unterschiedlich hohen Risiken, welche man statistisch nachweisen könne.[39] Frauen seien etwa weniger häufig in Verkehrsunfälle verwickelt als Männer,[40] Männer hingegen hätten eine kürzere Lebenserwartung und würden daher geringere Rentenzahlungen in Anspruch nehmen.[41] Der EuGH entschied, dass eine Regelung, die es den Mitgliedstaaten erlaube, unterschiedlich hohe Prämien und Leistungen unbefristet aufrechtzuerhalten, nicht mit den Art. 21 und 23 GRCh vereinbar sei.[42] Diese Entscheidung des EuGH könnte auch für das vorliegende Szenario die Richtung vorgeben. Denn die Ausgangslage des Versicherungsfalls war ebenfalls, dass Männer und Frauen getrennt beurteilt wurden und aufgrund der Ergebnisse dieser Auswertung unterschiedlich hohe Prämien zahlen mussten, um potenziell „gerechtere" Ergebnisse zu erzielen. Abzuwägen waren dabei die Vertragsfreiheit und die unternehmerische Freiheit, gestützt durch Art. 16 GRCh, mit dem Diskriminierungsschutz der Art. 21, 23 GRCh.[43] Im Europarecht ist die Vertragsfreiheit nicht ausdrücklich normiert, wird aber mittelbar aus der Gesamtschau des Unionsrechts, der Rechtsprechung des EuGH sowie den Äußerungen der Kommission hergeleitet.[44] Im Bereich von Versicherungen kam allerdings noch das Solidaritätsprinzip hinzu, dem in unserem konkreten Szenario keine entscheidende Bedeutung zukommt. Betrachtet man die Solidarität als gesamtgesellschaftliches Prinzip, in dem es generell darum geht, dass Personen mit unterschiedlichen Risiken füreinander einstehen, dann ist eine Differenzierung gerade nicht gewollt.[45] Jedoch wurde das Urteil des EuGH von der Literatur nicht völlig kritiklos aufgenommen.[46] Zum einen wurde kritisiert, dass eine geschlechtsspezifische Betrachtung nicht genügend Aussagekraft für eine Risikobeurteilung enthalte; vielmehr käme es auf

[36] EuGH Urt. v. 1.3.2011 – C-236/09, Slg. 2011 I-00773.
[37] RL 2006/54/EG.
[38] *Mönnich* VersR 2011, 1092.
[39] EuGH Urt. v. 1.3.2011 – C-236/09, Slg. 2011 I-00773 Rn. 27.
[40] *Schwintowski* VersR 2011, 164 (170).
[41] *Schwintowski* VersR 2011, 164 (170).
[42] EuGH Urt. v. 1.3.2011 – C-236/09, Slg. 2011 I-00773 Rn. 32.
[43] *Lüttringhaus* EuZW 2011, 296 (297).
[44] *Wendland* Vertragsfreiheit und Vertragsgerechtigkeit S. 38.
[45] *Leube* NZS 2003, 449.
[46] Siehe bspw. *Armbrüster* VersR 2010, 1578; *Looschelders* VersR 2011, 421; *Lüttringhaus* EuZW 2011, 296.

die individuellen Lebens- und Verhaltensweisen an.[47] Der Ansatz der individuellen Betrachtung fand zwar Zustimmung, dennoch wurde angemerkt, dass es bestimmte Risiken gäbe, die von Natur aus schon nur einem Geschlecht zuzuordnen seien, wie etwa Krankheitsbilder, die nur bei einem Geschlecht auftreten (zum Beispiel Gebärmutterhals- oder Prostatakrebs) und deshalb nur bei dem jeweiligen Geschlecht in die Risikobeurteilung einfließen müssten.[48] Die Entscheidung verkenne daher den entscheidenden Unterschied zwischen Geschlechterdifferenzierung und Geschlechterdiskriminierung.[49] Zum anderen wird der minimalistische Begründungsaufwand des Gerichts bemängelt, der eine Verhältnismäßigkeitsprüfung gänzlich vermissen lasse und somit den Eindruck erwecke, die Vertragsfreiheit der Versicherer werde nicht berücksichtigt.[50] Dies wiege umso schwerer, da nach Art. 119 Abs. 1 AEUV die Wirtschaftspolitik der Mitgliedstaaten auf dem Grundsatz einer offenen Marktwirtschaft mit freiem Wettbewerb beruht, welcher die privatautonome Entscheidung der Bürger, sich durch Verträge zu binden, zwingend voraussetze.[51] Insofern erscheine es fraglich, inwieweit eine Gleichbehandlung den Gerechtigkeitsgedanken trage, wenn dies zu dem Ergebnis führt, dass eine Gruppe die Risiken der anderen Gruppe mittragen muss, ohne diesen auch nur potenziell ausgesetzt zu sein.[52] Auf unser Szenario übertragen stellt sich daher die Frage, ob man Bewerberinnen nach einem Verfahren beurteilen darf, wenn feststeht, dass sie dadurch systematisch benachteiligt werden oder ob man nicht vielmehr geschützte Merkmale in die Entscheidungsfindung einbeziehen darf, wenn feststeht, dass man so ein insgesamt besseres Ergebnis erzielt. Die Verhältnismäßigkeit einer das Geschlechtsmerkmal berücksichtigenden Entscheidungsfindung, soll im Folgenden untersucht werden.

Damit eine Ungleichbehandlung gerechtfertigt sein kann, muss zunächst ein legitimer Differenzierungsgrund vorliegen.[53] Die Maßnahme muss dann geeignet sein diesen Zweck erreichen zu können und erforderlich sein.[54] Zuletzt wird geprüft, ob die Maßnahme im Verhältnis zur Benachteiligung angemessen ist.[55]

---

[47] So zwar nicht der EuGH direkt, sehr wohl aber die Schlussanträge der Generalstaatsanwältin Juliane Kokott vom 30.9. 2010 zur Rechtssache C-236/09 Rn. 60–63; *Armbrüster* VersR 2010, 1578 (1581 f.).

[48] *Looschelders* VersR 2011, 421 (428); *Schwintowski* VersR 2011, 164 (170); *Purnhagen* EuR 2011, 690 (701).

[49] *Purnhagen* EuR 2011, 690 (701); *Schwintowski* VersR 2011, 164 (170).

[50] *Heese* NJW 2012, 572 (574).

[51] *Schwintowski* VersR 2011, 164 (166).

[52] *Purnhagen* EuR 2011, 690 (701); *Schwintowski* VersR 2011, 164 (170).

[53] BeckOGK/*Baumgärtner* AGG § 3 Rn. 87.

[54] BeckOGK/*Baumgärtner* AGG § 3 Rn. 87.

[55] BeckOGK/*Baumgärtner* AGG § 3 Rn. 87.

In unserem Szenario ist der rechtmäßige Zweck, das Interesse des Arbeitgebers möglichst gute Bewerber auszuwählen.[56] Es steht dem prozessorientierten Ansatz des AGG[57] nicht entgegen, einen resultatsorientieren Aspekt im Rahmen der Rechtfertigung heranzuziehen.[58] Die Vorgabe des Gesetzes muss aber im Rahmen der späteren Interessenabwägung Berücksichtigung finden.

Die Methode ist auch geeignet. Geeignet ist jede Maßnahme, die zur Verwirklichung des Zwecks beiträgt.[59] Durch den Einsatz unterschiedlicher Entscheidungsformeln wird ein besseres Ergebnis erzielt, als dies bei einer gemeinsamen Berechnungsmethode möglich wäre.

Des Weiteren ist das Vorgehen auch erforderlich, da keine gleich geeignete mildere Methode zur Verfügung steht. Vielmehr steht fest, dass durch die Verwendung einer gemeinsamen Entscheidungsformel mehr Fehler gemacht worden wären. Denkbar wäre die Durchsicht der Bewerbungsunterlagen durch eine natürliche Person vorzunehmen. Dieses Vorgehen wäre aber nicht gleich geeignet. Zum einen ist aus Effektivitätsgesichtspunkten des Unternehmens der Einsatz von Mitarbeitern im Vergleich zu Algorithmen deutlich kosten- und zeitintensiver, wobei schon an dieser Stelle darauf hingewiesen werden soll, dass allein aus Gründen der Effizienz der Gleichbehandlungsgrundsatz nicht eingeschränkt werden darf. Zum anderen können aber auch bei menschlichen Entscheidungen Fehler unterlaufen.

Schließlich muss die Methode auch angemessen sein. Dies ist der Fall, wenn die verursachten Nachteile in Bezug auf den verfolgten Zweck nicht außer Verhältnis zueinanderstehen und keine übermäßige Beeinträchtigung derjenigen bewirken, die sich auf das geschützte Merkmal berufen.[60]

Im Rahmen der Interessenabwägung ist zu untersuchen, inwieweit von einem für alle Beteiligten gleich ablaufenden Entscheidungsprozess zugunsten eines „besseren" Ergebnisses abgewichen werden kann. In der von Gesetzes wegen vorgesehenen Möglichkeit der Rechtfertigung können trotz des prozessorientierten Verständnisses des AGG auch resultats-

[56] Die bestmögliche Verrichtung der Tätigkeit als legitimes Ziel i.S.d. § 3 II AGG bestätigend BAG, NZA 2018, 33 (39) Rn. 62. Ähnlich auch BeckOGK/*Baumgärtner* AGG § 3 Rn. 95; *Däubler*, ZfA 2006, 479 (488), die auf das „bessere Funktionieren des Unternehmens" abstellen.

[57] *Kevekordes/Hauer/Amir Haeri* Rechtliche Bewertung möglicher Fairnessmaße → Kap. 7.

[58] Vgl. BAG, NZA 2010, 625 (625) Rn. 19; BeckOGK/*Baumgärtner* AGG § 3 Rn. 91, die auf eine weite Auslegung des rechtmäßigen Zieles i.S.d. § 3 II AGG zurückgreifen.

[59] BeckOGK/*Baumgärtner* AGG § 3 Rn. 97.

[60] EuGH Urt. v. 16.7.2015 – C-83/14, ECLI:EU:C:2015:480 Rn. 123 – CHEZ Razpredelenie Bulgaria AD; BeckOGK/*Baumgärtner* AGG § 3 Rn. 101.

orientierte Aspekte nicht vollständig außer Betracht gelassen werden. Die beiden Aspekte stehen in einer Wechselbeziehung zueinander, in der sie sich jeweils gegenseitig beeinflussen. Im Anwendungsbereich des AGG ist nun aber zu beachten, dass der dort vorgegebene prozessorientierte Ansatz nicht ohne Weiteres durch resultatsorientierte Argumente vollständig verdrängt werden darf. Dies würde im Endeffekt das vom Gesetzgeber gewählte Konzept umgehen, weil dieser sich bewusst für einen prozessorientierten und keinen resultatsorientierten Ansatz entschieden hat.[61]

Vorliegend sind die Interessen dreier Gruppen zu berücksichtigen: Das Interesse der männlichen Bewerber, die aufgrund des ihnen zugewiesenen Schwellenwertes nicht ausgewählt werden. Das Interesse der Bewerberinnen, die aufgrund des nun für sie geltenden niedrigeren Schwellenwertes genommen werden. Und zuletzt das Interesse des Arbeitgebers an der Auswahl der besten Kandidaten. Aus der Perspektive der männlichen Bewerber könnte gegen einen angemessenen Interessenausgleich sprechen, da sie durch das Verwenden einer einheitlichen Entscheidungsformel den Schwellenwert überschritten hätten und somit als geeignete Bewerber ausgewählt worden wären, nun aber aufgrund der getrennten Entscheidungsformel und des höheren Schwellenwertes nicht genommen werden. Daraus könnte man schlussfolgern, dass in dieser Konstellation Männer systematisch diskriminiert werden, weil sie einen höheren Schwellenwert erreichen müssen als die Bewerberinnen. Allerdings ist auch hier zu betonen, was schon an früherer Stelle gesagt wurde: Im Ergebnis werden an die Männer keine höheren Anforderungen gestellt, weil sie Männer sind, sondern weil die zugrundeliegenden Daten zeigen, dass die Männer unterhalb des Schwellwertes für den Job tatsächlich weniger gut geeignet sind. Durch eine optimale Beurteilung der Mitarbeiter steht im fiktiven Szenario fest, dass bei Frauen und Männern unterschiedliche Eigenschaften in bestimmten Kontexten unterschiedlich stark zu berücksichtigen sind. Das Interesse des Arbeitgebers an einer differenzierten Berechnungsmethode überwiegt gegenüber dem Interesse an einer einheitlichen Bewertung, da kein Interesse an einem einheitlichen Bewertungsprozess bestehen kann, dessen Ergebnis Fehler aufweist, wenn zugleich eine fehlerfreie Auswahlmethode zur Verfügung steht. Die bei einer gemeinsamen Betrachtung vorherrschende systematische Diskriminierung der Frauen, die nicht ausgewählt werden, obwohl sie für den Job geeigneter gewesen wären, wird beseitigt. Das nun erzielte Ergebnis ist perfekt, da es keinerlei Fehler aufweist. Zwar sind es vor allem resultatsorientierte Aspekte, die hier stark ins Gewicht fallen, letztlich wird aber nicht vom

[61] *Kevekordes/Hauer/Amir Haeri* Rechtliche Bewertung möglicher Fairnessmaße → Kap. 7.

prozessorientierten Ansatz abgewichen. Vielmehr passt man das Verfahren so an, dass es bestmögliche Ergebnisse liefert. Das Ergebnis trägt sowohl der Individualgerechtigkeit als auch der gesamtgesellschaftlichen Gerechtigkeit Rechnung und misst beiden einen höheren Wert zu.

2. Rechtfertigung in der Realität

Nun ist die Betrachtung dieses fiktiven Szenarios sehr theoretischer Natur. Denn wie wahrscheinlich ist es, eine so einfach zu analysierende Welt vorzufinden, in der eine fehlerfreie Auswahl möglich ist? Verlagert man das Szenario in die Realität, wird die Abwägung komplexer, denn das fiktive Szenario lässt einige Aspekte außen vor, die für die rechtliche Bewertung eine große Rolle spielen. Bezieht man diese Aspekte mit in das Szenario ein, können sich neue Risiken und Benachteiligungen ergeben, weil unsere Welt eben nicht so einfach ist.

Legitimer Zweck bleibt das möglichst optimale Auswahlinteresse des Arbeitgebers. In der Realität stellt sich aber die Frage, was überhaupt ein „besseres" Ergebnis ist. In unserem fiktiven Szenario war klar, dass keine Fehler gemacht werden. In der Realität wird es in jedem Fall Fehlentscheidungen geben. Solange die Bewerberauswahl des Arbeitgebers insgesamt erfolgreicher ist und man daraus ableiten kann, dass das Unternehmen insgesamt besser funktioniert, stellt dies einen legitimen Zweck dar.[62]

Fraglich ist allerdings, ob die Aufteilung des Datensatzes nach dem Geschlecht und die Durchführung von SVM Analysen auch geeignet sind, um ein besseres Ergebnis zu erreichen. Das beginnt schon bei der Konzeptionierung der SVM. Wenn der Algorithmus die besten Bewerber finden soll, dann muss auch schon bei den Trainingsdaten eine Auswahl allein nach Fähigkeiten und Eignung für den jeweiligen Arbeitsplatz stattfinden. Häufig fließen jedoch auch sachfremde Erwägungen in den Auswahlprozess ein. So ist etwa die Wahrscheinlichkeit nicht eingestellt zu werden für schwangere Frauen oder Frauen, die ein Kopftuch tragen, höher.[63] Ein Datensatz bildet immer ein Spiegelbild der Gesellschaft ab, der die Informationen entnommen worden sind. Sofern die Gesellschaft diskriminierende Elemente und Strukturen enthält, sind diese auch im Trainingsdatensatz vorhanden. Die SVM analysiert dann einen nicht optimalen, sondern vielmehr einen mit Vorurteilen belasteten Datensatz. Die Ergebnisse der Analyse fließen anschließend in die Entscheidungsfor-

---

[62] *Däubler* ZfA 2006, 479 (488).

[63] Antidiskriminierungsstelle des Bundes, Diskriminierung in Deutschland. Dritter Gemeinsamer Bericht der Antidiskriminierungsstelle des Bundes und der in ihrem Zuständigkeitsbereich betroffenen Beauftragten der Bundesregierung und des Deutschen Bundestages, 2017, S. 68 ff.

mel ein. Damit können schon die Trainingsdaten zu späteren Diskriminierungen führen. Zwar stellt sich dasselbe Problem ganz generell bei dem Einsatz von Algorithmen in Entscheidungsprozessen. In unserem Szenario muss aber nun überlegt werden, inwiefern man aus einem möglicherweise bereits beeinflussten Datensatz noch eine verlässliche Bewertung ableiten kann. Beide Fragen sind essenziell, nicht nur, weil sie eine entscheidende Rolle für die Bewertung unseres Szenarios spielen, sondern weil sie eine Vielzahl von algorithmischen Entscheidungen betreffen, die zunehmend unseren Alltag bestimmen.

Des Weiteren stellt sich die Frage inwieweit die Einteilung in zwei Bewerbergruppen, in unserem Fall Männer und Frauen, überhaupt möglich und sinnvoll ist. Eine solch starre Sortierung verkennt die Diversität unserer Gesellschaft und wird ihr nicht gerecht. Vielmehr wird sie zwangsläufig zu Fehlentscheidungen führen. Ob man dieses Problem umgehen kann, indem man den Datensatz in weitere Gruppen unterteilt, erscheint zweifelhaft. Zum einen ist nicht klar, wie viele Gruppen erforderlich wären, um allen Betroffenen gerecht zu werden. Man müsste neben der Kategorie „Geschlecht“ noch eine unbestimmte Anzahl an weiteren Kategorien bilden. Zum anderen stellt sich ein ähnliches Problem bei der Zuordnung bestimmter Eigenschaften zu bestimmten Geschlechtsgruppen, die fehlerfrei auf alle Gruppenangehörigen zutreffen sollen und sich in der Vergleichsgruppe nicht finden lassen. Letztlich basieren die Differenzierungen immer bloß auf Beobachtungen und Statistiken, die kaum fehlerfrei auf die Allgemeinheit übertragen werden können.

Hinter beiden Problemen verbirgt sich das Bedürfnis, der Einzelfallgerechtigkeit möglichst nahe zu kommen. Dieser Grundsatz ist nicht nur im europäischen Antidiskriminierungsrecht fest verankert, auch der Europäische Gerichtshof wendet ihn streng an.[64]

In der Realität werden aufgrund der tatsächlichen Gegebenheiten und der technischen Möglichkeiten Fehler gemacht werden. Sofern feststünde, dass das differenzierende Modell ein "besseres" Gesamtergebnis aufweist, stellt sich die Frage, ob mehr Fairness für die Gesamtgesellschaft zu Lasten von Einzelfallgerechtigkeit erreicht werden darf. Dabei muss direkt mit überlegt werden, wie viel „besser“ ein Ergebnis im Vergleich zur gemeinsamen Analyse sein muss, an welchem Maßstab dies

[64] *Wachter/Mittelstadt/Russell,* Why Fairness Cannot Be Automated: Bridging the Gap Between EU Non-Discrimination Law and AI, 29 f.; EuGH Urt. v. 6.4.2017 – C-668/15, ECLI:EU:C:2017:278 Rn. 32 – Jyske Finans; Urt. v. 15.11.2018 – C-457/17, ECLI:EU:C:2018:912 Rn. 48 – Maniero.

gemessen werden soll und wer die Legitimität besitzt, diese Grenze festzusetzen.[65]

An diese Bedenken anknüpfend, muss auch unter den realen Umständen untersucht werden, ob der prozessorientierte Ansatz eingeschränkt werden kann, indem von einem für alle Beteiligten gleich durchgeführten Bewertungsprozess zugunsten eines insgesamt „besseren" Ergebnisses abgewichen werden kann.

Anders als im fiktiven Beispielsfall scheint in der realen Welt eine unüberschaubare Anzahl an Faktoren das Szenario zu beeinflussen. Dies führt dazu, dass sich die Interessen der Arbeitgeber und der Bewerberinnen in der Komplexität der realen Sachlage verlieren. Letztlich muss festgestellt werden, dass ein ergebnisorientierter Ansatz die Einschränkung einer prozessorientierten Vorgehensweise nicht rechtfertigen kann. Denn dann würde der vom Gesetzgeber vorgegebene prozessorientierte Weg, der eine Einzelfallgerechtigkeit ins Auge fasst, nicht bloß angepasst, sondern vielmehr missachtet werden.

E. Kritik an der derzeitigen Gesetzeslage

Wir sind der Meinung, dass der prozessorientierte Ansatz des Gesetzgebers hinterfragt werden muss. Sicherlich hat er im Kontext von sensiblen Entscheidungen seine Berechtigung, da in diesen Konstellationen der Einzelne im Fokus der Entscheidung stehen muss. Dennoch ist es nur schwer nachvollziehbar, warum an dem prozessorientierten Ansatz trotz zunehmender algorithmischer Entscheidungen festgehalten wird, wenn dieser doch in bestimmten Konstellationen zu mehr Fehlern führt. Es kann kein Interesse an einem schlecht funktionierenden prozessorientierten Verfahren bestehen, wenn alternativ eine bessere und weniger fehleranfällige Methode zur Verfügung steht. Ein prozessorientiertes Vorgehen kommt der Einzelfallgerechtigkeit nur vermeintlich näher: Wenn man davon ausgeht, dass bei einer Einbeziehung geschützter Merkmale weniger Fehler auftreten, werden letztlich auch die einzelnen Personen seltener falsch beurteilt. Ein resultatsorientierter Ansatz würde auf den ersten Blick zu mehr gesamtgesellschaftlicher Gerechtigkeit führen, diese würde sich allerdings mittelbar auch auf die individuelle Gerechtigkeit auswirken. Das Risiko der einzelnen Personen von einer falschen Beurteilung betroffen

[65] Die gleiche Frage stellt sich bei dem Fairnessmaßstab "condtional independece", siehe dazu *Kevekordes/Hauer/Amir Haeri* Rechtliche Bewertung möglicher Fairnessmaße → Kap. 7.

zu sein, würde abnehmen. Weshalb sollten Personen einen Anspruch auf eine im Durchschnitt fehleranfälligere Methode haben?

Da Herausforderungen und Probleme bei der Umsetzung von Transparenzanforderungen häufig dazu führen, dass Betroffene keine Kenntnis über die sie betreffenden automatischen Entscheidungen haben, könnten insgesamt bessere Ergebnisse deren Position stärken. Anstatt dass man an einen prozessorientierten Ansatz anknüpft, der zu mehr Fehlern führt, die dann mangels Transparenz nicht erkannt werden, sollte man eine gesamtobjektive Betrachtung einnehmen.

Auch wenn Transparenz gewährt werden kann, meinen wir, dass geschützte Merkmale in Entscheidungsprozesse einbezogen werden können. Voraussetzung muss sein, dass nachgewiesen werden kann, dass das Verfahren erfolgreicher ist. Um den Verdacht der unzulässigen Diskriminierung aus dem Weg zu räumen, muss begründet werden, dass ein kausaler Zusammenhang zwischen dem geschützten Merkmal, der Durchführbarkeit einer bestimmten Aufgabe, sowie der Eigenschaft, die unterschiedlich beurteilt wird, besteht.

Das Urteil des EuGH zu den Versicherungstarifen steht unserer Auffassung nach dem nicht entgegen. Auch wenn die Urteilsbegründung sehr knapp gehalten wurde lässt sich annehmen, dass der dort aufgegriffene Solidaritätsgedanke die Entscheidung nicht unwesentlich beeinflusst hat. Das dem Sozialstaatsprinzip entspringende Solidaritätsprinzip mag in bestimmten Entscheidungen eine Verpflichtung aller zum gemeinsamen Wohl begründen. Gleichwohl darf dieses Prinzip aber nur dort eingesetzt werden, wo die Gesellschaft füreinander einstehen muss. Da diese solidarische Einstandspflicht durchaus unterschiedlich beurteilt werden kann, sollte der demokratisch legitimierte Gesetzgeber sich dieser Aufgabe annehmen. In bestimmten Konstellationen kann aus Gründen des Gemeinwohls das Solidaritätsprinzip ein gegenseitiges Einstehen erfordern. Dies kann etwa im Gesundheitsbereich, nicht aber im Beschäftigungskontext der Fall sein.

Schließlich ist auch zweifelhaft, ob das Gericht mit seiner Entscheidung überhaupt eine Richtung für algorithmische Entscheidungen vorgeben wollte. Auch wenn in den Jahren 2010/2011 durchaus schon eine nicht unbedeutende Zahl an KI gesteuerten Systemen vorhanden war, konnten diese Systeme in den letzten Jahren ein erhebliches Marktwachstum verzeichnen. Dass die Richter dies im Sinn hatten, bezweifeln wir. Nicht zuletzt zeigt auch die vielschichtige Kritik der Literatur an dem Urteil des EuGH, dass im Versicherungsbereich eine Differenzierung nicht abwegig wäre.[66]

[66] Siehe bspw. *Armbrüster* VersR 2010, 1578; *Looschelders* VersR 2011, 421; *Lüttringhaus* EuZW 2011, 296.

Fairness und Gerechtigkeit können nicht dadurch garantiert werden, dass man geschützte Merkmale grundsätzlich ausblendet. Mit einem solchen Vorgehen würde man sich an einem verzerrten Entscheidungsprozess festklammern und eine potentiell weniger fehleranfällige Methode außen vor lassen. Durch den Einsatz algorithmischer Systeme sollte bei der Bewertung dem Ergebnis eine große Bedeutung zugesprochen werden.[67] Die Rechtsordnung sollte nicht an etwas festhalten, das nicht mehr zeitgemäß ist, wenn zugleich für bestimmte Konstellationen bessere Alternativen zur Verfügung stehen. Dies ist in einer Zeit, in der immer mehr Bereiche unseres Lebens durch algorithmische Entscheidungen beeinflusst werden, zunehmend wichtiger. Durch den Einsatz algorithmischer Systeme in Auswahlentscheidungen erhalten wir die Möglichkeit, mehr Gerechtigkeit in unsere gesellschaftlichen Strukturen einfließen zu lassen. Dabei stehen verschiedene Ansätze zur Verfügung: Zum einen könnte man überlegen, welche Fairnessmaße für algorithmische Entscheidungen gelten sollten,[68] zum anderen könnte man algorithmische Systeme nutzen, um unser menschliches Verhalten auszuwerten und anhand dessen Schlüsse für die Zukunft zu ziehen. Die Frage der Einbeziehung geschützter Merkmale ist daher nur ein Aspekt der Thematik, wie wir mit algorithmischen Systemen umgehen wollen. Um dieser Herausforderung optimal zu begegnen, sollten die Verantwortlichen allen Ansätzen nachgehen.

F. Rechtspolitischer Ausblick

Gesetzliche Anpassungen können sowohl auf nationaler, als auch auf europäischer Ebene vorgenommen werden. Dem deutschen Gesetzgeber stünde es frei, in seinem Antidiskriminierungsschutz noch weiter als der europäische Gesetzgeber zu gehen, da es sich um einen Bereich der sogenannten Mindestharmonisierung handelt.[69] Bisher sind keine konkreten Vorschläge ersichtlich. Auch der Richtlinienvorschlag KOM(2008)426 wird zur Zeit nicht weiter vorangetrieben. Dieser beschäftigt sich allerdings auch nur mit Anwendungsbereichen außerhalb des Beschäftigungs-

[67] *Guggenberger* MMR 2019, 777 (778).

[68] Siehe dazu ausführlich *Wachter/Mittelelstadt/Russell*, Bias Preservation in Machine Learning: The Legality of Fairness Metrics Under EU Non-Discrimination Law; *Kevekordes/Hauer/Amir Haeri* Rechtliche Bewertung möglicher Fairnessmaße → Kap. 7.

[69] Die Mindestharmonisierung folgt aus Art. 6 und Erwägungsgrund 25 der RL 2000/43/EG, Art. 8 RL 2000/78/EG, Art. 7 und Erwägungsgrund 26 RL 2004/113/EG, Art. 27 RL 2006/54/EG.

schutzes und definiert sowohl den Begriff der unmittelbaren, als auch den der mittelbaren Diskriminierung, wie sie auch in den dem AGG zugrundeliegenden Richtlinien beschrieben werden. Ein Abschied vom prozessorientierten Ansatz ist nicht erkennbar.

Für die Gestaltung der Zukunft wäre es wünschenswert eine gewisse Flexibilisierung in den Anti-Diskriminierungsschutz aufzunehmen. Anstelle eines kompletten Abschieds vom prozessorientierten Ansatz, müsste es den Verantwortlichen ermöglicht werden, in bestimmten Konstellationen das differenzierende Modell anzuwenden und bestimmte geschützte Merkmale in den Entscheidungsprozess einzubeziehen. Diese geschützten Merkmale müssen vom Gesetzgeber vorgegeben werden. Der Verantwortliche muss begründen, weshalb er das differenzierende Modell wählt und warum dies im konkreten Fall zu einem besseren Ergebnis führt. Für letzteres sind statistische Nachweise erforderlich. Zugleich kann die Anwendbarkeit des Modells ausgeschlossen sein, wenn eine besonders sensible Entscheidung getroffen wird. Eine solche liegt vor, wenn von der Verfassung geschützte Rechtsgüter besonders betroffen sind. Im Rahmen der Begründung ist dann der kausale Zusammenhang von geschütztem Merkmal, Durchführbarkeit einer bestimmten Aufgabe und der Eigenschaft, die unterschiedlich beurteilt wird, darzustellen. Können diese drei Aspekte dargelegt werden, kann der Verdacht der unzulässigen Diskriminierung aus dem Weg geräumt werden und ein differenzierendes Modell Anwendung finden, das zu mehr Gerechtigkeit beitragen kann.

Im Hinblick auf eine potentielle Gesetzesänderung sollten die Vor- und Nachteile sowohl des prozessorientierten, als auch des resultatsorientierten Ansatzes berücksichtigt werden. Da davon auszugehen ist, dass der Gesetzgeber den Einsatz algorithmischer Entscheidungssysteme bei vielen Entwürfen nicht berücksichtigen konnte, sollte man unter den neuen Gegebenheiten ergebnisoffen an die Reform herantreten.

Literatur

Antidiskriminierungsstelle des Bundes, Diskriminierung in Deutschland. Dritter Gemeinsamer Bericht der Antidiskriminierungsstelle des Bundes und der in ihrem Zuständigkeitsbereich betroffenen Beauftragten der Bundesregierung und des Deutschen Bundestages, Berlin 2017.

Angwin/Larson/Mattu/Kirchner, Machine Bias: There's Software Used Across the Country to Predict Future Criminals. And It's Biased Against Blacks., ProPublica, 23.03.2016, https://www.propublica.org/article/machine-bias-risk-assessments-in-criminal-sentencing

Armbrüster, Anmerkung zu den Schlussanträgen der Generalanwältin Juliane Kokott vom 30.9.2010 in der Rechtssache C-236/09 (Test-Achats) zur Frage der durch Art. 5 Abs. 2 der Richtlinie 2004/113/EG (Gender-Richtlinie) eröffneten Zulässigkeit geschlechtsbezogener Differenzierungen bei Versicherungsverträgen, VersR 2010, 1578

Barocas/Hardt/Narayanan, Fairness in Machine Learning, Nips tutorial 1 (2017): 2

BeckOGK – beck-online.GROSSKOMMENTAR zum Zivilrecht, herausgegeben von *Gsell/Krüger/Lorenz/Reymann,* Stand 15.9.2021

BeckOK ArbR – BeckOK Arbeitsrecht, herausgegeben von *Rolfs/Giesen/Kreikebohm/Meßling/Udsching,* 61. Edition, Stand 1.9.2021

Boecken/Düwell/Diller/Hanau (Hrsg.), Gesamtes Arbeitsrecht, Baden-Baden 2016

Brechmann, Die richtlinienkonforme Auslegung, München 1994

Calliess/Ruffert (Hrsg.), EUV/AEUV Das Verfassungsrecht der Europäischen Union mit Europäischer Grundrechtecharta, 5. Aufl., München 2016

Dastin, Amazon scraps secret AI recruiting tool that showed bias against women, Reuters, 11.10.2018, https://www.reuters.com/article/us-amazon-com-jobs-automation-insight-idUSKCN1MK08G

Däubler, Was bedeutet "Diskriminierung" nach neuem Recht?, ZfA 2006, 479

Dawid, Conditional Independence in Statistical Theory, Journal of the Royal Statistical Society: Series B (Methodological), Volume 41 Issue 1, 1979, S. 1–15

ErfK – Erfurter Kommentar zum Arbeitsrecht, herausgegeben von *Müller-Glöge/Preis/Schmidt,* 22. Aufl., München 2022

Guggenberger, KI und Recht: Neue Methodik, billige Entscheidungen und Ergebnisvorgaben, MMR 2019, 777

Heese, Offene Preisdiskriminierung und zivilrechtliches Benachteiligungsverbot, NJW 2012, 572

Heidel/Hüßtege/Mansel/Noack, Bürgerliches Gesetzbuch Band 1: Allgemeiner Teil – EGBGB, 4. Aufl., Baden-Baden 2021

Heselhaus/Nowak, Handbuch der Europäischen Grundrechte, 2. Aufl., München 2020

Leube, Sozialversicherung in Gestalt der Privatversicherung – Rechtliche Rahmenbedingungen, NZS 2003, 449

Looschelders, Aktuelle Auswirkungen des EU-Rechts auf das deutsche Versicherungsvertragsrecht unter besonderer Berücksichtigung der geschlechterspezifischen Tarifierung, VersR 2011, 421

Lüttringhaus, Europaweit Unisex-Tarife für Versicherungen!, EuZW 2011, 296

Meier/Jocham, Wie man Argumente gewinnt, JuS 2015, 490

Mönnich, Unisex: Die EuGH-Entscheidung vom 1.3.2011 und die möglichen Folgen, VersR 2011, 1092

Purnhagen, Zum Verbot der Risikodifferenzierung aufgrund des Geschlechts – Eine Lehre des EuGH zur Konstitutionalisierung des Privatrechts am Beispiel des Versicherungsvertragsrechts?, EuR 2011, 690

Regenbogen/Meyer, Wörterbuch der philosophischen Begriffe, Hamburg 1998

Riesenhuber, Europäische Methodenlehre, 4. Aufl., Berlin 2021

v. Savigny, System des heutigen Römischen Rechts, Berlin 1840

Schwintowski, Geschlechtsdiskriminierung durch risikobasierte Versicherungstarife?, VersR 2011, 164

Staudinger, Kommentar zum Bürgerlichen Gesetzbuch, Buch 1: Einleitung zum BGB; §§ 1–14; VerschG, Berlin 2018

Wachter/Mittelelstadt/Russell, Bias Preservation in Machine Learning: The Legality of Fairness Metrics Under EU Non-Discrimination Law, West Virginia Law Review, http://dx.doi.org/10.2139/ssrn.3792772

Wachter/Mittelstadt/Russell, Why Fairness Cannot Be Automated: Bridging the Gap Between EU Non-Discrimination Law and AI, http://dx.doi.org/10.2139/ssrn.3547922
Wendland, Vertragsfreiheit und Vertragsgerechtigkeit, Tübingen 2019
Zweig, Ein Algorithmus hat kein Taktgefühl, München 2019

Kapitel 9. KI, Demokratie und das Recht[1]

Djeffal

Digitale Technologien sind derzeit dabei, Demokratie neu zu gestalten. Während wir in diesem Prozess nach Orientierung streben, ist die Beziehung zwischen Technologie und Demokratie unklar und scheint im ständigen Wandel zu sein. Spiegeln sich Technologie und Demokratie gegenseitig wider?[2] Das Internet wurde zunächst als wahrhaft demokratische Technologie gefeiert, als eine Technologie, die die Demokratie sogar endgültig auf sichere Füße stellen kann. Jedoch hat sich das Stimmungsbild gewandelt, das Internet wird vielmehr für eine große Bedrohung für die Demokratie gehalten.

Bei künstlicher Intelligenz (KI) könnte es genau umgekehrt laufen. Während es einige Projektionen zu den Gefahren von KI für die Demokratie gibt und zum Teil sogar darin dessen Ende gesehen wird,[3] gibt es im Vordringen befindliche Stimmen, die das demokratische Potential von KI hervorheben.[4] Diese Ergebnisse hängen auch mit den zugrundeliegenden Forschungsprämissen zusammen. So beruht dieses Kapitel auf der Annahme, dass Technologien und Medien menschliche Beziehungen in hohem Maße prägen. Gleichzeitig ist aber davon auszugehen, dass Technologien im Gegenzug auch von menschlichen Entscheidungen geformt werden. Es besteht eine große Gefahr, demokratische Prozesse zu gefährden, zu verspielen oder gar abzuschaffen. Andererseits könnte es auch die Chance geben, Demokratie zu stärken. Inwieweit sich KI auf die Demokratie auswirkt, hängt also davon ab, wie die Forschung, die Entwicklung und die Anwendung von KI in der Gesellschaft gestaltet werden.

Dieser Beitrag beschäftigt sich deshalb primär damit, den Entscheidungsspielraum bei der Entwicklung von KI und ihre Auswirkungen auf die Zukunft der Demokratie aufzuzeigen und darzustellen. Es wird auch der Frage nachgegangen, wie das Recht und die Jurisprudenz zu diesen Fragen stehen. Aus deren Perspektive wird deutlich, dass die derzeitigen Auswirkungen von KI auf die Demokratie weitere Entwicklungen indizieren können. Aber angesichts weiterer möglicher Erfindungen und re-

---

[1] Der Text dieses Kapitels wurde ursprünglich in englischer Sprache unter dem Titel "AI, Democracy and the Law" in: Sudmann (Hrsg.), The Democratization of Artificial Intelligence, transcript Verlag (2019) veröffentlicht. Die Wiederverwendung in deutscher Sprache erfolgt mit Genehmigung durch den transcript Verlag (2022).

[2] Zu dieser Frage siehe *Hofmann* in Martinsen Wissen – Macht – Meinung.

[3] *Hofstetter* Das Ende der Demokratie; *O'Neil* Weapons of math destruction.

[4] *Helbing* Towards Digital Enlightenment S. 159; *Ennals* AI & Society 1 (1987).

gulativer Maßnahmen auf verschiedenen Ebenen sind sie nur Vorläufer dessen, was möglich sein wird und sein sollte. In diesem Sinne ist dieses Kapitel auch ein Versuch, sich mit Entwicklungen und Erfindungen zu befassen, die wir selbst noch gar nicht fassen können, und die wir dennoch zu beeinflussen suchen. Daher wird das Kapitel die Möglichkeit und Notwendigkeit der Demokratisierung von KI aus juristischer und rechtswissenschaftlicher Sicht diskutieren, um anschließend verschiedene Möglichkeiten zur Demokratisierung von KI zu betrachten.

A. KI demokratisieren: Möglichkeit und Notwendigkeit

I. Die Offenheit und Stärke von Künstlicher Intelligenz

Gerade um die Beziehung von Künstlicher Intelligenz und Demokratie zu verstehen, ist es notwendig, den Begriff KI zu klären. Der entscheidende Aspekt dessen Konzepts liegt nicht in einer eindeutigen Definition von KI, sondern in seiner Offenheit. KI ist in der Tat ein sehr weit gefasster Begriff; das mag der Grund dafür sein, dass sich dieser Begriff gegenüber anderen Ideen, wie zB der Kybernetik, durchgesetzt hat und heute der allgemein verwendete Begriff in Wissenschaft, Politik und Wirtschaft ist. Künstliche Intelligenz ist nicht nur ein Begriff, sondern gleichzeitig auch eine Forschungsfrage, die heute eine ganze Teildisziplin der Informatik inspiriert und sich wie folgt zusammenfassen lässt: Können Systeme komplexe Probleme selbstständig lösen?[5] Die Offenheit zeigt sich bereits in der ersten Definition des Begriffs von 1955 in einem Förderantrag an die Rockefeller Stiftung:

> Wir schlagen vor, dass im Sommer 1956 am Dartmouth College in Hanover, New Hampshire, eine zweimonatige Studie über künstliche Intelligenz mit zehn Personen durchgeführt wird. Die Studie soll auf Grundlage der These durchgeführt werden, dass jeder Aspekt des Lernens oder jedes andere Merkmal der Intelligenz im Prinzip so genau beschrieben werden kann, dass eine Maschine dazu gebracht werden kann, diesen zu simulieren. Wir versuchen herauszufinden, wie man Maschinen dazu bringen kann, Sprache zu benutzen, Abstraktionen und Konzepte zu bilden, Arten von Problemen zu

[5] *Mainzer* Künstliche Intelligenz S. 2 f.

> lösen, die heute dem Menschen vorbehalten sind, und sich selbst zu verbessern.[6]

Einen Förderantrag so zu formulieren, dass er die Vorstellungskraft derjenigen anregt, die ihn lesen, ist zweifelsfrei klug. Die Art und Weise, wie der Begriff KI hier eingesetzt wurde, erreicht genau das. Der erste Punkt bezüglich der Offenheit von KI, der sich aus dieser Definition ableiten lässt, ist, dass KI eine Forschungsfrage ist. Sie ist keine Theorie, die Erklärungen bietet und auch keine allgemeine Hypothese oder eine Idee, die bestimmte Aspekte auf eine bestimmte Art und Weise formuliert. Die allgemeine Forschungsfrage, ob Systeme komplexe Probleme selbstständig lösen können, basiert auf bestimmten Vermutungen, aber diese sind auf ein Minimum reduziert. Die Tatsache, dass KI eine Frage ist, erklärt vielleicht auch die Langlebigkeit des Begriffs. KI hat so viele Höhen und Tiefen erlebt, dass Kommentatoren [7] von „KI-Wintern" und „KI-Sommern" sprechen.[8] Solange die allgemeine Forschungsfrage, die der KI zugrunde liegt, nicht auf eine Weise gelöst wird, die nicht verbessert werden kann, wird sie für KI-Forscher weiterhin interessant sein. Ein weiterer Aspekt der Offenheit von KI bezieht sich auf ihre Grundannahmen. Kommentare von John McCarthy, einem der Antragsteller und wichtiger Vertreter der KI-Forschung, legen nahe, dass der Begriff KI geprägt wurde, um die Vermutungen der Kybernetik-Forschung zu vermeiden und den Einfluss von Norbert Wiener zu umgehen.[9] Während Wiener unbestritten große Beiträge auf dem Gebiet der Informatik geleistet hat und viele wichtige Fragen der KI ansprach, die auch heute noch relevant sind, tat er dies aus einer ganz anderen Perspektive. Seine Idee der Kybernetik, die auch von vielen anderen bedeutsamen Kollegen vertreten wird, ist eine recht allgemeine Theorie, die trotzdem wichtige Annahmen beinhaltet. Im Gegensatz dazu hat der Begriff KI traditionell ganz unterschiedliche Ansichten gebündelt, die als die starke und schwache KI-These bezeichnet wurden.[10] Die starke KI-These ging von der Vorstellung aus, dass KI die menschliche Intelligenz entweder replizieren oder sogar übertreffen kann. Im Gegensatz dazu verlangt die schwache KI-These lediglich, dass Maschinen so handeln müssen, als ob sie intelligent wären.

---

[6] *McCarthy/Minsky/Shanon* Proposal on Artificial Intelligence S. 1.

[7] Aus Gründen der besseren Lesbarkeit wird im Folgenden auf die gleichzeitige Verwendung weiblicher und männlicher Sprachformen verzichtet und das generische Maskulinum verwendet. Sämtliche Personenbezeichnungen gelten gleichermaßen für beide Geschlechter.

[8] *Sudmann* in Sudmann/Engemann Machine Learning S. 9, 57.

[9] *McCarthy* Annals of the History S. 6.

[10] Eine Diskussion hierzu bei *Russell/Norvig/Kirchner* Künstliche Intelligenz S. 1020.

Sie fokussiert sich allgemein auf bestimmte spezifische Probleme, die gelöst werden sollen.

Dass sich KI nicht auf eine einzelne Technologie bezieht, sondern auf eine ganze Reihe von Technologien, ist ein weiterer Aspekt der Offenheit von KI.[11] Im Moment werden Technologien des maschinellen Lernens[12] entweder als Stand der Technik oder sogar als „echte KI" angesehen; künstliche neuronale Netze erfüllen zum Beispiel bestimmte Aufgaben wie die Bilderkennung. Sie werden auf der Basis einer großen Menge von Daten trainiert, die annotiert werden, sodass die mathematischen Modelle, die dem Lernen zugrunde liegen, kontinuierlich angepasst und verbessert werden können. Im Gegensatz dazu verbessern sich generative adversarische Netze ohne die Eingabe von menschlichen Trainingsdaten durch die Interaktion verschiedener Systeme. Es gibt noch viele weitere grundsätzliche Ideen und Bauweisen, die in der Vergangenheit populärer waren, wie zB Entscheidungsbäume, oder die in Zukunft populärer werden könnten, wie zB die evolutionäre KI. Da KI offen für neue Ansätze und bahnbrechende Technologien ist, ist die KI-Forschung weiterhin ein sich veränderndes Feld. Systeme, die zu einem bestimmten Zeitpunkt den Stand der Technik der KI abbilden, gelten kurze Zeit später als veraltet. Auch im Hinblick auf die von den Technologien verwendeten Ressourcen bestehen Unterschiede. Während KI manchmal mit Big-Data-Anwendungen in Verbindung gebracht wird, die auf das Training oder die Analyse riesiger Datenmengen angewiesen sind, sind große Datenmengen keine notwendige Voraussetzung. Es gibt auch Anwendungen mit kleinen Datenmengen oder solche, die überhaupt keine Trainingsdaten benötigen. Die Ressourcen variieren entsprechend. Künstliche neuronale Netze benötigen hingegen große Mengen an Trainingsdaten, ausreichend Speicherplatz und genügend Rechenleistung. Besonders wichtig ist dabei, dass die Trainingsdaten von Menschen annotiert werden müssen. Ob es sich um die Interpretation von Röntgenbildern, das Erkennen von Hautkrebs oder das Erfassen von Zebrastreifen im Rahmen des automatisierten Fahrens handelt, die Daten zum Trainieren von tiefen neuronalen Netzen sind auf menschlichen Input angewiesen. Bei älteren Expertensystemen, die in den 1990er Jahren populär waren, waren menschliche Arbeitskraft und Expertise noch entscheidender. Experten mussten in vielen Fällen Entscheidungsbäume entwerfen, die dann andere Menschen unterstützen sollten.

[11] *Gasser/Almeida* IEEE Internet Computing 21 (2017), 58 (59).

[12] Für einen Überblick aus verschiedenen Perspektiven siehe *Shalev-Shwartz/Ben-David* Understanding machine learning; *Goodfellow/Bengio/Courville* Deep Learning S. 98 ff.

Darüber hinaus sind auch die allgemeinen Zwecke von KI offen. Während oft angenommen wird, dass KI gleichbedeutend mit Automatisierung ist, herrscht tatsächlich Uneinigkeit darüber, ob das Ziel von KI eher Augmentation als Automatisierung ist. Während sich Automatisierung auf den Ersatz von Menschen durch Maschinen bezieht, fokussiert Augmentation auf die Mensch-Maschine-Interaktion, um menschliche Fähigkeiten zu erweitern. Dieses Augmentationsparadigma erwies sich in verschiedenen Bereichen der Informatik als einflussreich. Schon die früheste Forschungsagenda seines einflussreichsten Vertreters Douglas Engelbart zeigt, dass es eine klare Verbindung zur Forschungsagenda der künstlichen Intelligenz gibt:

> Unter der „Vergrößerung des menschlichen Intellekts" verstehen wir die Verbesserung der menschlichen Fähigkeit, sich einer komplexen Problemsituation zu nähern, ein seinen Bedürfnissen entsprechendes Verständnis zu erlangen und Lösungen für Probleme abzuleiten. Unter verbesserten Fähigkeiten verstehen wir dabei eine Mischung aus: schnellerem Verstehen, besserem Verstehen, der Möglichkeit, in einer zuvor zu komplexen Situation ein brauchbares Maß an Verständnis zu erlangen, schnelleren Lösungen, besseren Lösungen und der Möglichkeit, Lösungen für Probleme zu finden, die zuvor unlösbar erschienen. Und unter „komplexen Situationen" verstehen wir die beruflichen Probleme von Diplomaten, Führungskräften, Sozialwissenschaftlern, Biowissenschaftlern, Physikern, Rechtsanwälten, Designern – egal, ob die Problemsituation zwanzig Minuten oder zwanzig Jahre besteht. Wir sprechen nicht von einzelnen cleveren Tricks, die in bestimmten Situationen helfen. Wir beziehen uns auf eine Lebensweise in einem integrierten Bereich, in dem Ahnungen, Ausprobieren, immaterielle Werte und das menschliche „Gespür für eine Situation" sinnvoll mit starken Konzepten, gestraffter Terminologie und Notation, ausgefeilten Methoden und leistungsstarken elektronischen Hilfsmitteln koexistieren.[13]

Die Systeme, die zu einer solchen Augmentation fähig sind, sollen technisch ausgereift sein und mit Komplexität umgehen können; dazu sollen sie mit menschlicher Intelligenz kombiniert werden, sie jedoch nicht ersetzen. Das generelle Ziel der künstlichen Intelligenz ist also auch in Bezug auf Augmentation und Automatisierung offen. Diese Offenheit in der

[13] *Engelbart* Vistas in Information Handling 1 (1963), 1 (1 ff.).

allgemeinen Zielsetzung im Verhältnis von KI und Mensch spiegelt sich in der Vielfalt der Zwecke wider, für die KI-Systeme eingesetzt werden können. Die Menge der Technologien, die mit dem Begriff KI beschrieben werden, sind sogenannte Querschnittstechnologien oder General-Purpose-Technologies (GPTs). Während das Konzept der GPTs vor allem in den Wirtschaftswissenschaften angewandt wurde,[14] ist es auch als Kategorie für die Analyse der sozialen Auswirkungen von Technologie tragfähig. Die vielen Verwendungszwecke von Kohle und Stahl wurden in der Phrase „Schwerter zu Pflugscharen" zusammengefasst. Vielleicht lässt sich das Gleiche über KI sagen, die sowohl tödliche autonome Waffensysteme als auch assistierende Pflegeroboter hervorbringen kann. Um KI zu verstehen, ist das Verständnis für die Allgemeingültigkeit der jeweiligen Technologien von größter Bedeutung. Die Technologien, aus denen KI besteht, sind weder ausschließlich an bestimmte Risiken und Herausforderungen noch an bestimmte Chancen und Vorteile gebunden. Es gibt viele gegenteilige Beispiele für diese Behauptung, aber der Datenschutz und der Schutz der Privatsphäre sind in dieser Hinsicht wieder sehr illustrativ. KI-Systeme können durchaus eine Bedrohung für die Privatsphäre und den Datenschutz darstellen, da sie die Extraktion vieler persönlicher Informationen ermöglichen. Ein interessanter Aspekt ist das KI-gestützte Schattenprofiling. Das bedeutet, dass von Menschen ohne nennenswerte eigene Aktivität ein Profil erstellt wird. Die Informationen werden von den Menschen in ihrem Umfeld geliefert. Anhand von Indizien, wie zB Suchanfragen von anderen Personen in einem sozialen Netzwerk, können intelligente Systeme ein Profil einer Person innerhalb dieses Netzwerks rekonstruieren und relevante persönliche Informationen sammeln, ohne dass die Person selbst etwas preisgegeben hat. KI kann aber auch als Technologie zur Verbesserung der Privatsphäre dienen. So gibt es beispielsweise einen Vorstoß, bei dem Chatbots mittels einer kurzen und einfachen Konversation die Privatsphäre-Präferenzen einer Person erlernen und dann die Privatsphäre-Präferenzen in allen Netzwerken und Online-Diensten, die die Person nutzt, anpassen können. Die Zwecke von KI-Systemen können also sowohl die Privatsphäre verbessern als auch bedrohen. Wie noch zu zeigen sein wird, gilt dies auch für andere Prinzipien und Werte wie die Demokratie.

[14] *Rousseau* in Durlauf/Blume Economic Growth S. 74.

Tabelle 1: Dimensionen der Offenheit von KI

Aspekt der Offenheit	Alternativen
Forschungsfrage	Schwache KI-These, starke KI-These
Technologien	Technologien des maschinellen Lernens (künstliche neuronale Netze, generative adversarische Netze), symbolische KI, regelbasierte Systeme
Ressourcen	Daten, Verstand, Rechenleistung
Zweck	Querschnittstechnologien (General Purpose Technologies): Verfolgung unterschiedlicher und entgegengesetzter Zwecke möglich

Die Bedeutung dieser Offenheit lässt sich noch besser einschätzen, wenn man sich vergegenwärtigt, auf welche Weise Demokratie gelebt werden kann. Während es Gemeinsamkeiten bei der Selbstregierung eines Volkes gibt, gibt es unterschiedliche Ansichten darüber, wie diese Selbstregierung ausgeübt werden soll. Demokratie konstituiert sich in der tatsächlichen Praxis der Gesellschaft, dabei hat die Technologie schon immer eine große Rolle in der tatsächlichen Praxis gespielt. Demokratie und Technik sind miteinander verwoben. „Demokratie wird nicht verordnet und dann vermittelt. Sie wird durch Akte der Vermittlung präformiert. Technologien der Vermittlung sind und waren immer schon Bestandteil der sozialen Inszenierung von Demokratie."[15] Man kann also so weit gehen, Praktiken der Nutzung bestimmter Technologien an bestimmten Vorstellungen von Demokratie auszurichten.[16] Der Einsatz von Technologien konfiguriert die Demokratie. Im Fall von KI, die eine Reihe von Allzwecktechnologien darstellt, ist diese Konfiguration im Allgemeinen offen. Demokratie ist eher ein Prozess als ein fester und erreichbarer Zustand. Sie muss ständig realisiert werden, wobei Mittel wie technologische Innovation, Institutionen, Märkte und Wettbewerb, Recht und Verwaltung eingesetzt werden.[17] Angesichts dieser Offenheit ist es interessant, einen Blick auf aktuelle und potenzielle Anwendungen von KI zu werfen.

---

[15] *Coleman* Can the internet strengthen democracy? S. 27.

[16] *Bozdag/van den Hoven* Ethics and Information Technology 17 (2015), 249 (254).

[17] *Irrgang* Technischer Fortschritt S. 173.

II. Empirische Erkenntnisse

Während sich Technologien wie das Internet oder KI sehr unterschiedlich darstellen können, werden sie oft in ähnlicher Weise analysiert. Der Diskurs über das Internet und die Demokratie begann damit, dass die möglichen positiven Auswirkungen des Internets auf die Demokratie gepriesen wurden.[18] In Bezug auf KI scheint es umgekehrt zu sein: Sie wird hauptsächlich als Bedrohung für die Demokratie angesehen, denn KI wird das Potenzial zugeschrieben, etablierte demokratische Prozesse wie Wahlen und Abstimmungen zu behindern. Es besteht auch die Befürchtung, dass KI in vielen Bereichen die Entscheidungsfindung übernimmt. Um ein differenzierteres Bild zu zeichnen, muss man die Kontingenz der Technologie würdigen und erkennen, wie sie auf sehr unterschiedliche Weise eingesetzt werden kann. Die Literatur erkennt beim Internet heute seine positiven und negativen Auswirkungen auf die Demokratie an.[19] Um die Kontingenz des Internets zu verstehen, ist es wichtig, sich vor Augen zu führen, dass „wie jedes Medium vor ihm, vom Alphabet bis zum Fernsehen, [es] durch die Art und Weise geformt wird, wie die Gesellschaft die ihr zur Verfügung stehenden Werkzeuge zu nutzen wählt."[20]

Die Allgemeingültigkeit von KI spiegelt sich auch in ihrem Verhältnis zum demokratischen Prozess wider, insbesondere im Kontext von Wahlen, wo KI allgemein als Bedrohung wahrgenommen wird. Es gab bereits mehrere Versuche, Wahlen durch automatisierte Systeme zu beeinflussen, die verschiedene Aufgaben übernahmen. *Fake News* werden im Kontext von Wahlen verbreitet, um den politischen Diskurs zu blockieren und zu behindern und um Wähler auf eine detaillierte Art und Weise anzusprechen, um sie zu binden oder von der Stimmabgabe abzuhalten.[21] Eine der Aktivitäten, die durch KI und andere digitale Technologien vorangetrieben wurde, ist Micro-Targeting. Micro-Targeting bezeichnet den Versuch, das Verhalten von Menschen auf der Grundlage von persönlichen Profilen und Handlungen zu beeinflussen, die auf bestimmten Merkmalen dieses Profils beruhen. Diese Profile liefern spezifische Informationen über bestimmte Personen; Menschen können dann durch Social-Media-Werbung individuell anstatt als Teil einer Gruppe mit politischen Plakaten oder TV-Spots angesprochen zu werden. Diese Aktionen können von Versuchen, den demokratischen Diskurs zu beeinflussen oder zu behindern, bis hin zur Beeinflussung oder Behinderung der tat-

[18] *Pernice*, E-Government and E-Democracy. Overcoming Legitimacy Deficits in a Digital Europe, HIIG Discussion Paper Series 2016, 2016, S. 16.
[19] Für einen Überblick siehe *Ceron/Curini/Iacus* Politics and big data S. 6.
[20] *Coleman* Can the internet strengthen democracy? vii.
[21] *Bodó/Helberger/Vreese* Internet Policy Review (IPR) 6 (2017), 1 (3 ff.).

sächlichen Entscheidungsfindung von Einzelpersonen reichen. Während die ersten Micro-Targeting-Bemühungen für Canvassing-Kampagnen genutzt wurden, bei denen Menschen von Tür zu Tür gingen, um die Wählerschaft zu beeinflussen, kann KI auch bei Aktionen eine Rolle spielen, die auf differenzierten Profilen bestimmter Personen basieren. Es gibt mehrere Berichte über den Einsatz solcher Technologien; während die Wahlen in den USA und Brasilien sowie das Brexit-Votum auch deshalb für Schlagzeilen sorgten, wurde ihr Einsatz auch in Staaten wie der Schweiz und Österreich diskutiert.[22] KI-Systeme können die Möglichkeiten des Micro-Targetings auf verschiedenen Ebenen erweitern. KI kann bei der Gewinnung von Informationen helfen, indem sie das Web durchsucht und andere Quellen unstrukturierter Daten analysiert. KI-Systeme können auch dazu dienen, Profile von Personen zu erstellen. Darüber hinaus können KI-Systeme Personen automatisch auf Basis ihrer Profile über verschiedene Kanäle wie Social Media ansprechen. Mehrere Aspekte dieser Kampagnen mit Micro-Targeting sind problematisch.[23] Erstens wurden die entsprechenden Daten oft aus öffentlichen Quellen gesammelt, in einigen Fällen illegal. Dies verletzt das Recht der betroffenen Personen auf Datenschutz, wenn die Daten unrechtmäßig erhoben und verwendet wurden. Zum anderen wird ihr Recht auf persönliche Autonomie verletzt, da sie auf Basis der erhobenen Daten beeinflusst werden. Ein Opt-out aus dem Micro-Targeting ist bisher nicht möglich. Darüber hinaus kann Micro-Targeting auch zu Manipulationszwecken eingesetzt werden. In der Forschung zu diesem Thema werden auch die möglichen positiven Auswirkungen erwähnt – etwa, dass die Wähler die für sie relevanten Informationen erhalten.[24] Dadurch könnten auch bestimmte Themen für Wahlen relevanter werden und die Bedeutung bestimmter Gruppen erhöht werden, insbesondere wenn diese verstreut und nicht organisiert sind.[25] Daher könnte KI also denjenigen helfen, die in der Politik keine große Lobby haben, mehr und bessere Informationen zu erhalten.[26]

Dies zeigt erneut die vielseitige Einsetzbarkeit von KI und die damit verbundene Schwierigkeit, sie adäquat abschließend einzuordnen.

[22] Eidgenössischer Datenschutzbeauftragter und Konferenz der schweizerischen Datenschutzbeauftragten, Leitfaden, 2018, https://www.privatim.ch/wp-content/uploads/2019/03/Leitfaden-Wahlen-DE.pdf; Der Standard, Post löscht alle Informationen zu Parteipräferenzen, 2019, https://www.derstandard.at/story/2000095874780/post-loescht-alle-informationen-zu-parteiaffinitaet.

[23] Eine Abbildung der Bedrohungen findet man bei *Zuiderveen/Borgesius* ua Utrecht Law Review 14 (2018), 82 (87). Ebenso sammelten sie Hinweise auf Datenschutz- und Manipulationstrends.

[24] *Zuiderveen/Borgesius* ua Utrecht Law Review 14 (2018), 82 (84 ff.).

[25] *Zuiderveen/Borgesius* ua Utrecht Law Review 14 (2018), 82 (84 ff.).

[26] *Ennals* AI & Society 1 (1987), 5 (14).

Micro-Targeting kann einerseits schädlich für die Demokratie sein, sie aber andererseits auch stärken. Allerdings sind die heute existierenden Anwendungen nur ein kleiner Ausschnitt dessen, was in Zukunft möglich sein wird. Technologische Neuerungen, aber vor allem auch ein kreativer und innovativer Einsatz von KI könnten zu noch tiefgreifenderen Auswirkungen von KI-Lösungen auf die Demokratie führen. Letztere können etwas wirklich Neues sein oder bereits bestehende Möglichkeiten auf den Kopf stellen. Ein Beispiel ist die Ermächtigung von Wählern durch das Targeting und Profiling von Kandidaten. Eine intelligente Suchmaschine könnte Informationen darüber liefern, welchen Standpunkt Parteien oder Kandidaten bezüglich einzelner Themengebiete einnehmen. Denkt man noch einen Schritt weiter, könnte man sich sogar KI-Systeme vorstellen, die zukünftiges Regierungsverhalten vorhersagen oder die berechnen, mit welchen Wahrscheinlichkeiten Parteien oder Kandidaten bestimmte Wahlversprechen einlösen. Tatsächlich erscheint es bereits heute denkbar, die Wahrscheinlichkeit zu berechnen, ob ein Wahlversprechen in der Zukunft eingehalten werden wird. Diese Art des Profilings von Parteien und Kandidaten würde einen ganz neuen Anwendungsbereich eröffnen. Hierdurch würde zwar einerseits eine Reihe von Problemen und Fragen aufgeworfen werden, andererseits würde gezeigt werden, dass der Einsatz von KI sehr unterschiedlich sein kann und die Wähler mit mehr Macht versehen werden können. Es könnte die Bandbreite ihrer Entscheidungsmöglichkeiten erweitern, anstatt sie zu begrenzen. Während sich die Debatte im Moment also um die mögliche negative Seite der Benutzung von KI im Kontext von Wahlen und Abstimmungen dreht, sind die tatsächlichen zukünftigen Auswirkungen von KI in diesem Bereich völlig offen.

III. Recht und Technik: Grund, Grenze und Gestaltung

Recht und Technik haben eine vielseitige und facettenreiche Beziehung, die grob in drei Funktionen des Rechts zusammengefasst werden kann: Grund, Grenze und Gestaltung. Der Einfluss von Recht auf die Beziehung zwischen Technologie und Demokratie soll im Folgenden dieser Einteilung entsprechend nachvollzogen werden. Das Recht kann auf unterschiedliche Art und Weise zur Demokratisierung von künstlicher Intelligenz beitragen. Hierbei alle Funktionen des Rechts einzubeziehen, ist besonders wichtig, da erst deren Fokus auf verschiedene Perspektiven es ermöglicht, die Möglichkeiten des Rechts auszuloten, KI demokratiekonform zu gestalten.

1. Rechtliche Grenzen und Demokratie

Menschenrechte schränken den Einsatz von KI, insbesondere durch öffentliche Stellen, ein. Menschenrechte machen es zudem nötig, Einsatzmöglichkeiten der KI demokratisch zu rechtfertigen, was diese noch mehr einschränkt. Die Funktion des Rechts als Grenze der Technik ist vielleicht seine bekannteste Funktion. So begrenzen rechtliche Verpflichtungen aus dem Datenschutz beispielsweise den Einsatz von Technik in mehrfacher Hinsicht. Das Datenschutzrecht kann die Verwendung von Trainingsdaten im Rahmen von maschinellem Lernen verbieten, weil es möglicherweise keine rechtliche Grundlage für eine solche Verwendung gibt oder eine bestehende Erlaubnis den jeweiligen Zweck nicht abdeckt. So schreibt die Datenschutzgrundverordnung (DS-GVO) der Europäischen Union beispielsweise vor, dass die Verarbeitung von Daten gemäß Art. 6 gerechtfertigt sein müsse[27] und Systeme, die automatisiert Entscheidungen treffen, den Anforderungen des Art. 22 entsprechen müssen. Letztgenannter Artikel fordert die Einhaltung der Vorschriften aus den Abschnitten 2 und 3,[28] wobei diese solche Entscheidungen regeln, die mit Verträgen, Gesetzen oder einer ausdrücklichen Einwilligung als Grundlage getroffen wurden.

2. Das Recht als Grund

Recht kann außerdem den Einsatz von Technik in verschiedenen Formen begründen. Der Grund kann sich auf „die Entwicklung, Weiterentwicklung und Anwendung von Technologie durch die Verwaltung beziehen oder sie sogar verpflichtend machen".[29] Es gibt verschiedene Möglichkeiten, wie die Demokratie als Rechtsprinzip den Einsatz von Technologie und speziell von KI begründen kann. Hinsichtlich der internationalen Instrumente zum Thema Demokratie sieht man Fragen der Technik in verschiedenen Kontexten aufgegriffen.[30] Im Internationalen Menschenrechtsschutz gibt es mehrere Rechte, die sich auf demokratische Regierungsführung beziehen, und einige Menschenrechtsinstrumente weisen sogar explizit auf die zentrale Rolle hin, die Technik bei der Verbesserung der Demokratie spielen kann.[31] Ein Bereich, in dem dies von besonderer

[27] Art. 6 sieht vor, dass eine Datenverarbeitung nur dann rechtlich erlaubt ist, wenn dessen Anforderungen eingehalten werden.

[28] *Abel* ZfD 2018, 304; *Martini* in Paal/Pauly DS-GVO Art. 22 Rn. 41b- 41e.

[29] *Djeffal* in Wischmeyer/Rademacher Regulating Artificial Intelligence S. 283.

[30] Diese Recherche basiert auf der Dokumentensammlung von *Ehm/Walter* International democracy documents.

[31] So zum Beispiel UN Doc. A/68/164, "Stärkung der Rolle der Vereinten Nationen bei der Förderung regelmäßiger und unverfälschter Wahlen und der Demokratisierung".

Bedeutung ist, ist die Einbeziehung von Personen, die noch nicht in der Lage sind, effektiv an demokratischen Verfahren und demokratischen Diskursen teilzunehmen. Das Übereinkommen der Vereinten Nationen über die Rechte von Menschen mit Behinderungen verpflichtet in Art. 4 Abs. 1 lit. g die Vertragsstaaten dazu, „Forschung und Entwicklung für neue Technologien, die für Menschen mit Behinderungen geeignet sind, einschließlich Informations- und Kommunikationstechnologien, Mobilitätshilfen, Geräten und unterstützenden Technologien, zu betreiben oder zu fördern sowie ihre Verfügbarkeit und Nutzung zu fördern und dabei Technologien zu erschwinglichen Kosten den Vorrang zu geben." Dies ist ein Beispiel für eine fortschrittliche Menschenrechtsklausel, die Staaten und andere Akteure dazu motiviert neue Technologien einzusetzen, um die Menschenrechte zu fördern. Viele KI-Technologien helfen Menschen mit Behinderungen, insbesondere blinden und tauben Menschen, und befähigen ihre jeweiligen Nutzer auch zur Teilnahme am demokratischen Diskurs. Daher hat Art. 4 Abs. 1 lit. g eine Auswirkung auf die demokratische Teilhabe von Menschen.

3. Das Recht als Gestaltung

Eine weitere Funktion des Rechts ist es, den Gestaltungsprozess der Technik zu strukturieren und anzuleiten. Das Recht setzt Gestaltungsziele, es zeigt, wie die verschiedenen Ziele untereinander gewichtet werden sollen und hebt sogar bestimmte Lösungsmöglichkeiten auf der technischen Ebene hervor. Ein gutes Beispiel dafür ist in Art. 25 Abs. 1 DS-GVO zu finden, der eine Privacy-by-Design Klausel enthält:

> Unter Berücksichtigung des Stands der Technik, der Implementierungskosten und der Art, des Umfangs, der Umstände und der Zwecke der Verarbeitung sowie der unterschiedlichen Eintrittswahrscheinlichkeit und Schwere der mit der Verarbeitung verbundenen Risiken für die Rechte und Freiheiten natürlicher Personen trifft der Verantwortliche sowohl zum Zeitpunkt der Festlegung der Mittel für die Verarbeitung als auch zum Zeitpunkt der eigentlichen Verarbeitung geeignete technische und organisatorische Maßnahmen – wie zB Pseudonymisierung –, die dafür ausgelegt sind, die Datenschutzgrundsätze wie etwa Datenminimierung wirksam umzusetzen und die notwendigen Garantien in die Verarbeitung aufzunehmen, um den Anforderungen dieser Verordnung zu genügen und die Rechte der betroffenen Personen zu schützen.

Art. 25 Abs. 1 DS-GVO beinhaltet die unmittelbare Verpflichtung, Datenschutzerwägungen direkt in den Gestaltungs- oder Annahmeprozess einer Anwendung einzubeziehen. Daneben gibt es auch die Möglichkeit, eher indirekte Verpflichtungen festzulegen. So wurde kürzlich gefordert, dass auch verfassungsrechtliche Prinzipien wie Menschenrechte, Rechtsstaatlichkeit und Demokratie in den Prozess der Gestaltung von KI einbezogen werden,[32] wodurch die Funktion des Rechts, Technologien in einem sehr frühen Stadium zu beeinflussen, gefördert werden würde. Diese Verpflichtungen müssen auch von denjenigen, die die Systeme direkt entwickeln, angewendet werden, weshalb in den unterschiedlichen Bereichen verschiedene Methoden entwickelt wurden, um dem nachzukommen. Denn während zwar verschiedene Standardisierungsprozesse in Bezug auf Verfassungswerte allgemein existieren, gibt es noch keinen spezifischen Standard im Umgang mit KI und Demokratie. So gibt es bisher keine Spezifizierung des Demokratieprinzips.[33]

IV. Rechtliche Gründe und Erkenntnisse für die Demokratisierung von KI

Dieser Abschnitt skizziert die wichtigsten rechtlichen Gründe für die Demokratisierung von KI sowie einige Lehren aus dem Verhältnis von Recht und Demokratie. Das Demokratieprinzip ist implizit oder explizit in den Verfassungen vieler Staaten verankert; es stellt auch einen grundlegenden Leitwert für internationale Organisationen wie den Europarat dar.[34] Ein solches Verfassungsprinzip bedarf der Umsetzung im öffentlichen Raum. Abgesehen von dieser sehr allgemeinen demokratischen Anforderung gibt es spezifischere Erkenntnisse, die aus der Funktionsweise des Rechts gezogen werden können. Drei Einsichten sollen im Folgenden näher erörtert werden.

1. Rechtfertigung

Wie bereits erwähnt, fügen die Menschenrechte der Begrenzung der Technik eine weitere Ebene hinzu. Sie setzen dem Verhalten von Behörden absolute Grenzen und zwingen sie, die Menschenrechte zu verwirklichen. Sie sind außerdem im Rahmen der demokratischen Entscheidungsfindung relevant. Denn immer, wenn eine Maßnahme Menschenrechte tangiert, kann sie nur rechtmäßig sein, wenn sie demokratisch

[32] *Nemitz* Phil Trans R Soc A 2018, 376 (377).

[33] Aktuelle Standards für werteorientiertes Design sind bei den jeweiligen ISO-Projekten und in der P7000-Serie des IEEE zu finden.

[34] Siehe zB die Präambel der Satzung des Europarates vom 5.5.1949, SEV 1.

gerechtfertigt ist. Im Internationalen Pakt über bürgerliche und politische Rechte heißt es: „Die oben erwähnten Rechte dürfen nur eingeschränkt werden, wenn dies gesetzlich vorgesehen [...] ist". Die Europäische Menschenrechtskonvention hingegen verwendet die Formulierung „soweit der Eingriff gesetzlich vorgesehen [...] ist". Das bedeutet, dass Einschränkungen von Menschenrechten durch das Gesetz vorgesehen sein müssen.[35] Um dabei als Rechtfertigung qualifiziert zu werden, muss eine Einschränkung durch das Gesetz selbst in einer Weise festgelegt sein, die auch für den Einzelnen verständlich ist. Das Gesetz ist hier ein Stellvertreter für eine demokratische *ex ante* Entscheidungsfindung. Jeder Einwirkung auf die Menschenrechte muss eine demokratische Entscheidung vorausgehen, die die genaue Einwirkung gestattet und Schutzmechanismen gegen exzessive und willkürliche Maßnahmen vorsieht. Ein weiteres Beispiel ist die Charta der Grundrechte der Europäischen Union, die vorsieht, dass „[j]ede Einschränkung der Ausübung der in dieser Charta anerkannten Rechte und Freiheiten [...] gesetzlich vorgesehen sein [muss]".[36] Diese Bestimmung macht die Notwendigkeit einer demokratischen Rechtfertigung deutlich, denn falls diese fehlt, ist eine Maßnahme zwangsläufig rechtswidrig. Das Gesetz ist sowohl ein Mittel zur Durchsetzung von Menschenrechten als auch ein Medium für demokratische Entscheidungen. Diese durch das Gesetz vermittelte starke Verbindung zwischen Menschenrechten und Demokratie betrifft auch die Beziehung zwischen KI und Demokratie. Immer wenn KI-Systeme Auswirkungen auf Menschenrechte haben, ist ihr Einsatz zu rechtfertigen. Eine Entscheidung durch KI kann den Schutzbereich ganz unterschiedlicher Menschenrechte betreffen, sie betrifft aber nicht generell einen bestimmten Schutzbereich. Regelmäßig diskutiert werden dabei sogenannte automatisierte Entscheidungsmechanismen (ADMS), die oft im Fokus der Aufmerksamkeit stehen. Sie bilden nur eine von vielen Situationen, in denen Menschenrechte Beachtung finden müssen. Immer wenn KI als Hüterin der IT-Sicherheit oder zur Aufrechterhaltung kritischer Infrastrukturen eingesetzt wird, ist sie für die Verwirklichung der Menschenrechte von entscheidender Bedeutung, obwohl es sich bei den Risikomanagementsystemen nicht um ADMS, sondern um Assistenzsysteme handelt. Während das Recht auf Privatsphäre und Selbstbestimmung die offensichtlichsten Beispiele für solche Auswirkungen sein mögen, müssen auch andere, subtilere Einflüsse berücksichtigt werden. Zum Beispiel werden

[35] Siehe zB die Erklärung in *Greer* Exceptions to Articles 8 to 11 S. 9.

[36] Charta der Grundrechte der Europäischen Union, 2012/C 326/02. Das Verhältnis zwischen rechtlicher demokratischer Legitimation und Menschenrechten ist nicht in jedem Menschenrechtsinstrument so universell. Die universellen Menschenrechtspakte zum Beispiel verlangen nur in bestimmten Fällen eine rechtlich-demokratische Rechtfertigung.

ADMS häufig reguliert, aber diese Regulierung gilt nie für Empfehlungssysteme, die ebenfalls erhebliche Auswirkungen auf die Menschenrechte haben können. Die Interdependenz zwischen künstlicher Intelligenz und Menschenrechten kann durch ein durchaus klares Kriterium für die Notwendigkeit einer demokratischen Bestimmung verdeutlicht werden: nicht die „Macht" einer Maschine selbst zu entscheiden, sondern die Auswirkungen auf die Menschenrechte. Die Wechselbeziehung zwischen Menschenrechten und Demokratie kann den Einsatz von KI-Systemen durch öffentliche Stellen einschränken. Wenn ein solcher Zusammenhang besteht, ist eine demokratische Rechtfertigung immer notwendig – unabhängig davon, wie genau die Menschenrechte betroffen sind.

2. Vorrang

Verbunden mit dem Vorbehalt des Gesetzes hinsichtlich menschenrechtlicher Fragen ist die Idee des Vorrangs legitimer demokratischer Entscheidungen. Dieses Konzept hat seinen Ausdruck darin gefunden, dass diejenigen Normen, die von einem Organ mit der höchsten demokratischen Legitimation erlassen wurden, Vorrang vor anderen Normen genießen. Daher berufen sich einige Rechtsordnungen, die das Parlament als höchste demokratische Autorität ansehen, auf die „Souveränität des Parlaments" und behandeln parlamentarische Gesetze als vorrangig vor allen anderen Rechtsakten. Andere Rechtsordnungen hingegen sehen eine normative Hierarchie vor, in der die Verfassung an der Spitze steht und die Parlamentsgesetze den zweiten Platz einnehmen. Während das Verfassungsrecht seine Legitimation von dem pouvoir constituant ableitet, stützt sich das Gesetzesrecht auf die Legitimation des Parlaments, während eine dritte Kategorie von Normen von Akteuren mit geringerer Legitimität stammen. Höherrangige Normen haben Vorrang vor niederrangigen Normen, und im Konfliktfall sind untergeordnete Normen sogar entweder ungültig oder nicht anwendbar. Die Hierarchie der Rechtsnormen ist in der Regel in den unterschiedlichen Ebenen der demokratischen Legitimation begründet.[37] In denjenigen Fällen, in denen Technik eine normative Kraft entfaltet, würde dieses Grundkonzept erfordern, dass das Gesetz als Ausdruck der demokratischen Entscheidung Vorrang vor den funktionalen Anforderungen der Technik hat und tatsächlich demokratische Entscheidungen lenken muss.[38]

[37] Von einem rechtspositivistischen Standpunkt aus könnte man auch mit dem Argument der Validität zu demselben Ergebnis kommen. Man müsste dann argumentieren, dass der Hauptgrund für Validität die Demokratie ist.

[38] Siehe zB *Schulz/Dankert* Internet Policy Review 5 (2016), 1 (20). Es ist jedoch wichtig zu beachten, dass eine solche Hierarchie auf demokratischer Legitimation

3. Demokratische Balance

Aus juristischer Sicht ist das Konzept der Demokratie offen. Es gibt viele Möglichkeiten die Bedeutung von Demokratie zu verstehen und zu fassen, und das Verfassungsrecht ist im Allgemeinen empfänglich für diese zahlreichen Verständnisse und Theorien von Demokratie. Diese Offenheit erlaubt es dem Recht, sich an verschiedene Kontexte und unterschiedliche Situationen anzupassen, insbesondere wenn es um Veränderungen und Reformen geht. Solche Reformen können zwar auf verschiedenen Ebenen stattfinden, aber sie verändern immer vorherige demokratische Prozesse und manchmal sogar das Konzept der Demokratie selbst. In der Art und Weise, wie Gerichte mit diesen Fragen umgehen, lässt sich ein Muster erkennen, das als Modus der Demokratischen Balance beschrieben werden könnte. Dabei bleiben Gerichte zwar flexibel und offen für die Veränderung bestehender Prozesse, aber sie verlangen bei Einschnitten in demokratische Rechte eine Kompensation. Dies soll an zwei Beispielen verdeutlicht werden. Während des Prozesses der europäischen Integration schufen viele Vertragsrevisionen entweder neue europäische Kompetenzen oder übertrugen Kompetenzen von der nationalen auf die europäische Ebene. Mit dieser Entwicklung musste sich das deutsche Bundesverfassungsgericht mehrfach befassen. So ließ das Gericht in seinem berühmten Lissabon-Urteil zwar eine Kompetenzübertragung zu, allerdings nur, wenn gleichzeitig institutionelle Vorkehrungen in der deutschen Rechtsordnung getroffen werden, die es dem nationalen Parlament ermöglichten, sich effektiv in die europäische Politik einzubringen. Folglich erlaubte das Gericht zwar supranationale Kompetenzübertragungen, aber nur unter der Bedingung, dass die nationale Legislative die Politik auf der übergeordneten Ebene beeinflussen kann.[39] In einem anderen Fall befasste sich der Verfassungsgerichtshof für das Land Baden-Württemberg mit einer Kompetenzübertragung vom Professorenkollegium auf den Präsidenten einer Universität. Das Gericht gestattete diese Übertragung nur unter der Voraussetzung, dass der Präsident dem Professorenkollegium gegenüber rechenschaftspflichtig wird, was in der Praxis die Einführung eines demokratischen Wahlverfahrens nach sich zog.[40] Diese Fälle verdeutlichen, dass Veränderungen und Reformen mit Auswirkungen auf demokratische Prozesse aus rechtlicher Sicht nicht binär mit entweder „ja“ oder „nein“ beantwortet werden können, sondern eine demokratische Balance erfordern. Streitigkeiten über das demokratische Austarieren dieser Veränderungen können in einem Gerichtsver-

beruhen muss und nicht auf einer formalen Unterscheidung von primären und sekundären Regeln.

[39] BVerfG Urt. v. 30.6.2009 – 2 BvE 2/08, BVerfGE 123, 267.

[40] StGH BW Urt. v. 14.11.2016 – 1 VB 16/15, WissR 2016, 302.

fahren gelöst werden. Diese Fragen der demokratischen Balance spielen eine wichtige Rolle, wenn Handlungen und Entscheidungen in größerem Umfang an KI-Systeme delegiert werden. Denn statt diese Entwicklung von Anfang an als undemokratisch abzulehnen, sollte man sich vielmehr die Frage stellen, ob die Delegation an KI-Systeme rebalanciert werden kann. Diese flexible Sichtweise, die unter anderem in den oben beschriebenen Fällen zu Demokratie zum Ausdruck gekommen ist, hat auch das Potenzial, die Beziehung von KI und Demokratie zu beeinflussen. Anstatt zu fragen, ob KI demokratisiert werden sollte, muss man fragen, wie sie demokratisiert werden kann und ob die einschlägigen Maßnahmen ausreichen.

B. Demokratisierung von KI

Wenn es einer Demokratisierung von KI bedarf, ist fraglich, wie dies in der Praxis umzusetzen ist. Eine instrumentelle Herangehensweise an diese Frage würde erstens nach Fällen suchen, in denen es demokratische Entscheidungen gibt, und zweitens nach Wegen, wie diese Entscheidungen getroffen werden können. Wie bei jeder anderen demokratischen Entscheidung gibt es dabei verschiedene Instrumente, die von den üblichen Prozessen parlamentarischer Beratungen und Entscheidungen bis hin zu direkteren Versionen demokratischer Beteiligung reichen. Jede Methode hat jeweils abhängig von dem konkreten Umfeld spezifische Vorteile. Fasst man die Methoden zu einem Werkzeugkasten zusammen, kann dieser folgende Elemente enthalten:

- Ordentliche parlamentarische Prozesse, um künstliche Intelligenz zu erörtern und zu regulieren;
- Einsatz von spezialisierten parlamentarischen Ausschüssen zur Klärung bestimmter Problemstellungen;
- Ermächtigung von Experten, bestimmte Entscheidungen nach vorher festgelegten Prinzipien zu treffen;
- Direkte Bürgerbeteiligung bei bestimmten Fragestellungen durch
  - partizipative Verfahren;
  - Losverfahren: Einbeziehung von Gruppen zufällig ausgewählter Bürger, um ein Amt zu erfüllen oder bestimmte Entscheidungen zu treffen.

Um die Bandbreite der möglichen Entscheidungen in Bezug auf Technologien und spezifische technische Artefakte zu verstehen, ist eine analytische Unterscheidung zwischen verschiedenen Ebenen hilfreich, auch wenn die Zusammenhänge zwischen den verschiedenen Ebenen offensichtlich sind. Bei der Fokussierung auf bestimmte Entscheidungen in Bezug auf technische Artefakte kann man zwischen eher technischen und eher sozialen Entscheidungen unterscheiden, weshalb eine soziale von einer technischen Ebene unterschieden wird. Darüber hinaus werden einige Entscheidungen nicht im Hinblick auf ein bestimmtes Artefakt getroffen, sondern eher im Hinblick auf eine ganze Technologie und sind daher auf der Ebene der Governance anzusiedeln. Jede Ebene wirft ihre eigenen Fragen auf, die im Folgenden umrissen werden.

I. Technische Ebene

1. Gestaltungsentscheidungen

Ein wichtiger Schritt bei der demokratischen Beeinflussung von Technologie ist es, die Entscheidungen zu verstehen, die im Verlauf der Entwicklung oder Anwendung einer Technologie getroffen werden. Bei der Entwicklung werden viele Design-Entscheidungen getroffen, manche absichtlich, manche mit gewichtigen Konsequenzen. Aus einer demokratischen Perspektive muss man einige bestimmte Entscheidungen verstehen und hervorheben. Diese Entscheidungen beziehen sich auf Architekturen, Anwendungen und alle anderen Eigenschaften der verwendeten Technologien. Wann immer eine Alternative existiert, existiert auch eine Wahlmöglichkeit. Diese zu verstehen, erfordert auch eine demokratische Denkweise, die offen für mehrere Lösungswege ist, ohne automatisch bestimmte Ergebnisse zu bevorzugen. Besonders Computerwissenschaftler, die es gewohnt sind, bestimmte Ziele wie beispielsweise Effizienz zu verfolgen, vernachlässigen regelmäßig Wahlmöglichkeiten, die den von ihnen gewünschten Effekt nicht maximieren.

Um die Möglichkeiten beim maschinellen Lernen zu verstehen, sind die Fragen der Optimierung sehr hilfreich.[40] Maschinelle Lernsysteme sind darauf ausgerichtet, bestimmte Ziele zu erreichen; sie erhalten Feedback und passen ihr Modell entsprechend an. In vielen Fällen sind die Ziele, auf die ein Modell optimiert wird, nicht in Stein gemeißelt, sondern eher kontingent. Ein Algorithmus, der Kinder auf bestimmte Schulen in einem Gebiet verteilt, kann nach verschiedenen Zielfunktionen programmiert werden: Eine könnte der kürzeste Weg zur Schule sein, eine andere wäre der sicherste Weg zur Schule. Man könnte aber auch andere Ziele definieren, wie zB eine gute Mischung der Schüler in der Schule aus ethnischer oder wirtschaftlicher Sicht. Solche Entscheidungen führen oft zu

[40] *Haferkamp* in Stiftung Datenschutz Big Data und E-Health S. 59 ff.

Zielkonflikten und erfordern eine aktive Gestaltung. Ein in letzter Zeit bekannter Zielkonflikt ist die Wahl zwischen der Verwendung von Daten und der Fähigkeit, Diskriminierung zu verstehen. Modelle für maschinelles Lernen werden oft mit Daten trainiert, die implizit Vorurteile beinhalten – gleichzeitig enthalten die Trainingsdaten möglicherweise keine expliziten Hinweise auf Alter, Geschlecht oder andere Kriterien. Somit sind die entscheidenden Informationen nicht vorhanden und es wird unmöglich zu verstehen, ob es Verzerrungen in den Daten und damit auch im Algorithmus gibt und ob Abhilfe möglich ist. Die Einbeziehung weiterer Daten, zB von Alter oder Geschlecht, hat jedoch Auswirkungen auf das Recht auf Privatsphäre und Datenschutz. Insbesondere in möglichen Fällen von Diskriminierung wäre es jedoch oft notwendig, besondere personenbezogene Daten zu verwenden, wie zB Daten, die Aufschluss über die rassische oder ethnische Herkunft geben, die unter vielen Datenschutzregelungen stark geschützt sind.[41] Privatsphäre und Datenschutz müssen in dieser Hinsicht mit Gleichheitsaspekten abgewogen werden. Ein weiterer Kompromiss kann sich ergeben, wenn es um die Abwägung von Transparenz und Genauigkeit geht. Es ist möglich, dass einige Algorithmen höhere Werte als vergleichbare Alternativen haben, aber auf so komplexen Modellen basieren, dass sie für Menschen nicht verständlich sind. In der Informatik gibt es ein wachsendes Bewusstsein dafür, dass Entscheidungen nicht nur bei der Nutzung bestehender Technologien, sondern auch bei der Forschung und Entwicklung getroffen werden. Auf die gleiche Weise, wie Technologien zur Verbesserung der Privatsphäre entwickelt wurden, sind neue Forschungsgemeinschaften entstanden, die an der Verbesserung von KI in bestimmten Richtungen forschen. Ein Beispiel ist die ACM Conference on Fairness, Accountability, and Transparency (ACM FAccT), die sich speziell mit neuer Forschung zu Fairness, Rechenschaftspflicht und Transparenz in sozio-technischen Systemen beschäftigt. Ähnliche Konferenzen oder Tracks zu KI-Panels zeigen, wie Forschung und Entwicklung auch gezielt auf bestimmte Ziele ausgerichtet werden können. Auch hier gibt es ein Element der Wahl, selbst wenn es um die Schaffung oder Verbesserung von Technologien geht. In diesem Fall können diese Entscheidungen von den Forschern getroffen werden, aber auch von den Geldgebern beeinflusst werden. Ein Element der Wahl ist oft in verschiedenen Stadien vorhanden.

2. Das Prinzip der Gestaltbarkeit

Wissenschaftler und Institutionen haben die Einbeziehung von Demokratie durch Technikgestaltung (*Democracy by design*) im Kontext von KI

[41] Siehe zB Art. 9 DS-GVO.

gefordert.[42] Entsprechend der Idee des wertsensitiven Designs sollten demokratische Werte in den Designprozess einbezogen werden. Nicht nur die Designentscheidungen sollen auf demokratische Weise getroffen werden, auch die Art und Weise, wie die Anwendung funktioniert, soll demokratisch sein. Diese allgemeine Idee stößt jedoch auf mehrere Schwierigkeiten. Ein Problem ist, dass es verschiedene Konzepte von Demokratie gibt, die sich beim Design einer Anwendung ganz unterschiedlich auswirken können.[43] Eine Möglichkeit, die verschiedenen Formen demokratischer Legitimität zu strukturieren, ist, sie in Input-, Output- und Prozesslegitimität zu unterteilen. Die technischen Anforderungen können recht anspruchsvoll sein. Je nach dem Kontext, in dem die KI-Anwendung eingesetzt wird, kann die Demokratie auch sehr unterschiedliche Akteure einbeziehen: Im Smart-City-Kontext werden demokratische Entscheidungen oft die Entscheidungsfindung oder Beteiligung der städtischen Bevölkerung erfordern, während es in nationalen Kontexten eher darum gehen wird, das Parlament in Entscheidungen einzubeziehen. Aus diesen Gründen bedeutet die Behauptung von „Demokratie durch Design" für Entwickler eine Menge Unsicherheit. Aus technischer Sicht bräuchte man ein Prinzip, das für Entwickler greifbar ist und das demokratische Werte in Designprozessen unterstützt, ohne bestimmte Demokratieverständnisse vorwegzunehmen.

Mein Vorschlag, diese Herausforderung anzugehen, wäre die Formulierung eines Designprinzips der Gestaltbarkeit. Dieses zielt darauf ab, allgemeine demokratische Werte auf eine allgemeine und praktikable Weise in Design zu übersetzen. Es sollte mindestens zwei Ausprägungen haben, die von Entwicklern angesprochen werden müssen: Die erste Ebene ist die Veränderbarkeit des Systems, die Zweite seine Verständlichkeit. Verschiedene Vorstellungen von Demokratie beruhen auf der Idee, dass sie offen und flexibel für verschiedene Formen der Veränderung sind: Regierungswechsel, Meinungsänderungen nach einem informierten Diskurs und so weiter. Dies ist insbesondere dann der Fall, wenn Unsicherheit darüber besteht, wie sich eine Entscheidung in der Praxis auswirkt. In einer solchen Situation ist die Veränderbarkeit eine Voraussetzung für demokratische Partizipation. Diese Veränderbarkeit muss jedoch durch das Design erhöht werden. Dies kann durch die Wahl einer bestimmten Architektur oder die Verwendung bestimmter Methoden geschehen. Da maschinelles Lernen die Möglichkeit zur Anpassung beinhaltet, ist es per Definition veränderbar. Eine weitere Ebene der Gestaltbarkeit ist die Verständlichkeit des Systems. Sie wird in der Informatik

[42] *Nemit* Philosophical Transactions 2018, 376 (377).

[43] *Bozdag/van den Hoven* Ethics and Information Technology 17 (2015), 249 (250 ff.).

nicht in ihrem allgemeinen Sinn verwendet, nämlich der Möglichkeit, die Logik hinter den Aktionen eines gegebenen Systems zu verstehen. Verständlichkeit muss demokratisch gedacht werden. Ein allgemeines Ziel könnte hier sein, dass ein System für alle Menschen, die von den Handlungen des Systems betroffen sind, verständlich ist. Zwar wird nicht jeder tatsächlich darüber entscheiden, ob und wie er das jeweilige KI-System einsetzt, aber das Ideal wäre, dass jeder die Chance dazu haben sollte.

Dieser Standard der Verständlichkeit kann bei Systemen, die nur auf einen bestimmten Personenkreis ausgerichtet sind, eher eng gefasst sein. Im Gegensatz dazu sollten allgemein anwendbare KI-Systeme allgemeine Standards der Verständlichkeit erfüllen. Daher fügt sich die Ebene der demokratischen Verständlichkeit in die aktuellen Diskurse über Transparenz ein. Im Kontext der Gestaltbarkeit ist die Verständlichkeit jedoch nicht auf bestimmte Handlungen oder Entscheidungen des Systems beschränkt. Die Menschen, die von dem System betroffen sind, müssen es und die ihm zugrundeliegenden Entscheidungen verstehen. Sie müssen wissen, ob und wie das System verändert werden kann. Wie jedes Designprinzip wird auch die Gestaltbarkeit kaum jemals vollständig erreicht werden. Aber sie kann Entwicklern die richtige Richtung weisen. Während Verständlichkeit auf die Möglichkeit demokratischer Beratungen hinweist, zeigt die Ebene der Veränderbarkeit die Möglichkeit der Veränderung an und eröffnet Potenziale, das technische Artefakt effektiv zu steuern.

II. Soziale Ebene

KI wird nicht nur auf der technischen Ebene entworfen, sondern auch sozial eingebettet.[44] Bestimmte Eigenschaften der Technologie beruhen auf sozialer Konstruktion der Technik, etwa in der Organisation oder in dem Entwurf von Prozessen.

1. Wirkungen verstehen

Es ist wichtig, die sozialen Auswirkungen von Technologie zu verstehen, aber auch zu begreifen, dass die Anerkennungen solcher Auswirkungen selbst soziale Konstrukte sind. In jüngster Zeit wurden verschiedene Methoden zur Bewertung der Auswirkungen von KI vorgeschlagen.[45] Die Bewertung der Auswirkungen ist eine Voraussetzung für die Aufdeckung von Entscheidungen auf technologischer Ebene. Manchmal werden die

[44] *Stamper* AI & Society 2 (1988), 3 (9).

[45] *Reisman/Schultz/Crawford/Whithattaker,* Algorithmic Impact Assessments, S. 11 ff., https://ainowinstitute.org/aiareport2018.pdf.

entsprechenden Entscheidungen erst sichtbar und verständlich, wenn die sozialen Auswirkungen bekannt sind. Die Diskussion über Fairness in der KI kam in Gang, als mehrere Forscher diskriminierende Effekte von algorithmischen Systemen kritisierten. Das Gleiche gilt für Transparenz. Es ist alles andere als einfach, die Folgen von Technologien zu kennen, bevor Schaden entsteht. Wie die Geschichte der Technik zeigt, kommt das Wissen um die Folgen von Technologien oft zu spät. Die Entdeckung der Röntgenstrahlen ist ein bezeichnendes und trauriges Beispiel hierfür, da viele der Gelehrten, die diese Technologie entdeckten, nichts von ihren gefährlichen Auswirkungen wussten und später selbst an Krebs starben. Es dauerte einige Zeit, bis man die Auswirkungen verstand. In vielen anderen Fällen war der kausale Zusammenhang zwischen Technologie und Auswirkung nicht so offensichtlich oder stärker umstritten. In diesen Fällen hat das Gesetz tiefgreifende Auswirkungen auf die soziale Konstruktion von Technologie.

Zunächst können die Menschenrechte helfen, einen Konsens darüber herzustellen, dass eine bestimmte Betrachtung schützenswert ist. Um zu wissen, was eine mögliche Auswirkung ist, muss man ein Recht konstruieren, das geschützt werden soll. Das Gesetz kann aufzeigen, was das ist. Das Recht auf Privatsphäre ist ein gutes Beispiel für ein Recht, das in evolutionärer Weise durch Ableitung aus anderen Rechtsinstituten erfunden wurde.[46] Sobald ein Konsens darüber besteht, was als Menschenrecht zu schützen ist, ist ein besonderer Schutz gegeben. Wie bereits gezeigt wurde, bringt dieser Schutz die Notwendigkeit einer demokratischen Rechtfertigung von Entscheidungen mit sich, die die Menschenrechte betreffen. Ein weiteres wichtiges Merkmal des Gesetzes ist die Fähigkeit, Auswirkungen ganzheitlich zu erkennen und abzuwägen. Wirkungen sind nicht per Definition negativ, sie können ebenso vorteilhaft sein. So wichtig es ist, neuen Entwicklungen gegenüber kritisch zu sein und neue Gefahren und Nachteile zu verstehen, so wichtig ist es auch, die Vorteile und möglichen Chancen zu erkennen. Um die Auswirkungen von Technologien beurteilen zu können, ist es entscheidend, alle zukünftigen Möglichkeiten im Blick zu haben. Dies gilt auch aus menschenrechtlicher Sicht. Wie oben gezeigt, haben Technologien auch das Potenzial, die Menschenrechte zu fördern. Daher müssen die Folgen gegeneinander abgewogen werden. Um solche Situationen in Gerichtsverfahren zu beurteilen, haben mehrere Rechtsprechungen eine Verhältnismäßigkeitsprüfung entwickelt.[47] Sie ist ein praktischer Weg, eine Maßnahme ganzheitlich zu beurteilen und die Argumentation so zu strukturieren, dass

[46] Siehe dazu ein früheres Argument von *Warren/Brandeis,* Harvard Law Review 4 (1890), 193 (196 ff.).

[47] *Klatt/Meister* The Constitutional Structure of Proportionality S. 1 ff.

viele Überlegungen berücksichtigt und gegeneinander abgewogen werden können. Sie führt auch zu praktischen Schlussfolgerungen, die den von den Entscheidungen Betroffenen mitgeteilt werden. Das Prinzip der Verhältnismäßigkeit ermöglicht tatsächlich eine sozio-technische Bewertung auf verschiedenen Ebenen.

2. Gestaltung von KI durch soziale Konstruktion

Es gibt aber einen noch weiteren Bereich, in dem die Auswirkungen von KI sozial konstruiert sind. Dies gilt für einen großen Teil des Einflusses von KI-Systemen. Besonders im Fall der Datenanalyse kann es verschiedene Ziele und Zwecke geben, bestimmte Korrelationen zu beschreiben oder daraus Handlungsmöglichkeiten abzuleiten oder sogar eine bestimmte Handlung vorzuschreiben.[48] Es ist unstrittig, dass alle genannten Alternativen tiefgreifende normative Auswirkungen haben können. Diese wohnen allerdings nicht der Technologie inne, sondern sind sozial konstruiert. Denn zwischen der Entdeckung der Wahrscheinlichkeit einer Handlung und der Entscheidung, dass diese Wahrscheinlichkeit einer konkreten Handlung zugrunde liegen soll, liegt eine soziale Entscheidung.[49]

Ein anschauliches Beispiel ist die missbräuchliche Verwendung von Bewertungen der Kreditwürdigkeit als Bewertungsmaßstab eines Arbeitnehmers.[50] Es liegt auf der Hand, dass ein Programm, welches dazu dient, die Wahrscheinlichkeit zu berechnen, ob eine Person Schulden zurückzahlt, nicht dazu gemacht ist, die Zuverlässigkeit der jeweiligen Person in ihrem jeweiligen Beruf zu beurteilen. Dennoch sind Produkte auf den Markt gekommen, die genau das machen. Die Wahl, das System in einem anderen Kontext zu verwenden, ist keineswegs eine, die etwas mit dem Design des Programms zu tun hat. Es handelt sich vielmehr um eine soziale Entscheidung für einen Transfer in einen anderen sozialen Kontext. Das Gleiche gilt für die Verwendung bestimmter Wahrscheinlichkeiten. In vielen Fällen zeigt das Recht, wie Wahrscheinlichkeiten in verschiedenen Kontexten völlig unterschiedliche Bedeutungen haben. Auch im Polizei- und Sicherheitsrecht gibt es unterschiedliche Wahrscheinlichkeitsanforderungen, die aus einer sozialen Perspektive heraus formuliert sind. Maßnahmen, die geringe Auswirkungen auf die Menschenrechte haben, müssen eine niedrigere Wahrscheinlichkeitsschwelle erfüllen, während Maßnahmen mit höheren potenziellen Auswirkungen höhere Wahr-

---

[48] Auf dieser Basis wurde eine Unterscheidung zwischen deskriptiver, präskriptiver und beschreibender Analytik gemacht, *Hoffmann-Riem* AöR 142 (2017), 1, (12 f.).

[49] Eine ausführliche Begründung auch der Ursachen findet sich bei *Schlaudt* Die politischen Zahlen.

[50] *O'Neil* Weapons of math destruction S. 147–149.

scheinlichkeitsanforderungen erfüllen müssen. Es ist eine aktive Wahl und eine demokratische Entscheidung, eine bestimmte Kompetenz der Behörden mit einer bestimmten Wahrscheinlichkeit zu verknüpfen.

Es gibt zahlreiche Möglichkeiten, die Bedeutung der Ergebnisse von KI-Systemen zu konstruieren. Das Gesetz macht diese Bedeutung nicht nur explizit; es öffnet die gesellschaftliche Konstruktion von Technologie für demokratische Deliberation und demokratische Entscheidungsfindung. Die Ergebnisse von KI-Systemen können illegal und irrelevant gemacht werden, sie können menschlicher Kontrolle und menschlicher Entscheidungsfindung unterworfen werden. Daneben kann ihnen auch rechtliche Bedeutsamkeit verliehen werden. Im deutschen Recht darf die Beurteilung von Beamten nicht auf vollautomatisierten Bewertungen bestimmter Persönlichkeitsmerkmale beruhen.[51] Der oben erwähnte Art. 22 DS-GVO sieht ein Recht auf menschliche Kontrolle vor und macht vollautomatisierte Entscheidungen von menschlichen Entscheidungen abhängig. Dennoch gibt es Bestimmungen, die klarstellen, dass vollautomatisierte Entscheidungen rechtliche Wirkungen nach sich ziehen können, bspw. § 35a VwVfG. Die Vorschrift besagt: „Ein Verwaltungsakt kann in vollem Umfang durch automatisierte Systeme erlassen werden, wenn er durch einen Rechtsakt zugelassen ist und kein Ermessens- oder Beurteilungsspielraum besteht." Diese Vorschrift stellt klar, dass es vollständig automatisierte Verwaltungsakte geben kann, dh Entscheidungen mit Rechtskraft für bestimmte Personen oder Gruppen. Das bedeutet im Wesentlichen, dass solche Systeme Entscheidungen treffen können, die rechtskräftig sind und auch durchgesetzt werden können. Zwei Beispiele für solche Entscheidungen sind intelligente Verkehrssysteme, die automatisch Geschwindigkeitsbegrenzungen festlegen oder Überholverbote verhängen können, wenn wetter- oder verkehrsbedingte Gefahren für die Fahrer bestehen. Diese Systeme erlassen nicht aus technischer Notwendigkeit eine Allgemeinverfügung und keine Empfehlung, sondern auf Grund einer bewussten und expliziten rechtlichen Entscheidung. Ein weiteres Beispiel sind vollautomatische Strafzettel, die von Detektionssystemen ausgestellt werden, die automatisch die entsprechenden Bescheide verschicken.

3. KI als Gewohnheitsrecht

KI-Systeme können Auswirkungen auf die reale Welt haben, die in hohem Maße von einer sozialen Konstruktion abhängen, die diese Folgen dem System zuschreibt. Dies führt zu der Frage, was die Anforderungen an eine solche Akzeptanz sein sollten. Mit dieser Frage beschäftigt sich

[51] Siehe § 114 Abs. 4 BBG.

derzeit das Feld der Computational Social Choice.[52] Die versteckten moralischen Entscheidungen im Prozess der Gestaltung von KI ist eine der Hauptmotivationen, sich mit den Schnittstellen von Social Choice und Informatik zu beschäftigen. So versuchen Wissenschaftler Kriterien zu finden, um KI-Systeme auf legitime Weise zu gestalten. Ein Merkmal, das beim maschinellen Lernen auffällt, ist, dass es tatsächlich auf Daten basiert, die oft von denen produziert werden, auf die das System angewendet wird. In Forschungsprojekten wurden beispielsweise Umfragen und Simulationen durchgeführt, um Nutzerdaten darüber zu erhalten, wie automatisierte Autos in bestimmten Situationen reagieren sollten.[53] Ein demokratischer Blick auf diesen ethischen Designfokus offenbart jedoch einige Probleme: Das erste Problem ist, dass unterschiedliche Annahmen zu ganz unterschiedlichen Ergebnissen führen können, die alle den Anspruch haben, ethisch zu sein. Verschiedene ethische Theorien können sogar zu entgegengesetzten Ergebnissen führen, bspw. Utilitarismus und Prinzipienethik. Während bestimmte Handlungen, die für eine Person nachteilig, aber für die Mehrheit vorteilhaft sind, aus utilitaristischer Sicht als geboten angesehen werden könnten, würden sie aus prinzipiengeleiteter Sicht als unethisch angesehen werden. Am Ende könnte es notwendig sein, zwischen vielen Alternativen zu wählen. Zu behaupten, dass es nur eine richtige und moralische Lösung gibt, die allen anderen Lösungen vorzuziehen ist, bedeutet, alle anderen möglichen Lösungen auszuschließen. In einem solchen Sachverhalt gibt es keinen Raum mehr für Wahlmöglichkeiten. Eine andere Frage ist, ob künstliche Agenten wirklich moralische Entscheidungen treffen können oder ob sie diese nur simulieren. Aus moralischer Sicht ist die Frage nach der tatsächlichen Urteilsfähigkeit von größter Bedeutung. Dieses Problem ist mit der Frage verknüpft, ob Maschinen tatsächlich denken können, was von Turing bis Searle umstritten ist.[54]

Das Grundargument dieses Abschnitts ist, dass Computational-Choice-Theoretiker in rechtlichen statt in moralischen Begriffen denken sollten. Aufbauend auf Kant könnte man Handlungen mit externen Effekten dem Recht zuschreiben, während Fragen, die intern bleiben, in den Bereich der Ethik fallen. KI-Systeme haben oft tiefgreifende normative Auswirkungen. Während sich die meisten ethischen Überlegungen auf die Output-Legitimität konzentrieren, könnte man Computer und

[52] *Brandt/Conitzer/Endriss/Lang/Procaccia* Computational Social Choice; ein Überblick über die Literatur bezüglich KI von *Prasad* in Yampolskiy Artificial intelligence S. 291.

[53] *Awad/Dsouza/Kim/Schulz/Henrich/Shariff/Bonnefon/Rahwan* Nature 563 (2018), 59 (60 ff.).

[54] *Turing* Mind A Quaterly Review of Psychology and Philosophy 59 (1950), 433 (433); *Searle*, Minds, brains, and programs, 1980, S. 417–424.

Recht so verschmelzen, dass eine demokratische Input-Legitimität durch rechtliche Mittel erreicht wird. Anwendungen des maschinellen Lernens werden in der Regel mit Daten trainiert, die das Verhalten bestimmter Akteure widerspiegeln. Obwohl es keine allgemeine formalisierte Regel darüber gibt, was die Bedeutung einer solchen Praxis ist, möchte ich das Argument vorbringen, dass maschinelles Lernen – unter bestimmten Bedingungen – als Gewohnheitsrecht angesehen werden könnte.

Dies würde computergestützte und soziale Entscheidungen hervorheben, die einen demokratischen Ausdruck durch ein KI-System ermöglichen. Aufbauend auf einer Analogie aus bestimmten rechtsschaffenden Praktiken könnte es möglich sein, Anforderungen an KI als Medium für demokratische Entscheidungen zu formulieren.

Gewohnheitsrecht spielte früher eine sehr wichtige Rolle für die Steuerung bestimmter Gemeinschaften, die bestimmte Praktiken als verbindlich ansahen. Mit der zunehmenden Komplexität moderner Gesellschaften und den Möglichkeiten der neuen Drucktechnologien verlor das Gewohnheitsrecht jedoch stark an Bedeutung. Es stützte sich hauptsächlich auf ungeschriebene Praktiken kleinerer Gemeinschaften, die sich im Laufe der Zeit bildeten. Während die Gerichte in den Common-Law-Ländern weiterhin auf einmal gebildete Prinzipien zurückgriffen und sie in Argumente umwandelten, auf denen die Justiz aufbauen konnte, ist ein Rechtssystem, in dem das Gewohnheitsrecht seine Bedeutung behalten hat, das Völkerrecht. Im Völkerrecht gibt es noch eine überschaubare Anzahl von Beteiligten, deren Praxis als Gewohnheitsrecht qualifiziert werden kann. Mehrere Trends der Digitalisierung unterstützen eine neue Wissensdimension, die zu einer Wiederbelebung des Gewohnheitsrechts in verschiedenen Bereichen führen könnte. Erstens eröffnet die Datafizierung neue Möglichkeiten, das Verhalten bestimmter Akteure zu speichern und zu verstehen. Big Data steht für die Idee, dass riesige Datenmengen gespeichert und analysiert werden können. Zweitens ermöglichen Trends wie das Internet der Dinge, welches Geräte in verschiedenen menschlichen Umgebungen vernetzt, die Sammlung von Daten in einer konstanten, automatisierten und allgegenwärtigen Weise. KI-Technologien können dabei helfen, die Daten so zu analysieren und zu verstehen, dass die Praxis nachvollziehbar und verständlich wird. Zusammen machen diese Technologien die tatsächliche Praxis der Menschen sichtbar.

Die Frage, ob diese Praxis im menschlichen Austausch verallgemeinert werden soll, bleibt jedoch bestehen. Wissenschaftler der Computational Social Choice haben sich über diese Frage Gedanken gemacht und Kriterien aufgestellt, die bei der Entwicklung einer KI, die die Praxis abbildet, berücksichtigt werden sollten. Baum zum Beispiel hat drei allgemeine Kriterien entwickelt:

1. Standing (Postulationsfähigkeit): Wer oder was gehört zu der Gruppe, deren Werte in der KI berücksichtigt werden sollen?
2. Messung: Welches Verfahren wird verwendet, um Werte von jedem Mitglied der ausgewählten Gruppe zu erhalten?
3. Aggregation: Wie werden die Werte der einzelnen Gruppenmitglieder kombiniert, um die aggregierten Gruppenwerte zu bilden?[55]

Die Anforderungen des Gewohnheitsrechts sind in gewissem Sinne komplementär, in gewissem Sinne unterschiedlich zu den obigen Fragen. Die formalen Kriterien für die Bildung von Gewohnheitsrecht sind eine Praxis (consuetudo) und die Überzeugung, dass diese Praxis als Recht zu betrachten ist (opinio iuris sive necessitatis).

Zudem muss die Übung hinreichend konsistent und allgemein sein, was allerdings nicht bedeutet, dass sie einheitlich und universal sein müsse.[56] Dies ist der Tatsache geschuldet, dass einige Akteure Stillschweigen bewahren und sich der Übung nicht anschließen. Das zweite Kriterium ist die sogenannte *opinio iuris*: Die Überzeugung, dass die jeweilige Übung auf einer rechtlichen Verpflichtung beruht, so zu handeln. Erst dieses Kriterium legitimiert die normative Kraft der Übung. Um die Anforderungen an die *opinio iuris* zu erfüllen, müssen die Datensubjekte die Daten in der Kenntnis produzieren, ein System zu beeinflussen, das auf der Grundlage dieser Daten agiert. Dieses Kriterium macht die Legitimität eines KI-Systems von der souveränen Entscheidung seiner Nutzer abhängig. Einfach gesagt: Das System lernt, was Menschen praktizieren; es lernt, welche Praxis die Datensubjekte wollen. In dieser Konstellation manifestiert sich die informationelle Selbstbestimmung nicht nur in der Macht über persönliche Daten, sondern in der bewussten Machtausübung durch die eigenen Daten. Somit ist das Datensubjekt keine bloße Ressource, aus der personenbezogene Daten gewonnen werden. In diesem Kontext wird die Produktion von Daten vielmehr zu einem demokratischen Akt, ähnlich dem Wählen.

III. Governance-Ebene

Um die Auswirkungen von KI auf die Demokratie zu analysieren, reicht es nicht, ausschließlich bestimmte Systeme zu betrachten. Vielmehr bedarf es einer Analyse auf der Makroebene, die sich auf Technologien oder sogar KI als Ganzes konzentriert. Dies wird hier als die Governance-Ebene bezeichnet.

[55] *Baum* AI & Society 32 (2017), 543 (545).
[56] *Crawford*, Brownlie's Principles of Public International Law, 2012, S. 23 ff.

1. Framing

Wie KI *geframed* wird, beeinflusst ihre demokratische Governance. KI wird regelmäßig in bestimmte Kontexte gesetzt und auf spezifische Weise wahrgenommen. Häufig diskutieren Wissenschaftler über die Ethik von KI,[57] während andere KI im Kontext der Menschenrechte untersuchen. Während Wissenschaftler innerhalb eines Frames diskutieren, gibt es kaum Diskussionen hinsichtlich der Wahl des Frames. Jedoch haben diese signifikante Auswirkungen. Man denke bspw. an die Wahl zwischen einem ethischen und einem politischen Frame[58]: Sie führen zu sehr unterschiedlichen Denkansätzen über Technologie. Man vergleiche die Stammzellentechnik und den Aufbau einer 5G-Netzinfrastruktur. Stammzellen-Engineering wird überwiegend als ethisches Problem verstanden, während letzteres gemeinhin als politisches Anliegen wahrgenommen wird. Natürlich gibt es viele Aspekte, die wir im Zusammenhang mit der Stammzellenforschung als politisch ansehen würden und genauso kann es viele ethische Fragen beim Aufbau einer 5G-Infrastruktur geben.

Einige Konstruktivisten haben hervorgehoben, dass Frames und Theorien das Objekt der wissenschaftlichen Untersuchung beeinflussen. Daher stellt es eine aktive Wahl dar, KI in einen bestimmten Kontext zu stellen und nach der Ethik oder der Politik der KI zu fragen oder sich mit dem Verhältnis von KI und Menschenrechten zu beschäftigen. Diese Wahl beinhaltet notwendigerweise bestimmte Präferenzen, die ihr inhärent sind oder sich aus dem angesetzten Frame ergeben. Jeder Frame provoziert damit auch einige blinde Flecken. Manche Aspekte werden unsichtbar.

Ein Versuch, die allgemeinen Auswirkungen von KI auf die Gesellschaft zu beschreiben, ist das Konzept der „Algokratie". Dieser Begriff stellt Regierungsformen wie der Demokratie oder der Monarchie ein System gegenüber, in welchem die Macht (zunehmend) von automatisierten Systemen ausgeübt wird.[59] Der Begriff Algokratie wird hierbei meist kritisch verwendet.[60] Er verdeutlicht, dass Algorithmen immer mehr an Bedeutung gewinnen, wenn es um Fragen des Regierens geht. Anstatt dem wachsenden Korpus an Literatur zu diesem Thema etwas hinzuzufügen, möchte ich die konstruktivistische Natur der Algokratie hervorheben. Es stellt sich die Frage, was durch diesen Begriff hervorgehoben und was außen vorgelassen wird. Auf den grundlegenden Einsichten der Akteurs-

[57] *Mittelstadt/Allo/Taddeo/Wachter/Floridi* Big Data & Society 3 (2016), 1 (2 ff.).

[58] Eingehend *Djeffal* in Wischmeyer/Rademacher Regulating Artificial Intelligence S. 282.

[59] *Yeung* Regulation & Governance 12 (2018), 505 (512 f.).

[60] *Danaher* Philosophy & Technology 29 (2016), 245 (246 ff.).

Netzwerk-Theorie (ANT) aufbauend argumentiere ich, dass der Frame der Algokratie dazu neigt, menschliches Handeln zu verwischen und zu verbergen. Algokratie hebt die Macht der Maschinen hervor, übersieht aber, wie Menschen die Vorgänge beeinflussen, die als automatisiert wahrgenommenen werden.

Eines der grundlegenden Argumente der ANT ist es, die Unterscheidung zwischen Subjekten und Objekten außer Acht zu lassen und Technik als Teil des Sozialen in einem Netzwerk zu würdigen, während menschliche Akteure diese benutzen.[61] Diese Analyse ermöglichte es den Befürwortern der ANT, die Handlungsfähigkeit von technischen Artefakten aufzudecken. Mein grundlegendes Argument ist, dass diese Theorie heute auf den Kopf gestellt werden könnte, um die menschliche Handlungsfähigkeit anstelle der maschinellen Handlungsfähigkeit zu erfassen. Die Theorie der Algokratie stellt einen kritischen Teil des KI-Diskurses dar, der KI spezifisch als automatisierte Entscheidungssysteme fasst und ihre zunehmende Macht untersucht. Mit dem Fokus auf die zunehmenden Fähigkeiten und die Macht dieser Systeme wird manchmal vergessen, darüber nachzudenken, wie diese Systeme genutzt werden und wie sie mit dem menschlichen Handeln verwoben sind. Wie oben skizziert, gibt es viele Wege, auf denen das soziale Umfeld das Design von KI-Anwendungen bestimmt. In vielen Fällen ist das Recht Teil der konstruktiven Bemühungen, KI mit normativer Kraft auszustatten. Ein die Algokratie ergänzender Frame würde nicht ausschließlich die Tatsache berücksichtigen, dass mehr und mehr Entscheidungen delegiert werden, sondern darauf, *wie* sie delegiert werden und *wer* die automatisierten Systeme kontrolliert und beeinflusst. Wie viele Befürworter der ANT argumentiert haben, würde der Fokus nicht auf einer einzelnen Klasse von Akteuren liegen, sondern eher auf ihren wechselseitigen Beziehungen.

2. Organisatorische Aspekte

Eine weitere Möglichkeit, die Entwicklung und den Einsatz von KI zu beeinflussen, sind organisatorische Maßnahmen, wie sie in vielen der aktuellen KI-Strategien enthalten sind. Zum einen zielen organisatorische Veränderungen darauf ab, den technologischen Fortschritt im Bereich der KI zu fördern. So werden neue Institutionen gegründet, die entweder direkt in der Forschung und der Entwicklung tätig sind, solche Aktivitäten finanzieren oder das Netzwerk der bereits bestehenden Organisationen verstärken. So machten die Vereinigten Arabischen Emirate Schlag-

[61] *Latour* Pandora's hope S. 180.

zeilen mit einem Minister für künstliche Intelligenz[62] und die deutsche Regierung gründete kürzlich eine Agentur für „Sprunginnovation", die Forschung und Entwicklung für bahnbrechende Innovationen fördern und deren Umsetzung vorantreiben soll.

Zum anderen üben neu gegründete Organisationen auch die Aufsicht über KI-Systeme aus. In der Tat gibt es bereits viele Organisationen, die mit dieser Aufgabe betraut sind. Organisationen wie die US Federal Drug Administration oder ihre Pendants in Europa und anderswo haben sich mit der Zertifizierung von KI-Systemen beschäftigt, die als Medizinprodukte eingestuft werden. Auch gibt es Rufe nach mehr Aufsichtsinstitutionen.[63] Nach dem Vorbild Kanadas haben einige Staaten KI-Beobachtungsstellen gegründet, die sich mit den sozialen Folgen von KI befassen sollen. Häufig angesprochen wird in diesem Kontext insbesondere die Zukunft der Arbeitswelt.[64]

Organisatorischer Wandel zeigt sich nicht immer nur in neuen Organisationen. Manchmal verändern sich Organisationen auch von innen heraus, indem sie sich neuen Aufgaben anpassen. Eine wichtige Entwicklung in diesem Kontext ist die Frage, ob organisationsübergreifend ein neues Stellenprofil benötigt wird. Derzeit auf dem Vormarsch befindet sich das Jobprofil des Data Scientists. Einige sind jedoch der Ansicht, dass ein völlig neues Profil von Algorithmikern benötigt werden könnte.[65] Die Idee dahinter ist, Menschen mit spezifischen technischen Fähigkeiten zu beschäftigen, damit eine Organisation ihre Handlungsfähigkeit behält, wenn sie mit KI-Systemen arbeiten muss. Der interessante Aspekt dieser Idee ist, dass die technologische Expertise dann auch für Organisationen zur Verfügung stehen würde, die bisher nicht mit dieser in Verbindung gebracht wurden. Das Berufsbild des Algorithmikers hat folglich das Potenzial, die Handlungsfähigkeit in Fragen der Algorithmen zu demokratisieren. Wissen über KI-Systeme wäre so allgemein verfügbar. Eine von diesem spezifischen Profil losgelöste Frage wäre die der interdisziplinären Zusammensetzung von Teams, die an bestimmten KI-Themen arbeiten. Für den Einsatz in bestimmten Kontexten könnte man Mindestanforderungen beschreiben. Daher sollten Organisationen, die KI-Systeme entwickeln, einsetzen oder bewerten, darüber nachdenken, wie die richtige Zusammensetzung dieser Teams aussehen könnte. Informatiker sind zwar ein notwendiger Bestandteil solcher Teams, jedoch nie

[62] *Tendersinfo*, United Arab Emirates Minister of Artificial Intelligence Minister delivers talk on AI at DPC event, 2017, http://www.tendersinfo.com/.

[63] *Tutt* Administrative Law Review 69 (2017), 83.

[64] Siehe beispielsweise Bundesregierung, Eckpunkte der Bundesregierung für eine Strategie Künstliche Intelligenz, 2018, S. 26, https://www.bmbf.de/files/180718%20Eckpunkte_KIStrategie%20final%20Layout.pdf.

[65] *Mayer-Schönberger/Cukier* Big Data S. 284.

ausreichend. Alles in allem sind die organisatorischen Herausforderungen und Veränderungen ein sehr gutes Beispiel dafür, wie Algorithmen ihr soziales Umfeld beeinflussen und wie Veränderungen im sozio-technischen Kontext von KI-Systemen effektiv zur jeweiligen Governance beitragen können.

C. Schlussfolgerungen

Die Landesverfassung der Freien Hansestadt Bremen von 1947 enthält eine sehr interessante Bestimmung über das Verhältnis von Mensch und Maschine. In der Verfassung heißt es in Art. 12 Abs. 1: „Der Mensch steht höher als Technik und Maschine." Diese Bestimmung greift Erfahrungen aus dem Prozess der Industrialisierung auf, in dem Maschinen, Technologien und die neuen Produktionsmöglichkeiten an Bedeutung gewonnen haben. Interessant ist, dass die Gründer der Verfassung die Notwendigkeit sahen, das Volk und die Machthaber daran zu erinnern, dass der Mensch über der Maschine stehen solle. Dabei ging es im Zuge der Industrialisierung nicht um die zunehmenden Fähigkeiten von Maschinen, so intelligent zu handeln, dass sie sogar als Personen betrachtet werden können. Es ging vielmehr darum, dass ihnen als Produktionsmittel so viel Bedeutung zugemessen wurde. Der Grundgedanke war also, trotz der enormen gesellschaftlichen und wirtschaftlichen Bedeutung technischer Artefakte für eine menschenzentrierte Sichtweise zu argumentieren. Dieser Grundgedanke lässt sich auch auf den Prozess der Digitalisierung übertragen, in dem sich Maschinen an der Lösung von Problemen beteiligen, die ein Maß an Intelligenz erfordern, das bisher als ausschließlich dem Menschen vorbehalten galt. Ein Aspekt dieser normativen Zentralität des Menschen ist sein exklusiver Status als Träger von Menschenrechten. Ebenso wichtig ist der Aspekt der effektiven Selbstbestimmung des Menschen angesichts der wachsenden Möglichkeiten der Technologien. Einen höheren Rang einzunehmen, bedeutet nicht nur, dass Menschen durch neue technologische Möglichkeiten nicht geschädigt werden dürfen. Es bedeutet, dass der Mensch das Steuer in der Hand haben muss und kann als eine Forderung nach effektiver Selbstbestimmung auf verschiedenen Ebenen verstanden werden.

Wenn KI weiterhin die hohen Erwartungen erfüllt und weitere Auswirkungen auf die gesellschaftliche Entwicklung hat, wird sie noch wichtiger für eine allumfassende werte-sensible Entwicklung werden. Aus der Perspektive der Bremer Verfassung wäre dabei ein notwendiger Baustein, über die Demokratisierung von KI nachzudenken. Dazu wird es entscheidend darauf ankommen, KI als ein Set von Allzwecktechnologien zu verstehen, die unter sehr unterschiedlichen Umständen und auf sehr unterschiedliche Weise zur Erledigung verschiedener Aufgaben eingesetzt werden können. Während es wichtig ist, zu verstehen, wo KI derzeit die Demokratie bedroht, ist es ebenso entscheidend, ihre Potenziale zu erkennen. Die Offenheit der Nutzung und des Potenzials der Technologie zu verstehen, erlaubt uns zu entscheiden, ob wir die Technologie weiterentwickeln und welchen Weg wir einschlagen wollen. Wenn es um die Demokratisierung von KI geht, gelten einige allgemeine Wahrheiten über Demokratie: Demokratie ist ein Prozess, kein erreichbares Ergebnis. Sie kann sehr leicht verloren gehen und jeder muss auf dem Weg dorthin kontinuierlich für sie arbeiten. Sobald wir aufhören, uns um sie zu bemühen, ist sie fort. Aus dieser Perspektive ist KI nur eine weitere Herausforderung, die das Potenzial hat, die Gesellschaft näher an das Ideal zu bringen, das Art. 12 der Bremischen Verfassung sowie vielen anderen demokratischen Bestimmungen zugrunde liegt: den Menschen sinnvoll in das normative Zentrum aller öffentlichen Macht zu stellen.

Literatur

Abel, Automatisierte Entscheidungen im Einzelfall gem. Art. 22 DS-GVO: Anwendungsbereich und Grenzen im nicht-öffentlichen Bereich, ZD 2018, 304

Awad/Dsouza/Kim/Schulz/Henrich/Shariff/Bonnefon/Rahwan, The Moral Machine experiment, Nature 563 (2018), 59

Baum, On the promotion of safe and socially beneficial artificial intelligence, AI & SOCIETY 32 (2017), 543

Bodó/Helberger/Vreese, Political micro-targeting: a Manchurian candidate or just a dark horse?, IPR 6 (2017), 1

Bozdag/van den Hoven, Breaking the filter bubble: democracy and design, Ethics and Information Technology 17 (2015), 249

Brandt/Conitzer/Endriss/Lang/Procaccia (Hrsg.), Handbook of Computational Social Choice, 1. Aufl., Cambridge 2016

Ceron/Curini/Iacus, Politics and big data: Nowcasting and forecasting elections with social media, 1. Aufl., London/New York 2017

Coleman, Can the internet strengthen democracy?, 1. Aufl., Cambridge, UK/Malden, MA 2017

Crawford, Brownlie's Principles of Public International Law, 9. Aufl., Oxford 2019

Danaher, The Threat of Algocracy: Reality, Resistance and Accommodation, Philosophy & Technology 29 (2016), 245

Der Standard, Post löscht alle Informationen zu Parteipräferenzen, 2019, https://derstandard.at/2000095874780/Post-loescht-alle-Informationen-zu-Parteiaffinitaet

Die Bundesregierung, Eckpunkte der Bundesregierung für eine Strategie Künstliche Intelligenz, 2018, https://www.bmbf.de/files/180718%20Eckpunkte_KI-Strategie%20final%20Layout.pdf

Durlauf/Blume (Hrsg.), Economic Growth, 1. Aufl., London 2009

ECP, Artificial Intelligence Impact Assessment, 2018, https://airecht.nl/s/Artificial-Intelligence-Impact-Assessment-English.pdf

Ehm/Walter (Hrsg.), International democracy documents. A compilation of treaties and other instruments, 1. Aufl., Leiden/Boston 2015

Eidgenössischer Datenschutzbeauftragter/Konferenz der schweizerischen Datenschutzbeauftragten, Leitfaden der Datenschutzbehörden von Bund und Kantonen zur Anwendung des Datenschutzrechts auf die digitale Bearbeitung von Personendaten im Zusammenhang mit Wahlen und Abstimmungen in der Schweiz, 2018, https://www.privatim.ch/wp-content/uploads/2019/03/Leitfaden-Wahlen-DE.pdf

Engelbart, A Conceptual Framework for Augmentation of Mans Intellect, Vistas in Information Handling 1 (1963), 1

Ennals, Socially useful artificial intelligence, AI & SOCIETY 1 (1987), 5

Gasser/Almeida, A Layered Model for AI Governance, IEEE Internet Computing 21 (2017), 58

Goodfellow/Bengio/Courville, Deep Learning, 1. Aufl., Michigan 2016

Greer, The exceptions to Articles 8 to 11 of the European Convention on Human Rights, 1997, https://www.echr.coe.int/LibraryDocs/DG2/HRFILES/DG2-EN-HRFILES-15(1997).pdf

Helbing (Hrsg.), Towards Digital Enlightenment. Essays on the Dark and Light Sides of the Digital Revolution, 1. Aufl., Cham 2019

High Level Expert Group on Artificial Intelligence, Ethics guidelines for trustworthy AI, https://ec.europa.eu/digital-single-market/en/news/ethics-guidelines-trustworthy-ai

Hill (Hrsg.), Auf dem Weg zum Digitalen Staat – auch ein besserer Staat?, 1. Aufl., Baden-Baden 2015

Hoffmann-Riem, Verhaltenssteuerung durch Algorithmen – Eine Herausforderung für das Recht, AöR 142 (2017), 1

Hofstetter, Das Ende der Demokratie: Wie die künstliche Intelligenz die Politik übernimmt und uns entmündigt, 1. Aufl., München 2016

Irrgang, Technischer Fortschritt. Legitimitätsprobleme innovativer Technik, Philosophie der Technik Bnd. 3, Paderborn 2002

Klatt/Meister, The Constitutional Structure of Proportionality, 1. Aufl., Oxford 2012

Latour, Pandora's hope: Essays on the reality of science studies, 1. Aufl., Cambridge, 2002

Mainzer, Künstliche Intelligenz – Wann übernehmen die Maschinen?, 1. Aufl., Berlin/Heidelberg 2019

Martinsen (Hrsg.), Wissen – Macht – Meinung. Demokratie und Digitalisierung, die 20. Hannah-Arendt-Tage 2017, 1. Aufl., Weilerswist 2018

Mayer-Schönberger/Cukier, Big Data: Die Revolution, die unser Leben verändern wird, 1. Aufl., München 2013

McCarthy, Review of The Question of Artificial Intelligence edited by Brian Bloomfield, Annals of the History of Computing 1988, 224–229.

McCarthy/Minsky/Shannon, A Proposal for the Dartmouth Summer Research Project on Artificial Intelligence, 1955, http://www-formal.stanford.edu/jmc/history/dartmouth/dartmouth.html

Mittelstadt/Allo/Taddeo/Wachter/Floridi, The ethics of algorithms. Mapping the debate, Big Data& Society 3 (2016), 1

Nemitz, Constitutional democracy and technology in the age of artificial intelligence, Philosophical Transactions of the Royal Society A: Mathematical, Physical and Engineering Sciences 2018, 376.

O'Neil, Weapons of math destruction. How big data increases inequality and threatens democracy, 1. Aufl., New York 2016
Paal/Pauly (Hrsg.), Datenschutz Grundverordnung: DS-GVO, 3. Aufl., München, 2021
Pernice, E-Government and E-Democracy: Overcoming Legitimacy Deficits in a Digital Europe, HIIG Discussion Paper Series 2016, Berlin 2016
Reisman/Schultz/Crawford /Whithattaker, Algorithmic Impact Assessments. A practical framework for public agency and accountability: AI NOW 2018, 2018, https://ainowinstitute.org/aiareport2018.pdf
Russell/Norvig/Kirchner, Künstliche Intelligenz: Ein moderner Ansatz, 1. Aufl., München 2012.
Schlaudt, Die politischen Zahlen: Über Quantifizierung im Neoliberalismus, 1. Aufl., Frankfurt am Main 2018.
Schulz/Dankert, 'Governance by Things' as a challenge to regulation by law, Internet Policy Review 5 (2016), 1.
Searle, Minds, brains, and programs: Behavioral and brain sciences, 1. Aufl., Cambridge 1980
Shalev-Shwartz/Ben-David, Understanding machine learning: From theory to algorithms, 1. Aufl., Cambridge 2014
Stamper, Pathologies of AI: Responsible use of artificial intelligence in professional work", AI & SOCIETY 2 (1988), 3
Stiftung Datenschutz (Hrsg.), Big Data und E-Health, 1. Aufl., Berlin 2017
Sudmann/Engemann (Hrsg.), Machine Learning – Medien, Infrastrukturen und Technologien der Künstlichen Intelligenz, 2018
Tendersinfo, United Arab Emirate: Minister of Artificial Intelligence Minister delivers talk on AI at DPC event, 2017, http://www.tendersinfo.com/
Turing, Computing Machinery and Intelligence, Mind A Quarterly Review of Psychology and Philosophy 59 (1950), 433
Tutt, An FDA for Algorithms, Administrative Law Review 69 (2017), 83
Warren/Brandeis, The Right to Privacy, Harvard Law Review 4 (1890), 193
Wischmeyer/Rademacher (Hrsg.), Regulating Artificial Intelligence, 1. Aufl., Wien/Berlin/New York, 2020
Yampolskiy (Hrsg.), Artificial intelligence safety and security, 1. Aufl., London 2019
Yeung, Algorithmic regulation: A critical interrogation, Regulation & Governance 2018, 505
Zuiderveen Borgesius/Möller/Kruikemeier/Ó Fathaigh/Irion/Dobber/Bodo/Vreese, Online Political Microtargeting: Promises and Threats for Democracy, Utrecht Law Review 14 (2018), 82

Kapitel 10. Risikoregulierung von künstlicher Intelligenz und automatisierten Entscheidungen

Orwat/Bareis/Folberth/Jahnel/Wadephul

A. Einleitung[1]

Anwendungen künstlicher Intelligenz (KI) und automatisierter Entscheidungssysteme (AES) verursachen eine Fülle von Risiken.[2] Da diese vor allem Menschenrechte und Grundrechte betreffen, werden in deren Schutz und Garantie Aufgaben für staatliche Akteure begründet.[3] Mittlerweile liegen dazu einige staatliche Entwürfe zur Risikoregulierung der KI und AES vor, die insbesondere einen risikobasierten Ansatz bzw. „Risk-Based Approach" befürworten. Dies umfasst Entwürfe zu einer Verordnung der EU von der Europäischen Kommission[4] und dem Europäischen Parlament[5] sowie zu einer Europäischen Konvention mit Überprüfung des bestehenden Rechtsrahmens vom Europarat[6]. Auf bundesdeutscher Ebene wurde ein risikoadäquater Ansatz durch die Datenethikkommission[7] vorgeschlagen, dem ein Modell der Einteilung der Risiken in fünf Klassen[8] zu Grunde liegt. Insbesondere durch das Europäische Parlament und den Europarat werden als normative Basis der Risikoregulierung die Menschenrechte bzw. Grundrechte gefordert.[9] In den genannten Entwürfen wird KI vor allem als Softwareanwendung in

[1] Der Beitrag beruht auf vorhergehenden Arbeiten im Projekt „Governance von und durch Algorithmen" (GOAL). Insbesondere liegen dem Beitrag eine Stellungnahme zum Weißbuch zur KI der Europäischen Kommission (Orwat ua 2020) sowie ein englischsprachiger Artikel zu den normativen Herausforderungen der Risikoregulierung von KI und AES (Orwat ua (in Vorbereitung)) zu Grunde.

[2] ZB Zuiderveen Borgesius 2018; Mantelero 2019; Yeung 2019a; Helberger ua 2020; Orwat 2019.

[3] ZB Nemitz 2018; Shrader-Frechette 2005, S. 103.

[4] Europäische Kommission 2021 („Vorschlag einer KI-Verordnung") und zuvor Europäische Kommission 2020 („Weißbuch"). Den Dokumenten lagen die Berichte der Hochrangigen Expertengruppe zur Künstlichen Intelligenz zu Grunde. Siehe AI HLEG 2018; AI HLEG 2019b; AI HLEG 2019a, S. 35.

[5] Europäisches Parlament 2020.

[6] Council of Europe – CAHAI 2020b; Council of Europe – CAHAI 2020a.

[7] Datenethikkommission 2019. Der risikobasierte Ansatz wurde auch durch die Enquete-Kommission Künstliche Intelligenz 2020 aufgenommen.

[8] Nach Krafft & Zweig 2019.

[9] Siehe auch FRA 2020.

automatisierten Entscheidungssystemen gesehen und dadurch der Betrachtungshorizont eingeschränkt.

Es stellen sich jedoch noch viele Fragen bezüglich der Möglichkeiten, Erfordernisse, Herausforderungen und Grenzen der Realisierung und Gestaltung einer Risikoregulierung von KI und AES. Da die Gestaltungserfordernisse und -möglichkeiten der Risikoregulierung vor allem von den jeweils vorliegenden Risikotypen beeinflusst wird,[10] wird im Folgenden auf die Typisierung der entsprechenden Risiken näher eingegangen. Dabei liegt ein Schema der Risikotypisierung zu Grunde, das Risiken nach unterschiedlichen Graden (a) der Komplexität der Risikofaktoren und Ursache-Wirkungsbeziehungen, (b) des Wissens, der Unsicherheit im wissenschaftlichen Wissen oder des Nichtwissens über die Risiken und (c) der Eindeutigkeit bzw. Uneindeutigkeit bei der Identifizierung von relevanten Werten, normativen Interpretationen und Bewertungen unterteilt.[11] Des Weiteren ist zu beachten, dass Risiko ein multidimensionaler Begriff bzw. ein aus verschiedenen Disziplinen unterschiedlich betrachtetes und behandeltes Phänomen ist.[12] Bei einer Risikoregulierung der KI- und AES-Anwendungen treffen Risikokonzeptionen aus dem technischen Bereich (zB Fehlerraten, Ausfallrisiko oder Unfallwahrscheinlichkeit) mit gesellschaftswissenschaftlichen Risikokonzeptionen, vor allem aus dem rechtlichen und ethischen Bereich, zusammen.

B. Risikoregulierung von KI und AES

Derzeit existiert keine allgemein akzeptierte Definition von Risikoregulierung.[13] Unter dem Begriff werden vielfältige Konzepte gefasst, die staatliche Aktivitäten oder solche in komplexen Governance-Arrangements umfassen, welche der Identifizierung von und Informierung über Risiken dienen, Entscheidungen über die Abwägungen von Risiken und Nutzen, über die gesellschaftlichen Schutzniveaus oder Risikoniveaus, die für die potenziell Betroffenen als akzeptabel gehalten werden, sowie die Maßnahmen zur Risikoverminderung oder -vermeidung umfassen. Zur Risikoregulierung im Allgemeinen liegen mittlerweile umfangreiche Erfahrungen in der Regulierungspraxis und zahlreiche wissenschaftliche Abhandlungen vor.[14] Dennoch wird die Risikoregulierung von KI- und

[10] ZB Bradbury 1989.
[11] Aven & Renn 2010; Renn 2008.
[12] ZB Renn 2008; van der Heijden 2019.
[13] Alemanno 2016, S. 197.
[14] ZB Alemanno 2016; Black 2010b; Aven & Renn 2010; Renn 1998; Renn 2008; Hood, Rothstein & Baldwin 2001; OECD 2010; IRGC 2006; van der Heijden 2019.

AES-Anwendungen vor ganz neue Herausforderungen gestellt, die insbesondere aus dem besonderen Risikotyp resultieren. Dieser ergibt sich vor allem durch den Bezug auf basale Grund- und Menschenrechte. Zudem resultieren besondere Herausforderungen aus dem Querschnittscharakter der Anwendungen von KI und AES, den noch ausgeprägten Unsicherheiten des wissenschaftlichen Wissens über derartige Risiken, normativen Uneindeutigkeiten und relevanter werdenden „systemischen" Risiken. Auf diese Herausforderungen wird im Folgenden eingegangen.

Von den vielzähligen KI-Anwendungen stehen vor allem diejenigen im Fokus der Risikoregulierungsvorschläge, die als Bestandteil von (halb) automatisierten Entscheidungssystemen zur Identifizierung und Differenzierung von Personen Anwendungen finden. Dabei basiert die Entscheidungsfindung auf KI-Verfahren der Wissensrepräsentation oder des maschinellen Lernens, das Trainingsdaten verwendet und automatisierte Schlussfolgerungen zieht. Das kann bei „lernenden" Systemen auf Analysen beruhen, wie sich die Umgebung des Systems auf frühere Entscheidungen hin verändert hat.[15] Die Differenzierung von Personen erfolgt dabei durch die Bildung von Kategorien, die der Zuordnung von Einzelpersonen oder Gruppierungen dienen, durch die Selektion einzelner Individuen oder durch die Zuordnung von Rangfolgen, Scores oder Ratings. Dies geschieht mit Hilfe von Kriterien, die aufgrund von Korrelationen bzw. Mustern gebildet werden, die in Datensätzen mit Hilfe eines maschinellen Lernsystems als relevant identifiziert werden. So wird ein kostengünstiges, feingranulares Adressieren (Targeting) von Einzelpersonen und Gruppierungen mit Informationen über Jobs, Dienstleistungen, Produkte oder politischen Aussagen möglich. Diese Praktiken werden mit den Begriffen „Micro-Targeting", „Personalisierung", „Individualisierung" oder „psychologisches Targeting" beschrieben und können zu „Nudging" und „Dark Patterns" beitragen. Weitere Merkmale sind Schlussfolgerungen, die in Echtzeit gezogen werden, und dynamische Anpassungen von Entscheidungsregeln durch kontinuierliche Analyse von Datenströmen[16] sowie der deutlich erweiterte Wirkungsbereich von Entscheidungen durch Software. Denn im Gegensatz zum begrenzten Entscheidungsspielraum einzelner menschlicher Entscheidender richten sich AES an alle Betroffene mit den gleichen Entscheidungsregeln und erzeugen damit ähnliche negative Auswirkungen für viele Betroffene.[17]

Die Komplexität einiger algorithmischer Verfahren des maschinellen Lernens, aber auch der rechtliche Schutz von Betriebs- und Geschäftsgeheimnissen sowie Marketingmodelle der Personalisierung und Individu-

[15] European Commission 2018; AI HLEG 2018.
[16] ZB Yeung 2019b.
[17] Orwat 2019, S. 23.

alisierung mit erschwerter Vergleichbarkeit durch die Betroffenen führen zu Situationen mit verminderter Nachvollziehbarkeit von Entscheidungsergebnissen und der ihnen zu Grunde liegenden Kriterien sowie den Gewichtungen zwischen diesen Kriterien. Dies führt zu einer verminderten Fähigkeit der Betroffenen, nachteilige Ergebnisse wie Diskriminierungen oder Manipulationen zu erkennen, zu beweisen oder gar anzufechten. Diese Schwierigkeiten, Schäden ex post zu erkennen und abzumildern, sind eine der Hauptbegründungen für die ex-ante-Prävention mit Risikoregulierungsansätzen. Das vorherrschende Konzept im bestehenden Regelwerk der Antidiskriminierung und (weitgehend) des Datenschutzes, das den Betroffenen, die von nachteiligen Auswirkungen oder Verletzungen ihrer Rechte oder Freiheiten erst ex post Kenntnis erlangen, rechtliche Unterstützung gewährt, um Behebung und Schadensersatz zu verlangen, ist somit für die Risiken von KI und AES unzureichend.

C. Risiken für Grund- und Menschenrechte

Mehrere Studien[18] und offizielle Entwürfe und Erklärungen[19] betonen die Auswirkungen auf Menschenrechte und Grundrechte sowie auf weitere grundlegende Normen durch Anwendungen von KI und AES. Zu den betroffenen Rechten zählen, ohne Anspruch auf Vollständigkeit der Auflistung, das Recht auf Schutz der Menschenwürde, das Recht auf Leben, das Recht auf Gleichbehandlung und Nichtdiskriminierung, das Recht auf Freiheit, das Recht auf freie Entfaltung der Persönlichkeit und Autonomie, das Recht auf informationelle Selbstbestimmung, Datenschutz und Privatsphäre, das Recht auf Gedanken-, Gewissens- und Religionsfreiheit, das Recht auf Meinungs- und Informationsfreiheit, das Recht auf Versammlungs- und Vereinigungsfreiheit, das Recht auf ein faires Verfahren und auf einen wirksamen Rechtsbehelf sowie die wirtschaftlichen und sozialen Rechte der Menschenrechtsbestimmungen.

Risiken für Grund- und Menschenrechte sowie für weitere gesellschaftliche, grundlegende Normen (zB Demokratie, Rechtsstaatlichkeit,

[18] Insbesondere die Studien des Europarats, siehe Zuiderveen Borgesius 2018; Yeung 2019a; Helberger ua 2020; Wagner 2018a; Mantelero 2019; Council of Europe – CAHAI 2020a; die Studien der HLEG AI, AI HLEG 2019a und AI HLEG 2019b; die Studie der European Union Agency for Fundamental Rights, FRA 2020; in Deutschland die Datenethikkommission 2019 und die Enquete-Kommission Künstliche Intelligenz 2020. Siehe ebenso Access Now 2018; Latonero 2018; Raso ua 2018; Donahoe & MacDuffee Metzger 2019; Smuha 2020; Leslie ua 2021.

[19] Siehe insbesondere der Vorschlag für eine KI-Verordnung durch die Europäische Kommission 2021; Council of Europe - CAHAI 2020a; UN 2018; Europäische Kommission 2020; Bundesregierung 2018.

nachhaltige Entwicklung, Gemeinwohl) unterscheiden sich stark von rein technisch oder naturwissenschaftlich begründeten Risiken, auf die sich bisherige Risikoregulierungen vor allem bezogen haben. Durch die Besonderheiten der Menschenrechte[20] und Grundrechte ergeben sich neu- und andersartige Anforderungen an die Risikoregulierung von KI- und AES-Anwendungen.[21]

Im Allgemeinen kann die Verwirklichung eines Grund- und Menschenrechts oder einer grundlegenden Norm mit anderen Grund- und Menschenrechten oder Normen in Konflikt geraten. Im Hinblick auf KI und AES scheinen Wertkonflikte nicht die Ausnahme, sondern eher die Regel zu sein. Ein relevantes Beispiele ist der Konflikt zwischen den Rechten auf Menschenwürde, freie Entfaltung der Persönlichkeit, informationelle Selbstbestimmung, Privatsphäre und Einzelfallgerechtigkeit einerseits und den Rechten auf unternehmerische Freiheit, Vertragsfreiheit bzw. „Privatautonomie", Streben nach Effizienz durch Automatisierung und Differenzierung von Personen andererseits.[22] Das Zulassen von Eingriffen in diese Grund- und Menschenrechte, zB durch das Akzeptieren bestimmter KI- und AES-Anwendungen mit Restrisiken von Fehlerraten oder Ungenauigkeiten zugunsten ökonomischer Effizienzargumente, ist eine normative Entscheidung über gesellschaftliche Wertkonflikte.

Bei Wertkonflikten spielen die Prinzipien der Rechtmäßigkeit, Notwendigkeit und Verhältnismäßigkeit eine entscheidende Rolle.[23] Sie erfordern eine Rechtsgrundlage für Grundrechtseinschränkungen sowie Urteile über die Bedeutung, Vorteilhaftigkeit und Wirksamkeit einer Anwendung oder Maßnahme zur Erreichung eines legitimen Ziels. Diese Urteile erfordern auch eine Prüfung, ob die Anwendung oder Maßnahme für das Ziel notwendig ist, ob das Ziel im öffentlichen Interesse liegt, ob keine weniger einschneidenden Alternativen zur Verfügung stehen, ob die Essenz des beeinträchtigten Rechts noch respektiert wird und ob die Grundrechtseinschränkung nicht unverhältnismäßig zu den angestrebten Zielen ist.[24] Darüber hinaus dürfen einige Grund- und Menschenrechte, insbesondere das Recht auf Menschenwürde, keinen Einschränkungen

---

[20] Zu den Eckpfeilern des Verständnisses der Menschenrechte gehört, dass sie unveräußerlich sind, dass sie unteilbar sind, sich einander bedingen und miteinander verknüpft sind und dass sie universell sind.

[21] Erste Überlegungen dazu in Orwat ua 2020 oder Orwat ua (in Vorbereitung).

[22] Dies ist die Abwägung, die der statistischen Diskriminierung durch Proxies, die zur Bewertung von Personen aus Gründen der Effizienz verwendet werden, zu Grunde liegt (Britz 2008). Differenzierungen mit Modellen des maschinellen Lernens erweitern das Problem der statistischen Diskriminierung, da die Zahl der Variablen, und damit das Risiko der Nutzung von geschützten Merkmalen, erheblich gesteigert wird (Orwat 2019, S. 27–33).

[23] Alexy 2002; Gellert 2020, S. 10 ff.

[24] FRA 2020, S. 52 f.

oder Ausnahmen unterliegen und nicht gegen andere Grund- und Menschenrechte abgewogen werden.

Dieses Vorgehen ist auch für die Risikoregulierung relevant, insbesondere bei der Festlegung von akzeptablen Risikoniveaus bzw. bei der Definition von Grenzen von Risikoklassen, zB zwischen „hohen Risken" und „nicht hohen Risiken". Demnach ist dies weniger eine wissenschaftliche Frage der empirischen Beweise über Ursache-Wirkungszusammenhänge, sondern vielmehr ein normativer, politischer und rechtlicher Prozess der Abwägung zwischen der Realisierung oder Einschränkung verschiedener Grund- und Menschenrechte.[25]

Zu den Herausforderungen von Wertkonflikten für die Risikoregulierung gehören: (1) Wertkonflikte werden als solche und als Gegenstand der Risikoregulierung nicht erkannt. (2) Abwägungen von Risiken führen zu Restrisiken, die im Hinblick auf den Schutz von Grund- und Menschenrechten eigentlich nicht tolerierbar sind. (3) Abwägungen werden auf Basis von veralteten und unzureichenden Abwägungen getroffen, die Problemen durch neue sozio-technische Entwicklungen nicht mehr entsprechen. (4) Abwägungen von Wertkonflikten im Rahmen der Risikoregulierung werden von Akteuren vorgenommen, denen eine demokratische Legitimation fehlt, die Abwägungen beruhen auf einer unzureichenden Rechtsgrundlage oder erfolgen verdeckt in technokratischen Einrichtungen, obwohl die Verfahren hierfür in öffentlichen politischen Prozessen stattfinden sollten. (5) Abwägungen finden mit Verzerrungen zugunsten von Partikularinteressen und unter Missachtung der Gesamtverteilung von Risiken und Nutzen in der Gesellschaft statt.

D. Ansätze der Risikoregulierung

Legt man ein breites Verständnis von Risikoregulierung zu Grunde, so können verschiedene Ansätze zur Ausgestaltung der Risikoregulierung von KI und AES in Frage kommen. Für die nachfolgenden Ausführungen sind zum einen sowohl die risikobasierte Regulierung,[26] als auch der rechtebasierte Ansatz relevant.[27] So kann beispielsweise auch der rechte-

[25] Siehe für die „klassische" Risikoregulierung Fischhoff, Watson & Hope 1984.

[26] Zur Unterscheidung zwischen Risk-Based Approach und Risikoregulierung siehe zB Macenaite 2017, S. 508–510; Quelle 2018, S. 509–511; Gellert 2020, S. 228–230.

[27] Im Nachfolgenden wird vermehrt Bezug zum Datenschutzrecht genommen, denn die Datenschutzgrundverordnung (DS-GVO) weist sowohl Elemente des Risk-Based Approach, als auch des rechtebasierten Ansatzes der Risikovermeidung auf. Ausführlich dazu Gellert 2020.

basierte Ansatz im Datenschutz als Regulierung[28] und Risikoregulierung aufgefasst werden, da beispielsweise die Datenschutzprinzipien[29] zur Risikovermeidung dienen. Des Weiteren wird auch das Vorsorgeprinzip und entsprechende Maßnahmen zur Risikoregulierung gezählt, auch wenn in den meisten Regulierungsfällen Unsicherheiten und Lücken im wissenschaftlichen Wissen vorliegen, die eine quantitative Fassung von Risiken mit Berechnung von Wahrscheinlichkeiten und Schwere der Schäden verhindern.

I. Risikobasierte Regulierung

Die risikobasierte Regulierung bedeutet eine Konzentration der Regulierungstätigkeit nur auf die Regulierungsobjekte, denen ein bestimmtes Risikoniveau zugeschrieben wird, wie zB „hohe Risiken“.[30] Der Regulierungsansatz hat vor allem zum Ziel, Innovationen nicht übermäßig zu behindern und Ressourcen der Regulierungsbehörden zu schonen. Des Weiteren werden häufig systematische, rational nachvollziehbare Ermittlungen und Bewertungen der Risiken, Kosten-Nutzen-Abwägungen und damit abgestimmte Maßnahmen der Risikovermeidung mit der risikobasierten Regulierung in Verbindung gebracht.[31] Für die nachfolgenden Ausführungen soll die risikobasierte Regulierung noch weiter unterschieden werden.[32]

(1) Die risikobasierte Regulierung kann in Form des „Risk-Based Approach“ als eine Art der Meta-Regulierung vorliegen.[33] Dabei gibt die regulierende Institution die Schutzziele vor und delegiert Teile der Regulierungsaufgaben an die Regulierten. Dies ist beispielsweise durch die DS-GVO der Fall, vor allem durch die Erfordernisse beim Vorliegen von „hohen Risiken“ eine Datenschutz-Folgenabschätzung durchzuführen und geeignete Maßnahmen zu ergreifen. Regulierungsaufgaben werden an die regulierten Betreibenden übergeben, wenn ihr Risikomanagement für Datenschutzzwecke in Anspruch genommen wird. Beim Risk-Based Approach treffen die Regulierten Abwägungen über die Verhältnismäßigkeit der Maßnahmen zur Risikovermeidung.[34] Staatliche Pflichten der Menschenrechtsgarantien werden zu Entscheidungen, die in den Ermes-

[28] Burkert 1981; Gellert 2020, S. 132 ff.
[29] Insbesondere nach Art. 5 Abs.1 lit. a-f DS-GVO.
[30] Siehe insbesondere den Vorschlag für eine KI-Verordnung, Europäische Kommission 2021.
[31] Siehe Gellert 2020; Hutter 2005; Black 2010a; Black 2010b; Appel & Mielke 2014; Lloyd-Bostock & Hutter 2008.
[32] Ähnlich Black 2010a, S. 187, die allerdings noch die weitere Bedeutung als Risikoregulierung unterscheidet.
[33] Gellert 2020, S. 228.
[34] Cavoukian 2015, S. 300 f.; Gellert 2020, S. 21 f.

sensspielraum der Betreibenden, die auch anderen (wirtschaftlichen) Zielen unterliegen, gelegt. Dies wird besonders problematisch gesehen, wenn ein allgemein geteiltes Verständnis, Standards, Definitionen oder Festlegungen für das, was als Schäden bezeichnet werden kann, fehlen.[35] Zu den Vorteilen wird gezählt, dass die Regulierten Flexibilität erhalten, wie sie die vorgegebenen Schutzziele erreichen können. Die Regulierten können für ihre jeweilige Situation die geeigneten Maßnahmen zur Risikominderung identifizieren.[36] Im Datenschutzrecht wird der Risk-Based Approach durchaus kritisch gesehen[37] und es wird befürchtet, dass durch ihn der rechtebasierte Ansatz verdrängt wird.[38]

(2) Des Weiteren wird die risikobasierte Regulierung auch als Ansatz der staatlichen Regulierung verstanden,[39] so wie es einige der oben genannten Vorschläge der Risikoregulierung von KI und AES vorsehen.[40] Dabei entscheidet die regulierende Institution über die Verhältnismäßigkeit des akzeptablen Risikoniveaus, indem etwa Standards oder Kriterien für die Einteilung in Risikoklassen vorgegeben werden. Bei den Vorschlägen wird die Überprüfung der Risiken von Systemen, Produkten oder Diensten allerdings nicht den Regulierten überlassen, sondern einer zentralen Stelle, wie zB einer nationalen Aufsichtsbehörde oder einer Zertifizierungsstelle.

Die Probleme der risikobasierten Regulierung, sei es als Risk-Based Approach oder als staatlicher Regulierungsansatz, werden zum einen in den zu Grunde liegenden Risikoabschätzungen und Kosten-Nutzen-Analysen gesehen. Sie sind oft problematisch (insbesondere, wenn sie von den Regulierten selbst durchgeführt werden), da (a) geeignete Daten und Informationen fehlen oder nur kostenaufwendig beschafft werden können.[41] (b) Ebenso müssen normative Annahmen und Werturteile vorgenommen werden. Problematisch wird dies, wenn sie nicht als solche herausgestellt werden und es zu einer scheinbaren (wissenschaftlichen) Objektivität kommt.[42] Dies betrifft insbesondere Fragen, welche Risikofaktoren berücksichtigt werden und wie zwischen ihnen gewichtet wird.

[35] Kuner ua 2015 S. 97; Cavoukian 2015, S. 301.

[36] Gellert 2020, S. 143.

[37] Macenaite 2017; Quelle 2018; Gonçalves 2019; Gellert 2020.

[38] Kuner ua 2015, S. 97 f.

[39] Black 2010a.

[40] Insbesondere Europäische Kommission 2021 und Europäisches Parlament 2020. Allerdings sieht der Vorschlag für eine KI-Verordnung (Europäische Kommission 2021, in Artikel 9) auch eine Vorgabe vor, dass Anbietende von Anwendungen mit „hohen Risiken“ ein Risikomanagementsystem einrichten und betreiben müssen. Das Element entspricht eher dem unter (1) genannten „Risk-Based Approach“.

[41] Vgl. Black 2010a, S. 203 f.; Lloyd-Bostock & Hutter 2008, S. 80; Gellert 2020, S. 230–235.

[42] Vgl. Lloyd-Bostock & Hutter 2008, S. 80.

Oft sind Risiken untereinander auch schlecht oder gar nicht vergleichbar. Zu den normativen Fragen gehört auch, ob Ressourcen eher auf hohe Risiken, die gegebenenfalls selten auftreten, oder auf moderate oder niedrige Risiken, die gegebenenfalls häufiger vorkommen, konzentriert werden sollen. (c) Ferner kann die Quantifizierung der Risiken problematisch sein, insbesondere bei Risiken für Grund- und Menschenrechte. So ist beispielsweise die Verletzung der Menschenwürde oder Einschränkungen von Freiheiten quantitativ kaum zu bewerten.[43] (d) Zudem werden oft die indirekten Kosten und Nutzen nicht berücksichtigt.[44]

Zum anderen besteht der Hauptkritikpunkt darin, dass die risikobasierte Regulierung nicht den gleichen Schutz für alle bedeutet.[45] Eine Konzentration der Regulierungstätigkeit nur auf KI- und AES-Anwendungen oder Sektoren mit einem „hohen Risiko" kann zur Vernachlässigung von Bereichen mit einem nicht-hohen, aber immer noch relevanten Risiko führen, was aus menschenrechtlicher Perspektive nicht akzeptabel sein kann.[46] Die risikobasierte Regulierung stellt einen politischen Kompromiss dar, vor allem zwischen dem vollen Schutz der Grund- und Menschenrechte einerseits und der Einsparung von bürokratischen Ressourcen oder der bedingungslosen Zulassung von Innovationen und Effizienzgewinnen andererseits. Diese Kritik kann Ansätze der Risikoregulierung begründen, die Vorsorge- und Risikovermeidungsnormen unabhängig vom spezifischen Risikoniveau von KI- und AES-Anwendungen setzen. Des Weiteren können politische Risiken dieses Ansatzes in Form von Vertrauensverlusten dann auftreten, wenn die falschen Risikofaktoren ausgewählt und ungeeignete Gewichtungen vorgenommen werden.[47]

---

[43] Gefährdungen von Grund- und Menschenrechten erfordern stattdessen prinzipielle, ethische Abschätzungen und normative Urteile. Dabei stehen vielmehr Fragen nach der Verteilung von Risiken und Nutzen, der Handlungsfähigkeit und Schädigungsintention, der Freiwilligkeit oder Unfreiwilligkeit von Risikobelastungen und den Voraussetzungen für die Akzeptanz von Risikobelastungen im Mittelpunkt(Hansson 2013, S. 57; Hansson 2018).

[44] Lloyd-Bostock & Hutter 2008, S. 73.

[45] Gellert 2020, S. 1–24.

[46] Siehe auch Orwat ua (in Vorbereitung). Der Vorschlag für eine KI-Verordnung (Europäische Kommission 2021) sieht in Artikel 52 für einige KI-Anwendungen (zB interaktive Systeme bzw. Bots, Emotionserkennungssysteme bzw. Systeme zur biometrischen Kategorisierung, Deepfake-Anwendungen) mit „nicht-hohe Risiken" lediglich Vorgaben vor, dass die Betroffenen darüber in Kenntnis gesetzt werden, dass sie mit einem KI-System interagieren, ihm ausgesetzt sind oder dass Inhalte künstlich erzeugt oder manipuliert sind.

[47] Vgl. Lloyd-Bostock & Hutter 2008.

II. Rechtebasierter Ansatz

Im Vergleich dazu werden beim rechtebasierten Ansatz die Rechte und das Schutzniveau für alle gleich angewandt, unabhängig von der Höhe bzw. der Schwere der Risiken oder Schäden.[48] Dadurch wird ein minimales und nicht-verhandelbares Schutzniveau für alle Individuen gewährt.[49] Der rechtebasierte Ansatz kann (1) als direkte Regulierung bzw. Intervention (Command-and-Control Approach) vorliegen, bei dem Rechte als Verpflichtungen zur Risikovermeidung gesetzt werden und die regulierende Institution die Übereinstimmung mit den Vorgaben überprüft. Im Datenschutzrecht sind dies etwa die Pflichten der Betreibenden sowie die Datenschutzprinzipien. (2) Ebenso können Rechte an die Betroffenen vergeben werden, die sie beim Selbstschutz gegen Schädigungen unterstützen. Im Datenschutzrecht sind dies beispielsweise Rechte auf Informierung, Zugang zu Informationen, zur Korrektur oder Löschung von personenbezogenen Daten durch die Betroffenen. In beiden Fällen entscheidet die gesetzgebende oder regulierende Institution über die Verhältnismäßigkeit der akzeptablen Risiken und es werden einmalig die Standards des Schutzes und der adäquaten Maßnahmen gesetzt.[50]

Der Nachteil des rechtebasierten Ansatzes wird vor allem darin gesehen, dass eine Wirkungsbeziehung zwischen den Rechten und vorgeschriebenen Maßnahmen einerseits und dem Erreichen der Schutzziele andererseits angenommen wird. Die gesetzgebende und regulierende Institution nimmt an, dass mit den Rechten und Vorgaben die Schutzziele erreicht werden. Diese einmal angenommene Beziehung kann jedoch angesichts fortschreitender sozio-technischer Entwicklungen unwirksam werden.[51] So richtet sich die Kritik am bestehenden Datenschutz- und Antidiskriminierungsrecht darauf, dass sie den Entwicklungen von künstlicher Intelligenz, zu Grunde liegenden Big Data-Technologien etc nicht mehr gerecht werden.[52]

---

[48] Lynskey 2015, S. 35–40; Gellert 2020, S. 2.
[49] Art. 29 WP 1998, S. 2; Gellert 2020, S. 2.
[50] Gellert 2020, S. 239–248.
[51] Gellert 2020, S. 87–92, 239–248.
[52] → Abschnitt F.

E. Normative Unsicherheiten

Wirksame Risikoregulierung erfordert ein klares Verständnis der Risiken und eindeutige und rechtlich umsetzbare Bestimmungen, die in Risikobewertungen und dem Risikomanagement verwendet werden.[53] Die Wirksamkeit der Risikoregulierung wird im Hinblick auf das tatsächliche Erreichen von Schutzzielen, wie zB der Schadensvermeidung, beurteilt, über die die Regulierungsbehörden Rechenschaft ablegen müssen.[54] Hinreichend eindeutige und konkrete Kriterien oder Grundsätze dafür, was relevante Risiken sind, sind nicht nur notwendig, um willkürliche Abschätzungen und Bewertungen zu vermeiden, sondern auch, um Rechtssicherheit bei Risikobewertungen oder Konformitätsprüfungen zu schaffen und um das angemessene Niveau von Regulierungsmaßnahmen wie Prüfungen, Genehmigungen, Auflagen, Verbote oder Moratorien abzuleiten. Die regulierende Institution selbst kann solche Kriterien und Prinzipien nutzen, um Einsprüche und Klagen wegen vermeintlich falscher oder ungenauer Bewertungen zu vermeiden. Nicht zuletzt geben klare Risikodefinitionen auch Entwickelnden und Betreibenden die notwendige Orientierung bei der vorausschauenden und präventiven Entwicklung, Gestaltung und Anwendung von Systemen. Dadurch kann auch Rechts- und Investitionssicherheit für die Regulierten als wichtige Maßnahme zur Vermeidung von Innovationshemmnissen geschaffen werden. Potenzielle Probleme bei der ungeeigneten Auswahl und Priorisierung von Schutzzielen und Risiken sowie deren unangemessene Interpretation und Operationalisierung können jedoch im schlimmsten Fall dazu führen, dass die eigentlichen Schutzziele nicht erreicht werden und das Vertrauen in die Regulierung schwindet.

I. Unsicherheiten bei der Operationalisierung der normativen Grundlagen

Risikoabschätzungen und Risikoregulierungen im Allgemeinen beinhalten zahlreiche normative Entscheidungen und Werturteile, auch (und gerade) wenn Risikoregulierung auf wissenschaftlichen Grundlagen und nach wissenschaftlichen Standards erfolgt oder erfolgen sollte und eigentlich einer „Wertneutralität“ verschrieben ist.[55] Dies ist insbesondere

[53] European Commission 2018, S. 20.
[54] Black 2010b, S. 332-336.
[55] ZB Shrader-Frechette 1991; Hansson 2010; Cranor 1997.

bei der Risikoregulierung von KI- und AES-Anwendungen der Fall, da sie durch einen hohen Grad an normativen Ambiguitäten bzw. Unsicherheit über Auswahl, Geltung und Interpretation von relevanten Grundnormen,[56] die bei der Identifizierung, Abschätzung und Bewertung der Risiken als Bewertungsgrundlage dienen, gekennzeichnet ist.

Auch wenn mittlerweile ein umfangreiches Korpus von Interpretationen und Auslegungen der abstrakten Grund- und Menschenrechte in Form von Rechtsprechung, Konventionen, Richtlinien und wissenschaftlichen Kommentierungen oder Reflexionen besteht, so liegen dennoch normative Ambiguitäten bei der Interpretation und kontextspezifischen Auslegung der abstrakten Grund- und Menschenrechte vor. Sie können zu Herausforderungen bei der Gestaltung der Risikoregulierung führen. Dies betrifft nicht nur den unterschiedlichen Stellenwert von einzelnen Grund- und Menschenrechten in den Normenstrukturen der Gesellschaften. Auch die konkrete Operationalisierung und Konkretisierung der abstrakten Menschen- und Grundrechte für Anwendungen der KI und AES in für die Risikoregulierung handhabbare Kriterien, Prinzipien, Standards, Indikatoren etc steht noch aus.

Die normative Unsicherheit lässt sich am Beispiel des Rechts auf Schutz der Menschenwürde verdeutlichen.[57] Die meisten Anwendungen des maschinellen Lernens verwenden Daten über Personengruppen, um Modelle für die algorithmische Entscheidungsfindung und Prognose zu bilden. In vielen Fällen geschieht dies mit Hilfe von Korrelationen und der Konstruktion von Persönlichkeitstypen, wie zB bei Anwendungen für die Bestimmung von Kreditwürdigkeit, Rückfallwahrscheinlichkeit von Straftätern oder der Passfähigkeit zu Personalstellen. Solche Datenanalysen nehmen nicht das Individuum mit seinen individuellen Subjektqualitäten in Betracht, sondern sortieren Personen zu vorfabrizierten Personenkategorien anhand von einer oder einigen Variablen, die bei den Personen wiedererkannt werden. Die Verletzung der Menschenwürde kann daraus resultieren, dass Menschen als bloßes Objekt, Instrument oder Mittel für die Zwecke anderer behandelt werden. Jedoch sind Konzepte, die den Schutz der Menschenwürde konkretisieren – wie die Objektformel und das Instrumentalisierungsverbot, Voraussetzung der Zu-

[56] Im Allgemeinen bezieht sich der Begriff der normativen Ambiguitäten auf Unterschiede im Verständnis und in der Akzeptanz der Akteure der Risikoregulierung von sinnvollen und legitimen Konzepten, Werten, Prioritäten, Annahmen oder Grenzen, die bei der Risikobewertung anzuwenden sind (Renn 2008, S. 77 f., 153). Siehe zu normativen Unsicherheiten auch Johansen & Rausand 2015; Grunwald 2019, S. 140; Hansson 1996.

[57] Auf die Menschenwürde wird beispielsweise im Vorschlag der KI-Verordnung (Europäische Kommission 2021, in Erwägungsgrund 15, 17, 28 und 37) Bezug genommen.

stimmung, Vorhandensein von Erniedrigung oder Achtung der individuellen Subjektqualitäten – noch nicht ausreichend auf KI und AES bezogen worden, als das daraus tragfähige Kriterien oder Prinzipien für Abschätzungen der Risiken für die Menschenwürde abgeleitet werden könnten.[58]

Ein weiteres Beispiel für normative Unsicherheit bezieht sich auf das Recht auf informationelle Selbstbestimmung,[59] das im Datenschutzrecht weitgehend als Kontrolle über personenbezogenen Daten durch die Betroffenen umgesetzt worden sein sollte. Eine andere, ebenso legitime Interpretation setzt noch direkter am Schutz der Menschenwürde und der freien Entfaltung der Persönlichkeit an und fordert die Wahrung von weitgehend selbstbestimmten Handlungsmöglichkeiten sowie die freie, noch als eigene empfundenen Identitätsbildung, die Wahrung einer unbefangenen Nutzung und das Vermeiden von Abschreckungseffekten.[60] Vor allem aus letzterer Interpretation kann eine stärkere Regulierung von algorithmen- und datenbasierten Entscheidungen bzw. AES begründet werden. Die regulatorische Risikobestimmung würde dann nicht nur auf einen möglichen Kontrollverlust an personenbezogenen Daten abzielen, sondern müsste auch stärker auf die Möglichkeit von Einschränkung der freien Selbstbestimmung, des Rechts auf Selbstdarstellung und der eigenen Identitätsbildung sowie der Vermeidung der Abschreckung abstellen und diese anhand von Kriterien und Prinzipien konkretisieren.

Zudem ist es fraglich, ob die mittlerweile zahlreichen, nicht verbindlichen internationalen Ethikrichtlinien im Kontext von KI und AES[61] direkt zur Operationalisierung der relevanten Risiken herangezogen werden können. Sie können Anregungen für die Interpretation der von KI- und AES-Anwendungen betroffenen Werte geben. Allerdings gehen einige von ihnen nicht auf europäische oder nationale Besonderheiten ein, insbesondere nicht auf die historische Entwicklung bestimmter Grundwerte und deren Stellung im Wertegefüge einer Gesellschaft. Darüber hinaus unterscheiden sie sich stark in Bezug auf die einbezogenen Werte

---

[58] Beispielsweise können KI-Systeme auch zur Erzeugung und Analyse von umfassenden Personenprofilen genutzt werden. Dabei geht zwar das Bundesverfassungsgericht davon aus, dass die Menschenwürde und Selbstbestimmung ua dann gefährdet ist, wenn umfassende Profile über die Betroffenen erzeugt und verwendet werden (hier nach Britz 2010), jedoch ist wenig konkret, ab wann ein Profil so „umfassend" genannt werden kann, so dass die Menschenwürde tatsächlich beeinträchtigt ist. Auch im Gutachten der Datenethikkommission 2019, die den Schutz der Menschenwürde relativ detailliert auf KI und AES bezieht (S. 43), werden keine konkreten Kriterien für die Risikoabschätzung abgeleitet und in Verbindung mit den Vorschlägen zur risiko-adäquaten Regulierung gebracht.

[59] Gefordert in Bundesregierung 2018, S. 10, 16, 29 etc. und Council of Europe – European Committee of Ministers 2020, S. Appendix, Point B.2.1.

[60] Vgl. Britz 2010.

[61] Für Übersichten und Diskussionen siehe Jobin, Ienca & Vayena 2019; Hagendorff 2019; Fjeld ua 2020; Rudschies, Schneider & Simon 2021.

und Prinzipien. Die jeweilige Auswahl der Werte und Prinzipien und ihre spezifischen Interpretationen sind oft intransparent und schwer nachvollziehbar, ebenso wie die zu Grunde liegenden normativen Perspektiven oder Interessen.[62] Es stellt sich die Frage, ob die Anforderungen mancher Leitlinien nicht tatsächlich sogar hinter den bestehenden rechtlichen Anforderungen zurückbleiben und damit nicht mehr als eine Art von „ethics-washing“[63] sind.

II. Unsicherheiten durch Anpassungen von gesellschaftlichen Abwägungen

Des Weiteren sind Anpassungen von Interpretationen und Abwägungen an sich verändernde Gegebenheiten von Technologien und durch die Technologien ermöglichte Geschäfts- oder Verwaltungspraktiken notwendig. KI- und AES-Entwicklungen verlängern und verstärken oft die gesellschaftlichen Auswirkungen von seit Jahrzehnten genutzten Informations- und Kommunikationstechnologie (zB Profiling, Scoring, Data Mining oder Analytics). Entwicklungen in KI und AES können jedoch Kipppunkte verändern, an denen bestehende gesellschaftliche Vereinbarungen zum Ausgleich von Wertkonflikten zusammenbrechen, weil die Verhältnismäßigkeit des Eingriffs in ein Recht auf Kosten eines anderen nicht mehr gegeben ist. Für die Risikoregulierung bedeutet dies, dass sich die Bedingungen für die Bestimmung eines Risikos als unzulässiger Grundrechtseingriff ändern. Dies erfordert weitere politische Verfahren, um regelmäßig die Grenzen zwischen legitimen und illegitimen Praktiken auf der Grundlage von sich ständig weiterentwickelnder KI und AES zu bestimmen.

Beispielsweise können KI-Systeme im Vergleich zu früheren Datenanalysesystemen aus scheinbar „harmlosen“ Daten, wie der Kommunikation in sozialen Online-Netzwerken oder aus Fotos, Sprach- oder Videoaufzeichnungen, auf Persönlichkeitsmerkmale, wie Charakter, emotionale, psychologische oder soziale Zustände und Bedingungen oder politische Meinungen schließen.[64] Dies hat erhebliche Implikationen für die Abwägung widerstreitender Werte. So können Gesichtserkennungstechnologien in der öffentlichen oder privaten Überwachung umfangreiche Personenprofile verarbeiten und analysieren, sowie für unzulässige Schlussfolgerungen auf persönliche Merkmale oder zu anderen unzulässigen Zwecken missbraucht werden. Aufgrund ihrer, für die (potenziell) Be-

[62] Richtlinien, die systematisch Menschenrechte und Grundrechte anwenden, können davon abweichen.
[63] Wagner 2018b; Black & Murray 2019, S. 8.
[64] Matz, Appel & Kosinski 2019; Orwat 2019, S. 10-12.

troffenen kaum erkennbaren, Funktionsweise und Datennutzungspraktiken können derartige Technologien erhebliche abschreckende Auswirkungen auf die Nutzung von Orten, Veranstaltungen, Dienstleistungen oder Produkten haben. Auch können KI-Systeme, die in Marketing-, Finanz- oder Beschäftigungskontexten eingesetzt werden, potenziell persönliche Abhängigkeiten von Produkten, Dienstleistungen oder Positionen wie Arbeitsplätzen ableiten und so die strukturelle Überlegenheit der Anbietenden über die Personen auf der Nachfrageseite verstärken. Die ursprünglich durch regulatorische Rahmenbedingungen festgelegten Legalitätsbedingungen werden dadurch verschoben.[65]

III. Unsicherheiten bei der Bestimmung von akzeptablen Risikoniveaus

Die Bestimmung von Risikoniveaus, die von der regulierenden Institution als akzeptabel oder tolerierbar für die potenziell Betroffenen gehalten werden, ist einer der Hauptgegenstände der Risikoregulierung im Allgemeinen. Sie führt meistens zu Festlegungen von Grenzwerten oder Standards und dienen vor allem dem Ausgleich von Interessen- und Wertkonflikten. Dabei ist zu berücksichtigen, dass Interessen- und Wertkonflikte insbesondere dann gravierend ausfallen können, wenn epistemische Unsicherheiten über die Risiken vorliegen.[66]

Zur Bestimmung des akzeptablen Risikoniveaus werden häufig Kosten-Nutzen-Analysen (Cost-Benefit Analyses (CBA)) oder Methoden der Aufdeckung von Präferenzen (zB über Befragungen zu oder Ermittlung von Zahlungsbereitschaften) oder der Akzeptanz eingesetzt.[67] Hierbei spielt die Unterscheidung zwischen individueller Akzeptanz und gesellschaftlicher Akzeptabilität[68] gerade bei Risiken von KI- und AES-Anwendungen eine besondere Rolle. Befragungen der potenziell Betroffenen nach der individuellen Akzeptanz können dadurch behindert sein, dass die Befragten oft ihre Rechte nicht ausreichend kennen[69] und dadurch, dass persönliche Abwägungen über hingenommene negative Konsequenzen bzw. Rechteeinschränkungen (wenn sie überhaupt vom potenziell betroffenem Individuum in ihrer Tragweite für sich abgeschätzt werden können) meist nur für spezifische und kontextbezogene Entscheidungssi-

[65] Diese Ungleichgewichte können durch den Verlust von Wahlmöglichkeiten für Verbraucherinnen und Verbraucher sowie Bürgerinnen und Bürger aufgrund des Rückgangs analoger Alternativen oder durch Veränderungen in digitalen Märkten mit größeren Informationsasymmetrien, Defiziten des Ansatzes der informierten Zustimmung oder Marktkonzentration durch Netzwerkeffekte mit der Folge größerer Machtasymmetrien noch beschleunigt werden.

[66] Grunwald 2019, S. 29 f. Zu epistemischen Unsicherheiten → Abschnitt F.

[67] Shrader-Frechette 1991.

[68] Grunwald 2005.

[69] ZB Orwat & Schankin 2018.

tuationen getroffen werden, die nur schwer als Aussagen über die gesellschaftliche Akzeptabilität verallgemeinert werden können. Liegen „systemische" Risiken vor[70], dann liegen sie ohnehin außerhalb des Betrachtungshorizonts und der Beeinflussungsmöglichkeiten der möglichen Betroffenen.

Oft spielen Kompensationen in anderen Bereichen der Risikoregulierung (zB im Umwelt- und Gesundheitsbereich) für die Bestimmung eines akzeptablen oder tolerierbaren Risikoniveaus eine wichtige Rolle. Danach sollen die Vorteile von Anwendungen vor allem den durch die Risiken betroffenen Personen zufallen oder Entschädigungen für hinzunehmende Risiken vorgenommen werden. Die Verteilung von Rationalisierungs- und Effizienzgewinnen durch KI-basierte automatische Differenzierungen von Personen und automatische Entscheidungen einerseits und die Verteilung der Risiken in Form von potenziellen Einschränkungen von Grund- und Menschenrechten der Betroffenen andererseits können aber auseinanderfallen. Dies ist zB durch Eingriffe in die Datenschutzrechte dritter Personen bei Anwendung von Gesichtserkennungssystemen oder vor allem, wenn Effizienzgewinne durch Automatisierung in Wirtschaft und Verwaltung nicht an Betroffene weitergegeben werden, der Fall.

Zudem verbieten sich jegliche Abwägungen zu Einschränkungen von Grund- und Menschenrechten, sobald die Menschenwürde als Grund- und Menschenrecht direkt betroffen ist. Auch die generelle Unveräußerlichkeit der Menschenrechte kann zu Grenzen der Ermittlung (und der Partizipation) von akzeptablen Risikoniveaus über Offenlegungen von Präferenzen führen. Aus der menschenrechtlichen Fundierung kann zudem abgeleitet werden, dass es keine „teilweise" Einschränkung der Rechte geben sollte, zB keinen bestimmten Prozentsatz zu tolerierender Diskriminierungsopfer. Mit der Wahl der risikobasierten Regulierung als Form der Regulierung von KI und AES werden jedoch derartige Risiken eingegangen.

F. Unsicherheiten im wissenschaftlichen Wissen über Risiken

Für die Gestaltung der Risikoregulierung ist vor allem entscheidend, wie die Risiken charakterisiert sind und welches Wissen über Risiken bei welchen Akteuren vorliegt oder erzeugt werden kann. Dabei ist zu beachten, dass sich die Risikocharakteristika und Wissensgrundlagen der Risikoregulierung von KI- und AES-Anwendungen stark von denen bestehender

---

[70] → Abschnitt F.

Risikoregulierungen unterscheiden. Normalerweise ist beabsichtigt, dass Risikoregulierung auf wissenschaftlichem Wissen basiert, um Risiken so objektiv wie möglich zu bestimmen.[71] Als wissenschaftliches Wissen ist es überprüfbar, anfechtbar und für eine Weiterentwicklung geeignet und kann zu konsolidiertem Wissen ausgearbeitet werden,[72] so dass Risikoabschätzungen einen hohen Grad an Eindeutigkeit und Verifizierbarkeit erhalten.[73] Doch wie bei vielen anderen Formen der Risikoregulierung bestehen auch bei der Risikoregulierung von KI- und AES-Anwendungen Lücken und Unsicherheiten im wissenschaftlichen Wissen:

(1) Bisher liegen nur fragmentierte Nachweise von adversen Auswirkungen von KI und AES vor. Systematische Forschung zu Diskriminierungs-, Manipulations-, Datenschutzrisiken und weiteren Risiken für Grund- und Menschenrechte, die durch die breite Fülle von Anwendungen der KI und AES sowie ermöglichte Veränderungen in Geschäfts- und Verwaltungspraktiken verursacht werden, fehlen noch weitgehend. Zu Diskriminierungsrisiken liegen beispielsweise nur einzelne Untersuchungen von Forschenden vor;[74] diesbezügliche Skandale sind durch Journalistinnen und Journalisten oder Nichtregierungsorganisationen aufgedeckt worden.

Weniger komplexe Algorithmen können Teile der Ursache-Wirkungszusammenhänge von Risiken genau abbilden, da sie präzise Berechnungsvorschriften zwischen Input als Ursache und Output als Teile der Wirkung darstellen, wenn die potenziell Betroffenen genau bestimmt werden können. Im Fokus der Entwürfe zur Risikoregulierung von KI und AES stehen aber gerade diejenigen Algorithmen (meist des maschinellen Lernens), bei denen die Nachvollziehbarkeit der Ergebnisse der (automatisierten) Entscheidungen als Ursachen von adversen Ergebnissen oder Risiken nicht mehr einfach oder überhaupt nicht gegeben ist. In diesen Fällen ist es eine Frage, wieviel Aufwand man dem Testen der Software, empirische Untersuchungen oder probabilistische Abschätzungen widmet. Des Weiteren versprechen Forschungen zur Nachvollziehbarkeit von KI („Explainable AI"), zur Minderung dieser Unsicherheiten beizutragen.

(2) In den Risikoabschätzungen müssten zudem die konkreten potenziellen Schädigungen in Betracht gezogen, deren Beziehung zu den Schutzzielen der Grund- und Menschenrechte und grundlegenden Normen verdeutlicht und als Risikokriterien für Risikoabschätzungen handhabbar gemacht werden. Diese Unklarheit über die Schäden lässt sich

[71] ZB Fisher 2012, S. 420.

[72] Grunwald 2019, S. 28 f.

[73] Hansson & Aven 2014.

[74] Übersicht zu Beispielsfällen und den Forschungsarbeiten zB in Orwat 2019 (Stand Mitte 2019).

bereits an den Auswirkungen auf den Datenschutz und Schutz der Privatsphäre verdeutlichen.[75] Abgesehen von Datenschutzskandalen mit Massen von Betroffenen, liegen eher sehr viele, „kleinteiligere"[76] und sehr unterschiedliche Schädigungen vor, die als Einschränkungen von vielen verschiedenen Freiheitskonzeptionen auftreten.[77] Die unabgeschlossene Vielfalt der Schädigungen, die teils abstrakt wirken, teils subjektiv wahrgenommen werden, teils noch unzureichend erforscht sind, steht der Bestimmung von Schadensausmaßen bzw. der Beurteilung der Schwere von Risiken, ua bei der Bildung von Risikoklassen oder der Quantifizierung der Risiken entgegen. Zudem sind die Kenntnisse über akkumulierende Auswirkungen, die Verteilung von Risiken in der Gesellschaft und der möglichen Lücke zwischen denjenigen, die Risiken tragen, und denen, die die Vorteile nutzen, noch unzureichend. So wäre zB die Bildung einer Stufe „unbedenklich" oder „nicht-hohes" Risiko immer noch mit großen Unsicherheiten für die regulierende Institution verbunden.

(3) Zudem dürfte die gesamtgesellschaftliche Größenordnung der Risiken nicht klar sein, da nicht (öffentlich) bekannt ist, wie oft ein bestimmter Typ von KI- und AES-Anwendung in der Praxis angewandt wird und wie viele Personen jeweils potenziell betroffen sind. Ebenso sind auch die Vorteile automatisierter Entscheidungen unter Verwendung von KI-Methoden noch nicht systematisch und vollständig wissenschaftlich belegt, wie zB tatsächliche Verbesserungen der Effizienz, Genauigkeit, Zuverlässigkeit, Sicherheit gegenüber Angriffen, Effizienz und „Objektivität" im Vergleich zu menschlichen Entscheidungen und im Vergleich zwischen verschiedenen Systemen, Methoden und Anwen-

[75] Kuner ua 2015. Das breite Spektrum möglicher Schäden wird auch durch Aufzählungen in den Erwägungsgründen 75 und 85 DS-GVO deutlich, die dort aber nicht vollständig und erschöpfend definiert sind.

[76] Siehe zur entsprechenden Einteilung von Risiken auch van der Heijden 2019, S. 12 f.

[77] Zu den Schäden werden Einschränkungen der äußeren Handlungsfreiheiten und der Selbstbestimmung in der Persönlichkeitsentfaltung, der inneren Freiheit der noch weitgehend als selbstbestimmt wahrgenommenen Identitätsbildung und die Freiheit der unbefangenen Nutzung von digitalen Diensten und Produkten gezählt. Zudem handelt es sich um mögliche ungerechtfertigte Ungleichbehandlungen durch falsche oder ungerechte Bildung von und Zuordnung zu Personenklassen oder individuellen Zuschreibungen. Damit verbunden sind beispielsweise Schäden wie Verletzung der Menschenwürde durch Behandlungen allein als bloßes Objekt, Stigmatisierungen, Stereotypisierungen, Rufschädigungen, Missbrauch von Informationsmacht und struktureller Überlegenheit, Konformitätszwänge durch Überwachungsdruck, Einschüchterungs- oder Abschreckungseffekte bzw. „chilling effects", Enttäuschung von Vertraulichkeitserwartungen oder die erhöhte Dauerhaftigkeit der Schädigungen durch die Permanenz der Datenverarbeitungen. Übersicht zu den potenziellen Schäden der Datenverarbeitung zB in Drackert 2014.

dungsarten. Derartige Angaben sind als Wissensbasis für die Beurteilung von Erforderlichkeit und Verhältnismäßigkeit notwendig.

(4) In der Literatur wird darauf hingewiesen, dass bei KI- und AES-Anwendungen Risikotypen auftreten bzw. jene mehr Bedeutung bekommen, die eine gesellschaftliche oder kollektive Dimension, einen systemweiten oder systemischen Charakter haben oder als „systemische Risiken“[78] bezeichnet werden können.[79] Solche Risiken sind in den Auswirkungen auf die Umwelt,[80] den Arbeitsmarkt, Marktstrukturen und den Wettbewerb auf Märkten zu sehen. Da KI- und AES-Anwendungen zur feinkörnigen Differenzierung, Personalisierung und Individualisierung von Dienstleistungen und Produkten beitragen, können sie Praktiken verdrängen, die auf Solidarität oder Gemeinschaftsdiensten beruhen und die Bereitstellung einer breiten Palette öffentlicher oder kollektiver Güter (zB Gesundheitsdienste) verändern.

Individuen werden zunehmend mit modernen Verfahren der (Big Data) Analytics, des Profiling, der Prognose und des Scorings zu konstruierten Gruppierungen zugeordnet und Gegenstand von automatisierten Entscheidungen bzw. Differenzierungen mit potenziell diskriminierenden, manipulierenden oder sonstigen adversen Effekten, ohne dass ihnen dies bewusst werden kann. Die Geltung des Datenschutzrechts kann dabei durch Verwendung von anonymisierten bzw. (formell) nicht personenbezogenen Daten ausgehebelt werden, auch wenn adverse Effekte ausgelöst werden. Die Identifizierung und Abbildung von persönlichen Identitäten als digitale Identitäten schafft ferner die Grundlage für die Nutzung in verschiedensten weiteren Datenverarbeitungen, ohne dass die betroffene Person involviert sein muss und losgelöst vom ursprünglichen Datenverarbeitungsprozess.[81]

---

[78] Allerdings liegt bisher keine einheitliche und allgemein anerkannte Definition von systemischen Risiken vor. Zumeist herrscht ein Verständnis vor, dass es sich um Risiken handele, die sich nicht auf einzelne Einheiten bzw. Akteure (zB Anlagen, Organisationen, Individuen) beziehen, sondern auf ganze Systeme, Infrastrukturen, wenn sie nicht gar die gesamte Gesellschaft bedrohen oder globale Risiken darstellen (zB OECD 2003; Renn ua 2019). Zu den Faktoren, die zu systemischen Risiken führen, wird häufig die Komplexität von Systemen in Form von Verbindungen und Koppelungen zwischen den Einheiten des Systems gezählt.

[79] Die Begriffsverwendung ist im Zusammenhang mit KI und AES-Anwendungen noch unklar. Siehe Hinweise auf systemische Risiken bzw. Risiken mit „systemischer“ oder gesellschaftlicher Dimension bei Algorithmen bzw. künstlicher Intelligenz zB in Yeung 2019b, S. 41 f.; Black & Murray 2019, S. 13; Strauß 2019, S. 15–29, 126–187; Jaume-Palasi 2019.

[80] Galaz ua 2021 liefern eine Übersicht über systemische Risiken von Anwendungen der künstlichen Intelligenz in der Land-, Forst- und Fischereiwirtschaft im Hinblick auf Ziele der nachhaltigen Entwicklung.

[81] Vgl. Strauß 2019, S. 24 f.

Des Weiteren können die Zunahme von personenbezogenen Daten durch Überwachungsprozesse, deren kommerzielle Nutzung insbesondere zwischen mehreren Betreibenden und vor allem zentrale Plattformen, die durch zwei- oder mehrseitige Netzwerkeffekte und dadurch erreichte Marktmacht gekennzeichnet sind, systemweite Effekte haben. Sie können nicht zuletzt den „systemweiten" Verlust der Kontrolle durch die Betroffenen über die auf sie bezogenen Daten bzw. den Verlust der informationellen Selbstbestimmung bedeuten. Solche Verluste sind nicht mehr auf einzelne Beziehungen zwischen Betreibenden und Betroffenen beschränkt, sondern resultieren aus nicht mehr für einzelne Personen zu überblickenden Praktiken der Datenweitergabe, -verknüpfung und -akkumulation.

Die Folge sind Akkumulationseffekte, die nicht mehr durch den Individualdatenschutz geregelt sind. Denn auch die im einzelnen unproblematischen Datenverarbeitungsvorgänge können durch Zusammenführung der Informationen, durch die Kenntnis der Informationen durch zahlreiche Stellen oder durch die zeitliche Häufung problematisch werden.[82] Dies kann zu negativen Rückwirkungen auf das Verhalten einzelner Bürgerinnen und Bürger führen, da Transparenz über die Verarbeitungsvorgänge fehlt und Unsicherheit über die zukünftige Bewertungen der Information und den daraus resultierenden Konsequenzen für die einzelne Person herrscht.[83]

Weitere Akkumulationseffekte können aus der zunehmenden Anwendung von datenbasierten AES resultieren, die zur systemweiten Erosion der moralischen, kulturellen und politischen Grundlagen der Gesellschaften führen können, vor allem weil Werte wie Mitgefühl, Barmherzigkeit oder Vergebung durch die Automatisierung aus der Berücksichtigung bei Entscheidungen verdrängt werden können.[84]

Aus der Unsicherheit darüber, wer welche Daten über eine Person verarbeitet und welche Schlussfolgerungen und Entscheidungen daraus getroffen werden, können Abschreckungseffekte („Chilling effects") resultieren, die Personen oder Personengruppen von der unbefangenen Nutzung digitaler Angebote abhalten können.[85] Gerade durch die Fähigkeit von KI, aus „belanglosen" Daten Rückschlüsse auf Persönlichkeitsmerkmale zu ziehen, verleiht diesen Risiken eine erhebliche Brisanz. Diese Unsicherheiten können dazu führen, dass sich bestimmte Bevölkerungsgruppen von der Nutzung digitaler Dienste und Produkte zurückziehen. Dies kann zu sozialer Segregation führen oder Prozesse der de-

[82] Vgl. Podlech 1982, S. 452 f.
[83] Vgl. Podlech 1982, S. 452 f.
[84] Yeung 2019b, S. 41.
[85] So eines der Schutzziele der informationellen Selbstbestimmung (BVerfGE 65,1 42 ff.; Britz 2010).

mokratischen Entscheidungsfindung beschädigen, da digitale Dienste und Produkte zunehmend der Gemeinschaftsbildung und dem politischen Austausch dienen.

Der bestehende Regulierungsrahmen, insbesondere mit Datenschutz- und Antidiskriminierungsrecht, steht in der Kritik, dass mit dem noch weitgehend bestehenden regulatorischen Ansatzpunkt am Individuum und den Individualrechten kein ausreichender Schutz mehr vor denjenigen Schäden oder Risiken durch KI und AES erreicht wird, die über das Individuum hinausgehen und ganze Bevölkerungsgruppierungen, die gesamte Gesellschaft oder das Gemeinwohl betreffen können.[86] Denn in der Regel muss das betroffene Individuum zuerst einen Schaden oder ein Risiko wahrnehmen und auf Grundlage der gewährten Informations-, Auskunfts-, Korrektur-, Unterlassungs- oder Schadensersatzrechte aktiv werden.[87] Im Antidiskriminierungsrecht, das ebenso am Schutz des Individuums ansetzt, kann es für betroffene Individuen trotz der Beweislastumkehr schwer bis unmöglich sein, bei KI und AES-Anwendungen ungerechtfertigte Ungleichbehandlungen überhaupt zu erkennen sowie die erforderlichen Vergleiche und erste Indizien beizubringen.[88]

G. Vorsorgeprinzip

Wie oben beschrieben, liegt bei der Risikoregulierung von KI und AES eher eine Situation der Risikoregulierung mit wissenschaftlich nicht konsolidiertem Wissen vor, bei der jedoch Hinweise auf hohe gesellschaftliche Schädigungspotentiale bestehen. Die vorliegende Situation wissenschaftlichen Wissens und des Schädigungspotentials deutet auf die Notwendigkeit der Anwendung des Vorsorgeprinzips hin. So fordert die hochrangige Expertengruppe zu KI dementsprechend auch die Anwendung des prinzipienbasierten Vorsorgeprinzips.[89] Des Weiteren ist auch das Europäische Parlament mit Blick auf einen Regulierungsrahmen einer maßgeschneiderten Ethik der KI der Ansicht, dass „… die Entwicklung eines solchen Ansatzes im Einklang mit dem Vorsorgeprinzip stehen sollte, von dem sich die Rechtsvorschriften der Union leiten lassen und das im Mittelpunkt eines jeden Regelungsrahmens für KI stehen sollte …“.[90]

[86] ZB Barocas & Nissenbaum 2014; Mantelero 2016; Zuiderveen Borgesius 2016.

[87] Datenschutz- und Antidiskriminierungsrecht unterscheiden sich dahingehend stark und gewähren unterschiedliche Rechte und Möglichkeiten.

[88] Vgl. Hacker 2018; Orwat 2019, S. 107–109.

[89] AI HLEG 2019a, S. 38.

[90] Europäisches Parlament 2020, S. 8 f.

Das Vorsorgeprinzip ist in der Vergangenheit kontrovers diskutiert worden,[91] teilweise auf Basis von Missverständnissen.[92] Es ist aber in den letzten Jahrzehnten revidiert, modifiziert und differenziert worden.[93] Das Vorsorgeprinzip wird vor allem bei drohenden schwerwiegenden oder katastrophalen Schäden für die Allgemeinheit (dh sie sind gesellschaftlich nicht akzeptierbar, wenn sie realisiert würden) und großen epistemischen Unsicherheiten bzw. Unsicherheiten im wissenschaftlichen Wissen über die drohenden Schäden bzw. Risiken angewandt, etwa bei Unklarheit, wann Kipppunkte erreicht sind, bei denen Systeme kollabieren.[94] In manchen Konzeptionen wird die Irreversibilität der Schäden als weiteres Kriterium angeführt.[95] Bisher wurde das Vorsorgeprinzip vor allem bei drohenden Schäden für die Umwelt und menschliche Gesundheit angewandt.[96] Im Hinblick auf Grund- und Menschenrechte liegt der Vorsorgeansatz auch dem Datenschutzrecht zugrunde, was sich beispielsweise in den Vorsichtsmaßnahmen, wie dem Prinzip der Datenqualität, ausdrückt.[97] Der Vorsorgeansatz hat sich allerdings zugunsten wirtschaftlicher Ziele zum risiko-basierten Ansatz verschoben.[98]

Mit der Anwendung des Vorsorgeprinzips soll politische und regulatorische Untätigkeit verhindert werden, die von den wissenschaftlichen Unsicherheiten stammen können oder es soll vermieden werden, dass wissenschaftliche Unsicherheiten durch Akteure, die regulatorischen Maßnahmen entgegenstehen, ausgenutzt werden. Das Vorsorgeprinzip dient daher eher als Begründung von staatlichen Interventionen gerade auch dann, wenn wissenschaftliche Unsicherheiten vorliegen.[99] Unsicherheiten im wissenschaftlichen Wissen liegen dann vor, wenn „vollständige" wissenschaftliche Nachweise nicht verfügbar sind, wissenschaftliche Kontroversen über die Sachverhalte oder Phänomene bestehen oder Uneinigkeit über das Fehlen von Wissen vorherrscht.[100] Die potenziellen Schäden sind zwar bekannt, aber die jeweiligen Ursache-Wirkungsbezie-

[91] Siehe zur Diskussion zB Harremoës ua 2001; Sandin ua 2002; Klinke ua 2006; Ahteensuu & Sandin 2012; Garnett & Parsons 2017; von Schomberg 2006; von Schomberg 2012; Stirling 2017; Garnett & Parsons 2017; Vos & De Semst 2020.

[92] Häufig missverstanden als bloße Verhinderung von Innovationen. Zur Kritik und Gegenkritik siehe zB Sandin ua 2002; Stirling 2017; European Commission 2017; Vos & De Semst 2020.

[93] Stirling ua 1999; Renn ua 2003; von Schomberg 2006, S. 28–31; European Commission 2017; Vos & De Semst 2020.

[94] Zu den Anforderungen für die Anwendung des Vorsorgeprinzips siehe European Commission 2000; European Commission 2017.

[95] Vgl. zB Garnett & Parsons 2017.

[96] Vgl. zB Garnett & Parsons 2017.

[97] Gellert 2020, S. 242.

[98] Lynskey 2015, S. 8–9; Costa 2012.

[99] von Schomberg 2006, S. 23.

[100] von Schomberg 2006, S. 23.

hungen können wissenschaftlich (noch) nicht in ausreichendem Maße aufgestellt werden.[101] Die verfügbaren Beweise sind noch nicht ausreichend, um die Existenz eines potenziellen Schadens als wissenschaftliche Tatsache zu behandeln.[102] Grundlegend müssen auch bei der Anwendung des Vorsorgeprinzips wissenschaftliche Analysen und Befunde erbracht werden, denn reine Vorstellungen und hypothetische Annahmen sind nicht ausreichend. Das Vorsorgeprinzip soll nur angewandt werden, wenn ein Risiko für plausibel gehalten wird.[103]

Bei der Risikoregulierung von KI und AES kann die Anwendung des Vorsorgeprinzips begründet sein,[104] da wie oben beschrieben (a) eine Reihe von Befunden auf die Schwere der Risiken für Grund- und Menschenrechte und weitere grundlegende Normen hindeuten, aber noch unvollständiges Wissen über den Umfang und die Schwere der Beeinträchtigungen besteht. (b) Bei vielen Anwendungen die Ursache-Wirkungszusammenhänge zwischen Anwendungen und gesellschaftlichen Auswirkungen noch weitgehend unbekannt sind (zB zu systemischen Risiken). (c) Die Eigenschaften der Schwere der Risiken lediglich qualitativ abgeschätzt werden kann. Für quantitative Risikoabschätzungen liegt kein ausreichendes Wissen vor.[105] (d) Zudem können die Schäden auch irreversibel (bzw. mit einem kaum zu bewältigendem Aufwand rückgängig zu machen sein) vorliegen. Netzwerkeffekte führen zu starken Pfadabhängigkeiten und hohen Wechselkosten, die ein Wechsel zu alternativen Plattformen oder Betriebssystemen erschweren oder unmöglich machen. Mit der Digitalisierung der Daten ist zudem eine Permanenz der Möglichkeiten der Datenverarbeitungen und Datenweitergabe mit kaum durch Betroffene abschätzbaren langfristigen Konsequenzen verbunden. Des Weiteren können die auf Basis der Datenverarbeitungen getroffenen (halb) automatisierten Entscheidungen selbst schwer oder nicht revidierbar sein.[106] Zudem können, wie bei anderen Technologien auch Effekte der Gewöhnung an Praktiken in Wirtschaft und Verwaltung mit nichtintendierten Folgen[107] auftreten und zu einer schleichenden Erosion von Grund- und Menschenrechten führen.

---

[101] von Schomberg 2012; European Commission 2017, S. 5.

[102] Sandin ua 2020, S. 288.

[103] European Commission 2017, S. 4. Allerdings sind die Bedingungen bzw. Standards für die initialen Beweise von Schäden, die eine Anwendung des Vorsorgeprinzips begründen, in verschiedenen europäischen Regelwerken und Entscheidungen, die das Vorsorgeprinzip umsetzen, unterschiedlich hoch und anscheinend von dem Schutzgut abhängig (Garnett & Parsons 2017).

[104] Zum Vorsorgeprinzip bei KI siehe auch Taylor 2020 und bei automatisierten Entscheidungen siehe Mazur 2019.

[105] Nach von Schomberg 2006, S. 19–41.

[106] Pasquale & Citron 2014, S. 1422.

[107] Grunwald 2019, S. 18 f.

Wird das Vorsorgeprinzips angewandt, hat das Auswirkungen auf die Gestaltung der Konzeption und Instrumente der Risikoregulierung. Mit dem Vorsorgeprinzip wäre zunächst die Anerkennung verbunden, dass Abwägungen und Entscheidungen über akzeptable Risikoniveaus und dem entsprechendem Tätigwerden in der politischen Verantwortung liegen.[108] Dies betrifft auch die dem Vorsorgeansatz entsprechende Auswahl der Regulierungsinstrumente, die nicht nur Verbote oder Moratorien umfassen, sondern ein wesentlich breiteres Spektrum, wie zB die Finanzierung eines Forschungsprogramms oder die Informierung der Öffentlichkeit.[109] Die Maßnahmen müssen jedoch nach dem Verhältnismäßigkeitsprinzip ausgewählt werden, dh im Verhältnis zum angestrebten Schutzniveau stehen und vor allem mittelbare und langfristige Auswirkungen berücksichtigen.[110]

Bei der starken Version des Vorsorgeprinzips[111] wird die Beweislast über die Verminderung von Schäden der Dienste, Produkte oder Systeme von der regulierenden Institution auf diejenigen Akteure verlagert, die die KI- und AES-Systeme erzeugen, herstellen, importieren bzw. auf den Markt bringen wollen.[112] Zur Beweislast können die für umfassenden Risikobewertungen erforderlichen wissenschaftlichen Beweise gehören.[113] Des Weiteren gehört zu den Anforderungen des Vorsorgeprinzips, dass alle interessierten Parteien involviert werden.[114] In der Literatur wird dies insbesondere bei normativen Unsicherheiten gefordert, wie sie auch bei der Risikoregulierung von KI und AES vorliegen.[115] Dabei kann die Einbeziehung durch Partizipation der Bürgerschaft und durch Verhandlungen mit Stakeholdern erreicht werden und sollte durch geistes- und gesellschaftswissenschaftliche Forschung informiert sein.[116]

Das Vorsorgeprinzip soll provisorisch angewandt werden, solange kein ausreichendes wissenschaftliches Wissen zur Verfügung steht.[117] Bei neuen wissenschaftlichen Erkenntnissen sollen die getroffenen Vorsorgemaßnahmen revidiert oder auch aufgeboben werden.[118] Das Vorsorgeprinzip kann vor allem auch Hinweise für die Gestaltung der notwendi-

[108] Europäische Kommission 2000, S. 15.

[109] ZB Europäische Kommission 2000, S. 18; Stirling ua 1999, S. 33 ff.

[110] Europäische Kommission 2000, S. 21 f. (siehe dort auch weitere Anforderungen an die Maßnahmen); von Schomberg 2006, S. 26.

[111] Zur starken, moderaten und schwachen Version des Vorsorgeprinzips siehe zB Garnett & Parsons 2017; European Commission 2017; Vos & De Semst 2020.

[112] Europäische Kommission 2000, S. 25.

[113] Europäische Kommission 2000, S. 25.

[114] European Commission 2017, S. 9.

[115] → Abschnitt E.

[116] Klinke ua 2006; Stirling 2016; European Commission 2017, S. 17.

[117] von Schomberg 2006, S. 34.

[118] Europäische Kommission 2000, S. 23; Garnett & Parsons 2017, S. 514.

gen epistemischen Prozesse liefern, wie zum Umgang mit Wissenslücken und Unsicherheiten des Wissens, den erforderlichen wissenschaftlichen Prozessen, dem Umgang mit Wissensbeständen bei den relevanten Akteuren (zB sind große Teile des regulierungsrelevanten Risikowissens in den Händen privater Akteure), den Annahmen, normativen Setzungen und Werturteilen bei der Erzeugung des Wissens und den Möglichkeiten des Ausgleichs unterschiedlicher Interessen.[119] In der Literatur wird dazu vor allem ein offener Dialog über die wissenschaftlichen Unsicherheiten gefordert.[120] Des Weiteren sollte dies die Durchführung von Abschätzungen nach dem Vorsorgeansatz, die durch einen uneingeschränkten Betrachtungsumfang, der Berücksichtigung der gesellschaftlichen Verteilung von Nutzen und Risiken sowie technologischen Alternativen und deren gesellschaftliche Folgen gekennzeichnet sind,[121] sowie systematische Forschungen zu den gesellschaftlichen Auswirkungen beinhalten.

H. Zusammenfassung und Schlussfolgerungen

(1) Sowohl die risikobasierte Regulierung als auch der rechtebasierte Ansatz haben Vor- und Nachteile im Hinblick auf die Sicherung von Grund- und Menschenrechten bei Risiken durch Anwendungen der KI und AES. Daher sollte die bisher präferierte risikobasierte Regulierung durch einen rechtebasierten Ansatz ergänzt werden, insbesondere um Menschen- und Grundrechte unabhängig vom abgeschätzten Risikoniveau zu garantieren.

(2) Der hohe Anteil von Wertentscheidungen und normativer Ambiguitäten, die die Risikoregulierung von Anwendungen der KI und AES kennzeichnet, und ebenso die Notwendigkeit, dass bei Risiken oder potenziellen Einschränkungen von Menschenrechten die potenziell Betroffenen eine freie, vorherige und informierte Zustimmung zu den auferlegten Risiken abgeben müssten,[122] verlangt nach demokratischen Prozessen und Prinzipien. Werturteile und normative Entscheidungen müssen als politische Entscheidungen sichtbar gemacht und durchgeführt werden. Partizipative Prozesse sind erforderlich, um bei normativen Unsicherheiten die notwendigen normativen Orientierungen bereitzustel-

---

[119] von Schomberg 2012; Stirling 2017.
[120] Klinke ua 2006, S. 387–389; von Schomberg 2006, S. 34.
[121] Klinke ua 2006; European Commission 2017, S. 17.
[122] ZB Shrader-Frechette 2005, S. 103 f.

len.[123] Diese sollen auch der demokratischen Beteiligung an der Gestaltung der Risikoregulierung und ihrer Normen, Standards und Kriterien ermöglichen,[124] rein technokratische Lösungen vermeiden und vor allem auch der gesellschaftlichen Kenntnis, Diskussion und Anfechtbarkeit der Risikoabschätzungen und -bewertungen dienen.[125]

(3) Für die Anwendung des Vorsorgeprinzips sprechen eine Reihe von Argumenten, die sich aus der Schwere der Risiken und der wissenschaftlichen Unsicherheit ergeben. Die Anwendung ermöglicht es Staaten schnelle Maßnahmen bei schwerwiegenden Risiken von KI- und AES-Anwendungen zu ergreifen, auch wenn das wissenschaftliche Wissen dazu unvollständig ist. Ebenso bedeutsam ist, dass die Anwendung des Vorsorgeprinzips partizipative Prozesse erfordert und rechtfertigt; ebenso erfordert und rechtfertigt es die systematische Erforschung von KI- und AES-Anwendungen und deren gesellschaftliche Auswirkungen zur Reduktion von wissenschaftlichen Unsicherheiten über die diesbezüglichen Risiken.

Literatur

Access Now (2018): Human Rights in the Age of Artificial Intelligence; Brooklyn: Access Now

Ahteensuu, Marko; Sandin, Per (2012): The Precautionary Principle, in: Roeser, Sabine; Hillerbrand, Rafaela; Sandin, Per; Peterson, Martin (Hrsg.): Handbook of Risk Theory. Epistemology, Decision Theory, Ethics, and Social Implications of Risk; Heidelberg, London, New York: Springer, S. 961–978

AI HLEG (2018): A Definition of AI: Main Capabilities and Disciplines; Brussels: Independent High-Level Expert Group on Artificial Intelligence (AI HLEG), report published by the European Commission

AI HLEG (2019a): Ethics Guidelines for Trustworthy AI; Brussels: Independent High-Level Expert Group on Artificial Intelligence (AI HLEG), report published by the European Commission

AI HLEG (2019b): Policy and Investment Recommendations for Trustworthy AI; Brussels: Independent High-Level Expert Group on Artificial Intelligence (AI HLEG), report published by the European Commission

Alemanno, Alberto (2016): Risk and Regulation, in: Burgess, Adam; Alemanno, Alberto; Zinn, Jens O. (Hrsg.): Routledge Handbook of Risk Studies; London, New York: Routledge, S. 191–203

[123] Grunwald 2019, S. 140. Dabei können unterschiedliche Wege der Legitimierung der Partizipation von Entscheidungsträgern, Stakeholdern sowie Bürgerinnen und Bürgern bestehen (Saretzki 2012).

[124] Der Vorschlag für eine KI-Verordnung (Europäische Kommission 2021) sieht zwar in Artikel 40 und 41 harmonisierte Normen und gemeinsame Standards für Konformitätsbewertungen vor, allerdings sind die Verfahren für deren Entwicklung und Etablierung unklar, zB wie die Gesellschaft bzw. gesellschaftliche Vertretende involviert werden.

[125] ZB Shrader-Frechette 1991.

Alexy, Robert (2002): A Theory of Constitutional Rights; Oxford: Oxford University Press
Appel, Ivo; Mielke, Sebastian (2014): Strategien der Risikoregulierung: Bedeutung und Funktion eines Risk-Based Approach bei der Regulierung im Umweltrecht; Baden-Baden: Nomos
Art. 29 WP (1998): Opinion 1/98: Platform for Privacy Preferences (P3P) and the Open Profiling Standard (OPS), 16.6.1998; Brussels: Article 29 Data Protection Working Party
Aven, Terje; Renn, Ortwin (2010): Risk Management and Governance: Concepts, Guidelines and Applications; Berlin, Heidelberg: Springer
Barocas, Solon; Nissenbaum, Helen (2014): Big Data's End Run around Anonymity and Consent, in: Lane, Julia; Stodden, Victoria; Bender, Stefan; Nissenbaum, Helen (Hrsg.): Privacy, Big Data, and the Public Good. Frameworks for Engagement; New York: Cambridge University Press, S. 44–75
Black, Julia (2010a): Risk-based Regulation: Choices, Practices and Lessons Being Learnt, in: OECD (Hrsg.): Risk and Regulatory Policy: Improving the Governance of Risk; OECD Reviews of Regulatory Reform; Paris: Organisation for Economic Co-Operation and Development (OECD), S. 185–236
Black, Julia (2010b): The Role of Risk in Regulatory Processes, in: Baldwin, Robert; Cave, Martin; Lodge, Martin (Hrsg.): The Oxford Handbook of Regulation; Oxford: Oxford University Press, S. 302–348
Black, Julia; Murray, Andrew D. (2019): Regulating AI and Machine Learning: Setting the Regulatory Agenda, in: European Journal of Law and Technology, 10. Jg., H. 3, S. 1–21
Bradbury, Judith A. (1989): The policy implications of differing concepts of risk, in: Science, Technology, & Human Values, 14. Jg., H. 4, S. 380–399
Britz, Gabriele (2008): Einzelfallgerechtigkeit versus Generalisierung. Verfassungsrechtliche Grenzen statistischer Diskriminierung; Tübingen: Mohr Siebeck
Britz, Gabriele (2010): Informationelle Selbstbestimmung zwischen rechtswissenschaftlicher Grundsatzkritik und Beharren des Bundesverfassungsgerichts, in: Hoffmann-Riem, Wolfgang (Hrsg.): Offene Rechtswissenschaft; Tübingen: Mohr Siebeck, S. 561–596
Bundesregierung (2018): Strategie Künstliche Intelligenz der Bundesregierung; Berlin: Bundesregierung
Burkert, Herbert (1981): Institutions of Data Protection – An Attempt at a Functional Explanation of European National Data Protection Laws, in: Computer Law Journal, 3. Jg., H. 1, S. 167–188
Cavoukian, Ann (2015): Evolving FIPPs: Proactive Approaches to Privacy, Not Privacy Paternalism, in: Gutwirth, Serge; Leenes, Ronald; de Hert, Paul (Hrsg.): Reforming European Data Protection Law; Dordrecht: Springer Netherlands, S. 293–309
Costa, Luiz (2012): Privacy and the precautionary principle, in: Computer Law and Security Review, 28. Jg., H. 1, S. 14–24
Council of Europe – CAHAI (2020a): Feasibility Study, CAHAI (2020)23 Ad hoc Committee on Artificial Intelligence; Strasbourg: Council of Europe, Ad Hoc Committee on Artificial Intelligence (CAHAI)
Council of Europe – CAHAI (2020b): Towards Regulation of AI Systems. Global perspectives on the development of a legal framework on Artificial Intelligence systems based on the Council of Europe's standards on human rights, democracy and the rule of law. Council of Europe Study DGI (2020) 16. Report prepared by Ben-Israel, Isaac; Cerdio, Jorge; Ema, Arisa; Friedman,

Leehe; Ienca, Marcelo; Mantelero, Alessandro; Matania, Eviatar; Muller, Catelijne; Shiroyama, Hideaki; Vayena, Effy; Strasbourg: Council of Europe, Ad hoc Committee on Artificial Intelligence (CAHAI)
Council of Europe – European Committee of Ministers (2020): Recommendation CM/Rec(2020)1 of the Committee of Ministers to Member States on the human rights impacts of algorithmic systems; Strasbourg: Council of Europe
Cranor, Carl F. (1997): The Normative Nature of Risk Assessment: Features and Possibilities, in: Risk: Health, Safety and Environment, 8. Jg., H. Spring, S. 123–136
Datenethikkommission (2019): Gutachten der Datenethikkommission; Berlin: Datenethikkommission der Bundesregierung
Donahoe, Eileen; MacDuffee Metzger, Megan (2019): Artificial Intelligence and Human Rights, in: Journal of Democracy, 30. Jg., H. 2, S. 115–126
Drackert, Stefan (2014): Die Risiken der Verarbeitung personenbezogener Daten. Eine Untersuchung zu den Grundlagen des Datenschutzrechts; Berlin: Dunker & Humblot
Enquete-Kommission Künstliche Intelligenz (2020): Bericht der Enquete-Kommission Künstliche Intelligenz – Gesellschaftliche Verantwortung und wirtschaftliche, soziale und ökologische Potenziale (Drucksache 19/23700, 28.10.2020); Berlin: Deutscher Bundestag
Europäische Kommission (2000): Mitteilung der Kommission KOM (2000) 1 final vom 2.2.2000 – die Anwendbarkeit des Vorsorgeprinzips; Brüssel: Europäische Kommission
Europäische Kommission (2020): Weißbuch zur Künstlichen Intelligenz – ein europäisches Konzept für Exzellenz und Vertrauen. COM(2020) 65 final, vom 19.2.2020; Brüssel: Europäische Kommission
Europäische Kommission (2021): Vorschlag für eine Verordnung 2021/0106 des Europäischen Parlaments und des Rates zur Festlegung harmonisierter Vorschriften für künstliche Intelligenz (Gesetz über künstliche Intelligenz) und zur Änderung bestimmter Rechtsakte der Union; Brüssel: Europäische Kommission
Europäisches Parlament (2020): Legislative Entschließung des Europäischen Parlaments vom 20. Oktober 2020 mit Empfehlungen an die Kommission zu dem Rahmen für die ethischen Aspekte von künstlicher Intelligenz, Robotik und damit zusammenhängenden Technologien (2020/2012(INL); Straßburg: Europäische Parlament
European Commission (2000): Communication (2000) 1 from the Commission on the precautionary principle; Brussels: European Commission
European Commission (2017): The Precautionary Principle: Decision-Making under Uncertainty; Brussels: European Union
European Commission (2018): Communication (2018) 237 final on Artificial Intelligence in Europe; Brussels: European Commission
Fischhoff, Baruch; Watson, Stephen R.; Hope, Chris (1984): Defining Risk, in: Policy Sciences, 17. Jg., H. 2, S. 123–139
Fisher, Elizabeth (2012): Risk and Governance, in: Levi-Faur, David (Hrsg.): Oxford Handbook of Governance; Oxford: Oxford University Press, S. 417–428
Fjeld, Jessica; Achten, Nele; Hilligoss, Hannah; Nagy, Adam; Srikumar, Madhulika (2020): Principled Artificial Intelligence: Mapping Consensus in Ethical and Rights-Based Approaches to Principles for AI. Berkman Klein Center Research Publication No. 2020–1; Cambridge, MA: Berkman Klein Center for Internet & Society at Harvard University

FRA (2020): Getting the Future Right – Artificial Intelligence and Fundamental Rights; Luxembourg: European Union Agency for Fundamental Rights (FRA), Publications Office of the European Union

Galaz, Victor; Centeno, Miguel A.; Callahan, Peter W.; Causevic, Amar; Patterson, Thayer; Brass, Irina; Baum, Seth; Farber, Darryl; Fischer, Joern; Garcia, David; McPhearson, Timon; Jimenez, Daniel; King, Brian; Larcey, Paul; Levy, Karen (2021): Artificial intelligence, systemic risks, and sustainability, in: Technology in Society, 67. Jg., S. 101741

Garnett, Kenisha; Parsons, David J. (2017): Multi-Case Review of the Application of the Precautionary Principle in European Union Law and Case Law, in: Risk Analysis, 37. Jg., H. 3, S. 502–516

Gellert, Raphaël (2020): The Risk-Based Approach to Data Protection; Oxford: Oxford University Press

Gonçalves, Maria Eduarda (2019): The risk-based approach under the new EU data protection regulation: a critical perspective, in: Journal of Risk Research, 23. Jg., H. 2, S. 139–152

Grunwald, Armin (2005): Zur Rolle von Akzeptanz und Akzeptabilität von Technik bei der Bewältigung von Technikkonflikten, in: Technikfolgenabschätzung – Theorie und Praxis, 14. Jg., H. 3, S. 54–60

Grunwald, Armin (2019): Technology Assessment in Theory and Practice; London, New York: Routledge

Hacker, Philipp (2018): Teaching Fairness to Artificial Intelligence: Existing and Novel Strategies Against Algorithmic Discrimination Under EU Law, in: Common Market Law Review, 55. Jg., H. 4, S. 1143–1185

Hagendorff, Thilo (2019): The ethics of AI ethics – an evaluation of guidelines, in: Minds and Machines, 30. Jg., H. 1, S. 99–120

Hansson, Sven Ove (1996): Decision making under great uncertainty, in: Philosophy of the Social Sciences, 26. Jg., H. 3, S. 369–386

Hansson, Sven Ove (2010): Risk: Objective or Subjective, Facts or Values, in: Journal of Risk Research, 13. Jg., H. 2, S. 231–238

Hansson, Sven Ove (2013): The Ethics of Risk: Ethical Analysis in an Uncertain World; Cham: Palgrave Macmillan

Hansson, Sven Ove (2018): How to Perform an Ethical Risk Analysis (eRA), in: Risk Analysis, 38. Jg., H. 9, S. 1820–1829

Hansson, Sven Ove; Aven, Terje (2014): Is Risk Analysis Scientific?, in: Risk Analysis, 34. Jg., H. 7, S. 1173–1183

Harremoës, Poul; Gee, David; MacGarvin, Malcolm; Stirling, Andy; Keys, Jane; Wynne, Brian; Guedes Vaz, Sofia (2001): Late lessons from early warnings: the precautionary principle 1896–2000; Copenhagen: European Environmental Agency (EEA)

Helberger, Natali; Eskens, Sarah; van Drunen, Max; Bastian, Mariella; Moeller, Judith (2020): Implications of AI-Driven Tools in the Media for Freedom of Expression; Strasbourg: Council of Europe

Hood, Christopher; Rothstein, Henry; Baldwin, Robert (2001): The government of risk: Understanding risk regulation regimes; Oxford: Oxford University Press

Hutter, Bridget M. (2005): The Attractions of Risk-based Regulation: accounting for the emergence of risk ideas in regulation; London: ESRC Centre for Analysis of Risk and Regulation

IRGC (2006): Risk Governance. Towards an Integrative Approach; Geneva: International Risk Governance Council (IRGC)

Jaume-Palasi, Lorena (2019): Why We Are Failing to Understand the Societal Impact of Artificial Intelligence, in: Social Research: An International Quarterly, 86. Jg., H. 2, S. 477–498

Jobin, Anna; Ienca, Marcello; Vayena, Effy (2019): The global landscape of AI ethics guidelines, in: Nature Machine Intelligence, 1. Jg., H. 9, S. 389–399

Johansen, Inger Lise; Rausand, Marvin (2015): Ambiguity in risk assessment, in: Safety Science, 80. Jg., S. 243–251

Klinke, Andreas; Dreyer, Marion; Renn, Ortwin; Stirling, Andrew; Van Zwanenberg, Patrick (2006): Precautionary Risk Regulation in European Governance, in: Journal of Risk Research, 9. Jg., H. 4, S. 373–392

Krafft, Tobias D.; Zweig, Katharina (2019): Transparenz und Nachvollziehbarkeit algorithmenbasierter Entscheidungsprozesse. Ein Regulierungsvorschlag aus sozioinformatischer Perspektive; Berlin: Verbraucherzentrale Bundesverband e.V

Kuner, Christopher; Cate, Fred H.; Millard, Christopher; Svantesson, Dan Jerker B.; Lynskey, Orla (2015): Risk management in data protection, in: International Data Privacy Law, 5. Jg., H. 2, S. 95–98

Latonero, Mark (2018): Governing Artificial Intelligence: Upholding Human Rights and Dignity; New York: Data & Society Research Institute

Leslie, David; Burr, Chiristopher; Aitken, Mhairi; Cowls, Josh; Katell, Mike; Briggs, Morgan (2021): Artificial intelligence, human rights, democracy, and the rule of law: a primer. Prepared to support the Feasibility Study. Published by the Council of Europe's Ad Hoc Committee on Artificial Intelligence; Strasbourg: Council of Europe

Lloyd-Bostock, Sally M.; Hutter, Bridget M. (2008): Reforming regulation of the medical profession: The risks of risk-based approaches, in: Health, Risk & Society, 10. Jg., H. 1, S. 69–83

Lynskey, Orla (2015): The Foundations of EU Data Protection Law; Oxford: Oxford University Press

Macenaite, Milda (2017): The "Riskification" of European Data Protection Law through a two-fold Shift, in: European Journal of Risk Regulation, 8. Jg., H. 3, S. 506–540

Mantelero, Alessandro (2016): Personal data for decisional purposes in the age of analytics: From an individual to a collective dimension of data protection, in: Computer Law and Security Review, 32. Jg., H. 2, S. 238–255

Mantelero, Alessandro (2019): Artificial Intelligence and Data Protection: Challenges and Possible Remedies. Consultative Committee of the Convention for the Protection of Individuals with Regard to Automatic Processing of Personal Data (Convention 108), Report on Artificial Intelligence; Strasbourg: Council of Europe, Directorate General of Human Rights and Rule of Law

Matz, Sandra C.; Appel, Ruth E.; Kosinski, Michal (2019): Privacy in the age of psychological targeting, in: Current Opinion in Psychology, 31. Jg., H. Feb., S. 116–121

Mazur, Joanna (2019): Automated Decision-Making and the Precautionary Principle in EU Law, in: Baltic Journal of European Studies, 9. Jg., H. 4, S. 3–18

Nemitz, Paul (2018): Constitutional democracy and technology in the age of artificial intelligence, in: Philosophical Transactions of the Royal Society A: Mathematical, Physical and Engineering Sciences, 376. Jg., H. 2133, S. 1–14

OECD (2003): Emerging Systemic Risks in the 21st Century: An Agenda for Action; Paris: Organisation for Economic Co-operation and Development (OECD)

OECD (2010): Risk and Regulatory Policy: Improving the Governance of Risk; Paris: Organisation for Economic Co-Operation and Development (OECD)
Orwat, Carsten (2019): Diskriminierungsrisiken durch Verwendung von Algorithmen. Studie erstellt mit einer Zuwendung der Antidiskriminierungsstelle des Bundes; Berlin: Nomos
Orwat, Carsten; Bareis, Jascha; Folberth, Anja; Jahnel, Jutta ; Wadephul, Christian ((in Vorbereitung)): Normative Challenges of the Risk Regulation of Artificial Intelligence in Automated Decision-Making Systems
Orwat, Carsten; Folberth, Anja; Bareis, Jascha; Jahnel, Jutta; Wadephul, Christian (2020): Risikoregulierung der KI: normative Herausforderungen und politische Entscheidungen. Stellungnahme zum Weißbuch der Europäischen Kommission „Zur Künstlichen Intelligenz – ein europäisches Konzept für Exzellenz und Vertrauen"; Karlsruhe: Karlsruher Institut für Technologie, Institut für Technikfolgenabschätzung und Systemanalyse
Orwat, Carsten; Schankin, Andrea (2018): Attitudes towards big data practices and the institutional framework of privacy and data protection – A population survey, KIT Scientific Report 7753; Karlsruhe: KIT Scientific Publishing
Pasquale, Frank A.; Citron, Danielle Keats (2014): Promoting Innovation While Preventing Discrimination: Policy Goals for the Scored Society, in: Washington Law Review, 89. Jg., S. 1413–1424
Podlech, Adalbert (1982): Individualdatenschutz – Systemdatenschutz, in: Brückner, Klaus; Dalichau, Gerhard (Hrsg.): Beiträge zum Sozialrecht – Festgabe für Grüner; Percha: Verlag R. S. Schulz, S. 451–462
Quelle, Claudia (2018): Enhancing Compliance under the General Data Protection Regulation: The Risky Upshot of the Accountability- and Risk-based Approach, in: European Journal of Risk Regulation, 9. Jg., H. 3, S. 502–526
Raso, Filippo A.; Hilligoss, Hannah; Krishnamurthy, Vivek; Bavitz, Christopher; Kim, Levin (2018): Artificial Intelligence & Human Rights: Opportunities & Risks; Cambridge, MA: Berkman Klein Center for Internet & Society
Renn, Ortwin (1998): Three decades of risk research: accomplishments and new challenges, in: Journal of Risk Research, 1. Jg., H. 1, S. 49–71
Renn, Ortwin (2008): Risk Governance. Coping with Uncertainty in a Complex World; London: Earthscan
Renn, Ortwin; Dreyer, Marion; Klinke, Andreas; Losert, Christine; Stirling, Andrew; van Zwanenberg, Patrick; Muller-Herold, Ulrich; Morosini, Marco; Fisher, Elizabeth (2003): The Application of the Precautionary Principle in the European Union. Report by the project "Regulatory Strategies and Research Needs to Compose and Specify a European Policy on the Application of the Precautionary Principle" (PrecauPri); Stuttgart: Centre for Technology Assessment
Renn, Ortwin; Lucas, Klaus; Haas, Armin; Jaeger, Carlo (2019): Things are different today: the challenge of global systemic risks, in: Journal of Risk Research, 22. Jg., H. 4, S. 401–415
Rudschies, Catharina; Schneider, Ingrid; Simon, Judith (2021): Value Pluralism in the AI Ethics Debate – Different Actors, Different Priorities, in: International Review of Information Ethics, 29. Jg., H. 3, S. 1–15
Sandin, Per; Peterson, Martin; Hansson, Sven Ove; Rudén, Christina; Juthe, André (2002): Five charges against the precautionary principle, in: Journal of Risk Research, 5. Jg., H. 4, S. 287–299

Saretzki, Thomas (2012): Legitimation problems of participatory processes in technology assessment and technology policy, in: Poiesis und Praxis, 9. Jg., H. 1–2, S. 7–26

Shrader-Frechette, Kristin (1991): Risk and Rationality: Philosophical Foundations for Populist Reforms; Berleley, Los Angeles, Oxford: University of California Press

Shrader-Frechette, Kristin (2005): Flawed attacks on contemporary human rights: Laudan, Sunstein, and the cost-benefit state, in: Human Rights Review, 7. Jg., H. 1, S. 92–110

Smuha, Nathalie A. (2020): Beyond a Human Rights-Based Approach to AI Governance: Promise, Pitfalls, Plea, in: Philosophy & Technology, S. 1–14

Stirling, Andrew (2016): Precaution in the Governance of Technology, SPRU Working Paper Series, SWPS 2016–14; Brighton: University of Sussex, Science Policy Research Unit (SPRU)

Stirling, Andrew (2017): Precaution in the Governance of Technology, in: Brownsword, Roger; Scotford, Eloise; Yeung, Karen (Hrsg.): The Oxford Handbook of Law, Regulation and Technology; Oxford: Oxford University Press, S. 645–669

Stirling, Andrew; Renn, Ortwin; Klinke, Andreas; Rip, Arie; Salo, Ahti (1999): On Science and Precaution in the Management of Technological Risk, Volume I: A Synthesis Report of Case Studies; Seville: European Commission – JRC, Institute Prospective Technological Studies

Strauß, Stefan (2019): Privacy and Identity in a Networked Society. Refining Privacy Impact Assessment; Abingdon, New York: Routledge

Taylor, Richard D. (2020): Quantum Artificial Intelligence: A "precautionary" U.S. approach?, in: Telecommunications Policy, 44. Jg., H. 6, S. 101909

UN (2018): Report on Artificial Intelligence technologies and implications for freedom of expression and the information environment. Report of the Special Rapporteur on the promotion and protection of the right to freedom of opinion and expression, David Kaye. Report A/73/348; Geneva: United Nations, OHCHR

van der Heijden, Jeroen (2019): Risk governance and risk-based regulation: A review of the international academic literature, State of the Art in Regulatory Governance Research Paper Series; Wellington: Victoria University of Wellington

von Schomberg, René (2006): The precautionary principle and its normative challenges, in: Fisher, Elizabeth Charlotte; Jones, Judith S.; von Schomberg, René (Hrsg.): Implementing the Precautionary Principle: Perspectives and Prospects; Cheltenham, Northampton: Edward Elgar, S. 19–41

von Schomberg, René (2012): The precautionary principle: its use within hard and soft law, in: European Journal of Risk Regulation, 3. Jg., H. 2, S. 147–156

Vos, Ellen; De Semst, Kristel (2020): Taking stock as a basis for the effect of the precautionary principle since 2000. Report of the RECIPES project; Maastricht et al.: Project RECIPES Precaution, Innovation, Science

Wagner, Ben (2018a): Algorithms and Human Rights. Study on the human rights dimensions of automated data processing techniques and possible regulatory implications. Council of Europe study DGI(2017)12; Strasbourg: Council of Europe, Committee of experts on internet intermediaries (MSI-NET)

Wagner, Ben (2018b): Ethics as an escape from regulation. From "ethics-washing" to ethics-shopping?, in: Bayamlioğlu, Emre; Baraliuc, Irina; Janssens, Liisa; Hildebrandt, Mireille (Hrsg.): Being Profiled: Cogitas Ergo Sum.10 Years of 'Profiling the European Citizen'; Amsterdam: Amsterdam University Press, S. 84–88

Yeung, Karen (2019a): Responsibility and AI. A study of the implications of advanced digital technologies (including AI systems) for the concept of responsibility within a human rights framework. Council of Europe study DGI (2019)05; Strasbourg: Council of Europe, Expert Committee on human rights dimensions of automated data processing and different forms of artificial intelligence (MSI-AUT)

Yeung, Karen (2019b): Why Worry about Decision-Making by Machine?, in: Yeung, Karen; Lodge, Martin (Hrsg.): Algorithmic Regulation; Oxford: Oxford University Press, S. 21–48

Zuiderveen Borgesius, F. J. (2016): Singling out people without knowing their names – Behavioural targeting, pseudonymous data, and the new Data Protection Regulation, in: Computer Law and Security Review, 32. Jg., H. 2, S. 256–271

Zuiderveen Borgesius, Frederik (2018): Discrimination, artificial intelligence, and algorithmic decision-making; Strasbourg: Council of Europe, Directorate General of Democracy

Kapitel 11. Regulierung von Künstlicher Intelligenz – DS-GVO als Leitbild?

Haag/Risthaus

A. Ausgangslage

Die Regulierung von Künstlicher Intelligenz (KI) nimmt immer weitere Form an. Bereits 2020 hat die EU-Kommission ein Whitepaper zur KI veröffentlicht.[1] Im April 2021 hat sie sodann mit einem Entwurf einer KI-VO (KI-VO-E) einen Vorschlag für eine horizontale Regulierung für KI-Systeme vorgestellt.[2] Für die Suche nach geeigneten Regelungsinstrumenten für KI-Systeme wurden in der Literatur schon diverse Rechtsgebiete wie zum Beispiel das Recht der Humangenetik, das Arzneimittelrecht oder das Umweltrecht als Referenzgebiete herangezogen.[3]

Die DS-GVO hat als horizontale EU-Verordnung bereits seit dem 25.5.2018 einen kaum zu unterschätzenden Stellenwert in der digitalen Gesellschaft eingenommen. Zwar ist die DS-GVO grundsätzlich nicht auf KI-Systeme ausgerichtet, jedoch hat das Datenschutzrecht als Querschnittsmaterie auch für KI-Systeme bereits beachtliche Regelungswirkungen entfaltet. Es bietet sich deshalb an, die dortigen Regulierungsstrategien und Instrumente darauf zu untersuchen, ob ein Transfer der dortigen normativen Regelungen auf KI-Systeme möglich ist.

Insofern sollen nach einer Darstellung der möglichen Regulierungsansätze die in der DS-GVO verankerten regulatorischen Grundentscheidungen, zentralen Regelungsinstrumente und Möglichkeiten der Rechtsdurchsetzung auf eine Übertragbarkeit auf die Regulierung von KI-Systemen untersucht werden. Aufgrund des Umfangs der Thematik kann dieser Beitrag jedoch nur einen Überblick darstellen und einzelne Schwerpunkte herausarbeiten.

---

[1] COM(2020) 65 final.

[2] Vorschlag für eine Verordnung des Europäischen Parlaments und des Rates zur Festlegung harmonisierter Vorschriften für Künstliche Intelligenz (Gesetz über Künstliche Intelligenz) und zur Änderung bestimmter Rechtsakte der Union, COM(2021) 206 final.

[3] *Martini* Blackbox Algorithmus S. 113 ff.

B. Regulierungsansätze und Regulierungsbedarf von KI

Um den Herausforderungen der Informationsgesellschaft zu begegnen, lassen sich vier idealtypische Regulierungsansätze herausstellen:[4] neben der Marktsteuerung (1), bei der der Markt sich selbst überlassen bleibt, der Selbstregulierung (2), bei der private Akteure einen Handlungskodex entwerfen, sich diesem freiwillig unterwerfen und dessen Einhaltung eigenständig überwachen, sowie gegen Verstöße vorgehen, der Ko-Regulierung/regulierten Selbstregulierung (3), bei der private Akteure innerhalb eines gesetzlichen Rahmens beziehungsweise auf rechtlicher Grundlage selbst-regulierend tätig werden, besteht letztlich noch die klassische staatliche Regulierung (4), bei der in Form einer klassischen „command and control"-Regulierung Ge- und Verbote zur Verhaltensbeschränkung gesetzt werden. Dabei können diese unterschiedlichen Regulierungsformen auf einem Kontinuum zwischen Staat und Markt abgebildet werden, wobei die Grenzen zwischen den Ansätzen fließend sind und unterschiedliche Ansätze miteinander kombiniert werden können.

Ein staatlicher Regulierungsbedarf ist vor allem dann anzunehmen, wenn der vorliegende Sachbereich mit schwerwiegenden Grundrechtskonflikten einhergeht und es sich dabei um ein politisch stark umstrittenes Thema handelt, weil insofern der staatliche Gesetzgeber die höchste demokratische Legitimation genießt.[5] Im Bereich der KI besteht ein erhebliches Spannungsfeld zwischen mannigfaltigen Grundrechten, die aufeinander prallen.[6] Insbesondere die Gleichheitsrechte, die allgemeinen Persönlichkeitsrechte und die Meinungsbildungsfreiheiten der einzelnen Nutzer stehen in einem Spannungsverhältnis zu den ebenfalls grundrechtlich geschützten Positionen – insbesondere die Berufsfreiheit – der Hersteller und Anwender von KI-Systemen. Die Vergangenheit hat gezeigt, dass es hierbei nicht ausreicht, sich auf eine Marktsteuerung oder eine Selbstregulierung zu beschränken.[7] Auch die andauernde globale Debatte über den Einsatz und die Grenzen von KI-Systemen zeigt, dass bei einer solch politisch umstrittenen Materie eine demokratisch legitimierte staatliche Regulierung, welche die Weichen für diese Technologie für die nächsten Jahrzehnte stellt, angezeigt ist. Dabei bietet es sich an, neben regulierenden Ge- und Verboten auch Ansätze der regulierten

[4] Eingehend: *Spindler/Thorun* MMR-Beil. Heft 6/2016, S. 7 ff.
[5] *Spindler/Thorun* MMR-Beil. Heft 6/2016, S. 10 f.
[6] Vgl. *Härtel* LKV 2019, 49 (52).
[7] *Saurwein/Just/Latzer* info Vol. 17 (2015), 35 (39 ff.).

Selbstregulierung, wie sie auch teilweise in der DS-GVO anzufinden sind, mit einzubeziehen

C. KI und Datenschutz

Zunächst ist zu beachten, dass die DS-GVO bereits konkrete Regelungen trifft, die auch für den Einsatz von KI-Systemen rechtliche Wirkungen entfalten.[8] So sind im Rahmen der DS-GVO neben den in Art. 5 Abs. 1 DS-GVO verankerten Grundsätzen, die KI-Systeme insbesondere in Form des Prinzips der Datensparsamkeit vor Herausforderungen stellen, vor allem die in Art. 22 DS-GVO verankerte Regelung zur automatisierten Entscheidungsfindung und die Transparenz- und Informationspflichten (Art. 13 Abs. 2 lit. f, Art. 14 Abs. 2 lit. g und Art. 15 Abs. 1 lit. h DS-GVO) zu nennen. Zum einen ist deren Anwendungsbereich jedoch beschränkt auf *ausschließlich* automatisierte Entscheidungen. Zum anderen sind die Vorschriften der DS-GVO auch dann nicht anwendbar, wenn von KI-Systemen keine personenbezogenen Daten verarbeitet werden.[9]

So hat auch die Datenethikkommission insofern darauf abgestellt, dass sich der Regulierung von zwei Standpunkten aus genähert werden kann:[10] zum einen vom originär datenfokussierten Standpunkt, der die Sammlung von Daten, den Zugang zu Daten und die Datennutzung behandelt. Zum anderen vom originär auf algorithmische Systeme zentrierten Standpunkt. Allerdings stellen diese beiden Standpunkte wechselseitige ergänzende und bedingende ethische Diskurse dar, sodass sie insoweit auch in der Anwendung der Governance-Instrumente eine wechselseitige Rolle spielen.[11] Die DS-GVO umfasst nicht die spezifischen Problemfelder einer KI-Regulierung, kann diese jedoch ergänzen.

[8] Vgl. *Hoeren/Niehoff* RW 2018, 47 ff; *Conrad* K&R 2018, 741; *Krügel/Pfeiffenbring* in Ebers/Heinze/Krügel/Steinrötter KI § 11.

[9] Zu grundsätzlichen Überlegungen zur Regulierung von nicht personenbezogenen Daten siehe *Hoeren/Pinelli* JZ 2020, 879.

[10] Datenethikkommission, Gutachten, S. 77.

[11] Datenethikkommission, Gutachten, S. 77.

D. Rechtsetzungskompetenz

Während sich die EU für die DS-GVO auf Art. 16 Abs. 2 AEUV als Regelungskompetenz stützen konnte, besteht im Rahmen einer KI-Regulierung keine derartige explizite Rechtsetzungskompetenz.[12] Im Whitepaper zur KI führt die EU-Kommission aus, dass nur mit Hilfe eines europäischen Konzeptes eine Binnenmarktfragmentierung verhindert werden kann.[13] Insofern wird sich auf die Kompetenz zur Realisierung des Binnenmarktes nach Art. 114 Abs. 1 AEUV gestützt.[14] Aufgrund dieser Kompetenz soll der Union auch die Möglichkeit gegeben werden, präventiv auf eine Rechtsangleichung hinzuwirken, insbesondere auch um zu verhindern, dass durch neue Technologien divergierende Rechtsetzungsakte der Mitgliedstaaten binnenmarkthemmend wirken.[15] Nach ständiger Rechtsprechung des EuGH kann die EU insofern auch vorbeugende Rechtsakte nach Art. 114 AEUV erlassen, wenn das Entstehen neuer Hindernisse für den Handel infolge einer heterogenen Entwicklung der nationalen Rechtsvorschriften wahrscheinlich ist und die fragliche Maßnahme ihre Vermeidung bezweckt.[16] Vorliegend liegt der Schwerpunkt darin, für KI in Europa ein „Ökosystemen für Exzellenz" und ein „Ökosystem für Vertrauen" in einem gemeinsamen digitalen Binnenmarkt zu etablieren.[17] Ein solches Vorhaben ist gerade darauf gerichtet, eine durch erste nationale Vorstöße bereits gefährdete Binnenmarktfragmentierung[18] in Bezug auf KI-Systeme und deren Regulierung zu verhindern, sodass die Kompetenzgrundlage des Art. 114 AEUV für einen europäischen KI-Rechtsakt einschlägig sein dürfte.[19] Zudem kommt

---

[12] Soweit nicht bereits eine Regulierung auf Art. 16 Abs. 2 AEUV gestützt werden kann, weil der Vorgang der Datenverarbeitung des KI-Systems bereits Art. 16 Abs. 2 AEUV unterfällt (*Martini* Kontrollsystem für algorithmenbasierte Entscheidungsprozesse S. 73).

[13] COM(2020) 65 final, 3, 12.

[14] So auch die EU-Kommission im Vorschlag für die KI-VO, COM(2021) 206 final, S. 6 f.

[15] Streinz/*Schröder* AEUV Art. 114 Rn. 42.

[16] EuGH Urt. v. 4.5.2016 – C-547/14, EuZW 2016, 582 Rn. 59.

[17] COM(2020) 65 final, 3; siehe zum digitalen Binnenmarkt: COM(2015) 192 final.

[18] So besteht die Gefahr eines „ethics shopping", bei dem die KI-Entwicklung und Nutzung in Regionen mit niedrigeren ethischen Standards verlagert wird, vgl. European Group on Ethics in Science and New Technologies, Statement on Artificial Intelligence, Robotics and ‚Autonomous' Systems, S. 14.

[19] Ebenfalls auf Art. 114 AEUV abstellend: *Lücke* in Lücke Künstliche Intelligenz S. 43.

Art. 19 Abs. 1 AEUV als Rechtsetzungskompetenz in Betracht,[20] wenn Diskriminierungsrisiken durch eine Regulierung von KI-Systemen verhindert werden sollen.[21] Dies ist insoweit beachtlich, weil für eine Rechtsetzung nach Art. 19 AEUV das besondere Gesetzgebungsverfahren (Art. 289 Abs. 2 AEUV) durchzuführen ist.

Ein solcher digitaler Binnenmarkt für KI in Europa, der ein Gegengewicht zu den USA und China bietet, um das globale Zukunftsthema „Künstliche Intelligenz" mitgestalten zu können, kann von den Mitgliedstaaten auf nationaler Ebene nicht ausreichend verwirklicht werden, sondern ist vielmehr wegen des Umfangs auf Unionsebene zu verwirklichen, sodass insofern auch der Grundsatz der Subsidiarität (Art. 5 Abs. 3 EUV) gewahrt wird.

Bei sektoralen Regulierungen müssen zukünftig dann jedoch die jeweiligen Sektoren und ihre Kompetenzgrundlagen eingehend untersucht werden.

E. Regulatorische Grundentscheidungen

I. Horizontale Regulierung

Eine Grundfrage eines jeden Regelungsmodells ist, ob ein horizontaler oder ein sektoraler Regelungsansatz gewählt werden sollte. Im Gegensatz zu den USA, in denen dem Datenschutz im nicht-öffentlichen Bereich ein sektorales Regelungsmodell zugrunde liegt,[22] hat man sich in der DS-GVO für einen horizontalen Regelungsansatz entschieden.

Dementsprechend wird auch für einen KI-Rechtsrahmen ein horizontales Regulierungsvorgehen kontrovers diskutiert. Während einige Stimmen einen übergreifenden Rechtsakt ablehnen und nach Sachbereichen getrennte umfangreiche, singuläre normative Entscheidungen präferieren,[23] wird unter anderem von der EU-Kommission und der Datenethikkommission auf ein horizontales Regulierungsmodell abgestellt, welches dann sektoral konkretisiert werden soll.[24] Ähnlich wird entsprechend dem im Kapitalmarktrecht eingesetzten Lamfalussy-Verfahren ein Vor-

---

[20] Ob sich Art. 19 AEUV subsidiär oder kumulativ zu anderen Kompetenzgrundlagen aus dem AEUV verhält, kann dahinstehen, soweit die andere Kompetenzgrundlage (hier: Art. 114 AEUV) einschlägig ist, vgl. *Holoubek* in Schwarze AEUV Art. 19 Rn. 6 ff.

[21] Auch auf Diskriminierungsrisiken abstellend: COM(2020) 65 final, 12.

[22] *Buchner* in Tinnefeld/Buchner/Petri/Hof DatenschutzR S. 239.

[23] Vgl. *Gerberding/Wagner* ZRP 2019, 116, die ein übergreifendes „Algorithmengesetz" als dysfunktional ablehnen.

[24] COM(2020) 65 final, 3, 12; Datenethikkommission, Gutachten, S. 180.

gehen vorgeschlagen, nach dem auf einer ersten Stufe horizontale Prinzipien und Regelungen normiert werden, welche sektorübergreifend notwendig sind, auf einer zweiten Stufe sodann Vorschriften für die jeweiligen Sektoren erlassen werden, welche um eine dritte Stufe ergänzt wird, auf der sogenannte „safe harbors" statuiert werden, woraufhin auf einer vierten Stufe regulatorische Leitlinien von hoher Technizität normiert werden.[25] Zwar besteht die Gefahr, dass bei einer übergreifenden horizontalen KI-Regulierung der politische Wille oder die politische Mehrheit abhandenkommt, wenn es an die Rechtsetzung sektorspezifischer Rechtsakte geht. Dieses Problem wurde in der jüngeren Zeit beispielsweise im Hinblick auf eine noch immer nicht verabschiedete ePrivacy-VO deutlich, die die DS-GVO ergänzen und konkretisieren soll.[26]

Allerdings können durch ein differenziertes, durch sektorale Bestimmungen ergänztes, horizontales Vorgehen Schutzlücken vermieden werden, die gerade bei KI-Systemen und ihren teilweise noch nicht absehbaren Anwendungsfeldern zu erheblichen Gefahren führen können. Außerdem kann ein solcher Rechtsakt in einem überschaubaren Zeitraum verwirklicht werden, was gerade auch mit Blick auf den rasanten technologischen Fortschritt nicht aus den Augen verloren werden darf.

Indem auf eine horizontale Regulierung dann durch konkretisierende sektorspezifische Rechtsakte aufgebaut wird, kann den jeweiligen Besonderheiten und konkreten Einsatzgebieten von KI Rechnung getragen werden,[27] sodass das Vorgehen der EU, mittels eines horizontalen Rechtsaktes grundlegende Regelungen im KI-Bereich zu treffen, zu begrüßen ist.

II. Wahl der Handlungsform

Es stellt sich in diesem Zusammenhang sodann die Frage nach der zu wählenden Handlungsform. Als Rechtsinstrumente kommen sowohl eine Verordnung (Art. 288 Abs. 2 AEUV) als auch eine Richtlinie (Art. 288 Abs. 3 AEUV) in Betracht. Aus praktischen Erwägungen ist zunächst zu beachten, dass eine Richtlinie die Unsicherheit bietet, dass die Mitgliedstaaten diese noch zeitnah umzusetzen haben. So hätte beispielsweise die JI-Richtlinie[28] zwar bis zum 8.5.2018 von den Mitgliedstaaten umgesetzt werden müssen, sie wurde aber bisher nicht vollständig in das deutsche

---

[25] *Hacker* NJW 2020, 2142 (2143 Rn. 9).

[26] Vgl. *Jandt/Steidle* Datenschutz im Internet B. II. Rn. 224 ff.

[27] Vgl. *Unger* ZRP 2020, 234 (235).

[28] Richtlinie (EU) 2016/680 des Europäischen Parlaments und des Rates vom 27. April 2016 zum Schutz natürlicher Personen bei der Verarbeitung personenbezogener Daten durch die zuständigen Behörden zum Zwecke der Verhütung, Ermittlung, Aufdeckung oder Verfolgung von Straftaten oder der Strafvollstreckung sowie zum freien Datenverkehr und zur Aufhebung des Rahmenbeschlusses 2008/977/JI des Rates.

Recht überführt, sodass dem Bundesbeauftragten für den Datenschutz und die Informationsfreiheit weiterhin wirksame Durchsetzungsbefugnisse fehlen.[29]

Im Rahmen der KI-Regulierung ist mit Blick auf die grundlegenden Herangehensweisen eine Vollharmonisierung anzustreben. Eine weitere Zersplitterung durch nationale Umsetzungsakte ist zu vermeiden. Es wird insoweit differenziert werden müssen, welche nationalen Rechtsgebiete und Rechtsvorschriften durch den EU-Rechtsakt angeglichen oder harmonisiert werden sollen. Soweit es sich um eine horizontale Regelung handelt, ist eine Verordnung das Mittel der Wahl. Insbesondere für die Regelung eines gleichlaufenden Vollzugs und die hierfür erforderliche Koordinierung der Aufsicht auf europäischer Ebene ist eine Verordnung einer Richtlinie vorzuziehen.

Im Hinblick auf Rechtsetzungsakte im Bereich der sektorspezifischen Regulierung kann auf Richtlinien als Regelungsinstrument zurückgegriffen werden, um die Besonderheiten der jeweiligen nationalen Rechtsordnung zu berücksichtigen. Eine solche Differenzierung könnte insbesondere auch im Bereich der Gefahrenabwehr notwendig sein, wenn die nationalen Gesetzgeber lediglich Mindestvorgaben umsetzen müssen, wie beispielsweise im allgemeinen Polizei- und Ordnungsrecht, sowie im Bereich der Regulierung von kritischen Infrastrukturen.[30]

Soweit eine Vollharmonisierung durch eine Verordnung notwendig ist, könnte den Mitgliedstaaten dennoch ein gewisser Spielraum eingeräumt werden und insoweit sogenannte Öffnungsklauseln beziehungsweise Spezifikationsklauseln in Betracht kommen. Auch die DS-GVO beinhaltet zahlreiche Klauseln, welche es den Mitgliedstaaten erlauben, Konkretisierungen, Ergänzungen und Modifikationen vorzunehmen.[31] Im Rahmen der Evaluation der DS-GVO musste sich die EU-Kommission allerdings eingestehen, dass teilweise eine Überdehnung dieser Spezifikationsklauseln durch mitgliedstaatliches Recht stattfindet.[32] In der Literatur wird insoweit auch empfohlen, durch einen Abbau von Spezifikationsklauseln eine Reduktion der Komplexität der Materie zu erreichen.[33] Insofern sollte es auch im Rahmen einer horizontalen Regulierung von

[29] *Schwichtenberg* K&R 2021, 243.

[30] Vgl. RL 2008/114/EG und zu Netz- und Informationssystemen RL 2016/1148/EU.

[31] Ausführlich *Müller* Die Öffnungsklauseln der Datenschutzgrundverordnung S. 194, der 75 Öffnungsklauseln in der DS-GVO verortet; vgl. aber auch SWD(2020) 115 final, 50, wonach die Europäische Kommission lediglich 15 Öffnungsklauseln für fakultative Spezifizierungen der Vorschriften der Verordnung annimmt.

[32] COM(2020) 264 final, 8.

[33] *Kühling/Sackmann* NVwZ 2018, 681 (683 f.).

KI-Systemen vermieden werden, durch eine zu große Anzahl an Spezifikationsklauseln eine erneute Zersplitterung zu provozieren.

III. Anwendungsbereich

Von grundlegender Bedeutung ist zunächst die Entscheidung über den Regulierungsgegenstand. So ist es unabdingbar, zu Beginn eines KI-Rechtsrahmens den sachlichen Anwendungsbereich zu definieren (vgl. Art. 2 DS-GVO). Auf eine allgemeingültige Definition von KI, mit der normativ gearbeitet werden kann, wurde sich bislang weder in der Rechtswissenschaft noch in anderen Disziplinen geeinigt. Teilweise wird aufgrund definitorischer Ungenauigkeiten von dem Begriff der „Künstlichen Intelligenz" abgeraten und stattdessen empfohlen, normativ an den Begriffen „Techniken maschinellen Lernens (ML)"[34] oder der „Algorithmischen Systeme"[35] anzuknüpfen. An dieser Stelle soll nicht näher auf die zahlreichen Definitionen und deren jeweilige Regelungstragweiten eingegangen werden.[36] Stattdessen soll sich hier darauf beschränkt werden, die erhebliche Relevanz einer *juristischen* Definitionsfindung für einen gesamten KI-Rechtsrahmen zu betonen.[37]

Von weiterer zentraler Bedeutung ist sodann der räumliche Anwendungsbereich eines KI-Rechtsrahmens (vgl. Art. 3 DS-GVO). Insofern dürfte auch hier neben dem Niederlassungsprinzip (vgl. Art. 3 Abs. 1 DS-GVO) das Marktortprinzip (vgl. Art. 3 Abs. 2 DS-GVO) zugrunde zu legen sein, sodass die Auflagen eines KI-Rechtsrahmens für alle einschlägigen Wirtschaftsteilnehmer gelten, die KI-gestützte Produkte oder Dienstleistungen in der EU anbieten, unabhängig davon, ob sie in der EU niedergelassen sind oder nicht.[38]

---

[34] *Hacker* NJW 2020, 2142 (2142 f. Rn. 5 ff.).

[35] Datenethikkommission, Gutachten, S. 13.

[36] Siehe zu den verschiedenen vorgenommenen Definitionsversuchen nur *Ebers* in Ebers/Heinze/Krügel/Steinrötter KI § 3 Rn. 4 ff.

[37] In Art. 3 Nr. 1 KI-VO-E wird ein „System der künstlichen Intelligenz" (KI-System) als „Software, die mit einer oder mehreren der in Anhang I aufgeführten Techniken und Konzepte entwickelt worden ist und im Hinblick auf eine Reihe von Zielen, die vom Menschen festgelegt werden, Ergebnisse wie Inhalte, Vorhersagen, Empfehlungen oder Entscheidungen hervorbringen kann, die das Umfeld beeinflussen, mit dem sie interagieren" definiert.

[38] Vgl. ErwGr. 11 KI-VO-E; siehe auch COM(2020) 65 final, 27; so auch der Bundesrat, BR-Drs. 109/20, 3; siehe auch *Lücke* in Lücke Künstliche Intelligenz S. 42; zu beachten ist allerdings die Problematik, die auftritt, wenn Verantwortliche in Drittländern keine Vertreter nach Art. 27 DS-GVO benennen, sodass ein Amtshilfeverfahren und ein Procedere auf dem diplomatischen Weg über die Außenvertretungen der Mitgliedstaaten einzuleiten wären, was bislang aber nicht vorgenommen wird, vgl. Sächsischer Datenschutzbeauftragter, Tätigkeitsbericht 2019, S. 109.

IV. Regulierung von öffentlichen und privaten Stellen

Im deutschen Recht findet für gewöhnlich eine Differenzierung zwischen grundrechtsberechtigten Privaten und der grundrechtsgebundenen Staatsgewalt statt.[39] Insofern hatte Deutschland im Rahmen des Rechtsetzungsverfahrens zur DS-GVO, die sowohl Anwendung findet bei der Datenverarbeitung durch öffentliche als auch durch private Stellen, eine mangelnde Unterscheidung zwischen den beiden Bereichen attestiert.[40] Und auch in der Literatur wurde dieser dem europäischen Datenschutz zugrundeliegenden Konzeption teilweise kritisch begegnet.[41] Dabei ist jedoch zunächst zu beachten, dass die DS-GVO sehr wohl eine Vielzahl von Differenzierungen zwischen Datenverarbeitungen durch öffentliche und durch private Stellen vornimmt.[42] Darüber hinaus trifft den Gesetzgeber eine grundrechtliche Schutzpflicht, wobei nach der Rechtsprechung des BVerfG Private im Wege der mittelbaren Drittwirkung von Grundrechten ähnlich oder auch genauso weit durch die Grundrechte in Pflicht genommen werden, insbesondere wenn sie in tatsächlicher Hinsicht in eine vergleichbare Pflichten- oder Garantenstellung hineinwachsen wie traditionell der Staat.[43]

So muss auch im Rahmen einer KI-Regulierung beachtet werden, dass der Einsatz von KI-Systemen durch transnationale Unternehmen erhebliche Einwirkungsmöglichkeiten sowohl auf den Einzelnen als auch auf die Gesellschaft haben kann. Der zentrale Aspekt, der die dogmatische Unterscheidung zwischen der grundrechtsgebundenen Staatsgewalt und den grundrechtsberechtigten Privaten begründet, nämlich letztlich die Ausübung von „Macht" und gleichzeitig die Unterordnung unter ein Rechtssystem, verblasst mit Blick auf den Einsatz von KI-Systemen immer mehr.[44] So empfiehlt es sich, entsprechend der Konzeption der DS-GVO in einem horizontalen KI-Rechtsakt Vorschriften zu verankern, die grundsätzlich sowohl beim Einsatz von KI-Systemen durch öffentliche Stellen als auch durch private Stellen gelten.[45] Sogleich dürften dann jedoch sowohl bereits in einem solchen horizontalen Rechtsakt als auch in bereichsspezifischen Rechtsakten (vgl. die JI-Richtlinie) Differenzierungen vorzunehmen sein.[46]

---

[39] BVerfG Urt. v. 15.1.1958 – 1 BvR 400/51, BVerfGE 7, 198 (204); vgl. Dreier/*Dreier* GG vor Art. 1 Rn. 84 mwN.

[40] Ratsdok. 9897/2/12 v. 18.7.2012, S. 25, 33.

[41] *Masing* NJW 2012, 2305 (2310 ff.); vgl. *Blume* EDPL 2015, 32.

[42] Vgl. *Reimer* in Sydow DS-GVO Art. 6 Rn. 88.

[43] BVerfG Urt. v. 22.2.2011 – 1 BvR 699/06, BVerfGE 128, 226 (248).

[44] Vgl. *Barczak* DÖV 2020, 997 (1003 f.).

[45] Kritisch hinsichtlich einer horizontalen Regulierung auch im privaten Bereich: *Raue/von Ungern-Sternberg* ZRP 2020, 49 (51).

[46] Datenethikkommission, Gutachten, S. 212 ff.; *Unger* ZRP 2020, 234 (235).

F. Materielle Regelungsinstrumente

Ausgehend von diesen Grundentscheidungen bietet die DS-GVO eine Vielzahl materieller Regelungsinhalte und -instrumente, deren Übertragbarkeit auf die Regulierung von KI es zu untersuchen gilt.

I. Pflichtenorientierter oder risikobasierter Ansatz?

Im Kontext der DS-GVO wird vielfach Bezug auf einen risikobasierten Ansatz genommen.[47] So lassen sich tatsächlich zahlreiche Ausformungen eines Risikogedankens in der DS-GVO vorfinden (vgl. zB Art. 32 f., Art. 34 ff. und Art. 39 Abs. 2 DS-GVO sowie Erwgr. 74, 76, 80, 84 ff., 89 ff., 94, 96, 98).[48] Doch weder die Grundsätze des Art. 5 DS-GVO noch die zentrale Zulässigkeitsnorm des Art. 6 DS-GVO enthalten risikobasierte Elemente.[49] Insofern wird der DS-GVO ein „one-size-fits-all"-Prinzip[50] vorgeworfen, das eine Datenverarbeitung mit hohem und mit niedrigem Datenschutzrisiko ungerechtfertigt gleich behandle.[51]

Dass bei der Regulierung von KI-Systemen differenziert werden muss zwischen divergierenden risikobehafteten KI-Systemen, liegt auf der Hand. Wie ein solches Vorgehen normativ verwirklicht werden kann, ist demgegenüber durchaus fraglich.

Im Hinblick auf den KI-Regulierungsdiskurs ist hier vor allem eine fünfstufige Risiko-Einordnung im Blickfeld, welche unter anderem auch von der Datenethikkommission aufgegriffen wurde.[52] Bei einer fünfstufigen Kritikalitätseinordnung ist zu berücksichtigen, dass diese im Ergebnis eine Umschreibung und Einordnung des Grundsatzes der Verhältnismäßigkeit ist. Dabei ist auch eine Stufeneinordnung eines KI-Systems nicht abschließend, weil auch in der jeweiligen Stufe die Einordnung von dem Regelungsinstrument (wie zB von Transparenzpflichten) von der jeweiligen Eingriffsintensität abhängt. Selbst die Einordnung eines algorithmischen Systems in eine jeweilige Stufe kann abhängig davon sein,

---

[47] Vgl. *Schröder* ZD 2019, 503; *Veil* ZD 2015, 347.

[48] Vgl. *Martini* Blackbox Algorithmus S. 161 f.

[49] Insofern die Einführung eines risikobasierten Ansatzes als Alternative zum sog. „Verbotsprinzip" verneinend: Simitis/Hornung/Spiecker gen. Döhmann/*Hornung/Spiecker gen. Döhmann* Einleitung Rn. 242.

[50] Vgl. nur *Veil* NVwZ 2018, 686 (695).

[51] *Roßnagel* DuD 2019, 467.

[52] Datenethikkommission, Gutachten, S. 177 ff. mit Verweis auf das Modell von *Krafft/Zweig* Transparenz und Nachvollziehbarkeit algorithmenbasierter Entscheidungsprozesse S. 31; *Hallensleben/Hustedt* et al. From Principles to Practice S. 35 ff.

wo das jeweilige algorithmische System eingesetzt wird. Solche Modelle sollten daher in der Praxis als Schablonen für eine erste Einordnung betrachtet werden und können sich vermutlich insbesondere für eine Risikofolgenabschätzung eignen. Die Grundlage für einen konturierten und ausdifferenzierten Maßnahmenkatalog in einem Rechtsakt ist jedoch schwerlich umsetzbar.[53]

Es gestaltet sich generell diffizil, Zuordnungskriterien zu bilden, welche sektorübergreifend angewandt werden können.[54] Der Vorschlag der EU-Kommission im Whitepaper[55] eines Zwei-Stufen-Modells und einer weiteren Kategorisierung nach Sektoren bzw. einer Unterteilung in vier Stufen im KI-VO-E[56] erscheint insoweit nachvollziehbar, um im Rahmen des Rechtsetzungsverfahren eine stringente Rechtsfolgenanknüpfung zu ermöglichen.

Letztlich muss bei der konkreten Regulierung jedoch ein pflichtenorientierter beziehungsweise rechtsfolgenorientierter Ansatz verfolgt werden. Es muss konkret geregelt werden, welche einzelnen Pflichten es für KI-Systeme geben kann (zB Transparenzpflichten, Informationspflichten und Schnittstellenzugänge[57]) und im nachfolgenden Schritt müssen diejenigen KI-Systeme abstrakt zugeordnet werden, ob – und inwieweit – sie die jeweilige Pflicht erfüllen müssen. Im Ergebnis kann dies zu vergleichbaren Ergebnissen und Folgen einer „risikobasierten Stufenbetrachtung" führen. Es ist jedoch problematisch, wenn im Rahmen einer mehrstufigen Kritikalitätseinordnung auch innerhalb der jeweiligen Stufe verschiedene und ergänzende Maßnahmen in Betracht kommen. Ein pflichtenorientierter Ansatz vermag es, – für den Rechtsanwender – nachvollziehbar in einen Rechtsakt gekleidet zu werden. Praktisch führt dies auch zu dem Ergebnis, dass der Fokus nicht auf einer Stufenbetrachtung liegt, sondern auf den jeweiligen Rechtspflichten. In den Schnittmengen der verschiedenen Pflichten werden sich KI-Systeme herausbilden, welche mannigfaltige Rechtspflichten erfüllen müssen und dann faktisch als besondere Gefahrenstufen eingeordnet werden können, welche dem Praktiker als Faustformel oder Merkhilfe dienen können.[58]

---

[53] Vgl. auch *Hacker* NJW 2020, 2142 (2143 Rn. 10).

[54] *Hacker* NJW 2020, 2142 (2143 Rn. 10).

[55] COM(2020) 65 final, 20 ff.

[56] (1) KI-Systeme mit einem inakzeptablen Risiko, (2) Hoch-Risiko KI-Systeme, (3) KI-Systeme, die nicht der Hoch-Risiko-Kategorie unterfallen, (4) KI-Systeme, von denen kein oder nur ein minimales Risiko ausgeht, vgl. *Hoffmann* K&R 2021, 369 (370).

[57] Zur einer Auflistung möglicher Pflichten siehe: *Martini* Kontrollsystem für algorithmenbasierte Entscheidungsprozesse S. 8 ff.

[58] Gleichzeitig könnten sich solche besondere Gefahrenstufen als Fallgruppen der Rechtsprechung bei der Beurteilung des Sorgfaltsmaßstab im Bereich des Haftungsrechts herausbilden.

II. Prinzipienbasierter Ansatz

Wesentliche Pfeiler der DS-GVO sind die in Art. 5 Abs. 1 DS-GVO festgelegten Grundsätze für die Datenverarbeitung, deren Einhaltung der Verantwortliche zudem nachweisen können muss (Art. 5 Abs. 2 DS-VGO). Ein solcher prinzipienbasierte Ansatz ist gerade mit Blick auf technologische Innovationen von wesentlicher Bedeutung, um dem Umstand Rechnung zu tragen, dass der Gesetzgeber dem technologischen Fortschritt und den hiermit verbundenen Risiken naturgemäß „hinterherläuft". Grundsätze, die unabhängig von der konkreten Verwendung auch in Zukunft noch unseren ethischen und rechtlichen Prinzipien entsprechen, bieten somit die Möglichkeit, auf unvorhergesehene Entwicklungen adäquat reagieren zu können.

So stellt ein Katalog von Grundsätzen auch für eine KI-Regulierung einen sinnvollen Ansatz dar.[59] Hierfür wären sowohl bereits in der DS-GVO verankerte Grundsätze wie Transparenz, Integrität und Vertraulichkeit als auch Prinzipien wie Nicht-Diskriminierung, Möglichkeit der menschlichen Letztentscheidung, Robustheit, Genauigkeit, Sicherheit und Barrierefreiheit denkbar.[60] Allerdings stehen derart weite und konkretisierungsbedürftige Grundsätze auch in einem deutlichen Spannungsverhältnis zum Bestimmtheitsgrundsatz.[61] Gerade deshalb sollte auch davon abgesehen werden, Verstöße gegen diese Prinzipien zu sanktionieren (vgl. aber Art. 83 Abs. 5 lit. a DS-GVO). Vielmehr sollten sie als Ausgangspunkt und Orientierungsrahmen für weitere Maßnahmen wie zum Beispiel „legal protection by design", Risikofolgenabschätzungen, Standards für Zertifizierungen und konkretisierende Anordnungen von Aufsichtsbehörden dienen.

III. Verbotsprinzip

Art. 6 Abs. 1 DS-GVO verlangt für die Rechtmäßigkeit der Datenverarbeitung das Vorliegen mindestens einer der aufgeführten Tatbestände („Verbotsprinzip"). Einerseits wird in diesem Konstrukt, das auch im Bürger-Bürger-Verhältnis gilt, eine „freiheitsgefährdende Konstruktion" gesehen.[62] Eine Datenverarbeitung solle deshalb grundsätzlich zugelassen und nur in begründeten Fällen eingeschränkt werden. Dem wird ande-

[59] So auch die Stellungnahme der Bundesregierung der Bundesrepublik Deutschland zum Weißbuch zur Künstlichen Intelligenz, S. 12; vgl. auch *Unger* ZRP 2020, 234 (235).

[60] Vgl. die Stellungnahme der Bundesregierung der Bundesrepublik Deutschland zum Weißbuch zur Künstlichen Intelligenz, S. 12.

[61] Vgl. im Kontext der DS-GVO nur *Roßnagel* ZD 2018, 339 (344); *Hoeren* ZD 2016, 459 (461 f.).

[62] Vgl. nur *Härting/Schneider* CR 2015, 819 (822 f.); *Veil* NVwZ 2018, 686 (689).

rerseits entgegengehalten, dass jede Verarbeitung personenbezogener Daten einen Grundrechtseingriff in Art. 7 und 8 GR-Charta beziehungsweise Art. 2 Abs. 1 iVm Art. 1 Abs. 1 GG darstelle und ausgehend von den grundrechtlichen Schutzpflichten die rechtssetzende Gewalt auch einen Ausgestaltungsauftrag habe, um Freiheitsrechte zu sichern, die Regelung der Zulässigkeit in Art. 6 Abs. 1 DS-GVO dementsprechend schlicht dem Prinzip des Vorbehaltes des Gesetzes folge.[63] Dabei ist zudem zu beachten, dass die Erlaubnistatbestände in der DS-GVO äußerst weit gefasst sind. Zwar können durch KI-Systeme auch eine Vielzahl an Grundrechten betroffen sein,[64] doch gehen längst nicht von allen KI-Systemen grundrechtlich relevante Gefahren aus. Es dürfte somit fraglich sein, ob auch im Rahmen einer KI-Regulierung auf ein grundsätzliches Verbot mit (weiten) Erlaubnistatbeständen gesetzt werden sollte. Vielmehr dürfte eine generelle Erlaubnis mit konkreten Verbotstatbeständen zu einer größeren Rechtssicherheit führen und damit innovationsfreundlicher und zielführender sein. Hierbei könnten dann auch für bestimmte KI-Systeme ex-ante Kontrollen in Form von Zulassungserfordernissen denkbar sein.[65]

IV. Verantwortlicher

Als entscheidender Anknüpfungspunkt stellt die DS-GVO auf den Verantwortlichen ab (Art. 4 Nr. 7 DS-GVO). Diesen trifft neben vielen unterschiedlichen Verpflichtungen insbesondere die Pflicht, geeignete technische und organisatorische Maßnahmen zu treffen, die dafür ausgelegt sind, die Datenschutzgrundsätze wirksam umzusetzen und die notwendigen Garantien in die Verarbeitung aufzunehmen, um den Anforderungen der DS-GVO zu genügen und die Rechte der betroffenen Personen zu schützen (Art. 24 DS-GVO). Auch bei KI-Systemen müssen die mannigfaltigen Pflichten an geeignete verantwortliche Personen gerichtet werden, sodass sich auch hier die Anknüpfung an KI-Verantwortliche anbietet. So könnte auch bei KI-Systemen demjenigen die Stellung eines KI-Verantwortlichen zukommen, der die Zielsetzung, die Methoden und Verfahren sowie die Aktivitäten eines KI-Systems bestimmt.[66] Anders als bei der DS-GVO benötigt man insofern jedoch ein ausdifferenzierteres System. Dies hat auch die EU-Kommission gesehen, indem die Verpflichtungen denjenigen Akteuren auferlegt werden sollen, welche am besten in der Lage sind, die potentiellen Risiken zu bewältigen, sodass vorlie-

[63] Eingehend *Roßnagel* NJW 2019, 1.
[64] Vgl. *Härtel* LKV 2019, 49 (52).
[65] Insoweit sind im Entwurf der KI-VO auch nur abschließend aufgeführte Praktiken gem. Art. 5 KI-VO-E verboten.
[66] Vgl. *Amram* Opinio Juris in Comparatione Vol. 1 (2020), 73 (80 ff.).

gend auch zwischen dem Entwickler und Betreiber zu differenzieren ist.[67] Hierbei sodann dem Konzept der gemeinsamen Verantwortlichkeit (vgl. Art. 26 DS-GVO) zu folgen, dürfte jedoch mit Blick auf den mannigfaltigen „Lebenszyklus" der KI-Systeme und die verschiedenen Akteure ungeeignet sein.[68]

V. Legal protection by design and default

In diesem Zusammenhang ist insbesondere das Konzept des Datenschutzes durch Technik (privacy by design)[69] und datenschutzfreundlicher Voreinstellungen (privacy by default) zu beachten (vgl. Art. 25 DS-GVO). Hierdurch soll die Beachtung datenschutzrechtlicher Grundsätze proaktiv in Systemen zur Datenverarbeitung verankert werden und so als ex-ante-Sicherungskonzept dienen.[70] Insbesondere das Konzept „legal protection by design" sollte bei der Regulierung von KI fortgesetzt werden.[71] Während für die Datenverarbeitung in der DS-GVO auf den für die Verarbeitung Verantwortlichen abgestellt wird und damit eben nicht der Hersteller von Verarbeitungstechnologien betroffen ist,[72] ist im Bereich der KI auch der Technikhersteller, Entwickler beziehungsweise Programmierer als KI-Verantwortlicher in die Pflicht zur „legal protection by design" zu nehmen. Vor allem bei KI-Systemen, deren Verarbeitungsschritte für den Betreiber oftmals kaum nachvollziehbar sind, ist ein „gutes Design" nicht ohne die Beteiligung aller Beteiligten, also der Entwickler, Programmierer, Hersteller, Verantwortlichen und Nutzer zu erreichen.[73] Besonders in diesem Bereich hat der Betreiber noch weniger

[67] COM(2020) 65 final, 27; vgl. auch Art. 16 ff. KI-VO-E, in denen die unterschiedlichen Pflichten den verschiedenen Akteuren (Anbieter, Nutzer und andere Beteiligte) auferlegt werden.

[68] Vgl. auch *Strecker* RDi 2021, 124 (131 Rn. 38).

[69] *Cavoukian* Privacy by Design, S. 3 ff.

[70] *Mantz* in Sydow DS-GVO Art. 25 Rn. 2.

[71] Vgl. auch *Herberger* NJW 2018, 2825 (2828); *Marsch* in Wischmeyer/Rademacher Regulating Artificial Intelligence S. 48; *Buchholtz* in Wischmeyer/Rademacher Regulating Artificial Intelligence S. 191; *Hoffmann-Riem* in Wischmeyer/Rademacher Regulating Artificial Intelligence S. 11.

[72] *Baumgartner/Gausling* ZD 2017, 308 (311): man hatte sich gegen eine Verpflichtung der Hersteller entschieden und stattdessen darauf gebaut, dass die Pflichten des Verantwortlichen zwangsläufig auch zu einem entsprechenden Angebot der Hersteller führen werden (vgl. Erwgr. 78: „ermutigt") und somit auch für diese mittelbar Wirkung entfalten; vgl. auch *Roßnagel/Geminn* Datenschutz-Grundverordnung verbessern S. 91 ff., die eine Änderung der DS-GVO dahingehend fordern, dass auch der Hersteller verpflichtet wird.

[73] *Buchholtz* in Wischmeyer/Rademacher Regulating Artificial Intelligence S. 191; *Herberger* NJW 2018, 2825 (2828) empfiehlt der Rechtswissenschaft zu Recht, die „Einladung" der Informatik anzunehmen und „ihr Normen- und Organisationswissen

Möglichkeiten, alle Verarbeitungsschritte der Daten und die dahinterliegenden Modelle nachzuvollziehen und die zentralen Weichenstellungen des Herstellers wieder zu ändern, um seiner Pflicht zur „protection by design" nachzukommen. Hierzu sollten neben Transparenzmaßnahmen auch Kontrollmaßnahmen treten, die ex ante in das Design integriert werden.[74]

VI. Risikofolgenabschätzung

Darüber hinaus hat der Verantwortliche in der DS-GVO eine Datenschutzfolgenabschätzung vorzunehmen, wenn eine Verarbeitung voraussichtlich ein hohes Risiko für die Rechte und Freiheiten natürlicher Personen zur Folge hat (Art. 35 DS-GVO). Eine Risikofolgenabschätzung, die dem Verantwortlichen aufzeigt, mit welchen Maßnahmen er die Risiken für betroffene Personen auf ein vertretbares Maß reduzieren kann, bietet sich insofern auch für Verantwortliche von KI-Systemen an.[75] Eine solche KI-Folgenabschätzung kann nach der Datenethikkommission neben der Abschätzung der Risiken für Selbstbestimmung, Privatheit, körperliche Unversehrtheit und persönliche Integrität auch Risiken für Vermögen, Eigentum und Gleichbehandlung umfassen und auch Qualitätsmaße und Fairnessmaße zu den Daten und zur Modellgüte enthalten.[76]

VII. Behördlicher und betrieblicher Beauftragter

Entsprechend eines behördlichen und betrieblichen Datenschutzbeauftragten nach den Art. 37 ff. DS-GVO empfiehlt sich die Verpflichtung des Verantwortlichen zur Benennung eines behördlichen und betrieblichen KI-Beauftragten[77], der unter anderem den Verantwortlichen hinsichtlich seiner Pflichten berät, die Einhaltung der KI-Regelungen überwacht und als Anlaufstelle für die Aufsichtsbehörden dient. Insofern dürfte es sich oftmals anbieten, dass die Aufgaben des Datenschutzbeauftragten und die des KI-Beauftragten von derselben Person wahrgenommen werden.

formalisiert so zur Verfügung zu stellen, dass Informatik-Prozeduren darauf zugreifen und dieses Wissen integrieren können."

[74] Vgl. *Buchholtz* in Krönke Regulierung in Zeiten der Digitalwirtschaft S. 139.

[75] *Marsch* in Wischmeyer/Rademacher Regulating Artificial IntelligenceS. 48; *Martini* Blackbox Algorithmus S. 207 ff.; *Ebers* in Ebers/Heinze/Krügel/Steinrötter KI § 3 Rn. 186; vgl. Art. 19 KI-VO-E, der eine verpflichtende Konformitätsbewertung vorsieht.

[76] Datenethikkommission, Gutachten, S. 188.

[77] *Marsch* in Wischmeyer/Rademacher Regulating Artificial Intelligence, S. 48; Datenethikkommission, Gutachten, S. 203.

VIII. Meldepflicht

Art. 33 DS-GVO verpflichtet Verantwortliche, Datenschutzverletzungen unverzüglich der zuständigen Aufsichtsbehörde zu melden. Diese Verpflichtung zur Meldung von „Datenschutzpannen" wird in Art. 34 DS-GVO mit einer Pflicht zur Benachrichtigung der betroffenen Person ergänzt, wenn die Verletzung voraussichtlich ein hohes Risiko für die persönlichen Rechte und Freiheiten natürlicher Personen zur Folge hat. Eine solche Meldepflicht für Vorfälle im Rahmen von KI-Systemen an eine Aufsichtsbehörde[78] sind insoweit ebenfalls empfehlenswert, damit auch Verstöße durch KI-Systeme jenseits von Datenschutzverletzungen effektiv aufgeklärt und weitere Schäden frühestmöglich vermieden werden können.

IX. Dokumentationspflicht

Neben allgemeinen Rechenschafts- und Nachweispflichten (zB Art. 5 Abs. 2, Art. 24 DS-GVO) besteht gem. Art. 30 DS-GVO die Pflicht zur Führung eines Verzeichnisses der Verarbeitungstätigkeiten. Auch für KI-Systeme ist eine solche Dokumentationspflicht empfehlenswert.[79] Ein solches KI-Anwendungsverzeichnis hat eine Vielzahl von Dokumentationen zu enthalten.[80] So schlägt die EU-Kommission vor, Aufzeichnungen zu den für das Training und die Erprobung der KI-Systeme verwendeten Datensätze, einschließlich einer Beschreibung der wichtigsten Merkmale und der Art und Weise, wie die Datensätze ausgewählt wurden, in bestimmten begründeten Fällen die Datensätze selbst und die Dokumentation der für Programmierung und Training verwendeten Methoden und der für Aufbau, Erprobung und Validierung der KI-Systeme eingesetzten Verfahren und Techniken aufzubewahren.[81] Damit diese Pflichten, die mit einem nicht zu unterschätzenden Arbeitsaufwand verbunden sind, nicht zu innovationshemmend wirken, sollte jedoch insbesondere an Entlastungs- und Ausnahmeregelungen für KMU zu denken sein (vgl. Art. 30 Abs. 5 DS-GVO).[82]

---

[78] Vgl. die Stellungnahme der Bundesregierung der Bundesrepublik Deutschland zum Weißbuch zur Künstlichen Intelligenz, S. 11.

[79] *Hacker* NJW 2020, 2142 (2143 f. Rn. 12 ff.); *Ebers* in Ebers/Heinze/Krügel/Steinrötter KI § 3 Rn. 134; Datenethikkommission, Gutachten, S. 190.

[80] Vgl. auch Art. 11 und 12 KI-VO-E, die Dokumentations- und Aufzeichnungspflichten vorsehen.

[81] COM(2020) 264 final, 23; vgl. auch *Hacker* NJW 2020, 2142 (2143 f. Rn. 12 ff.).

[82] Siehe auch COM(2020) 264 final, 12, 19, wonach die EU-Kommission im Zuge ihrer Evaluation zur DS-GVO angekündigt hat, eine weitergehende Entlastung für KMU hinsichtlich der Pflicht von Verarbeitungsverzeichnissen zu prüfen.

X. Informationspflichten und Auskunftsrechte

Die DS-GVO hat in den Art. 12 bis 23 DS-GVO unter der Überschrift „Rechte der betroffenen Person" zahlreiche Rechte und Pflichten für das Verhältnis zwischen dem Betroffenen und dem Verarbeiter geregelt. Von besonderer praktischer Relevanz sind die in den Art. 13 bis Art. 15 DS-GVO verankerten Informationspflichten und Auskunftsrechte. Allerdings ist der Anwendungsbereich des Art. 22 DS-GVO zur automatisierten Entscheidungsfindung und der hieran anknüpfenden Auskunfts- und Transparenzpflichten (Art. 13 Abs. 2 lit. f, Art. 14 Abs. 2 lit. g und Art. 15 Abs. 1 lit. h DS-GVO) nur eröffnet bei einer Entscheidung, die ausschließlich auf einer automatisierten Verarbeitung beruht und bei der die Verarbeitung rechtliche Wirkung entfaltet oder den Betroffenen anderweitig erheblich beeinträchtigen. Und auch bei KI-Systemen, die keine personenbezogenen Daten verarbeiten, finden die Normen keine Anwendung. Doch auch bei der Anwendung von KI-Systemen, für die der Anwendungsbereich der DS-GVO nicht eröffnet ist, bedarf es der Bereitstellung von Informationen über das KI-System, sodass der Benutzer in die Lage versetzt wird, seine Rechte wahrnehmen zu können, um beispielsweise die Entscheidung anzufechten.[83] Neben einer Kennzeichnungspflicht,[84] für die sich insbesondere visuelle Symbole eignen (vgl. Art. 12 Abs. 7 DS-GVO),[85] sollten auch Informationen hinsichtlich der Entscheidungsstruktur, des implementierten Algorithmus und der entscheidungsleitenden Prinzipien bereitgestellt werden. Allerdings gilt es mit Blick auf die Erfahrung mit der DS-GVO insbesondere zu verhindern, dass der Nutzer von einer weiteren Flut von Informationen „erschlagen" wird und damit letztlich der Zweck einer autonomen Entscheidung konterkariert wird.[86]

G. Rechtsdurchsetzung

Ein möglicher Rechtsakt zur Regulierung von KI kann sich jedoch nicht im gesetzlichen Verankern vorangegangener materieller Regelungsinstrumente erschöpfen. Vielmehr bedarf es einer effektiven Durchsetzung und

[83] Vgl. zunächst Art. 52 KI-VO-E, der Transparenzpflichten für bestimmte KI-Systeme vorsieht. Allerdings sieht der Entwurf der KI-VO gerade keine Rechte für diejenigen vor, die von den KI-Systemen beurteilt oder gesteuert werden; kritisch dazu: *Ebert/Spiecker gen. Döhmann* NVwZ 2021, 1188 (1193).

[84] Datenethikkommission, Gutachten, S. 185.

[85] Vgl. *Ebers* in Ebers/Heinze/Krügel/Steinrötter KI § 3 Rn. 134.

[86] Eingehend *Robrecht* EU-Datenschutzgrundverordnung S. 43 ff.

Kontrolle ihrer Einhaltung.[87] Dabei ist vornehmlich auf die staatliche Aufsichtsstruktur einzugehen. Zudem sollen noch Möglichkeiten der individuellen und kollektiven Rechtsdurchsetzung sowie die Instrumente regulierter Selbstregulierung und die drohenden Sanktionen beleuchtet werden.

I. Staatliche Aufsicht

1. Strukturentscheidungen auf europäischer Ebene

In einem europäischen Rechtsakt werden zunächst Grundentscheidungen für eine Aufsichtsstruktur zu treffen sein. KI-Systeme finden Anwendung in einer Vielzahl von divergierenden Sektoren, für die bereits bewährte nationale Aufsichtsbehörden bestehen.[88] Insofern ist davon abzuraten, für die Aufsicht über KI-Anwendungen in diesen Bereichen neue Behörden zu errichten. Vielmehr dürfte es sich anbieten, in einem EU-Rechtsakt lediglich festzulegen, dass in den Mitgliedstaaten eine oder mehrere Behörden für die Überwachung der Anwendung der KI-Regelungen zuständig sind (vgl. Art. 51 Abs. 1 DS-GVO), während auf europäischer Ebene hauptsächlich die Zusammenarbeit und Koordinierung dieser Behörden geregelt wird.

a) Verwaltungsverbund mit europäischem Koordinationsausschuss

Insofern sollte sich zunächst der Architektur der DS-GVO zugewandt werden.[89] Hierbei wurde ein Aufsichtsverbund bestehend aus dem Europäischen Datenschutzbeauftragten (EDSB), nationalen Datenschutzaufsichtsbehörden und einem Europäischen Datenschutzausschuss (EDSA) errichtet. Grundsätzlich sind die Aufsichtsbehörden für die Erfüllung der Aufgaben und die Ausübung der Befugnisse im Hoheitsgebiet ihrer eigenen Mitgliedstaaten zuständig (Art. 55 Abs. 1 DS-GVO), wobei nach dem Prinzip des „One-Stop-Shop" im Falle von grenzüberschreitenden Verarbeitungen die Aufsichtsbehörde der Hauptniederlassung des Verantwortlichen als sogenannte federführende Aufsichtsbehörde zuständig ist (Art. 56 DS-GVO). Dabei sind die Aufsichtsbehörden wiederrum als „Netzwerk" organisiert.[90]

Insbesondere im Hinblick auf eine kohärente Auslegung und Durchsetzung sind der DS-GVO jedoch teils erhebliche Schwächen zu attestieren. Neben voneinander massiv abweichenden nationalen Verfahrens-

[87] Vgl. *Hoffmann-Riem* in Hoffmann-Riem Big Data S. 63.

[88] So bspw. in den Bereichen Finanzen, Arzneimittel, Luftfahrt, Medizinprodukte, Verbraucherschutz und Datenschutz, vgl. COM(2020) 65 final, 25.

[89] Eingehend *Kibler* Datenschutzaufsicht im europäischen Verbund S. 179 ff.

[90] Vgl. *v. Lewinski* NVwZ 2017, 1483; *Kugelmann* ZD 2020, 76 (80 ff.).

vorschriften führen unterschiedliche Auffassungen über das Verständnis von Ordnungsrecht und der Verhängung von Sanktionen zwischen den nationalen Datenschutzbehörden zu einer beachtlichen Divergenz des Vollzugs. Insbesondere einzelne Aufsichtsbehörden – oftmals wird hier auf die irische Behörde verwiesen – sind entweder nicht in der Lage oder möchten nicht entschieden gegen große Unternehmen wie Alphabet, Amazon, Facebook oder Apple vorgehen, sodass sich die DS-GVO von vielen Seiten den Vorwürfen ausgesetzt sieht, dass einige ihrer Aufsichtsbehörden „im Vollzugsdefizit herumkrebsen“[91].

Und auch die für die grenzüberschreitenden Datenverarbeitungen eingeführten Kooperations- und Kohärenzverfahren konnten bislang nur vereinzelt zu vereinheitlichten Ergebnissen führen. Insbesondere das bislang einzige durchgeführte Kohärenzverfahren legte deutliche Schwächen frei.[92] Selbst die EU-Kommission musste in ihrem Evaluationsbericht einen diesbezüglichen Mangel eingestehen.[93] Und auch die KI-Enquete-Kommission stellte fest, dass die bislang nur selten vorgenommenen Verfahren nur zu punktuell abgestimmten Positionen der Aufsichtsbehörden auf europäischer und nationaler Ebene geführt haben und diese Praxis dadurch das grundlegende Ziel einer Vollendung des europäischen Binnenmarktes konterkariert.[94] Dass sich der EDSA bislang noch auf keine Leitlinie zur Bußgeldbemessung einigen konnte, trägt ebenfalls weder zu einem Vollzugsgleichlauf noch zu Rechtssicherheit bei. Dabei dürfte zudem fraglich sein, inwieweit der EDSA allein mit Hilfe der Unterstützung eines Sekretariats durch seinen Vorsitz und das Kollegium ohne weitere eigene Organe ihren umfangreichen Aufgaben nachkommen und für einen effektiven Vollzugsgleichlauf sorgen kann.[95] Zwar kann ein neu eingerichteter Verwaltungsverbund, der auf das Zusammenspiel zahlreicher mitgliedstaatlicher Behörden baut, nicht von heute auf morgen einen reibungslosen und effektiven Vollzugsgleichlauf gewährleisten, wie lange man diesem Prozess jedoch noch nachsichtig Zeit geben sollte, ohne die Verfahren anzupassen, dürfte in Anbetracht des weiterhin rasanten technologischen Fortschritts zu hinterfragen sein.[96]

Wollte man im Rahmen eines KI-Regulierungsmodells deshalb weiterhin auf den Vollzug durch nationale Behörden in einem Aufsichtsnetz-

---

[91] *D'Avis/Giesen* CR 2019, 24 (25).

[92] Vgl. *Weber/Dehnert* ZD 2021, 63 zu diesem Kooperations- und Kohärenzverfahren vor dem EDSA, bei dem berechtigte Einwände der betroffenen Aufsichtsbehörden vom EDSA zurückgewiesen wurden, weil die federführende Aufsichtsbehörde nicht zu Nachermittlungen verpflichtet werden konnte.

[93] COM(2020) 264 final, 5 ff.

[94] BT-Drs. 19/23700, 67.

[95] So auch *Schöndorf-Haubold* in Sydow DS-GVO Art. 70 Rn. 26.

[96] Vgl. *Weichert* DuD 2020, 293 (296).

werk mit einem dem EDSA entsprechenden europäischen KI-Ausschuss setzen, der sich aus Vertretern der nationalen Aufsichtsstellen zusammensetzt,[97] sollten die Kooperations- und Kohärenzverfahren überarbeitet und die Übernahme von Strukturfehlern, die zu einer mangelnden einheitlichen Auslegung und Durchsetzung der Regelungsvorschriften führen, vermieden werden. Für einheitliche Verfahren und eine gleichlaufende Bußgeldpraxis wäre es empfehlenswert, Verfahrensvorschriften und konkrete Vorgaben zu einer Bußgeldbemessung, die über die in Art. 83 DS-GVO festgelegten Kriterien hinausgehen und nicht mehr auf eine Konkretisierung durch Leitlinien eines sehr schleppend anlaufenden KI-Ausschusses angewiesen sind, bereits normativ zu verankern. Weiterhin wäre es sinnvoll, einem europäischen KI-Ausschuss weitergehende Befugnisse zu erteilen, sodass dieser beispielsweise die federführenden Aufsichtsbehörden in einem verbindlichen Beschluss dazu verpflichten kann, eine neue Untersuchung mit einem erweiterten Untersuchungsumfang einzuleiten. Zudem dürfte über ein Selbsteintrittsrecht sowohl des Ausschusses als auch einer betroffenen Aufsichtsbehörde nachzudenken sein, um einem langen Untätigbleiben der federführenden Behörde entgegenzuwirken.[98] Hierbei ist zu beachten, dass weitergehende Kooperationsmechanismen zwar einem einheitlichen Vollzug, allerdings keinem beschleunigten Verfahren dienlich wären. Dennoch wird gerade auch bei der DS-GVO betont, dass es von wesentlicher Bedeutung ist, dass der EDSA seine Aufgaben zügiger als bisher bearbeiten kann.[99]

b) Alternative Koordinierungsstellen

In Anbetracht der vorgebrachten Defizite liegt es deshalb nahe, einen Blick auf alternative Aufsichtsstrukturen zu werfen.

So wäre es zunächst denkbar, – statt einen überforderten und schwerfälligen KI-Ausschuss mit der alleinigen Koordinierung der nationalen Behörden und dem Hinwirken auf einen Vollzugsgleichlauf zu befassen – der EU-Kommission eine stärkere Stellung zukommen zu lassen und diese mit weitergehenden Befugnissen auszustatten.[100] Bereits im Kommissionsentwurf zur DS-GVO hatte die Kommission weitreichende Be-

[97] So sehen es die Art. 56 ff. KI-VO-E vor.

[98] Vgl. *Caspar* ZD 2012, 555 (557), der ein solches Selbsteintrittsrecht in der DS-GVO für die betroffene Aufsichtsbehörde vorschlägt.

[99] Vgl. *Roßnagel/Geminn* Datenschutz-Grundverordnung verbessern S. 113.

[100] Einen ähnlichen Ansatz verfolgt der Kommissionsentwurf zum „Digital Services Act" (COM(2020) 825 final): hier soll neben der Errichtung von nationalen „Koordinatoren für digitale Dienste" (Art. 38 ff. DSA-E) und einem dem EDSA ähnlichen „Europäischen Gremium für digitale Dienste" (Art. 47 ff. DSA-E) der EU-Kommission eigene Untersuchungs- und Eingriffsbefugnisse in Bezug auf sehr große Online-Plattformen zukommen (Art. 51 ff. DSA-E).

fugnisse vorgeschlagen (vgl. Art. 59 f. DS-GVO-E).[101] Hierbei wurde jedoch vor allem ein Widerspruch zu der in Art. 8 Abs. 3 GRCh, Art. 16 Abs. 2 S. 2 AEUV verankerten Unabhängigkeit der Aufsichtsbehörden kritisiert,[102] sodass die Aufgaben größtenteils dem EDSA zugeschrieben wurden. Eine solche primärrechtliche Unabhängigkeitsanforderung existiert allerdings gerade nicht im Bereich der KI-Aufsicht, sodass sich hier die EU-Kommission – der ohnehin gem. Art. 17 Abs. 1 S. 5 EUV die Koordinierungs-, Exekutiv- und Verwaltungsfunktionen zukommen sollen – als geeignete Koordinierungsbehörde mit starkem personellen und finanziellen Unterbau anbietet. Darüber hinaus wäre die Ermächtigung zur tertiärrechtlichen Konkretisierung in Form von delegierten Rechtsakten (Art. 290 AEUV) und Durchführungsrechtsakten (Art. 291 AEUV) denkbar.[103]

Daneben besteht die Möglichkeit, für die Aufsicht von KI-Systemen und den Vollzug eine europäische Aufsichtsbehörde in Form einer Agentur zu errichten.[104] Nach der Rechtsprechung des EuGH können auf der Grundlage von Art. 114 AEUV neben Maßnahmen, die unmittelbar das Recht angleichen, auch flankierende Maßnahmen getroffen werden, worunter auch das Schaffen von Einrichtungen der Union in Form von Agenturen fallen, die nicht nur als beratend-koordinierende Stellen tätig werden,[105] sondern auch belastende Maßnahmen gegenüber Privaten treffen können.[106] So zieht auch das EU-Parlament die Errichtung einer EU-Regulierungsagentur für KI und algorithmische Entscheidungsfindung in Betracht.[107]

---

[101] KOM(2012) 11 endgültig.

[102] *Hornung* ZD 2012, 99 (105); *Caspar* ZD 2012, 555 (556 f.); *Marsch* European Public Law 20 (2014), 127 (144 f.).

[103] *Unger* ZRP 2020, 234 (235).

[104] Für die Errichtung einer eigenen Europäischen Datenschutzaufsichtsbehörde vgl. *Hörnle* International Journal of Law and Information Technology 27 (2019), 142 (170); auch für die Aufsicht über Plattformen im DSA war mit Blick auf die Erfahrungen aus der DS-GVO zunächst die Errichtung einer europäischen Agentur vorgesehen, vgl. Wissenschaftlicher Dienst des Deutschen Bundestags, Der geplante Digital Services Act der EU-Kommission, Nr. 10/20, S. 2, https://www.bundestag.de/resource/blob/792732/188adfa54b32e803201a3486b9cf462e/Digital-Services-Act-data.pdf.

[105] EuGH Urt. v. 2.5.2006 – C-217/04, Slg. 2006, 3771.

[106] EuGH Urt. v. 22.1.2014 – C-270/12, NJW 2014, 1359; siehe hierzu im Rahmen der Prüfung des Abwicklungsmechanismus der Bankenunion kritisch aber iE billigend BVerfG Urt. v. 30.7.2019 – 2 BvR 2631/14, BVerfGE 151, 202 (343 ff. Rn. 240 ff.).

[107] Entschließung des Europäischen Parlaments v. 12.2.2019 zur umfassenden europäischen Industriepolitik in Bezug auf künstliche Intelligenz und Robotik (2018/2088(INI)), Rn. 187; vgl. auch die Entschließung des Europäischen Parlaments v. 16.2.2017 mit Empfehlungen an die Kommission zu zivilrechtlichen Regelungen im Bereich Robotik (2015/2103(INL)), Rn. 16 f.

Dabei kann eine solche EU-Agentur den Vollzug durch die nationalen Behörden koordinieren und die unterschiedlichen Aufgaben der sektorspezifischen Aufsichtsbehörden durch gebündeltes Fach- und Expertenwissen ergänzen. Hierbei könnte diese zudem originäre Aufgaben wahrnehmen, wie beispielsweise die Auditierung beziehungsweise Zertifizierung von KI-Systemen.[108] Zugleich könnte die Agentur den nationalen Behörden, aber auch anderen Organen und Stellen der Union (wie dem EU-Parlament, dem Rat, der Kommission oder dem EDSA) beratend zur Seite stehen und damit einen Gleichlauf vorantreiben. Bei Untätigbleiben einer nationalen Aufsichtsbehörde dürfte zudem darüber nachzudenken sein, der Agentur die Befugnis zu erteilen, Verfahren zu eröffnen. Dabei sind die nationalen Behörden gleichzeitig die Augen und Ohren der Agentur auf nationaler Ebene, indem sie als regionale Beobachtungsstellen die Agentur über algorithmisch relevante Belange ständig unterrichten und damit für eine effektive europaweite Kontrolle sorgen („algorithmic-monitor"[109]). Die Agentur kann dadurch horizontal die Gefahren und Entwicklungen von KI-Anwendungen im Blick behalten. Zudem bietet sich die Agentur als diejenige Stelle an, die ein zentrales KI-Risikowarnsystem verwaltet. Neben dem Vorteil einer einheitlichen Rechtsdurchsetzung wären mit den Stellen beziehungsweise den mitgliedstaatlichen Behörden gleichzeitig europaweite kompetente Anlaufstellen für Unternehmen und Verbraucher gegeben. Eine KI-Agentur sollte sodann dazu verpflichtet werden, einen Jahresbericht über ihre Tätigkeit zu erstellen und diesen der Kommission vorzulegen und der Öffentlichkeit zugänglich zu machen (vgl. Art. 59 DS-GVO).

Um das Fach- und Expertenwissen konzentriert in einer Agentur zu bündeln, ist dabei jedoch davon abzuraten, bereits bestehende Organe, Einrichtungen und sonstige Stellen der Union wie zum Beispiel die Agentur für Cybersicherheit (ENISA),[110] den EDSB oder den Europäischen Bürgerbeauftragten[111] mit der KI-Aufsicht zu befassen. Es wäre hinderlich, eine Stelle, die sich bereits eingehend auf die Wahrnehmung spezifischer Aufgaben spezialisiert hat, mit einer weiteren Aufsicht und dem damit einhergehenden neuen komplexen Verwaltungsverbund im KI-Bereich zu betrauen. Das würde das Risiko bergen, sowohl den Fokus für

[108] Vgl. *Wachter/Mittelstadt/Floridi* International Data Privacy Law 2017, 76 (98); vgl. auch die Entschließung des Europäischen Parlaments v. 12.2.2019 zur umfassenden europäischen Industriepolitik in Bezug auf künstliche Intelligenz und Robotik (2018/2088(INI)), Rn. 187.

[109] Vgl. *Fitsilis* Imposing Regulation on Advanced Algorithms S. 56.

[110] So aber *Fitsilis* Imposing Regulation on Advanced Algorithms S. 56.

[111] Auf die möglichen bestehenden Einrichtungen hinweisend: Legislative Entschließung des Europäischen Parlaments v. 20.10.2020 mit Empfehlungen an die Kommission zu dem Rahmen für die ethischen Aspekte von künstlicher Intelligenz, Robotik und damit zusammenhängenden Technologien (2020/2012(INL)), Rn. 128.

die originäre Aufgabenwahrnehmung zu verlieren, als auch eine effektive KI-Aufsicht zu behindern. Allerdings dürfte mit Blick auf den erst noch am Anfang stehenden Rechtsetzungsprozess des DSA zu überlegen sein, ob die der EU-Kommission zunächst zugedachten Aufsicht über die sehr großen Online-Plattformen nicht besser von der gleichen Agentur übernommen werden könnte.[112]

Sowohl bei der Beauftragung der EU-Kommission als auch bei einer Errichtung einer neuen EU-Agentur müssen wiederum das Subsidiaritätsprinzip (Art. 5 Abs. 3 EUV) und das Verhältnismäßigkeitsprinzip (Art. 5 Abs. 4 EUV) beachtet werden. Gerade die Erfahrungen mit der DS-GVO haben jedoch gezeigt, dass selbst ein schwerfälliger, europäischer Koordinierungsausschuss für einen effektiven Vollzug und eine einheitliche Rechtsdurchsetzung in einem digitalen Binnenmarkt unzureichend ist. Mithin dürften weitergehende Befugnisse der EU-Kommission und eine Errichtung einer europäischen KI-Agentur mit dem Subsidiaritätsprinzip und dem Verhältnismäßigkeitsprinzip vereinbar sein.

c) Stellung und Unabhängigkeit der nationalen Behörden

Sollte der DS-GVO entsprechend ein weiterer Verwaltungsverbund nationaler Behörden für die KI-Aufsicht errichtet werden, stellt sich die Frage nach der Stellung der nationalen Behörden. Während die Unabhängigkeit der Datenschutzaufsicht bereits primärrechtlich abstrakt verankert ist (Art. 8 Abs. 3 GRCh; Art. 16 Abs. 2 S. 2 AEUV) und die nationalen Datenschutzaufsichtsbehörden sodann gem. Art. 52 Abs. 1 DS-GVO völlig unabhängig und damit weisungsfrei gestellt wurden, sollte diesem Ansatz im Bereich der KI-Regulierung zumindest in Bezug auf private Stellen nicht gefolgt werden.[113]

So darf trotz des „europäischen Megatrend[s]“ [114] verselbständigter Verwaltungseinheiten nicht verkannt werden, dass weisungsfreie Behörden grundsätzlich in einem deutlichen Spannungsverhältnis zum Demokratieprinzip (Art. 2, 9 ff. EUV) stehen.[115] Gerade in der deutschen Rechts-

---

[112] So auch *Tiemo Wölken* MdEP, zitiert nach *Hoppe*, So will Brüssel die Digitalkonzerne bändigen, in Handelsblatt vom 7.5.2020, S. 9.

[113] Zur Überlegung, ob sich die Unabhängigkeitsanforderungen des Datenschutzrechts als allgemeines Referenzgebiet für andere Rechtsbereiche eignen: *Dechent* NVwZ 2015, 767 (770 f.).

[114] *Ruffert* in Trute/Groß/Röhl/Möllers Allgemeines Verwaltungsrecht S. 431 ff.

[115] Allerdings hat der EuGH bereits 2010 konkret im Rahmen der Unabhängigkeit von Datenschutzaufsichtsbehörden festgestellt, dass öffentliche Stellen, die von der Regierung mehr oder weniger unabhängig sind und sich außerhalb des klassischen hierarchischen Verwaltungsaufbaus befinden, mit dem Grundsatz der Demokratie vereinbar sind, sofern sie an das Gesetz gebunden sind und einer gerichtlichen Kontrolle unterliegen, EuGH Urt. v. 9.3.2010 – C-518/07,MMR 2010, 352 Rn. 42 – *Kommis-*

wissenschaft wurde deshalb auch den Unabhängigkeitsanforderungen an die nationalen Datenschutzaufsichtsbehörden mit Blick auf die demokratische Legitimation teils sehr kritisch begegnet.[116]

Dass die Sicherstellung der grundsätzlichen Nachvollziehbarkeit von Algorithmen in Blick auf eine *unabhängige Kontrolle* bereits vom BVerfG ins Spiel gebracht wird,[117] bedeutet jedoch nicht, dass hierdurch die mit der Kontrolle befasste Stelle sodann auch aus einer hierarchisch-bürokratischen Ministerialverwaltung zu lösen ist. So besteht im Gegensatz zum Datenschutzrecht weder eine primärrechtliche Unabhängigkeitsanforderung noch eine vergleichbare Gefahr einer Interessenkollision, mit der gerade eine Unabhängigkeit für die Datenschutzaufsichtsbehörden begründet wird.[118] So weist *Kühling* zu Recht darauf hin, dass das Zukunftsmodell der exekutiven Ausführung europäischen Rechts kaum im ministerialfreien Vollzug durch unabhängige Behörden liegen kann.[119] Auch im Hinblick darauf, dass bei einer Aufsicht durch mannigfaltige sektorale Behörden der Mitgliedstaaten ansonsten jede einzelne dieser Behörden aus der Ministerialverwaltung gelöst werden müsste, sollten die mit der KI-Aufsicht befassten nationalen Behörden nicht weisungsfrei gestellt werden.

Darüber hinaus zeigt sich bei dem Vollzug der DS-GVO ausdrücklich, wie wichtig es ist, dass die Mitgliedstaaten die nationalen Behörden mit den personellen, technischen und finanziellen Ressourcen, Räumlichkeiten und Infrastrukturen ausstatten, die sie benötigen, um ihre Aufgaben und Befugnisse effektiv wahrnehmen zu können (vgl. Art. 52 Abs. 4 DS-GVO). Da viele der Datenschutzaufsichtsbehörden finanziell und personell überfordert sind,[120] ist auch im Bereich der KI-Aufsicht darauf zu achten, dass die Mitgliedstaaten ihrer Pflicht nachkommen; zu Not muss dies durch das vermehrte Einleiten von Vertragsverletzungsverfahren erzwungen werden.

d) Aufgaben und Befugnisse der nationalen Behörden

Die Aufgaben und Befugnisse der Aufsichtsbehörden müssen zudem normiert werden (vgl. Art. 57 f. DS-GVO). Für eine effektive Überwachung sollten zunächst Untersuchungsbefugnisse in Form von Auskunfts-, Ein-

---

sion/Deutschland; siehe hierzu auch iE billigend BVerfG Urt. v. 30.7.2019 – 2 BvR 2631/14, BVerfGE 151, 202 (294 ff. Rn. 135 ff).

[116] *Kühling* Die Europäisierung des Datenschutzrechts S. 20 f.; *Bull* EuZW 2010, 488 (494); *Faßbender* RDV 2009, 96 (101); *Giesen* NVwZ 2019, 1711 (1717); *Schultze-Melling* ZD 2015, 397 (398).

[117] BVerfG Urt. v. 19.5.2020 – 1 BvR 2835/17, BVerfGE 154, 152 (260 Rn. 192).

[118] Vgl. EuGH Urt. v. 9.3.2010, C-518/07, MMR 2010, 352 Rn. 35 – *Kommission/Deutschland*.

[119] *Kühling* Die Europäisierung des Datenschutzrechts S. 21.

[120] Vgl. *Wolff* PinG 2017, 109.

sichts- und Zugangsrechten normiert werden (Art. 58 Abs. 1 DS-GVO).[121] Auch müssen den Behörden Abhilfebefugnisse in Form von Verwarnungen, Anweisungen, Beschränkungen, Anordnungen und Geldbußen zustehen. Dabei sollten sie auch in Abstimmung mit einer europäischen Koordinierungsstelle[122] in Form einer ex-ante Aufsicht sowohl die Erteilung von Zertifizierungen von bestimmten KI-Systemen als auch die Akkreditierung von Zertifizierungsstellen und deren Widerruf vornehmen können. Darüber hinaus ist eine ex-ante-Kontrolle in Form eines Zulassungsverfahrens für besonders gefährliche KI-Systeme denkbar.

Neben der Überwachung und Durchsetzung der Verordnung sollten den Behörden zudem Beratungsaufgaben zukommen.[123] Hierzu könnte zum einen die Beratung von Betroffenen und Verantwortlichen im Hinblick auf die Anwendung der Verordnung zählen, zum anderen auch die Beratung der Legislative und Verwaltung (vgl. Art. 57 Abs. 1 lit. b-e DS-GVO).

2. Strukturentscheidungen auf nationaler Ebene

Werden auf unionaler Ebene abstrakt mitgliedstaatliche Behörden mit der KI-Aufsicht beauftragt, haben sodann die nationalen Gesetzgeber weitergehende Strukturentscheidungen zu treffen. So muss auch in Deutschland auf nationaler Ebene über den institutionellen Aufbau für die KI-Aufsicht diskutiert werden.[124]

So wird teilweise vorgeschlagen, die strukturelle Zersplitterung in zahlreiche Einzelbehörden der Wirtschaftsregulierung aufzugeben und eine umfassende Behörde zu errichten, sodass der Regulierungsgegenstand Daten und KI auch zu einem gemeinsamen Thema der Behörde wird.[125] Doch allein schon wegen der unionalen Unabhängigkeitsanforderungen an die Datenschutzaufsichtsbehörden, die sodann auch von der neuen Behörde zu erfüllen wären, ist ein solches Vorgehen mit Blick auf die für die äußerst tiefgreifende Regulierung der Wirtschaft erforderliche demokratische Legitimation abzulehnen.

---

[121] Kritisch zu den weitreichenden Befugnissen, die teilweise weiter gehen als die der Staatsanwaltschaft: *Giesen* NVwZ 2019, 1711 (1718); *Stentzel* PinG 2016, 45 (48).

[122] Siehe hinsichtlich einer „European certification of ethical compliance“: Legislative Entschließung des Europäischen Parlaments v. 20.10.2020 mit Empfehlungen an die Kommission zu dem Rahmen für die ethischen Aspekte von künstlicher Intelligenz, Robotik und damit zusammenhängenden Technologien (2020/2012(INL)), Rn. 135 f.

[123] Vgl. aber *Wolff*, PinG 2017, 109 (110), der auf das Spannungsfeld zwischen der Beratung und der Aufsicht durch dieselbe Stelle hinweist.

[124] Eingehend *Martini* Blackbox Algorithmus S. 268 ff.

[125] *Nemitz/Pfeffer* Prinzip Mensch S. 303.

Und auch die Einrichtung einer neuen, die rechtlichen und fachlichen Kompetenzen im KI-Bereich bündelnden Aufsichtsbehörde auf Bundesebene, die zwar zunächst erstrebenswert erscheint,[126] ist in dem föderalen System der Bundesrepublik wenig aussichtsreich, weil ansonsten den bestehenden spezialisierten Fachbehörden essenzielle Aufgaben entrissen werden und damit deren Schlagkraft gefährden würde.[127] Insofern sollte auch davon abgesehen werden, eine bereits bestehende Behörde (zB die Datenschutzaufsichtsbehörden, die Bundesanstalt für Finanzdienstleistungsaufsicht, das Bundeskartellamt[128], die Landesmedienanstalten[129], das Kraftfahrtbundesamt für Softwareeinrichtungen in Fahrzeugen oder die Antidiskriminierungsstelle des Bundes) mit einer umfänglichen Aufsicht zu beauftragen.

Stattdessen vermag lediglich ein Kontrollverbund zwischen den einzelnen bereits bestehenden Behörden – sowohl auf nationaler als auch auf europäischer Ebene – zu überzeugen.[130] Für die Aufsicht über Sektoren, für die bislang noch keine Behörden bestehen, müssten dazu insoweit noch neue Behörden errichtet werden. Insbesondere für die Aufsicht über die öffentlichen Stellen wäre die Errichtung einer neuen Aufsichtsbehörde denkbar. Für den Kontrollverbund könnte sodann entsprechend des Bundesamtes für Sicherheit in der Informationstechnik eine bundesbehördliche Unterstützungseinheit[131] errichtet werden, welche die sektoralen Aufsichtsbehörden mit Sachverstand unterstützt, den Markt als

[126] Vgl. *Hacker* NJW 2020, 2142 (2146 Rn. 37 f.), dem die Errichtung einer solchen Behörde allerdings in absehbarer Zeit nicht realistisch erscheint; vgl. auch die Entschließung des Europäischen Parlaments v. 12.2.2019 zur umfassenden europäischen Industriepolitik in Bezug auf künstliche Intelligenz und Robotik (2018/2088(INI)), Rn. 148, wonach den Mitgliedstaaten empfohlen wird, Ethiküberwachungs- und -aufsichtsbehörden für KI einzurichten.

[127] *Martini* Blackbox Algorithmus S. 354.

[128] Siehe zur kartellrechtlichen Aufsicht über Preisalgorithmen *Bernhardt* NZKart 2019, 314 ff.; ausführlich *König* in Ebers/Heinze/Krügel/Steinrötter KI § 17.

[129] Vgl. hierzu auch den Satzungsentwurf v. 15.3.2021 zur Regulierung von Medienintermediären gemäß § 96 Medienstaatsvertrag, nach dem die Kommission für Zulassung und Aufsicht (ZAK) bundesweit zu Verstößen von Transparenzpflichten durch Medienintermediäre die Verfahren führen soll, https://www.die-medienanstalten.de/fileadmin/user_upload/Rechtsgrundlagen/Satzungen_Geschaefts_Verfahrens ordnungen/Satzungsentwuerfe_MStV/20210315_MI-Satzung_final.pdf.

[130] So auch *Martini* Blackbox Algorithmus S. 268 ff.; COM(2020) 65 final, 25; Datenethikkommission, Gutachten, S. 198 f.; Enquete-Kommission Künstliche Intelligenz, BT-Drs. 19/23700, 64.

[131] *Martini* Blackbox Algorithmus S. 271 f.; vgl. auch Datenethikkommission, Gutachten, S. 199 f., die ein Kompetenzzentrum für Algorithmische Systeme vorschlägt; ähnlich auch die Datenstrategie der Bundesregierung, S. 51, nach der ein Kompetenzzentrum „KI in der öffentlichen Verwaltung" aufgebaut werden soll; vgl. auch das Digital Regulation Cooperation Forum (DRCF) im Vereinigten Königreich, https://www.gov.uk/government/collections/the-digital-regulation-cooperation-forum.

Marktüberwachungsbehörde im Blick behält[132] und die Zusammenarbeit der Behörden auf nationaler Ebene koordiniert. Zudem könnte eine solche Stelle als erste nationale Anlaufstelle und Vertreter im europäischen Kontrollverbund dienen.

II. Individuelle Rechtsdurchsetzung

Neben bereits angesprochenen Betroffenenrechten wird dem Einzelnen ein Recht auf Beschwerde bei den Aufsichtsbehörden zustehen müssen, wenn er der Ansicht ist, dass eine ihn betreffende KI-Anwendung gegen diese Verordnung verstößt (vgl. Art. 77 DS-GVO). Daneben muss ihm ein gerichtlicher Rechtsbehelf sowohl gegen einen ihn betreffenden rechtsverbindlichen Beschluss der Aufsichtsbehörde (vgl. Art. 78 DS-GVO) als auch gegen den KI-Verantwortlichen zustehen (vgl. Art. 79 DS-GVO).[133]

Darüber hinaus wird ihm ein Anspruch auf Schadensersatz gegen den KI-Verantwortlichen zuzusprechen sein, sowohl für materielle als auch für immaterielle Schäden (vgl. Art. 82 DS-GVO). Ob schon sogenannte Bagatellverstöße einen solchen immateriellen Schadensersatz zur Folge haben, sollte in Anbetracht der höchst strittigen Auslegung von Art. 82 Abs. 1 DS-GVO[134] bereits konkret im KI-Rechtsakt normiert sein.

Wenn eine KI-Anwendung schon für den Betreiber oftmals schwierig nachzuvollziehen ist, so gilt dies erst recht für den betroffenen Nutzer. Dementsprechend werden in einem KI-Rechtsakt auch Vermutungs- und Beweislastregeln aufzunehmen sein.[135]

III. Kollektive Rechtsdurchsetzung

Weil rationale Apathie dazu führt, dass die private Rechtsdurchsetzung schwach ausgeprägt ist, sollte an Möglichkeiten der kollektiven Rechtsdurchsetzung gedacht werden.[136] Eine Option hierfür wäre die Wahrneh-

[132] Siehe hierzu *Martini* Blackbox Algorithmus S. 272 f.

[133] Allerdings sieht der Entwurf der KI-VO gerade keine Rechte für diejenigen vor, die von den KI-Systemen beurteilt oder gesteuert werden; kritisch dazu: *Ebert/Spiecker gen. Döhmann* NVwZ 2021, 1188 (1193).

[134] Vgl. nur *Kremer/Conrady/Penners* ZD 2021, 128 (130).

[135] So auch *Ebers* in Ebers/Heinze/Krügel/Steinrötter KI § 3 Rn. 134; ob durch die Nachweispflichten der Art. 5 Abs. 2 DS-GVO und Art. 24 Abs. 1 DS-GVO sodann auch eine allgemeine Beweislastumkehr getroffen wurde, ist indes zu bezweifeln, siehe hierzu *Hoeren* MMR 2018, 637.

[136] Vgl. European Parliamentary Research Service, The impact of the General Data Protection Regulation (GDPR) on artificial intelligence, S. 79 ff., https://www.europarl.europa.eu/RegData/etudes/STUD/2020/641530/EPRS_STU(2020)641530_EN.pdf.

mung der Rechte eines Betroffenen durch eine Einrichtung, Organisation oder Vereinigung ohne Gewinnerzielungsabsicht im Wege der Prozessstandschaft (vgl. Art. 80 Abs. 1 DS-GVO). Zum anderen bietet sich die Möglichkeit einer Verbandsklage an (vgl. Art. 80 Abs. 2 DS-GVO),[137] deren Relevanz durch die neue Verbandsklagerichtlinie[138] zudem erheblich zunehmen wird.[139] Darüber hinaus dürfte über eine Abmahnbefugnis für Mitbewerber nachzudenken sein.

IV. Regulierte Selbstregulierung

Während die DS-GVO an vielen Stellen bereits Ausflüsse des Konzepts einer regulierten Selbstregulierung aufweist (bspw. der behördliche und betriebliche Datenschutzbeauftragte, Art. 37 ff. DS-GVO), findet dieser Ansatz insbesondere Ausdruck in Form von Verhaltensregeln/Codes of Conduct (Art. 40 f. DS-GVO) und Zertifizierungen (Art. 42 f. DS-GVO). Im Rahmen der DS-GVO bislang nur selten genutzt[140] dürften die Instrumente der Verhaltenskodizes[141] und Zertifizierungen[142] für eine Rechtsdurchsetzung gerade auch bei KI-Anwendungen vielversprechend sein.[143] Insbesondere wäre im Gegensatz zur DS-GVO, bei der sich die Zertifizierung bisher nur auf eine Verarbeitung eines Verantwortlichen oder Auftragsverarbeiters bezieht,[144] eine Zertifizierungsregel im KI-Bereich auf konkrete KI-Anwendungen denkbar. Für diese kann ein Prüfzeichen durch eine akkreditierte Zertifizierungsstelle einen wesentlichen Vorteil im Wettbewerb darstellen, sodass ein weiterer Anreiz für faire KI geschaffen wird. Allerdings darf nicht verkannt werden, dass insbesondere selbstlernende Systeme einer permanenten Veränderung unterliegen, die es erforderlich macht, auch nach einer Zertifizierung die Einhaltung der entsprechenden Vorgaben regelmäßig zu überprüfen. Im Rahmen einer Zertifizierung bietet sich auch ein sogenannter Algorithmen-TÜV für

---

[137] Auf die Möglichkeit einer Algorithmen- und Big-Data-Verbandsklage hinweisend: *Hoffmann-Riem* in Hoffmann-Riem Big Data S. 64.

[138] RL (EU) 2020/1828, ABl. 2020 L 409, 1.

[139] *Grewe/Stegemann* ZD 2021, 183.

[140] Erste Zertifizierungen sind im Laufe des Jahres 2021 zu erwarten: BfDI, Tätigkeitsbericht 2020 S. 76.

[141] Vgl. Art. 69 KI-VO-E, der Verhaltenskodizes für KI-Systeme vorsieht; für eine Vielzahl bereits bestehender Verhaltenskodizes für die Entwicklung und den Einsatz von KI-Systemen siehe *Ebers* in Ebers/Heinze/Krügel/Steinrötter KI § 3 Rn. 175 ff.

[142] Vgl. Art. 40 ff. KI-VO-E, die Regelungen für Normen, Konformitätsbewertungen, Bescheinigungen, Registrierungen und die Beteiligung notifizierter Stellen vorsehen.

[143] So auch *Marsch* in Wischmeyer/Rademacher Regulating Artificial Intelligence S. 48; kritisch bezüglich Selbstverpflichtungen und Selbstregulierungen der Techwirtschaft: *Nemitz/Pfeffer* Prinzip Mensch S. 159.

[144] Kritisch hierzu *Weichert* DuD 2020, 293 (295).

In-Camera-Verfahren[145] an, um beispielsweise Geschäftsgeheimnisse zu schützen.

V. Sanktionen

Aufgrund der oftmals nur schweren Feststellbarkeit von Datenschutzverstößen hat man sich in der DS-GVO sowohl für den kartellrechtlichen Unternehmensbegriff[146] als auch für eine drastische Verschärfung des Sanktionsrahmens entschieden, die es für den Verarbeiter unattraktiv machen soll, das Risiko einzugehen, von Aufsichtsbehörden erwischt zu werden.[147] Soll auch im Rahmen der KI-Regulierung auf derartig hohe Sanktionen zurückgegriffen werden, sollte davon abgesehen werden, auch Verstöße gegen die äußerst weiten und konkretisierungsbedürftigen Grundsätze zu sanktionieren. Zudem sollten für eine gleichlaufende Bußgeldpraxis konkrete Vorgaben zu einer Bußgeldbemessung, die über die in Art. 83 DS-GVO festgelegten Kriterien hinausgehen und nicht mehr auf eine Konkretisierung durch Leitlinien eines europäischen Koordinationsausschusses angewiesen sind, bereits normativ verankert werden.

H. Schlussbetrachtung

Die in der DS-GVO getroffenen Regelungsentscheidungen bieten im Rahmen der KI-Regulierung eine Fülle an Referenzmöglichkeiten. So hat sich gezeigt, dass sich einige Regelungsentscheidungen auch für eine zukünftige „Grundverordnung für Künstliche Intelligenz" (KI-GVO)[148] beziehungsweise eine „General Artificial Intelligence Regulation" (GAIR) anbieten. Insbesondere die materiellen Regelungsinstrumente eignen sich in leicht abgeänderter Form auch für den Bereich der KI-Regulierung. Allerdings sollte nicht ein risikobasierter, sondern ein rechtsfolgenorientierter Ansatz in den Fokus genommen werden. Da das EU-Rechtsetzungsverfahren zur KI-Regulierung auch zwischen den Mitgliedstaaten

---

[145] Vgl. *Martini* DÖV 2017, 443 (453).

[146] Siehe hierzu: *Faust/Spittka/Wybitul* ZD 2016, 120 f.

[147] Auch der Entwurf einer KI-VO sieht mit der Androhung in Art. 71 KI-VO-E von bis zu 30 Mio. EUR bzw. von bis zu 6 Prozent des gesamten weltweiten Jahresumsatzes des vorangegangenen Geschäftsjahres drastische Sanktionen vor; dem Trend der drakonischen Bußgelder soll auch im „Digital Services Act" gefolgt werden, vgl. Art. 59 f. DSA-E.

[148] Eine stark an der DS-GVO ausgerichtete „KI-GVO" so auch von *Lücke* in Lücke Künstliche Intelligenz S. 43.

nicht unumstritten ist,[149] wird bis zur Verabschiedung eines Rechtsaktes noch reichlich Zeit verstreichen. Dies ermöglicht es, die übrigen, in weiten Teilen noch nicht in der datenschutzrechtlichen Praxis erprobten Instrumente wie beispielsweise die Zertifizierungen weiterhin im Blick zu behalten, um das Projekt „Regulierung von KI" mit Augenmaß angehen zu können. Demgegenüber sollte jedoch für eine effektive Rechtsdurchsetzung davon abgesehen werden, die Aufsichtsstruktur der DS-GVO unverändert zu übernehmen. Es zeigte sich, dass neben einem deutlich schlagkräftigeren KI-Ausschuss auch weitergehende Befugnisse der EU-Kommission und die Errichtung einer europäischen KI-Agentur gangbare Wege sind, um eine effektive Durchsetzung und einen Vollzugsgleichlauf, an denen es der DS-GVO mangelt, zu erreichen. Dabei sollte die vorliegende Betrachtung aufzeigen, welche Regulierungsentscheidungen noch zu diskutieren und zu treffen sind. Allerdings kann die Untersuchung der übertragbaren Regelungsentscheidungen aus der DS-GVO lediglich einen Teil der für die Regulierung von KI relevanten Aspekte beleuchten. Eine weitergehende Diskussion zu weiteren Regulierungsbausteinen[150] bleibt deshalb unentbehrlich.

Literatur

Amram, The Role of the GDPR in Designing the European Strategy on Artificial Intelligence: Law-Making Potentialities of a Recurrent Synecdoche, Opinio Juris in Comparatione Vol. 1 (2020), 73

Barczak, Algorithmus als Arkanum, DÖV 2020, 997

Baumgartner/Gausling, Datenschutz durch Technikgestaltung und datenschutzfreundliche Voreinstellungen, ZD 2017, 308

Bernhardt, Algorithmen, Künstliche Intelligenz und Wettbewerb, NZKart 2019, 314

BfDI, Tätigkeitsbericht 2020 – 29. Tätigkeitsbericht für den Datenschutz und die Informationsfreiheit, Bonn 2021

Blume, The Public Sector and the Forthcoming EU Data Protection Regulation, EDPL 2015, 32

Bull, Die „völlig unabhängige" Aufsichtsbehörde – Zum Urteil des EuGH vom 9.3.2010 in Sachen Datenschutzaufsicht, EuZW 2010, 488

Caspar, Das aufsichtsbehördliche Verfahren nach der EU-Datenschutz-Grundverordnung – Defizite und Alternativregelungen, ZD 2012, 555

[149] So haben 14 Mitgliedstaaten in einem Positionspapier für einen „Soft-Law-Ansatz" appelliert und die EU-Kommission aufgefordert, mehr Anreize für die Entwicklung von KI-Technologien zu schaffen, anstatt Barrieren zu errichten: Non-paper – Innovative and trustworthy AI: two sides of the same coin, v. 8.10.2020, https://www.permanentrepresentations.nl/binaries/nlatio/documents/publications/2020/10/8/non-paper---innovative-and-trustworthy-ai/Non-paper+-+Innovative+and+trustworthy+AI+-+Two+side+of+the+same+coin.pdf.

[150] Insbesondere hinsichtlich der konkreten Informationspflichten und hinsichtlich eines Regulierungsrahmens für Trainingsdaten.

Cavoukian, Privacy by Design: Take the challenge, Toronto 2009
Conrad, Künstliche Intelligenz und die DSGVO – Ausgewählte Problemstellungen, K&R 2018, 741
D'Avis/Giesen, Datenschutz in der EU – rechtsstaatliches Monster und wissenschaftliche Hybris – Eine rechtspolitische Philippika, CR 2019, 24
Datenethikkommission, Gutachten, Berlin 2019, https://datenethikkommission.de/gutachten/
Dechent, Bundesanstalt für Finanzdienstleistungsaufsicht und Bundesanstalt für Finanzmarktstabilisierung – Unabhängige Behörden in der Bankenaufsicht?, NVwZ 2015, 767
Dreier (Hrsg.), Grundgesetz-Kommentar, Band 1, 3. Aufl., Tübingen 2013
Ebers/Heinze/Krügel/Steinrötter (Hrsg.), Künstliche Intelligenz und Robotik, München 2020
Ebert/Spiecker gen. Döhmann, Der Kommissionsentwurf für eine KI-Verordnung der EU, NVwZ 2021, 1188
European Group on Ethics in Science and New Technologies, Statement on Artificial Intelligence, Robotics and ‚Autonomous' Systems, Brüssel 2018
European Parliamentary Research Service, The impact of the General Data Protection Regulation (GDPR) on artificial intelligence, Brüssel 2020, https://www.europarl.europa.eu/RegData/etudes/STUD/2020/641530/EPRS_STU(2020)641530_EN.pdf
Faßbender, Die Umsetzung der EG-Datenschutzrichtlinie als Nagelprobe für das Demokratieprinzip deutscher Prägung, RDV 2009, 96
Faust/Spittka/Wybitul, Milliardenbußgelder nach der DS-GVO? – Ein Überblick über die neuen Sanktionen bei Verstößen gegen den Datenschutz, ZD 2016, 120
Fitsilis, Imposing Regulation on Advanced Algorithms, Cham 2019
Gerberding/Wagner, Qualitätssicherung für „Predictive Analytics" durch digitale Algorithmen, ZRP 2019, 116
Giesen, Totaler Datenschutz in der EU: freiheitswidrig, bürokratisch und erfolglos!, NVwZ 2019, 1711
Grewe/Stegemann, EU-Verbandsklagerichtlinie – Bekommt das Private Enforcement im Datenschutz jetzt Zähne?, ZD 2021, 183
Hacker, Europäische und nationale Regulierung von Künstlicher Intelligenz, NJW 2020, 2142
Hallensleben/Hustedt (Hrsg.), From Principles to Practice – An interdisciplinary framework to operationalise AI ethics, Gütersloh 2020
Härtel, Digitalisierung im Lichte des Verfassungsrechts – Algorithmen, Predictive Policing, autonomes Fahren, LKV 2019, 49
Härting/Schneider, Das Ende des Datenschutzes – es lebe die Privatsphäre, CR 2015, 819
Herberger, „Künstliche Intelligenz" und Recht, NJW 2018, 2825
Hoeren, Big Data und Datenqualität –ein Blick auf die DS-GVO, ZD 2016, 459
Hoeren, Fake News? – Art. 5 DS-GVO und die Umkehr der Beweislast, MMR 2018, 637
Hoeren/Niehoff, KI und Datenschutz – Begründungserfordernisse automatisierter Entscheidungen, RW 2018, 47
Hoeren/Pinelli, Daten im Rechtsverkehr – Überlegungen für ein allgemeines Datenvertragsrecht, JZ 2020, 879
Hoffmann, Regulierung der Künstlichen Intelligenz – Fundamentalkritik am Verordnungsentwurf zur Regulierung der Künstlichen Intelligenz der EU-Kommission vom 21.4.2021, K&R 2021, 369

Hoffmann-Riem (Hrsg.), Big Data – Regulative Herausforderungen, Baden-Baden 2018
Hoppe, So will Brüssel die Digitalkonzerne bändigen, Handelsblatt vom 7.5.2020, S. 9
Hörnle, Juggling more than three balls at once: multilevel jurisdictional challenges in EU Data Protection Regulation, International Journal of Law and Information Technology, 27 (2019), 142
Hornung, Eine Datenschutz-Grundverordnung für Europa? – Licht und Schatten im Kommissionsentwurf vom 25.1.2012, ZD 2012, 99
Jandt/Steidle (Hrsg.), Datenschutz im Internet, Baden-Baden 2018
Kibler, Datenschutzaufsicht im europäischen Verbund, Tübingen 2021
Krafft/Zweig, Transparenz und Nachvollziehbarkeit algorithmenbasierter Entscheidungsprozesse, Studie im Auftrag des Verbraucherzentrale Bundesverband e.V., 22.01.2019
Kremer/Conrady/Penners, Data Privacy Litigation – Prozessuale Implikationen des datenschutzrechtlichen Schadensersatzanspruchs nach Art. 82 DS-GVO, ZD 2021, 128
Krönke (Hrsg.), Regulierung in Zeiten der Digitalwirtschaft, Tübingen 2019
Kugelmann, Kooperation und Betroffenheit im Netzwerk, ZD 2020, 76
Kühling, Die Europäisierung des Datenschutzrechts – Gefährdung deutscher Grundrechtsstandards?, Baden-Baden, 2014
Kühling/Sackmann, Datenschutzordnung 2018 – nach der Reform ist vor der Reform?!, NVwZ 2018, 681
v. Lewinski, Datenschutzaufsicht in Europa als Netzwerk, NVwZ 2017, 1483
Lücke (Hrsg.), Künstliche Intelligenz und Vorschläge zu einer EU-Regulierung, Recht und Politik, Beiheft 6 (2021)
Marsch, Networks of Supervisory Bodies for Information Management in the European Administrative Union, European Public Law 20 (2014), 127
Martini, Blackbox Algorithmus – Grundfragen einer Regulierung Künstlicher Intelligenz, Berlin 2019
Martini, Kontrollsystem für algorithmenbasierte Entscheidungsprozesse, Speyer 2019
Martini, Transformation der Verwaltung durch Digitalisierung, DÖV 2017, 443
Masing, Herausforderungen des Datenschutzes, NJW 2012, 2305
Müller, Die Öffnungsklauseln der Datenschutzgrundverordnung, Münster 2018
Nemitz/Pfeffer, Prinzip Mensch – Macht, Freiheit und Demokratie im Zeitalter der Künstlichen Intelligenz, Bonn 2020
Raue/von Ungern-Sternberg, Ethische und rechtliche Grundsätze der Datenverwendung, ZRP 2020, 49
Robrecht, EU-Datenschutzgrundverordnung: Transparenzgewinn oder Information-Overkill, Edewecht 2015
Roßnagel, Datenschutzgrundsätze – unverbindliches Programm oder verbindliches Recht?, ZD 2018, 339
Roßnagel, Innovationen der Datenschutz-Grundverordnung, DuD 2019, 467
Roßnagel, Kein „Verbotsprinzip“ und kein „Verbot mit Erlaubnisvorbehalt“ im Datenschutzrecht, NJW 2019, 1
Roßnagel/Geminn, Datenschutz-Grundverordnung verbessern, Baden-Baden 2020
Sächsischer Datenschutzbeauftragter, Tätigkeitsbericht 2019, Dresden 2020, https://www.saechsdsb.de/images/stories/sdb_inhalt/oeb/taetigkeitsberichte/Taetigkeitsbericht_2019_final.pdf

Saurwein/Just/Latzer, Governance of Algorithms: Options and Limitations, info Vol. 17 (2015), 35
Schröder, Der risikobasierte Ansatz in der DS-GVO, ZD 2019, 503
Schultze-Melling, Keine Aufsichtsbehörde ist eine Insel ..., ZD 2015, 397
Schwichtenberg, Fehlende Umsetzung der DSRL-JI: Warum der Gesetzgeber bislang kein guter Türsteher ist, K&R 2021, 243
Schwarze/Becker/Hatje/Schoo (Hrsg.), EU-Kommentar, 4. Aufl., Baden-Baden 2019
Simitis/Hornung/Spiecker gen. Döhmann (Hrsg.), Datenschutzrecht, Baden-Baden 2019
Spindler/Thorun, Die Rolle der Ko-Regulierung in der Informationsgesellschaft. Handlungsempfehlung für eine digitale Ordnungspolitik, MMR-Beil. Heft 6/2016
Stentzel, Der datenschutzrechtliche Präventionsstaat, PinG 2016, 45
Strecker, Bausteine einer Regulierung algorithmischer Systeme inkl. Künstlicher Intelligenz, RDi 2021, 124
Streinz (Hrsg.), EUV/AEUV, 3. Aufl., München 2018
Sydow (Hrsg.), Europäische Datenschutzgrundverordnung, 2. Aufl., Baden-Baden 2018
Tinnefeld/Buchner/Petri/Hof (Hrsg.), Einführung in das Datenschutzrecht, 7. Aufl., Berlin 2020
Trute/Gross/Röhl/Möllers (Hrsg.), Allgemeines Verwaltungsrecht – zur Tragfähigkeit eines Konzepts, Tübingen 2008
Unger, Grundfragen eines neuen europäischen Rechtsrahmens für KI, ZRP 2020, 234
Veil, Die Datenschutz-Grundverordnung: des Kaisers neue Kleider, NVwZ 2018, 686
Veil, DS-GVO: Risikobasierter Ansatz statt rigides Verbotsprinzip – Eine erste Bestandsaufnahme, ZD 2015, 347
Wachter/Mittelstadt/Floridi, Why a Right to Explanation of Automated Decision-Making Does Not Exist in the General Data Protection Regulation, International Data Privacy Law 2017, 76
Weber/Dehnert, Das Kooperations- und Kohärenzverfahren vor dem EDSA – Praktische Erfahrungen aus dem ersten Streitbeilegungsverfahren in Sachen Twitter, ZD 2021, 63
Weichert¸ Die DSGVO, ein – ganz guter – Anfang, DuD 2020, 293
Wischmeyer/Rademacher (Hrsg.), Regulating Artificial Intelligence, Cham 2020
Wissenschaftlicher Dienst des Deutschen Bundestags, Der geplante Digital Services Act der EU-Kommission, Berlin 2020, https://www.bundestag.de/resource/blob/792732/188adfa54b32e803201a3486b9cf462e/Digital-Services-Act-data.pdf
Wolff, „Die überforderte Aufsichtsbehörde“, PinG 2017, 109

Kapitel 12. Artificial Intelligence and Automatic Enforcement Systems, Risk Prevention: Chinese Legislation and Case Studies

Lin

A. Introduction

In the 21st century, people are saying, "data is the new oil"[1], but we need to ask if the pipelines have been laid? Have we prepared to guard against the risk of oil spills or flare-ups? If we acknowledge that Artificial Intelligence (AI), Automatic Enforcement Systems (AES) etc, are all data-based, then, without the necessary control of data, AI and AES will pose risks, just as failures to fix oil pipelines.

In the age of the internet and big data, the protection of personal information has become a prominent issue. In China, the widespread use of new technologies, including face recognition, has led to an unprecedented increase in the efficiency of information dissemination and the ability to control society. This increase in efficiency and capacity can be divided into two areas. Firstly, everyday life has become more convenient; for example, the efficiency with which various institutions such as government and businesses can provide services to individuals has never been greater. Secondly, social security and the fight against the pandemic have become more effective. For example, in the case of the global outbreak of the pandemic in early 2020, the use of new technologies, together with the cooperation of citizens, enabled the pandemic to be contained in a relatively short period of time, ensuring that people's lives were safe, production recovered quickly and society remained stable.

However, as mentioned in "Information law"[2] – information is free, but the freedom is not free – and while the application of new technolo-

[1] As early as 2006, the British mathematician Clive Humby said that data is the oil of the new age, *Lauren Henry Scholz*, Tennessee Law Review, Vol. 86 (2019), 863 (866); see also *Jing Yue*, "Data is the new oil" – The UAE's drive to develop artificial intelligence, http://opinion.people.com.cn/n1/2019/0813/c1003-31290790.html.

[2] Information law is a new jurisprudential thinking or concept that, although not clearly defined, is tangibly felt in the field of jurisprudence and plays a role in practice. The study of information law includes not only the study of sectoral laws such as copyright law, internet law and personal information protection law, but also the study of new legal concepts and methodologies.

gies brings freedom and convenience to people, they also pay a cost for this freedom and convenience and that cost is the risk that personal information may be misused. This article is not a discussion of the determination of ownership and infringement of rights in relation to the development of information technology, nor is it a discussion of the legal issues that will be faced in relation to the application of information technology, but rather an overview of the process of legislation on new technology in China, in particular on artificial intelligence and big data. It also provides an interpretation and preliminary analysis of the prevention of risks from AI and AES in China, taking into account several examples of applications of new technologies.

B. The historical process of the layout of AI development and big data legislation in China

I. Accelerating the layout of AI development

China has long been aware of the role of artificial intelligence and other automated information processing technologies in the country's economy and society and has started planning and laying out the development of AI at a very early stage. For example, already in December 1982, the National People's Congress (NPC) included "research on the theory and methods of artificial intelligence" as one of the key research areas during the 6th Five-Year Plan and for some time thereafter. The 13th Five-Year Plan outline proposed to "focus on breakthroughs in key technologies of big data and cloud computing, autonomous and controllable operating systems, high-end industrial and large-scale management software, and artificial intelligence technologies in emerging fields."[3]

On July 8, 2017, the State Council released the "New Generation of Artificial Intelligence Development Plan"[4], which is the first document mentioning "artificial intelligence" in the title. Strategically, key tasks, resource allocation, security measures, organization, and the implementation of six other aspects are to be required to accelerate the construction of an innovative country and the world's scientific and technological power.

[3] See the "13th Five-Year Plan" Chapter 25, Section III "To accelerate the application of new information network technology development".

[4] New Generation of Artificial Intelligence Development Plan, issued by the State Council on July 8, 2017. Retrieved from https://flia.org/wpcontent/uploads/2017/07/A-New-Generation-of-Artificial-Intelligence-Development-Plan-1.pdf (last visited 4. 11.2021).

However, in terms of strategic posture, it is assumed that the uncertainty of AI development brings new challenges. AI is a disruptive technology with wide impact that may involve issues such as changing the employment structure, impacting legal and social ethics, invading privacy, challenging the norms of international relations, and will have far-reaching impact on government management of economic security and social stability and even global governance.

Therefore, the strategic objectives of the plan are divided into three steps. In the first step, by 2020, the overall technology and application of AI will be in line with the world's advanced level, and the initial establishment of ethical norms and policies and regulations for AI in some fields. The second step is to achieve a major breakthrough in basic AI theory by 2025, with some technologies and applications reaching a world-leading level, the initial establishment of AI laws and regulations, ethical norms and policy systems, and the formation of AI security assessment and control capabilities. In the third step, by 2030, the overall AI theory, technology and applications will reach a world-leading level. China will become a major AI innovation center in the world, form a number of world-leading AI science and technology innovation and talent training bases, and build more comprehensive AI ethics.

II. Strengthening AI risk prevention

In November 2018, the Political Bureau of the Central Committee of the Communist Party of China (CPC) held a collective study. In the meeting it was pointed out that it is necessary to strengthen the study and prevention of potential risks in the development of AI, safeguard the interests of the people and national security, and ensure that AI is safe, reliable and controllable. It is inevitable to integrate multidisciplinary forces, strengthen research on legal, ethical and social issues related to AI, and establish sound laws and regulations, institutional systems, ethics and morality to safeguard a healthy development of AI.

Concerning the application of AI technology, some deputies to the NPC meetings proposed and submitted in their motions to the assembly that appropriate regulation should be adopted for AI applications. The Legal Committee of the NPC has given positive responses to these motions. For example, on 2 November 2016, Liu Qingfeng and 32 other deputies (motion 256) indicated that the domestic civil drone industry was developing rapidly, and that the existing civil aviation regulations and rules lacked specific legal rules suitable for the manufacture and use of drones, suggesting that a new chapter on civil drone aviation management be added to the Civil Aviation Law. The Civil Aviation Administration of China (CAAC) replied that it agrees with the proposal to add relevant management content to the Civil Aviation Law, that it is studying and demonstrating specific amendment proposals and is actively carrying out relevant legislative research work.[5]

Regarding AI risk prevention, China has yet to introduce a specific piece of legislation. Although since 2018, NPC deputies have continued to propose the formulation of laws to promote the development of AI, by the end of 2018, there was only one motion on the formulation of a law on the development of AI, which was included in the third category of the 13th NPC Standing Committee's legislative plan. On 14 March 2019, the third meeting of the Bureau of the second session of the 13th NPC adopted a report on the motions put forward by the meeting's deputies according to the report on the handling of opinions. The NPC deputies once again suggested relevant motions, requesting further a "study to promote legislation on big data, artificial intelligence and autonomous driving, so as to guide and regulate new technologies and new industries in a rule of law manner". This shows that China's current legislation on AI risk prevention is not general in nature, but rather specific to individual industries; for example, the law on the management of civil drones, the law on self-driving cars, and so on, can only be included in the third category in the legislative plan.[6]

III. Strengthening big data-related legislation

In March 2014, the term "big data" was written into the report on the work of the government for the first time, and big data began to become an essential topic for all sectors of society in China. Since then, like artificial intelligence, the country has been paying more and more attention to big data. In 2020, big data officially became a factor of production[7] and the strategic status is further enhanced. While the big data industry has brought into play the resource endowment effect, it has also given rise to many hidden dangers, such as infringement of personal information and privacy leaks, interception of state secrets, data tampering and falsification of data with unknown ownership, data monopoly and unfair competition, etc.[8] In recent years, the process of data legislation

[5] See *Zheng Fei*, ed.: Report on Artificial Intelligence and Rule of Law in China (1978–2019), Intellectual Property Press, first edition, June 2020, pp. 78–80.

[6] Referring to legislative projects for which the legislative conditions are not yet fully in place and require continued research and demonstration.

[7] See "Opinions on Building a More Perfect Institutional Mechanism for Market-based Allocation of Factors" by the Central Committee of the Communist Party of China and the State Council on 9.4.2020.

[8] Participate in China Academy of Information and Communication Research, December 2020: "Big Data White Paper" (2020).

in China has been accelerating and in July 2020, the China Data Security Law (Draft) was released for public consultation. The draft law sets out the requirements for the construction of a data security system.

1. Legislation on the protection of personal information

In the past 10 years, the Standing Committee of the NPC and other state agencies have issued a number of relevant laws, regulations and judicial interpretations. For example, the Decision of the Standing Committee of the NPC on Strengthening the Protection of Internet Information (2012), the Law on the Protection of Consumer Rights and Interests (2013), the Amendment to the Criminal Law of the People's Republic of China (2015), the Cybersecurity Law of the People's Republic of China (2017), the E-Commerce Law of the People's Republic of China (2019), the Civil Code of the People's Republic of China (2021), Measures for the Administration of Internet Transactions by the State Administration for Industry and Commerce (2014), Provisions on the Protection of Children's Personal Information Networks by the State Internet Information Office (2019), Certain Provisions of the State Council on Online Government Services by the State Council (2019), Provisions on the Protection of Personal Information of Telecommunications and Internet Users by the Ministry of Industry and Information Technology (2013), Interpretation of the Supreme People's Court and the Supreme People's Procuratorate on Several Issues Concerning the Application of Law in Handling Criminal Cases of Infringing on Citizens' Personal Information (2017), and the Measures for Determining the Illegal and Illegal Collection and Use of Personal Information by Apps (2019) by the General Office of the State Internet Information Office, the General Office of the Ministry of Industry and Information Technology, the General Office of the Ministry of Public Security, and the General Office of the State Administration of Market Supervision and Administration.

In October 2020, the "Law of the People's Republic of China on the Protection of Personal Information (Draft)" was published, establishing the principles that should be followed in the handling of personal information, emphasizing both that the handling of personal information should be done in a lawful and legitimate manner, with a clear and reasonable purpose, and that the handling of information should follow the principles of openness and transparency. For the first time, the draft includes state agencies in the scope of personal information protection laws and regulations. In addition, the draft also provides special protection for sensitive personal information, which is a common concern in all sectors, by requiring the individual or written consent to be obtained for a specific purpose and sufficient necessity, and the individual to be informed of the necessity and impact on the individual of the handling of sensitive personal information.

2. Information Security Technology – Personal Information Security Code

In order to protect the personal information of its citizens, China has also issued the "Information Security Technology – Personal Information Security Code"[9], which is a strict technical standard for the protection of the personal information of Chinese citizens.

a) Collection

The Security Code sets out the following principles regarding data collection: the principle of legality, the principle of data minimisation and necessity, the principle of prohibition of coercion, and the principle of authorised consent.

b) Retention

The Security Code sets out the following principles regarding data retention: the principle of minimal retention time, the principle of de-identification, the principle of transmission and storage of sensitive information, and the principle of timely cessation of continued collection when operations cease.

c) Use

The Security Code sets out the following principles regarding data usage: functional orientation, profit orientation, innovation orientation, and public interest and regulatory orientation.

d) Disclosure

The Security Code stipulates the following principles regarding data disclosure: personal information should in principle not be publicly disclosed. When there is a need for public disclosure, the following requirements shall be met: prior assessment of the impact of personal information security, prior express consent of the subject of personal information, corresponding responsibility for damage to the legitimate rights and interests of the subject of personal information caused by public disclosure of personal information, personal biometric information shall not be publicly disclosed, and cross-border transmission of personal

[9] I.e. "National Standard GB/T 35273–2020." (Hereinafter referred to as the "Security Code").

information shall follow the requirements of relevant national regulations and relevant standards.

e) Disposal of personal information security incidents

The Security Code puts forward the requirements that: emergency plans should be formulated and record the content of the incident; promptly assess the impact, take necessary measures, directly report and inform the user, including the content of the security incident, the impact, disposal measures, as well as the user's independent prevention and risk reduction recommendations, remedial measures, contact information, etc.

3. Legislation on cross-border flow of data

With the accelerated development of economic globalization, the demand for the cross-border flow of data has been increasing and countries have accelerated the development of rules to promote cross-border flow of data through domestic legislation or international agreements, etc. In recent years, China has strengthened the deployment of policy-making in the area of cross-border data flow and further explored the system based on the Cybersecurity Law.

Article 12 of the Cybersecurity Law promulgated in 2016 stipulates that the state protects the rights of citizens, legal persons and other organizations to use the internet in accordance with the law, promotes universal access to the internet, improves the level of internet services, provides safe, convenient internet services for society, and safeguards the orderly and free flow of internet information in accordance with the law. China currently takes an attitude towards localized storage of data in key areas, but it does not completely prohibit cross-border data flows. Article 37 of the Cybersecurity Law sets the prerequisite requirements for security assessment of activities that provide personal information and important data outside of China and gives the authority to formulate security assessment methods to the State Cyber Information Department, which may work with relevant state departments to formulate specific operational systems for security assessment.

C. Application of AI and automatic information processing technology in fighting the pandemic, credit system and smart city construction

With the development of new technologies, artificial intelligence and automatic information processing technologies are being used in all aspects of Chinese society. As examples of how new information technologies can be used one can look at the role that new information technologies played in the "fight against the pandemic" in 2020, the construction of the credit system and "smart city construction".

I. Fighting against the pandemic

The pandemic in early 2020 began with a large outbreak in Wuhan, China, and spread rapidly. The Chinese government took decisive and effective measures, coupled with the active cooperation of the population in wearing masks and following community closures, as well as in the "flow survey".[10] To contain the outbreak, big data technologies such as "health codes" and "travel codes", which are commonly used in "travel control", were deployed.

1. Health code[11]

The health code is based on real data and can be generated by citizens and/or people returning to work through their own online declarations, which can be reviewed by the back office to generate a personal two-dimensional code. The health code is designed to make the return to work more accurate, scientific, and orderly. The application of the health code covers community management, enterprises returning to work, traffic and travel, school openings, medicine registration, supermarkets, and other use scenarios, which can assist communities, enterprises, and schools to do a good job in the pandemic prevention and control and

[10] "Flow survey" is actually short for epidemiological investigation and is a fundamental part of the outbreak response, providing a clear picture of the virus transmission chain, and a clear picture of the impact of the epidemic. It provides a basis for mapping out the chain of transmission of the virus, identifying close contacts, taking isolation measures and delineating the scope of disinfection. China's "flow investigation" is based on the Law of the People's Republic of China on the Prevention and Control of Infectious Diseases and the Regulations on Public Health Emergencies.

[11] "Health code" is divided into three kinds: green code can directly enter public area, red code concentrated isolation 14 days, yellow code isolation within 7 days.

other essential work. In the pandemic prevention and control and the resumption of production and work, the health code can achieve highly efficient personnel flow management, improve the efficiency of passing inspection in office buildings, shopping malls, subways, railway stations and other locations with a dense flow of people, and avoid excessive contact and gathering of people.

On December 10, 2020, the State Health and Welfare Commission, the National Health Insurance Administration and the State Administration of Traditional Chinese Medicine jointly issued a notice on "Five One" service actions to further promote the "Internet + Medical Health", which clearly requires localities to implement the "health code" so that it is mutually recognized nationwide and can be used with one code. The notice requires that all regions should rely on the national integrated government services platform to implement the mechanism and rules for mutual recognition of "health code" information. It aims to ensure that the "health code" information of people moving across regions is credible and usable in all regions, thereby effectively facilitating the travel of people and their movement across provinces. The notice also serves to realise a unified policy and standard for health codes for epidemic prevention, with mutual recognition and access to one code nationwide.

2. Travel code[12]

Travel codes, also known as healthy travel codes and healthy ride codes, are government-led travel codes developed by various big technology companies based on their own online payment systems. When taking the metro or other public transport, or staying in a hotel, the travel code should be presented in addition to your own health code to make sure the holder has not been to an infected area. The travel codes are based on Alipay travel codes, WeChat travel codes and Cloudflare pay travel codes. The use of travel codes can protect the public's health while traveling. If a user has health problems, travel codes will upload data to the service provider and notify the passenger transport company of the current abnormal user, to avoid that those who have been to the "risk zone" of the user may bring risks to other travellers.

[12] Travel code is similar to health code, but travel code is more focused on reflecting the user's travel situation, for example, the information of the user's visit to the area within the last 15 days is recorded, and the user needs to declare truthfully whether his/her movements are consistent with the recorded information.

II. Credit system construction

In June 2014, China's State Council issued the Outline of the Social Credit System Construction Plan (2014–2020) (hereinafter referred to as "outline"), which was proposed against the background of, firstly, the need to build a socialist market economy with Chinese characteristics, and, secondly, the need for further reform and opening up. In order to better integrate into the international community, China has adopted a policy of reform and opening up, as in international economic, political and cultural interactions, mutual trust can only be established on the basis of trustworthiness. Thirdly, a disciplinary system for breach of trust has been established to solve the problem of difficulties in enforcing judicial decisions. To this end, China has established a variety of mechanisms at different levels and in different sectors, both in governmental and private enterprises, to assess citizens' creditworthiness in terms of consumption, compliance and law abidingness.

1. Sesame Credit[13]

Sesame Credit, an independent third-party credit agency under Ant Financial Services, objectively presents the credit status of individuals through cloud computing, machine learning and other technologies. Sesame Credit is based on Alibaba's e-commerce transaction data and Ant Financial Services' internet financial data and has established data cooperation with public institutions such as public security networks and partners. Unlike traditional credit data, Sesame Credit data covers credit card repayments, online purchases, money transfers, financial management, utility payments, rental information, address relocation history, social connections and more. Essentially, Sesame Credit is a credit system that collects data from the government and the financial system and fully analyses users' behavioural records on platforms such as Taobao and Alipay.

2. Tencent Credit[14]

Tencent Credit is a personal credit management platform launched by Tencent Credit Rating. Tencent Credit is mainly based on historical behavioural information. It collects information of different dimensions and uses a combination of big data, machine learning and traditional

---

[13] See *Yongxi Chen* and *Anne Sy Cheung*, Journal of Comparative Law, Vol. 12 (2017), 356 (361 ff.).

[14] See *Zhuo Huang*, *Yang Lei* and *Shihan Shen*, China Economic Journal, Vol. 9 (2016), 288 (298 ff.).

statistical methods to objectively reflect users' credit levels, so as to arrive at users' creditworthiness indices and reflect their credit levels with credit scores. The credit score is mainly based on the five indices of "compliance, security, wealth, consumption and social", based on the user's historical behaviour, and the result of a comprehensive assessment using scientific statistical methods.

3. Qianjiang Score

The Qianjiang Score is a kind of urban personal credit score issued by the city of Hangzhou. On 16 November 2018, Hangzhou officially announced that all citizens who work or live in Hangzhou and are 18 years old or above, regardless of their household registration, will have their own personal credit score – Qianjiang Score. As long as his/her personal credit is good enough, his/her "Qianjiang Score" will be high enough, and he/she will enjoy a more convenient life and better services in Hangzhou.

4. Beijing Business Environment Plan[15]

Originally it was planned, that by the end of 2020 the "Personal Credit Score" project covering the entire resident population would be completed, and credit information would be widely used in market access, public services, travel, entrepreneurship and job search. However, in December 2020, the government missed the deadline it set itself in 2014.

5. Opinions of the State Council on the Implementation of the Negative List System for Market Access[16]

The twentieth item of the Opinions proposes to establish and improve the social credit system and incentive and disciplinary mechanisms that are compatible with the negative list system for market access. The credit records of market entities will be incorporated into the "Credit China" website and the nationwide unified credit information sharing and exchange platform, which will serve as an important basis for all kinds of market entities to engage in economic activities such as production, investment, circulation and consumption.

[15] See the Circular of the Beijing Municipal People's Government on the Issuance of the Action Plan for Further Optimising the Business Environment in Beijing (2018–2020), published on 18.7.2018.

[16] See the document of 19.10.2015, Guo Fa (2015) No. 55.

As mentioned above, both credit scores at the enterprise level and credit records at the government level are derived from data left by individuals and enterprises in the course of their daily social life and production, and are generally subject to artificial intelligence or automatic information processing systems. In order to prevent or avoid risks in the process of data collection, storage, transfer and use, the "Outline" proposes to improve the protection of credit information and the network trust system, establish a sound credit information security monitoring system, further increase law enforcement efforts and impose severe penalties on credit service providers for leaking state and commercial secrets and violating personal privacy.

III. The application of AI and AES in the construction of smart cities

In China, AES are, in many cases, associated with the construction of "smart cities".[17] Originating in the media sector, smart cities are the use of various information technologies or innovative concepts to connect and integrate urban systems and services in order to improve the efficiency of resource use, optimise urban management and services, and improve the quality of life of citizens. For example, the Smart City Management mobile law enforcement platform is to introduce the concept of smart city management under the framework of a smart city and establish a practical long-term urban management mechanism. Using technologies such as the Internet of Things, cloud computing, big data, mobile internet and intelligent collaboration, it integrates urban management resources, expands the business applications of smart city management, expands the scope of visible and controllable urban management, enhances the service capacity of the platform, and truly realises the transition from management to service, from governance to operation, and from a relatively independent situation to a collaborative and integrated platform serving the people.

Another element in the construction of a smart city is the smart court. Relying on modern artificial intelligence, the smart court is a form of organisation, construction, operation and management of the people's court that focuses on justice for the people. It adheres to the integration of judicial laws, institutional reform and technological change, supports judicial trials, litigation services and judicial management with a high degree of information technology, and realises full business online, full process openness in accordance with the law and fully intelligent services. In April 2018, the Supreme People's Court issued an evaluation

[17] For the development of smart city technology in China see *John Wagner Givens* and *Debra Lam*, Fordham Urban Law Journal, Vol. 47 (2020), 829 (846 ff.).

report and a third-party evaluation report, both of which showed that the nation's "smart courts" had taken initial shape.

D. AES applications and issues

I. Case 1: Changsha Traffic Police took the initiative to revoke 119 duplicate entry violations[18]

AES (electronic police) is a type of off-site enforcement that automatically detects vehicles that violate the law through artificial intelligence technology and automatically records the violators in the system. The aim of AES is to create a secure driving environment so that drivers can arrive at their destination safely. Off-site enforcement relies on electronic police, video surveillance, roadside police officers, and the public's "hand-held" reports of violations. Due to the diversity of enforcement methods, it is difficult to avoid repeated enforcement of the same vehicle in the same location.

In the past, when a person was caught repeatedly, he or she had to go to the traffic police brigade in person with the relevant documents to lodge a complaint, or go through the WeChat public accounts of the convenient service bridge. After receiving the complaint, the investigating authority then verified the relevant enforcement evidence and withdrew the duplicate data after confirmation. In order to effectively reduce and solve the problem of duplicate law enforcement data entry, this year, China Changsha Public Security Traffic Police has increased its technological research and development efforts and developed and built the city's first early warning platform for the traffic police law enforcement supervision centre.

Through big data analysis, the supervisory police take the initiative to investigate and find suspected duplicate law enforcement data entries and push the results to each duty brigade for verification. After verification and confirmation by the law enforcement unit, the duplicate data will be withdrawn within three days. For off-site law enforcement data, the data after the time of the violation will be withdrawn in chronological order. When police officers carried out punishment on the spot and the same violation was captured by electronic surveillance, the electronic surveillance capture data will be withdrawn. Duplicate data will be withdrawn on their own initiative. Therefore, the parties concerned will no

[18] See *Luo Yige* and *Yang Zhe*, Traffic police take initiative to revoke 119 duplicate entry violations, 5.7.2019, Xiaoxiang Morning Post (Digital Edition) http://epaper.xxcb.cn/xxcba/html/2019–07/05/content_2994614.htm.

longer be required to appeal to the traffic police department. From the official launch of the early warning platform on June 25, 2020 to July 3, the Changsha Traffic Police Law Enforcement Supervision Centre listed a total of 424 suspected duplicate data, of which 119 were confirmed to be revoked and 136 were in the process of verification.

II. Case 2: Leakage of personal information of patients with COVID-19[19]

Since the outbreak of the pandemic, there have been repeated incidents of leakage of personal information of patients diagnosed with COVID-19 in China. On December 8, 2020, three new patients with COVID-19 were confirmed in Chengdu. One of them, a 20-year-old female patient, Ms. Zhao, tested positive for nucleic acid as a contact of a previously diagnosed person. Officials released information on her condition and movements and the six main places of stay over a 14-day period. However, more detailed information has been circulating on the internet, which appears to include Zhao's name, address, recent locations, contacts, and even her mobile and ID numbers. On December 18, 2020, the Chongqing Yubei District People's Court heard and concluded the first case of infringement of a citizen's right to privacy in relation to "the pandemic". The court ruled that the defendant, Chongqing A Marketing Planning Co., Ltd., had to apologize to the plaintiff, Zhao, by publishing a written apology letter in its registered and managed public number and authoritative newspaper, and compensate the plaintiff, Ms. Zhao, with 1 CNY for moral damages.[20]

In order to strike a balance between the use of big data for joint prevention and control and the protection of citizens' personal information during the pandemic, the Central Cyberspace Affairs Commission issued a notice on the use of big data to support joint prevention and control for the protection of personal information.[21] The notice points out that personal information collected for epidemic prevention and control, disease prevention and control shall not be used for other purposes. No unit or individual shall disclose personal information such as name, age, ID number, telephone number, home address, etc without the consent of the data subject, except for those needed for joint prevention and control work and after desensitization. No organisation or individual shall be allowed to disclose personal information collected for the purpose of ep-

[19] See *Cui Yao* and *Huang Qiao*, Privacy leaks of new crown pneumonia patients spark social anxiety as citizens call for stronger protection, Chongqing Daily, 21.12.2020.

[20] See The Civil Judgment (2020) Yu 0112 Min Chu No. 24368.

[21] This notice was published on 4.2.2020.

idemic prevention and control, under the banner of public interest and for the sake of national and citizens' personal safety.

III. Case 3: The first case of face recognition[22]

On the afternoon of November 20, 2020, the Hangzhou Fuyang District People's Court held a public hearing to adjudicate a service contract dispute between the plaintiff, Mr. Guo Bing, and the defendant, Hangzhou Wildlife World Company Limited, ruling that Wildlife World has to compensate Mr. Guo Bing for loss of contractual interests and transportation costs totalling 1,038 CNY and delete the facial features information, including photographs submitted by Mr. Guo Bing when he applied for the annual fingerprint card. It rejected other litigation requests made by Mr. Guo Bing to confirm the invalidity of the relevant contents of the Wildlife World shop notices and Text Message (SMS) notifications.

The court found that in April 2019, Mr. Guo Bing paid 1,360 CNY for a Wildlife World "365 Days" annual card for two persons, and determined that fingerprinting was the way to enter the park. Mr. Guo Bing and his wife kept their names, ID numbers, phone numbers, etc., and recorded fingerprints and took photographs. In July and October 2019, Wildlife World sent two SMS messages to Mr. Guo Bing, informing him of the replacement of the annual card entry system and requesting that the face recognition system be activated. Otherwise he would not be able to enter the park. Since then, the negotiations between the two sides regarding the way to enter the park, the refund of the card and other related matters failed. Mr. Guo Bing then filed a lawsuit, requesting confirmation that the Wildlife World shop notice and SMS notice in the relevant content was invalid and demanded compensation for the annual card fee and transportation costs and the deletion of his personal information, etc on the grounds of a breach of contract and fraudulent behaviour by Wildlife World.

The court held that the parties in this case formed a service contract relationship due to the purchase of the annual park card and that the dispute arose due to the change in the mode of entry to the park. The focus of the dispute was actually the evaluation and regulation of the operator's handling of consumers' personal information, especially personal biometric information such as fingerprints and faces.

In this case, when the customer applied for the annual card, Wildlife World informed the card purchaser of the need to provide some personal

[22] See *Wu Shuaishuai*, The first case of face recognition was decided!, Science and Technology Daily, 30.11.2020.

information in the form of a notice in the shop, and did not make other provisions that were unfair or unreasonable to the consumer. So the customer's right to be informed and to make independent decisions about personal information was not infringed. Mr. Guo Bing became a customer of the annual card by providing his fingerprints and other personal information at his own discretion. The use of biometric technologies such as fingerprint recognition and face recognition by Wildlife World in its business activities in itself did not violate the aforementioned principles of legal provisions. However, Wildlife World changed the original fingerprint recognition method to a face recognition method during the performance of the contract, which is a unilateral change of the contract and therefore constitutes a breach of contract. Mr. Guo Bing as the party in compliance with the contract has the right to request Wildlife World to bear the corresponding legal responsibility. The parties agreed to use the fingerprint identification method to enter the park when applying for the annual card, and Wildlife World collected the photo information of Mr. Guo Bing and his wife, which exceeded the necessary principles in the legal sense, so it was not justified. Accordingly, the Fuyang Court made the said first instance decision in accordance with the law.

Although Chinese law does not prohibit the collection and use of personal information in the consumer sector, it emphasizes the supervision and management of the handling of personal information, i.e. the collection of personal information must follow the principle of "lawful, proper and necessary" and the consent of the person concerned. The ruling in this case was ostensibly based on a service contract, but in essence it recognised that citizens have the final choice and decision on the use of their biological information (facial information) when receiving services.

IV. Analysis and comments

1. Potential risks of face recognition technology promotion application

The essence of face recognition technology is to collect, accumulate and analyse biological data as a way to draw a personal portrait. The purpose of the use of face recognition technology at present is threefold: firstly, identification (this use is less controversial), secondly, recognition and tracking, and thirdly, influencing the behavioural choices of the subject. Therefore, face recognition technology is about more than just privacy, it is about the fundamental direction of society. The ability to develop the technology at the moment far outweighs the ability to control it. Face recognition technology is unconscious, non-contact and invasive in its use compared to biological and fingerprint technology. The promotion of face recognition technology will certainly bring some benefits and it is certainly more convenient compared to unlocking a mobile phone, but the risks it brings cannot be ignored.[23]

One of the potential risks associated with the promotion of face recognition technology is the risk of citizens becoming "transparent". Not only does face recognition collect data, but it also uses your face data to quickly pinpoint your identity. Secondly, there is the risk of data leakage. For example, with AI face-swapping technology, the person whose face is swapped on a video of a crime is likely to be criminally prosecuted, while the real criminals can profit from it and escape criminal prosecution. The third is the risk of data misuse. The subjects of data misuse include not only criminals, but also public authorities. Fourthly, there is the risk of individual manipulation. Fifth is the risk of face recognition technology being used in a discriminatory manner. Sixth is the risk of ineffective remedies. It is extremely difficult in practice to find those who have leaked data and it is difficult to protect individuals from damage unless a large amount of data has been leaked. However, once face data has been compromised it is very difficult to remedy, so the use of face recognition should receive more attention than other technologies.

2. The need for a balanced tripartite relationship in the information age

There is a tripartite relationship in the social structure of the information age: individuals are the data providers; enterprises are the data collectors and processors; and the government assumes a dual role as the data controller and processor, which will collect and use the analysed data and also act as the mediator between individuals and enterprises. In the tripartite relationship in the information age, the individual is at an absolute disadvantage and it is the business that is strong. Technology companies have gained a strong position through Internet information technology that is unimaginable and impossible to achieve for traditional companies. In some cases, the government as mediator tends to place more emphasis on the development of the industry, which results in a stronger business and government and a weaker individual. It is therefore important that the relevant legislation is balanced so that the weak do not become weaker and the strong stronger.[24]

The complexity of society undoubtedly requires digitalisation of management tools, but it is worth considering whether digitalisation of management tools can really solve the governance problems of complex so-

---

[23] See *Lao Dongyan*, The potential risks of face recognition technology and the construction of a legal protection framework, Procuratorial Daily, 22.11.2020.

[24] See *Lao Dongyan*, The potential risks of face recognition technology and the construction of a legal protection framework, Procuratorial Daily, 22.11.2020.

cial systems. The three cases mentioned above show that if the target is clearly defined, the improvement of the means itself is precise, for example, the use of AES (electronic police) can facilitate urban traffic management, the use of "health code" can effectively manage personal travel, the use of face recognition technology can improve the efficiency of park management, and so on. However, the modernisation of the social governance system and the ability to govern should not only be understood as a digital management of the means, but also as a balance between the relationship between individuals, enterprises and the government, preventing the misuse of technology and the risk of leakage of personal information.

E. Conclusion: Establishing a reasonable legal protection framework and strengthening risk prevention

In today's era, a new round of technological revolution with information technology at its core is emerging and artificial intelligence is increasingly becoming a pioneering force for innovation-driven development, profoundly changing people's production life. The deep interplay of networking, digitisation and intelligence has become a fundamental and irreversible trend of social change and is strongly driving social development. As an important force in the new generation of technological revolution, the development of artificial intelligence will be conducive to enhancing the country's international status. Artificial intelligence will, to a certain extent, contribute to the achievement of the goal of a lawful China.

In law, the protection of personal information is not judged by privacy, but by identifiability. As long as an individual can be identified, even information about his or her whereabouts and trajectory in a public place is subject to legal protection. Regarding the protection of personal information, there is a view that the protection of information involves a dispute between personal privacy and public security and that personal privacy can be sacrificed for the sake of public security. It should be said that this view is unacceptable. During the year-long prevention and control of the pandemic, local governments have used "health codes" and "travel codes" to collect personal information, especially the whereabouts of people, mainly for the safety of all members of society, including the data subject and such information is strictly controlled. Although leaks of personal information do occur from time to time, there have been no systematic leaks from government authorities to date.

In the current framework for the protection of personal information, the Cybersecurity Law of the People's Republic of China regulates the collection and protection of personal information, but not specifically to the extent of user profiles and personal biometric information. The draft Law of the People's Republic of China on the Protection of Personal Information has a specific article regulating automated decision-making for personal information, but the final content is uncertain, as the law has not yet been promulgated. The Personal Information Security Code, which was published on 6 March 2020 and came into effect on 1 October, adds a number of new elements to the 2017 Security Code, including "independent selection of multiple business functions", "restrictions on the use of user's profiles", "use of personalised displays", "management of third-party access" and "records of personal information handling activities", and refines and improves the requirements for personal biometric information. Before collecting personal biometric information, users are to be individually informed of the purpose, manner and scope of collection and use of personal biometric information as well as the rules on storage time. Moreover, express consent has to be obtained from users. Personal biometric information is to be stored separately from personal identification information and in principle, original personal biometric information should not be stored. Of course, this is not yet a legal requirement, but only a state recommended standard.

A reasonable legal protection framework should take into account several factors. Firstly, compliance with regard to the collection and use of data should be strengthened and the collection and use of data by companies or government departments should be regulated. This does not mean direct regulation by the relevant authorities, but rather indirect regulation, including the use of commercialisation, such as the commercialisation of security technology and the purchase of security technology services by the government. Secondly, the main parties responsible for the protection of personal data and information should be clarified. The reason why the party collecting and using the data should be the main responsible party is that the risks are created by their collection and use, and the corresponding benefits are mainly enjoyed by them. For this reason, the controllers and processors of data should bear greater responsibility. Thirdly, the focus of legal regulation should shift from the collection of personal data to the misuse of personal data. Fourthly, there should be different levels of protection depending on the type and scenario, distinguishing between general data and sensitive data, the latter including those relating to a person's religious beliefs, political stance, etc.

It should be noted that the Chinese government has indeed taken many effective measures to prevent the risks associated with artificial intelligence and automated enforcement systems, ensuring that no major risks have occurred. With the application of new technologies and economic development, the relevant risk prevention policies and measures, too, are constantly being adjusted. For example, the current risk prevention mainly focuses on online financial platforms to ensure that no systemic financial risks occur. In the future, to further enhance the risk prevention capabilities of China's artificial intelligence applications and automated enforcement systems, it is yet to return to giving more care to each member of society and effectively protecting their personal interests and property rights. For only when every individual feels safe and secure about their personal health and property in social life will risk prevention be truly in place.

Bibliography

Cui Yao and *Huang Qiao*, Privacy leaks of new crown pneumonia patients spark social anxiety as citizens call for stronger protection, Chongqing Daily, 21.12.2020

John Wagner Givens and *Debra Lam*, Smarter Cities or Bigger Brother? How the Race for Smart Cities Could Determine the Future of China, Democracy, and Privacy, in: Fordham Urban Law Journal, Vol. 47 (2020), 829–882

Lao Dongyan, The potential risks of face recognition technology and the construction of a legal protection framework, Procuratorial Daily, 22.11.2020

Lauren Henry Scholz, Big Data is Not Big Oil: The Role of Analogy in the Law of New Technologies, in: Tennessee Law Review, Vol. 86 (2019), 863–894

Wu Shuaishuai, The first case of face recognition was decided!, Science and Technology Daily, 30.11.2020

Yongxi Chen and *Anne Sy Cheung*, The Transparent Self under Big Data Profiling: Privacy and Chinese Legislation on the Social Credit System, in: Journal of Comparative Law, Vol. 12 (2017), 356–378

Zheng Fei, Report on Artificial Intelligence and Rule of Law in China (1978–2019), Intellectual Property Press, first edition, June 2020

Zhuo Huang, *Yang Lei* and *Shihan Shen*, China's personal credit reporting system in the internet finance era: challenges and opportunities, in: China Economic Journal, Vol. 9 (2016), 288–303

Kapitel 13. Immaterialgüterrechtlicher Schutz von KI-Systemen

Borutta

Das Thema künstliche Intelligenz ist in aller Munde. Mithilfe dieser Technologie werden sich in vielen verschiedenen Bereichen große Effizienzgewinne und Vorteile erhofft. KI-Systeme sind daher für viele Unternehmen von großem wirtschaftlichem Interesse. Dementsprechend groß ist auch das Interesse daran, diese Systeme immaterialgüterrechtlich zu schützen, um so den entsprechenden Vorsprung abzusichern.

Dieser Beitrag wird sich im Folgenden mit der Frage des Schutzes derartiger Anwendungen im Immaterialgüterrecht auseinandersetzen. Besonderer Aufmerksamkeit wird dabei dem Zusammenspiel der unterschiedlichen Schutzrechte zukommen, um so mögliche Schutzlücken zu identifizieren.

A. Technischer Hintergrund

Einer Erörterung der rechtlichen Schutzmöglichkeiten muss die technische Betrachtung von KI-Systemen vorangehen. Dazu ist zunächst eine Bestimmung nötig, was gemeint ist, wenn in diesem Beitrag von künstlicher Intelligenz die Rede ist. Im Anschluss wird die Funktionsweise einer KI und ihrer einzelnen Komponenten erörtert, was für die spätere Prüfung der Schutzfähigkeit essenziell ist.

I. Begriffsbestimmung

Zum Begriff der künstlichen Intelligenz gibt es keine allgemein anerkannte Definition.[1] Es kursieren verschiedene Definitionsversuche, die allesamt Gegenstand von Auseinandersetzungen und Kritik sind. Für den Zweck dieses Beitrags ist es in Anbetracht dieser Uneinigkeit sinnvoll, sich nicht an einer abstrakten Definition zu versuchen. Da es in diesem Beitrag um die besonderen rechtlichen Herausforderungen gehen soll, vor die KI-Systeme das Immaterialgüterrecht stellen, erscheint stattdes-

---

[1] Vgl. dazu auch *Linke* in Hetmank/Rechenberg Kommunikation, Kreation und Innovation S. 31 ff.

sen eine Annäherung über die genaue Betrachtung der Unterschiede zwischen herkömmlichen EDV-Systemen und solchen Systemen, die als „künstliche Intelligenz“ firmieren, zielführend.

Gewöhnliche EDV-Systeme arbeiten traditionell nach dem sog. EVA-Prinzip.[2] Dieses steht für Eingabe – Verarbeitung – Ausgabe. Gemeint ist damit, dass im ersten Schritt eine Dateneingabe in das System erfolgt, diese Daten dann nach bestimmten Regeln verarbeitet werden und im Anschluss das Ergebnis dieses Verarbeitungsprozesses ausgegeben wird.[3] Entscheidend dabei ist, dass die Verarbeitungsregeln im Vorhinein vollständig durch die Entwickler des Programms erdacht und programmiert wurden und die EDV-Systeme diesen Regeln exakt folgen. Diese Systeme werden daher auch als regelbasierte Systeme bezeichnet. Bei solchen Systemen, die hingegen nach allgemeinem Verständnis der „künstlichen Intelligenz“ zugeordnet werden, beschränkt sich der menschliche Einfluss darauf, dass ein Lernalgorithmus implementiert wird, der in der Lage ist, mithilfe der Analyse von Datensätzen selbst die entsprechenden Verarbeitungsregeln zu finden.[4] Gemeinhin wird diese Technik, in Abgrenzung zu den regelbasierten Systemen, auch als maschinelles Lernen bezeichnet.[5] Im Folgenden werden unter dem Begriff der „künstlichen Intelligenz“ also nur solche Systeme verstanden, die sich des sog. maschinellen Lernens bedienen, da vor allem das maschinelle Lernen die Rechtsordnung vor neue Herausforderungen stellt und insofern für diesen Beitrag von Interesse ist.

II. Funktionsweise

Nachdem klar ist, wie der Begriff der künstlichen Intelligenz im Sinne dieses Beitrags verstanden wird, soll im Anschluss die Funktionsweise dieser Systeme erörtert werden. Ohne ein Verständnis für deren Struktur und Arbeitsweise ist ein Urteil über deren immaterialgüterrechtlichen Schutz nicht möglich.

Oben wurde bereits erläutert, dass KI-Systeme sich dadurch auszeichnen, dass sie nicht regelbasiert agieren, die Datenverarbeitungsregeln also nicht durch einen menschlichen Programmierer implementiert wurden, sondern mithilfe des sog. maschinellen Lernens ermittelt werden. Wie aber funktioniert das maschinelle Lernen?

[2] *Warnke* Informatik S. 13 f.

[3] Vgl. dazu *Kohn/Tamm* Mathematik für Wirtschaftsinformatiker S. 183.

[4] Vgl. *Gesmann-Nuissl* InTeR 2018, 105 (106); *Hartmann/Prinz* DSRITB 2018, 769 (773); *Linke* in Hetmank/Rechenberg Kommunikation, Kreation und Innovation S. 34 f.; detaillierte Erklärung bei *Hoppe* in Hartmann KI & Recht kompakt S. 9.

[5] *Hoppe* in Hartmann KI & Recht kompakt S. 9.

Erklärt werden soll dies exemplarisch am wohl populärsten Teilbereich[6] des maschinellen Lernens, den sog. künstlichen neuronalen Netzen (KNN).[7] KNN sollen die Funktionsweise des menschlichen Gehirns simulieren.[8] Zu diesem Zweck sind eine Vielzahl künstlicher Knotenpunkte (sog. Neuronen) in verschiedenen Schichten (sog. Layern) angeordnet.[9] Die verschiedenen Schichten lassen sich in Input, Output und Hidden Layer einteilen.[10] Über die Eingabeschicht (input layer) werden die Daten in das Netzwerk aufgenommen. Anschließend werden die Informationen an die Zwischenschicht (hidden layer) weitergeleitet, von denen es mehrere geben kann. Über die Ausgabeschicht (output layer) wird schließlich das Ergebnis der Datenverarbeitung ausgegeben.

Die künstlichen Neuronen sind jeweils über sog. Kanten mit den Neuronen der vor- und nachgelagerten Schicht, teilweise auch mit Neuronen ihrer eigenen Schicht verbunden. Ein künstliches Neuron besteht aus einem Aktivierungszustand, einer Propagierungsfunktion (auch Übertragungsfunktion genannt), einer Aktivierungsfunktion und einer Ausgabefunktion, die sich mathematisch abbilden lassen.[11] Der Aktivierungszustand beschreibt den Zustand des Neurons zu einem bestimmten Zeitpunkt, also ob es aktiviert ist oder nicht. Die über die Verbindungen eingehenden Eingaben anderer Neuronen werden nach Maßgabe der Propagierungsfunktion verarbeitet bzw. aufsummiert. In der Folge richtet sich nach der Aktivierungsfunktion, ob das Neuron aktiviert wird oder nicht.[12] Das entsprechende Ergebnis reicht die Ausgabefunktion an das nächste Neuron weiter.

Aus den obigen Ausführungen wird erkennbar, dass für die Aktivierung eines Neurons die eingehenden Eingaben und deren Verarbeitung maßgeblich sind. Die Verarbeitung wiederum hängt stark von der Gewichtung der Eingaben, den sog. Verbindungsgewichten ab. Entscheidend für die Funktionsweise eines künstlichen neuronalen Netzes sind mithin die Gewichtungen der Verbindungen. Die Gewichtungen der Verbindungen hat aber kein menschlicher Programmierer in das KNN eingespeichert. Die zur Erzielung korrekter Ergebnisse notwendige Gewichtung wurde vielmehr durch das System während der Trainingsphase

[6] So auch *Hartmann/Prinz* DSRITB 2018, 769 (770).

[7] Ausführlich zu der mathematischen Funktionsweise: *Styczynski/Rudion/Naumann* Einführung in Expertensysteme S. 136 ff; auch *Hoppe* in Hartmann KI & Recht kompakt S. 9 ff.

[8] *Styczynski/Rudion/Naumann* Einführung in Expertensysteme S. 132; *Fink* Quick Guide KI-Projekte S. 3.

[9] *Kohn/Tamm* Mathematik für Wirtschaftsinformatiker S. 189 f.

[10] *Kohn/Tamm* Mathematik für Wirtschaftsinformatiker S. 189; *Ehinger/Stiemerling* CR 2018, 761 (762).

[11] Vgl. dazu *Kohn/Tamm* Mathematik für Wirtschaftsinformatiker S. 185 f.

[12] *Hartmann/Prinz* DSRITB 2018, 769 (771 f.).

selbstständig ermittelt und im Anschluss in einer Gewichtsmatrix für jedes einzelne Neuron gespeichert.

Zentral für die Funktionsweise eines KNN ist daher die Trainingsphase. Wie diese abläuft, soll hier am Beispiel der Methode des überwachten Lernens erklärt werden. Andere Methoden sind das unüberwachte und bestärkende Lernen, auf die hier aber aufgrund der für die rechtliche Betrachtung nicht wesentlich andere Funktionsweise nicht näher eingegangen werden soll.[13]

Während des Trainings wird das neuronale Netz zunächst mit Trainingsdaten „gefüttert", dh die Daten werden über die Eingabeschicht mithilfe einer Transformationsfunktion in das Netzwerk eingespeist.[14] Im Netzwerk werden sie dann zunächst über die Zwischenschichten weiterverarbeitet, wobei die dabei entstehenden Ergebnisse anfangs unbrauchbar sind, da die Gewichtungen der Verbindungen noch rein zufällig sind.[15] Im Anschluss werden die Verbindungsgewichte auf Basis der Abweichung des gefundenen Ergebnisses vom gewünschten Ergebnis durch die Optimierungsfunktion neu berechnet. In mehreren Durchläufen werden auf diese Art und Weise die korrekten Gewichtungen für jede einzelne Verbindung innerhalb des Netzwerks ermittelt.[16] Die Wahl der richtigen Lernrate für die Optimierungsfunktion ist dabei essenziell.[17] Die korrekte Funktionsweise des Gesamtsystems wird schließlich getestet, indem man das System sogenannte Testdaten verarbeiten lässt und die Richtigkeit der Verarbeitung überprüft.[18]

Ein fertig trainiertes KNN besteht also aus zwei Teilen, die sich technisch gesehen voneinander trennen lassen: Einerseits der Topologie, also der grundsätzliche Aufbau des Netzes, welcher der Zustand ist, der vor der Trainingsphase besteht; andererseits aus den in der Trainingsphase ermittelten Verbindungsgewichten. Für eine sinnvolle Anwendung von KNN in der Praxis ist eine Kombination der beiden Bestandteile miteinander unerlässlich.

[13] Vgl. zu den anderen Ansätzen: *Fink* Quick Guide KI-Projekte S. 88 ff.; detailliert *Hoppe* in Hartmann KI & Recht kompakt S. 13 ff.

[14] *Kohn/Tamm* Mathematik für Wirtschaftsinformatiker S. 184; *Ehinger/Stiemerling* CR 2018, 761 (762).

[15] *Ehinger/Stiemerling* CR 2018, 761 (765).

[16] *Kohn/Tamm* Mathematik für Wirtschaftsinformatiker S. 188; *Fink* Quick Guide KI-Projekte S. 90.

[17] *Kohn/Tamm* Mathematik für Wirtschaftsinformatiker S. 189.

[18] *Ehinger/Stiemerling* CR 2018, 761 (762).

B. Schutz gemäß der gegenwärtigen Rechtslage

Ziel des folgenden Abschnitts ist es, die Frage zu beantworten, inwiefern die oben beschriebenen künstlichen neuronalen Netze mit ihren Bestandteilen schon gegenwärtig Gegenstand immaterialgüterrechtlichen Schutzes sind. Schutzmöglichkeiten könnten sich vor allem aus dem Urheber-, Patent- oder Geheimnisschutzrecht ergeben.

I. Urheberrecht

Begonnen werden soll mit einer Untersuchung der urheberrechtlichen Schutzfähigkeit. Schließlich soll nach dem Willen des Gesetzgebers der Schutz von Computerprogrammen, zu denen eine Zuordnung von KI-Systemen auf den ersten Blick naheliegend erscheint, in erster Linie nach Maßgabe des UrhG realisiert werden.[19] Es muss dabei zwischen den verschiedenen Bestandteilen des KI-Systems unterschieden werden. Es darf nicht lediglich die Schutzfähigkeit des gesamten Systems betrachtet werden. Sofern die Elemente nicht selbstständig urheberrechtlichen Schutz genießen, können diese isoliert frei verwendet werden.[20] Außerdem sind häufig nicht dieselben Personen an den unterschiedlichen Entwicklungsabschnitten beteiligt, sodass die Bestandteile potentiell unterschiedliche Urheber mit jeweils eigenen Interessen haben.[21]

1. Topologie des künstlichen neuronalen Netzwerks

Es könnte möglicherweise die Struktur bzw. der Aufbau des künstlichen neuronalen Netzes Schutz genießen. Gemeint ist damit das untrainierte neuronale Netz, also nur dessen Grundstruktur, sowie die durch den menschlichen Programmierer implementierten Algorithmen. Der Schutz der Topologie vor Übernahme ist für das entwickelnde Unternehmen von großem Interesse.[22] Zwar fehlt bis zur Anwendbarkeit des künstlichen neuronalen Netzes in der Praxis noch das notwendige Training der KI mit den entsprechenden Daten, dennoch ist der Wert der Topologie nicht

[19] BT-Drs. 12/4022, 7; *Spindler* in Schricker/Loewenheim UrhG Vor §§ 69a ff. Rn. 8.

[20] *Schulze* in Dreier/Schulze UrhG § 2 Rn. 76; *Loewenheim/Leistner* in Schricker/Loewenheim UrhG § 2 Rn. 87 mwN.

[21] *Hartmann/Prinz* DSRITB 2018, 769 (774 f.).

[22] So auch *Ehinger/Stiemerling* CR 2018, 761 (765); *Hartmann/Prinz* DSRITB 2018, 769 (776).

zu unterschätzen, da diese Voraussetzung für ein erfolgreiches Training in Bezug auf das konkrete Aufgabenfeld des KNN ist.[23]

Hinsichtlich der verwendeten mathematischen Funktionen, also der Algorithmen, aus denen die einzelnen künstlichen Neurone bestehen, ist ein urheberrechtlicher Schutz abzulehnen.[24] Den mathematischen Funktionen an sich fehlt es an der notwendigen schöpferischen Eigentümlichkeit. Ihre Gestaltung ist vollständig an Regeln der Mathematik bzw. Logik orientiert, sodass kein Gestaltungsspielraum besteht, den ein Urheber zum Ausdruck seiner Persönlichkeit nutzen könnte. Ihre Verwendung in Programmen gleicht, um es mit den Worten von Generalanwalt beim EuGH *Yves Bot* zu sagen, der Benutzung von Wörtern durch einen Schriftsteller bei der Schöpfung eines Buches.[25] Dies schließt aber nicht aus, dass dennoch das künstliche neuronale Netz in der konkreten Zusammensetzung schutzfähig ist.

a) KNN als Computerprogramm

Das künstliche neuronale Netz könnte als Computerprogramm gem. § 69a UrhG urheberrechtlichen Schutz genießen. Geschützt sind gem. § 69a Abs. 1 UrhG Computerprogramme in jeder Gestalt, inklusive ihres Entwurfsmaterials, sofern sie das Ergebnis einer eigenen, geistigen Schöpfung des Urhebers sind. Der Begriff des Computerprogramms ist im Gesetz selbst nicht legaldefiniert worden. Auf eine solche Definition wurde verzichtet, da befürchtet wurde, dass eine Regelung im Gesetz nicht geeignet sei, auf den sich aus technischen Gründen möglicherweise schnell wandelnden Begriff des Computerprogramms hinreichend flexibel in der Praxis reagieren zu können.[26] In Schrifttum und Rechtsprechung hat sich eine Orientierung an § 1 (i) der Mustervorschriften der WIPO und an der DIN-Norm 44300 durchgesetzt.[27] Danach ist ein Computerprogramm eine Folge von Befehlen, die nach Aufnahme in einen maschinenlesbaren Träger fähig sind, zu bewirken, dass eine Maschine mit informationsverarbeitenden Fähigkeiten eine bestimmte Funktion oder Aufgabe oder ein bestimmtes Ergebnis anzeigt, ausführt oder erzielt.[28]

---

[23] *Ehinger/Stiemerling* CR 2018, 761 (764 f.).

[24] *Martini* Blackbox Algorithmus S. 34 mwN; *Grützmacher* in Wandtke/Bullinger UrhG § 69a Rn. 29; *Ory/Sorge* NJW 2019, 710 (712).

[25] Vgl. *Handig* GRUR-Int. 2012, 973 (978); EuGH, Schlussanträge des Generalanwalts *Yves Bot* v. 29.11.2011 – C-406/10, BeckRS 2011, 81702 Rn. 55.

[26] BT-Drs. 12/4022, 9; *Marly* GRUR 2012, 773 (774).

[27] BGH Urt. v. 9.5.1985 – I ZR 52/83, NJW 1986, 192 (196); *Spindler* in Schricker/Loewenheim UrhG § 69a Rn. 2; zustimmend auch: *Czychowski* in Fromm/Nordemann UrhG § 69a Rn. 5.

[28] Abgedruckt in GRUR 1979, 300 (306 f.).

Fraglich ist, inwiefern ein noch untrainiertes künstliches neuronales Netz unter og Definition subsumiert werden kann. Nach obigen Ausführungen ist ein untrainiertes Netz aufgrund der fehlenden Verbindungsgewichte noch nicht in der Lage, eingegebene Daten in einer Weise zu verarbeiten, die dazu führt, dass die gestellte Aufgabe gelöst werden kann.[29] Die durch dieses Netz ausgegebenen Ergebnisse sind zufällig und unbrauchbar. Es scheint daher zunächst naheliegend, dass das untrainierte neuronale Netz noch keinen bestimmten Zweck erfüllt und es sich insofern nicht um ein Computerprogramm im og Sinne handelt.[30]

Eine andere Beurteilung könnte sich aber uU ergeben, wenn man die Funktion nicht in der unmittelbaren Erzielung von Arbeitsergebnissen sieht, sondern die Ermittlung der konkreten Verbindungsgewichte als den Zweck des untrainierten neuronalen Netzes betrachtet. So dient der implementierte Lernalgorithmus vor allem dazu, während der Trainingsphase die entsprechenden Verbindungsgewichte zu ermitteln, die im Maschinencode des künstlichen neuronalen Netzes gespeichert werden.[31] Diese eben benannte Funktion erschöpft sich aber in einer reinen Zustandsveränderung des Rechenwerks des Computers. Es wird keine unmittelbar darüber hinaus gehende Steuerungsfunktion erfüllt, die aber häufig gefordert wird.[32]

Andererseits ist zu beachten, dass auf eine Legaldefinition sowohl durch den europäischen als auch durch den nationalen Gesetzgeber bewusst verzichtet worden ist, um auf zukünftige, technische Entwicklungen flexibel und angemessen reagieren zu können. Nun streng auf den Wortlaut der durch die Praxis entwickelten Definition („bestimmte Funktion“ als Voraussetzung eines Computerprogramms) zu bestehen, würde diesem Willen diametral entgegenstehen. Dies gilt umso mehr, wenn man die hinter der Auswahl der Definition stehenden Erwägungen in den Blick nimmt. Die Definition mit dem Merkmal der „bestimmten Funktion“ wurde insbesondere gewählt, um eine Abgrenzung etwa bloßer Daten, die überhaupt keine Steuerungswirkung ausüben, von Computerprogrammen im urheberrechtlichen Sinne gewährleisten zu können.[33] Bei untrainierten KNN ist es aber keineswegs so, dass überhaupt keine Steuerungswirkung vorliegen würde. Das KNN produziert lediglich noch keine sinnvollen Ausgaben. Lehnt man aus diesem Grund aber die Einordnung des untrainierten KNN als Computerprogramm ab,

---

[29] *Ehinger/Stiemerling* CR 2018, 761 (765).

[30] Ablehnend *Ehinger/Stiemerling* CR 2018, 761 (765).

[31] So wohl *Ehinger/Stiemerling* CR 2018, 761 (765).

[32] Vgl. dazu *Hartmann/Prinz* DSRITB 2018, 769 (778 f.).

[33] *Schuster/Hunzinger* in Schuster/Grützmacher UrhG § 69a Rn. 5; *Hartmann/Prinz* DSRITB 2018, 769 (777 f.).

dürften ebenso etwa fehlerhaft erstellte konventionelle Programme nicht als solche anzusehen seien, was nicht überzeugend scheint. [34]

Das letzte Argument greift bei genauerer Betrachtung aber etwas zu kurz. Auch wenn ein konventionelles Programm aufgrund eines fehlerhaften Codes eine gestellte Aufgabe objektiv nicht korrekt erfüllen kann, so ist es doch subjektiv durch den Entwickler mit einer entsprechenden Funktionsbestimmung versehen, die sich nicht in einer Steuerung und Zustandsveränderung des Computers selbst erschöpft, sondern auf eine Ausgabe der Ergebnisse gerichtet ist. Das untrainierte KNN hingegen ist von vorneherein nicht für eine Ausgabe von Ergebnissen entwickelt worden, sondern nur zur Ermittlung der dazugehörigen Verbindungsgewichte, welche eine bloße Zustandsveränderung des Computers selbst darstellen. Insofern lässt sich die Funktion eines untrainierten KNN nicht eindeutig etwa von bloßen Daten abgrenzen.[35] Daher bestehen berechtigte Zweifel daran, ob das untrainierte künstliche neuronale Netz unter den Begriff des Computerprogramms subsumiert werden kann.[36]

b) Einordnung als Entwurfsmaterial

Es könnte daher eine mögliche Einordnung untrainierter KNN als Entwurfsmaterial eines Computerprogramms gem. § 69a Abs. 1 UrhG aE interessant und erwägenswert sein, da auch so der Anwendungsbereich der §§ 69a ff. UrhG eröffnet wäre.[37] Zum Entwurfsmaterial zählen solche vorbereitenden Arbeiten, die die spätere Entstehung des Computerprogramms zulassen, wie aus dem Erwägungsgrund 7 der Software-RL hervorgeht, deren Umsetzung die §§ 69a ff. UrhG darstellen.[38] Das Entwurfsmaterial muss dazu alle Angaben enthalten, die erforderlich sind, ein entsprechendes Computerprogramm zu erstellen. [39] Dazu gezählt wird etwa die Problemanalyse, die der Entwicklung des Programms zugrunde liegt.[40]

Das untrainierte neuronale Netz ist aber nicht eine Vorstufe des fertigen Programms, welche alle für die Funktion des fertigen KI-Systems we-

[34] Vgl. dazu *Horns* GRUR 2001, 1 (5).

[35] Ähnlich *Hartmann/Prinz* DSRITB 2018, 769 (779).

[36] *Hartmann/Prinz* DSRITB 2018, 769 (779); aA *Ehinger/Stiemerling* CR 2018, 761 (765).

[37] So *Ehinger/Stiemerling* CR 2018, 761 (765); auch *Hartmann/Prinz* DSRITB 2018, 769 (780 f.).

[38] *Grützmacher* in Wandtke/Bullinger UrhG § 69a Rn. 7; s. dazu auch *Marly* GRUR 2012, 773 (775).

[39] *Grützmacher* in Wandtke/Bullinger UrhG § 69a Rn. 7; *Koch* GRUR 2000, 191 (199).

[40] *Wiebe* in Spindler/Schuster UrhG § 69a Rn. 7, 9.

sentlichen Merkmale bereits enthält.[41] Die für die korrekte Funktion wesentlichen Verbindungsgewichte fehlen im Programmcode, der die Topologie des Netzes festlegt, noch vollständig. Damit lässt das untrainierte neuronale Netz an sich noch nicht die Entstehung eines fertigen Computerprogramms zu, sofern man das oben erörtere enge Verständnis des Begriffs zugrunde legt.

Eventuell könnte aber ausreichen, dass die Idee zur Findung der Problemlösung im untrainierten KNN enthalten sein könnte.[42] Auch wenn sich noch nicht das fertige KI-System nur aus der Topologie des Netzes erstellen lässt, könnte man dennoch annehmen, dass die relevanten Informationen zur Problemlösung bereits durch die Festlegung des grundlegenden Aufbaus des KNN enthalten sind.[43] Selbst wenn man dies bejahen würde, würde dies im vorliegenden Fall aber nicht weiterhelfen. Das untrainierte KNN enthält noch nicht einmal die vollständige Idee zur Findung der Problemlösung. Solange das Netz noch nicht trainiert wurde, ist es nicht zwingend so, dass dieses eindeutig nur für einen bestimmten Anwendungsfall gebraucht werden kann. Die endgültige Zweckbestimmung ergibt sich erst aus dem Training des KNN mit den passenden Trainingsdaten. Ohne genau abgestimmte Trainingsdaten bietet das untrainierte KNN daher auch noch keine Idee zur Lösungsfindung. Die Auswahl der passenden Trainingsdaten ist noch ein wesentlicher Zwischenschritt hin zur Lösung des Problems und somit als Teil der Idee anzusehen. Ein Schutz als Entwurfsmaterial könnte also höchstens dann angenommen werden, wenn zusätzlich genauere Informationen zum beabsichtigten Training des KNN bereitgestellt und enthalten sein würden. Ansonsten stellt es kein Entwurfsmaterial dar.

Es lässt sich also vorläufig festhalten, dass nach gegenwärtiger Rechtslage gewichtige Zweifel an der Einordnung des untrainierten künstlichen neuronalen Netzes in die Werkkategorie der Computerprogramme bestehen. Die Anwendung der Vorschriften der §§ 69a ff. UrhG darf also nicht als gesichert gelten.

c) Schutz als sonstiges Werk

Zu beachten ist aber, dass ein urheberrechtlicher Schutz als Werk nichtsdestotrotz in Betracht kommt. So kann der Programmcode des neuronalen Netzes wohl als allgemeines Sprachwerk gem. § 2 Abs. 1 Nr. 1 UrhG eingeordnet werden. Dazu ist lediglich erforderlich, dass der Code des untrainierten Netzes die allgemeinen Werkvoraussetzungen des § 2

---

[41] *Hartmann/Prinz* DSRITB 2018, 769 (779 f.); zustimmend *Heinze/Wendorf* in Oppermann/Stender-Vorwachs Autonomes Fahren S. 293.

[42] Bejahend *Hartmann/Prinz* DSRITB 2018, 769 (780 f.).

[43] So wohl *Hartmann/Prinz* DSRITB 2018, 769 (780 f.).

Abs. 2 UrhG erfüllt. Insbesondere muss dafür eine ausreichende Schöpfungshöhe gegeben sein. Dies dürfte jedoch in Anbetracht der dafür geltenden niedrigen Maßstäbe (Schutz der sog. „kleinen Münze“[44]) regelmäßig der Fall sein, da der Programmierer trotz der technisch bedingten Einschränkungen, einen Entscheidungsspielraum bei der Gestaltung des Codes hat, den er für freie gestalterische Entscheidungen nutzen kann und dem Code so die für den Werkschutz erforderliche Individualität verleiht.[45] Daher ist das untrainierte neuronale Netz aus urheberrechtlicher Sicht regelmäßig mindestens nach allgemeinen Regeln geschützt.[46]

2. Schutz des trainierten künstlichen neuronalen Netzes

Neben dem oben geprüften urheberrechtlichen Schutz des untrainierten KNN stellt sich auch die Frage einer Schutzfähigkeit des neuronalen Netzes bzw. der Trainingsergebnisse nach vollständig durchlaufener Trainingsphase. Der Unterschied des fertig trainierten KNN zum untrainierten Netz besteht darin, dass während des Trainings die für die Erfüllung der jeweiligen Aufgabe erforderlichen Verbindungsgewichte durch die verwendeten Algorithmen ermittelt wurden. Diese Verbindungsgewichte werden dann im Maschinencode des fertigen KNN gespeichert.

a) Computerprogramm

Zunächst ist auch hier eine Einordnung als Computerprogramm naheliegend. Die Subsumtion unter die oben genannte Definition des Begriffs des Computerprogramms iSd §§ 69a ff. UrhG bereitet hier, anders als oben, keine besonderen Probleme, sofern man die ermittelten Verbindungsgewichte zusammen mit der Topologie des KNN betrachtet.[47] Das KNN ist nach dem Training ohne Weiteres in der Lage, eine spezifische Funktion korrekt zu erfüllen und erfüllt auch direkt eine Steuerungsfunktion. Der Maschinencode des trainierten KNN ist daher als Computerprogramm im urheberrechtlichen Sinne einzuordnen. Zu beachten ist dabei, dass sich diese Feststellung auf das trainierte KNN insgesamt bezieht. Die Verbindungsgewichte an sich, isoliert vom KNN betrachtet, stellen

[44] Grundlegend dazu BGH Urt. v. 13.11.2013 – I ZR 143/12, GRUR 2014, 175; *Loewenheim/Leistner* in Schricker/Loewenheim UrhG § 2 Rn. 61 ff. mwN.

[45] So zu § 69a Abs. 3 UrhG auch *Hartmann/Prinz* DSRITB 2018, 769 (781 f.); *Ehinger/Stiemerling* CR 2018, 761 (766); *Heinze/Wendorf* in Oppermann/Stender-Vorwachs Autonomes Fahren S. 293.

[46] So auch *Heinze/Wendorf* in Oppermann/Stender-Vorwachs Autonomes Fahren S. 293.

[47] Auch *Ehinger/Stiemerling* CR 2018, 761 (767).

kein Computerprogramm dar, da diese keinerlei Steuerungsfunktion ausüben.[48]

Darüber hinaus müsste der Maschinencode gem. § 69a Abs. 3 UrhG eine eigene, geistige Schöpfung darstellen. Eine eigene, geistige Schöpfung ist nur dann gegeben, wenn das Produkt durch einen Menschen erschaffen wurde.[49] Dies könnte hier für Teile des KNN durchaus in Zweifel gezogen werden. Die im Maschinencode enthaltenen Verbindungsgewichte wurden nicht durch einen Menschen erdacht. Unmittelbares Produkt des Schaffens der Programmentwickler ist nur der Code, durch den die Topologie des KNN definiert wird, maW das untrainierte KNN. Die im Maschinencode enthaltenen Verbindungsgewichte hingegen sind das Ergebnis des Trainingsprozesses und werden währenddessen durch die implementierten Lern- und Optimierungsalgorithmen ermittelt. Es besteht also nur noch ein indirekter menschlicher Einfluss auf diesen Teil des fertigen KNN durch die Auswahl der entsprechenden Algorithmen und der verwendeten Trainingsdaten.[50]

Grundsätzlich ist es so, dass der Einsatz von Computern bei der Programmerstellung unschädlich sein kann. Dabei handelt es sich dann um Fälle des sog. computer-aided software-engineering (CASE).[51] Zu beachten ist aber, dass in diesen Fällen zumeist lediglich einzelne Programmkomponenten automatisch generiert werden. Die Einbettung dieser automatisch generierten Elemente in das Gesamtprogramm erfolgt dann wieder durch einen menschlichen Programmierer, der, sofern er dabei eigene gestalterische Entscheidungen trifft, dem Programm so die erforderliche Originalität verleiht.[52] Die einzelnen, automatisch generierten Elemente hingegen genießen keinen urheberrechtlichen Schutz.

Parallel stellt sich die Lage beim Schutz der fertig trainierten KNN dar. Die Verbindungsgewichte sind durch die Algorithmen generiert. Die bloße Auswahl der eingesetzten Algorithmen und der Trainingsdaten genügen nicht, um eine ausreichende persönliche Prägung dieser im Maschinencode gespeicherten Verbindungsgewichte anzunehmen.[53] Der Mensch hat durch die Auswahl der Trainingsdaten und der Algorithmen vielmehr nur die Rahmenbedingungen vorgegeben, innerhalb derer er keinen Einfluss mehr auf das konkrete Ergebnis hat. Insofern werden die Verbindungsgewichte isoliert keine Originalität aufweisen und somit kei-

[48] Offen gelassen bei *Ehinger/Stiemerling* CR 2018, 761 (767).
[49] *Grützmacher* in Wandtke/Bullinger UrhG § 69a Rn. 34 mwN.
[50] Ähnlich *Hartmann/Prinz* DSRITB 2018, 769 (784).
[51] *Spindler* in Schricker/Loewenheim UrhG § 69a Rn. 15.
[52] Vgl. *Czychowski/Siesmayer* in Taeger/Pohle Computerrechts-Handbuch 20.4 Urheberrecht Rn. 26.
[53] Vgl. zur aA *Hartmann/Prinz* DSRITB 2018, 769 (784 f.).

nen urheberrechtlichen Schutz genießen.[54] Mit der durch Menschen programmierten Topologie des KNN kombiniert, genießt das Gesamtwerk aber dennoch Schutz, wie oben bereits erörtert wurde.

Bliebe es bei dieser Feststellung, würde dies dazu führen, dass die Verbindungsgewichte für sich genommen gemeinfrei wären. Sie könnten also in ein KNN, welches ohne Verletzung der daran bestehenden Urheberrechte nachgebildet wurde, implementiert werden und so wirtschaftlich durch Dritte genutzt werden.[55]

b) Schutz als Datenbank bzw. Datenbankwerk

Es könnte aber ein isolierter Schutz der Gewichte als Datenbankwerk gem. § 4 Abs. 2 UrhG in Betracht kommen. Danach ist ein Datenbankwerk ein Sammelwerk, dessen Elemente systematisch oder methodisch angeordnet und einzeln mit Hilfe elektronischer Mittel oder auf andere Weise zugänglich sind. Für den Schutz als Datenbankwerk kommen nur Sammlungen von unabhängigen Elementen in Betracht, wie aus § 4 Abs. 1 UrhG hervorgeht. Hintergrund ist, dass einheitliche Werke nicht künstlich aufgeteilt und als Sammelwerk ihrer Bestandteile verstanden werden sollen.[56] Ein Programm, das den Zugang zu den Elementen der Datenbank ermöglicht, ist explizit gem. § 4 Abs. 2 S. 2 UrhG nicht vom Schutz des Datenbankwerks umfasst.

Die Verbindungsgewichte werden im Maschinencode gespeichert und sind dort dem Aufbau des KNN folgend logisch angeordnet. Während der Verarbeitung von Informationen durch das KNN wird auf diese zugegriffen. Problematisch ist, dass die Verbindungsgewichte nur in Kombination miteinander und mit dem KNN Sinn ergeben. Sie können nicht voneinander getrennt werden, ohne dass ihr Aussagegehalt verloren geht. Isoliert wird durch sie keine brauchbare Information vermittelt. Insofern sind die Trainingsergebnisse nicht voneinander unabhängige Elemente und können somit nicht als Sammelwerk iSd § 4 UrhG eingeordnet werden.[57]

Auch hier würde sich überdies das bereits oben angesprochene Problem der menschlichen Schöpfung stellen, da menschliche Programmierer keinerlei Entscheidung hinsichtlich Auswahl und Anordnung der Daten treffen.[58] Es lässt sich also als Zwischenergebnis festhalten, dass ein urheberrechtlicher Schutz der Trainingsergebnisse als Werk mangels ausreichendem menschlichen Einfluss nicht in Betracht kommt.

---

54 So auch *Ehinger/Stiemerling* CR 2018, 761 (767 f.).

55 *Ehinger/Stiemerling* CR 2018, 761 (766).

56 *Leistner* in Schricker/Loewenheim UrhG § 4 Rn. 17.

57 *Hartmann/Prinz* DSRITB 2018, 769 (786); *Ehinger/Stiemerling* CR 2018, 761 (768).

58 *Ehinger/Stiemerling* CR 2018, 761 (769).

Möglicherweise kommt ein Schutz über verwandte Leistungsschutzrechte in Betracht. Diese sind im zweiten Teil des Urheberrechtsgesetzes geregelt und stehen selbstständig neben dem urheberrechtlichen Werkschutz. Teilweise sind die Regelungen zu Werken aus dem ersten Teil kraft gesetzlicher Verweisung anzuwenden.

Konkret könnte an das Leistungsschutzrecht für Datenbankhersteller gem. §§ 87a ff. UrhG gedacht werden. Würde an den Trainingsergebnissen des KNN ein Datenbankherstellerrecht bestehen, würden dem Träger dieses Rechts umfassende Verwertungsrechte (vgl. § 87b UrhG) zustehen. Damit an den Trainingsergebnissen ein Datenbankherstellerrecht entsteht, müsste es sich aber wiederum bei den gespeicherten Gewichten um eine Sammlung von unabhängigen Elementen handeln, wie aus § 87a Abs. 1 S. 1 UrhG hervorgeht. Wie oben bereits erörtert, handelt es sich bei den Verbindungsgewichten aber nicht um voneinander unabhängige Elemente. Insofern scheitert auch ein Schutz über Leistungsschutzrechte.[59]

Insgesamt ist festzuhalten, dass ein Schutz der Trainingsergebnisse über das Urheberrecht nicht zu erreichen ist und diese insofern gemeinfrei sind.

II. Patentrecht

Es wurde bereits festgestellt, dass der urheberrechtliche Schutz für künstliche neuronale Netze lückenhaft ist. So ist zwar eine Einordnung des untrainierten KNN als Werk durchaus möglich, aber die Trainingsergebnisse sind in der Regel ungeschützt. In der Folge ist ein Schutz durch das Patentrecht von Relevanz.

Das Patentrecht schützt gem. § 1 Abs. 1 PatG bzw. Art. 52 Abs. 1 EPÜ Erfindungen auf allen Gebieten der Technik. Im Patentgesetz selbst ist der Begriff nicht definiert. Der BGH hat aber in seiner bekannten Entscheidung „Rote Taube“ eine Definition entwickelt, die in der juristischen Welt mittlerweile als einhellig anerkannt gelten kann. Danach ist eine Erfindung eine Lehre zum planmäßigen Handeln, die unter Einsatz beherrschbarer Naturkräfte einen kausal übersehbaren Erfolg herbeiführt.[60] Es ist also verkürzt gesagt erforderlich, dass ein technisches Problem durch den Einsatz von Naturkräften gelöst wird. Der technische Charakter steht auch bei der Patentprüfung durch das EPA im Fokus.[61]

---

[59] *Hartmann/Prinz* DSRITB 2018, 769 (786); *Ehinger/Stiemerling* CR 2018, 761 (769).

[60] BGH Beschl. v. 27.3.1969 – X ZB 15/67, NJW 1969, 1713 (1714); Benkard PatG/*Bacher* PatG § 1 Rn. 43.

[61] Benkard EPÜ/*Melullis* EPÜ Art. 52 Rn. 53 f.

Auf den ersten Blick sorgt dies bei der Patentierung von Computerprogrammen für Schwierigkeiten. Diese lösen Probleme schließlich durch Einsatz von Logik und mathematischen Methoden und setzen dafür keine physischen Kräfte ein.[62] Dennoch funktionieren Programme regelmäßig nur in Verbindung mit Computern, also physisch vorhandenen Datenverarbeitungsanlagen. Die im Programmcode niedergelegten Anweisungen verändern dabei den Spannungszustand der Recheneinheiten der Datenverarbeitungsanlage. Die Verwendung von Computerprogrammen setzt insofern auch die Verwendung technischer Mittel voraus, sodass durchaus technische Mittel bzw. Naturkräfte bei der Lösung von technischen Problemen unter Zuhilfenahme von Computerprogrammen zum Einsatz kommen. Dass diese nicht prägend für die Problemlösung sind, ist bei Zugrundelegung der neueren Rechtsprechung des BGH, der bzgl. der Technizität niedrige Maßstäbe ansetzt, unbeachtlich.[63] Die Patentierung von Computerprogrammen wird also regelmäßig nicht am Fehlen der Technizität scheitern.

Dennoch statuiert § 1 Abs. 3 Nr. 3 PatG bzw. Art. 52 Abs. 2 lit. c EPÜ einen Patentierungsausschluss für Programme von Datenverarbeitungsanlagen. Dass jedes Programm auf einem technischen Computer ausgeführt werden muss, führt daher noch nicht dazu, dass das Programm patentierbar wäre. Der Patentierungsauschluss des § 1 Abs. 3 Nr. 3 PatG hat vielmehr neben dem allgemeinen Erfordernis der Technizität einer Erfindung eine eigenständige Bedeutung. Der Ausschluss in § 1 Abs. 3 Nr. 3 PatG bedeutet, dass Computerprogramme einem Patentschutz grundsätzlich nicht zugänglich sind. Bei genauerer Betrachtung wird aber deutlich, dass § 1 Abs. 3 Nr. 3 PatG einen Schutz nicht gänzlich ausschließt. Vielmehr bezieht sich die Norm nur auf Computerprogramme an sich. Sofern ein Patent also nicht für ein Programm an sich erteilt werden soll, ist ein Schutz demnach denkbar.

Die entscheidende Frage ist daher, wann ein Patent nicht für ein Programm an sich erteilt wird. Dies ist eine Frage, die sich nicht erst im Zusammenhang mit der Patentierung von KI-Systemen stellt, sondern die Rechtswissenschaft schon lange beschäftigt. Es handelt sich um das Problem der sog. computerimplementierten Erfindungen. Bei computerimplementierten Erfindungen ist zu untersuchen, inwiefern das Computerprogramm (als an sich untechnisches Merkmal) bei der Erfindung zur Lösung eines technischen Problems beiträgt. Entscheidend ist also, ob bzw. inwiefern das Computerprogramm im Zusammenspiel mit technischen Merkmalen ein technisches Problem löst. Das DPMA hat dazu, angelehnt an die Rechtsprechung des BGH, einen Drei-Stufen-Ansatz

---

[62] Vgl. dazu *Martini* Blackbox Algorithmus S. 36.
[63] Vgl. Benkard PatG/*Bacher* PatG § 1 Rn. 108.

entwickelt, anhand dessen die Schutzfähigkeit computerimplementierter Erfindungen zu prüfen ist.[64] Auch das EPA geht ähnlich vor, auch wenn diese sich an einem zweistufigen Ansatz orientieren.[65]

Zunächst ist zu prüfen, ob der Gegenstand der Erfindung zumindest zum Teil auf technischem Gebiet liegt.[66] Dafür muss zumindest ein Teilaspekt der Lehre ein technisches Problem lösen.[67] Hier ist noch unbeachtlich, mit welchen Mitteln dieses Problem gelöst wird.

Anschließend muss geprüft werden, ob Schutz für das Computerprogramm als solches begehrt wird. Damit dies nicht der Fall ist, muss das technische Problem mit technischen Mitteln gelöst werden, die über die Technizität durch den Ablauf eines Programms auf einem Computer hinausgehen.[68] Entscheidend ist dabei aber nicht, ob diese technischen Mittel die Erfindung insgesamt prägen.[69] Der BGH hat diesbezüglich mittlerweile drei Fallgruppen entwickelt, an denen sich bei der entsprechenden Beurteilung orientiert werden kann.[70] Erstens ist die nötige Technizität dann gegeben, wenn Gerätekomponenten modifiziert oder grundsätzlich abweichend adressiert werden.[71] Zweitens dann, wenn der Ablauf des eingesetzten Programms durch technische Gegebenheiten außerhalb der Datenverarbeitungsanlage bestimmt wird.[72] Zuletzt liegt ein technisches Mittel bei computerimplementierten Erfindungen auch dann vor, wenn das Programm so ausgestaltet wird, dass es auf die technischen Gegebenheiten des Computers Rücksicht nimmt.[73]

Zuletzt muss die Erfindung neu sein und auf einer erfinderischen Tätigkeit beruhen. Bei diesem letzten Aspekt ist zu beachten, dass dafür nur die technischen Merkmale der Erfindung herangezogen werden dürfen.[74] Nur insofern spielt also die Frage eine Rolle, inwiefern die technischen Merkmale die Erfindung prägen.[75]

---

[64] Vgl. BGH Beschl. v. 22.04.2010 – Xa ZB 20/08, GRUR 2010, 613 Rn. 22 f.; *Pesch* MMR 2019, 14 (15 f.).

[65] *Pesch* MMR 2019, 14 (17).

[66] Statt vieler: BGH Urt. v. 24.2.2011 – X ZR 121/09, GRUR 2011, 610 Leitsatz 1.

[67] BGH Urt. v. 24.02.2011 – X ZR 121/09, MMR 2011, 540 Rn. 15; Urt. v. 26.10.2010 – X ZR 47/07, GRUR 2011, 125 Rn. 31.

[68] Vgl. BGH Urt. v. 26.10.2010 – X ZR 47/07, GRUR 2011, 125 Rn. 30; ähnlich auch schon Beschl. v. 17.10.2001 – X ZB 16/00, GRUR 2002, 143 (144).

[69] Vgl. BGH Urt. v. 26.10.2010 – X ZR 47/07, GRUR 2011, 125 Rn. 27; Beschl. v. 22.4.2010 – Xa ZB 20/08, GRUR 2010, 613 Rn. 20; *Pesch* MMR 2019, 14 (16).

[70] *Pesch* MMR 2019, 14 (16).

[71] BGH Urt. v. 24.02.2011 – X ZR 121/09, MMR 2011, 540 Rn. 21.

[72] BGH Urt. v. 24.02.2011 – X ZR 121/09, MMR 2011, 540 Rn. 22.

[73] BGH Urt. v. 24.02.2011 – X ZR 121/09, MMR 2011, 540 Rn. 22.

[74] BGH Beschl. v. 22.04.2010 – Xa ZB 20/08, GRUR 2010, 613 Rn. 23; Urt. v. 26.10.2010 – X ZR 47/07, GRUR 2011, 125 Rn. 31.

[75] BGH Beschl. v. 22.04.2010 – Xa ZB 20/08, GRUR 2010, 613 Rn. 24.

Ob die oben genannten Kriterien von einer Erfindung, die Elemente von KI enthält, erfüllt werden, ist eine Frage des konkreten Einzelfalls. Deutlich geworden ist, dass KI durchaus Gegenstand einer Patentanmeldung sein kann, wenn auch nicht pauschal und an sich, sondern nur unter den oben erörterten, spezifischen Voraussetzungen.

Neben der Einordnung eines KI-Systems als Erfindung, kann sich ein weiteres Problem im Kontext der Patentanmeldung stellen. So muss bei der Anmeldung die Erfindung offenbart werden (vgl. § 34 Abs. 4 PatG bzw. Art. 83 EPÜ), was bedeutet, dass die Erfindung in der Anmeldung so erklärt bzw. beschrieben werden muss, dass ein Fachmann sie ausführen kann. Hintergrund dieser Norm ist, dass der Zweck des Patentrechts darin besteht, dass die angemeldeten Erfindungen der Öffentlichkeit zugänglich gemacht werden und so der technische Fortschritt insgesamt vorangebracht werden kann.[76] Insofern muss bei der Offenbarung von KI-Erfindungen besonders darauf geachtet werden, dass nicht nur der Quellcode des untrainierten KI-Systems zur Verfügung gestellt wird, sondern mindestens ebenso die verwendeten Trainingsdaten, da nur dann eine Ausführung der Erfindung durch andere Personen möglich ist.[77]

III. Geheimnisschutzrecht

Aus den obigen Ausführungen geht hervor, dass auch durch das Patentrecht nicht immer Schutz für KI-Systeme erreicht werden kann. Insofern kann es für die KI-Entwickler von Interesse sein, einen Schutz durch das neue Gesetz zum Schutz von Geschäftsgeheimnissen zu erreichen. Dieses Gesetz schützt ausweislich seines § 1 Abs. 1 Geschäftsgeheimnisse vor Erlangung, Nutzung und Offenlegung. Es statuiert also einen umfassenden Schutz der entsprechenden Informationen vor Verwendung durch Dritte und ist insofern den bisherigen Immaterialgüterrechten ähnlich.[78] Der Vorteil ist, dass es nicht auf den Inhalt des Geheimnisses ankommt und es insofern irrelevant ist, ob die geheim gehaltene Information etwa eine Erfindung oder eine menschliche Schöpfung darstellt.[79]

Voraussetzung für eine Einordnung einer Information als Geschäftsgeheimnis ist das Vorliegen von drei Bedingungen, wie aus § 2 Nr. 1 GeschGehG hervorgeht. Zunächst darf die Information nicht allgemein bekannt sein und muss infolgedessen einen wirtschaftlichen Wert haben. Wendet man dies auf KI-Systeme an, wird klar, dass hier keine besonde-

[76] Benkard PatG/*Schäfers* PatG § 34 Rn. 14a.

[77] S. dazu auch *Ménière/Pihlajamaa* GRUR 2019, 332 (335); *Nägerl/Neuburger/Steinbach* GRUR 2019, 336 (339).

[78] Dazu BT-Drs. 19/4724, 20.

[79] Vgl. *Apel/Kaulartz* RDi 2020, 24 (30); *Conrad/Schneider* in Auer-Reinsdorff/Conrad Handbuch IT- und Datenschutzrecht § 11 Rn. 108.

ren Probleme bestehen. Der Programmcode ist keinesfalls banal und der Allgemeinheit im Regelfall auch nicht ohne weiteres zugänglich.[80] Ein wirtschaftlicher Wert der Informationen ist grundsätzlich dann anzunehmen, wenn sie im geschäftlichen Verkehr verwertbar sind, sofern sie nicht allgemein bekannt sind. Diese Hürde dürfte daher im Regelfall leicht zu nehmen sein.

Zweitens muss der Inhaber angemessene Geheimhaltungsmaßnahmen ergriffen haben. Auch hier stellen sich keine spezifischen Probleme. Welche Geheimhaltungsmaßnahmen angemessen sind, ist immer eine Frage des Einzelfalls.[81] Maßgeblich dafür sind Aspekte wie der Wert des Geheimnisses und die angefallenen Entwicklungskosten, ebenso wie die Bedeutung des Geheimnisses für das konkrete Unternehmen, wobei dabei die Größe des Unternehmens und die dort üblicherweise ergriffenen Geheimhaltungsmaßnahmen eine Rolle spielen.[82] Generell können und sollten Maßnahmen vertraglicher, technischer und organisatorischer Natur ergriffen werden.[83] Klare Kriterien wurden bisher noch nicht abschließend herausgearbeitet, sodass für einen rechtssicheren Umgang mit der Norm in der Praxis noch auf die Rechtsprechung zu warten ist.

Schließlich muss ein berechtigtes Interesse an der Geheimhaltung bestehen. Welchen bzw. ob dieses Tatbestandsmerkmal eigenständigen Wert hat, ist momentan noch ungeklärt. Es wird angenommen, dass es vor allem der Abgrenzung zu reinen Bagatellfällen dienen soll,[84] sodass auch hier keine Besonderheiten zu beachten sind.

Rechtsfolge der Einordnung eines KI-Systems bzw. von dessen Programmcode als Geschäftsgeheimnis ist ein umfassender Schutz der entsprechenden Information vor Erlangung, Nutzung und Offenlegung. Die Reichweite des Schutzes ist in den §§ 4 ff. GeschGehG genauer bestimmt.

IV. Zwischenergebnis

Der Schutz von KI-Systemen durch das Immaterialgüterrecht stellt sich nach gegenwärtiger Rechtslage als nicht trivial heraus. Im Urheberrecht muss hinsichtlich der Schutzfähigkeit zwischen den verschiedenen Trainingsstufen eines KNN differenziert werden. Während das untrainierte KNN einem urheberrechtlichen Schutz regelmäßig zugänglich ist und le-

[80] S. zu diesen Kriterien allgemein BT-Drs. 19/4724, 24.

[81] Vgl. dazu BT-Drs. 19/4724, 24; ausführlich dazu *Apel/Kaulartz* RDi 2020, 24 (30 f.).

[82] BT-Drs. 19/4724, 25.

[83] *Apel/Kaulartz* RDi 2020, 24 (30 f.); BeckOK GeschGehG/*Fuhlrott* GeschGehG § 2 Rn. 25; BT-Drs. 19/4724, 24.

[84] Vgl. BeckOK GeschGehG/*Hiéramente* GeschGehG § 2 Rn. 71.

diglich Unklarheiten hinsichtlich der Einordnung in die Werkart der Computerprogramme bestehen, sind die Trainingsergebnisse ungeschützt, da diese nicht als persönliche Schöpfung eines Menschen eingeordnet werden können, sondern vielmehr durch die implementierten Lernalgorithmen generiert wurden. Auch ein Schutz über das Datenbankherstellerrecht aus den §§ 87a ff. UrhG scheidet aus. Ein patentrechtlicher Schutz ist denkbar, setzt aber voraus, dass nicht die KI an sich geschützt wird, sondern Teil einer Erfindung ist und insofern ein technisches Problem löst. Außerdem muss bei der Patentanmeldung besonders auf eine ausreichende Offenbarung der Erfindung geachtet werden. Am wenigsten Probleme macht ein Schutz als Geschäftsgeheimnis gem. § 2 Nr. 1 GeschGehG. Dort sind keine Besonderheiten zu beachten. Lediglich die Neuheit dieses Rechtsregimes dürfte für einige praktische Unsicherheiten sorgen.

C. Fazit

Die Betrachtung der derzeitigen Rechtslage ergibt, dass der immaterialgüterrechtliche Schutz von KI-Systemen in Deutschland nicht umfassend sichergestellt ist. Urheberrechtlicher Schutz für das untrainierte KNN ist möglich. Die Trainingsergebnisse bleiben aber ungeschützt. Dies ist in Anbetracht dessen, dass die Trainingsergebnisse nur in Kombination mit dem spezifischen KNN einen Wert haben, aber nicht das eigentliche Problem beim urheberrechtlichen Schutz. Die größte Schwäche dieses Rechtsregimes ist darin zu sehen, dass nicht die Idee, sondern nur die konkrete Ausdrucksform geschützt wird. Eine Übernahme der Idee ist daher ohne weiteres möglich, sofern nicht der konkrete Programmcode übernommen wird. Eine Nachbildung der Topologie des untrainierten KNN bleibt daher grundsätzlich möglich, die dann ggf. mit den gemeinfreien Verbindungsgewichten in Kombination genutzt werden könnte.

Auch das Patentrecht bietet nur einen lückenhaften Schutz. Hier ist zwar der Erfindungsgedanke umfassend geschützt. Es muss sich dafür aber um eine Erfindung auf technischem Gebiet handeln, sodass viele KI-Systeme hierdurch von vorneherein nicht für einen solchen Schutz in Betracht kommen. Außerdem bleibt die Verwendung der Software an sich in anderem Kontext möglich. Am sichersten dürfte daher ein Schutz als Geschäftsgeheimnis sein. Dies verlangt lediglich, dass die Entwickler angemessene Geheimhaltungsmaßnahmen ergreifen. Auch hier ist jedoch zu beachten, dass gewisse Schwächen bestehen, es bleibt eine etwaige

Nutzung der Informationen durch Dritte möglich, soweit sie diese nicht auf verbotenem Wege erlangt haben (vgl. § 3 GeschGehG).

Dies könnte dazu führen, dass Entwickler häufig den Schutz als Geschäftsgeheimnis den übrigen Möglichkeiten vorziehen. Inwiefern diese fehlende Dissemination zu einer Beeinträchtigung des technologischen Fortschritts in diesem Bereich führen könnte, kann an dieser Stelle nicht beantwortet werden. Sollte hier eine Beeinträchtigung zu erwarten sein, muss sich natürlich mit der Frage befasst werden, ob eine Anpassung der Rechtslage zur Verhinderung dieser Nachteile geboten ist und wie diese aussehen könnte. Es ergeben sich also noch weitere, ungeklärte Fragen in diesem Bereich, die der weiteren Untersuchung bedürfen.

Literatur

Auer-Reinsdorff/Conrad (Hrsg.), Handbuch IT- und Datenschutzrecht, 3. Aufl., München 2019

Apel/Kaulartz, Rechtlicher Schutz von Machine Learning-Modellen, RDi 2020, 24

Benkard, Patentgesetz, Gebrauchsmustergesetz, Patentkostengesetz, 11. Aufl., München 2015

Dreier/Schulze, Urheberrechtsgesetz, 6. Aufl., München 2018

Ehinger/Stiemerling, Die urheberrechtliche Schutzfähigkeit von Künstlicher Intelligenz am Beispiel von Neuronalen Netzen, CR 2018, 761

Benkard Europäisches Patentübereinkommen: EPÜ, herausgegeben von *Ehlers/Kinkeldey*, 3. Aufl., München 2019

Fink, Quick Guide KI-Projekte – einfach machen, Wiesbaden 2020

BeckOK GeschGehG, herausgegeben von *Fuhlrott/Hiéramente*, 7. Edition, Stand 15.03.2021

Gesmann-Nuissl, Künstliche Intelligenz – den ersten Schritt vor dem zweiten tun!, InTeR 2018, 105

Handig, Durch „freie kreative Entscheidungen" zum europäischen urheberrechtlichen Werkbegriff, GRUR-Int. 2012, 973

Hartmann (Hrsg.), KI & Recht kompakt, Berlin 2020

Hartmann/Prinz, Immaterialgüterrechtlicher Schutz von Systemen Künstlicher Intelligenz, DSRITB 2018, 769

Oppermann/Stender-Vorwachs (Hrsg.), Autonomes Fahren – Technische Grundlagen, Rechtsprobleme, Rechtsfolgen, 2. Aufl., München 2020

Horns, Anmerkungen zu begrifflichen Fragen des Softwareschutzes, GRUR 2001, 1

Koch, Begründung und Grenzen des urheberrechtlichen Schutzes objektorientierter Software, GRUR 2000, 191

Kohn/Tamm, Mathematik für Wirtschaftsinformatiker – Grundlagen und Anwendungen, Berlin 2019

Hetmank/Rechenberg (Hrsg.), Kommunikation, Kreation und Innovation – Recht im Umbruch?, S. 29, Baden-Baden 2019

Marly, Der Schutzgegenstand des urheberrechtlichen Softwareschutzes, GRUR 2012, 773

Martini, Blackbox Algorithmus – Grundfragen einer Regulierung Künstlicher Intelligenz, Berlin 2019

Ménière/Pihlajamaa, Künstliche Intelligenz in der Praxis des EPA, GRUR 2019, 332

Nägerl/Neuburger/Steinbach, Künstliche Intelligenz: Paradigmenwechsel im Patentsystem, GRUR 2019, 336

Fromm/Nordemann Urheberrecht, herausgegeben von *Nordemann/Nordemann/Czychowski*, 12. Aufl., Stuttgart 2018

Ory/Sorge, Schöpfung durch Künstliche Intelligenz?, NJW 2019, 710

Pesch, Patentfähigkeit computerimplementierter Erfindungen, MMR 2019, 14

Schuster/Grützmacher (Hrsg.), IT-Recht, Köln 2020

Schricker/Loewenheim Urheberrecht, herausgegeben von *Loewenheim/Leistner/Ohly*, 6. Aufl., München 2020

Spindler/Schuster (Hrsg.), Recht der elektronischen Medien, 4. Aufl., München 2019

Styczynski/Rudion/Naumann, Einführung in Expertensysteme – Grundlagen, Anwendungen und Beispiele aus der elektrischen Energieversorgung, Berlin 2017

Taeger/Pohle (Hrsg.), Computerrechts-Handbuch – Informationstechnologie in der Rechts- und Wirtschaftspraxis, 35. Ergänzungslieferung, München 2020

Wandtke/Bullinger (Hrsg.), Praxiskommentar Urheberrecht, 5. Aufl., München 2019

Warnke, Informatik – Elementare Einführung in Entwurf, Analyse und maschinelle Verarbeitung von Algorithmen, München 2018

Kapitel 14. Softwareentwickler über Softwareentwicklung

Timko/Schmidt/Niederstadt/Roos

A. Einleitung

Durch Bias im Entwicklungsprozess können Softwareanwendungen, Algorithmen, KI und automatisierte Entscheidungssysteme unbeabsichtigt das Verhalten ihrer Nutzer beeinflussen und ungewollte Effekte hervorrufen.[1] Diese Bias können vielfach auf menschliche Entscheidungen im Entwicklungsprozess zurückgeführt werden, da auch Softwareentwickler kognitiven Bias und Heuristiken unterliegen, verhaltensbeeinflussende Elemente nicht immer bewusst anwenden und sich selbst im Fall der bewussten Anwendung nicht immer über deren Auswirkungen und Risiken im Klaren sind.[2] In dieser Studie wird anhand von Interviews in drei Forschungsfragen explorativ untersucht, wie Verhaltensbeeinflussung bewusst oder unbewusst Eingang in Softwareanwendungen findet, wie Softwareentwickler in diesem Zusammenhang entstehende Risiken, unter anderem Diskriminierungsrisiken[3], sowie daraus resultierende Bedarfe an Regulierung und Verbraucherschutz einschätzen und wie Werte und Ansichten von Softwareentwicklern mit den Erwartungen ihrer Auftraggeber und den marktüblichen Geschäftsmodellen harmonieren.

In den Interviews wurden insgesamt zwölf Softwareentwickler befragt. Die Interviews wurden anhand verschiedener qualitativer Methoden analysiert. Die Vorgehensweisen der Grounded Theory[4] und Qualitativen Inhaltsanalyse[5] dienten dabei als Ansätze. Als gemeinsame Themen ergeben sich ein Nachholbedarf bei den arbeitgebenden Unternehmen im Umgang mit Diskriminierungsrisiken, Inklusion und Gewöhnungseffekten, Schutzbedarfe insbesondere bei Kindern und Minderjährigen, ein starkes Selbstbewusstsein der Softwareentwickler-Community und eine wahrgenommene Übermacht der Großkonzerne und Trendsetter.

---

[1] *Ntoutsi et al.*, 2020.
[2] *Mohanani/Salman/Turhan/Rodríguez/Ralph*, 2018.
[3] *Orwat*, 2019.
[4] Nach *Strauss/Corbin*, 1996.
[5] Nach *Mayring*, 2010.

Auf Basis der Erkenntnisse wird die Empfehlung formuliert, den Austausch der Softwareentwickler untereinander und mit Stakeholdern und Experten durch Erhöhen der Partizipation auf allen Stufen des Entwicklungsprozesses zu vertiefen. Die hierdurch gesellschaftlich breit ausgeweitete Mitbestimmung kann in mehrfach verbessertem Maße dazu beitragen, nachhaltiges Vertrauen zu etablieren. Somit wird der technokratische Status der Softwareentwickler-Community um Möglichkeiten der Entfaltung einer gemeinsamen gesellschaftlichen Verantwortung ergänzt. Gleichzeitig wird vermieden, dass einzelne Softwareentwickler eventuelle Nachteile durch das Wahrnehmen ihrer gesellschaftlichen Verantwortung im Stillen individuell tragen müssen, beispielsweise einen Karriereknick durch das Ablehnen eines unethischen Projektes.

B. Grundlagen und Forschungsfragen

Verhaltensbeeinflussung durch Software kann vonseiten der Softwareentwickler bewusst oder unbewusst entstehen. Insbesondere die erste, bewusste Form kann zu transparenten und für die Zielgruppe nützlichen Anwendungen führen. So zeigen Gilliland et al., dass eine Smartphone-App mit bewusst eingesetzten verhaltenssteuernden Ansätzen ihre Nutzer zu einem gesünderen Ernährungsverhalten bewegen kann.[6] Der bewusste Einsatz von Verhaltensbeeinflussung kann jedoch auch intransparent oder sogar missbräuchlich geschehen und Nachteile und Risiken für Nutzer mit sich bringen. Beispielsweise wird das Verhalten der Nutzer von Smartphone-Apps oft so beeinflusst, dass diese den Produkten und Dienstleistungen viel Zeit und Aufmerksamkeit widmen und möglichst viel Geld für die Angebote ausgeben. Dies betrifft oft gerade Gaming-Apps, die sich unter anderem oder sogar gezielt an Minderjährige richten und kann neben verschiedenen anderen nachteiligen Effekten zu suchtähnlichem Verhalten führen.[7] In anderen Fällen werden Nutzer zudem durch bewusst undurchsichtig gestaltete Elemente, sogenannte Dark Patterns,[8] zu bestimmten Handlungen gebracht, die dem Nutzerinteresse zuwiderlaufen. Solche Dark Patterns wurden in einer Untersuchung beispielsweise in Software von Google, Facebook und teilweise auch Microsoft gefunden[9] und sind weit verbreitet.[10]

[6] *Gilliland/Sadler/Clark/O'Connor/Milczarek/Doherty*, 2015.
[7] *Montag/Lachmann/Herrlich/Zweig*, 2019.
[8] *Brignull*, 2010.
[9] *Norwegian Consumer Council*, 2018.
[10] *Reisch/Bietz/Micklitz*, 2020.

Unbewusste Verhaltensbeeinflussungen können jeglicher Art sein, von einem Designelement wie dem „Infinite Scroll“, das den Nutzer durch einen endlosen Strom von Inhalten fesselt, bis hin zu einem komplexen Recommender System[11]. Auch aus dieser zweiten, unbewussten Form der Verhaltensbeeinflussung können Risiken entstehen. Diese Risiken werden von den Softwareentwicklern nicht antizipiert und können gesellschaftliche Auswirkungen haben. Gerade in Verbindung mit KI können hier Diskriminierungsrisiken zum Tragen kommen. Prominente Beispiele sind das COMPAS-System, das schwarzen Angeklagten unbeabsichtigt ein systematisch überbewertetes Risiko für Strafrückfälligkeit zuordnete[12] und die geschlechtsbezogene Verzerrung im Zusammenhang mit Angeboten für hochbezahlte Jobs durch Google-Anzeigen[13]. Eine andere Art von Risiko durch unbewusste Verhaltensbeeinflussung mit potenziell gesellschaftlichen Auswirkungen ist die gesellschaftliche Spaltung und Radikalisierung durch soziale Medien. So zeigen beispielsweise Ribeiro et al., dass Nutzer der Videoplattform YouTube durch bestimmte Kanäle Tendenzen zunehmender Radikalisierung aufweisen. Dazu könnte ua der Empfehlungsalgorithmus von YouTube beitragen, der verdächtigt wird, Nutzern verstärkt extreme Inhalte aus verschiedenen Bereichen vorzuschlagen.[14]

Bei diesen unbeabsichtigten Formen der Verhaltensbeeinflussung könnten unbewusste kognitive Prozesse von Softwareentwicklern eine wichtige Rolle spielen. Zum einen können Werte und Ansichten von Softwareentwicklern deren Arbeit beeinflussen. Literatur hierzu gibt es unter anderem zu dem Forschungsgebiet Values in Design.[15] Wie Winter et al. herausstellen, tragen Softwareentwickler eine besondere gesellschaftliche Verantwortung. Dennoch fokussieren sich viele Studien, die sich mit menschlichen Einflüssen in der Softwareentwicklung auseinandersetzen, vorwiegend auf Fragen des effizienten Arbeitens und weniger auf mögliche Einflüsse von Werten oder auch Wertekonflikten auf Software und damit auf die Gesellschaft.[16]

Zum anderen könnten kognitive Verzerrungen (Bias) und Heuristiken eine Rolle spielen. Diese werden hier als „Bias in der Softwareentwicklung“ zusammengefasst, der sich aus menschlich unbewusst beeinflussten Prozessen während der Softwareentwicklung ergibt und sich in den dar-

---

[11] Ein Recommender System oder auch Empfehlungssystem bezeichnet ein Softwaresystem, das aus dem gemessenen Interesse des Nutzers an verschiedenen Elementen die für ihn vermutlich interessantesten Elemente ableitet und empfiehlt, beispielsweise in einem Onlineshop.

[12] *Angwin/Larson/Mattu/Kirchner*, 2016.

[13] *Datta/Tschantz/Datta*, 2015.

[14] *Ribeiro/Ottoni/West/Almeida/Meira Jr*, 2020.

[15] *Simon*, 2016.

[16] *Winter/Forshaw/Hunt/Ferrario*, 2019.

aus resultierenden Endprodukten und Dienstleistungen widerspiegelt. Der Prozess der Softwareentwicklung ist keine standardisierte Abfolge vorgeschriebener Schritte, sondern unterliegt ständig wechselnden, nicht notwendigerweise rationalen und somit potenziell durch diverse Faktoren verzerrten Entscheidungen der beteiligten Entwickler.[17] Bias in der Softwareentwicklung wird somit als Oberbegriff für verschiedene Arten kognitiver Verzerrungen verstanden, die einzeln oder auch in Kombination als sogenannte Biasplexes[18] vorliegen können. Es werden sieben verschiedene potenzielle Quellen für kognitive Bias genannt: Heuristiken, Illusionen, Gruppenprozesse, psychologische Phänomene, kognitive Limitierungen, Motivationsfaktoren und Anpassung an die natürliche Umgebung.[19] Tabelle 1 gibt einen Überblick über die verschiedenen Ausprägungen des Bias in der Softwareentwicklung, die im vorliegenden Kapitel behandelt werden. Die hier fokussierten Bias können keinen Anspruch auf Vollständigkeit erheben, nachdem in der Literatur seit der ersten Erwähnung des Konzepts der „Heuristics and Biases"[20] mittlerweile über 200 kognitive Verzerrungen beschrieben wurden, denen Softwareentwickler ebenso unterliegen können wie andere Individuen.[21]

In Tabelle 1 werden in alphabetischer Reihenfolge Bias und Biasplexes aufgeführt, die in der Literatur mit Bezug auf Softwareentwicklung viel behandelt werden oder für den Fokus des Beitrags besonders relevant erscheinen. Zudem werden zugehörige Literatur sowie eine kurze Beschreibung des jeweiligen Phänomens und mögliche Zusammenhänge mit der Praxis der Softwareentwickler angegeben, die auf den Interviews und anderen Studien basieren. So gehört zum Beispiel der Confirmation Bias nach Calikli/Bener zu den häufig studierten Bias in der Forschung zur Softwareentwicklung und wird von verschiedenen Forschern als besonders relevant betrachtet.[22] Er beschreibt die Tendenz, dass unbewusst bestärkende Evidenz für eigene Ansichten oder Ergebnisse verstärkt wahrgenommen und gesucht wird, während gegenläufige Evidenz ausgeblendet und nicht ergründet wird. Bezogen auf die Softwareentwicklung begünstigt dies beispielsweise das Phänomen, beim Testen von Softwarecode diesen bevorzugt zu verifizieren, aber deutlich seltener zu falsifizieren, wodurch die Wahrscheinlichkeit der Entdeckung von Fehlern verringert wird.[23] Dies könnte auch bei den erwarteten verhaltensbeeinflussenden Auswirkungen einer Anwendung auf die Nutzer eine Rolle

[17] *Tang/Razavian/Paech/Hesse*, 2017.
[18] *Ralph*, 2011.
[19] *Mohanani et al.*, 2018.
[20] *Tversky/Kahneman*, 1974.
[21] *Mohanani et al.*, 2018.
[22] *Calikli/Bener*, 2013.
[23] *Calikli/Bener*, 2013.

spielen, indem verstärkt nach Bestätigung für antizipierte, positive Auswirkungen gesucht wird, während nicht erwartete, potenziell negative Effekte nicht in Betracht gezogen werden. Dies könnte wiederum in Zusammenhang damit stehen, dass in den Interviews ein fehlendes Bewusstsein für Diskriminierungsrisiken und Inklusion als Herausforderung in der Branche der Softwareentwicklung identifiziert wurde. Ein weiteres Beispiel ist der Biasplex Inertia.[24] Basierend auf mehreren Bias wie zum Beispiel dem Bandwagon Effect[25] (Tendenz, sich Mehrheiten anzuschließen) oder dem Default Bias[26] (Tendenz, bestehende oder vorausgewählte Optionen beizubehalten) beschreibt er die Tendenz, bekannte Lösungen zu übernehmen, anstatt mit erhöhtem Aufwand alternative Vorgehensweisen zu erarbeiten.

Bias in der Softwareentwicklung	Bedeutung, Effekt	Ansätze für Beobachtungen aus Interviews und der Literatur
Bias		
Confirmation Bias[27]	Die (unbewusste) Tendenz, Evidenz stärker wahrzunehmen und zu gewichten, die eigene Annahmen bestärkt und im Gegenzug konträre Evidenz zu ignorieren.	In der Softwareentwicklung ist der Confirmation Bias insbesondere relevant im Bereich des Testing. Verschiedene Studien[28] beschreiben den Einfluss des Confirmation Bias, durch den beim Testing tendenziell eher versucht wird, Softwarecode zu verifizieren anstatt ihn zu falsifizieren. Könnte zu verringerter Aufmerksamkeit für negative Auswirkungen von Software führen, zB im Bezug auf Diskriminierungsrisiken.
Illusory Superiority Bias[29]	Steht der Selbstüberschätzung nahe. Selbstbezogener Superiority Bias im sozialen Vergleich.	„Gigantomanie“ und „Wir“-Gefühl der Großkonzerne und der IT-Branche, in dem Glauben, die Kultur und Zukunft zu bestimmen.

[24] *Ralph*, 2011.
[25] *Lazarsfeld/Berelson/Gaudet*, 1968.
[26] *Samuelson/Zeckhauser*, 1988.
[27] *Wason*, 1960; *Teasley/Leventhal/Rohlman/Instone*, 1993; *Oswald/Grosjean*, 2004; *Calikli/Bener*, 2013.
[28] *Teasley et al.*, 1993; *Calikli/Bener*, 2013.
[29] *Buunk/Van Yperen*, 1991; *Hoorens*, 1993.

Bias in der Softwareentwicklung	Bedeutung, Effekt	Ansätze für Beobachtungen aus Interviews und der Literatur
Willful Ignorance[30]	Vernachlässigen von Informationen und absichtliche Missdeutung der Information. Bedachte Argumentation (Motivated Reasoning), um aus der Information einen verzerrten Sinn zu gewinnen, damit bestimmte Überzeugungen über den Stand der Dinge aufrechterhalten werden können.	„*Nicht mein Bereich*" im Kontext von Diskriminierung, ethischen Überlegungen und Konzeptionierung, oder Wertekonflikten mit Auftraggebern.
Biasplexes		
Inertia[31]	Trägheit und Machtlosigkeit gegenüber bestehenden und weit verbreiteten Lösungen und Denkmustern, wurzelnd ua in den Bias Anchoring Bias, Bandwagon Effect und Default Effect.	Nachahmen von erfolgreichen Trends der großen Unternehmen und Vorreiter.
Unrealistic Optimism[32]	Tendenz, übermäßig optimistische Annahmen und Einschätzungen zu treffen. Setzt sich zusammen aus den Bias Wishful Thinking, Valence Effect, Optimism Bias und Normalcy Bias.	Die Kombination der Bias kann in der Softwareentwicklung zB zu Zeitdruck in Projekten führen, wenn die Dauer und Komplexität bestimmter Aufgaben unterschätzt wird. Möglicherweise auch Grundlage für das Ausblenden negativer Folgen des Einbaus bestimmter Elemente (siehe auch Willful Ignorance).

Tabelle 1: Überblick über Bias in der Softwareentwicklung

Basierend auf der angeführten Literatur und den beschriebenen Fällen von Bias und Verhaltensbeeinflussung durch Software ergibt sich die erste Forschungsfrage des vorliegenden Beitrags: F1: *Inwieweit werden verhaltensbeeinflussende Elemente in Softwareentwicklungen bewusst oder unbewusst angewandt?*

In einem weiteren Schritt werden die Auswirkungen der skizzierten bewussten und insbesondere unbewussten Verhaltensbeeinflussung auf den

[30] *Gately*, 2020.
[31] *Ralph*, 2011.
[32] *Ralph*, 2011; *Hoorens*, 1993.

Nutzer beleuchtet. Nicht nur Softwareentwickler unterliegen Bias und nicht alle Bias in der Softwareentwicklung führen zu Verhaltensbeeinflussung oder zu unerwünschten Effekten für die Nutzer. Die Auswirkungen von Bias auf die Nutzer von Anwendungen und auf die Gesellschaft können sich je nach Projekt deutlich unterscheiden. Auch können Bias in der Software selbst, gerade in KI-Systemen, häufig nur schwer antizipiert werden und haben neben menschlichen Bias noch weitere Ursachen, beispielsweise Bias in den verwendeten Trainingsdaten.[33] Dennoch erscheint es vor dem Hintergrund der beschriebenen Probleme sinnvoll, potenzielle Risiken und mögliche Schutzmaßnahmen von Verhaltensbeeinflussung unter Einbezug der Erfahrungen und Ansichten von Softwareentwicklern zu untersuchen. Daher wird die zweite Forschungsfrage wie folgt gestellt: F2: *Welche negativen Auswirkungen und Risiken ergeben sich durch (unbewusste) Verhaltensbeeinflussung in Softwareanwendungen und welche Verbraucherschutzbedarfe resultieren daraus? Wie kann die Anwendung von verhaltensbeeinflussenden Elementen in Softwareanwendungen reguliert werden, um unbewusstem Bias und missbräuchlicher Verhaltensbeeinflussung vorzubeugen?*

Neben den kategorisierbaren Bias können auch Ansichten, Erfahrungen und Werte der Softwareentwickler Einfluss auf ihre Entscheidungen im Entwicklungsprozess haben. Winter et al. argumentieren für eine stärkere Berücksichtigung und Reflexion von Werten in der Softwareindustrie.[34] Im Rahmen dieser Interviewstudie wurde sich für die explorative Untersuchung von Werten auf verschiedene Richtlinien und Kodizes gestützt, die in der Branche verbreitet und akzeptiert sind (→ C. I.). Es wird hier auf eine Diskussion der von Winter et al. thematisierten Unschärfe in der Verwendung der Begriffe (Computer-)ethik und Werte[35] verzichtet.

Persönliche Werte und die Berücksichtigung ethischer Aspekte durch Softwareentwickler könnten der Entwicklung von potenziell riskanter Software entgegenwirken, beispielsweise durch Ablehnung bestimmter Aufträge oder unternehmensinterne Durchsetzung ethischer Standards. Beispiele wie der Fall der Ethikforscherin Timnit Gebru, die ihre Stelle bei Google verlor, nachdem sie und ihre Mitautoren rassistische Bias in Software von Google und anderen Konzernen kritisierten,[36] deuten allerdings darauf hin, dass es in den Unternehmen und möglicherweise der Softwareentwickler-Community strukturelle Barrieren gibt, die das wertorientierte Handeln Einzelner erschweren. Die dritte Forschungsfrage

[33] *Orwat*, 2019.
[34] *Winter et al.*, 2019.
[35] *Winter et al.*, 2019.
[36] *Bender/Gebru/McMillan-Major/Shmitchell*, 2021.

wird demnach wie folgt formuliert: F3: *Welche Werte und Ansichten vertreten Softwareentwickler und welche Möglichkeiten und Barrieren im Unternehmen und im Ökosystem bestehen, um diesen Werten und Ansichten im Entwicklungsprozess gerecht zu werden?*

Im weiteren Verlauf werden unter → C. die Methodik der Studie und der Aufbau des verwendeten Fragebogens beschrieben. Abschnitt → D. behandelt Ergebnisse der Interviews mit Bezug auf die Forschungsfragen und gemeinsame Themen der befragten Softwareentwickler. Zudem werden unter → E. die Ergebnisse und potenzielle Schlussfolgerungen diskutiert und daran anknüpfend weiterführende Hypothesen generiert, auf deren Basis in zukünftigen Studien umfassendere Erkenntnisse über Verhaltensbeeinflussung durch Softwareentwicklung gewonnen werden könnten. In Abschnitt → F. wird ein Fazit gezogen und mögliche Handlungsempfehlungen werden aufgeführt.

C. Methoden

I. Aufbau des Fragebogens

Der Interview-Fragebogen besteht aus fünf Abschnitten. Enthalten sind sowohl geschlossene Fragen, darunter Two-Choice und Multiple-Choice- sowie Rating-Fragen, als auch offene Fragen.

Abschnitt 1 beinhaltet Fragen zur branchenweiten allgemeinen und fachspezifischen Expertise der Teilnehmer und einigen Eckdaten zu den arbeitgebenden Unternehmen, beispielsweise zur Unternehmensgröße. Hier wurden auch Angaben zu den Tätigkeitsfeldern des jeweiligen Unternehmens gemacht, wobei aufgrund möglicher Überschneidungen mehrere Tätigkeitsfelder angegeben werden konnten. Abschnitt 2 besteht aus einer einzigen Frage zur Risikobereitschaft. Diese ersten beiden Abschnitte wurden von allen Teilnehmern online selbst ausgefüllt. Die nächsten drei Abschnitte bilden das Online-Interview. Die Fragen in diesen Abschnitten wurden den sieben Interview-Teilnehmern per Bildschirmteilung in einer Videokonferenz gezeigt. Die Antworten wurden vom Forscherteam live eingetragen, sodass die Teilnehmer diese auf korrekte Erfassung prüfen und gegebenenfalls korrigieren konnten. Die restlichen fünf Teilnehmer füllten einen identischen Fragebogen selbstständig online aus.

Abschnitt 3 umfasst Fragen zu Wertvorstellungen und Ansichten der Softwareentwickler und damit insbesondere zur Forschungsfrage F3. Hier wurde ein in den Programmiersprachen Python und Javascript entwickeltes, interaktives Radardiagramm eingesetzt, das zu Beginn des Interviews von Mittelwerten ausging. Diese Werte wurden zunächst automatisiert nach oben oder unten angepasst, basierend auf den Antworten der Teilnehmer auf Fragen zu sechs abgedeckten Themen („Mensch im Mittelpunkt“, „Vertrauenswürdigkeit“, „Robustheit“, „Privatheit und Datenschutz“, „Nachhaltigkeit“ und „Trendsetting“). Nach Beantwortung aller Fragen konnten die Teilnehmer die resultierenden Werte auch händisch anpassen. Dabei ging es weniger um das exakte Erfassen numerischer Werte als vielmehr um die Intuition der Teilnehmer hinsichtlich der Gewichtung der Werte und deren Zusammenspiel innerhalb des Werte-Geflechts. Bei der Konzeptionierung des Radardiagramms und der Auswahl der sechs Themen dienten als Orientierung vorwiegend gängige ethische Richtlinien der Branche (Ethik-Leitlinien für eine vertrauenswürdige KI der Hochrangigen Expertengruppe für Künstliche Intelligenz (HEG-KI)[37], GI Ethical Guidelines[38], KI-Ethik-Label der AI Ethics Impact Group[39], Richtlinien des Cap Gemini Research Institute[40],die Empfehlungen des IEEE zu „Ethically Aligned Design“[41], die „Privacy Design Guidelines for Mobile Application Development“ der GSM Association[42]), verschiedene relevante Studien (OECD[43], Shmueli[44], Utz et al.[45]) die Vorgaben der Datenethikkommission der Bundesregierung[46] und relevante Review-Artikel (Stahl et al.[47], Jobin et al.[48], Hagendorff[49]).

Abschnitt 4 beinhaltet Fragen nach der Einschätzung der Branche bezüglich der Anwendung von Verhaltensbeeinflussung und wahrgenommenen Risiken hinsichtlich Verhaltensbeeinflussung und Diskriminierung sowie resultierenden Bedarfen an Verbraucherschutz[50], orientiert an F1 und F2. Abschnitt 5 besteht aus Fragen zu Anreizen, Möglichkeiten und Konflikten rund um die Durchsetzung von Schutzmechanismen und ethischer Softwareentwicklung und resultiert aus F2 und F3. Zur Anregung wurden den Teilnehmern hier jeweils konkrete Beispiele zu Verhaltensbeeinflussung und Schutzmechanismen in Anwendungen gezeigt.

[37] Hochrangige Expertengruppe für Künstliche Intelligenz (HEG-KI), 2019a.
[38] Gesellschaft für Informatik (GI), 2018.
[39] *Hallensleben/Hustedt*, 2020.
[40] Cap Gemini Research Institute, 2020.
[41] The IEEE Global Initiative on Ethics of Autonomous and Intelligent Systems, 2019.
[42] GSM Association, 2012.
[43] Organisation for Economic Co-operation and Development (OECD), 2018.
[44] *Shmueli*, 2016.
[45] *Utz/Koloßa/Holz/Thielbörger*, 2019.
[46] Datenethikkommission der Bundesregierung, 2019.
[47] *Stahl/Timmermans/Mittelstadt*, 2016.
[48] *Jobin/Ienca/Vayena*, 2019.
[49] *Hagendorff*, 2020.
[50] *Orwat*, 2019.

II. Teilnehmer und Studiendesign

Die Teilnehmer für die Interviews wurden durch folgende Kanäle kontaktiert: Institute für IT-Sicherheit und Softwareentwicklung, Agenturen für Softwareentwicklung, Zentren, Gesellschaften, Ausbilder und Berater für die IT-Branche, Internetforen und -plattformen. Der Interview-Fragebogen wurde in zwei Formaten angeboten: einem zweiteiligen Online-Interview und einem Online-Fragebogen zum eigenständigen Ausfüllen. Die gestellten Fragen waren dabei identisch. Das zweiteilige Online-Interview bestand aus einem vorgeschalteten Online-Fragebogen, der von allen Teilnehmern eigenständig ausgefüllt wurde (Dauer: 20 Minuten) und einem Online-Interview (Dauer: 40 Minuten). An der Studie nahmen insgesamt zwölf Softwareentwickler teil, davon sieben im Online-Interview in Kombination mit dem Online-Fragebogen und fünf über den Online-Fragebogen zum komplett eigenständigen Ausfüllen. Von den sieben Interview-Teilnehmern waren zwei weiblich und fünf männlich. Die fünf Teilnehmer am Online-Fragebogen zum komplett eigenständigen Ausfüllen nahmen anonym und ohne Angabe des Geschlechts teil.

Die Softwareentwickler, die am Online-Interview teilnahmen, wurden mit einer fixen Aufwandsentschädigung von 20 EUR entlohnt. Weiterhin wurden einmalige 200 EUR unter diesen Teilnehmern verlost. Die Entlohnung diente als zusätzlicher Anreiz, um an den zeitintensiven Online-Interviews teilzunehmen.

Die Fragebögen wurden mit der Open-Source-Software oTree[51] erstellt. Die Daten wurden zwischen dem 1.10. und 30.11.2020 erhoben.

III. Analysemethoden

Der Datensatz wurde anhand verschiedener Methoden qualitativ analysiert. Dabei waren die Ansätze der systematischen, theoriegeleiteten, deduktiven Vorgehensweise der Grounded Theory[52] und Qualitativen Inhaltsanalyse[53] maßgeblich. Anhand der zentralen Forschungsfragen sowie mithilfe von Literaturrecherche und Austausch mit Experten wurden zunächst der Themenkomplex erfasst, Hypothesen erarbeitet und der Fragebogen erstellt. Beim Erfassen des Themenkomplexes wurden verschiedene Probleme im Bereich der Softwareentwicklung, mögliche Ursachen, Bedingungen, der Kontext, Mediatoren, Zusammenhänge, Handlungsstrategien und Konsequenzen berücksichtigt. Aus dieser Kartierungsarbeit entstanden die Themenkomplexe „Digitale Ethik und

[51] Entwickelt von *Chen/Schonger/Wickens*, 2016.
[52] Nach *Strauss/Corbin*, 1996.
[53] Nach *Mayring*, 2010.

Werte“ und „Möglichkeitsraum“. „Digitale Ethik und Werte“ umfasst die oben schon vorgestellten sechs Themenbereiche des Radardiagramms. „Möglichkeitsraum“ umfasst den Umgang mit Kunden, Nutzern, Auftraggebern und Kollegen.

Nach Durchführung der Interviews wurden im Rahmen der Fragebogenstruktur die Themen kodiert und neu kategorisiert. Die Kodierung wurde manuell sowie mit Hilfe der Software QDA Miner Lite durchgeführt. Dabei wurden gemeinsame Themen herausgearbeitet und evaluiert, die Fragestellungen anhand der Aussagen und neuen Einsichten adressiert, Leitzitate markiert und Empfehlungen abgeleitet. Die gemeinsamen Themen und Antworten auf die Forschungsfragen werden dargestellt in Abschnitt → D.

D. Ergebnisse

I. Eckdaten

Von den zwölf interviewten Softwareentwicklern ist eine knappe Mehrheit in den Tätigkeitsfeldern der Beratung und Projektkoordinierung tätig (jeweils sieben). Tabelle 2 gibt einen Überblick über die Teilnehmer und ihre Tätigkeiten sowie die jeweilige Größe ihres aktuellen Unternehmens. Hosting (acht), Webdesign (sechs) und User Experience Design (fünf) sind weitere häufiger angegebene Tätigkeitsfelder. Datenverarbeitung, insbesondere im Kontext von Big Data (zwei), Suchmaschinen-Optimierung (zwei), Mobile Services und App-Entwicklung (einer) waren dagegen wenig vertreten. Das am häufigsten angegebene Geschäftsmodell der Unternehmen der Befragten ist die Koppelung von Software mit anderen Produkten oder Dienstleistungen. Alle drei wählbaren Unternehmensgrößen (klein – bis 49 Mitarbeiter, mittelgroß – 50 bis 249 Mitarbeiter, groß – ab 250 Mitarbeiter) sind vertreten, wobei die meisten Befragten entweder bei Großunternehmen (sechs) oder kleinen Unternehmen (vier) beschäftigt sind. Die Hälfte der Softwareentwickler, die zur Zeit der Befragung nicht bei Großunternehmen tätig war, hat zuvor bereits Berufserfahrung in Großunternehmen gesammelt.

Softwareentwickler	Position/Tätigkeit	Unternehmensgröße
Teilnehmer am Interview		
SE1	Abteilung für Behörden	Mittelgroß
SE2	CTO/Softwarearchitekt	Klein
SE3	Softwareentwicklung	Groß
SE4	Webentwicklung	Mittelgroß
SE5	Webentwicklung	Groß
SE6	Forschung	Groß
SE7	Spieleentwicklung	Klein
Teilnehmer per Online-Fragebogen		
SE8	IT-Großkonzern	Groß
SE9	IT-Sicherheit	Groß
SE10	Softwareentwicklung, IoT	Klein
SE11	Webentwicklung	Groß
SE12	Spieleentwicklung	Klein

Tabelle 2: Übersicht über die teilnehmenden Softwareentwickler

Die heutige Arbeit der Befragten basiert vorwiegend auf Wissensgrundlagen, die durch Hochschulausbildung (elf), autodidaktisch (sieben), oder durch Internetforen (sechs) erlangt wurden. Fast keine Rolle als Wissensgrundlage spielen Konferenzen, Betriebsausbildung, Mentoren, Praktika (jeweils zwei) und Berufsschule (einer). Dementsprechend geben elf Befragte an, dass die Ausbildungsinhalte vorwiegend in Form von Frontalunterricht präsentiert wurden. Bei sieben Befragten wurden Inhalte auch verstärkt aktiv erarbeitet, zum Beispiel in Form von Gruppendiskussionen, Workshops und Projektarbeiten. Begleitend zu dem Hauptprofil der Ausbildung werden vor allem rechtliche Vorgaben und Verbraucherschutz als Themen angesprochen. Weniger prominent sind Themen wie Ursachen von Schwächen im eigenen Entscheidungsverhalten, Beeinflussung und Steuerung des Nutzerverhaltens (Behavioural Design) und ethische Richtlinien, Diskriminierung und Gerechtigkeit. Inklusion kommt in den von den Befragten angegebenen Bildungsinhalten fast gar nicht vor.

Nur zwei der befragten Softwareentwickler gehören IT-Vereinigungen an. Ein Entwickler ist Mitglied in der ACM, ein weiterer im Chaos Computer Club. Die Diversität im Team bezüglich des Geschlechts ist bei den Unternehmen der Befragten im Durchschnitt nur gering. Die Unternehmen der Mehrheit der Befragten haben keine eigenen Ethics Compliance-Vorschriften (neun). Dafür verfügen die Unternehmen meist über einen internen (neun) oder externen (zwei) Datenschutzbeauftragten. Neun Befragte geben an, in ihrer Arbeit auf keine bestimmte ethische Richtlinie zurückzugreifen und drei Entwickler greifen auf andere als die im Interview vorgeschlagenen Richtlinien, darunter die ACM Principles for Algorithmic Transparency and Accountability[54] (ACM US Public Policy Council 2017) und die bereits für das Radardiagramm genutzten Richtlinien der HEG-KI der EU[55] zurück. Diese geben unter „andere ethische Richtlinien" unter anderem an: „meine Firma hat ein eigenes Ethics Board" (SE6) sowie „meine eigenen" (SE8). Eine knappe Mehrheit stimmt der Aussage zu, dass rechtliche Vorgaben und ethische Richtlinien klare Handlungsorientierung beinhalten sollten (sieben), wobei jetzige rechtliche Vorgaben als nur teilweise ausreichend empfunden werden (vier) und existierende ethische Richtlinien eher nicht als hilfreich (null) oder als verkaufsfördernd (einer) gesehen werden.

II. Gemeinsame Themen

Die sich ergebenden gemeinsamen Themen der befragten Softwareentwickler wurden basierend auf der Kodierung der Aussagen im Rahmen der Interviews ermittelt. Die Themen wurden in einer ersten Annäherung in zwei Blöcke unterteilt. Der erste Block betrifft in erster Linie die Softwareentwickler selbst, während der zweite Block auch direkte Auswirkungen auf andere Gruppen hat. Gemeinsame Themen des ersten Blocks sind:

- Nachholbedarf bei Unternehmen und Softwareentwicklern im Umgang mit Diskriminierungsrisiken und bei Software-, Hardware- und Geschäftsmodell-Lösungen für mehr Inklusion
- Strukturelle Herausforderungen und Bedarf an mehr Austausch mit Kollegen und Forschern im Kontext von Themen der Softwareentwicklung, des Datenschutzes, der digitalen Ethik, aber auch der gesellschaftlichen Akzeptanz
- Vorhandensein eines starken Selbstbewusstseins (des „Wir selbst") einer Softwareentwickler-Community, die Trends in der IT Branche mitgestaltet
- Übermacht der Großkonzerne und deren Trendsetter

[54] ACM US Public Policy Council, 2017
[55] Hochrangige Expertengruppe für Künstliche Intelligenz, 2019a; Hochrangige Expertengruppe für Künstliche Intelligenz, 2019b.

Gemeinsame Themen des zweiten Blocks sind:

- Erhöhte Schutzbedarfe und Bedarf an verbesserter Medienkompetenz vor allem für Kinder und Minderjährige
- Gewöhnungseffekte bei jüngeren Nutzern, beispielsweise Tendenzen, mehr persönliche Daten preiszugeben, weniger umsichtig mit der eigenen Privatheit zu sein und gängiger, zeiteffizient erscheinender Verhaltensbeeinflussung und Personalisierung nachzugeben

III. Antworten auf die Forschungsfragen

Im folgenden Abschnitt werden die Erkenntnisse aus den Interviews wiedergegeben und in den Kontext der drei Forschungsfragen eingeordnet.

1. F1: Inwieweit werden verhaltensbeeinflussende Elemente in Softwareentwicklungen bewusst oder unbewusst angewandt?

Auf einer 100-Punkte-Skala (von 0 = unbekannt bis 100 = sehr verbreitet) schätzen die Befragten mit einem Durchschnitt von 77,5 Punkten die Verbreitung verhaltensbeeinflussender Methoden in der Branche als hoch ein. Diese werden demnach unter anderem im Bereich der sozialen Medien viel eingesetzt. Der bewusste Einsatz von verhaltensbeeinflussenden Methoden ist nach Ansicht vieler Befragter allerdings nur in einigen Branchen sinnvoll. Nur fünf der Teilnehmer geben an, selbst Methoden zur Beeinflussung des Nutzerverhaltens einzusetzen, darunter zum Beispiel positives Feedback für erbrachte Leistungen des Nutzers, Punkte- und Belohnungssysteme, Möglichkeiten des Vergleichs mit anderen Nutzern (zB in Form von Rankings) und Exklusivfeatures. Alle zwölf befragten Entwickler stimmen der Aussage zu, dass es am Markt Software gibt, durch die bewusst suchtähnliches Verhalten erzeugt wird. Allerdings scheint nicht überall ein Bewusstsein für die möglichen Auswirkungen einzelner Elemente zu bestehen, beispielsweise für Diskriminierungsrisiken. So kristallisiert sich aus den Aussagen mehrerer Befragter ein bestehender Nachholbedarf der Branche im Umgang mit Diskriminierungsrisiken und bei Lösungen für mehr Inklusion in Software und Geschäftsmodellen heraus. Mehrere der befragten Softwareentwickler geben an, dass Diskriminierungsrisiken und Inklusionsmaßnahmen beim Softwaredesign kaum fokussiert werden. Dies könnte unter anderem mit dem Einfluss des Confirmation Bias zusammenhängen, durch den erwünschte Auswirkungen stärker wahrgenommen werden könnten als unerwünschte. Auch die in der Literatur beschriebene Tendenz, beim Testing eher auf Verifizierung denn auf Falsifizierung zu testen, scheint in einigen Unternehmen spürbar. Insgesamt nehmen mehr Befragte an, dass das Bewusstsein in der Community für Diskriminierungsrisiken eher gering ausgeprägt ist. Allerdings schätzen auch einzelne Softwareentwickler das Bewusstsein als hoch beziehungsweise zunehmend ein.

Nach dem Vorkommen unbewusster Verhaltensbeeinflussung konnte in den Interviews nur indirekt gefragt werden. Hier scheint vor allem das Übernehmen von Trends ohne Hinterfragen der möglichen Auswirkungen eine Rolle zu spielen. Das übergeordnete Ziel des Einsatzes von automatisierten Entscheidungssystemen und verhaltensbeeinflussenden Elementen ist laut den Befragten eher das Erhöhen von Verkaufszahlen durch das Imitieren erfolgreicher Trends und Methoden, sodass eine etwaige Verhaltensbeeinflussung durch Software oft unbewusst erfolgen könnte. Einige Softwareentwickler berichten von einem hohen Druck, eigene Entwicklungen aktuellen, von großen Unternehmen gesetzten Trends oder den Entwicklungen direkter Konkurrenten anzupassen. Dabei ist nicht unbedingt gewährleistet, dass sich alle Entwickler über Gefährdungs- oder Diskriminierungspotenziale bewusst sind. So äußert SE5 bezüglich der Verwendung von Methoden, die suchtähnliches Verhalten erzeugen könnten, die Ansicht „einigen Softwareentwicklern [sei] nicht bewusst, dass sie damit hantieren". Zeitdruck im Entwicklungsprozess scheint dagegen eher eine geringere Rolle zu spielen.

2. F2: Welche negativen Auswirkungen und Risiken ergeben sich durch (unbewusste) Verhaltensbeeinflussung in Softwareanwendungen und welche Verbraucherschutzbedarfe resultieren daraus? Wie kann die Anwendung von verhaltensbeeinflussenden Elementen in Softwareanwendungen reguliert werden, um unbewusstem Bias und missbräuchlicher Verhaltensbeeinflussung vorzubeugen?

Nach Einschätzung mehrere befragter Softwareentwickler bestehen unter anderem Risiken durch potenzielle unbeabsichtigte Diskriminierung, aber auch durch bewusste Verhaltensbeeinflussung bis hin zur Erzeugung suchtähnlichen Verhaltens durch Software. Weiterhin besteht bei mehreren befragten Softwareentwicklern der Eindruck, dass Nutzer oft mangelndes Bewusstsein und Verständnis für Risiken zeigen, die aus der Vernachlässigung des Schutzes der eigenen Privatheit resultieren. Dies trifft zusammen mit einem stellenweise bedenklichen Umgang mit Nutzerdaten in Teilen der Branche. „Nutzer können nicht an Daten heran [...] die Transparenz ist Null" äußert SE2 im Zusammenhang mit Datenschutzpraktiken in den Bereichen Apps, Gaming und Social Media. Hier klären viele Unternehmen demnach unzureichend über die Verwendung von Nutzerdaten auf. Zudem werden automatisierte Entscheidungen und Verhaltensbeeinflussung in Softwareanwendungen zu wenig von den Nutzern hinterfragt. Elf von zwölf Befragten denken nicht, dass Verbraucher mögliche Risiken durch verhaltenssteuernde und potenziell suchtfördernde Elemente mit ausreichender Sicherheit selbst erkennen und sich davor schützen können. Vereinzelt wird auch die geringe Medienkompetenz von Nutzern als Problem angeführt. Als besonders schutzbedürftig werden von vielen Befragten Kinder und Minderjährige gesehen, die zum Beispiel vulnerabel gegenüber ungeeigneten Inhalten in sozialen Medien oder Mikrotransaktionen in Spielen sind. Ein Beispiel ist die Diskussion um sogenannte Lootboxen, virtuelle Kisten mit unbekanntem, für den Spielfortschritt potenziell wertvollem Inhalt, die gegen Echtgeld erworben werden können und wegen ihrer Nähe zu Formen von Glücksspiel in der Kritik stehen.[56] Diese Form der gezielten Verhaltensbeeinflussung wird von mehreren Befragten erwähnt und als sehr kritisch eingeordnet.

Zur Förderung ethischer Praktiken im Entwicklungsprozess werden von mehreren vorgegebenen Auswahlmöglichkeiten „Klare Richtlinien und gesetzliche Regulierung“ am öftesten als hilfreich betrachtet (zehn). Vereinzelt werden diese Maßnahmen allerdings auch abgelehnt, beispielsweise unter Verweis auf die als ungeeignet empfundenen Ergebnisse der Regulierung von Cookies durch die DS-GVO. Die Umsetzung von effektiver, verbesserter Regulierung verhaltensbeeinflussender Elemente wird zudem vielfach als schwierig eingeschätzt. So äußert SE3: „Gesetzlich kann man dagegen schlecht vorgehen“, da immer wieder Möglichkeiten zur Umgehung neuer Regelungen gefunden würden. Einige Softwareentwickler heben hervor, dass sich Regulierung insbesondere auf Auftraggeber und Unternehmen auswirken sollte und betrachten die Entwickler selbst nur als ausführende Kraft. Einzelne Befragte plädieren zudem dafür, den Fokus von Regulierung auf große Unternehmen zu legen und den erhöhten Aufwand für kleinere Unternehmen für die Umsetzung von Regulierung zu berücksichtigen. Als Positivbeispiel für funktionierende Regulierungsmaßnahmen wird von SE2 die Pflicht eines eindeutig beschrifteten Buttons bei Online-Käufen angeführt, der Kunden transparent anzeigt, ab wann ein Klick einen Kauf verursacht. Im Bereich des Jugendschutzes werden vielfach bessere Kennzeichnungs- und Kontrollpflichten für nicht altersgerechte Inhalte und Glücksspielelemente vorgeschlagen. SE7 sieht eine unzureichende Regulierung einiger Gambling-Elemente: „Glücksspiel sollte mindestens ab 18 sein oder auf dem Index landen“.

„Neue Geschäftsmodelle oder Ökosysteme“ werden von einigen Softwareentwicklern ebenfalls als möglicher Anreiz für ethische Praktiken gesehen (fünf). Jeweils vier der befragten Softwareentwickler halten „Auditierung und Zertifizierung von Unternehmen und ihren Softwarediensten“, „Eigeninitiative und Eigenverantwortung der Nutzer“ und „Schulungen zur Erhöhung der Kompetenz und Legitimierung von Soft-

[56] *Willeken*, 2019.

wareentwicklern“ für geeignete Mittel. Einzelne Softwareentwickler schlagen verbesserte Aufklärung über die Nutzung von Daten und die Funktionsweise bestimmter Geschäftsmodelle vor, beispielsweise durch mehrstufige Skalen zur Beurteilung von Datenschutzpraktiken oder Aufklärung über kostenlose Dienste. SE1 drückt dies im Interview so aus: „Wenn man nichts bezahlt, ist man nicht der Kunde, sondern die Ware“. Zur Aufklärung könnten laut SE1 auch Filme oder Prominente beitragen. Als Beispiel wird hier der TV-Moderator Jan Böhmermann genannt, der in einer Sendung die verhaltensbeeinflussenden Methoden der umstrittenen App „Coin Master“ behandelte.

3. F3: Welche Werte und Ansichten vertreten Softwareentwickler und welche Möglichkeiten und Barrieren im Unternehmen und im Ökosystem bestehen, um diesen Werten und Ansichten im Entwicklungsprozess gerecht zu werden?

In den Interviews äußern die meisten Befragten dezidierte und ambitionierte persönliche Wertvorstellungen beziehungsweise ethische Ansprüche an Softwaredesign. Der Aspekt „Vertrauenswürdigkeit“ nimmt im Durchschnitt einen hohen Stellenwert ein. Zudem wird viel Wert auf die sichere Verschlüsselung von Daten gelegt. SE2 schätzt Softwareentwickler im Allgemeinen als „emanzipiert“ ein. Vereinzelt wird allerdings auch davon berichtet, dass bei einigen Softwareentwicklern eine „betrifft-mich-nicht-Attitüde“ (SE5) bezüglich Diskriminierungsrisiken und ethischen Fragen bestehe. Von den zwölf befragten Softwareentwicklern gibt mit sechs Personen die Hälfte an, auf Kunden- oder Auftraggeberwunsch schon einmal persönliche Werte und Ansichten bezüglich des Designs der Software beziehungsweise des Entwicklungsprozesses zurückgestellt zu haben. Fünf der Entwickler hatten schon einmal das Gefühl, dass etwas, das sie im Auftrag ausgeführt haben, eigentlich nicht in Ordnung war. Diese Vorfälle beziehen sich nicht ausschließlich auf die Software, sondern teilweise auch auf den teaminternen Entwicklungsprozess, in einem Fall zum Beispiel auf Diskriminierungen innerhalb des Teams. Einige dieser Entwickler haben als Konsequenz aus den Vorfällen das Projekt oder den Arbeitgeber verlassen, teilweise unter „erheblichem Aufwand“ (SE2). Dabei entsteht allerdings unter Umständen ein persönliches Dilemma. So weist SE1 darauf hin, dass das Verlassen eines Projekts oder Arbeitgebers gleichzeitig bedeutet, den Einfluss auf möglicherweise bedenkliche Entwicklungsprozesse zu verlieren und durch einen anderen Entwickler ersetzt zu werden, denn „einer macht es immer“. Vier Softwareentwickler geben an, bereits einen Auftrag aus moralischen oder rechtlichen Bedenken zurückgewiesen zu haben. Einige Befragte geben an, Auftraggeber nach bestimmten Kriterien zu selektieren und deren

Aufträge nicht anzunehmen, wenn sie „bestimmte Werte nicht teilen" (SE10).

Die Einstellungen zum Testen von Software unterscheiden sich. Die befragten Softwareentwickler legen meist Wert darauf, geben aber in einigen Fällen an, dass Auftraggeber häufig kein oder nur wenig Budget dafür bereitstellen. SE1 gibt an: „Testen wird hochgeschätzt, aber es wird auch zuerst gestrichen, falls das Budget des Kunden zu eng ist." Einige Softwareentwickler deuten in diesem Kontext an, dass der Umfang des Testing von den Vorgaben des Auftraggebers abhängt und der einzelne Entwickler darauf wenig Einfluss nehmen kann. Bei Unternehmen, die nicht im Kundenauftrag entwickeln, hängt dies dagegen eher von unternehmensinternen Prioritäten und dem verfügbaren Budget des Unternehmens ab. Grundsätzlich wird von Budgetrestriktionen beim Testen von Software tendenziell eher bei kleineren Unternehmen berichtet, in größeren Unternehmen scheint es dagegen für den einzelnen Entwickler schwieriger zu sein, mit Einwänden Gehör zu finden oder bestimmte Aufgaben abzulehnen. Große Unternehmen und Konzerne haben zwar mehr Ressourcen und Möglichkeiten (zB Juristen und Berater), nutzen diese aber unter Umständen laut einzelner Aussagen stellenweise zum Ausnutzen rechtlicher Grauzonen und zum Bestimmen von Zukunftstrends, um so ihre Verkaufszahlen zu erhöhen. Vereinzelt wird auf geringe Diversität in der Branche im Kontext von Diskriminierungsrisiken hingewiesen. Andererseits wird zunehmende Diversität von einzelnen Softwareentwicklern auch als Branchentrend aufgeführt, ebenso wie Persönlichkeitsentwicklung.

E. Diskussion

Die explorativen Interviews ergeben verschiedene Einsichten in das Thema Softwareentwicklung im Zusammenhang mit bewusster und unbewusster Verhaltensbeeinflussung sowie resultierenden Auswirkungen und Handlungsmöglichkeiten.

Bezüglich F1 (→ D. III. 1.) scheint Verhaltensbeeinflussung in der Branche nach Einschätzung der Softwareentwickler generell eher verbreitet zu sein. Daraus lässt sich schließen, dass es zumindest ein grundlegendes Bewusstsein für das Thema gibt und zugehörige Methoden auch eingesetzt werden. Der Einsatz solcher Methoden scheint allerdings von der Zielgruppe von Software abzuhängen. Vereinfachend lässt sich sagen, dass reine Produktivitätsanwendungen und ihre Hersteller tendenziell seltener auf bewusst eingesetzte Verhaltensbeeinflussung setzen, Spiele und Apps im Freemium-Modell dagegen häufiger auf entsprechende Elemente zurückgreifen. Große Unternehmen, zum Beispiel im Bereich der sozialen Medien, nutzen diese Methoden eher öfter. Es ist zu beachten, dass nicht jede Form von Verhaltensbeeinflussung negative Auswirkungen auf den Nutzer hat, sondern von diesem sogar erwünscht sein kann, zum Beispiel bei Fitness-Apps. Dennoch scheint Einigkeit in der Annahme zu bestehen, dass einige Unternehmen zur Gewinnsteigerung bewusst suchtähnliches Verhalten fördern oder in Kauf nehmen. Hinsichtlich unbewusster Verhaltensbeeinflussung können die Aussagen so interpretiert werden, dass es einen „Trenddruck" unterschiedlichen Ausmaßes gibt. So kann es, begünstigt durch Budgetrestriktionen, dazu kommen, dass selbst bei komplexeren Entwicklungen bekannte Elemente imitiert und übernommen werden, ohne dass deren genaue Auswirkungen berücksichtigt werden oder dem Entwickler bewusst sind. Dieser Trenddruck kann somit als eine Art Türöffner für unbewusstes Handeln im Entwicklungsprozess interpretiert werden. Hier könnten die in der Literatur diskutierten Bias zur unbewussten Verbreitung verhaltensbeeinflussender Elemente beitragen, zum Beispiel der von Ralph[57] thematisierte Biasplex Inertia. Das Phänomen der Willful Ignorance[58] kann zudem dazu beitragen, Aufträge oder einzelne Elemente nicht kritisch zu hinterfragen. Einige der Befragten berichten, dass gerade in größeren Unternehmen Zuständigkeiten strikt getrennt werden, sodass das Hinterfragen von Aufträgen und Auswirkungen für den einzelnen Entwickler nicht immer möglich und teilweise auch nicht in seinem Interesse ist. Diese Tendenz könnte auch als unbewusste Schutzmaßnahme von Entwicklern interpretiert werden, die so Gefahr laufen, (un)bewusste Ignoranz als Schutz gegen individuelle Machtlosigkeit einzusetzen. In der Literatur zu Bias in der Softwareentwicklung werden verschiedene Möglichkeiten für ein „Debiasing" diskutiert, die Mohanani et al. zusammenfassen.[59] Darunter fällt zum Beispiel das gezielte Fragen nach konträrer Evidenz zur Reduzierung von Confirmation Bias oder das bewusste Einnehmen anderer Perspektiven, beispielsweise das kritische Prüfen von Lösungen durch die Rolle eines „Devil's Advocate".[60] Die Eignung konkreter Debiasing-Methoden kann im Rahmen dieser explorativen Studie nicht beurteilt werden. Einige Antworten deuten jedoch darauf hin, dass erhöhte Diversität und verbesserte innerbetriebliche Kommunikation und Offenheit dabei helfen könnten, unbewusste Verhaltensbeeinflussung und negative Auswirkungen zu reduzieren.

---

[57] *Ralph*, 2011.
[58] *Gately*, 2020.
[59] *Mohanani et al.*, 2018.
[60] *Ralph*, 2011, S. 101.

Im Hinblick auf F2 (→ D. III. 2.) scheint ein Nachholbedarf bei der Berücksichtigung von Diskriminierungsrisiken einerseits und Inklusionsförderung andererseits zu bestehen. Die Mehrheit der Softwareentwickler geht von einem geringen Bewusstsein für diese Risiken in der Branche aus. Daraus lässt sich ein Schutzbedarf für Nutzer ableiten. Diese können zudem nach Einschätzung der befragten Softwareentwickler Risiken durch verhaltensbeeinflussende Software selten selbstständig erkennen und sich daher auch nicht angemessen davor schützen. Vor dem Hintergrund aktueller Erkenntnisse zu steigender Medienabhängigkeit bei Kindern und Jugendlichen[61] und der anhaltenden Kritik an glücksspielähnlichen Elementen in Videospielen[62] scheint es zudem plausibel, dass mehrere Softwareentwickler einen besonderen Schutzbedarf für Minderjährige sehen und hier strengere gesetzliche Regulierung fordern. Andererseits scheint gerade in diesem Bereich ein hohes Bewusstsein für die Risiken von Verhaltensbeeinflussung zu bestehen. Interessanterweise scheint zudem gerade der Sektor des Game Development zunehmend Wert auf Inklusion in der entwickelten Software zu legen, während dieser Aspekt in anderen Sektoren noch eher „stiefmütterlich betrachtet" wird (SE5). Um den Verbraucherschutzbedarfen zu begegnen, werden klare Richtlinien und Regulierungen am häufigsten als geeignetes Mittel betrachtet, obwohl Skepsis gegenüber der Umsetzbarkeit solcher Regulierungen besteht. Es scheint zudem einen Bedarf an verbesserter Transparenz und Aufklärung für Nutzer zu geben.

Hinsichtlich F3 (→ D. III. 3.) scheint es bei vielen Softwareentwicklern deutliche und vielfach ambitionierte Wertvorstellungen zu geben, die allerdings aus verschiedenen Gründen nicht immer hinreichend Eingang in die entwickelte Software finden. Hier werden immer wieder strukturelle Aspekte genannt, die den (wahrgenommenen) Einfluss des individuellen Entwicklers begrenzen. In kleineren Unternehmen werden oft Budgetgründe und großer Einfluss von Auftraggebern angeführt, die – aus ökonomischer Sicht rational – an aufwändig entwickelten innovativen Schutzmaßnahmen häufig nicht interessiert sind. In größeren Unternehmen mit standardisierten Entscheidungsprozessen werden Softwareentwickler vielfach nicht in die Auftragsbeschaffung oder ethische Erwägungen einbezogen und geben teilweise an, keinen umfassenden Einblick in den Kontext von Aufträgen zu haben. Selbst die Ablehnung von als bedenklich eingestuften Aufträgen löst dieses Dilemma nicht zuverlässig, da die betreffenden Projekte in den meisten Fällen vermutlich von anderen Entwicklern durchgeführt würden. Es könnte der Schluss gezogen werden, dass einige vermeintliche Bias zumindest teilweise strukturell be-

[61] *Orth/Merkel*, 2020.
[62] *Willeken*, 2019.

dingt sind, da es Entwicklern durch finanzielle und organisatorische Restriktionen und somit begrenzten Einfluss auf die Umsetzungsweise von Projekten nicht immer möglich ist, im Einklang mit persönlichen Werten zu handeln. Der individuelle Softwareentwickler scheint machtlos in Situationen, in welchen koordinierte Handlung nötig wäre, aber keine Koordinierung verfügbar ist.

Aus der explorativen Beantwortung der Forschungsfragen werden vier Hypothesen abgeleitet, die als Ausgangspunkt für zukünftige Studien mit größerem Umfang dienen könnten. Bezogen auf unbewusste Verhaltensbeeinflussung durch Softwareentwicklung und bekannte Beispiele von unbeabsichtigten Diskriminierungsfällen lässt sich die erste Hypothese aufstellen: *Durch Bias in der Softwareentwicklung und durch strukturelle Restriktionen in der Branche entsteht unbewusste Verhaltensbeeinflussung, die unmittelbare negative Auswirkungen auf Individuum und Gesellschaft haben kann.* Hinsichtlich des Bewusstseins für Risiken durch Verhaltensbeeinflussung lautet die zweite Hypothese: *Es besteht Bedarf an spezifischen Weiterbildungs- und Awareness-Maßnahmen sowie verbesserter Vernetzung im Bereich der ethischen Softwareentwicklung.* Die dritte Hypothese bezieht sich auf Werte von Softwareentwicklern und mögliche Wertkonflikte: *Persönliche Werte werden stellenweise von Geschäftsmodellen, Kundenwünschen, Trend- und Konkurrenzdruck beeinflusst oder sogar verzerrt.* Die vierte und letzte Hypothese behandelt den Einfluss der Größe und Struktur von Unternehmen: *Die Größe des Unternehmens beeinflusst Handlungsmöglichkeiten (zB Beachten von ethischen Aspekten, Prüfen der Datenschutzrichtlinien von eingebauten Modulen, Hinterfragen von verhaltenssteuernden Elementen).*

F. Fazit und Empfehlungen

In der Literatur finden sich verschiedene Hinweise auf potenzielle Risiken für Individuen und Gesellschaft durch unbewusste und bewusste Verhaltensbeeinflussung. In dieser explorativen Studie wurden die Einschätzungen von Softwareentwicklern zu Bewusstsein und Einflussmöglichkeiten der Entwickler bezüglich dieser Phänomene sowie ihre persönlichen Werten und Ansichten qualitativ untersucht. Um die Auswirkungen und das Potenzial der menschlichen Bias in der Softwareentwicklung direkt und konkret zu erfassen, bedarf es in zukünftigen Untersuchungen der umfassenden Durchführung von Persönlichkeitstests, Fallstudien oder Laborstudien mit einem Fokus, der über reine Produktivitätserwägungen hinausgeht und vielmehr die Einflüsse von Softwareentwicklung auf die Gesellschaft berücksichtigt.

Vor dem Hintergrund der Bias und strukturellen Herausforderungen, die den Prozess der Softwareentwicklung betreffen und über das Ergebnis auch die Gesellschaft beeinflussen können, werden im Folgenden Schlussfolgerungen und Empfehlungen aus den Erkenntnissen der Interviews abgeleitet. Dabei sollte berücksichtigt werden, dass die Unterscheidung zwischen Bias der am Entwicklungsprozess beteiligten Personen einerseits und schlicht durch bestehende Strukturen eingeschränkten Handlungsmöglichkeiten andererseits nicht immer trennscharf möglich ist und sich beide Faktoren gegenseitig beeinflussen können. Es empfiehlt sich eine gemeinsame Betrachtung der kognitiven und strukturellen Faktoren in der Softwareentwicklung, um die Ursachen unbewusster Verhaltensbeeinflussung und resultierender Risiken aufzudecken.

Möglicherweise könnte eine verstärkte Vernetzung von Softwareentwicklern, aufbauend auf einem starken Gemeinschaftsgefühl („Wir selbst") mit verbesserter Einbindung von Experten aus Bereichen wie Ethik, Verhaltensökonomik und Rechtswissenschaften sowie Nutzern von Software dazu beitragen, ein größeres Bewusstsein für verhaltensbeeinflussende Software und damit verbundene Risiken in der Entwicklercommunity und der Gesellschaft zu schaffen. So könnten Softwareentwickler sich gegenseitig sensibilisieren, verstärkt durch externe Impulse und ihren Werten durch organisiertes Auftreten im Entwicklungsprozess mehr Gewicht verleihen. Ihre Einschätzungen könnten auch bei der Verbesserung bestehender Richtlinien und Regulierungen von großem Nutzen sein. Das Engagement digitalpolitischer Vereine scheint hier ein vielversprechender Ansatz für einen intensiveren Austausch auch mit der Politik. Gleichzeitig könnte ein verstärkter Dialog mit Nutzern deren Aufklärung über Risiken erleichtern.

Es ergibt sich die Empfehlung, mögliche Ursachen und Risiken verhaltensbeeinflussender Softwareentwicklung und potenzielle Gegenmaßnahmen auf systemischer anstatt auf individueller Ebene zu betrachten. Das Bewusstsein für die komplexen Mechanismen unbewusster Verhaltensbeeinflussung könnte durch die gezielte Beseitigung struktureller Barrieren und Erhöhung von Partizipation, Dialog und Aufklärung erhöht werden. Diese Grundlage könnte bedarfsorientierten und effektiven Verbraucherschutz unterstützen.

Literatur

Association for Computing Machinery (ACM) (2017). *Statement on Algorithmic Transparency and Accountability.* Washington: Association for Computing Machinery US Public Policy Council. Abgerufen von: www.acm.org/binaries/content/assets/public-policy/2017_usacm_statement_algorithms.pdf

Angwin, J., Larson, J., Mattu, S., & Kirchner, L. (2016, 5. März). Machine bias: There's software used across the country to predict future criminals. And it's biased against blacks. *ProPublica.* Abgerufen von: https://www.propublica.org/article/machine-bias-risk-assessments-in-criminal-sentencing

Bender, E. M., Gebru, T., McMillan-Major, A., & Shmitchell, S. (2021). On the Dangers of Stochastic Parrots: Can Language Models Be Too Big?. *Proceedings of the 2021 ACM Conference on Fairness, Accountability, and Transparency*, 610–623

Brignull, H. (2010). *Types of Dark Pattern.* Abgerufen von: https://www.darkpatterns.org/types-of-dark-pattern

Buunk, B. P., & Van Yperen, N. W. (1991). Referential comparisons, relational comparisons, and exchange orientation: Their relation to marital satisfaction. *Personality and Social Psychology Bulletin*, *17*(6), 710–718

Calikli, G., & Bener, A. B. (2013). Influence of confirmation biases of developers on software quality: an empirical study. *Software Quality Journal*, *21*(2), 377–416

Cap Gemini Research Institute (2020). *Conversations. Towards Ethical AI.* Abgerufen von: https://www.capgemini.com/wp-content/uploads/2020/03/Report-Conversations-1.pdf

Chen, D. L., Schonger, M., & Wickens, C. (2016). oTree—An open-source platform for laboratory, online, and field experiments. *Journal of Behavioral and Experimental Finance*, *9*, 88–97

Datenethikkommission der Bundesregierung (2019). *Gutachten der Datenethikkommission der Bundesregierung.* Abgerufen von: https://www.bmi.bund.de/SharedDocs/downloads/DE/publikationen/themen/it-digitalpolitik/gutachten-datenethikkommission.pdf?__blob=publicationFile&v=4

Datta, A., Tschantz, M. C., & Datta, A. (2015). Automated experiments on ad privacy settings. *Privacy Enhancing Technologies*, *2015*(1), 92–112

Gately, J. B. (2020). Well, At Least I Tried: Partial Willful Ignorance. *Information Acquisition, and Social Preferences (October 8, 2020).* Abgerufen von: https://dx.doi.org/10.2139/ssrn.3707668

Gesellschaft für Informatik (GI) (2018). *Ethical Guidelines of the German Informatics Society.* Abgerufen von: https://gi.de/ethicalguidelines/

Gilliland, J., Sadler, R., Clark, A., O'Connor, C., Milczarek, M., & Doherty, S. (2015). Using a Smartphone Application to Promote Healty Dietary Behaviours and Local Food Consumption. *BioMed Research International, 2015*

GSM Association (GSMA) (2012). *Privacy Design Guidelines for Mobile Application Development.* Abgerufen von: https://www.gsma.com/publicpolicy/wp-content/uploads/2018/02/GSMA-Privacy-Design-Guidelines-for-Mobile-Application-Development.pdf

Hagendorff, T. (2020). The Ethics of AI Ethics: An Evaluation of Guidelines. *Minds and Machines 30(*1), 99–120

Hallensleben, S., & Hustedt, C. (2020). *From principles to practice: An interdisciplinary framework to operationalise AI ethics.* Gütersloh: Bertelsmann

Stiftung. Abgerufen von: https://www.bertelsmann-stiftung.de/fileadmin/files/BSt/Publikationen/GrauePublikationen/WKIO_2020_final.pdf

Hochrangige Expertengruppe für Künstliche Intelligenz (HEG-KI) (2019a). *Ethik-Leitlinien für eine vertrauenswürdige KI*. Brüssel: Europäische Kommission. Abgerufen von: https://ec.europa.eu/newsroom/dae/document.cfm?doc_id=60425

Hochrangige Expertengruppe für Künstliche Intelligenz (HEG-KI) (2019b). *Policy and Investment Recommendations*. Brüssel: Europäische Kommission. Abgerufen von: https://ec.europa.eu/newsroom/dae/document.cfm?doc_id=60343

Hoorens, V. (1993). Self-Enhancement and Superiority Biases in Social Comparison. *European Review of Social Psychology*, *4*(1), 113–139

The IEEE Global Initiative on Ethics of Autonomous and Intelligent Systems (2019). *Ethically Aligned Design: A Vision for Prioritizing Human Well-being with Autonomous and Intelligent Systems, First Edition*. Abgerufen von: https://ethicsinaction.ieee.org/?utm_campaign=EAD1e&utm_medium=PR&utm_source=Web&utm_content=geias#ead1e

Jobin, A., Ienca, M., & Vayena, E. (2019). The global landscape of AI ethics guidelines. *Nature Machine Intelligence*, *1*(9), 389–399

Lazarsfeld, P. F., Berelson, B., & Gaudet, H. (1968). *The People's Choice. How the Voter makes up his Mind in a Presidential Campaign* (3. Aufl.). New York: Columbia University Press

Leventhal, L. M., Teasley, B. M., Rohlman, D. S., & Instone, K. (1993). Positive test bias in software engineering professionals: What is right and what's wrong. *Proceedings of the 5th workshop on empirical studies of programmers*, 206–221

Mayring, P. (2010). *Qualitative Inhaltsanalyse. Grundlagen und Techniken*. Weinheim/Basel: Beltz

Mohanani, R., Salman, I., Turhan, B., Rodríguez, P., & Ralph, P. (2018). Cognitive Biases in Software Engineering: A Systematic Mapping Study. *IEEE Transactions on Software Engineering*, *46*(12), 1318–1339

Montag, C., Lachmann, B., Herrlich, M., & Zweig, K. (2019). Addictive features of social media/messenger platforms and freemium games against the background of psychological and economic theories. *International journal of environmental research and public health*, *16*(14), 2612

Norwegian Consumer Council (2018). *Deceived by design: How tech companies use dark patterns to discourage us from exercising our rights to privacy*. Abgerufen von: https://fil.forbrukerradet.no/wp-content/uploads/2018/06/2018–06–27-deceived-by-design-final.pdf

Ntoutsi, E., Fafalios, P., Gadiraju, U., Iosifidis, V., Nejdl, W., Vidal, M.E., Ruggieri, S., Turini, F., Papadopoulos, S., Krasanakis, E., Kompatsiaris, I., Kinder-Kurlanda, K., Wagner, C., Karimi, F., Fernandez, M., Alani, H., Berendt, B., Kruegel, T., Heinze, C., Broelemann, K., Kasneci, G., Tiropanis, T., Staab, S. (2020). Bias in data-driven artificial intelligence systems—An introductory survey. *Wiley Interdisciplinary Reviews: Data Mining and Knowledge Discovery*, 10(3), e1356

Organisation for Economic Co-operation and Development (OECD) (2018). Improving online disclosures with behavioural insights. *OECD Digital Economy Papers, 269*. Abgerufen von: https://doi.org/10.1787/39026ff4-en

Orth, B., & Merkel, C. (2020). *Die Drogenaffinität Jugendlicher in der Bundesrepublik Deutschland 2019. Teilband Computerspiele und Internet. BZgA-*

Forschungsbericht. Abgerufen von: https://doi.org/10.17623/BZGA:225-DAS19-INT-DE-1.0

Orwat, C. (2019). *Diskriminierungsrisiken durch Verwendung von Algorithmen. Eine Studie erstellt mit einer Zuwendung der Antidiskriminierungsstelle des Bundes*. Baden-Baden: Nomos

Oswald, M. E., & Grosjean, S. (2004). Confirmation Bias. *Cognitive Illusions: A Handbook on Fallacies and Biases in Thinking, Judgement and Memory*, 79–96. New York: Psychology Press

Ralph, P. (2011). Towards a Theory of Debiasing Software Development. *Euro-Symposium on Systems Analysis and Design*, 92–105. Berlin, Heidelberg: Springer

Reisch, L. A., Bietz, S., & Micklitz, H. W. (2020). Algorithmen und Verbraucher (Algorithms and Consumers). Abgerufen von: https://dx.doi.org/10.2139/ssrn.3683336

Ribeiro, M. H., Ottoni, R., West, R., Almeida, V. A., & Meira Jr, W. (2020). Auditing radicalization pathways on YouTube. *Proceedings of the 2020 conference on fairness, accountability, and transparency*, 131–141

Samuelson, W., & Zeckhauser, R. (1988). Status quo bias in decision making. *Journal of risk and uncertainty*, *1*(1), 7–59

Shmueli, G. (2016). Analyzing Behavioral Big Data: Methodological, Practical, Ethical, and Moral Issues. *Quality Engineering, 29*

Simon, J. (2016). Values in Design. In J. Heesen (Hrsg.): *Handbuch Medien- und Informationsethik*. Stuttgart: J.B. Metzler, 357–364

Stahl, B. C., Timmermans, J., & Mittelstadt, B. D. (2016). The Ethics of Computing. *ACM Computing Surveys*, *48*(4), 1–38

Strauss, A. L., & Corbin, J. M. (1996). *Grounded Theory: Grundlagen qualitativer Sozialforschung*. Weinheim: Beltz, Psychologie-Verlag-Union

Tang, A., Razavian, M., Paech, B., & Hesse, T. M. (2017). Human aspects in software architecture decision making: a literature review. *2017 IEEE International Conference on Software Architecture (ICSA)*, 107–116

Tversky, A., & Kahneman, D. (1974). Judgment under uncertainty: Heuristics and biases. *science, 185*(4157), 1124–1131

Utz, C., Koloßa, S., Holz, T., & Thielbörger, P. (2019). Die DSGVO als internationales Vorbild?. *Datenschutz und Datensicherheit - DuD 43*(11), 700–705

Wason, P. C. (1960). On the failure to eliminate hypotheses in a conceptual task. *Quarterly Journal of Experimental Psychology, 12,* 129–140

Willeken, J. (2019, 19. März). Taschengeld für Pixelmüll. *Süddeutsche Zeitung*. Abgerufen von: https://www.sueddeutsche.de/digital/lootboxen-illegal-gluecksspiel-gaming-regulierung-1.4372502

Winter, E., Forshaw, S., Hunt, L., & Ferrario, M. A. (2019). Advancing the study of human values in software engineering. *2019 12th International Workshop on Cooperative and Human Aspects of Software Engineering (CHASE)*, 19–26

Sachverzeichnis